System

des

gemeinen deutschen

Privatrechts

von

Ferdinand Walter,

Geh. Justizrathe und Professor der Rechte zu Bonn, Ritter hoher Orden, ausw. Mitgliede der Akademie der Wissenschaften zu Paris.

Bonn,

bei Adolph Marcus.

1855.

Vorrede.

Die Bedingungen, von welchen der Aufbau einer Wissenschaft des deutschen Privatrechts abhängt, sind: die richtige Methode, das System und die Form der Behandlung.

Bei der Methode kommen zwei Punkte in Betracht. Erstens muß man sich bewußt sein, daß diese Wissenschaft nicht wie die römische Jurisprudenz geschaffen vorliegt, sondern unter unseren Händen erst geschaffen werden soll und fortwährend geschaffen wird. Hierauf muß der ganze rationelle Ton der Behandlung angelegt sein, wenn auch die eine Lehre mehr, die andere weniger einer wissenschaftlichen Construction empfänglich ist. Zweitens muß man den Blick fest auf das Recht der Gegenwart gerichtet halten. Allerdings ist zur Erklärung der Grundgedanken des praktischen Rechts das Historische unentbehrlich. Allein es ist etwas ganz Anderes, ob man die Rechtsgeschichte zur Hauptsache zu machen, und mit der ganzen Fülle des Materials von den ältesten Zeiten an bis zu uns herab fortzurücken hat, oder ob man von der Gegenwart aus den Blick rückwärts wirft, und aus der Geschichte nur das herausgreift, was mit dem Vorhandenen noch wirklich in einer lebendigen Verbindung steht.

Diese genaue Begränzung des Rechtshistorischen ist freilich nicht ganz leicht. Häufig liegt das, was man von der Geschichte für das heutige Recht braucht, in den Quellen nicht einfach vor, sondern muß erst aus ihnen durch Combination gewonnen werden. Zweitens wird die methodisch durchgeführte historische Entwicklung einer Lehre, wie sie zu jenem Zwecke erforderlich ist, durch die lückenhafte Beschaffenheit der Rechtsquellen sehr erschwert. Sie müssen aus Urkunden und anderem Material ergänzt werden, was sich nicht immer in der wünschenswerthen Kürze thun läßt. Soll diese historische Operation mit der Darstellung des praktischen Rechts verbunden werden, so tritt sie dazu in ein Mißverhältniß, wodurch der Blick von der Hauptsache abgelenkt und der Raum für diese verkürzt wird. Diese Rücksichten haben mich bestimmt, diesem Werke als unentbehrliche Vorarbeit meine Deutsche Rechtsgeschichte vorangehen zu lassen, um darauf überall Bezug nehmen zu können. Beide Werke ergänzen sich gegenseitig und legen die Entwicklung der Institute des deutschen Rechts in ununterbrochener Folge vor Augen. Der sichere Boden, der dadurch für die Darstellung des praktischen Rechts gewonnen worden ist, macht sich in jeder Lehre fühlbar, wobei namentlich die von den Erbverträgen und die des Bauernrechts als Beispiel dienen können. Von der gleichmäßigen Durchführung jener historischen Operation hängt aller Werth ab, den die Rechtsgeschichte für unsern Zweck hat. Der seit Heineccius fast stehende Fehler, daß man mit unnöthiger Weitläufigkeit bei den Specialitäten der alten Volksrechte verweilt, dann mit einem Satze aus dem achten Jahrhundert in den Sachsenspiegel, und von da mit einem gleichen Sprunge zu den neueren Land- und Stadtrechten kommt, ist schon von Beseler in der Vorrede zu seinen Erbverträgen mit Recht gerügt worden.

Was den zweiten Punkt, das System, betrifft, so soll dieses überhaupt der ungezwungene Ausdruck der in dem gegebenen Stoffe liegenden Hauptbeziehungen sein. Demgemäß muß jede wissenschaftliche Darstellung eines Privatrechts, auch die des römischen, drei Haupttheile enthalten: die Theorie der Rechtsquellen, die Lehre von dem Subjecte der Rechtsverhältnisse, und die Lehre von den Rechtsverhältnissen selbst, wobei für das deutsche Recht fünf Arten zu unterscheiden sind: Rechtsverhältnisse an Personen, an Sachen, aus Forderungen, bei der Beerbung, und die besonderer Stände. Es ist ein Fehler, wenn man im System des deutschen Privatrechts die Theorie der Rechtsquellen entweder gar nicht, oder in der Einleitung in Verbindung mit der Quellengeschichte abhandelt. Es ist ein ganz anderer Gesichtspunkt, ob man die Quellen als das gegebene Material unserer Wissenschaft, oder ob man sie als die Entscheidungsnormen der Rechtsstreitigkeiten in Betracht zieht. Letzteres bildet einen Gesichtspunkt für sich. Von den Personen ist in einem correcten System an zwei Stellen zu handeln: einmal als Subjecten, dann als Objecten der Rechtsverhältnisse.

Es ist ein handgreiflicher Fehler, wenn die älteren Germanisten Beides unter der Rubrik, Personenrecht, in demselben Abschnitt zusammenstellen; oder wenn neuere Germanisten die Lehre von dem Subjecte der Rechtsverhältnisse unter dem Namen Personenrecht, dem Sachenrecht, Obligationenrecht, Familienrecht und Erbrecht coordiniren. Eben so ist es ein, wenn gleich geringerer Fehler, wenn man der Lehre von dem Subjecte der Rechte ihren Platz in dem allgemeinen Theil mit mancherlei anderen Lehren anweist. Sie muß durchaus als ein Haupttheil für sich ausgeschieden werden. Die Lehre von den Rechtsverhältnissen an Personen, wozu namentlich das Familienrecht gehört, ist, wie auch die Römer thun, vor das Sachenrecht zu stellen. Es ist jedoch die Einwirkung der Familienverhältnisse auf das Vermögensrecht von dem Persönlichen zu trennen, und unter das Sachenrecht zu bringen, wofür man an dem römischen Recht eine gute Autorität hat. Man gewinnt dadurch den Vortheil der naturgemäßen Stellung für die Lehre von den Erbgütern, die sonst, bald allein für sich, bald in Gesellschaft mit den Stammgütern, an den mannichfaltigsten Stellen im System hin und her geschoben wird. Man wird auch durch diese Trennung nicht mehr genöthigt, das Familienrecht, an welches dabei in gezwungener Weise das Vormundschaftsrecht angehängt wird, hinter das Sachenrecht, oder gar hinter das Obligationen- und Erbrecht zu stellen, was mir als eine wahre Verunstaltung des Systems erscheint, und für das römische Recht jedenfalls unrömisch ist.

Ein sehr wichtiger Gegenstand für das System ist, daß die Rechtsverhältnisse, die besonderen Ständen eigenthümlich sind, von den übrigen Lehren getrennt und in einem eigenen Abschnitt zusammengestellt werden. Man hat dafür an dem gründlichen und umsichtigen Haubold ein sehr gutes Vorbild. Das eigenthümliche Interesse des Standes ist dabei nicht etwas blos Thatsächliches, sondern auch das juristische Princip, welches die Einzelnheiten durchdringt und beherrscht, und woran diese daher auch im System angereiht werden müssen. Die Germanisten befolgen freilich die entgegengesetzte Methode, indem sie die Rechtsverhältnisse der Stände trennen und im System vertheilen. Die Folge davon ist, daß zum Beispiel vom Bauernrecht die Lehre von den Bauern bei den Personen, die Bauerngüter bei den Sachen oder beim Eigenthum, die bäuerlichen Lasten bei den dinglichen Rechten, die Lehre vom bäuerlichen Auszug bei den Verträgen, die Successionsverhältnisse der Bauerngüter im Erbrecht abgehandelt werden. Dadurch gehen sowohl die Einsicht in den Geist und das Wesen dieser Verhältnisse, wie die Kraft der Darstellung unvermeidlich verloren. Auf der anderen Seite darf jedoch jene Absonderung nicht so weit ausgedehnt werden, daß auch die Rechtsverhältnisse, die blos thatsächlich bei einem Stande hauptsächlich vorkommen, die aber mit einem eigenthümlichen Standesprincip nichts zu thun haben, sondern unter die juristischen Gesichtspunkte des gemeinen Rechts gebracht werden können, davon ausgeschieden würden. Es ist daher fehlerhaft, dem Wechselrecht seinen Platz unter den Rechtsverhältnissen des Bürgerstandes anzuweisen, was nicht einmal thatsächlich wahr ist. Eben so ist es falsch, wenn man die mannichfaltigen Geschäfte, die beim Handel zu Lande und zur See vorkommen, anstatt sie juristisch zu classificiren, wegen ihrer rein factischen Beziehungen unter der Rubrik, Handelsrecht oder Seerecht, zusammenstellt. Dieses ist so, als wenn man in einem System der Zoologie die Thiere danach, ob sie sich vorzüglich im Walde oder auf dem freien Felde aufhalten, classificiren wollte.

Hinsichtlich des dritten Punktes, der Form der Darstellung, besitzt der Germanist an den auf uns gekommenen Bruchstücken der römischen Jurisprudenz das Vorbild, wonach er zu streben hat. Das, was diese dazu macht, besteht in zweierlei: in der Klarheit und Schärfe des Gedankens, und in der Kunst dem Gedachten in der Sprache des gebildeten Lebens, ohne allen Anstrich von philosophischer Schule, den einfachsten Ausdruck zu verleihen. Diese Einfachheit muß auf dem Gebiete des deutschen Rechts um so mehr Gesetz sein, als die Grundzüge desselben überhaupt weniger aus dem Verstande als aus dem ungekünstelten Rechtsgefühl entsprungen sind. Wenn man sich diesen Geist des deutschen und die Methode des römischen Rechts anzueignen bemüht ist, so wird es gelingen, auch dem deutschen Recht den Charakter der Classicität, das heißt der Einfachheit, Klarheit und des guten Geschmackes mitzutheilen, der zur Höhe der geistigen Bildung unserer Zeit gehört. Vorzüglich müssen dazu, wie auch bei den Römern geschehen ist, die Monographieen beitragen. So viel aber auch durch solche in neuerer Zeit für das deutsche Recht geschehen ist, so vermißt man darin doch noch allzu häufig die Klarheit, Kürze und Beherrschung des Stoffes, die in einer Zeit, wo die Litteratur in einem kaum zu bewältigenden Maße wächst, dem Publikum gegenüber doppelte Pflicht ist.

Es ist in der neueren Zeit häufig von dem Streben nach der Ausbildung des nationalen Rechts und der Zurückdrängung des römischen Rechts die Rede gewesen. Ich stimme diesem bei, in so fern dieses allerdings in dem Gange unserer geistigen Entwicklung liegt. Wenn das deutsche Recht durch die Doctrin, durch eine tüchtige wissenschaftliche Praxis und durch die in der richtigen Weise behandelte Gesetzgebung den Grad classischer Ausbildung erlangt haben wird, worin ihm das römische Recht dermalen noch überlegen ist, so ist allerdings eine Zeit denkbar, wo die Pandekten mit den dazu gehörenden allgemeinen Lehren auf das deutsche Recht gebaut sind, wo die Institutionen das abgekürzte System des geltenden deutschen Rechts darstellen, wo das, was jetzt Pandekten heißt, auf das römische Sachenrecht, Obligationenrecht und einen Theil des Erbrechts beschränkt ist, und wo das römische Personenrecht, das Notherbenrecht und Anderes der Rechtsgeschichte überwiesen wird. Diese Umwandlung ist durch zweierlei bedingt. Einmal, daß das römische Recht nicht nach der Autorität des gegebenen Buchstabens aufgefaßt, sondern als ein lebendiges Stück unserem geistigen Denken einverleibt wird. Hiefür sind durch Savignys System große Schritte geschehen. Zweitens, daß durch die Wissenschaft aus unserem praktischen Recht die Lehren des römischen Rechts herausgeworfen werden, welche durch die Einseitigkeit der älteren Schule demselben aufgedrungen worden, allein nie ein lebendiges Glied unseres Rechts geworden sind. Dieses ist schon frühe mit Glück an der Lehre von der väterlichen Gewalt und dem römischen Peculiensystem geschehen. In dem vorliegenden Werke ist dasselbe auch mit anderen Lehren, namentlich mit den Spielen und Wetten und dem Notherbenrecht, vorgenommen worden.

Was die Litteratur dieser Wissenschaft betrifft, so sind durch die neuere Kritik und rechtshistorische Forschung ganz andere Bahnen eröffnet, wodurch ein großer Theil der älteren Litteratur den Werth verloren hat. Dennoch aber bleibt dieselbe, selbst in ihren Verirrungen, in dogmengeschichtlicher Beziehung von Wichtigkeit, wie dieses von Beseler, Duncker und Bruns in ihren Monographieen in ausgezeichneter Weise gezeigt ist. Um jedoch den Raum nicht mit Büchertiteln einzuengen, genügte es für die nächsten Zwecke dieses Werkes, auf die Bücher zu verweisen, wo man die reicheren Angaben der Litteratur findet. Auch besitzt man jetzt dafür in dem Lehrbuch von Gengler ein Hülfsmittel, dem man durch Verweisung auf dasselbe gerne den Dank bezeugt, den eine so genaue und mühsame Arbeit verdient. Neben diesem Ersparniß an Citaten ist jedoch die Litteratur in den Lehren, wo die Wissenschaft als Autorität und als selbst Recht erzeugend in Betracht kommt, sorgfältig berücksichtigt, so daß dann der Standpunkt der gegenwärtigen Doctrin und Controverse genau angegeben ist. Bei der dabei nicht zu umgehenden Kritik und Polemik lag lobende Anerkennung weit mehr in der Neigung des Verfassers, als der Tadel; doch ist auch dieser, zwar nirgends absichtlich gesucht, aber auch, wo es zur Sache gehörte, nirgends absichtlich vermieden worden.

Die neuere Gesetzgebung und die Ereignisse der jüngsten Zeit haben in mehreren Verhältnissen, namentlich im Bauernrecht, eine völlige Umwälzung hervorgebracht. Die praktische Richtung dieses Werkes hat die genaue Berücksichtigung derselben nöthig gemacht. Namentlich ist die neueste agrarische Gesetzgebung in Preußen in das System an den betreffenden Stellen eingerückt, was um so erwünschter sein wird, je schwieriger es für die Wissenschaft ist, mit einer so rasch fortschreitenden Zeit gleichen Schritt zu halten. Indem aber dieses Werk sich die Aufgabe stellte, das geltende Recht nicht blos als etwas positiv Gegebenes zu verzeichnen, sondern auch nach dessen Princip, Geist und Tendenzen zu beleuchten, lag es sehr nahe, damit an den geeigneten Stellen auch Winke und Rathschläge für eine künftige Legislation zu verbinden.

Bonn, den 6. Februar 1855.

Uebersicht.

(Die Ziffern bezeichnen die Paragraphen.)

Einleitung.

Von der Natur und Behandlung des deutschen Privatrechts.

Erster Theil.

Theorie der Rechtsquellen.

Zweiter Theil.

Von dem Subjecte der Rechtsverhältnisse.

Dritter Theil.

Von dem Inhalte der Rechtsverhältnisse.

Erster Abschnitt.

Rechtsverhältnisse an Personen.

Zweiter Abschnitt.

Rechtsverhältnisse an Sachen.

Dritter Abschnitt.

Rechtsverhältnisse, die sich auf Forderungen beziehen.

Vierter Abschnitt.

Rechtsverhältnisse bei der Beerbung.

Fünfter Abschnitt.

Rechtsverhältnisse besonderer Stände.

Einleitung.

Von der Natur und Behandlung des deutschen Privatrechts.

I. Heutiger Rechtszustand in Deutschland. A) In Beziehung auf die Rechtsquellen.

1. Die Natur des heutigen deutschen Privatrechts hängt wie die jedes positiven Rechts von der Beschaffenheit seiner Quellen ab [1]). Um diese zu übersehen, muß man bis zur Mitte des achtzehnten Jahrhunderts zurückgehen. Damals war im deutschen Reiche der Zustand der Rechtsquellen in Beziehung auf das Privatrecht folgender. Die meisten Territorien hatten geschriebene Landrechte, die im sechzehnten und siebzehnten Jahrhundert unter landesherrlicher Autorität abgefaßt und publicirt worden waren. Wo solche fehlten, gab es doch zahlreiche landesherrliche Verordnungen. Die Städte hatten insgemein geschriebene Stadtrechte, worin neben dem, was sich auf die Stadtverfassung, das Gerichtswesen und die städtische Polizei bezog, auch mehr oder weniger Privatrechtliches vorkam [2]). Ferner gab es allenthalben neben dem durch die Gesetzgebung festgestellten Rechte Anderes, welches blos durch den Landes- oder Ortsgebrauch überliefert, oder in den Schriften der Rechtsgelehrten entwickelt, oder durch

1) Es ist ein gewöhnlicher Fehler, daß man zuerst die Frage nach der Natur des gemeinen deutschen Privatrechts discutirt, und dann erst von dessen Quellen handelt. Dadurch wird in die Darstellung eine große Unklarheit gebracht.

2) Die genaueren Angaben der Land- und Stadtrechte findet man bei C. de Selchow specimen bibliothecae iuris germanici provincialis et statutarii. Ed. 5. Gött. 1781. Hieraus haben die neueren Lehrbücher ihre Verzeichnisse geschöpft.

Entscheidungen der Gerichtshöfe ausgesprochen und zur Anerkennung gebracht war. In einigen Ländern hatte außerdem der Sachsenspiegel das Ansehen einer subsidiairen Rechtsquelle erlangt und behauptet. Eine für das ganze Reich verbindliche Rechtsquelle waren die Reichsgesetze, die jedoch das Privatrecht wenig berührten. Endlich als letzte Aushülfe waren die Richter an die recipirten Sammlungen des canonischen und des römischen Rechts angewiesen.

2. Dieser Zustand wurde aber seitdem in mehreren Ländern durch die Einführung neuer Gesetzbücher wesentlich verändert. In Bayern erschien 1756 der Codex Maximilianeus, worin sowohl das römische wie das einheimische Recht zu einem verständlichen Ganzen verarbeitet sein und der dort an die Stelle aller bis dahin gebrauchten Rechtsquellen treten sollte. In Preußen wurde 1794 unter dem Namen des allgemeinen Landrechts ein großes Gesetzbuch publicirt, welches jedoch nicht wie in Bayern die Provinzial- und Statutarrechte verdrängen, sondern nur als dieselben ergänzend die Stelle der römischen, gemeinen Sachsen- und anderer fremden subsidiairischen Rechte und Gesetze einnehmen sollte. Ferner wurde das linke Rheinufer, welches seit 1801 ein Theil des französischen Reiches geworden war, dem 1804 erschienenen französischen Gesetzbuche unterworfen. Dieses Gesetzbuch wurde selbst in mehreren deutschen Staaten, namentlich 1809 im Großherzogthum Baden und 1811 im Großherzogthum Berg eingeführt. Wo es hinkam, hörte die Gültigkeit sowohl der gemeinen als der Land- und Statutarrechte auf. Endlich in Oesterreich kam 1811 ein allgemeines bürgerliches Gesetzbuch zu Stande, welches ebenfalls nicht blos das bis dahin angenommene gemeine Recht, sondern auch alle auf die Gegenstände des neuen Gesetzbuches sich beziehenden Gesetze und Gewohnheiten außer Wirksamkeit setzte. Da jedoch viele und grade die eigenthümlich deutschen Rechtsmaterien darin nicht berührt sind, so behaupten die Provinzialrechte daneben eine große Bedeutung.

3. Im Jahre 1814 trat abermals eine Veränderung ein, indem das französische Gesetzbuch in den deutschen Ländern, wo es eingeführt worden, mit Ausnahme des linken Rheinufers und

der Großherzogthümer Baden und Berg, wieder abgeschafft wurde. Auch wurde nun in einem und demselben Staate der Zustand der Rechtsquellen, in Folge der neuen Ländertheilungen und Vereinigungen, nicht selten sehr gemischt. Man kann jetzt aus dem Gesichtspunkte der Rechtsquellen die zum deutschen Bunde gehörenden Landestheile unter drei Classen bringen [1]). Die erste begreift diejenigen, wo durch ein neues Gesetzbuch nicht blos die gemeinen fremden Rechte, sondern auch die einheimischen Particularrechte aufgehoben worden sind. Dazu gehören Oesterreich mit der oben bemerkten Einschränkung; ferner die altbayerischen Provinzen, in welchen 1756 der Codex Maximilianeus eingeführt worden; ferner die Landestheile, wo noch das französische Gesetzbuch gilt, nämlich die Großherzogthümer Baden und Berg, und die verschiedenen Staaten angehörenden Landestheile auf dem deutschen linken Rheinufer; endlich auch die neu erworbenen Landestheile von Preußen, wo früher das französische Gesetzbuch eingeführt worden, dadurch die Provinzialrechte aufgehoben, dann das preußische Landrecht an die Stelle des französischen gesetzt, die Particularrechte aber nicht hergestellt worden sind. Dieses ist der Fall in den Theilen von Westphalen und Sachsen, die zum Königreich Westphalen, desgleichen in den Theilen von Polen und Westpreußen, die zum Großherzogthum Polen gehört haben.

4. Die zweite Classe besteht aus den Landestheilen, wo zwar ein neues Gesetzbuch als gemeines Recht an die Stelle des römischen und canonischen Rechts gesetzt worden, daneben aber die vorhandenen Particularrechte bei Kraft geblieben sind. Dazu gehören die jetzigen Gebietstheile des preußischen Staates, die schon zur Zeit der Publication des allgemeinen Landrechts 1794 zu ihm gehörten; ferner im Königreiche Bayern die Bezirke von

1) Die Nachweisungen über das Einzelne findet man bei Gründler Uebersicht der Quellen der in deutschen Bundesstaaten geltenden Land- und Lehnrechte. Ilmenau 1832. Auch in einer nach den Bundesstaaten geordneten Zusammenstellung bei Maurenbrecher Lehrbuch I. §. 77—101., Beseler System I. §. 45. Jener Gesichtspunkt der Anordnung ist jedoch für unseren Zweck nicht der richtige, weil es sich hier nicht um eine Statistik der Particularrechte handelt.

Anspach und Baireuth, weil hier während ihrer Vereinigung mit Preußen das preußische Landrecht gegolten und daselbst auch als Particularrecht gelassen worden ist; desgleichen im Königreiche Hannover das Fürstenthum Osnabrück und die Grafschaft Lingen, allwo wegen ihrer früheren Vereinigung mit Preußen ebenfalls das allgemeine Landrecht als subsidiaire Rechtsquelle eingeführt worden. In Preußen wurde neben dem allgemeinen Landrecht ausdrücklich auch für jede Provinz die Abfassung eines neuen Provinzialrechts angekündigt; allein ein solches ist nur für Ostpreußen 1806 und jetzt für Westpreußen 1844 zu Stande gekommen. In den übrigen Theilen sind die alten Particularrechte bei Kraft geblieben [1]). Seit 1827 ist auch dasjenige, was davon noch brauchbar ist, von mehreren Rechtsgelehrten nach einem gemeinschaftlichen Plane zusammengestellt worden [2]); auch wurden die Vorarbeiten zu der neuen Abfassung der Provinzialrechte fortgesetzt, und zum Theil bis zur Vorlegung der Entwürfe vollendet [3]).

5. Die dritte Classe bilden alle übrigen Landestheile, wo die fremden Rechte das Ansehen als gemeines subsidiaires Recht behalten haben. Zu diesen gehören selbst noch in Preußen Neuvorpommern und der ostrheinische Theil des Regierungsbezirkes Coblenz; desgleichen in Bayern einige neu erworbenen Landestheile, namentlich Franken. Uebrigens bestehen aber unter den Landestheilen dieser Classe hinsichtlich der neben dem gemeinen Rechte geltenden einheimischen Rechtsquellen mancherlei Verschiedenheiten. Würtemberg ist von den größeren Staaten das einzige Land, welches ein gemeinschaftliches Landrecht für das ganze Gebiet besitzt, indem das Landrecht von 1610 auch auf die neu erworbenen Theile ausgedehnt worden ist. In den anderen Ländern giebt es meistens nur Landrechte oder Landesordnungen für

---

1) Ein genaues Verzeichniß derselben mit reichhaltigen historischen und litterärischen Notizen liefert folgendes verdienstvolle Werk: von Kamptz die Provinzial- und statutarischen Rechte der Preuß. Monarchie. Berlin 1826. 3 Th.

2) Man findet diese Arbeiten genannt bei Maurenbrecher Deutsches Privatrecht I. §. 80.

3) Man sehe darüber Mittermaier Privatrecht I. §. 18. Note 13.

einzelne Landestheile, wodurch in demselben Staate oft eine große Rechtsverschiedenheit entsteht. So in Hannover, in mehreren neu erworbenen Theilen von Bayern und Kurhessen, in den Großherzogthümern Hessen und Oldenburg, in den großherzoglich und herzoglich sächsischen Ländern, im Herzogthum Nassau. Ferner giebt es Landestheile, die gar kein Landrecht, sondern nur Einzelverordnungen und Stadtrechte haben; so das Königreich Sachsen, das alte Gebiet von Kurhessen, die Großherzogthümer Mecklenburg, das Herzogthum Braunschweig, die Fürstenthümer Schwarzburg, Reuß, Lippe, die Provinz Pommern. Endlich sind einige Länder darin eigenthümlich, daß dort noch der Sachsenspiegel als subsidiaires Recht vor den fremden Rechten gilt, so im Königreich Sachsen, in den großherzoglich und herzoglich sächsischen Ländern, in den Fürstenthümern Schwarzburg und Reuß.

6. Alle drei Classen von Ländern haben folgende Punkte gemeinschaftlich. Erstens gelten die deutschen Reichsgesetze nach der Auflösung des deutschen Reiches fort, wo nicht die Landesgesetzgebung sie abgeschafft hat [1]. Doch liefert diese Quelle nur für wenige Materien einige Ausbeute. Zweitens bilden die Gesetze und Beschlüsse des deutschen Bundes auch für das Privatrecht eine gemeinschaftliche Rechtsquelle. Sie haben zwar für die Unterthanen der einzelnen Bundesstaaten nicht unmittelbar, sondern erst durch die Publication der Staatsregierung verbindliche Kraft; allein zu dieser Publication ist jede Regierung als Bundesglied verpflichtet. Bis jetzt ist jedoch auch diese Quelle für das Privatrecht von geringem Belang. Drittens ist nach früheren Vorarbeiten von der Frankfurter Nationalversammlung 1848 eine allgemeine deutsche Wechselordnung, die mit dem 1. Mai 1849 in Kraft treten sollte, publicirt worden. Letzteres geschah zwar unmittelbar nicht; doch aber wurde diese Wechselordnung vor und nach von den einzelnen Regierungen angenommen und promulgirt, so daß dadurch materiell ein gemeines deutsches

1) Die Schriftsteller über diese Frage nennt Mittermaier Privatrecht I. §. 20.

Wechselrecht geschaffen worden ist[2]). Viertens gilt in allen Ländern neben dem durch die Gesetzgebung festgestellten Rechte mehr oder weniger auch ein blos auf Gewohnheit, oder auf der Autorität der Doctrin, oder auf dem Gerichtsgebrauch beruhendes Recht. Fünftens endlich finden sich überall besondere Rechtsverhältnisse, für welche durch die Gesetzgebung oder auf andere Weise besondere, vom gemeinen Landrecht getrennte Rechtsquellen geschaffen sind, so für Adels- und Bauernrecht, für das Berg-, Handels- und Seerecht[3]).

B) Rechtszustand in Beziehung auf die Rechtsinstitute.

7. In Beziehung auf die Rechtsquellen ist also unter den deutschen Territorien eine große Verschiedenheit; nicht aber darum auch unter dem Rechte selbst. Vielmehr besteht in dieser Hinsicht eine so große Verwandtschaft, daß wenn man das Recht eines Landes kennt, man sich sehr leicht auch in dem eines anderen zurecht finden kann. Diese Thatsache, welche selbst in Beziehung auf Frankreich, England und überhaupt auf alle Reiche germanischer Abkunft wahr ist, beruht auf mehreren Gründen. Erstens sind die germanischen Völkerschaften, wie ihre Sprache zeigt, aus derselben Wurzel hervorgegangen, und haben von da einen tief in ihrer Gemüthsweise begründeten gemeinsamen Kern von Rechtsbegriffen und Gewohnheiten mitgebracht. Zweitens haben das Christenthum, die Berührungen mit der Römerwelt und die durch die Geistlichkeit vermittelte römische Bildung auf sie Alle gleichmäßig eingewirkt und ihre Ideen und ihre fortschreitende Entwicklung in einer gewissen Gleichförmigkeit erhalten. Drittens rührt jene Verwandtschaft von dem überwiegenden Ansehen her, welches das Justinianische Recht im ganzen Abendlande erlangt hat, indem dasselbe nicht nur in vielen Materien, namentlich im Eigenthums- und Obligationenrecht, unmittelbar praktisch geworden, sondern dem juristischen Denken überhaupt eine gleichförmige Richtung gegeben hat, die auch bei der wissen-

2) Das Nähere beim Wechselrecht.

3) Die näheren Nachweisungen gehören nicht hieher, sondern in die Statistik der Particularrechte. Litterärische Angaben findet man bei Mittermaier I. §. 22—26.

schaftlichen und legislativen Ausbildung des germanischen Rechts von entscheidendem Einfluß gewesen ist. Viertens endlich ist aus diesen gemeinschaftlichen Grundlagen und aus der dadurch gestifteten Gleichförmigkeit der Denkart und der juristischen Bedürfnisse auch ein gemeinsamer Fortschritt der Entwicklung hervorgegangen, der auf neue gemeinsame Rechtsinstitute hingeführt hat. Beispiele bietet besonders das Handelsrecht, das Wechselgeschäft, die Assecuranzen, die Actiengesellschaften, welche Institute überall, wo sie vorkommen, wegen der Gleichheit ihrer Veranlassung im Wesentlichen auf gleichem Fuße eingerichtet sind.

II. Vom gemeinen deutschen Privatrecht. A) Begriff und Existenz desselben [1]).

8. Aus dem Gesagten folgt, daß es weder ein Gesetzbuch noch eine Rechtssammlung giebt, welche, wie ehemals die Justinianischen Sammlungen, eine gemeine Autorität für alle deutschen Territorien hätte. Man kann daher aus dem Standpunkt des geschriebenen Rechts nicht von einem gemeinen deutschen Privatrecht, sondern nur von deutschen Particular- oder Territorialrechten reden. Eben so wenig gab es früher ein geschriebenes oder ungeschriebenes gemeines deutsches Recht, woran man historisch anknüpfen könnte [2]). Wohl aber läßt sich ein gemeines deutsches Privatrecht in einem anderen Sinne aufstellen. Denn erstlich giebt es im Recht Lehren und Grundsätze, welche nicht aus positiven Bestimmungen, sondern aus der allgemeinen Natur des Rechts fließen und welche daher auch überall gelten müssen, wo man einen nach Begriffen geordneten Rechtszustand anerkennt;

---

1) Diese Frage, welche mit der wissenschaftlichen Entwicklung dieser Disciplin und der Methode ihrer Behandlung in der engsten Verbindung steht, ist mit genauer Beleuchtung der darauf bezüglichen Meinungen und Schriften behandelt von Gerber, Das wissenschaftliche Princip des gemeinen deutschen Privatrechts. Jena 1846.

2) Manche sind zwar anderer Meinung, so Eichhorn deutsche Rechtsgesch. Th. III. §. 440., Phillips deutsches Privatrecht §. 1., Beseler System I. §. 1. Allein diese widerlegt Maurenbrecher I. §. 60. 61. Der Ausdruck, ius commune, gemein Recht, der im Mittelalter vorkommt, hat entweder nur eine relative Bedeutung, zum Beispiel für Landrecht im Gegensatz von Stadtrecht, oder er bezeichnet einen historisch allgemein anerkannten Rechtssatz. Man sehe auch Mittermaier I. §. 14.

so zum Beispiel über die Theorie des Gewohnheitrechts, über die rückwirkende Kraft der Gesetze, über die Collision der Statuten. Zweitens kann der juristisch gebildete Verstand über jedes gegebene Rechtsinstitut durch die Zerlegung und Entwicklung der darin enthaltenen Grundgedanken eine wissenschaftliche Theorie aufstellen, die ihrer inneren Wahrheit und Consequenz wegen überall brauchbar ist, wo sich dasselbe Institut findet, und dem Richter in Ermanglung näherer positiver Bestimmungen an die Hand geht. Die praktische Bedeutung dieser Theorie ist um so größer, je weniger ausgebildet die Landesgesetzgebung ist. Sie ist daher ganz unentbehrlich, wo es keine großen ausführlichen Gesetzbücher giebt, und selbst da, wo es solche giebt, dient sie nicht nur zu deren Auslegung, sondern auch zu deren Ergänzung, weil die geschriebenen Rechte eben doch nur aus der Doctrin geflossen sind und nicht, wie diese, in alle concreten Einzelheiten und Verwicklungen eingehen können. Diese Theorie der in das Gebiet des deutschen Rechts fallenden Rechtssätze und Institute ist dasjenige, was man das gemeine deutsche Privatrecht zu nennen hat. Als ein bloßes Product der Doctrin hat dasselbe allerdings nicht jene Befestigung, wie das auf dem Wege der Gesetzgebung festgestellte Recht; seine Kraft beruht zunächst in der Richtigkeit der dabei angewandten wissenschaftlichen Operation, nicht auf einer äußeren Autorität. Allein dieses hat andererseits den Vortheil, daß der Germanist nicht wie der Romanist blos auf die Nachspürung und Aneignung fremder Ideen, sondern auf das eigene Schaffen und Entwickeln angewiesen ist. Auch gelangt jene Doctrin doch unvermerkt zu einer formellen äußeren Autorität, indem die auf wissenschaftlichem Wege producirte Rechtsansicht, wenn sie als innerlich begründet befunden wird, allmählig von selbst in die Jurisprudenz und Praxis übergeht.

9. Eine solche gemeinrechtliche Doctrin setzt jedoch, wie man wohl bemerken muß, nicht nothwendig auch einen gemeinrechtlichen Stoff voraus; das heißt die Institute, worauf sie sich bezieht, müssen nicht grade in allen Ländern wirklich vorkommen. Gemeinrechtlich hat hier auch den Sinn, daß wenn das Institut

irgendwo gesetzlich oder vertragsmäßig wirklich existirt, es in Ermanglung näherer Entscheidungsnormen nach jener Doctrin zu beurtheilen sei. Unter den Begriff, gemeines Recht, gehört daher hier dreierlei. Einmal der Inbegriff der Rechtsregeln, die sich gar nicht auf ein besonderes Institut beziehen, sondern die ganz allgemeiner wissenschaftlicher Art sind, zum Beispiel die Theorie der Rechtsquellen, die Regeln, welche in den allgemeinen Theil des Ganzen oder des Obligationenrechts zu stellen wären, wenn man einen solchen ausscheiden wollte. Man kann dieses das unbedingt gemeine Recht nennen. Zweitens gehören darunter die Rechtsregeln über die Institute, die überall und in einer solchen Uebereinstimmung vorkommen, daß sich dafür eine allgemeine Theorie aufstellen läßt; zum Beispiel über die Natur der väterlichen Gewalt, über die meisten Institute des Handelsrechts, über die gewagten Geschäfte. Dieses kann das dem Stoffe nach gemeine Recht genannt werden. Drittens gehören hieher die Institute, die zwar nur eine particularrechtliche Existenz haben, worüber jedoch auf wissenschaftlichem Wege eine die richterliche Beurtheilung leitende Theorie aufgestellt werden kann, zum Beispiel das sächsische Leibgeding. Dieses ist das bedingt oder hypothetisch gemeine Recht zu nennen [1]).

B) Quellen des gemeinen deutschen Privatrechts. 1) Uebersicht derselben.

10. Da das gemeine deutsche Recht nicht durch ein Gesetzbuch festgestellt, sondern nur die in fortschreitender Ausbildung begriffene Doctrin über den Stoff und die Institute des deutschen Rechts ist, so bestehen dessen Quellen in den Hülfsmitteln, woraus diese Doctrin zu bilden ist. Diese reduciren sich aber auf zweierlei. Erstlich die Geschichte, indem vermittelst derselben der Ursprung und das Dasein eines Rechtssatzes zu erforschen und darzulegen ist. Diese Operation ist also eine rein historische, und es sind dabei alle zu diesem Zwecke dienlichen historischen Hülfsmittel zu gebrauchen. Zweitens die Natur der Sache, das

---

1) Zum Theil übereinstimmend ist auch Beseler Volksrecht und Juristenrecht Kap. III., System I. §. 4. Allein seine Darstellung ist nicht klar und bestimmt genug. Man sehe die Kritik von Thöl Volksrecht S. 1—14.

heißt die Entwicklung der Einzelheiten aus der inneren Consequenz des historisch aufgefundenen Grundbegriffes. Diese Operation ist eine rationelle, und hier hat sich der schaffende juristische Verstand thätig zu erweisen. Doch ist darum nicht gesagt, daß Jeder bei jeder einzelnen Rechtsfrage selbst diese historische und logische Operation vornehmen müsse, sondern man findet insgemein Hülfsmittel, wo dieses bereits geschehen ist. Diese sind einestheils die Schriften der Juristen, welche den Gegenstand behandelt haben, anderntheils die Aussprüche der Gerichtshöfe, denen die Frage zur Entscheidung vorgelegen und die dadurch jene Operationen darüber anzustellen genöthigt gewesen sind. Die Quellen des gemeinen deutschen Privatrechts sind also theils ursprüngliche, nämlich die Geschichte und die Natur der Sache, theils verarbeitete, nämlich die Schriften der Juristen und die Entscheidungen der Gerichtshöfe [1]). Beide sind nun näher zu betrachten.

2) Ursprüngliche Quellen. a) Die historischen Hülfsmittel.

11. Die historischen Quellen, woraus das Dasein, der Ursprung und die Ausbildung eines Rechtssatzes oder Institutes zu entnehmen sind, sind folgende [1]). I. Die geschriebenen Rechtsquellen. Der größere oder geringere Werth derselben für unseren Zweck bestimmt sich nach drei Gesichtspunkten. Erstlich, daß sie den deutschen Rechtsstoff möglichst rein und ohne Beimischung des römischen Rechts wiedergeben. Zweitens, daß sie denselben in einer hinreichenden Vollständigkeit enthalten, um daraus die leitende Grundidee abstrahiren zu können. Drittens, daß sie mit der erforderlichen juristischen Kunst abgefaßt seien, um für das sachliche Verhältniß den richtigen Begriff und Ausdruck zu finden. Dieses vorausgeschickt, so gehören zu den zu benutzenden geschriebenen Rechtsquellen folgende. 1) Die alten Rechte der

---

1) Durch diese einfache, bisher übersehene Unterscheidung werden viele Streitpunkte ins Klare gebracht und widerstrebende Meinungen vermittelt.

1) Die genaueren Notizen darüber gehören nicht hieher, sondern in die Werke über die deutsche Rechtsgeschichte. Die historische Erudition, welche unsere Lehrbücher des deutschen Privatrechts hier zur Schau stellen, wobei selbst die Malbergische Glosse nicht vergessen wird, ist eben so wenig an ihrer Stelle, als wenn man in den Pandekten ausführlich von dem ius Papirianum, Aelianum und den zwölf Tafeln handeln wollte.

germanischen Völkerschaften, die zum fränkischen Reiche gehört haben [2]). Diese mehr oder weniger rohen und lückenhaften Rechtsaufzeichnungen geben jedoch von dem damaligen Recht nur eine mangelhafte Kenntniß. Eine Ausnahme macht das Westgothische Rechtsbuch, welches das germanische Recht auf einer höheren Stufe der Entwicklung darstellt, und daher, obwohl es dem fränkischen Reiche nicht angehörte, zur Nachweisung des Entwicklungsganges des deutschen Rechts mit Nutzen gebraucht werden kann [3]). 2) Die Gesetze der fränkischen Könige [4]). Diese berühren aber das Privatrecht wenig. 3) Die deutschen Reichsgesetze [5]). Von diesen gilt dasselbe. 4) Die Rechtsspiegel und Rechtsbücher des Mittelalters. Diese sind für unseren Zweck besonders wichtig, weil deren Verfasser den vorhandenen Rechtsstoff nicht blos für das praktische Bedürfniß vollständiger zu sammeln, sondern auch in einer belehrenden Form, also mit einem wissenschaftlichen Anstrich darzustellen beabsichtigten. Hieher gehören besonders die vier folgenden. Erstlich der im zweiten Viertel des dreizehnten Jahrhunderts verfaßte Sachsenspiegel [6]), mit den im vierzehnten Jahrhundert beigefügten Glossen und dem Richtsteig, der einen aus ihm gezogenen Unterricht über das gerichtliche Verfahren enthält [7]). Zweitens der im dreizehnten Jahrhundert verfaßte aber mehrmals umgeänderte Spiegel des Landrechts, welcher von den Neueren der Schwabenspiegel titulirt wird [8]). Drittens das

---

2) Die neueste Gesammtausgabe ist: Corpus iuris Germanici antiqui ed. F. Walter. Berol. 1824. 3 vol. 8.

3) Dieses findet sich auch in der genannten Sammlung.

4) Die neueste Sammlung derselben ist in den Monumenta historiae Germaniae ed. Pertz. Tom. III. (1835).

5) Die vollständigste Sammlung derselben bis ins vierzehnte Jahrhundert ist in den Monumenta historiae Germaniae Tom. IV. (1837). Für die spätern dienen folgende Werke: Neue Sammlung der Reichsabschiede. Frankf. 1747. 4 Thle. fol., Gerstlacher Handbuch der deutschen Reichsgesetze. Carlsruhe 1786—93. 11 Thle. 8. (Systematisch geordnet; hieher gehört besonders der Th. X.), Emminghaus Corpus iuris German. tam publici quam privati. Ien. 1844. 2 voll.

6) Die beste Ausgabe, jedoch ohne die Glossen, ist von Homeyer. 1835.

7) Ausgaben desselben sind in Ludovici Einleitung zum Lehnsproceß. Anhang I., Königsthal Corpus iuris Germanici. T. I. p. 125., und von Unger 1847.

8) Die neuesten Ausgaben nach Handschriften der ältesten Form sind die von Laßberg 1840, Wackernagel 1840, Gengler 1853.

kleine Kaiserrecht aus dem dreizehnten oder vierzehnten Jahrhundert, dessen Entstehung und Geltung jedoch problematisch ist [9]. Viertens das Rechtsbuch nach Distinctionen, Buch der Ausscheidung oder der vermehrte Sachsenspiegel aus dem vierzehnten Jahrhundert, welches besonders über die Entwicklung der Institute des sächsischen Rechts lehrreich ist [10]. 5) Die älteren Stadtrechte. Diese sind besonders wichtig zur Nachweisung der Art, wie sich die Institute des älteren Rechts unter dem Einflusse neuerer Verhältnisse im Bürgerstande weiter ausgebildet haben [11]. 6) Die neueren Land- und Stadtrechte [12]. Diese bezeichnen das Stadium des deutschen Rechts, wo das römische Recht in der Wissenschaft völlig die Oberhand erlangt hatte, und nun von den in diesem Geiste gebildeten Juristen Reformationen der Land- und Stadtrechte auf dem Wege der Gesetzgebung vorgenommen wurden. Dadurch wurden viele Materien der Justinianischen Rechtsbücher, namentlich aus dem Sachen-, Obligationen- und Erbrecht in die Particularrechte eingeführt, und dadurch die entsprechenden Lehren des deutschen Rechts in Masse und für immer beseitigt. Andere Lehren aber wurden beibehalten und in eine bestimmtere Fassung gebracht. Diese Land- und Stadtrechte sind daher für unseren Zweck wichtig als historische Zeugnisse des in ihnen erhaltenen Materials und der darüber bestandenen Rechtsansichten. Dagegen als Rechtsquellen gehören sie nicht hieher, weil sie nur eine particuläre, keine gemeinrechtliche Geltung haben. Aber auch in jener Beziehung sind sie für unseren Gesichtspunkt bei Weitem nicht von dem Werthe, wie die Zeugnisse der gleichzeitigen juristischen Schriftsteller. Bei ihrer positiven Fassung fehlt den Citaten aus ihnen der wissenschaftliche Lebensfunke, worauf für unsere Doctrin Alles ankommt [13]. 7) Ein

---

9) Eine neue Ausgabe desselben erschien von Endemann. 1846.

10) Die neueste Ausgabe ist: Das Rechtsbuch nach Distinctionen, herausgegeben von Fr. Ortloff. Jena 1836.

11) Man sehe darüber meine Deutsche Rechtsgeschichte §. 306.

12) Ein Verzeichniß derselben findet man in den Werken von Selchow und Gründler (§. 1. Note 2. §. 3. Note 1): auch bei Phillips Privatrecht I. §. 16. Werke, worin sie theilweise gesammelt sind, nennt Mittermaier I. §. 17. Note 22.

13) Gut äußert sich in diesem Sinne auch Maurenbrecher I. §. 76.

Gleiches gilt von den neuen großen Gesetzbüchern. Sie sind vorzüglich als der ausgebildete Ausdruck der Rechtsbedürfnisse und Rechtsanschauung der Gegenwart von Wichtigkeit. 8) Endlich pflegt man unter den historischen Hülfsmitteln auch die auswärtigen Rechte germanischen Ursprungs aufzuführen. Allein so lehrreich und anregend auch der Gebrauch derselben für die Erläuterung der deutschen Rechtsalterthümer oder für die vergleichende Jurisprudenz sein mag, so ist doch daraus für unseren Zweck wenig Nutzen zu ziehen, weil dasjenige, worin sie mit dem deutschen Rechte übereinstimmen, zu allgemein und auch schon hinreichend bekannt, dasjenige aber, was sie Eigenthümliches enthalten, wegen der Verschiedenheit der Zeiten und Verhältnisse für uns nicht beweisend ist.

12. Eine andere Art historischer Hülfsmittel sind II. die Denkmäler des ungeschriebenen Rechts, das heißt desjenigen, welches in den Gewohnheiten des Volkes und in der Ueberlieferung der Männer vom Fache fortlebt. Dazu gehören besonders die Urkunden über Rechtsgeschäfte, deren es eine überaus große Anzahl giebt [1]). Die Stelle wirklicher Urkunden vertreten für unseren Zweck die Formelsammlungen, indem diese die genau nach dem geltenden Recht concipirten Formularien enthalten, wonach in den vorkommenden Fällen die wirklichen Urkunden abgefaßt wurden. Schon die älteren Formelsammlungen liefern manche Ausbeute [2]). Besonders wichtig und für unseren Gegenstand noch viel zu wenig benutzt sind aber die aus dem fünfzehnten und sechzehnten Jahrhundert, welche den in der letzten Ausbildung begriffenen oder bereits fixirten Rechtsstoff vor Augen stellen, womit wir es noch zu thun haben [3]). Dasselbe gilt aus gleichen Gründen von den juristischen Schriftstellern des fünfzehnten

---

1) Ein Verzeichniß der Urkundensammlungen findet man unter Anderen bei Phillips deutsche Reichsgeschichte §. 5.

2) Man findet diese am vollständigsten im dritten Theil meiner oben (§. 11. Note 2) genannten Sammlung.

3) Ein Verzeichniß derselben findet man unter Andern bei Phillips deutsches Privatrecht I. §. 13. Beizufügen sind noch: New Formular, Teutsch, Allerlei Schreibenn. Frankfurt 1545., Neuwe Practica iuris und Formulen oder Concepten allerley. Basel (1574)., Philipp Meyster Speculum Notariorum das ist Notariat-Spiegel. Hanaw 1598. 1607.

und sechzehnten Jahrhunderts, so weit sie sich mit dem deutschen Recht beschäftigten [4]). Endlich ist das historische Material unserer Wissenschaft auch unmittelbar aus den noch anerkannten Rechtsgewohnheiten und der Rechtsanschauung der Gegenwart zu entnehmen.

b) Die Natur der Sache.

13. Die genannten historischen Hülfsmittel liefern den Grundstoff und die rechtlichen Institute, woraus das deutsche Recht zusammengesetzt ist. Die Doctrin oder die juristische Reflexion hat damit zweierlei zu thun. Erstens muß sie den in dem Institute liegenden Grundgedanken ermitteln und demselben den ihm zukommenden Begriff und Ausdruck verleihen. Zweitens muß sie denselben in die einzelnen Anwendungen verfolgen und daraus zur Entscheidung der dahin einschlagenden concreten Fragen die nöthigen Consequenzen ziehen. Diese Thätigkeit ist also eine rein logische, nur so, daß dieselbe von einem positiv gegebenen Stoffe ausgeht, und dasjenige, was unbewußt in demselben steckt, zum Begriffe und zum Bewußtsein bringt. Man hat es also hier nicht mit einem sogenannten Naturrecht oder einer Rechtsphilosophie im Allgemeinen zu thun, sondern mit dem Philosophiren über etwas positiv Gegebenes, wobei aber allerdings die Rechtsregeln, welche aus dem Rechtsgefühl und dem juristischen Denken überhaupt herrühren, mehr oder weniger zu Hülfe kommen und mit hinein verwebt werden. In gleicher Weise haben auch die römischen Juristen ihr Recht zu jener bewunderungswürdigen Reichhaltigkeit und Consequenz ausgebildet.

3) Verarbeitete Quellen. a) Die Schriften der Juristen.

14. Ein juristisches Werk über das heutige deutsche Recht, wenn es einen wissenschaftlichen Charakter hat, beruht immer auf einer Anwendung der bezeichneten historischen und logischen Operationen auf den darin behandelten Gegenstand. Es bildet daher für diejenigen, welche dieselbe Operation anstellen wollen und können, eine mehr oder weniger nützliche Vorarbeit; und

4) Das Verzeichniß derselben giebt Kraut Grundriß §. 26., Gengler Lehrbuch S. 17.

für diejenigen, die dazu nicht im Stande sind, bildet es eine Autorität. Unter solchen juristischen Werken sind die wichtigsten die Monographieen, indem sich diese die Aufgabe stellen müssen, den Gegenstand historisch und systematisch erschöpfend zu verarbeiten. Dann gehören dahin die Quästionen und Gutachten über entstandene Rechtsfragen, indem diese gleichsam kleine Monographieen sind. Sie tragen daher vorzüglich zur Ausbildung unserer Wissenschaft bei [1]). Wichtig sind endlich die Lehrbücher, indem diese, wenn sie auch nichts Eigenes enthalten, die Resultate der Wissenschaft nach deren dermaligem Standpunkt in der Kürze wiedergeben und daher auch thatsächlich vom Richteramte vorzüglich gebraucht werden. Auch die Lehrbücher und Bearbeitungen einzelner Particularrechte gehören hieher unter demselben Gesichtspunkte, wie die Particularrechte selbst dieses thun [2]).

b) Die Entscheidungen der Gerichte.

15. Die Entscheidungen der Gerichte, so weit sie in das Gebiet des deutschen Rechts fallen, entlehnen ihre Entscheidungsnorm entweder aus den positiven Particularrechten oder aus der Doctrin. Im zweiten Falle helfen sie sich entweder damit, daß sie auf eine verarbeitete Quelle, auf juristische Schriften Bezug nehmen, und diese dadurch zur Autorität machen; oder sie stellen selbst die zur Ermittlung des anzuwendenden Rechtssatzes erforderliche historische und logische Operation an, und legen die Resultate davon in ihren Entscheidungen nieder. Diese bilden also wie die juristischen Gutachten kleine Monographieen, nur so, daß deren Ansehen durch die öffentliche Autorität des Gerichts noch erhöht wird. Sie werden aus natürlichen Gründen bei gleichmäßig wiederkehrenden Fällen zur Richtschnur genommen, und tragen daher noch mehr als die Gutachten zur Ausbildung und Fixirung der Doctrin ganz vorzüglich bei. Man lernt dieselben aus den Decisionensammlungen kennen, die für einzelne

---

1) Sammlungen derselben nennt Lipenius Biblioth. realis v. consilia, consultationes, quaestiones, responsa. Man sehe auch Kraut Grundriß §. 49., Maurenbrecher I. §. 35.

2) Diese Bearbeitungen nennt Phillips Privatrecht I. §. 18a., Gengler Lehrbuch S. 43.

Länder und Gerichte herausgegeben worden sind [1]). Auch giebt es aus diesen weitschichtigen Sammlungen zweckmäßige, nach den Materien oder alphabetisch geordnete Auszüge [2]).

C) Wissenschaftliche Behandlung des gemeinen deutschen Privatrechts.

1) Methode derselben.

16. Die zur Darstellung des gemeinen deutschen Privatrechts anzuwendende Methode ist durch den davon gegebenen Begriff vorgezeichnet. Es folgt daraus, daß dabei das Construiren aus einem historisch zu ermittelnden oder in der Rechtsanschauung der Gegenwart vorgefundenen Grundbegriffe das Vorherrschende ist. Das Genauere hängt von der Beschaffenheit des Stoffes bei den einzelnen Instituten ab. Je sparsamer das positive historische Material ist, um desto mehr Raum hat die logische construirende Thätigkeit, wie bei der Theorie des Wechsels, der Actiengesellschaften. Das römische Recht ist dabei in doppelter Art zu benutzen: einmal als Muster der Methode, indem der Germanist streben muß, seinen Stoff eben so kunstmäßig zu gestalten, wie die Römer dieses mit dem ihrigen gethan haben; dann aber auch materiell, wenn bei der Gleichartigkeit oder Analogie des sachlichen Verhältnisses römische Begriffe in die Theorie eines deutschrechtlichen Institutes verflochten werden können, wobei aber mit der nöthigen Vorsicht zu verfahren ist.

2) Begränzung gegen verwandte Disciplinen.

17. Zur richtigen Methode gehört, daß man das Gebiet und die Aufgabe des gemeinen deutschen Privatrechts von anderen verwandten Disciplinen genau unterscheide. Zu diesen gehört: I. die Darstellung oder Statistik der Particularrechte. Man darf unsere Aufgabe nicht so fassen, als ob nur eine Einleitung oder Quintessenz der Particularrechte gegeben, oder als ob das gemeine deutsche Recht aus der Uebereinstimmung der Particularrechte abstrahirt werden sollte. Denn erstens ist nicht alles

1) Man sehe darüber Lipenius Biblioth. realis v. decisiones. Eine gute Zusammenstellung giebt Maurenbrecher I. § 35.

2) Diese nennt Kraut Grundriß §. 49., Maurenbrecher I. §. 35. Eine sehr brauchbare Auswahl von Rechtsfällen aus denselben giebt Löw Germanistische Rechtsfälle. Heidelberg 1836.

deutsche Recht in den Particularrechten enthalten; ein großer Theil liegt außerhalb derselben. Zweitens kommen die Particularrechte für unseren Zweck nicht als solche, sondern nur als historische und wissenschaftliche Zeugnisse des überlieferten deutschen Rechtsstoffes in Betracht. Drittens kann die Berufung auf sie ganz entbehrt werden, wenn andere und bessere Zeugnisse der Art vorhanden sind [1]). Viertens kann aus der noch so großen Anhäufung der Particularrechte doch kein gemeingültiger Rechtssatz abgeleitet werden, weil daraus, daß eine Regel an vielen Orten particularrechtlich gilt, nicht folgt, daß sie an allen gelten müsse. Hingegen die Statistik oder vergleichende Zusammenstellung der Particularrechte ist eine ganz andere Wissenschaft, worin diese als die Hauptsache und als formelle Rechtsquellen in Betracht kommen. Die wissenschaftliche Cultur unserer Disciplin hängt von dem Grade ab, in welchem man sich dieses Unterschiedes bewußt bleibt, und die Anführung der Particularrechte auf das richtige Maß reducirt [2]). II. Die Geschichte des deutschen Rechts. Diese ist hier nur so weit heranzuziehen, als zur Erklärung des geltenden Rechts durchaus nothwendig ist; das Abgestorbene ist völlig mit Stillschweigen zu übergehen. Der Germanist muß seinen Standpunkt in der Gegenwart nehmen, und bei dem Rückblick in die Vergangenheit doch immer zugleich das Auge auf die Gegenwart gerichtet halten. In der consequenten Durchführung dieses Gesichtspunktes muß sich zeigen, in wie fern er seinen Stoff vollkommen beherrscht. III. Das Staats- und Polizeirecht. Aus diesem ist nur dasjenige aufzunehmen, was überwiegend privatrechtlicher Natur und der scharfen wissenschaftlichen Behandlung wie andere Lehren des Privatrechts empfänglich ist.

3) Geschichte der Methode [1]).

18. Die Schwierigkeit in der Behandlung des deutschen

---

1) Man sehe darüber §. 11. Nr. 6.

2) Das Richtige fühlte schon Runde in der ersten Vorrede (1791) seines Lehrbuches. Gut äußert sich in diesem Sinne auch Maurenbrecher I. §. 76. 114 a.

1) Man sehe darüber Reyscher in dessen Zeitschrift IX. 341—365., besonders aber Gerber in der oben (§. 8. Note 1) genannten Schrift.

Rechts entstand daher, daß man bei erwachender Reflexion neben dem herrschend gewordenen römischen Rechte noch vieles Deutschrechtliche im Leben vorfand, wofür man das Bedürfniß einer wissenschaftlichen Behandlung erkannte, daß es aber an einer gemeinrechtlichen Sammlung fehlte, woran sich diese hätte anschließen können. Dieser Mangel mußte durch die Wissenschaft selbst ergänzt werden. Heineccius (1736) und seine Schule griffen zu diesem Zwecke zu den alten Volksrechten und den Rechtsbüchern des Mittelalters, leiteten aus deren Vergleichung die eigenthümlichen Grundgedanken des deutschen Rechts ab und wiesen deren fortdauernde Anwendung und Anwendbarkeit in den heutigen Rechten nach. Pütter (1748) construirte aus den Particularrechten eine Theorie der deutschen Rechtsinstitute, jedoch blos für den wissenschaftlichen Gebrauch. Mylius (1752) und Selchow (1757) thaten dasselbe, aber mit dem Fehler, daß sie aus dem, worin viele Particularrechte übereinstimmten, ein gemeines Recht machten. Tafinger (1787) fand die richtige Methode dadurch, daß er auf historischem Wege die Grundgedanken der deutschrechtlichen Institute erforscht, und mit Hülfe derselben, was er mit einem schiefen Ausdruck die Analogie nannte, die Particularrechte erklärt und ergänzt wissen wollte. Runde (1791) nannte unter den Quellen des gemeinen deutschen Rechts auch die Natur der Sache, wobei er das Richtige ahndete, allein das Ziel dadurch verfehlte, daß er diese logische Operation zu sehr in das Gebiet des reinen Vernunftrechts verlegte und zu wenig an das historisch Gegebene anknüpfte. Gegen ihn traten Hufeland (1792) und Feuerbach (1803) auf, welche die Existenz eines gemeinen deutschen Privatrechts ganz läugneten. Eichhorn (1815 und 1823) führte den von Tafinger bezeichneten historischen Weg genauer aus, und reducirte das, was Runde mit der Natur der Sache gewollt hatte, auf den richtigen Sinn. Ein Mangel bestand aber noch darin, daß man die oben als die verarbeiteten Quellen bezeichneten Hülfsmittel unserer Doctrin zu wenig berücksichtigte und nicht an die rechte Stelle brachte. Diesen Mangel hob Maurenbrecher (1832) jedoch mit zu viel Uebertreibung hervor, und fiel dadurch in den Fehler, daß er die ursprünglichen und die verarbeiteten Quellen nicht genug unterschied und das Juristenrecht zu sehr in den Vordergrund stellte. Gerber endlich bestimmt den Begriff des gemeinen deutschen Privatrechts, „als die Darstellung der gegenwärtigen Aeußerungen der „Rechtsüberzeugung des deutschen Volks auf dem Gebiete des „Privatrechts." Er will diese auch auf historischem Wege gewonnen wissen, bestreitet jedoch deren formelle Geltung und Anwendbarkeit zur Ergänzung der Particularrechte. Die Bedeutung einer solchen Wissenschaft setzt er weniger in den praktischen Nutzen derselben, als hauptsächlich in die Befriedigung des Anspruches auf wissenschaftliche Berücksichtigung, den jedes geistige Product eines Volkes, sein Recht eben so wie seine Literatur, habe [2]). Diese Auffassung ist jedoch zu theoretisch und abstract [3]); daher entspricht ihr auch die Ausführung im Lehrbuche selbst nicht, sondern diese wird durch die Natur des Stoffes von selbst in das gewöhnliche Geleise gezogen.

4) Geschichte der wissenschaftlichen Bearbeitung des deutschen Privatrechts.

19. Der wissenschaftliche Anbau des deutschen Rechts hatte in den Rechtsspiegeln des Mittelalters, in den dazu angefertigten Glossen, Richtsteigen, und anderen Werken begonnen [1]), als durch die Bekanntschaft mit dem römischen Recht die Blicke ganz davon abgezogen wurden. Die Tradition desselben erhielt sich jedoch für die Bedürfnisse der Praxis in den Formularbüchern [2]), in einigen Hülfsbüchern, worin man dasselbe unter gewissen durch den Stoff gegebenen Titeln vermischt mit dem römischen Recht

---

2) Man sehe dessen oben (§. 8. Note 1) genannte Schrift und dessen System §. 5. 6. 7.

3) Gerber hat das mit Maurenbrecher, Beseler und Anderen gemein, daß zu viel auf Volksbewußtsein, Volksüberzeugung, Volksgeist, Volkswille, Bezug genommen wird. Allein man frage einmal das deutsche Volk Mann für Mann um seine Rechtsüberzeugung über Wechselrecht, Retractrecht, Assecuranzrecht, eheliche Gütergemeinschaft und Anderes ab; es wird den Sinn der Frage nicht einmal verstehen. Es giebt im Recht keine Ueberzeugung und kein Bewußtsein, als das der Männer vom Fache. Das Uebrige ist leere Fiction, woraus für die Wissenschaft nur Unklarheit und Widerspruch fließt.

1) Man sehe meine Deutsche Rechtsgeschichte §. 299. 301. 307. 355.

2) Man sehe §. 12. Note 3. Der Gebrauch derselben ergiebt sich aus den rasch wiederholten Auflagen.

zusammenstellte [3]), in dem von den sächsischen Juristen für das praktische Leben festgehaltenen Sachsenspiegel mit seinen Glossen, und in den Consilien und Decisionen berühmter Praktiker, Spruchcollegien und Gerichte. Durch die seit dem sechzehnten Jahrhundert von Sichard, Joh. du Tillet, Herold, Lindenbrog und Anderen veranstaltete Herausgabe der in Vergessenheit gerathenen alten Volksrechte, fränkischen Capitularien und Formeln wurde aber der Sinn für diesen Stoff nach einer ganz anderen Seite hin neu belebt, und die historische Erforschung desselben möglich gemacht. Hiedurch angeregt verfaßte Conring 1645 sein Werk de origine iuris Germanici, worin er den Ursprung und die ununterbrochene Fortdauer des deutschen Rechts aus den Quellen nachwies. Auch gelangte dasselbe bei den praktischen Schriftstellern zu der Anerkennung, daß man es in den Pandekten hinter jeder Lehre als deren Praxis oder usus modernus vortrug [4]), und daß man einzelne Statutarrechte sorgfältig bearbeitete [5]). Durch Beides wurde man sich der Eigenthümlichkeiten des deutschen Rechts bestimmter bewußt. Endlich wurde von Georg Beyer zu Wittenberg 1707 darüber ein besonderer Vortrag gehalten [6]), dann von Polack 1733 ein System des alten Rechts aus den Volksrechten, endlich von Heineccius 1736 das erste Lehrbuch herausgegeben, dem bald Andere nach verschiedenen Methoden folgten. Einen Abschluß machte das zu großem Ansehen gelangte Lehrbuch von J. F. Runde 1791, durch welches der Stoff in der Hauptsache fixirt wurde.

20. Der seitdem in Deutschland in allen Theilen der Rechtswissenschaft eingetretene Fortschritt ist auch auf diesem Gebiete

---

3) Dahin gehört Ulrich Tenglers Laienspiegel von 1509 und das Statutenbuch, das zu Frankfurt 1553 und zum viertenmal 1572 gedruckt erschien. Stücke daraus sind in meiner Deutschen Rechtsgeschichte §. 378. 379. 470. 604. mitgetheilt.

4) Von dieser Art waren Schilter Praxis iuris Romani in foro Germanico 1672., Stryck Usus modernus Pandectarum 1690.

5) Besonders ausgezeichnet war Dav. Mevius Commentarii in ius Lubecense. Francof. 1642.

6) Daraus ist dessen Delineatio iuris Germanici entstanden, die nach seinem Tode von Griebner 1718 und von Hoffmann 1729 herausgegeben worden ist.

sichtbar. Er zeigt sich in der tiefer gehenden historischen Auffassung, in dem Streben nach der wissenschaftlichen Gestaltung des Stoffes, in der Aufmerksamkeit auf die Particularrechte, in der Berücksichtigung der Rechte und juristischen Litteratur des Auslandes. Die Formen, in welchen diese Thätigkeit wirkt und schafft, sind Lehrbücher [1]), Grundrisse [2]), Bearbeitungen größerer Partieen, namentlich des Handelsrechts [3]) und des Seerechts [4]), Monographieen, Bearbeitungen der Particularrechte, Abhandlungen über einzelne Gegenstände eines Particularrechts, und Anderes [5]).

5) Anordnung des Stoffes.

21. Alles Recht eines Volkes bildet einen Inbegriff von Verhältnissen der Menschen zu einander, die mit den daraus hervorgehenden Rechten und Pflichten durch dessen Sitten und Gesetze anerkannt und durch Klagrechte geschützt sind. Nur durch diese Anerkennung wird überhaupt ein Verhältniß zu einem Rechtsverhältnisse. Zu einem solchen gehört aber wesentlich zweierlei: ein Subject, welches dasselbe hat, und ein Gegenstand, worauf es sich bezieht. Das System des Privatrechts eines jeden Volkes zerfällt daher in drei Haupttheile: die Theorie der Rechtsquellen, wodurch die Rechtsverhältnisse geschaffen oder anerkannt werden; die Lehre von dem Subjecte [1]), und die Lehre von dem Objecte oder dem Inhalte der Rechtsverhältnisse. Als solche Objecte giebt es nur zweierlei: Personen und Sachen. Unter den Letzteren bilden aber die Forderungen und die Beerbung zwei besondere

---

1) Dahin gehören die Lehrbücher von Eichhorn 5. Ausg. 1846., Mittermaier 7. Ausg. 1847., Phillips 3. Ausg. 1846., Maurenbrecher Bd. I. 2. Ausg. 1840. Bd. II. 1834., Wolff Bd. I. 1843., Schmid 1847., Beseler 1847., Gerber 4. Aufl. 1853., Renaud 1848., Hillebrand 1849., Bluntschli 1853, Gengler 1854.

2) Unter diesen sind von bleibendem wissenschaftlichem Werthe die von Kraut 3. Ausg. 1845. und Ortloff 1828.

3) Dahin gehören die Werke von Bender 1824., Pöhls 1828., Thöl 2. Aufl. 1847., Brinckmann 1853.

4) So die Werke von Pöhls 1830., Kaltenborn 1850.

5) Manches davon ist gelegentlich anzuführen. Im Ganzen ist auf die Grundrisse von Kraut und Ortloff und auf das sehr reichhaltige Lehrbuch von Gengler zu verweisen.

1) Es ist ein Fehler, wenn man die Lehre von dem Subjecte der Rechtsverhältnisse in einem allgemeinen Theil mit mancherlei Anderem zusammenstellt. Sie bildet einen Haupttheil für sich.

Kategorieen. Auch erfordern der historische und innere Zusammenhang und die daraus entspringende Gemeinschaft der leitenden Grundgedanken, daß man die Rechtsverhältnisse der Stände als eine besondere Kategorie zusammenfasse [2]). Die Objecte der Rechtsverhältnisse sind demnach fünferlei: sie beziehen sich entweder auf Personen [3]), oder auf Sachen, oder auf Forderungen, oder auf die Beerbung, oder auf die Verhältnisse besonderer Stände. Daraus ergeben sich fünf Unterabtheilungen des dritten Haupttheils. Die Absonderung des Handelsrechts, Seerechts, Bergrechts, Gewerberechts und dergleichen ist nicht wissenschaftlich, weil rein thatsächliche Beziehungen nicht den Grund zu einer juristischen Classification abgeben können, und es ist deren Stoff nach den darin enthaltenen juristischen Gesichtspunkten in das System zu vertheilen. Dagegen ist das Lehnrecht auszuscheiden, weil das Verhältniß seiner Quellen und dadurch auch die Methode der Behandlung eine ganz andere ist.

---

2) Es ist gegen die Natur des deutschen Rechtsstoffes, wenn man die Rechtsverhältnisse der Stände aus einander reißt, und im System unter das Personen-, Sachen- und Erbrecht vertheilt, wie dieses bei Mittermaier, Eichhorn, Gerber geschieht. Es wird dadurch Alles bunt durch einander geworfen, und die ungleichartigsten Dinge werden neben einander gestellt.

3) Es ist ein großer aber sehr gewöhnlicher Fehler, wenn man die Lehre von den Personen als Subjecten der Rechtsverhältnisse und die Lehre von den Rechtsverhältnissen, wo Personen als Objecte derselben in Betracht kommen, unter der Rubrik, Personenrecht, zusammenstellt.

Erster Theil.

Theorie der Rechtsquellen.

I. Die Rechtsquellen nach ihrer allgemeinen Beschaffenheit. A) Uebersicht derselben [1]).

22. Das positive Recht eines Volkes ist der Ausdruck von dem, was bei ihm in den vorkommenden Lebensverhältnissen für gerecht gehalten wird. Der tiefere Quell desselben ist das dem Menschen von seinem Schöpfer eingepflanzte unvertilgbare Rechtsgefühl. Es ist also der Ausdruck eines höheren Willens, der sich in dem Gefühl und Gewissen jedes Einzelnen als eine Macht ankündigt. Unter dem bewußten oder unbewußten Einflusse dieser Macht entstehen bei jedem Volke aus der Gleichheit der Bildung, Gefühlsweise und Interessen über das, was in den einzelnen Verhältnissen für gerecht gehalten wird, übereinstimmende Ansichten, welche aus Bedürfniß zur verpflichtenden Autorität erhoben und von der Obrigkeit zur Richtschnur ihrer Entscheidungen genommen werden. So entsteht das positive Recht. Die Formen, worin dieses auftritt, können dreifacher Art sein: Gewohnheitsrecht, Aussprüche der Juristen, Gesetze. Alle drei sind nur der Ausdruck eines und desselben Grundgedankens; sie hängen daher auf das Genaueste zusammen und ergänzen sich gegenseitig.

B) Die einzelnen Arten. 1) Das Gewohnheitsrecht [1]). a) Natur desselben.

23. Das Recht war bei den Germanen, so weit unsere

---

1) Hierhin gehören: Beseler Volksrecht und Juristenrecht. Leipzig 1843., Thöl Volksrecht. Juristenrecht. Rostock 1846. Man sehe aber darüber §. 9. Note 1. §. 18. Note 3.

1) Puchta das Gewohnheitsrecht. Erlangen 1828. 2 Th., Savigny

Nachrichten zurückreichen, größtentheils Gewohnheitsrecht. Die Grundzüge desselben wurzelten tief in der Eigenthümlichkeit des Volkscharakters und in den Sitten, wurden mit der vollen Kraft der deutschen Gefühlsweise empfunden, und durch mancherlei Symbole und andere Mittel im Gedächtniß erhalten. Allerdings wurde schon früh, und mehr als man gewöhnlich annimmt, theils bei den Redactionen der Volksrechte, theils durch vereinzelte Constitutionen künstliche und absichtliche Gesetzgebung eingemischt. Immer aber schloß sich diese an das Herkommen und an die im Volke empfundenen Rechtsbedürfnisse auf das Engste an. Dieses blieb der Charakter des deutschen Rechts bis weit ins Mittelalter [2]). Es änderte sich aber durch die Aufnahme des römischen Rechts. Man lernte darin eine neue überaus reichhaltige Rechtsquelle kennen, welche für die Entscheidung der vorkommenden Rechtsfragen meistens eine sichere Auskunft gewährte und dadurch die Nachfrage nach dem überlieferten Gewohnheitsrecht entbehrlich machte. Das Recht zog sich nun aus dem Leben in die Bücher, und an die Stelle der Schöffen und Landleute, die für den gegebenen Fall das Recht zu finden und zu weisen hatten, trat die Berufung auf die Texte der fremden Rechte und deren gelehrte Commentatoren. So wurde die Bedeutung des Gewohnheitsrechts immer mehr eingeengt. Doch erhielt sich dieselbe in den rechtlichen Verhältnissen, die mit dem eigenthümlichen germanischen Leben inniger verwachsen waren, in dem Adels-, Bauern- und Handelsrecht. Ihm kam dafür auch der Umstand zu Statten, daß das römische und canonische Recht selbst die verbindliche Kraft des Gewohnheitsrechts ausdrücklich anerkannten. Darauf stützten sich nun auch die Rechtsspiegel [3]) und praktischen Hülfsbücher [4]), und die Reichsgesetze wiesen daher fortwährend

---

System I. §. 12. 18. 25. 28. 29. 30., Brinckmann das Gewohnheitsrecht im gemeinen Civilrecht und Civilprocesse und die Handelsusancen. Heidelberg Th. I. 1847.

2) Die Belege dazu giebt meine Deutsche Rechtsgeschichte §. 136. 140. 290. 291.

3) Schwabensp. 44 Laßb., Kaiserrecht II. 47.

4) Dieses zeigen Ulrich Tengler Layenspiegel Th. I. Tit. Von gewonhaiten, Statutenbuch von 1572. Fol. 4. 5. Hier wird die Theorie des

auf die Beobachtung der guten Gewohnheiten so sehr als auf die der Gesetze hin [5]).

24. Der letzte Grund der verbindlichen Kraft des Gewohnheitsrechts ist ein sittlicher, die Autorität des unzweifelhaft als gerecht Anerkannten für den sittlichen Menschen. Dazu kommt noch ein zweiter mehr äußerlicher Grund, nämlich das Bedürfniß einer gewissen Stetigkeit in den Verhältnissen des bürgerlichen Lebens [1]). Beide Gründe vereinigt führen jedes Volk von selbst auf die Nothwendigkeit der Beobachtung der bestehenden Rechtsgewohnheiten hin und erheben diese Nothwendigkeit zu einem bewußten Rechtssatz [2]). Dieser allgemeine Rechtssatz, welcher keine willkührliche Festsetzung, sondern selbst die Aeußerung einer im Leben des Volkes durchgebildeten Einsicht und Ueberzeugung ist, bildet den nächsten formellen Grund der Gültigkeit der einzelnen Gewohnheitsrechte. Früher betrachtete man als solchen den stillschweigenden Consens der Staatsgewalt, was offenbar eine unhaltbare Fiction ist [3]). Jetzt leitet man die verbindende Kraft des Gewohnheitsrechts aus dem angeblichen Gesammtwillen oder Volkswillen ab [4]). Allein auch dieses ist eine unbestimmte und unwahre Vorstellung. Denn so lange ein Gewohnheitsrecht erst

---

Gewohnheitsrechts ganz nach dem römischen und canonischen Rechte vorgetragen.

5) Cammergerichtsordn. von 1495. §. 3., Reichsabsch. zu Freyburg von 1498. §. 37., Instr. Pac. Osn. art. VIII. §. 4., Reichsabsch. zu Regensburg von 1654. §. 105.

1) Es ist merkwürdig, daß Puchta Gewohnheitsrecht I. 83. 84. 180. 181. sagt: „auf die Frage, ob und aus welchem Grunde das Gewohnheits„recht gültig sei, lasse sich keine andere Antwort geben, als die: es bestehe „und gelte aus dem Grunde, aus welchem Recht überhaupt gilt, ferner aus „dem Grunde, aus dem es eine Volksüberzeugung giebt, aus dem Grunde end„lich, aus welchem überhaupt Völker existiren." Er hat also die sittliche Grundlage des Gewohnheitsrechts nicht erkannt.

2) Dieser Rechtssatz wurde auch bei den Deutschen wiederholt ausgesprochen. Man sehe meine Deutsche Rechtsgeschichte §. 140. Note 1. 2. §. 290. Note 4. §. 291. Note 3., auch oben §. 23. Note 3. 5.

3) Maurenbrecher I. §. 21. sucht diese Ansicht noch festzuhalten. Andere Anhänger derselben nennt Renaud I. §. 28. Note 4.

4) Dieses ist die Ansicht von Savigny, der nun die Meisten folgen. Auch bei Maurenbrecher I. §. 19—21. 39. 111. 112 wird diese Fiction bis zum Ueberdruß wiederholt, nur so, daß er zu dem Volkswillen noch den stillschweigenden Willen des Fürsten hinzudichtet. Puchta hält sich davon frei, weiß aber einen anderen Grund auch nicht anzugeben (Note 1).

in der Bildung begriffen ist, fehlt es zum Willen am bestimmten Bewußtsein. Wenn es aber gebildet ist, hat der Einzelne nicht zu wollen, sondern sich zu unterwerfen. Auch setzt ein Gesammtwille oder Volkswille voraus, daß das Volk dazu als eine Einheit organisirt sei, was es nicht ist. Die verbindende Kraft des Gewohnheitsrechts liegt in der unbewußt und unvermerkt im Volke wirkenden Macht der Rechtsidee und des Beispiels; zu einem bewußten Willen bringt es das Volk nicht.

b) Bedingungen des Gewohnheitsrechts.

25. Das Gewohnheitsrecht ist nach dem Gesagten eine im Volke als verbindende Norm lebende Rechtsidee, deren Dasein sich durch die That selbst, durch Gewohnheit, kund gegeben hat. Daraus ergeben sich dessen nähere Bedingungen. I. Es muß eine Gewohnheit, das heißt eine Reihe gleichförmig und längere Zeit sich wiederholender Handlungen vorliegen. Wie viele, ist dem richterlichen Ermessen zu überlassen; eben so die Länge der Zeit [1]). II. Die Handlungen müssen in dieser Uebereinstimmung nicht zufällig, sondern in der Meinung einer rechtlichen Nothwendigkeit vorgenommen worden sein [2]). III. Die Gewohnheit darf nicht gegen die Vernunft und guten Sitten verstoßen, weil ihr dann die sittliche Autorität fehlt, welche die letzte Grundlage des Gewohnheitsrechts ausmacht [3]). IV. Die Handlungen müssen als Ausdruck einer in Wahrheit begründeten, nicht blos irrig dafür gehaltenen Rechtsidee vorgenommen worden sein [4]).

26. In einfacher Weise faßt ein altes Rechtsbuch dieses so zusammen [1]): „Und ist zu wissen, wo ain gewonhaitt ir recht „aigenschafft und zugehörig Substancialia hatt, so mag sy an „derselben artt, da sy in übung, das gemain recht in articklen, „so derselben gewonhait widerwertig wären, zuruckstellen, und

1) Die ältere Meinung, die eine bestimmte Zahl von Jahren annahm, ist unbegründet.

2) Fr. 39. D. de legib. (1. 3), c. 1. C. quae sit longa consuet. (8. 53).

3) C. 11. X. de consuet. (1. 4), c. 3. de consuet. in VI. (1. 4), c. 9. de off. ordin. in VI. (1. 16), c. 50. X. de elect. (1. 6).

4) Fr. 39. D. de legib. (1. 3).

1) Ulrich Tengler Layenspiegel Th. I. Tit. Von gewonhaiten.

„für das gemain recht gehalten. Aber zu sollicher starcken ge„wonhait gehören etwo manig ursachen, als die ainßtails her„nach berürt werden.“

27. „Von ersten, das sollich gewonhait menschlicher ver„nunfft nit widerwertig, sondern auff gut sittlich ursachen ge„gründet, auch gemainem nutz erspriеßlich, und von den ver„stendigen richtern darfür gehalten werd. Wann wiewol ain lang „oder alte gewonhait nit weniger krafft oder ansehens, so ist „sy doch nit so starck das sy gemainem rechten abbruch thun „mög, sy sey dann auff vernünfftig ursachen gegründt und recht„lich ersessen. Wann wenn sy der vernunfft manggelt, so mag „sy kain krafft haben, Angesehen, das die gewonnhait dem rech„ten nachvolgen. Nu soll ye das recht in im halten vernünftig „ursachen, wann es endlich auff gemeinen nutz gesetzt. Wo dann „ain gewonhait gemeinem nutz ersprießlich, so ist sy für vernünff„tig zu achten, in massen das alles ain yeder versteendiger rich„ter zu mässigen haben mag.“

28. „Zum andern soll ain gnugsame gewonhait lange weil „und zeit geübt und gebraucht sein, als nach Kaiserlichem rech„ten auffs minnst zehen jar. Aber nach Päpstlichem rechten, wenn „sy gemainem rechten widerwärtig ist, viertzig jar, damit lau„ter erschein, das das gemain volck derselben ain wissen em„pfangen, darein gehollen und auff derselben gewonhait verhar„ret hab.“

29. „Zu dem driten, das dieselb gewonhait durch die inn„woner der enden, in ainer gestalt meermals gebraucht. Wann „wo sy in ainer sachen gehalten, und in der andern dawider „gehandelt, so wär sy nitt volkommen, besonder wo die meer „verstendigen als Magistrat, richter und ander person, dadurch „ain gemain mög verstanden, dieselben gebrauchen. Wann ob„gleich ettwo weiber Toub, minderjärig, dienst oder ainfeltig „arm leut die nit mögen ainich gesatz machen, sollich gewonhait „auffbracht, oder dawider gehandelt, so hett es nicht grunds; „solichs gebürt auch dem verstendigen richter mit fleiß zu er„messen.“

30. „Zum vierden sol sy auß aigentlichem wissen, und

„nitt durch jrrsal entstanden sein, also das die innwoner die „sy erhebt, des gemainen rechten, im widerwertigen artikel ai„gentlich bericht, und nichtzminder solh gewonhayt für dasselb „recht erwölt; wann wo ain gebrauch auß unverstandenhait und „unwissender recht geübt, das würd rechtlich für kain gewon„hait, sondern billich als ain irrsal unkrefftig und untuglich, „das es gemainem rechten kainen abbruch oder nachtail bringen. „Es möcht auch nyemandts mit gutem gewissen darauff wider „gemaine recht urtailen, angesehen das solh irrsal dem gunst „des volcks widerwertig und ain lautter antzaigen, das die auß „unverstandenhait eingefürt. Darumb so wöllen die recht, das „ain gewonhaytt, die gemainem rechten widerwärtig, und durch „irrsal aufpracht, nit für krefftig zu halten sey. Und wiewol „sonst noch etwo vil minder ursachen zu ainer gewonhait, damit „gemeine recht abgestelt, notdürfftig sein möchten, so ist doch „gemainem schlechten layen nit not, sonnder mislich, sich dar„umb in vil disputacion tzu begeben, sondern dasselb den ge„leerten geübten und versteendigen richtern aufftzulegen."

c) Von den Erkenntniß- und Beweismitteln des Gewohnheitsrechts.

31. Die Anwendung des Gewohnheitsrechts als Rechtsquelle für eine richterliche Entscheidung setzt voraus, daß dessen Existenz gewiß ist. Dieses führt zu der Frage, woher man dieselbe, wenn man darauf Bezug zu nehmen hat, erfährt. Dazu giebt es je nach der Entwicklungsstufe des Rechts mehrere Mittel, und jede Zeit hat dafür ihre eigenen Wege. Man muß folgende Fälle unterscheiden. I. Das Recht befindet sich noch in dem Zustande, wo es vorherrschend ein ungeschriebenes, unmittelbar im Volke lebendes Recht ist. Hier kann man auch auf das unmittelbare Zeugniß aus dem Volke zurückgehen. Dieses war der ursprüngliche Zustand bei den Deutschen. Daher dienten als Zeugniß des Gewohnheitsrechts regelmäßig die Aussprüche der Schöffen und des umstehenden Volkes, und es fiel dieses Zeugniß und die Urtheilsfindung in denselben Act zusammen. Nöthigenfalls erhob man ein Weisthum, indem man im Gericht oder in der versammelten Gemeinde die kundigen Leute über das Her-

kommen abfragte [1]). Dieses hat bei unseren veränderten Zuständen aufgehört; nur in bäuerlichen Verhältnissen könnte es in einigen Gegenden noch vorkommen. II. Das Gewohnheitsrecht ist zur Sicherheit und besseren Aufbewahrung gesammelt und niedergeschrieben worden. So in den Rechtsspiegeln, Hofrechten und anderen geschriebenen Rechtsquellen des Mittelalters. Wenn diese als getreu anerkannt sind, so bilden sie natürlich ein zuverlässiges Erkenntnißmittel. Die Schrift tritt hier an die Stelle des mündlichen Weisthums. III. Bei der fortgeschrittenen Entwicklung der Gesellschaft, wo sich das Recht in die Bücher oder in engere Kreise zieht, werden die Erkenntnißquellen des Gewohnheitsrechts künstlicher. Es dienen nun dazu juristische Schriften, worin die Rechtsgewohnheiten mit den anderen Rechtsquellen verarbeitet sind, und gerichtliche Urtheile, worin darauf als Entscheidungsnormen Bezug genommen wird. Es steht dann also die Wissenschaft zwischen dem Gewohnheitsrecht und der davon zu machenden Anwendung in der Mitte, und jenes erhält nun seine Beglaubigung und Vertretung durch das Juristenrecht. Dieses zeigt sich namentlich bei den Sätzen, die man zu den allgemeinen deutschen Gewohnheiten rechnet. Denn da den örtlichen Beweis ihrer Allgemeinheit zu führen nicht möglich ist, so wird diese durch die Schriften der Juristen und daraus durch die Urtheilssprüche der Gerichte bezeugt [2]). Auch die deutschen Rechtssprüchwörter sind dahin zu rechnen, da sie ihr Verständniß und ihre rechte Auslegung erst durch die Rechtswissenschaft erhalten müssen [3]). IV. Es giebt aber auch jetzt noch Rechtsgewohnheiten, die in gewissen Kreisen im unmittelbaren Bewußtsein lebendig sind. Darüber ist dann der Beweis durch ein Zeugniß von Sachverständigen aus jenem Kreise zu erheben, welches dann ganz die Stelle eines Weisthums einnimmt. Von jener Art sind namentlich die Uesancen der Kaufleute, und die Zeugnisse darüber

---

1) Man sehe meine Deutsche Rechtsgeschichte §. 290. 295. 308. 309. 649.

2) Beispiele giebt der Satz von der allgemeinen Klagbarkeit der Verträge, von der Gültigkeit der Erbverträge.

3) Davon handelt Reyscher in seiner Zeitschrift V. 189—209. Eine Sammlung derselben mit Erläuterungen giebt es von Eisenhart 1823.

werden Pareres genannt[4]). V. Es kann Gewohnheitsrechte ganz enger und künstlicher Art geben, die nicht unmittelbar im Volke lebendig sind, zum Beispiel über die Art und Größe einer periodischen Leistung, über die Zulässigkeit eines Retractrechts. Bei solchen ist, wenn deren Existenz bestritten wird, eine künstliche Beweisführung unentbehrlich. Zunächst geschieht diese durch Schriften oder Urkunden, worin die Rechtsgewohnheit als solche bezeugt wird. Wenn es aber daran fehlt, so muß der Beweis darauf gerichtet sein, daß solche Gewohnheit von altem Herkommen zu mehrmalen als Recht geübt worden[5]). VI. Das Verhalten des Richters, der nach dem Gewohnheitsrecht urtheilen soll, ist nach diesen Fällen verschieden. Ist die Gewohnheit eine allgemein kundige, so wird auch regelmäßig das Gericht darum wissen. Ist es ungewiß, so muß es einen Notorietätsact erheben, wobei auch die Partei mit thätig sein kann. Handelt es sich um ein Gewohnheitsrecht, welches in die Bücher und in das Juristenrecht aufgenommen worden, so muß der Richter kraft seines Amtes und seiner wissenschaftlichen Bildung dasselbe von selbst kennen. Wenn ihm die Partei dabei zu Hülfe kommt, so hat dieses keine andere Bedeutung, als wenn sie aus den geschriebenen Gesetzen Citate vorbringt. Beruft sich aber Einer auf ein vereinzeltes nicht notorisches oder in Schriften angeführtes Gewohnheitsrecht, so gereicht es dem Richter nicht zum Vorwurf, wenn er dasselbe nicht kennt. Die Partei muß ihn daher von dessen Existenz in der geeigneten Weise überzeugen. Es kommt also dann zu einer Art von Beweisführung; allein von der gewöhnlichen processualischen Beweisführung über Thatsachen unterscheidet sich dieselbe dadurch, daß die Berufung auf Gewohnheitsrecht in jedem Stadium des Processes vorkommen, und daß

---

4) Der Reichsabschied vom 17. Februar 1671 verordnete: So solle auch von den Obrigkeiten und Unterrichtern in Gewerb= Meß= und Handelssachen, ehe und bevor die Appellations= und Mandatprocesse erkennt werden, wie nicht weniger vor Eröffnung der Urtheil, verständiger Kaufleute Gutachten circa factum mercantile vernommen, und nachgehends der höchsten Tribunalien arbitrio anheim gegeben werden (Koch IV. 76).

5) So sagt auch das Statutenbuch von 1572. Fol. 5. Andere Zeugnisse aus neueren Statutarrechten giebt Maurenbrecher I. §. 26. Note 14.

der Richter zu dessen Erforschung selbst thätig sein kann und muß [6]), wozu besonders das Zurückgehen auf frühere Präjudicien von Wichtigkeit ist [7]). Die ältere Praxis faßte diesen Unterschied weniger scharf auf [8]).

2) Das Juristenrecht [1]).

32. Das Recht bleibt nicht im Stadium als unmittelbares Gewohnheitsrecht. Bei jedem Volke sondert sich früher oder später ein engerer Kreis von Personen ab, die sich mit dem Recht mehr beschäftigen, als Andere, und die dadurch eine tiefere Einsicht in dasselbe erlangen. Von dieser Art waren bei den Deutschen die Schöffen, die durch ihre höhere Stellung als Grundeigenthümer und durch Uebung als die Rechtskundigen hervortraten. Sie erlangten dadurch eine doppelte Bedeutung: einmal gaben sie über das überlieferte Recht Zeugniß und wandten dasselbe auf die zu entscheidende Streitfrage an; zweitens sprachen sie in Ermanglung eines bestimmten ihnen kundigen Rechtssatzes nach ihrem Rechtsgefühl aus, was im Geiste des ihnen bewußten Rechtes für den vorliegenden Fall anzunehmen sei, halfen also auch das Recht ausbilden und neues Recht erzeugen [2]). Aus diesen Schöffen giengen auch die juristischen Schriftsteller hervor, die in gleicher Weise das überlieferte Recht theils sammelten, theils aus ihrer eigenen Einsicht ergänzten [3]). Durch die

---

6) Fr. 3. §. 6. D. de testib. (22. 5), nov. 106. pr. c. 1.

7) Fr. 34. D. de legib. (1. 3), c. 1. C. quae sit longa consuet. (8. 53).

8) Gegen diese ältere Praxis eifert mit Uebertreibung Maurenbrecher I. §. 21—27. Irrig ist es, wenn er dieselbe die römische Theorie nennt. Andere Irrthümer desselben rügt Renaud I. §. 30.

1) Davon handelt im Allgemeinen Savigny I. §. 14. 19. 20. 26. Lesenswerth bleibt auch die fleißige und scharfsinnige Abhandlung von Maurenbrecher I. §. 28—42 b., wenn gleich darin manches Irrige vorkommt.

2) Sehr deutlich zeigt dieses das Stadtrecht von Ingolstadt um 1360. Art. 74 (Heumann opuscula p. 162). Was für Recht kumbt, des das puch nicht enhat, da sol der Richter an der schrannen fünf nemen die pesten die da sein des tags, und die sullen also stille sitzen, und sullen sich nicht darumb gesprechen, und sol si der Richter fragen auf ir aid, Was si recht darum dunck nach jenes anclag, und nach jens antwurtt; und werdent die fünf en ein mit ir urtail, damit hat der behabt dem das recht gefellt. So sol der Richter ein läres plat habn in dem puch, und sol an dasselb puch haissen schreiben die ansprach und die urtail und was darüber ertailt ist.

3) Ein Beispiel ist der Sachsenspiegel.

Reception des römischen Rechts erhielt dieses Alles einen noch künstlicheren Charakter. Das Recht wurde nun überwiegend Gegenstand einer gelehrten Behandlung und Auslegung. Diese zeigte sich in zwei Formen: theils in wissenschaftlichen Werken, worin das römische, oder das deutsche Recht, oder Beides zusammen bearbeitet war; theils in den richterlichen Entscheidungen, die auf diese Quellen gebaut waren. Die beiden Arten des Juristenrechts sind also die Doctrin und die Praxis.

33. Die Thätigkeit der Doctrin ist je nach dem Grade ihrer Entwicklung eine fünffache. Sie stellt das durch Gewohnheiten und Gesetze überlieferte Recht mehr oder weniger geordnet zusammen; sie legt das geschriebene Recht aus; sie weist die rationellen Gründe der überlieferten Rechtssätze und deren innere Verknüpfung und Verwandtschaft nach; sie hilft dieselben auf logischem Wege durch consequente Schlußfolgerung aus dem gegebenen Grundgedanken ergänzen; endlich sie bemächtigt sich des im Leben vorkommenden zu Rechtsverhältnissen geeigneten Stoffes, um ihm einen juristischen Begriff und Ausdruck zu verleihen [1]), und hilft in so fern selbst neues Recht erzeugen [2]). Die Autorität dieser Doctrin beruht auf zwei Gründen: einmal auf dem Ansehen, welches die Aussprüche der Männer vom Fache von selbst auf den Ungebildeten ausüben; dann auf der Macht, womit wissenschaftliche Gründe und die logische juristische Kunst auf die Ueberzeugung wirken. Beides vereinigt kann schon dem einzelnen juristischen Schriftsteller eine große Bedeutung verleihen. Wenn nun gar die Juristen in einer Rechtsansicht übereinstimmen, so wird der Richter nicht leicht davon abgehen, vielmehr auch ohne formelle äußere Nöthigung sich gern daran halten. So entsteht die Autorität der Doctrin (communis doctorum opinio), wenn auch an sich nur thatsächlich, doch in so fern auch mit juristischen Wirkungen, daß daraus die Vermuthung der Richtigkeit entsteht und der Richter ihr daher ohne Beschwerde

1) Man sehe oben §. 10. 13. 14.

2) Beispiele giebt die Theorie des Wechsels, der Satz von der Emancipation durch separirte Oeconomie, wobei der Grundstoff deutsche Sitte, die juristische Einkleidung mit ihren Consequenzen aber durchaus Juristenrecht ist.

für sein Amt und sein Gewissen folgen kann[3]). Hierauf beruht der Nutzen des Citirens von Schriftstellern, wobei aber der Mißbrauch wohl zu vermeiden ist. Doch aber ist jene Autorität nie als unbedingt bindend anzusehen. Denn ohngeachtet aller Uebereinstimmung ist immer ein Mißgriff möglich, und es muß dem Richter die Freiheit bleiben, bessere Ueberzeugungen gegen noch so alte Irrthümer geltend zu machen. Eben in dieser Freiheit liegt der Reiz und die Aufforderung zur fortdauernden Selbstthätigkeit des Richteramtes. Wenn aber die Juristen selbst unter einander uneins sind, so tritt für dasselbe die positive Nothwendigkeit ein, sich eine Ansicht selbstständig zu bilden. Die Kenntniß der Controversen ist daher sehr wichtig und lehrreich[4]). Uebrigens giebt es über das Juristenrecht verschiedene Ansichten[5]). Einige sprechen ihm alle rechtserzeugende Kraft ab[6]); Andere behandeln seine Autorität zu positiv und zu formell[7]). Manches läuft dabei auf bloßen Wortstreit hinaus.

34. Die Praxis oder die Entscheidungen der Gerichtshöfe[1]) hat mit der Doctrin alles von dieser Gesagte gemein, weil jede richterliche Entscheidung, wenn sie nicht blind einer fremden Autorität folgt, das Resultat einer wissenschaftlichen Operation sein muß[2]). Sie bezeugt das überlieferte Recht, legt es aus, hilft es auf logischem Wege ergänzen, und kann selbst neues Recht erzeugen[3]). Von der Doctrin unterscheidet sie sich nur dadurch, daß bei ihr noch eine öffentliche Autorität hinzukommt,

---

3) Die Zeugnisse der Schriftsteller für die Autorität der Doctrin findet man bei Maurenbrecher I. §. 33. Note 1. Der Reichsabschied von 1654 §. 107. provocirt selbst in einem Falle auf „aller Rechts-Gelehrten Meinung" als auf eine Autorität.

4) Eine ältere Sammlung derselben giebt es von Cocceji. Eine neue ist: Gründler Polemik des germanischen Rechts. Merseburg 1832. 4 Th. und dazu ein Nachtrag Leipzig 1839.

5) Eine gute Uebersicht derselben giebt Renaud I. §. 32. 33.

6) So Renaud I. §. 33.

7) So Maurenbrecher I. §. 28–31. 33. 36—40. 112. Seine Uebertreibungen widerlegt Renaud. Das Richtige an seiner Theorie ist nicht neu, und das Neue ist nicht richtig.

1) Gut handelt davon Gengler Lehrbuch §. 10.

2) Man sehe oben §. 10. 15.

3) Ein Beispiel giebt die Annahme des Alters von siebenzig Jahren als Termin der Verschollenheit.

kraft welcher sie auch ihre Ansicht zu verwirklichen die Macht hat. Wenn daher die Entscheidungen der Gerichte übereinstimmen, so begründet dieses von selbst eine noch stärkere Autorität als die Uebereinstimmung der Doctrin. Doch ist auch diese nicht als eine unbedingt bindende anzusehen, sondern es muß selbst bei einem und demselben Gericht eine neue, auf bessere Gründe gestützte Ueberzeugung das Recht begründen, die Praxis zu ändern und von den Präjudicien abzugehen [4]). Ein besonderes Verhältniß tritt allerdings zwischen den Entscheidungen eines Obergerichtes und den ihm untergebenen Gerichten ein, indem es hier zur Vermeidung der Unsicherheit im Recht und zur Verminderung der Processe wünschenswerth ist, daß die Untergerichte sich nach jenen richten. Allein als eine unbedingte Pflicht ist auch dieses nicht anzusehen, wenn das Untergericht hoffen kann, durch neue erhebliche Gründe eine Veränderung der Ansicht des Obergerichts herbeizuführen [5]). Positive Gesetze können auf dieses Alles noch näher einwirken. Im Mittelalter mußten alle im kaiserlichen Hofgerichte gefundenen Urtheile in ein Buch eingetragen werden, um in gleichen Fällen daran zu halten [6]). Beim Reichskammergericht wurden, wo die Opinionen der Rechtslehrer ganz streitig [7]), oder bei ihm selbst gegen einander laufende Präjudicien vorgekommen waren [8]), im Plenum gemeine Bescheide erlassen, welche bis zur Entscheidung durch die Reichsgesetzgebung bindende Kraft hatten [9]). In diesem Geiste haben auch neuere Landesgesetze den obersten Gerichtshof ermächtigt, bei streitigen Rechtsansichten

4) So sagt richtig auch Puchta Gewohnheitsrecht I. 164. II. 64. 111—113. Dieses muß selbst Maurenbrecher I. §. 31. 32. 34. zugeben, der doch übrigens seine Eigenthümlichkeit darin sucht, den Präjudicien eine möglichst positive Autorität beizulegen.

5) So sagt richtig gegen die ältere Ansicht Puchta II. 111—114.

6) Frider. II. constit. pacis 1235. c. 15.

7) Reichsabsch. zu Speyer 1570. §. 77.

8) Reichsabsch. von 1654. §. 135. 136., Visitationsabsch. von 1713. §. 84 (Koch Reichsabsch. IV. 278).

9) Da diese gemeinen Bescheide zuweilen so weit giengen, daß sie an den Reichssatzungen selbst änderten, so wurde dieses verboten, Visitationsabsch. von 1713. §. 14., übrigens aber ihre vis legis interimisticae fortwährend anerkannt, Visitations-Protocoll vom 27. Juni 1768 (Gengler S. 55).

durch Plenarbeschlüsse gemeine Bescheide zu erlassen, um so durch die Praxis das Recht zu fixiren [10]).

3) Die Gesetzgebung. a) Oeffentliche Gesetze.

35. Die dritte Form, wie das Recht zur Erscheinung kommt, ist durch den bewußten Willen derer, die zu dessen Festsetzung mit der rechtmäßigen Gewalt bekleidet sind. Diese Gewalt kann die öffentliche Gewalt des Staates oder eine Privatgewalt sein. Diesem entspricht der Unterschied von eigentlicher Gesetzgebung und Autonomie. Die Form der Gesetzgebung hängt von der Verfassung jedes Landes ab. In der Sache übt die Rücksicht auf den Geist und die Bedürfnisse des Volkes, und bei den Vorarbeiten die Doctrin durch den Beirath der Männer vom Fach von selbst den stärksten Einfluß aus. Allein formell ist ein Gesetz immer nur der Wille und Ausspruch der höchsten Gewalt [1]). Die verbindliche Kraft desselben ist durch die Publication bedingt, deren Formen aus den Particularrechten zu ersehen sind. Ueber die Auslegung der Gesetze, das Verbot ihrer rückwirkenden Kraft und Anderes gelten die aus dem römischen Recht bekannten Regeln [2]).

b) Die Autonomie [1]).

36. Die Autonomie ist die Gesetzgebung, welche auf dem Privatwillen beruht. Der Charakter eines Gesetzes besteht darin, daß es dauernd und auf Generationen auch diejenigen bindet, die dazu nicht mitgewirkt haben. Zur Autonomie sind daher diejenigen Anordnungen nicht zu rechnen, die der Hausvater kraft

---

10) Dahin gehören die Kön. Preuß. Kabinetsordre vom 1. August 1836., und die sogenannten Präjudiciengesetze für Sachsen-Weimar vom 29. April 1817., Bayern vom 17. Nov. 1837., Hannover vom 7. Sept. 1838.

1) Es ist eine unwahre Fiction, wenn Savigny, Maurenbrecher und Andere auch hier vom Gesammtwillen, Volkswillen oder allgemeinen Staatswillen reden. Das Gesetz ist der Wille derer, die zur Gesetzgebung mit der höchsten Gewalt bekleidet sind; die Uebrigen haben nicht zu wollen, sondern zu gehorchen.

2) Ausführlich spricht davon Beseler System I. §. 18—25.

1) Gute, obgleich nicht erschöpfende Bemerkungen giebt darüber Puchta Gewohnheitsrecht I. 155—160. II. 105—111. Man sehe auch Beseler System I. §. 26—28. Uebrigens wird das Wort, Autonomie, häufig falsch und ungenau angewendet, namentlich von Eichhorn und seinen Nachfolgern.

seiner häuslichen Gewalt festsetzt, weil diese nur vorübergehend sind. Eben so wenig diejenigen Normen, wozu man sich mit Anderen durch Vertrag verpflichtet, weil hier nicht ein neuer Rechtssatz, sondern nur ein neues Rechtsverhältniß geschaffen wird, wozu die Verpflichtungsnorm in eines Jeden Willensfreiheit liegt. Mehr nähert sich der Autonomie ein Testament. Allein auch dieses unterscheidet sich von der Autonomie dadurch, daß die berufenen Personen die ihnen auferlegten Verpflichtungen freiwillig übernehmen. Für die dadurch ausgeschlossenen Intestaterben wirkt allerdings das Testament wie ein Gesetz, und daher hatte es auch bei den Römern so Manches von der Gesetzesnatur an sich. Da also in der Autonomie Etwas liegt, das den natürlichen Bereich des Privatwillens überschreitet, so setzt dieselbe immer eine besondere positive Sanction voraus. Kraft derselben besitzen dieselbe die Corporationen, die das Recht haben Statuten zu erlassen, und die ehemaligen jetzt mediatisirten Reichsstände und der ehemalige reichsritterschaftliche Adel [2]. Ob die während des Rheinbundes durch die Landesherren für aufgehoben erklärten Hausstatuten solcher Familien durch die Bundesacte von selbst wieder in ihre frühere Kraft zurückgetreten seien, ist wohl richtiger zu verneinen [3].

II. Verhältniß der Rechtsquellen in der Anwendung. A) Anwendbarkeit der fremden Rechte im Allgemeinen. 1) Das römische Recht [1].

37. Die Reception des römischen Rechts geschah nicht durch einen Act der gesetzgebenden Gewalt, sondern durch die Jurisprudenz und Praxis, die dabei ganz richtig von einer dreifachen Einsicht geleitet wurden. Erstens erkannte man darin Rechtsverhältnisse, die auch im deutschen Recht vorkamen, die aber dort

2) Nämlich nach der Deutschen Bundesacte von 1815. Art. 14. Nr. 2. Dadurch „werden nach den Grundsätzen der frühern teutschen Verfassung die „noch bestehenden Familienverträge aufrecht erhalten, und ihnen die Befugniß „zugesichert, über ihre Güter und Familienverhältnisse verbindliche Verfügun„gen zu treffen. — Alle bisher dagegen erlassenen Verordnungen sollen für „künftige Fälle nicht weiter anwendbar seyn."

3) Die Beweise giebt Gengler §. 8. Anderer Meinung ist Gerber §. 39. Note 5.

1) Gute Bemerkungen giebt darüber Maurenbrecher I. §. 10—14.

eine weit mehr wissenschaftlich ausgebildete Gestalt haben; so das Eigenthum, Besitz, Dienstbarkeiten, Pfandrecht, Kauf und Verkauf, Bürgschaften. Zweitens fand man im römischen Recht Institute, die dem deutschen Recht unbekannt waren, die aber einem empfundenen Rechtsbedürfnisse entsprachen, Testamente, Vermächtnisse. Drittens enthielt das römische Recht Bestimmungen, die zwar vom deutschen Recht abwichen, die aber zu dem Bildungszustande, worin die Nation jetzt eingetreten war, besser paßten, als das überlieferte Recht selbst; so die gesetzliche Erbfolgeordnung für den Bürgerstand, die Beweistheorie. Allerdings verfuhr die Wissenschaft bei dieser Vermischung nicht immer ganz sicher, machte vom römischen Recht manche schiefe Anwendungen, und wurde häufig zu sehr von der Autorität des Buchstabens beherrscht. Mehr fixirt wurde das Verhältniß durch die Stadt- und Landrechte des sechzehnten Jahrhunderts, welche einige Lehren aus dem römischen, andere aus dem deutschen Rechtsstoff bildeten [2]). Doch bleiben noch immer viele Fälle übrig, wo der Grad der Anwendbarkeit, den das römische Recht hat, nach wissenschaftlichen Regeln ermittelt werden muß. Es kommt dabei auf den Ursprung und Geist des Institutes und auf die Analogie, die es mit dem römischen Recht darbietet, an. Im Allgemeinen sind Institute rein deutscher Art und Abkunft nach den davon in den deutschen Rechtsquellen überlieferten Grundgedanken zu beurtheilen und man darf ihnen nicht mit dem römischen Recht Gewalt anthun; so das Leibgeding, die eheliche Gütergemeinschaft, das Gesinderecht, die Reallasten, der Rentenkauf, das Erbrecht des Adels und des Bauernstandes. Doch können römische Begriffe, wo sie innerlich passen, eingemischt werden; so im Wechselrecht die Theorie der Novation, bei den Erbverträgen die Analogie der testamentarischen Einsetzung, bei der Statutarportion die Grundsätze der Intestaterbfolge. Ueberhaupt ist festzuhalten, daß der römische und deutsche Rechtsstoff nicht roh neben einander liegen geblieben, sondern allmählig zu einer Einheit verarbeitet worden sind, und als solche auch fernerhin von der

---

2) Man sehe meine Deutsche Rechtsgeschichte §. 354. 356.

Jurisprudenz und Praxis verarbeitet werden müssen. Die Denkformen des klassischen römischen Rechts sind uns durch den langen Umgang mit demselben ins Blut und Leben übergegangen, und sie beherrschen unser Recht theilweise auch in solchen Lehren, deren Stoff vorherrschend deutschen Ursprungs ist [3]). Dieses ist auch, wenn es in der rechten Weise geschieht, nicht nachtheilig, vielmehr zur consequenten Ausbildung und Anwendung unseres Rechts unentbehrlich. Es kommt dabei allerdings Alles auf den richtigen Tact an, und dieser ist dadurch bedingt, daß man mit dem Geist und Inhalt des römischen wie des deutschen Rechts gleichmäßig vertraut sei. An diesem Verhältniß ist auch durch die Einführung großer Gesetzbücher nichts Wesentliches geändert. Denn wenn dadurch auch das römische Recht die Eigenschaft als formelle Rechtsquelle eingebüßt hat, so übt es als Musterrecht und als die Grundlage unserer juristischen Bildung sowohl auf die Wissenschaft wie auf die Praxis noch immer eine unmittelbare Herrschaft aus.

2) Anwendbarkeit des canonischen Rechts.

38. Die Einwirkung des canonischen Rechts auf das bürgerliche beruht auf zwei Verhältnissen. Erstlich waren im Mittelalter gewisse Theile des bürgerlichen Rechts unmittelbar der Cognition der geistlichen Gerichte, und daher auch der kirchlichen Gesetzgebung überlassen; so die Vermögensrechte der Ehegatten bei einer Scheidung, die Testamente, die Bestrafung des Wuchers. Zweitens wurden manche Vorschriften, die blos für die Sphäre der Kirche und aus dem Standpunkt der christlichen Moral erlassen waren, von den weltlichen Gerichten auch in die bürgerliche Sphäre übertragen; so der Satz von der allgemeinen Klagbarkeit der Verträge, von der Gültigkeit eidlich bestärkter Erbverzichte. So wurden die canonischen Rechtssammlungen den Quellen des bürgerlichen Rechts beigezählt [1]). Die Anwendung

3) So der Satz, daß ein Vertrag gegen Dritte keine Wirkungen erzeugen kann.

1) Schwabensp. 1 Laßb. Man sehe meine Deutsche Rechtsgeschichte §. 292.

des canonischen Rechts war auch viel leichter, weil dasselbe für die damaligen Verhältnisse, die es unter den Augen hatte, erlassen war, und uns darum noch jetzt weit näher steht, als das römische. Eben deshalb muß es auch im Fall eines Widerspruchs regelmäßig den Vorzug vor dem römischen Recht haben [2]).

B) Nähere Regeln der Anwendung.

39. Für die Anwendung der Rechtsquellen sind nun folgende Gesichtspunkte zu unterscheiden. I. Verhältniß der einheimischen zu den fremden Rechten, wo diese noch formelle Rechtsquellen sind. 1) Enthält das einheimische Recht keine Bestimmungen, so kommt das fremde Recht, wenn es sich eignet, zur Anwendung. 2) Steht ein Rechtsverhältniß in Frage, das schon im alten deutschen Recht vorkam, worüber aber auch das fremde Recht Bestimmungen enthält, so kommt es auf die Nachweisung an, ob und wie weit es darin recipirt ist. 3) Ist für ein Institut das fremde Recht recipirt, ist aber darüber seitdem ein Gesetz oder eine andere Rechtsnorm erlassen worden, so geht diese als die jüngere vor [1]). 4) Ist das neue Gesetz aus dem fremden Recht geflossen, so kann dieses zur Interpretation benutzt werden. II. Widersprechen einheimische Rechtsquellen einander, von denen die eine die ältere, die andere die jüngere ist, so geht letztere vor, jedoch so, daß wenn neben der älteren Regel eine Ausnahme bestand, diese von dem neueren Gesetz nicht nothwendig mit berührt wird. III. Widersprechen einander einheimische Rechtsquellen, von denen die eine einen allgemeinen Umfang, die andere aber nur eine specielle oder particuläre Gültigkeit hat, so geht letztere, wenn sie jünger oder von gleichem Alter ist, vor. Ist jene jünger, so kommt es darauf an, ob dadurch die andere ausdrücklich oder dem Inhalte nach aufgehoben worden ist; sonst dauert sie fort [2]).

---

2) So sagt auch Savigny System I. 266—268.
1) Man sehe Savigny System I. 264—266. 289.
2) Savigny System I. 289. 290.

C) Von der Berücksichtigung auswärtiger Rechtsquellen in den einheimischen Gerichten [1]).

40. Die Gränzen der öffentlichen Gewalt sind jetzt allgemein nach Territorien bestimmt; eben so die Wirksamkeit des Rechts und der Gerichte, als des Ausdruckes und der Vertreter derselben. Jedes Gericht handelt und erkennt also regelmäßig nach dem Recht seines Landes. Dieses ist ein Grundsatz, der in der Unabhängigkeit der Staaten und der Gerichte liegt. Diesem Grundsatze können jedoch in der Anwendung andere Gesichtspunkte entgegentreten, wenn Einer vor dem einheimischen Gericht wegen rechtlicher Beziehungen zu beurtheilen ist, die einen wesentlichen Zusammenhang mit einem Orte haben, wo ein anderes Recht gilt. Es kann sich dann ein doppeltes Recht die Herrschaft über den gegebenen Fall streitig machen, und es ist der Vorzug nach dem Gewicht der inneren Gründe, welche jedes für sich hat, zu bestimmen. Ein gemeinschaftliches Princip läßt sich bei der Mannichfaltigkeit dieser Fälle nicht aufstellen, sondern man muß auf die Individualität der Rechtsverhältnisse sehen, wobei diese Fragen vorkommen.

41. Eine besonders umfangreiche Gattung dieser Fälle ist, wo Auswärtige in irgend einer Beziehung von einem einheimischen Gericht zu richten sind. Wenn nämlich verschiedene Völker in einem befreundeten Verkehr zu einander stehen, so äußert sich dieser auch darin, daß die Angehörigen der einen Nation bei der anderen nicht als rechtlos gelten. Dieses kann einen doppelten Sinn haben. Entweder daß der Ausländer bei dem inländischen Gericht nach den inländischen Gesetzen beurtheilt werden solle, wie ein Inländer; oder daß auf das Recht seiner Heimath Rück-

---

1) Die neuesten Untersuchungen über diese Frage sind von Wächter im Archiv für die civilistische Praxis. Band XXIV. 1841. S. 230 — 311. Band XXV. 1842. S. 1—60. 161—200. 361—419., Schaeffner Entwicklung des internationalen Privatrechts. Frankfurt 1841., Günther in Weiske Rechtslexikon Band IV. 1843. S. 721—755., Pütter das praktische europäische Fremdenrecht. Leipzig 1845., Savigny System. Band VIII. 1849. §. 344—382., Pfeiffer das Prinzip des internationalen Privatrechts. Stuttgart 1851. Von Ausländern behandelten diesen Gegenstand der Nordamericaner Story 1834. 2. Ausg. 1841., der Engländer Burge 1838., der Italiener Rocco 1842., der Franzose Foelix 1843. 2. Ausg. 1847. Die ältere Litteratur findet man bei Wächter, Schaeffner, Günther und Savigny verzeichnet.

sicht genommen werden solle. Letzteres ist offenbar dasjenige, was dem gebildeten nationalen Verkehr mehr entspricht. Denn jeder Mensch ist nicht ein bloßes Individuum, sondern ist mehr oder weniger von einem Kreise rechtlicher Eigenschaften, von dauernden Verhältnissen und wohlerworbenen Rechten umgeben, worin er lebt und den er überall hin mit nimmt; und es liegt im natürlichen Zusammenhang der Dinge und im Geiste gebildeter Völker, daß, wenn man überhaupt einen Ausländer vor dem inländischen Gerichte als Rechtssubject achtet, man auch bis zu einem gewissen Grade auf den rechtlichen Kreis, der ihn umgiebt, Rücksicht nehme. Bis zu welchem Grade dieses geschehe, muß sich eben aus der Betrachtung der einzelnen Rechtsverhältnisse ergeben. Hiemit verwandt ist, wenn der Auswärtige nicht ein Ausländer, sondern ein Inländer ist, der in einer anderen Stadt oder Provinz, wo ein anderes Recht gilt, seinen Sitz hat. Hier tritt nur noch ein verstärkter Grund hinzu, indem derselbe nicht in Folge einer bloßen internationalen Begünstigung, sondern als Genosse desselben Staates auf die Berücksichtigung des ihn umgebenden Rechtskreises Anspruch hat. Beide Fälle haben daher das Meiste mit einander gemein, und können hier verbunden abgehandelt werden.

42. Es sind nun folgende Gesichtspunkte zu unterscheiden. I. Gesetze, welche um eines höheren allgemeinen Grundes willen etwas gebieten oder verbieten, müssen von den Gerichten des Landes gegen Jeden in Anwendung gebracht werden, und der Ausländer kann sich nicht darauf berufen, daß in seinem Lande ein abweichendes Recht gelte. Davon giebt es folgende Anwendungen: 1) Eine polygamische oder eine andere dem natürlichen Sittengesetz widerstreitende Ehe kann bei uns dem Ausländer in keinem Falle gestattet sein. 2) Der Inländer kann im Auslande keine für das Inland gültige Ehe eingehen, wenn derselben an seinem Wohnort Hindernisse entgegenstehen [1]. 3) Ueber die Zulässigkeit der Ehescheidung muß der Richter die Gesetze seines Landes befolgen ohne Rücksicht auf andere Verhältnisse der Ehe-

1) Savigny VIII. 326., Schaeffner S. 128—132.

gatten [2]. 4) Das Verbot der todten Hand oder den Juden auferlegte Verbot, Grundeigenthum zu erwerben, wirkt, wenn diese auch Auswärtige sind [3]. 5) Das den Juden auferlegte Verbot, Schuldforderungen zu erwerben, bindet, wo es besteht, auch die ausländischen Juden [4]. 6) Das im Inlande, nicht aber im Auslande, etwa bestehende Verbot des Wuchers oder der Spielschulden, oder die Vorschrift der lex Anastasiana gelten auch für die im Auslande contrahirten Schulden oder Cessionen, wenn sie im Inlande zur Klage kommen [5]. 7) Das am Wohnsitz der Eheleute bestehende Verbot der Schenkungen unter Ehegatten wirkt, wenn auch die Ehe unter einem anderen Recht geschlossen war, wo dieses Verbot nicht bestand [6]. Als an die Eheleute gerichtet wirkt es, wenn auch die geschenkten Grundstücke unter einem anderen Recht liegen, welches das Verbot nicht kennt. Nicht aber bindet das Verbot, wenn dasselbe zwar an dem Orte besteht, wo das Grundstück liegt, nicht aber an dem Wohnsitz, wo die Schenkung geschieht [7]. 8) Die Obligationen aus Delicten sind nach dem Recht des Ortes, wo geklagt wird, nicht nach dem, wo das Delict geschah, zu beurtheilen [8].

43. II. Rechtssätze und Institute des Auslandes, die im Inlande nicht bekannt oder gar aufgehoben sind, können hier keine Wirkung haben. Anwendungen sind folgende: 1) In einem Lande, wo Sklaverei gilt, ist der Negersklave rechtsunfähig; dieses kommt in europäischen Ländern nicht zur Anwendung [1]. 2) Die durch den bürgerlichen Tod nach einigen Strafgesetzen eintretende Rechtsunfähigkeit hat keine Wirkung in den Ländern, wo dieses Institut unbekannt ist [2]. 3) Eben so verhält es sich mit den Be-

---

2) Doch ist dieses controvers, Savigny VIII. 337. 338., Schaeffner S. 153—164.

3) Savigny VIII. 36. 161. 182. 183.

4) Savigny VIII. 162.

5) Savigny VIII. 248. 269. 275. 276. 277.

6) Savigny VIII. 335. 336.

7) Wächter im Archiv XXV. 362. 363.

8) Doch ist dieses controvers, Savigny VIII. 261. 278—281., Wächter XXV. 389—397.

1) Savigny VIII. 163.

2) Savigny VIII. 163.

schränkungen der Rechtsfähigkeit[1], die aus der Verschiedenheit der Religion entspringen [3]). 4) Nach den Gesetzen seiner Heimath ist ein Mönch zu erben unfähig; dieses wirkt nicht für das Land, wo das Institut des Mönchthums positiv verworfen ist; wohl aber für dasjenige, wo dasselbe bekannt und nur die Erbunfähigkeit nicht daran geknüpft ist [4]). 5) Ein im Ausland bestehendes Institut der todten Hand ist dort nicht erbfähig; dieses wirkt nicht für das Land, wo dieses Verbot nicht besteht [5]). 6) Die Rechte des Adels können in einem Lande nicht geltend gemacht werden, wo das Institut des Adels nicht besteht. 7) Ein auswärts errichtetes Testament, worin ein Fideicommiß gestiftet wird, kann nicht wirken für das Vermögen, welches in dem Lande liegt, wo Fideicommisse nicht gesetzlich anerkannt sind [6]).

44. III. Die Vorschriften über die Procedur bezeichnen dem Richteramt den Weg, wie dasselbe seine Aufgabe, Jedem zu seinem Recht zu verhelfen, zu erfüllen hat. Sie bilden daher ein Stück der öffentlichen Ordnung, und jedes Gericht ist darin an die Gesetze seines Landes gewiesen [1]). Daraus ergiebt sich Folgendes: 1) Wo für Weiber, die vor Gericht auftreten wollen, die Zuziehung eines Beistandes als processualische Vorschrift besteht, muß die fremde Klägerin dieses beobachten, wenn auch in ihrer Heimath diese Vorschrift nicht besteht [2]). 2) Die Zulässigkeit einer Vindication richtet sich nach dem Recht des Ortes, wo der Proceß geführt wird [3]). 3) Dasselbe gilt in Ansehung der Beweisführung, der Zulässigkeit des Zeugenbeweises, der Fähigkeit der Zeugen, der Beweiskraft der Handelsbücher [4]).

---

3) Savigny VIII. 161. 313.

4) Denn dann tritt der unten (§. 45) bezeichnete Gesichtspunkt ein. Diese Unterscheidung hat Savigny VIII. 161. Note a. übersehen.

5) Savigny VIII. 313.

6) Savigny VIII. 312.

1) Savigny VIII. 131., Schaeffner S. 201. 202.

2) Schaeffner S. 204. 205.

3) Savigny VIII. 187—189., Wächter XXV. 388. Einen anderen Standpunkt nimmt Pütter Fremdenrecht S. 154—159. Dieser will darauf sehen, ob das Recht, unter welchem die Sache erworben wurde, die Vindication gestattet oder verweigert; danach soll das Gericht, wo geklagt wird, dasselbe thun.

4) Schaeffner S. 205. 206. Anderer Meinung ist hinsichtlich der Handelsbücher Savigny VIII. 355.

4) Eben so ist es mit der Frage, welche Termine einem Schuldner zur Zahlung zu bewilligen, ob und wie ein Schuldner durch Obsignation und gerichtliche Deposition sich von seiner Schuld befreien kann, ob eine Execution durch Personalarrest, ob bei einer auf ein Thun gerichteten Obligation ein Zwang auf unmittelbare Erfüllung zulässig ist [5]. 5) Eine öffentliche Urkunde, die am Orte ihrer Errichtung die parata executio zur Folge hat, hat diese Wirkung bei dem Gerichte nicht, welches ein solches Verfahren nicht kennt [6]. 6) Auch die Zulässigkeit der Restitution ist nach dem Recht des Ortes zu beurtheilen, wo geklagt wird, weil sie überwiegend die Natur eines außerordentlichen Rechtsmittels hat [7]. 7) Gerichtliche Handlungen, die auf Requisition eines auswärtigen Gerichtes bei einem einheimischen Gerichte vorzunehmen sind, hängen eben so von dem einheimischen Rechte ab [8].

45. IV. Die der Person inhärirenden Eigenschaften, wodurch deren Rechtsfähigkeit, Handlungsfähigkeit und bürgerliche Stellung bestimmt wird, sind mit den daraus hervorgehenden Wirkungen bei einem Auswärtigen vor dem einheimischen Gericht nach dem Recht seiner Heimath zu beurtheilen [1], vorausgesetzt, daß dasselbe dem inländischen Recht im Allgemeinen gleichartig ist [2]. Darin zeigt sich eben die gegenseitige Berücksichtigung der Staaten, und die Anerkennung, welche der Eine den Angehörigen des Anderen erweist. Nach dem Recht der Heimath richtet sich also: 1) Ob Einer nach seinem Alter oder kraft einer erhaltenen venia aetatis großjährig oder minderjährig ist. Der danach Großjährige kann also gültig Sachen veräußern, die in einem Lande liegen, nach dessen Recht er noch nicht großjährig

---

5) Wächter XXV. 408., Schaeffner S. 203. 204.

6) Schaeffner S. 202.

7) Dieser Meinung, jedoch aus anderen Gründen, ist auch Wächter XXV. 174. 178. Anderer Meinung ist Savigny VIII. 164. 272.

8) Schaeffner S. 206.

1) Savigny VIII. 134—141. Abweichend in Betreff der Wirkungen ist Wächter XXV. 163—184. Für Savigny gegen Wächter erklärt sich Pfeiffer S. 45—47. Das ganze Princip bestreitet Pütter S. 33. 137—143.

2) Diese Beschränkung ergiebt sich aus §. 42. 43.

wäre [3]). Demnach muß aber auch durch die Wahl eines neuen Wohnsitzes nach den hier geltenden Terminen ein bisher minderjährig Gewesener gleich großjährig, oder ein schon großjährig Gewordener wieder minderjährig werden [4]). 2) Ob ein uneheliches Kind für legitimirt zu halten sei. Bei der Legitimation durch die nachfolgende Ehe ist auf das Recht des Ortes zu sehen, wo der Vater bei der Eingehung der Ehe seinen Wohnsitz hatte [5]). 3) Ob eine Frau ohne die Zustimmung ihres Ehemannes oder ohne die Zuziehung eines Geschlechtsbeistandes Rechtsgeschäfte schließen [6]), ob sie Bürgschaften eingehen [7]), ob ein Haussohn Darlehen contrahiren könne [8]), ob und wie weit überhaupt Einer sich zu obligiren [9]), oder Eigenthum zu erwerben fähig sei [10]). 4) Der Adlige, der als solcher in seiner Heimath gilt, ist auch in einem anderen Staate, wo man das Institut des Adels hat, im Allgemeinen dafür zu achten. Im Einzelnen kommt es auf die positiven Verhältnisse an [11]).

46. V. Die Familien- und ähnlichen Verhältnisse sind ebenfalls als mit der Person auf das Engste verbunden anzusehen. Sie stehen daher unter dem Recht des Ortes, wo die Hauptperson ihren Wohnsitz und dadurch den Mittelpunkt dieser Verhältnisse hat. Anwendungen sind folgende: 1) Die Frage nach der Gültigkeit einer Ehe, Ehescheidung, Adoption, Emancipation

---

3) Schaeffner S. 47. 48.

4) Das Erstere giebt man zu; das Letztere aber bestreitet Savigny VIII. 166—168. mit Berufung auf praktische Entscheidungen. Allein er hat das Princip gegen sich, und man kann dieses nicht damit beseitigen, daß man die erlangte Großjährigkeit als ein erworbenes Recht behandelt. Denn wenn in einem Lande, wo man bis jetzt mit 21 Jahren großjährig wurde, das 25. Jahr als Termin eingeführt wird, so werden Alle zwischen 21 bis 25 Jahren wieder minderjährig. Gegen Savigny ist auch Pfeiffer S. 59., jedoch aus einem falschen Grunde.

5) Savigny VIII. 338—340. Dieser widerlegt auch die irrige Ansicht von Schaeffner S. 49—55., wonach auf das Recht des Ortes, wo das Kind zur Welt kam, gesehen werden soll, weil dann im günstigen Falle ihm die Legitimationsfähigkeit als eine bleibende Qualität aufgeprägt sei.

6) Savigny VIII. 137. 138., Schaeffner S. 57., Kraut Vormundschaft II. 322—324.

7) Savigny VIII. 148., Schaeffner S. 78.

8) Savigny VIII. 149.

9) Savigny VIII. 263.

10) Savigny VIII. 181—183.

11) Wächter XXV. 179.

unter Ausländern ist bei dem inländischen Gerichte nach deren Gesetzen zu beurtheilen [1]). 2) Das Güterrecht unter Ehegatten richtet sich nach den Gesetzen des Domicils des Mannes, auch für die auswärts liegenden Grundstücke [2]). 3) Das Intestaterbrecht des überlebenden Ehegatten bestimmt sich nach dem Recht des letzten Wohnsitzes des Erblassers, auch für die auswärts liegenden Grundstücke [3]). 4) Die Frage nach der Paternität des von einer Ehefrau geborenen Kindes ist nach dem Recht des Wohnortes, den der Vater zur Zeit der Geburt des Kindes hatte, zu beantworten [4]). 5) Die Vermögensverhältnisse zwischen dem Vater und den Kindern werden nach dem Recht beurtheilt, welches an dem jedesmaligen Wohnsitz des Vaters besteht. Wenn also nach diesem der Vater den Nießbrauch nicht hat, so kann er diesen auch nicht an einem Grundstücke des Kindes verlangen, das in einem Lande liegt, nach dessen Recht der Vater den Nießbrauch hat [5]). 6) Die Bestellung der Vormundschaft geschieht regelmäßig nach dem Recht des Domicils des Mündels [6]), die Verwaltung nach dem Recht des Gerichts, worunter sie geführt wird; namentlich richten sich danach auch die Bedingungen, unter welchen Pupillengüter veräußert werden sollen [7]).

47. VI. Wo Sachen als Einzelheiten in Betracht kommen, stehen sie unter dem Recht des Ortes, wo sie liegen. Dieses gilt auch für bewegliche Sachen [1]), und ist nur die naturgemäße Folge des Grundsatzes, daß das Ortsrecht Alles beherrscht, was sich innerhalb seines Gebietes befindet. Dazu gehören folgende Anwendungen: 1) Die Frage nach den Bedingungen, die zum

---

1) Wächter XXV. 185—187.

2) Savigny VIII. 327. 328., Schaeffner S. 135—140. Diese widerlegen auch die irrige Meinung, daß es bei den auswärts liegenden Grundstücken auf die lex rei sitae ankomme.

3) Savigny VIII. 336. 337., Schaeffner S. 175. 176.

4) Savigny VIII. 338.

5) Savigny VIII. 338. 340., Wächter XXV. 363.

6) Savigny VIII. 340—344, Schaeffner S. 55.

7) Savigny VIII. 344—347. Dieser widerlegt auch die noch von Schaeffner S. 56. 57. vertheidigte Meinung, wonach bei Grundstücken des Mündels auf die lex rei sitae gesehen werden soll.

1) Bei denselben ist es jedoch controvers, Savigny VIII. 171—181., Schaeffner S. 79—83.

Eigenthumserwerb einer Sache gehören, zum Beispiel ob Eigenthum wie nach dem französischen Recht schon durch den Vertrag, oder wie nach dem römischen Recht erst durch Tradition übergeht, richtet sich auch bei Mobilien [2]), und um so mehr bei Grundstücken [3]), nach dem Recht, worunter sie liegen. 2) Dasselbe entscheidet auch über die Zeit und Art der Ersitzung [4]). 3) Desgleichen in Ansehung der Frage, ob Kauf die Miethe bricht, wenn auch der Miethvertrag an einem Orte geschlossen war, wo Kauf die Miethe nicht bricht [5]). 4) Ob schon durch den Pfandvertrag das dingliche Recht an der Sache entsteht, oder ob noch etwas Anderes hinzukommen muß, bestimmt sich eben so nach dem Recht des Ortes, wo sie liegt [6]). 5) Von diesem hängt auch die Rangordnung der Pfandrechte an derselben Sache ab [7]). 6) Lehen und Fideicommisse stehen eben so unter dem Recht des Ortes, wo die Grundstücke liegen [8]).

48. VII. Bei Obligationen hat das Gericht, wo geklagt wird, nach dem Recht des Ortes zu erkennen, wo die Obligation ihren Sitz hat, das heißt nach dem Recht des Erfüllungsortes, weil in der Erfüllung der Schwerpunkt der Obligation liegt. Der Erfüllungsort ist aber entweder ausdrücklich bestimmt, oder er ist der Ort, wo nach der Beschaffenheit des Verhältnisses die Erfüllung erwartet wird, was nach Umständen auch der Ort der Entstehung oder der Wohnsitz des Schuldners sein kann [1]). Bei den durch Briefe oder Boten geschlossenen Obligationen ist in Ermanglung einer näheren Bestimmung der Wohnsitz jeder Partei [2]), bei den Obligationen aus der Litiscontestation und anderen processualischen Handlungen der Ort des Gerichtes erster Instanz [3]) als der Sitz der Obligation anzusehen. Nach dem

2) Savigny VIII. 183—185.

3) Ein lehrreiches Beispiel aus der Praxis giebt Flach Entscheidungen II. Nr. 8.

4) Savigny VIII. 185—187., Schaeffner S. 83—86.

5) Einen ähnlichen Fall nennt Savigny VIII. 190.

6) Savigny VIII. 194—198., Wächter XXV. 389.

7) Savigny VIII. 198.

8) Savigny VIII. 198.

1) Man sehe darüber die genaue Erörterung von Savigny VIII. 200—256.

2) Doch ist dieses controvers, Savigny VIII. 256—259.

3) Savigny VIII. 259—261.

Recht des Ortes, wo die Obligation ihren Sitz hat, beurtheilt sich nun: 1) die Klagbarkeit einer Obligation[4]), die Zulässigkeit der auf einem materiellen Rechtsgrund ruhenden Exceptionen, als der exceptio non numeratae pecuniae, excussionis, competentiae [5]), die Zulässigkeit der das Geschäft entkräftenden Klagen, als wegen Verletzung über die Hälfte, der actio redhibitoria und quanti minoris[6]), die Frage, ob die Obligation verjährt sei[7]). 2) Die Höhe der Verzugszinsen bestimmt sich eben so nach dem Recht des verabredeten Zahlungsortes[8]). 3) Ob nach einem Kaufe bis zur Uebergabe Reurecht gilt, ob stillschweigende Erneuerung einer Pacht statt findet, richtet sich nach dem Recht des Ortes, wo das Grundstück liegt, weil dort diese Obligation ihren Sitz hat[9]). 4) Endlich ob in einem Vertrag zu dessen Sicherung zugleich eine stillschweigende Verpfändung einer einzelnen Sache oder des ganzen Vermögens enthalten sei, ist nach dem Recht zu beurtheilen, worunter der Hauptvertrag steht, wenn auch die Sachen anderwärts liegen[10]). Hingegen die Frage, wie in Folge dieser stillschweigenden Verpfändung das dingliche Recht an der Sache erworben wird, richtet sich nach dem Recht des Ortes, wo die Sache liegt[11]).

49. VIII. Das Erbrecht hat seinen Mittelpunkt an dem Wohnsitz des Erblassers als desjenigen, durch dessen Willen das Vermögen als eine Einheit zusammen gehalten wurde. Hier muß es also auch von dem Willen desjenigen erfaßt werden, den der Erblasser durch sein Testament, oder den in Ermanglung eines Solchen das Gesetz unmittelbar als den Nachfolger im Vermögen bezeichnete[1]). Daraus ergiebt sich Folgendes: 1) Nach dem

4) Natürlich mit der oben §. 42. gemachten Beschränkung.
5) Savigny VIII. 270. 271., Schaeffner S. 203.
6) Savigny VIII. 272., Schaeffner S. 112.
7) Dieses ist jedoch controvers, Savigny VIII. 273—275., Schaeffner S. 109—112., Wächter XXV. 408—412.
8) Savigny VIII. 282.
9) Savigny VIII. 281.
10) Savigny VIII. 191—194.
11) Man sehe §. 47. Nr. 4.
1) Savigny VIII. 295—298. Durchaus irrig ist jedoch, wenn derselbe die Intestaterbfolge als den stillschweigenden Willen des Verstorbenen oder als ein präsumtives Testament auffaßt. Das römische Recht gieng von der Ansicht

Recht des Wohnsitzes des Erblassers bestimmt sich, wie weit derselbe berechtigt war, durch seinen Willen über seinen Nachlaß zu verfügen, also die Rechtmäßigkeit der Enterbung oder Präterition, die Größe des Pflichttheils [2]). 2) Eben so ist es mit der Ordnung der Intestaterbfolge [3]) und der damit verbundenen Collationspflicht [4]). 3) Eben so ist bei der Succession legitimirter Kinder zwar die Frage, ob sie wirklich legitimirt seien, namentlich ob die Ehe ihrer Eltern gültig war, nach dem Recht ihrer Heimath [5]), die Frage aber, ob legitimirte Kinder successionsfähig sind, nach dem Recht des Wohnsitzes des Verstorbenen zu beantworten [6]). 4) Nach der älteren Meinung, die noch wirklich in manchen Ländern, namentlich in denen des englischen Rechts gilt, sollte es bei Grundstücken in allen diesen Fragen auf das Recht des Ortes, wo sie liegen, ankommen. Dieses ist jedoch irrig, weil sie dabei nicht als Einzelheiten, sondern als Theile einer Einheit in Betracht kommen [7]). 5) Anders ist es allerdings bei Lehen und Fideicommissen, weil diese etwas Besonderes für sich sind, und sie gehören daher unter die Gesetze des Ortes, wo sie liegen [8]).

50. IX. Die wechselseitige Anerkennung der Staaten, das Interesse des gegenseitigen Verkehrs und die Rücksicht auf die eigenen Unterthanen führen dazu, die auswärts errichteten Rechtsgeschäfte der Form nach für gültig zu halten, wenn die am Orte der Errichtung dafür vorgeschriebenen Formen beobachtet sind.

---

aus, vor Allem solle der Wille des Verstorbenen in Betracht kommen; wenn derselbe aber keinen letzten Willen hinterlassen habe, so müsse man annehmen, es sei ihm gleichgültig, was mit seinem Vermögen geschähe, und es griff dann das Gesetz nach seinem eigenen Ermessen ein. Die Intestaterbfolge war eine politische Institution. Eben so und noch mehr war es im deutschen Recht, wo sogar der Wille des Erblassers am Recht der Blutsfreunde nichts ändern konnte. Daß das Gesetz die Intestaterbfolge allmählig der natürlichen Blutsfreundschaft angepaßt hat, hat das Princip selbst nicht geändert.

2) Savigny VIII. 312., Wächter XXV. 365.

3) Savigny VIII. 314., Schaeffner S. 165—175.

4) Schaeffner S. 179. 180.

5) Man sehe §. 45. Nr. 2.

6) Wächter XXV. 365., Savigny VIII. 314.

7) Man sehe darüber Savigny VIII. 298—305., Schaeffner S. 53. 165—175., Wächter XXV. 188—198.

8) Savigny VIII. 305—308., Wächter XXV. 364.

Dieses ist auch durch den allgemeinen Gebrauch anerkannt, bei Verträgen[1]) wie bei letztwilligen Verfügungen[2]). Daß man absichtlich ins Ausland gieng, um die Formen des Inlandes zu umgehen, ändert nichts[3]), außer nach Umständen bei der Ehe, weil dabei ein sittliches Interesse concurrirt[4]). Jedenfalls ist aber das Recht des Auslandes für das Inland doch nur ein subsidiaires; daher kann man sich im Ausland auch der Form seiner Heimath bedienen, und das Geschäft ist dann hier als gültig zu behandeln[5]).

51. Uebrigens waren und sind die Ansichten über das Princip der Behandlung aller dieser Fragen sehr verschieden. Zuerst reducirte man Alles auf die Unterscheidung der statuta personalia, worunter die Personen und deren Zustände, statuta realia, worunter die Sachen, und statuta mixta, worunter die Handlungen ständen[1]). Nach Anderen soll in der Regel das Recht des Wohnsitzes der Person entscheiden, welche das Rechtsverhältniß betrifft[2]). Andere nehmen als Hauptprincip an, daß der Richter vor Allem sich an das Recht seines Landes zu halten habe[3]). Wieder Andere wollen auf das Recht des Ortes sehen, wo das Rechtsverhältniß existent geworden ist[4]). Noch Andere nehmen als leitenden Gedanken die Aufrechthaltung wohlerworbener Rechte[5]). Endlich nach Savigny soll bei allen Fragen dieser Art der Gesichtspunkt entscheiden, welchem Rechtsgebiet das Rechtsver-

---

1) Savigny VIII. 348—355., Wächter XXV. 405—408.

2) Savigny VIII. 355. 356., Schaeffner S. 182—195., Wächter XXV. 368—377.

3) Wächter XXV. 412—417., Savigny VIII. 358.

4) Man sehe mein Kirchenrecht §. 300. Nr. III.

5) Wächter XXV. 377—380., Savigny VIII. 358. 359.

1) Dawider sehe man Savigny VIII. 120—122., Wächter XXIV. 270—311., Schaeffner S. 22—24.

2) So mit Anderen Eichhorn Privatrecht §. 34 — 37. Dagegen sehe man Savigny VIII. 124—126., Wächter XXV. 9—12., Schaeffner S. 28.

3) So mehr oder weniger unbedingt Wächter XXIV. 261—270., Pfeiffer S. 2 — 27. Dawider sehe man Savigny VIII. 126 — 131., Schaeffner S. 28—30. Gegen Wächter insbesondere streitet Pfeiffer S. 37—52.

4) So Schaeffner S. 40—42. Dagegen sehe man Savigny VIII. 131. 132., Wächter XXV. 32., Pfeiffer S. 31—37.

5) So nach Anderen noch jetzt Pütter Fremdenrecht S. 129—166. Dawider sehe man Wächter XXV. 1—9., Savigny VIII. 132.

hältniß seiner eigenthümlichen Natur nach angehört und worin es seinen Sitz hat [6]). Allein dieses paßt doch auch nicht überall [7]). Man muß es daher aufgeben, Alles auf einen einzigen Gesichtspunkt reduciren zu wollen. Wo in den Landesgesetzen ausdrückliche Bestimmungen vorkommen, hat man sich natürlich vor Allem daran zu halten.

6) Savigny VIII. 28. 108. Eine Kritik darüber von seinem Standpunkt aus giebt Pfeiffer S. 52—67. Ein Excerpt aus Savigny ist Gerber §. 32.
7) So nicht zu den im §. 42. 43. 50. gegebenen Regeln.

Zweiter Theil.

Von dem Subjecte der Rechtsverhältnisse.

I. Physische Personen. A) Natürliche Bedingungen der Rechtsfähigkeit.
1) Das Leben [1]).

52. Um Rechtssubject zu sein, muß man eine mit Rechtsfähigkeit bekleidete Person sein. Dazu muß man aber vor Allem existiren. Dieses thut schon der Embryo; freilich nur als Theil der Mutter, nicht als ein selbstständiges Wesen. Doch kann und muß das positive Recht auf ihn auch schon in diesem Zustande Rücksicht nehmen. Vor Allem aus sittlichen und bürgerlichen Gründen, um dessen Erhaltung gegen künstliche Zerstörung zn schützen. Dann aus Gründen der Billigkeit überall, wo es im künftigen Interesse des Embryo ist, ihn schon im Mutterleibe als Rechtssubject zu behandeln. Auf diese Ansicht kam schon das ältere deutsche Recht [2]). Um so leichter wurde der entsprechende Grundsatz des römischen Rechts recipirt [3]).

53. Davon abgesehen beginnt die Rechtsfähigkeit erst mit der Geburt, und zwar nur unter einer dreifachen Voraussetzung. I. Das Kind muß lebendig geboren sein. Zum Beweise des Lebens müssen nach der Natur der Sache alle wirklichen Lebenszeichen als genügend angesehen werden, und das Beschreien der Wände, welches nach Art der alten Rechtsbücher [1]) noch in

---

1) Man sehe darüber besonders Beseler I. §. 57., Gengler §. 12.
2) Gute Nachweisungen giebt Trummer Altgerman. Personenrecht §. 5 (Vorträge III. 86).
3) Fr. 7. 29. D. de statu homin. (1. 5), fr. 231. de verb. sign. (50. 16).
1) Sachsensp. I. 33., Sächs. Lehnr. XX. §. 1., Schwäb. Lehnr. 38 Laßb.

manchen Particularrechten hervorgehoben wird, ist wie unstreitig schon dort [2]) nur als das gewöhnliche und unzweideutige, nicht aber als das ausschließliche Kennzeichen zu verstehen. Zu präsumiren ist, daß das Kind bei der Geburt gelebt habe, nicht; sondern dieses ist als eine Thatsache anzusehen, welche der gewöhnlichen Regel gemäß derjenige zu beweisen hat, der daraus für sich Rechte ableitet [3]). II. Das Kind muß in menschlicher Gestalt geboren sein. Hierüber muß das Urtheil der Sachverständigen entscheiden, denen man jedoch, wenn die Geburt am Leben bleibt, wegen der immer noch vorhandenen Möglichkeit menschlicher Bildung nicht das Recht der Tödtung beilegen kann. III. Endlich muß das Kind lebensfähig geboren sein. Als lebensunfähig ist nach der Natur der Sache nicht blos der Abortus, sondern auch die mehr entwickelte Frucht anzusehen, die vor dem in dem römischen Recht beim Beweise der Vaterschaft festgesetzten Termine zur Welt kam, wenn sie auch eine Zeitlang wirklich gelebt hat. Zur Anwendung jenes Termins muß jedoch der Termin der Conception unumstößlich fest stehen, woran es meistens fehlen wird. Die Entscheidung, ob die verstorbene Frühgeburt eine lebensfähige oder lebensunfähige gewesen sei, kann dann nur durch Sachverständige gegeben werden.

54. Durch die Geburt und Abstammung eines Menschen von zwei bestimmten Eltern wird dessen Stellung in einer Familie und der bürgerlichen Gesellschaft und die Persönlichkeit bestimmt, die ihn sein ganzes Leben hindurch begleitet. Es ist daher von Wichtigkeit, durch den Beweis jener Thatsachen den Beweis seiner Individualität zu sichern. Dieses geschieht durch die Geburtsregister, insbesondere durch die Taufregister, die dadurch auch civilrechtlich den Character als öffentliche Urkunden erhalten haben [1]). Wo Civilstandsregister eingeführt sind, haben die Kirchenbücher jene Eigenschaft verloren, können aber doch immer

2) Dieses zeigt L. Alam. lib. sec. XCV. Merkel., Schwabensp. 38. 324 Laßb.

3) Anderer Meinung ist mit Anderen Glück Pandekten II. §. 115. Auch das Bayerische und Oesterreichische Gesetzbuch setzen positiv das Gegentheil fest.

1) Dieses ist auch von der Praxis anerkannt. Die Zeugnisse von Leyser, Cannegießer, Berger giebt Beseler I. §. 57. Note 13.

subsidiair als höchst glaubwürdige Privaturkunden benutzt werden. Fehlt es an solchen Beweismitteln, weil keine Register vorhanden sind, oder weil der Act nicht eingetragen ist, so muß der Beweis nöthigenfalls durch andere geeignete Mittel geführt werden. Ist die Geburt dargethan, so muß aber derjenige, welcher von sich oder einem Anderen das damals geborene Kind zu sein behauptet, auch noch den Beweis dieser Identität führen. Dazu dient in der Regel der continuirte Besitzstand; im Falle einer behaupteten Fälschung und unrechtmäßigen Verwechslung aber der Beweis dieser Thatsachen.

55. Die durch das Leben erworbene Eigenschaft als Rechtssubject dauert bis zum Tode [1]). Dieser wird aber nicht vermuthet, sondern wenn es von einem Menschen, daß er gelebt habe, gewiß ist, so bildet der Tod eine neue Thatsache, die derjenige beweisen muß, der daraus Rechte für sich herleitet [2]). Regelmäßig geschieht dieses durch die Kirchenbücher und Sterberegister, wovon dasselbe wie von den Geburtsregistern gilt. In Ermanglung derselben sind alle anderen zutreffenden Beweismittel zuläßig. Umgekehrt kann, wenn auch ein Mensch in den Registern als zu einer gewissen Zeit verstorben eingetragen steht, diese Aeußerung durch den Beweis des Irrthums oder der Fälschung umgestoßen werden. Bis ganz ins Unbestimmte hinaus kann jedoch bei mangelndem Beweise des Todes die Ungewißheit nicht erstreckt werden, indem zu irgend einem Zeitpunkt der Tod gewiß ist. Welches dieser aber sei, kann nur auf künstlichem positiven Wege festgesetzt werden. Davon wird noch bei der Vormundschaft über Abwesende die Rede sein.

2) Einfluß des Geschlechts und Alters.

56. Auf die Rechtsfähigkeit ist das Geschlecht nur theilweise von Einfluß. Im Privatrecht stehen die Weiber den Männern im Ganzen gleich; die Beschränkungen sind Ausnahmen, die mit künstlichen historischen Verhältnissen zusammenhängen, und

1) Gut handeln davon Beseler I. §. 58., Gengler Lehrbuch §. 13. 14.
2) Fr. 19. 27. D. de adquir. hered. (29. 2), c. 4. C. de postlim. revers. (8. 51).

daher besonders zu beweisen sind, zum Beispiel im Erbrecht des Adels. Hingegen im öffentlichen Recht bildet nach der Natur der Sache die Unfähigkeit der Weiber die Regel und die Ausnahmen sind positiv zu beweisen. Von der beschränkten Rechtsfähigkeit ist übrigens die beschränkte Handlungsfähigkeit der Weiber zu unterscheiden, wovon bei der Vormundschaft zu reden ist. Zwitter, die juristisch weder Mann noch Weib wären, kennt das Recht nicht, sondern sie müssen für das Eine oder das Andere gehalten werden; zunächst nach ihrer eigenen Wahl, oder, wenn das öffentliche Interesse oder die Rechte Dritter dabei betheiligt sind, nach dem auf das physische Verhältniß zu bauenden Urtheil der Sachverständigen [1]), oder nöthigenfalls durch das Loos. Das Alter hat auf die Rechtsfähigkeit im Privatrecht gar keinen Einfluß mehr.

B) Künstliche Bedingungen. 1) Freiheit [1]).

57. Außer der physischen Existenz gehört zur Eigenschaft als Rechtssubject die Freiheit, das heißt das vom positiven Recht innerhalb einer gewissen Sphäre anerkannte und geschützte Recht des Willens; denn wenn man gar nicht Träger eines eigenen Willens, sondern nur Gegenstand eines fremden Willens ist, so ist man keine Person, sondern eine Sache. So waren in der ältesten Zeit die Unfreien, indem diese nicht blos in der Gewalt, sondern im Eigenthum des Herrn standen, daher keine Rechtsfähigkeit nach Volksrecht, sondern nur eine Rechtsfähigkeit nach Hofrecht hatten, worin der ausdrückliche oder stillschweigende Wille des Herrn das Gesetz war. Allmählig wurden aber die Unfreien im Strafrecht, Eherecht und in anderen Verhältnissen unter das Landrecht gezogen, und zuletzt waren die Leibeigenen im Ganzen der gemeinen Rechtsgenossenschaft theilhaftig und nur noch in einigen Stücken vom Willen des Herrn abhängig [2]). Mit der Aufhebung der Leibeigenschaft ist auch dieses verschwun-

1) Fr. 10. D. de statu homin. (1. 5).
1) Dieser Punkt wird mit Unrecht meistens ganz übergangen.
2) Dieser ganze Entwicklungsgang ist in meiner Deutschen Rechtsgeschichte §. 359—380. aus den Quellen dargestellt.

den. Es besteht daher jetzt für Alle dem Grundsatze nach eine gleiche Freiheit, wenn auch der wirkliche Genuß dieser Freiheit sehr verschiedene Abstufungen haben kann. Diese Freiheit ist nach dem Standpunkt der heutigen Bildung als ein Stück der öffentlichen Rechtsordnung anzusehen. Es kann sich daher Einer seiner Freiheit nicht durch Vertrag begeben, sich lebenslänglichen Diensten oder körperlichen Mißhandlungen nicht unterwerfen, sondern solche Verträge sind als nichtig zu behandeln. Eben so kann ein Fremder, der einen Sklaven in unser Land mitbringt, seine Herrschaft über denselben nur nach Maßgabe der hier geltenden Gesetze ausüben, und das Verhältniß ist, wenn es vor den hiesigen Gerichten zur Sprache kommt, wie ein auf Vertrag beruhendes zu behandeln [3].

2) Der Unterthanenverband [1]). a) Verhältniß der Inländer.

58. Zur vollen Rechtsfähigkeit gehört ferner der bürgerliche Verband mit einem bestimmten Staate oder das Indigenat. In dieser Hinsicht werden die Einheimischen oder Inländer und die Fremden oder Ausländer unterschieden. Die Bedeutung dieses Gegensatzes ist aber nicht mehr so groß wie ehemals. Im Privatrechte stehen die Fremden den Inländern im Ganzen gleich. Der Vorzug des Indigenates zeigt sich daher hauptsächlich in den politischen Rechten. Diese sind theils solche, wozu jeder Inländer ohne Unterschied befähigt ist, theils politische Rechte höherer Art, die an besondere Bedingungen geknüpft sind. Erstere sind die Fähigkeit, das Ortsbürgerrecht in einer Gemeinde des Landes zu erwerben, womit der Anspruch auf Armenversorgung und das Recht, Handel und Gewerbe zu treiben, zusammenhängt; der Anspruch auf den Rechtsschutz des Staates, was wegen der diplomatischen Vertretung gegen das Ausland und der Unzulässigkeit der Auslieferung wichtig ist [2]); das Recht der Beschwerde-

---

3) Ein lehrreiches Beispiel giebt Kind Quaest. forens. T. II. cap. 77.

1) Eine wissenschaftliche Gestalt erhielt diese Lehre zuerst von Eichhorn §. 73—78. Das reichste Material giebt Mittermaier I. §. 105—114., und aus ihm Maurenbrecher I. §. 137—145., Renaud I. §. 99—106.

2) Diese Unzulässigkeit ist anerkannt durch den Bundesbeschluß vom 18. August 1836. Art. 2.

führung und der Petition in den verfassungsmäßigen Formen. Die politischen Rechte höherer Art sind das Recht, in Civil- und Militairdienste zu treten, und die Befugniß zur Landesvertretung und zu den Gemeindeämtern zu wählen und gewählt zu werden, wobei das Nähere von der Verfassung jedes Landes abhängt. In Beziehung auf diese höheren politischen Rechte sollte man den Staatsbürger von dem einfachen Bürger oder Unterthan auch im Sprachgebrauch genau unterscheiden.

59. Erworben wird das Indigenat durch Abstammung, wo es bei unehelichen Kindern auf die Mutter ankommt; durch Verheirathung einer Fremden mit einem Inländer; durch ausdrückliche Verleihung oder Naturalisation; stillschweigend durch die Uebertragung eines Staatsamtes; durch Einwanderung und Niederlassung. Es hängt jedoch das Nähere von der Verfassung jedes Landes ab. Verloren wird es unfreiwillig durch die Strafe der Landesverweisung, wenn diese noch vorkommt, oder freiwillig durch die Annahme des Bürgerrechts in einem anderen Staate und durch Auswanderung. Das Recht dazu ist jetzt im Ganzen zu den allgemeinen Freiheitsrechten zu zählen. Es hatte sich jedoch aus den alten Hofrechten und Vogteiverhältnissen [1]) das von den Reichsgesetzen anerkannte [2]) Herkommen gebildet, von dem Vermögen, das der Auswandernde mitnahm, eine Abgabe zu erheben, die gabella emigrationis, detractus personalis, Nachsteuer, Abzug, Abfahrtgeld, und diese gilt grundsätzlich auch noch jetzt. Praktisch kommt sie jedoch selten zur Anwendung, weil zwischen den deutschen und den meisten außerdeutschen Staaten besondere Freizügigkeitsverträge geschlossen sind, wodurch auch die Nachsteuer unter ihnen aufgehoben ist [3]).

b) Rechtsverhältnisse der Fremden [1]).

60. **Ursprünglich waren die Fremden, als außer der Rechts-**

---

1) Der genaue Zusammenhang ist noch nicht aufgeklärt. Die besten Hinweisungen giebt Renaud I. §. 100.

2) Reichsabsch. zu Augsburg von 1555. §. 24., zu Regensburg von 1594. §. 82 84.

3) Beispiele nennt Maurenbrecher I. §. 145. Note 7.

1) Hieher gehört ein Theil der Schrift von Pütter das praktische europäische Fremdenrecht. Leipzig 1845.

genossenschaft der freien Männer stehend, dem strengen Rechte nach rechtlos. Dieses wurde jedoch schon früh durch die Sitte und Religion gemildert, und den Fremden unter dem Schutze der königlichen Gewalt Aufenthalt und selbst eine dauernde Niederlassung möglich gemacht[2]). Diese Richtung hat sich immer mehr entwickelt, und dadurch sind jetzt die Fremden fast aller Rechte der Inländer theilhaftig geworden. Hiezu haben drei Gründe mitgewirkt. Erstens ist unter dem Einfluß des Christenthums der Gedanke der alle Menschen umfassenden Rechtsgemeinschaft stärker und dadurch der Unterschied zwischen dem Menschen und Bürger schwächer geworden. Zweitens haben die Staaten die Begünstigung der Fremden ihren eigenen Interessen des Handels und des Verkehrs vortheilhaft gefunden. Drittens behandeln die Regierungen die Vortheile, welche sie den Ausländern bei sich eröffnen, als ein Mittel, ihren Unterthanen in den dortigen Staaten gleiche Vortheile zu sichern. Sie knüpfen daher an Jenes den Vorbehalt, wenn ihre Unterthanen in einem Lande nicht auf gleichem Fuße behandelt würden, gegen die Angehörigen dieses Landes bei sich das Retorsionsrecht auszuüben[3]), und so wird in jedem Lande aus Rücksicht auf die eigenen Unterthanen die Behandlung der Ausländer in einer günstigen Lage erhalten. Dieses vorausgesetzt, so ist der Zustand der Fremden folgender. I. In der Fähigkeit zur Ehe besteht schon längst kein Unterschied mehr, indem die Ehe an die allgemeine Rechtsgenossenschaft der Kirche gezogen worden ist. II. Der Erwerb von Grundstücken war früher, wo der Grundbesitz in alle politischen Verhältnisse eingriff, den Fremden nicht gestattet. Allmählig ist man aber auch davon abgegangen, und jetzt ist die Fähigkeit dazu als die Regel, die Beschränkung als die durch das Particularrecht zu erweisende Ausnahme anzusehen, die allerdings noch hin und wieder vorkommt[4]). Die politischen Rechte, die mit dem Grundbesitz verbunden sind, gehen aber an den Ausländer nicht über.

---

2) Die Beweise giebt meine Deutsche Rechtsgeschichte §. 403. 404.

3) So thun das Preuß. Landrecht Einleitung §. 41—45. Th. II. Tit. 17. §. 172. 173., Französ. Gesetzbuch Art. 11., Oesterr. Gesetzbuch §. 33.

4) Beispiele giebt Mittermaier I. §. 109. Note 16.

III. Fremde konnten, als außer der Rechtsgenossenschaft stehend, nicht erben. Wenn daher ein Fremder in dem ihm fremden Lande starb, so fiel sein Nachlaß als herrenlos dem König als dem Schutzherrn, später dem Landesfürsten zu (ius albinagii, droit d'aubaine) [5]). Dieses wurde aber von Friedrich II. 1220 für sein ganzes Reich untersagt, und die Fremden für fähig erklärt, ihr Vermögen durch Testament oder auf ihre Blutsfreunde zu vererben [6]). In anderen Ländern, namentlich in Frankreich, dauerte aber jenes Recht fort, und dadurch wurde es auch da, wo es aufgehoben war, als Retorsion festgehalten [7]). Allmählig ist es aber jetzt durch Staatsverträge zwischen den meisten Staaten aufgehoben worden [8]). IV. Die Fremden sind in Deutschland durch das Herkommen fähig gemacht, Inländer zu beerben und von ihnen durch Schenkungen und Vermächtnisse zu erwerben. V. Da in diesem Falle wie da, wo ein Inländer auswandert, Vermögen außer Landes geht, so ist dabei ebenfalls der Gebrauch entstanden, bei der Verabfolgung desselben an den Fremden eine Abgabe zu erheben, den Abschoß, census hereditarius, gabella hereditaria, quindena, detractus realis. Doch ist auch diese häufig durch Verträge zwischen zwei Staaten oder durch Reciprocität aufgehoben [9]). VI. Im Klagrecht besteht für die Ausländer in der Hauptsache kein Unterschied. Daß sie bei Processen Caution stellen müssen und wegen Schulden an ihnen Personalarrest statt finden kann, liegt in der Natur ihrer Stellung. Ihre in einigen Particularrechten vorkommende Zurücksetzung im Concurse gegen inländische Gläubiger ist gegen den Geist der neueren Zeit.

---

5) So in Cöln nach der Sententia arbitror. a. 1258 (Lacomblet Urkunden II. n. 452. p. 247. §. 53).

6) Frider. II. constit. in basilica Petri 1220. c. 8 (Pertz Leges II. 244). Der Kaiser schickte dieses Gesetz alsbald an die Universität zu Bologna zur Aufnahme in die Rechtsbücher und um darüber zu lesen, Frider. II. litterae (Pertz II. 245). Darauf gründet sich die Auth. Omnes peregrini ad c. 10. C. communia de success. (6. 59). Die Behauptung von Mittermaier I. §. 105., Renaud I. §. 100. Note 6., Wolff I. §. 57. Note 122., daß jenes Gesetz sich nur auf Italien bezogen habe, ist daher nicht begründet. Freilich zeigt die in der Note 4. angeführte Stelle, daß es nicht gleich überall durchdrang.

7) So sagt zum Beispiel das Preuß. Landrecht II. 17. §. 173.

8) Diese Verträge nennt Maurenbrecher I. §. 140. Note 22.

9) Auf die Reciprocität verweist das Preuß. Landrecht II. 17. §. 172.

VII. Im Allgemeinen haben sie Anspruch auf den Rechtsschutz des Staates wie Inländer. Doch ist dieser nicht wie bei den Inländern ein Recht, sondern eine Wohlthat; daher schließt derselbe die Auslieferung oder Ausweisung nicht aus.

61. Nach den möglichen Beziehungen der Fremden zu einem deutschen Staate sind folgende Klassen zu unterscheiden. I. Bloße Durchreisende. Diese kommen regelmäßig nur unter dem Gesichtspunkt der Reisepolizei in Betracht. II. Fremde ohne festen Aufenthalt, Vagabunden, Heimathlose, Verwiesene. Diese sind, wenn auch nicht schutzlos, doch der strengsten Art von Polizeiaufsicht unterworfen. III. Fremde, die sich zu bestimmten vorübergehenden Zwecken im Lande aufhalten, wie Studierende, Handwerker, Litteraten. Gegen Solche muß das Polizeiliche mit Rücksicht auf den besonderen Zweck eingerichtet sein. IV. Fremde, die in dem Lande ihren Wohnsitz genommen haben, ohne in den Staatsverband einzutreten. Diese befinden sich dadurch in Beziehung auf die Unterwürfigkeit unter die Staatsgesetze, wie auf den Gerichtsstand und die öffentlichen Lasten in einem Verhältnisse wie Inländer, ohne jedoch aufzuhören, Ausländer zu sein. Daher findet bei ihrem Wegziehen keine Nachsteuer statt, weil diese nur auf auswandernde Inländer geht; auch bei ihrem Tode regelmäßig kein Abschoß, weil dieser nur das ins Ausland gehende Vermögen eines Inländers trifft. V. Fremde, welche ohne im Lande zu wohnen, Grundeigenthum darin besitzen (Forensen, Landsassen). Bei diesen folgt schon aus allgemeinen Grundsätzen, daß sie die das Grundeigenthum treffenden öffentlichen Lasten zu tragen, und wegen dinglicher Klagen vor dem Gericht, worunter das Grundstück liegt, zu Recht stehen müssen. Man nennt dieses den unvollkommenen Landsassiat. In einigen deutschen Staaten, namentlich Sachsen, Bayern, Würtemberg, knüpft sich aber daran als Ueberrest alter Einrichtungen der volle Landsassiat, das heißt, daß der Forense wie ein Unterthan auch wegen persönlicher Ansprüche vor die Gerichte des Landes gezogen werden kann.

c) Die Angehörigen der deutschen Bundesstaaten.

62. Ein eigenthümlicher Mittelzustand besteht, nach Vor-

schriften der Bundesgesetze, im Verhältniß der Unterthanen eines zum deutschen Bunde gehörenden Staates zu den anderen Bundesstaaten. Der Grundgedanke dabei ist, die Angehörigen der deutschen Bundesstaaten, in Erinnerung an die frühere Reichseinheit, bei der eingetretenen staatlichen Verschiedenheit doch in einer gewissen Rechtsgemeinschaft zu erhalten. Zu diesem Zwecke ist für die gegenseitigen Unterthanen festgesetzt, das Recht, Grundeigenthum mit nicht mehr Lasten, wie die eigenen Unterthanen zu besitzen, was für die Territorien wichtig ist, wo particularrechtlich Ausländer keine Grundstücke erwerben können; ferner die Freizügigkeit, der Eintritt in Civil- und Militairdienste des anderen Staates, und die Freiheit von der Nachsteuer [1]). Später ist dieses wiederholt und auch auf den Abschoß ausgedehnt worden [2]). Mit Beziehung auf diese Vorrechte kann man von einem Bundesindigenat reden.

3) Die bürgerliche Ehre [1]). a) Begriff derselben.

63. Ehre im moralischen Sinne ist der Besitz der ungeschmälerten moralischen Würde, die dem Menschen als sittlichem Wesen zusteht. Die Anerkennung dieses ungeschmälerten Besitzes und die günstige Meinung, die daraus für einen Menschen bei den Anderen entsteht, bildet die Achtung oder den guten Ruf desselben. Alles dieses ist zunächst blos etwas Factisches. Allein die sittliche Natur, die jedem Staate mehr oder weniger inwohnt, führt unbewußt und von selbst dahin, daß er bei den Rechten und Vortheilen, die er seinen Mitgliedern gewährt, die moralische Würdigkeit derselben, also den Besitz der unverletzten moralischen Ehre und Achtung voraussetzt und jene Rechte davon abhängig macht. So wird die Ehre zur Bedingung der Rechtsfähigkeit und zu einem Rechtsbegriff. Bürgerliche Ehre ist also der Genuß der vollen Rechtsfähigkeit, die einem Menschen in der Voraussetzung der unverletzten moralischen Ehre nach Gesetz und

---

1) Bundesacte vom 8. Juni 1815. Art. 18.
2) Bundesbeschluß vom 23. Juni 1817.
1) Die Litteratur giebt Gengler §. 20. Durch Klarheit ausgezeichnet ist die Darstellung bei Beseler I. §. 60—62.

Sitte in einem Staate zusteht [2]. In diesem Sinne hieß bei den Deutschen der unbescholtene Mann ganz richtig „vollkommen an seinem Recht" [3].

b) Von der Verminderung der bürgerlichen Ehre.

64. Nach dem Zusammenhang dieser Begriffe muß also, wo die moralische Ehre und Achtung eines Menschen in sichtbarer Weise vermindert oder zerstört wird, auch dessen bürgerliche Rechtsfähigkeit vermindert oder zerstört werden. Nach der Natur der Sache ist gewiß, daß Jenes und also auch Dieses nur durch eigene Verschuldung geschehen kann [1]. Allein die Frage, wann und bis zu welchem Grade durch ein Delict die moralische Ehre und Achtung vermindert wird, und also dadurch auch die bürgerliche Rechtsfähigkeit vermindert werden soll, kann bei der Wichtigkeit und Feinheit dieser Verhältnisse nicht der factischen öffentlichen Meinung und der davon geleiteten Willkühr des Richters überlassen bleiben, sondern es sind darüber feste positive Vorschriften nothwendig [2]. Andererseits müssen aber diese Vorschriften, weil die bürgerliche Ehre die moralische Ehre und die öffentliche Meinung zur Unterlage hat, sich allerdings enge an die Meinung und das sittliche Gefühl ihrer Zeit anschließen [3], und diesem gewissermaßen nur den Ausdruck verleihen, widrigenfalls bleiben sie ohne Kraft.

65. Es ist ein großer Uebelstand, daß es an solchen Vorschriften für das heutige gemeine Recht in Deutschland fehlt. Im Mittelalter hatte sich ein System von Strafen an Recht und Ehre gebildet, dem die alten Begriffe von Friede und Rechtsgenossenschaft zur Grundlage dienten, das jedoch keine feste Ausbildung hatte [1]. Später zog das besondere Recht des Adels und

2) So sagt auch die scharfsinnige Definition des Callistratus im fr. 5. §. 1. D. de extraord. cognit. (50. 13). Existimatio est dignitatis inlaesae status, legibus ac moribus comprobatus, qui ex delicto nostro auctoritate legum aut minuitur aut consumitur.

3) Sachsensp. II. 12. §. 3.

1) Ex delicto nostro (§. 63. Note 2).

2) Auctoritate legum (§. 63. Note 2).

3) Legibus et moribus comprobatus (§. 63. Note 2).

1) Dieses ist genau aus den Quellen zusammengestellt in meiner Deutschen Rechtsgeschichte §. 678—683.

des Bürgerstandes viele dieser Fragen an sich. Die Theoretiker mischten nun die aus den Justinianischen Rechtsbüchern gezogene Theorie der römischen infamia ein, die aber als auf einer anderen Gefühlsweise und anderen Sitten beruhend nicht in unser lebendiges Recht übergieng [2]), und nur aus der Ferne auf den Sprachgebrauch und die schärfere Begriffsbestimmung wirkte. Die Reichsgesetze gaben nur vereinzelte wenig zusammenhängende Vorschriften, und auch den Particularrechten fehlt es an einer klaren Anschauung und einem festen Sprachgebrauch. Unter diesen Umständen muß die Wissenschaft vor Allem das, was sich in den Begriffen und Sitten der Gegenwart wirklich vorfindet, aufsuchen, und nach seinen inneren Gründen zum Bewußtsein bringen. Hiedurch wird für die Anwendung der lückenhaften gesetzlichen Bestimmungen der sichere Tact erworben, und der in diesem Theile nöthigen neuen Gesetzgebung vorgearbeitet werden. Es treten dabei acht Gesichtspunkte hervor.

c) Einzelne Fälle der Verminderung der bürgerlichen Ehre. α) Gänzliche Zerstörung der Rechtsfähigkeit.

66. Denkbar ist, daß das Gesetz zur Strafe alle Anerkennung des Rechts von Seiten des Staats entzieht, also die Person vogelfrei erklärt, alle Familienbande löst und das Vermögen als das eines Verstorbenen behandelt. Dieses trat ein durch die Friedlosigkeit des alten Rechts oder die Echt- und Rechtlosigkeit des Mittelalters [1]), wie in entsprechender Weise durch die capitis deminutio maxima des römischen Rechts. Dieses hat sich aber nicht erhalten, weil es, in seiner Consequenz durchgeführt, zur ungestraften Tödtung und zur Knechtschaft führen müßte, was, wie die Auflösung der Familienbande, zu unserer Gefühlsweise nicht paßt. In der neueren Zeit ist jedoch etwas Aehnliches im französischen Recht und aus ihm im badischen Landrecht in dem an gewisse Strafen geknüpften Institute des bürgerlichen Todes hergestellt worden. Allein dabei hat man auch die Inconsequenz begangen, daß dadurch gewisse Rechte, namentlich das

2) Dieses hat Savigny System II. §. 83. überzeugend dargethan.
1) Die Beweise stehen in meiner Deutschen Rechtsgeschichte §. 678. 679.

Eherecht, die man zu den natürlichen Rechten zählt, zerstört werden; andere natürliche Rechte dagegen, die sich auf die Freiheit und den Schutz der Person beziehen, erhalten bleiben [2]).

β) Verlust des Bürgerrechts.

67. Denkbar ist ferner, daß das Gesetz mit einer Strafe das Bürgerrecht und die ganze bürgerliche Rechtsfähigkeit entzieht, die natürlichen Rechte aber bestehen läßt. Dieses trat im römischen Recht bei der media capitis deminutio, namentlich durch die aquae et igni interdictio und die Deportation, ein. Eine solche Strafbestimmung setzt jedoch voraus, daß eine genau bestimmte und bewußte Gränze zwischen den natürlichen und bürgerlichen Rechten gezogen ist. Diese ist aber bei den Deutschen nicht zur Durchbildung gekommen, und allmählig, wenigstens im Privatrecht, in der Anwendung auf die Fremden fast ganz verwischt worden [1]). Für diesen Zustand, wo ein Bürger zur Strafe in das Verhältniß eines Ausländers versetzt ist, besitzt daher unsere Rechtssprache auch keinen besonderen Ausdruck. Die Sache selbst findet sich da, wo die Deportation oder Landesverweisung als Strafe vorkommt.

γ) Verlust der bürgerlichen Ehre.

68. Es liegt in der Natur eines jeden gesitteten Volkes, daß die Fähigkeit zu den Verrichtungen, welche wie die Advocatur ein besonderes Vertrauen und eine besondere Gewissenhaftigkeit voraussetzen, oder welche wie die Bekleidung öffentlicher Aemter eine besondere Achtung verlangen, als eine höhere Stufe der bürgerlichen Ehre angesehen wird, der auch in erhöhtem Maße der Besitz der unverletzten moralischen Ehre entsprechen muß. Daraus folgt, daß Handlungen, die entschieden einen hohen Grad von Unsittlichkeit und widerrechtlicher Gesinnung bekunden, nach den Gesetzen auch den Verlust jener höheren bürgerlichen Ehre zur Folge haben müssen. Im Mittelalter wurde

2) Man sehe die gute Kritik von Savigny System II. §. 75.
1) Man sehe oben §. 60.

dieser Zustand die Rechtlosigkeit genannt[1]). Im Fortschritte der Zeit verloren sich aber der Begriff wie das Wort. Bei dem Adel und Bürgerstande knüpften sich nun fast alle jene höheren Ehrenrechte an den Stand an, und die alte Rechtlosigkeit gieng in die Wirkungen, welche die Ausstoßung aus dem Stande hatte, auf. Bei dem Bauernstande aber kamen jene Rechte ohnehin wenig zur Sprache. Was aber von jener Rechtlosigkeit Allgemeines noch übrig blieb, floß mit der gleich zu erwähnenden Ehrlosigkeit zusammen. Im römischen Recht entsprach jenem Zustande die infamia. Jedoch wurde auch diese von unserer Gesetzgebung und Praxis mehr zu der Ehrlosigkeit gezogen. Erst in der neueren Zeit, wo das Gefühl der allgemeinen bürgerlichen Ehre wieder lebendig geworden ist, ist auch in den Strafgesetzbüchern der Verlust derselben als Strafe eingeführt worden[2]). Die Wirkungen derselben sind, der alten Rechtlosigkeit genau entsprechend, die Unfähigkeit, öffentliche Aemter und Auszeichnungen zu führen, in öffentlichen Angelegenheiten zu stimmen, zu wählen, und gewählt zu werden, Vormund zu sein, eidliches Zeugniß zu geben, als Zeuge bei Rechtsgeschäften zu fungiren, Waffen zu führen und dergleichen. Diese Strafe kann aber nur in den Fällen eintreten, wo die Gesetze es bestimmen. Dieses ist auf dreifache Art denkbar: entweder so, daß das Gesetz für ein Vergehen ausdrücklich den Verlust der bürgerlichen Ehre festsetzt; oder so, daß es diesen Verlust an eine gewisse Strafart von Rechtswegen anknüpft; oder so, daß es dem Richter das Recht giebt, neben der anderen Strafe auch auf den Verlust der bürgerlichen Ehre zu erkennen. In allen Fällen setzt das Eintreten dieser Strafe einen Richterspruch voraus. Das Nähere hängt von den positiven Strafgesetzen ab.

δ) Ehrlosigkeit.

69. Es giebt Vergehen, worin, wenn auch die dadurch zugefügte Verletzung geringerer Art ist, das sittliche Gefühl doch

---

1) Die Beweisstellen giebt meine Deutsche Rechtsgeschichte §. 681. 682., wo auch die abweichenden Ansichten von Phillips und Budde widerlegt sind.

2) So in dem Preußischen Strafgesetzbuch vom 14. April 1851.

eine besonders niedrige und verächtliche Gesinnung erkennt, so daß nach dem Gesichtspunkt der Ehre gemessen die Handlung, wenn auch die übrige Strafe geringer ist, doch den Verlust der bürgerlichen Ehre und aller damit verbundenen höheren bürgerlichen Rechte zur Folge haben muß. Die Wirkung ist also dieselbe, wie im vorigen Falle; nur soll in der Strafe die moralische Verächtlichkeit der Handlung besonders hervortreten. Dieser Gesichtspunkt lag im Mittelalter der Strafe der Ehrlosigkeit zum Grunde, die daher in ihren Wirkungen ganz mit der Rechtlosigkeit zusammenfiel [1]. Im römischen Recht war die infamia etwas Entsprechendes, wenn diese auch im Justinianischen Recht nur in abgeschwächter Gestalt hervortritt. Daher wurde auch der Ausdruck infamis für ehrlos aufgenommen; so im canonischen Recht [2], in den kaiserlichen Constitutionen des Mittelalters [3], und in den späteren Reichsgesetzen [4]. Jener Ausdruck infamis wurde dann wieder rückwärts in „verläumbte Person“ übersetzt [5]. Mit jenem Namen waren jedoch keineswegs auch die einzelnen Bestimmungen des römischen Rechts recipirt, sondern hierin lebte und entwickelte sich das deutsche Recht fort. Der Ehrlose wurde auch anrüchtig genannt [6].

70. Was nun zunächst die Gründe der Ehrlosigkeit betrifft,

---

1) Die Beweisstellen giebt meine Deutsche Rechtsgeschichte §. 683. Es ist unrichtig, wenn man diese Ehrlosigkeit blos auf die besonderen Standesrechte bezieht; so Marezoll Bürgerliche Ehre S. 299—301. 344., und nach ihm die Meisten.

2) In das canonische Recht kam diese Lehre zuerst durch das Conc. Carth. VII. a. 419. c. 2., welches die infames von den Accusationen ausschloß. Dieses wurde nun von dem Verfertiger der falschen Decretalen und der falschen Angilramnischen Kapiteln mit Beziehung auf die leges saeculi in vielen Stellen wiederholt. Man sehe mein Kirchenrecht §. 98. Note 52—57. §. 99. Bruchstücke stehen bei Gratian c. 11. c. III. q. 4., c. 6. 8. 10. 11. c. III. q. 5., c. 17. c. VI. q. 1. Dann gab Gratian eine Abhandlung über die infamia aus Stellen des Justinianischen Rechts, c. 2. §. 1. 2. 20. c. III. q. 7. Auf das deutsche Recht hat aber dieses Alles nicht eingewirkt.

3) Frider. I. privil. scolasticum 1158 (Auth. Habita ad c. 5. C. ne filius pro patre (4. 13)), Frider. II. const. in basilica Petri 1220. c. 9 (Auth. Agricultores ad C. 8. C. quae res pignori (8. 17)).

4) Notariatordn. von 1512. Einleit. §. 2. „ehrloß, infames genandt.“

5) Peinl. Gerichtsordn. Karls V. Art. 107., Statutenbuch von 1572. Fol. 22a.

6) Goslar. Statut. S. 38. Z. 11 Göschen., Pölmann Distinct. IV. 14. Dist. 14.

so ist zweierlei denkbar. I. Die Ehrlosigkeit ist von dem Gesetz unmittelbar und ohne Dazwischenkunft des Richters an eine gewisse Handlung geknüpft. Von dieser Art sind die Fälle der sogenannten infamia immediata des römischen Rechts. Diese sind aber jetzt nicht mehr für anwendbar zu halten, außer wo sie durch ein Landesgesetz ausdrücklich bestätigt sind [1]). Denn mehrere derselben passen zu unseren Sitten und Begriffen entschieden nicht; es müßte also jedenfalls durch die Wissenschaft und Praxis eine Ausscheidung vorgenommen werden, was zur Willkühr führen würde. Dazu kommt, daß die Ehrlosigkeit eine Strafe ist [2]), und also nach allgemeiner-deutscher Gewohnheit ein richterliches Erkenntniß voraussetzt. Dawider beweist auch das canonische Recht nichts [3]). Ausnahmsweise hatten die Reichsgesetze nur einige Fälle bezeichnet, wo die Ehrlosigkeit unmittelbar auf die That folgen sollte; bei Gotteslästerern [4]) und bei der Herausforderung zum Duell [5]). II. Oder die Ehrlosigkeit setzt eine richterliche Untersuchung und Verurtheilung voraus. Hier ist weiter zu unterscheiden. A) Jedes schwere Verbrechen enthält eine mehr oder weniger unehrenhafte Gesinnung. Daher machte bei den Römern jede Verurtheilung wegen eines publicum crimen infam [6]). Bei den Deutschen galt etwas ganz Aehnliches; nur war dieses nicht nach der Gattung der Verbrechen, sondern nach der Art der Strafen ausgedrückt, nämlich so, daß die Verurtheilung zu einer Strafe, die an Leben, Haut und Haar gieng,

---

1) Dieser Meinung sind nicht nur diejenigen, welche wie Savigny (§. 65. Note 2) der römischen infamia alle Anwendbarkeit absprechen, sondern auch Viele, die ihr im Uebrigen noch eine beschränkte Anwendbarkeit zuerkennen, so Eichhorn §. 87., Mittermaier I. §. 101. 102., Phillips I. §. 37., Beseler I. §. 62. Andere dagegen halten sie im Ganzen noch jetzt für praktisch und nehmen nur einzelne Fälle aus; so Marezoll S. 350—357.

2) Peinl. Gerichtsordn. Karls V. Art. 104.

3) Gratian hatte die römische infamia wegen Verletzung des Trauerjahrs aufgenommen, c. 2. §. 20. c. III. q. 7. Diese hob der Papst auf, c. 4. 5. X. de secund. nupt. (4. 21). Die Frage bezog sich nur auf den Bereich der Kirche; darüber hinaus hatte der Papst nicht zu verfügen. Es ergiebt sich also daraus vielmehr, daß im bürgerlichen Recht diese infamia nicht bekannt war.

4) Reichspolizeiordn. von 1530. Tit. I. §. 5. von 1548. Tit. I. §. 7. von 1577. Tit I §. 7.

5) Reichsschluß von 1688 (Koch Reichsabschiede IV. 57). Dieser ist jedoch nicht zur allgemeinen Publication gekommen.

6) Fr. 7. D. de publ. iudic. (48. 1).

auch wenn man sich davon loskaufte, rechtlos [7]) und zugleich ehrlos machte [8]). Diese Auffassung ist im Ganzen geblieben, wenn sich auch bei den veränderten Strafarten nicht genau bestimmen läßt, mit welchen Strafen jetzt die Ehrlosigkeit verbunden ist. Soviel folgt jedoch aus der Natur der Sache und aus dem allgemeinen Gefühl, daß dazu die Strafen gehören, welche durch Henkershand an der Person oder am Bildniß vollzogen werden, wie Staupenschlag, Brandmarkung, Pranger oder Schandpfahl [9]). Nach dem neuen preußischen Strafgesetzbuch, welches diese Strafen nicht mehr kennt, zieht die Verurtheilung zur Zuchthausstrafe immer, die zur Todesstrafe aber nicht unbedingt, den Verlust der bürgerlichen Ehre nach sich [10]). Jedenfalls hat durch jene Verschiedenheit der Auffassung das römische Recht seine Anwendbarkeit verloren [11]). B) Neben dieser allgemeinen Gattung von Verbrechen kann das Gesetz noch besondere Fälle auszeichnen, wo die Condemnation die Ehrlosigkeit zur Folge hat. So im römischen Recht bei gewissen Privatdelicten und selbst bei einigen Civilklagen. Eben so wurde im Mittelalter bei besonders schimpflichen Vergehen die Ehrlosigkeit namentlich hervorgehoben [12]), und auch unstreitig bei der Verurtheilung besonders ausgesprochen. In diesem Geiste haben auch die Reichsgesetze bestimmte Vergehen insbesondere mit der Ehrlosigkeit bedroht [13]). Diese bilden, so weit sie praktisch geblieben, das gemeine Recht. Hingegen sind die Bestimmungen des römischen Rechts auch in diesem Theile als zu unseren Sitten nicht passend nicht für an-

---

7) Sachsensp. I. 38. §. 1. I. 65. §. 2. II. 13. §. 1., Schwabensp. 41. 100 a. 174 a. Laßb.

8) Sachsensp. II. 13. §. 1.

9) Marezoll S. 363 — 373., Eichhorn §. 86. Anderer Meinung sind Maurenbrecher I. §. 149., Mittermaier I. §. 102.

10) Preuß. Strafgesetzbuch von 1851. §. 7. 11.

11) Anderer Meinung ist Marezoll S. 357. 358.

12) Man sehe meine Deutsche Rechtsgeschichte §. 683.

13) Meineid, Bruch geschworener Urfehde, Preisgeben von Weib und Kind zur Unzucht, Peinl. Gerichtsordn. Karls V. Art. 107. 108. 122. — Desertion und Fahnflüchtigkeit im Felde, Reuterbestallung von 1570. Art. 28. 62. 63. — Injurien, Reichsschluß von 1668. 1670 (Koch Reichsabsch. IV. 56. 72) — Handwerkergesellen, die nach Handwerksvergehen flüchtig geworden, Reichsschluß vom 4. Sept. 1731. §. 2 (Koch IV. 379).

wendbar zu halten [14]). Die Praxis hat dieses auch selbst gefühlt, indem die Richter bei solchen Verurtheilungen sich das Recht beilegten, die Ehre ausdrücklich vorzubehalten [15]), was aber dem römischen Recht grade entgegen war [16]).

71. Die Wirkungen der Ehrlosigkeit stimmten im Mittelalter mit denen der Rechtlosigkeit überein [1]). Jetzt fallen sie nach der Natur der Sache mit denen des Verlustes der bürgerlichen Ehre zusammen, welcher der alten Rechtlosigkeit entspricht [2]). Das neue preußische Strafgesetzbuch kennt daher die Ehrlosigkeit als besondere Strafe nicht, sondern nur die Strafe des Verlustes der bürgerlichen Ehre. Auch die Wirkungen der infamia selbst in ihrer abgeschwächten Gestalt treffen damit zusammen. Die Wirkungen der Ehrlosigkeit sind demnach die Unfähigkeit zu öffentlichen Aemtern [3]), der Verlust der Stimm- und Wahlrechte und der Wählbarkeit, der Ausschluß von allen ehrlichen Zusammenkünften, Zünften [4]) und Corporationen, die Unfähigkeit zur Advocatur und zur Procuratur [5]), zum Notariat [6]) und zur Vormundschaft, der Verlust der mit dem Adel und anderen Ehrenständen verbundenen politischen und Ehrenrechte, die Unfähigkeit zum Zeugniß bei öffentlichen Acten [7]), und zum eidlichen Zeugniß in gewöhnlichen Sachen [8]), nicht aber darum auch zur Eidesdelation [9]). Unbestreitbar wird auch durch die Erbeinsetzung eines

---

14) So sagen richtig Eichhorn §. 87., Maurenbrecher I. §. 149. Anderer Meinung ist auch hierin Marezoll S. 359.

15) Man sehe darüber Phillips I. §. 36. Note 9.

16) Fr. 63. D. de furt. (47. 2), fr. 40. D. de iniur. (47. 10).

1) Man sehe §. 69. Note 1.

2) Man sehe §. 68.

3) Fr. 2. D. de off. assess. (1. 22), c. 8. C. de decur. (10. 31), c. un. C. de infam. (10. 57), c. 2. C. de dignit. (12. 1).

4) Reichsschluß von 1731. §. 5. §. 13. Nr. 5 (Koch IV. 380. 384).

5) Fr. 1. §. 5. fr. 8. 9. D. de postul. (3. 1).

6) Notariatsordn. von 1512. Einleit. §. 2.

7) Dieses folgt aus der Notariatsordn. von 1512. Einleit. §. 2.

8) Dieses folgt daraus, daß der Eid Unbescholtenheit und Vertrauen wesentlich voraussetzt, c. 54. X. de testib. (2. 20). Im Uebrigen können Ehrlose als Zeugen vernommen werden; es hängt aber natürlich vom Richter ab, welches Gewicht er auf die Aussage legen will, fr. 13. D. de testib. (22. 5).

9) Zeugnisse der Praktiker geben Phillips I. §. 39., Mittermaier I. §. 103.

Ehrlosen die querela inofficiosi der präterirten Geschwister begründet [10]). Die Ehrlosigkeit mit ihren bürgerlichen Wirkungen kann jedoch durch landesherrliche Begnadigung (restitutio famae et honoris) wieder aufgehoben werden [11]).

ε) Theilweise Entziehung der bürgerlichen Ehre.

72. Denkbar ist, daß zur Strafe nicht die ganze bürgerliche Ehre, sondern nur ein Theil derselben entzogen wird. Dieses kann auf doppelte Weise vorkommen. Entweder so, daß die Ausübung der höheren bürgerlichen Rechte auf eine gewisse Zeit untersagt wird, was theils als Strafe [1]), theils in Folge der erkannten Specialinquisition [2]) eintreten kann. Oder so, daß nur einzelne höhere bürgerliche Rechte entzogen werden. Nach den Reichsgesetzen macht der betrügerische Bankrott zu Aemtern unfähig [3]); desgleichen sollen die Obrigkeiten und Notarien, welche zur Cession der Schuldforderung eines Juden gegen einen Christen an einen Christen mitwirken, ihrer Ehren und Aemter entsetzt sein [4]). In den Particularrechten wird die Entziehung der Landstandschaft in besonderen Fällen angeordnet.

ζ) Befleckte moralische Ehre.

73. Es giebt Rechtsverhältnisse, wo nach der Natur der Sache die Obrigkeit auf die moralische Würdigkeit der Person besonders Rücksicht nimmt; so bei der Glaubwürdigkeit der Zeugenaussage, bei der Auswahl zu einem öffentlichen Amte, bei der Aufnahme ins Bürgerrecht. Dieses macht sich von selbst nach den mannichfaltigsten Abstufungen, und es lassen sich dafür keine festen Regeln geben. Die sogenannte infamia facti ist daher nichts Juristisches. Wenn jedoch Einer durch notorische Handlungen

---

10) C. 27. C. de inoff. testam. (3. 28).

11) Reichsabsch. von 1526. §. 6. (Koch II. 274), Reichsschluß von 1731. §. 13. Nr. 5 (Koch IV. 384).

1) So nach dem neuen Strafgesetzbuch von 1851. §. 21.

2) Man sehe Marezoll S. 372., Mittermaier I. §. 104., Maurenbrecher I. §. 151.

3) Reichspolizeiordn. von 1548. Tit. XXII. §. 1. von 1577. Tit. XXIII. §. 2., Reichsschluß vom 17. Februar 1671 (Koch IV. 78). Mit Unrecht wird dieses von allgemeiner Ehrlosigkeit verstanden.

4) Reichsabschied von 1551. §. 80.

oder durch eine stehende verächtliche Lebensweise seine moralische Ehre in offenkundiger Weise herabwürdigt, so kann dieses auch juristisch positive Wirkungen erzeugen. Dieses war im römischen Rechte der Fall bei der turpitudo bis zur levis nota als einem schwächeren Grade derselben, namentlich bei der querela inofficiosi [1]), jedoch immer so, daß die Anwendung von der Beurtheilung des Richters abhieng [2]). Jenen Gesichtspunkt hat, als in der Natur der Sache liegend, auch das deutsche Recht aufgenommen [3]), auch mit jener positiven Wirkung [4]). Unter diesem Gesichtspunkt können auch noch manche Fälle der sogenannten infamia immediata Berücksichtigung finden, so weit unsere Sitten darin etwas Verächtliches erkennen [5]). Insbesondere sind dahin öffentliche Dirnen [6]), Vagabunden, Zigeuner, Marktschreier, Bänkelsänger, Seiltänzer, Gaukler und ähnliche Gewerbe zu rechnen, worin etwas moralisch Verächtliches liegt [7]). Im Mittelalter wurden solche rechtlos angesehen [8]), was aber jetzt nicht mehr gilt.

η) Unehrlichkeit oder Anrüchtigkeit.

74. Denkbar ist, daß nach den conventionellen Begriffen der Zeit an einen Stand oder ein Gewerbe, ohne daß eine moralische Verschuldung concurrirt, eine herabwürdigende Meinung geknüpft ist, und daß die Wirkungen davon auch im Recht zur Sprache kommen. Im Mittelalter war dieses der Fall bei den unehelichen Kindern, die mit den moralisch verächtlichen Gewerben als Rechtlose behandelt wurden [1]), wiewohl doch zwischen

---

1) C. 27. C. de inoff. testam. (3. 28).

2) Man sehe Savigny System II. §. 78. 82.

3) Nur ein „unwandelbarer Mann" sollte an des Kaisers Statt richten, in des Reiches Gnade aufgenommen werden können, Kaiserrecht III. 14. IV. 16.

4) Dieses zeigt das Statutenbuch von 1572 Fol. 71 a. Hier werden die turpes personae bei der querela inofficiosi „schändliche leichtfertige Personen" genannt.

5) So bemerkt richtig Eichhorn §. 87.

6) Reichspolizeiordnung von 1577. Tit. X. „unehrliche Weiber."

7) Marezoll S. 304. 399. Dieser bemerkt richtig, daß man diese nicht mit den gleich zu erwähnenden Anrüchtigen verwechseln dürfe.

8) Sachsensp. I. 38. §. 1. III. 45. §. 9., Schwabensp. 41 Laßb.

1) Sachsensp. I. 38. §. 1. III. 45. §. 9., Schwabensp. 41 Laßb.

Beiden und den durch Vergehen rechtlos Gewordenen der Unterschied blieb, daß sie zum Reinigungseide zugelassen waren [2]). Sie wurden davon auch durch den Ausdruck, unecht, unterschieden [3]). Diese große Zurücksetzung im Recht hat sich aber verloren, und in eine bloße Makel umgewandelt, die der unehelichen Geburt in der Volksmeinung anklebt. Eine gleiche Makel wurde mancherlei Gewerben beigelegt, die man, wenn auch an sich nicht unmoralisch, doch als verachtet, schmutzig und als Zeichen einer niederen Gesinnung ansah. Dieses wurde jedoch aufgehoben und nur beim Abdecker beibehalten [4]). Diese Makel nannte man die Unehrlichkeit, jetzt die Anrüchtigkeit [5]). Die Wirkung besteht in dem Ausschluß von Zünften und Handwerken [6]). Ob diese Unehrlichkeit bei der querela inofficiosi in Betracht komme, ist bei dem Abdecker zu bejahen, weil ihn doch immer ein persönlicher Vorwurf bei der Wahl oder Fortsetzung eines verachteten Gewerbes trifft; bei den unehelichen Kindern ist es aber richtiger zu verneinen [7]). Die Makel wird als blos conventionell bei den unehelichen Kindern durch Legitimation [8]), bei dem Abdecker durch Ehrlichmachung getilgt [9]). Neuere Landesgesetze haben aber die Anrüchtigkeit der natürlichen Kinder der veränderten Zeitansicht gemäß ganz aufgehoben.

---

2) Sachsensp. I. 39. I. 50. §. 2.

3) Sachsensp. III. 28. §. 1. Es ist ein Irrthum, wenn Gerber §. 39. Note 13. 14. 15. und Andere die Unechtheit der Echtlosigkeit im Namen und in der Sache gleichstellen. Jene wird nie so genannt; nur wird umgekehrt einmal der Echtlose unecht genannt, was aber ungenau ist, Sachsensp. I. 38. §. 3.

4) Reichspolizeiordn. von 1548. Tit. XXXVII. §. 1. von 1577. Tit. XXXVIII. §. 1., Reichsschluß von 1731. §. 4 (Koch IV. 379), Kaiserl. Patent vom 23. April 1772. §. 5. Den Nachrichter traf diese Makel nicht, wie meine Deutsche Rechtsgeschichte §. 719. Note 12. zeigt. Wohl aber den Henker, weil er insgemein die Abdeckerei trieb, Marezoll S. 384—387.

5) Ursprünglich bezeichnet Anrüchtigkeit die alte Ehrlosigkeit (§. 69. Note 6).

6) Man sehe die Stellen in der Note 4. 8.

7) Dieser Meinung sind auch Eichhorn §. 89., Mittermaier I. §. 104 (der es selbst beim Abdecker verneint), Gengler §. 20. Anderer Meinung ist aber mit den meisten älteren Schriftstellern Marezoll S. 390—392. Das oberste Gericht zu Cassel hat 1840 im ersten Sinne entschieden, Seuffert Archiv I. Nr. 91.

8) Reichsschluß von 1731. §. 11 (Koch IV. 382).

9) Kaiserl. Patent vom 23. April 1772. §. 5.

ϑ) Verlust der besonderen Standesehre.

75. Wo bevorrechtete Stände und Corporationen bestehen, liegt es in der Natur der Sache, daß Einer zur Strafe davon ausgeschlossen werden kann, ohne daß im Uebrigen an seiner bürgerlichen Ehre etwas vermindert wird. Auch dazu ist immer ein Strafurtheil nothwendig; doch ist es natürlich und findet sich häufig, daß dazu die Genossen selbst mitwirken. Beispiele sind die Verstoßung aus dem Adel, die Cassation von Offizieren und Beamten, die Ausschließung von kaufmännischen Corporationen und Zünften. Zur Verstärkung der Unehre können dabei symbolische Gebräuche vorkommen. Irrig ist es, wenn man diesen Fall mit der Ehrlosigkeit des Mittelalters für gleichbedeutend hält [1].

ι) Ansichten Anderer.

76. Schon seit dem sechzehnten Jahrhundert ist in dieser Lehre in der Theorie und Praxis eine große Verwirrung herrschend [1]. Man kann jetzt vier Theorieen unterscheiden. Die Eine betrachtet das römische Recht als die vorherrschende gemeinrechtliche Grundlage [2]. Diese ist jetzt fast von Allen aufgegeben. Die zweite stellt die römische Infamie und die deutsche Ehrlosigkeit als zwei noch geltende Institute neben einander, und sucht dieses in den einzelnen Fällen durchzuführen [3]. Doch ist diese Ansicht zu theoretisch und für die Anwendung zu künstlich. Die dritte Theorie will dem römischen Recht gar keinen Einfluß zugestehen, sondern alles auf deutsche Grundlage bauen, und den Einfluß, den das römische Recht gehabt hat, als auf Mißverständniß beruhend, wieder ausgemerzt wissen [4]. Dieses ist aber nur theilweise wahr. Die vierte endlich nimmt das deutsche Recht als Grundlage, und setzt damit das römische Recht, so weit es zu dem Geiste unserer Zustände paßt, in Verbindung [5]. Dieses

---

1) So thut Maurenbrecher I. §. 152.

1) Diese schildert gut Marezoll S. 346—349.

2) Dieses ist die Ansicht von Glück und Marezoll.

3) So Eichhorn, der aber ohne Anhänger geblieben ist.

4) So Savigny und Budde, welcher Letztere aber von der alten Rechtlosigkeit einen falschen Begriff hat.

5) So Mittermaier, welchem Phillips, Maurenbrecher, Beseler, Gerber

ist das Richtige; jedoch hat man durch die irrigen Begriffe von der alten Rechtlosigkeit und Ehrlosigkeit in die Darstellung keine rechte Bestimmtheit und keinen rechten Zusammenhang gebracht.

4) Einfluß der Religion. a) Unterschied des christlichen Bekenntnisses.

77. Nach einem vom römischen Reich ererbten Grundsatz war im deutschen Reich die Mitgliedschaft in der katholischen Kirche die Bedingung der bürgerlichen Ehre und Rechtsfähigkeit [1]). In Folge der Glaubenstrennung des sechzehnten Jahrhunderts wurde dieses aber geändert, und den Augsburgischen Confessionsverwandten, denen die Reformirten ausdrücklich gleich gestellt wurden [2]), Friede und bürgerliche Existenz im Reiche zugesichert. Die Reichsstände der drei Confessionen waren nun in Beziehung auf die Reichsrechte einander vollkommen gleich [3]). Hingegen in den einzelnen Territorien war den Unterthanen anderen Glaubens nur die gleiche Rechtsfähigkeit in privatrechtlicher Beziehung, nicht aber auch für die höheren staatsbürgerlichen Rechte zugesichert [4]). Nach der Richtung der Zeit ist aber jetzt für die christlichen Religionsparteien eine völlige Gleichheit der bürgerlichen und politischen Rechte festgesetzt [5]). Daraus ergiebt sich Folgendes. I. Die Freiheit des Bekenntnisses und des Uebertrittes von einer Confession zur anderen darf durch eine nachtheilige Veränderung an der Rechtsfähigkeit nicht beschränkt werden. II. Hinsichtlich der Kinder aus gemischten Ehen darf das Gesetz nicht die Religion des Landes als solche bevorzugen, sondern jedes Bekenntniß ist aus dem staatsrechtlichen Standpunkt als gleichberechtigt ein Gegenstand, worüber die Eltern verfügen dürfen und kraft des elterlichen Erziehungsrechtes vor Allem allein zu verfügen haben. Das Gesetz und die Obrigkeit können sich erst dann einmischen, wenn die Eltern darüber nicht

---

und Andere folgen. Man sehe auch Trummer Altgerman. Personenrecht §. 19—31 (Vorträge III. 123—162).

1) Man sehe mein Kirchenrecht §. 50.
2) Instr. Pac. Osn. Art. VII. §. 1.
3) Das Nähere giebt mein Kirchenrecht §. 51.
4) Instr. Pac. Osn. Art. V. §. 35.
5) Deutsche Bundesacte vom 8. Juni 1815. Art. 16.

einig sind [6]). Jedenfalls muß auch das Gesetz es lediglich den Ehegatten, welche die Mitwirkung der Kirche zu ihrer Ehe verlangen, überlassen, sich mit derselben darüber zu benehmen, ob sie nach ihren Grundsätzen dazu mitwirken kann oder nicht [7]). III. Die durch das Gesetz anerkannte Freiheit des Bekenntnisses kann bei Kindern nach erlangten Unterscheidungsjahren nicht durch den Willen der Eltern oder Vormünder beschränkt werden. Der Termin der Unterscheidungsjahre hängt von den Landesgesetzen oder dem Landesgebrauch, sonst aber von der individuellen Reife ab. IV. Die Theilnahme an Corporationen und Instituten kann noch an eine bestimmte Confession geknüpft sein, weil und in so fern dadurch der allgemeinen bürgerlichen und staatsbürgerlichen Rechtsgleichheit kein Abbruch geschieht. V. Rechte, welche aus der allgemeinen Rechtsfähigkeit fließen, können durch Privatwillen wegen des Unterschiedes oder Wechsels der Religion nicht entzogen werden; namentlich nicht durch Enterbung. VI. Vortheile und Stiftungen, die lediglich aus der Privat-Freigebigkeit fließen, können noch von einer bestimmten Confession abhängig gemacht sein, und dieses ist nicht als eine Beschränkung der Religionsfreiheit anzusehen, weil man nicht präsumiren kann, daß einer so schlecht sein werde, wegen der Beibehaltung eines irdischen Vortheils seine religiöse Ueberzeugung zu verläugnen [8]). VII. Bei einer an einen Religionswechsel geknüpften Liberalität ist zu unterscheiden, ob sie in der Absicht damit, oder blos auf den Fall, daß der Andere seine Religion wechsele, geschieht. Im ersten Fall läge darin die Verlockung zu einer Schändlichkeit, im zweiten nicht; und im Zweifel ist daher dieser Sinn zu präsumiren [9]). VIII. Die Bundesacte bezieht sich aber, wie ihre Geschichte zeigt, nicht auf alle, sondern nur auf die drei christlichen Be-

6) Man sehe mein Kirchenrecht §. 277. Es sollen hier die in der Natur der Sache liegenden Grundsätze, nicht die oft sehr fehlerhaften Bestimmungen der Landesgesetze gegeben werden. Man sehe darüber Mittermaier I. §. 115.

7) Man sehe mein Kirchenrecht §. 324. 324 a.

8) Dieser Meinung ist auch Eichhorn §. 79., Gerber §. 43., Mittermaier I. §. 115., bei welchem man auch die Angabe der sehr abweichenden Meinungen findet.

9) Dieser Meinung sind auch Mittermaier und Vangerow. Dagegen sind aber unter Anderen Gerber und Eichhorn.

kenntnisse, worauf der Westphälische Friede lautet. Hinsichtlich anderer älterer oder neu sich bildender Secten behält also jede Landesregierung freie Hand. Ob ein katholischer Landesherr in seinem Lande die unirten Protestanten nicht als eine neue Religionspartei ansehen könne, ist eine wohl zu erwägende Frage. Jedenfalls ist es einleuchtend, daß in einem protestantischen Lande, wo die Union geschehen ist, die Augsburgischen Confessionsverwandten und Reformirten, welche der Union nicht beitreten wollen, deshalb an ihren Rechten keine Verminderung erleiden können.

b) Rechtsverhältniß der Juden. α) Historische Einleitung.

78. Eine mehr oder weniger beschränkte Rechtsfähigkeit klebt seit alten Zeiten den Juden an. Die Germanen fanden diese in den römischen Provinzen vor, und behandelten sie wie die Römer als ihre Unterthanen. Allein wegen des religiösen Gegensatzes blieben sie von der bürgerlichen Rechtsgenossenschaft, den Gemeindeversammlungen und selbst vom Eherecht ausgeschlossen, und standen wie Fremde nicht unter dem Schutze des Volksrechts, sondern unter dem des Königs. Diesen Königsfrieden mußten sie im Mittelalter durch eine besondere Abgabe an die Kammer erkaufen, und es wurde daher der Judenschutz nun als ein Regal angesehen, welches wie andere Regalien häufig an Fürsten und Städte verliehen wurde. In dieser Trennung behaupteten sie aber eine große Selbstständigkeit und ihr eigenes nationales Recht. Die Judenschaft bildete in den Städten eine enge geschlossene Gemeinde, in welcher sie ihre Streitigkeiten unter einander bei dem Vorsteher ihrer Synagoge nach ihrem Gesetze abmachten. Sie bürgerten sich immer mehr ein, erlangten Grundbesitz, gewisse Rechte vor den christlichen Gerichten, und für ihren Handel und Wandel mancherlei Begünstigungen. Ihre Lebensweise und gewinnsüchtiges Treiben zog ihnen freilich auch manche Verächtlichkeit zu. Dieses und ihr aussaugender Wucher erregte seit dem vierzehnten Jahrhundert eine steigende Erbitterung, so daß sie aus manchen Orten ganz vertrieben wurden [1]). Nun schritten

1) Die Zeugnisse zu dieser Darstellung findet man in meiner Deutschen Rechtsgeschichte §. 405—407.

auch die Reichsgesetze gegen sie ein. Sie legten die Aufnahme und Duldung der Juden [2]), das Anhalten zu einer angemessenen Handthierung und Handarbeit [3]), den Schutz der Christen gegen ihren Wucher [4]), ganz in die Hand der Reichsstände. Diese trieben nun entweder die Juden aus, oder sie gestatteten ihnen den Aufenthalt oder die Aufnahme nur unter Bedingungen, welche durch Capitulationen und Judenordnungen festgesetzt wurden. Ihr Verhältniß wurde im besten Falle nur das von Schutzverwandten. Erst seit dem Ende des vorigen Jahrhunderts ist in die Gesetzgebung mehr die Auffassung gekommen, sie als Mitbürger anzusehen.

β) Zustand derselben im deutschen Reiche [1]).

79. Aus dem Standpunkt des früheren gemeinen Rechts ist der Zustand der Juden folgender. I. Das Recht der Niederlassung an einem bestimmten Orte und der Genuß der dort den Juden eingeräumten Rechte ist durch den erhaltenen Schutz- oder Geleitbrief bedingt. Dieser wirkt regelmäßig nur für die Person, nicht für die Kinder. Solchen vergleiteten Juden (iudaei recepti) sind die unvergleiteten entgegengesetzt. Diese erscheinen wie Fremde ohne Wohnsitz, also wie Vagabunden. Beide hatten sonst bei Reisen im Lande einen Leibzoll zu entrichten, was aber jetzt abgeschafft ist. II. Der Anweisung der Reichsgesetze gemäß [2]) ertheilt der Schutzbrief die Befugniß zur Betreibung bestimmter Gewerbe gegen Entrichtung bestimmter Schutzgelder, mehr nicht. Von den höheren bürgerlichen Rechten ist daher der Jude ausgeschlossen, namentlich von dem Ortsbürger- und Zunftrecht, von den öffentlichen Aemtern, von den Wahlen und der Wählbarkeit zur Landstandschaft. III. Im Privatrecht stehen die Juden so gut wie andere aufgenommene Fremde den Christen im Ganzen gleich.

---

2) Reichspolizeiordn. von 1530. Tit. XXVII. von 1548. Tit. XX. von 1577. Tit. XX. §. 1.

3) Reichspolizeiordn. von 1530. Tit. XXVII.

4) Reichspolizeiordn. von 1548. Tit. XX. von 1577. Tit. XX. §. 1.

1) Am Besten ist die Darstellung bei Eichhorn §. 81. Hieraus haben die Nachfolgenden hauptsächlich geschöpft. Viele Litteratur giebt Mittermaier I. §. 117. 118.

2) Man sehe §. 78. Note 3.

Sie haben daher für ihre Person, Ehe, elterliche Gewalt, Eigenthum, Verträge, Erbrecht und Testamente den Schutz der Gesetze wie andere Unterthanen des Landes. Ausnahmen zeigen sich nur in einzelnen Punkten. 1) Die Forderung eines Juden an einen Christen darf bei Verlust der Forderung nicht an Christen cedirt werden [3]). Doch ist dieses nicht überall praktisch geblieben, oder auch durch neue Gesetze ausdrücklich aufgehoben worden. Jedenfalls bezieht es sich nicht auf kaufmännische Geschäfte und Wechsel wegen der dazu erhaltenen Schutzprivilegien. 2) Die Verschreibungen der Juden sollen, um dem versteckten Wucher begegnen zu können, vor der Obrigkeit des Ortes errichtet werden [4]). Doch ist diese Vorschrift nicht recht praktisch geworden. Auch wurden schon im Gesetze selbst die Geschäfte aus „aufrichtigen „Handthierungen und Commercien in den offenen freyen Messen „und Jahrmärkten" ausgenommen. 3) Durch ein Gesetz Justinians sind häretischen Ehefrauen die Privilegien der Dos entzogen worden [5]). Dieses hat an einigen Orten die Praxis, wiewohl mit Unrecht, auch auf jüdische Ehefrauen angewendet; an anderen aber nicht. 4) Das Zeugniß eines Juden gegen einen Christen für einen Juden hat keine volle Beweiskraft [6]). Dieses ist zwar durch die Sitte und neuere Gesetze gemildert; allein das richterliche Ermessen muß dabei immer einen gewissen Spielraum behalten [7]). 5) Wenn aber ein Jude als Kaufmann anerkannt ist, so liegt darin, daß sein Handelsbuch Glaubwürdigkeit hat, vorausgesetzt, daß es ordentlich und in deutscher Sprache geführt ist [8]). IV. Die Religionsübung der Juden ist eine blos tolerirte und in ihren äußeren Abzeichen an die gesetzten Bedingungen gebunden. Doch haben sie durch die Aufnahme auf ihre Religion ein Recht, und diese kann daher kein Grund werden,

---

3) Reichsabsch. von 1551. §. 79. 80., Reichspolizeiordn. von 1577. Tit. XX. §. 5.

4) Reichsabsch. von 1551. §. 78. 79.

5) Nov. Iust. 109. c. 1. 2.

6) C. 21. C. de haeret. (1. 5), Schwabensp. 260 Laßb.

7) Man sehe Mittermaier I. §. 117. Nr. XII.

8) Denn dieses wird überhaupt bei den Verschreibungen der Juden erfordert, Reichspolizeiordn. von 1577. Tit. XX. §. 3.

ihnen an sich zustehende Rechte zu entziehen. Die von einem Christen mit einer Jüdin unehelich gezeugten Kinder sind also im Glauben der Mutter zu erziehen. Ferner folgt daraus, daß die Religionsveränderung eines Kindes auf die Gewalt des jüdischen Vaters, die Religionsveränderung eines jüdischen Ehegatten auf die ehelichen Rechte des anderen Theils, wenn er die Ehe in Frieden fortsetzen will [9]), die Religionsveränderung des Vaters auf das Notherbenrecht der jüdisch bleibenden Kinder ohne Einfluß ist [10]). Endlich folgt daraus, daß wo das bürgerliche Gesetz eine religiöse Handlung, namentlich einen Eid, vorschreibt, der Jude für sich, aber auch ein Dritter von ihm die Beobachtung der jüdischen Form verlangen kann [11]). Zu jener Religionsübung gehört auch der den Rabbinen zur Aufrechthaltung der Disciplinargesetze zustehende Schulbann. V. Die Juden hatten aber im Mittelalter auch einige Privilegien, die jedoch später gemeinrechtlich aufgehoben worden sind. Den Christen waren Zinsgeschäfte überhaupt als Wucher verboten; den Juden aber sehr hohe Zinsen erlaubt [12]), später jedoch auf fünf Procent eingeschränkt [13]). Gestohlene Sachen, die sie angekauft oder worauf sie Geld geliehen, brauchten sie dem Eigenthümer nur gegen Ersatz ihres Geldes herauszugeben [14]). Dieses gilt nun nicht mehr [15]).

γ) Von dem jüdischen Recht.

80. Der enge Zusammenhang zwischen dem jüdischen Rechte und der Religion hatte die Folge, daß den Juden auch ein großer Theil ihres eigenen Rechts geblieben ist. Dieses wird in der Art wirksam, daß sie sich dem Ausspruch ihrer Rabbinen als Schiedsrichtern unterwerfen [1]), oder daß diesen von den Landes-

9) Man sehe mein Kirchenrecht §. 319.
10) Zeugnisse aus der Praxis giebt Mittermaier I. §. 117. Nr. V.
11) Darüber sehe man meine Deutsche Rechtsgeschichte §. 407. Note 17.
12) Conventus civit. Mogunt. 1255 (Pertz leg. II. 372). Hier wird ihnen von einem Pfund oder 240 Denarien zwei Denarien die Woche zu nehmen gestattet.
13) Reichspolizeiordn. von 1577. Tit. XX. §. 6.
14) Man sehe meine Deutsche Rechtsgeschichte §. 405. Note 12. §. 406. Note 6.
15) Reichspolizeiordnung von 1548. Tit. XX. von 1577. Tit. XX. §. 2.
1) Dieses ist aus dem römischen Recht geblieben, c. 8. C. de iudaeis (1. 9).

gesetzen in Streitigkeiten der Juden unter einander eine Gerichtsbarkeit beigelegt ist [2]), oder daß die Landesgerichte in gewissen Fällen nach dem jüdischen Recht zu erkennen haben [3]). Die Fälle, wo dasselbe zur Anwendung kommt, sind besonders im Eherecht, selten mehr auch im Vormundschafts- und Erbrecht. Es kommt hier Alles auf die Landesgesetze oder darauf an, ob der Gegenstand ein solcher ist, wo das gemeine Recht durch Uebereinkunft abgeändert werden kann. Jedenfalls ist aber das jüdische Recht in solchen Vorschriften nicht mehr anwendbar, die den Strafgesetzen des Staates oder den heutigen sittlichen Ansichten, zum Beispiel in der Lehre von den Ehehindernissen und der willkührlichen Ehescheidung durch Einhändigung eines Scheidebriefes, widersprechen. Die Quellen des jüdischen Rechts sind das Mosaische Gesetz und die in den jüdischen hohen Schulen dazu gekommenen Lehrsätze und Entscheidungen. Diese wurden 219 nach Christus unter dem Namen Mischnah (das zweite Gesetz) gesammelt. Dazu kamen, als sie erläuternd und ergänzend, zwei Sammlungen von Tractaten, die Gemarah von Jerusalem um 300, und die Gemarah von Babylon im fünften Jahrhundert. Durch die Verbindung derselben mit der Mischnah entstand der jerusalemitische und der babylonische Talmud, wovon aber der Erste nicht in seinem ganzen Umfang recipirt ist. Aus dem Talmud wurden dann im Laufe der Zeit mehrere Auszüge nebst Aufnahme der hinzugekommenen Satzungen verfaßt, darunter der Schulchan Aruch 1567, welcher bei den europäischen Juden durch die Praxis als Gesetzbuch recipirt ist. Ein Auszug daraus von Moses Mendelssohn 1778 ist ein Hülfsbuch, aber ohne gesetzliche Autorität [4]).

---

2) Dieses kommt im Mittelalter in einer weiten Ausdehnung vor; man sehe meine Deutsche Rechtsgeschichte §. 405. Note 12. Beispiele aus dem neueren Recht giebt Mittermaier I. §. 118. Nr. VI.

3) Strenge genommen müßten daher die Richter dieses wie andere Theile des Landrechts genau kennen, und es sollte darüber auch gelehrt werden. Da jenes aber nicht der Fall ist, so hilft man sich mit Gutachten der Rabbinen.

4) Ein genaues Verzeichniß dieser Quellen und ihres Inhaltes giebt Kaim in Weiske Rechtslexicon. V. 821—843.

δ) Heutiger Zustand der Juden.

81. Die fortschreitende Bildung und Einbürgerung der Juden in unsere staatlichen Verhältnisse, dann die bis auf einen gewissen Grad begründete Forderung der Zeit, das Religiöse und Bürgerliche zu trennen, führte immer mehr auf die Verbesserung der bürgerlichen Lage der Juden hin. Zwar kam ein in diesem Sinne verheißenes Bundesgesetz [1]) bis jetzt nicht zu Stande; wohl aber war nun die Particular-Gesetzgebung in dieser Richtung, wenn auch mit mancherlei Verschiedenheiten, thätig [2]). Der leitende Gedanke für die Gesetzgebung und Interpretation muß der sein, zwei Gesichtspunkte mit einander in möglichste Harmonie zu bringen. Auf der einen Seite sind die Juden nicht mehr blos als geschützte Fremdlinge, sondern als eine durch die Gemeinschaft der bürgerlichen Lasten und des politischen Daseins verbundene Klasse von Unterthanen zu betrachten. Auf der anderen Seite ist der historisch überlieferte, mit unserem religiösen Pflichtgefühl und Interesse innigst verbundene christliche Charakter unserer Staaten festzuhalten. Daraus ergiebt sich Folgendes. I. In Allem, was das Privatrecht betrifft, so weit es nicht unmittelbar mit der Religion zusammenhängt, müssen die Juden ganz gleich stehen; desgleichen in dem, was zur bürgerlichen Nahrung gehört, daher auch in der Zulassung zu Zünften. Dafür muß aber dem jüdischen Wucher mit der ganzen Macht und Strenge der Gesetze begegnet werden; und wo derselbe sich in einem Landestheile in Masse zeigt, können auch die bürgerlichen Rechte der Juden verhältnißmäßig beschränkt werden. II. Zu Gemeindeämtern sind sie so weit zuzulassen, als diese nicht mit der Schule und Kirche in Berührung kommen, und in so weit nicht damit eine richterliche, polizeiliche oder executive Gewalt verbunden ist, da die Staatsgewalt hierin das Gefühl ihrer christlichen Unterthanen zu berücksichtigen hat. III. Ein Gleiches gilt von der Be-

1) Deutsche Bundesacte Art. 16.
2) Eine Uebersicht des Zustandes der Juden in den deutschen Territorien 1844 giebt Kaim in Weiske Rechtslexicon V. 849—863. Dazu kommt für Preußen das Gesetz vom 23. Juli 1847.

kleidung von Staatsämtern. IV. Zur Advocatur sind sie zuzulassen, weil es gerecht ist, der jüdischen Bevölkerung die Möglichkeit zu gewähren, Advocaten aus ihren Glaubensgenossen zu haben. Doch ist wegen des möglichen großen Andrangs die Zahl der jüdischen Advocaten bei jedem Gericht zu beschränken. V. Zur Landesvertretung müssen sie mit wählen können, nicht aber wählbar sein, weil dieselbe über Schule und Kirche mit zu entscheiden hat. VI. Zu Lehranstalten sind sie nicht zuzulassen, weil, wenn auch bei manchen Fächern die Religion ohne Einfluß ist, unsere Bildung und Wissenschaft doch im Ganzen auf der christlichen Grundlage ruhen, daher auch unsere Lehranstalten als Ganzes den christlichen Charakter bewahren müssen. Dafür erfordert es aber die Gerechtigkeit, den Juden eigene Lehranstalten zu gestatten. VII. Zur Doctorwürde sind sie zuzulassen, weil diese jetzt nur noch eine wissenschaftliche Auszeichnung ist. Eine Ausnahme ist mit der Doctorwürde des canonischen Rechts zu machen, weil dieser sowohl nach der Natur der Sache, als nach ihrer praktischen Bedeutung noch eine kirchliche Beziehung beigemischt ist. VIII. Der Gesetzgeber und der Staatsmann müssen überhaupt in dieser Frage nicht nach blos allgemeinen Humanitätsrücksichten, sondern nach den gegebenen Thatsachen verfahren, und der Umstand, daß die Juden so treu an ihrer Religion festhalten, kann für die Christen kein Verpflichtungsgrund sein, um jene in ihre gesellschaftliche Ordnung aufnehmen zu können, mit ihrer eigenen christlichen Vergangenheit ganz zu brechen.

5) Einfluß der Standesverhältnisse.

82. Stand ist ein Inbegriff von Personen, die durch Gleichheit der Stellung und Beschäftigungen und der darauf sich beziehenden Rechte und Einrichtungen mit einander verbunden sind. Er ist entweder ein Geburts- oder ein Berufs- oder Nahrungsstand, je nachdem die besonderen Standesrechte durch die Geburt oder durch Wahl erworben werden. Geburtsstände gab es dem Rechte nach drei: Unfreie, Freie und Adlige; davon ist als Stand nur der Letztere übrig geblieben. Der Bürger- und Bauern-

stand sind und waren Geburtsstände nur der That nach [1]. Die Berufsstände können mannichfaltig sein. Einige beziehen sich auf die Arbeiten zur Befriedigung der Lebensbedürfnisse Anderer. Diese sind der ackerbautreibende, der Gewerbe- und der Handelsstand, in welche sich der Bürger- und Bauernstand nun auflöst. Andere sind vorherrschend blos Consumenten, der Stand der Rentner, die entweder Grundbesitzer oder Capitalisten oder Beides zusammen sind. Andere beziehen sich auf die Religion, Wissenschaft und Kunst, und deren Anwendung auf das Leben; so der Stand der Geistlichen, Lehrer, Advocaten, Aerzte, Künstler. Noch Andere sind im Dienste des Staates angestellt, der Beamten- und der Militairstand. Auf die Rechtsfähigkeit wirken diese Stände auf doppelte Weise. Einmal in so fern, als zu den besonderen Rechten eines Standes natürlich nur derjenige fähig ist, welcher zu dem Stande gehört. Zweitens in so fern die gemeine Rechtsfähigkeit durch die Theilnahme an einem bestimmten Stande erweitert oder beschränkt sein kann. Dieses zeigt sich theils in den politischen Rechten, zum Beispiel wenn Geistliche oder Militairpersonen zu Gemeindeämtern oder zu Geschworenen nicht wählbar sind; theils im Privatrecht, zum Beispiel wenn gewisse Stände nicht wechselfähig sind. Die gemeinrechtliche Präsumtion ist natürlich gegen solche Beschränkungen, außer in so fern sie aus der Natur des Verhältnisses und aus anerkannter Sitte hervorgehen, zum Beispiel daß Geistliche, Beamten, Militairpersonen kein Gewerbe treiben dürfen.

II. Juristische Personen [1]. A) Corporationen.

83. Außer den physischen Personen kann durch Sitte und Gesetz auch irgend etwas Anderes mit Persönlichkeit begabt und zum Inhaber von Rechtsverhältnissen gemacht sein. Dieses nennt man eine moralische, mystische, am besten eine juristische Person. Dazu gehören zunächst die Corporationen (universitates). Wenn

---

1) Irrig ist die Angabe von Maurenbrecher I. §. 135.

1) Das Allgemeine ist hier als bekannt vorauszusetzen. Man sehe darüber Savigny System II. §. 85—103., Pfeifer die Lehre von den juristischen Personen nach gemeinem und würtembergischem Recht. Tübingen 1847.

mehrere physische Personen zu einem gemeinschaftlichen Rechtsverhältnisse concurriren, so ist dieses auf doppelte Art möglich. Entweder so, daß jede derselben für ihren Theil Rechtssubject bleibt, daß es also dabei so viele Rechtssubjecte als Individuen giebt; oder so, daß sie zusammen nur ein Rechtssubject bilden. Ersteres ist eine Gesellschaft oder Gemeinschaft, Letzteres eine Corporation. Das Rechtssubject ist also bei dieser die Gesammtheit als Einheit gedacht. Dieses ist zunächst eine bloße Idee. Um aber juristisch zu wirken, muß sie zweierlei haben: einen Willen, der hier nur durch den Willen der Mitglieder oder wenigstens der Mehrheit gebildet werden kann; dann gewisse Vertreter zur Ausführung dieses Willens, und dieses sind ihre verfassungsmäßigen Vorsteher. Abgesehen von diesem Acte, wo die einzelnen Mitglieder zur Bildung des Willens der Gesammtheit durch ihre Stimmen mitwirken, verhält sich die Corporation zu ihren Mitgliedern wie eine selbstständige Person zu anderen selbstständigen Personen, und es können unter ihnen Rechtsverhältnisse und Klagen eintreten.

84. Die Veranlassung zur Bildung von Corporationen kann eine verschiedene sein. Regelmäßig wird dabei ein dauernder Zweck und ein zureichendes Maaß von Mitteln für dessen Erreichung vorausgesetzt. Thatsächlich finden sich Corporationen als Erzeugnisse des germanischen Lebens in den Landgemeinden[1]), den Markgenossenschaften[2]), den städtischen Gilden und Zünften[3]), den Stadtgemeinden[4]). Allein über die Geschichte des Rechtsbegriffes selbst geben diese wenig Auskunft, sondern dieser ist erst mit Beihülfe des römischen Rechts zur Klarheit gekommen[5]). Dadurch ist das alte germanische Recht so durchschnitten worden, daß die Grundgedanken zur Bildung der heutigen Doctrin

---

1) Man sehe meine Deutsche Rechtsgeschichte §. 100. 278. 279.
2) Deutsche Rechtsgeschichte §. 280.
3) Deutsche Rechtsgeschichte §. 215. 216. 222. 223.
4) Deutsche Rechtsgeschichte §. 218. Note 15.
5) Es ist daher ein unfruchtbares Bemühen, eine Geschichte der juristischen Personen des deutschen Rechts beschreiben zu wollen. Was unsere Lehrbücher darüber enthalten, ist historisch mehr oder weniger unrichtig, und für das praktische Recht ohne allen Gewinn.

nicht mehr darin, sondern in dem Standpunkt unserer wissenschaftlich weit fortgeschrittenen Rechtsanschauung, die ja auch eine historische Thatsache ist, zu suchen sind. Demnach ist als Grundlage der in der Natur der Sache liegende Gegensatz von communio und universitas festzuhalten. Eine dritte Kategorie von sogenannten Genossenschaften, die ein Mittelding zwischen Beiden sein sollen, ist nicht mit juristischer Schärfe zu formuliren möglich, weil ein Rechtsverhältniß, wo das Recht bei der Gesammtheit als Einheit ist, wo gleichzeitig aber auch die einzelnen Mitglieder zu demselben Rechte Rechtssubjecte sind, nicht denkbar ist [6]). Wo also Etwas der Art vorkommt, ist es entweder eine universitas, wobei zwar auch den einzelnen Mitgliedern Einzelrechte, jedoch entweder nicht gleichzeitig oder nicht an demselben Rechte zustehen; oder es ist eine communio mit einem dauernden Zwecke, wobei die Einzelrechte durch Vertrag dem Zwecke des Ganzen untergeordnet und durch denselben beschränkt sind. Das Nähere wird bei den einzelnen Anwendungen vorkommen. Immer beruht aber eine juristische Person auf einer Fiction [7]), wodurch Etwas, was an sich nicht Rechtssubject ist, zu einem Rechtssubjecte gemacht wird, welches als solches nicht blos von den Mitgliedern, sondern von jedem Dritten anerkannt werden muß. Juristische Personen können daher nicht durch den bloßen Privatwillen geschaffen werden, sondern bedürfen einer höheren Sanction [8]). Diese liegt entweder wie bei den Gemeinden

---

6) Jene Theorie von deutschrechtlichen Genossenschaften wird vertheidigt von Bluntschli Rechtsgeschichte von Zürich I. 83., Desselben Deutsches Privatrecht I. §. 33—39., Beseler Volksrecht und Juristenrecht S. 158—194., Desselben System I. §. 68. 71., Wolff Lehrbuch I. §. 64—77., J. Weiske Prakt. Untersuch. III. 53., Schüler in Ortloffs Jurist. Abhandl. I. Nr. V. VI., Renaud Lehrbuch I. §. 57—59. Man sehe aber die gegen Beseler gerichtete treffende Kritik von Thöl Volksrecht S. 18—62. Gegen jene Theorie erklärt sich auch Gerber §. 49.

7) Dieses bestreiten jetzt Einige; denn die Genossenschaft und die Gemeinde seien so wenig eine Fiction als der Staat es selber sei; so Beseler Volksrecht S. 173., Bluntschli Privatrecht I. §. 34. Allein dieses beruht auf einer Verwechselung der Gemeinde als Thatsache mit der Eigenschaft der Gemeinde als Rechtssubject. Erstere ist allerdings ein Factum der Natur; allein Letztere das Product einer Fiction.

8) Dieses wird nun auch von Beseler und Anderen bestritten. Man sehe aber dagegen Pfeifer Jurist. Personen S. 36—39.

und Zünften darin, daß auf historischem Wege Theile des gemeinen Wesens sich innerhalb desselben ein gewisses selbstständiges Leben gegeben und von demselben als Körperschaften anerkannt worden sind. Oder es liegt in einem allgemeinen Rechtssatz, welcher einer bestimmten Gattung von Instituten die Eigenschaft als juristische Personen beilegt. Oder endlich beruht diese Eigenschaft auf einer besondern von der Staatsgewalt ertheilten Verleihung. Was die Verfassung der Stadt- und Landgemeinden betrifft, so ist dieses ein Gegenstand rein positiver und politischer Art, woraus für die Wissenschaft des Privatrechts nichts zu machen, und der dem Territorial-Staatsrecht zu überweisen ist. Von dem Vermögensverhältniß der Corporationen aber ist beim Eigenthum zu handeln.

B) Stiftungen [1]).

85. Zu den juristischen Personen gehören auch unter gewissen Voraussetzungen die Stiftungen. Die materielle Grundlage einer solchen ist ein Vermögen, das zu dem bestimmten Zwecke dient. Das Rechtssubject dabei aber ist ein unsichtbares; es ist die der Stiftung innewohnende Idee, welche durch deren Vorstand nach dem Gesetze der Stiftung repräsentirt wird. Daß diese Idee gegenüber jedem Dritten im Staate Persönlichkeit habe, und daß die Vorsteher durch die Handlungen, die sie in dieser Eigenschaft vornehmen, nur das Stiftungsvermögen, nicht aber ihr eigenes Vermögen verpflichten, kann augenscheinlich durch den bloßen Privatwillen nicht bewirkt werden, sondern bedarf der Genehmigung der Staatsgewalt [2]), die aber auch stillschweigend ertheilt werden kann. Was die Geschichte jenes Rechtsbegriffes betrifft, so sind Stiftungen und Anstalten zu einem milden Zwecke mit den Rechten der Persönlichkeit schon im neueren römischen Rechte anerkannt [3]). Derselbe Gedanke entwickelte sich im cano-

1) Man sehe darüber Pfeifer Jurist. Personen S. 122—151., Beseler System I. §. 72.

2) Dieses bestreiten Beseler System I. §. 72., Bluntschli Privatrecht I. §. 45. Man sehe aber dagegen Savigny System II. §. 89., Pfeifer S. 132. 133.

3) C. 19. 35. 49. §. 1. c. 57. C. de episc. (1. 3).

nischen Recht. Schenkungen und Vermächtnisse wurden nicht nur an bestehende Anstalten der Art gemacht, sondern auf diesem Wege auch selbstständige Stiftungen geschaffen, die ihre besonderen Vorsteher erhielten und nur der Oberaufsicht der geistlichen Behörden unterworfen waren [4]). Besonders häufig geschah dieses durch Testamente, worin auch regelmäßig zur Vollstreckung besondere Executoren ernannt wurden [5]). Der Rechtsbegriff von Stiftungen als juristischen Personen ist daher unserem positiven Recht überliefert [6]).

86. Zur Errichtung einer Stiftung gehört dreierlei: die Bezeichnung des Zweckes und Anweisung des nöthigen Vermögens, die Erwerbung der Eigenschaft als juristischer Person, und die Einsetzung der Verwaltung, welche dieselbe repräsentirt. Ersteres geschieht in der Form der Schenkung oder der letztwilligen Verfügung. Das Zweite und Dritte wird der Stifter selbst betreiben, wenn er bei Lebzeiten die Stiftung errichtet. Thut er dieses aber letztwillig, so ist zu unterscheiden. Ist ein Erbe da und ist zur Vollführung der Stiftung ein Executor eingesetzt, so hat dieser die nöthigen Schritte zu thun, und er hat eine Klage gegen den Erben auf Herausgabe des betreffenden Vermögens [1]). Ist kein Executor da, so muß der Erbe selbst die Errichtung der juristischen Person bei der Staatsbehörde betreiben und an dieselbe dann das Vermögen herausgeben. Thut er jenes nicht, so kann freilich die Stiftung gegen ihn nicht klagen, weil sie noch nicht existirt. Daher muß dann die bei dem Stiftungszweck zunächst betheiligte geistliche oder weltliche Behörde das Klagrecht haben [2]). Dasselbe muß eintreten, wenn zwar ein Executor ernannt, aber selbst unthätig ist [3]). Ist aber kein Erbe da, sondern die zu errichtende Stiftung selbst zum Erben eingesetzt, so hat der Executor unmittelbar das Vermögen in die Hand zu neh-

4) Man sehe mein Kirchenrecht §. 329.
5) Die Beweise stehen in meiner Deutschen Rechtsgeschichte §. 555. 556.
6) Dieses läugnen Roßhirt und Andere. Man sehe aber dagegen Pfeifer S. 125—127.
1) C. 28. pr. §. 1. C. de episc. (1. 3).
2) C. 28. §. 1. 4. 5. C. de episc. (1. 3), nov. 131. c. 11.
3) Nov. 131. c. 11.

men und die Errichtung der juristischen Person zu betreiben. Ist kein Executor ernannt, so ist die Vollführung strenge genommen unmöglich, weil das Rechtssubject, welches handeln könnte, noch nicht existirt. Bei frommen Stiftungen ist jedoch diese Schwierigkeit positiv gehoben, und dem geistlichen Oberen alles zur Vollstreckung Nöthige auferlegt [4]). In diesem Geiste, da die öffentliche Gewalt überhaupt diejenigen zu vertreten hat, die sich nicht selbst vertreten können, muß man der bei dem Stiftungszweck zunächst betheiligten geistlichen oder weltlichen Behörde das Recht beilegen, die zur Einsetzung der juristischen Person nöthigen Schritte zu thun [5]). Dasselbe ist anzunehmen, wenn zwar ein Executor ernannt, aber unthätig ist. Jedenfalls können die Intestaterben diesen drängen, weil er selbst nicht Erbe sein soll, derjenige, der es sein soll, aber von ihm nicht ins Leben gerufen wird. Uebrigens kann eine Stiftung auch ohne die Rechte der juristischen Person bis auf einen gewissen Grad juristisch bestehen, nämlich durch Zwischenpersonen, die Alles auf ihren Namen nehmen, wo dann die einschlagenden Principien des gemeinen Rechts zur Anwendung kommen.

87. Die Verwaltung und Verwendung der Stiftung ist genau nach der Anordnung des Stifters, und in deren Ermanglung nach dem, was dem Geiste und Zwecke der Stiftung am nächsten entspricht, einzurichten. Hierauf kann auch von denjenigen, die ein bestimmtes Recht oder Anwartschaft haben, geklagt werden. Hingegen diejenigen, welche an der Stiftung zwar ein Interesse, allein keinen privatrechtlichen Anspruch haben, zum Beispiel die Armen oder Kranken, haben kein Klagrecht, sondern können nur durch Beschwerde bei dem Curatorium oder bei der vom Stifter eingesetzten Aufsichtsbehörde thätig sein. Ist diese selbst nachläßig, so kann unstreitig, wenn sie eine kirchliche oder bürgerliche Behörde ist, der höhere Obere angegangen werden [1]), weil man annehmen muß, daß der Stifter sie in ihrer öffentlichen Eigen-

4) C. 49. C. de episc. (1. 3), nov. 131. c. 11.

5) Die Meinungen sind darüber freilich verschieden. Man sehe Beseler System I. §. 72. Note 7., Pfeifer S. 135. 136.

1) So sagt auch die nov. 131. c. 11.

schaft zur Aufsicht bestellte. Ist sie eine bloße Privatbehörde, oder ist gar keine Aufsichtsbehörde bestellt, so muß aber doch auch der bei dem Stiftungszweck zunächst betheiligte geistliche oder weltliche Obere zur Abstellung der Beschwerde einschreiten dürfen, weil dann die Anstalt wie eine verwaiste hülflose Person zu betrachten ist.

88. Da nach dem römischen Recht den Stiftungen zu frommen und milden Zwecken mancherlei Begünstigungen erwiesen sind, so ist die Frage wichtig, wie weit dieser Begriff reicht. Unstreitig ist Alles, was Wohlthat ist, mit darunter zu rechnen, als Ausstattung armer Jungfrauen, Förderung des Unterrichts, Unterweisung in einem Handwerk. Manche nehmen sogar an, daß jeder gemeinnützige Zweck dahin zu ziehen sei [1]). Dieses hat auch die höhere Auffassung unserer Zeit und selbst den Geist des canonischen Rechts für sich, wonach auch das Kirchengut jedem gemeinnützigen Zweck diente.

89. Zu den Stiftungen gehören auch die Stipendien, die zu Gunsten gewisser Personen errichtet sind. Diese können mehrfacher Art sein. Entweder wird dafür eine eigene Verwaltung eingesetzt; dann sind sie eine gewöhnliche Stiftung. Oder das Vermögen wird einer anderen geistlichen oder weltlichen Anstalt übergeben und dieser die Verleihung übertragen; dann wird die Stiftung von der Anstalt als Rechtssubject getragen. Oder es wird ein Grundstück oder Capital ausgesetzt und dessen Einkünfte zu Gunsten einer gewissen Familie bestimmt. Hier bildet die Familie das Rechtssubject und die zeitigen Mitglieder der Familie sind dessen Vertreter. Von einem Familien-Fideicommiß unterscheidet sich dieses dadurch, daß das Grundstück oder Capital unverrückt liegen bleibt und nicht von Hand zu Hand vererbt wird. Die zeitigen Mitglieder sind aber auch unter den zutreffenden Voraussetzungen die aus der Stiftung Berechtigten; sie können daher ihre Rechte auch auf dem Rechtsweg gegen die

---

1) Dieser Ansicht sind J. H. Böhmer, Glück, Elvers, Mühlenbruch, Roßhirt, Puchta. Man sehe Pfeifer S. 130., Beseler System I. §. 72. Note 12.

Vertreter der Stiftung geltend machen [1]). Stirbt die Familie völlig aus, so fällt das Vermögen als herrnlos an den Fiscus. Jedoch ist dieser es der Pietät gegen die Absicht des Stifters schuldig, das Vermögen in dessen Geist für eine andere Familie desselben Standes oder derselben Stadt oder Provinz zu verwenden.

1) Dieses bestreitet Pfeifer S. 138—143. Er hält blos den Weg der Verwaltungsjustiz zuläßig.

Dritter Theil.

Von dem Inhalte der Rechtsverhältnisse.

Erster Abschnitt.

Rechtsverhältnisse an Personen.

Uebersicht.

90. Die Rechtssätze und Rechtsverhältnisse, die Personen zum Gegenstande haben, sind auf zwei Klassen zurückzuführen. Einige beziehen sich auf die eigene Person; Andere auf fremde Personen. Von Letzteren müssen weiter nach dem Standpunkt der heutigen Sitten und Rechtsanschauung drei Arten unterschieden werden: Familienverhältnisse, Schutzverhältnisse, Gesindeverhältnisse. In den Ersten herrscht das Ethische, Zuneigung und sittliche Pflichten, durchaus vor und beherrscht das Juristische. In den Zweiten ist das auf juristischem Wege zu wahrende Interesse des Schützlings das hervortretende Moment. In den Dritten ist es der Gedanke einer durch Vertrag und Sitte gemilderten Herrschaft und Unterwerfung. Man könnte als eine vierte Art die Obligationenverhältnisse hieher ziehen. Allein bei diesen ist doch die Hauptsache das Vermögensinteresse; die Person dient nur zur Vermittlung. Ein allgemeiner Fehler der heutigen Systeme ist, daß man jene drei Arten nicht nach ihrer Eigenthümlichkeit erkennt und unterscheidet. Man will die Vormundschaft als Surrogat der väterlichen Gewalt und das Gesindewesen mit der alten Sclaverei als eine künstliche Erweiterung der Familie

unter das Familienrecht ziehen [1]). Allein dieses sind nur scheinbare Analogieen und ein Spielen mit Worten, welches der Schärfe des Systems nachtheilig ist.

I. Rechte, die sich auf die eigene Person beziehen.

91. Die aus der eigenen Persönlichkeit fließenden Rechte sind, wenn man Alles dahin Gehörende umfassen will, auf zwei Punkte zurückzuführen. Der Eine ist der rechtliche Schutz, den Jeder für seine Person und was damit unmittelbar zusammenhängt, Leib, Leben, Freiheit und Ehre genießt. Die Wirkungen davon fallen hauptsächlich in das Strafrecht [1]). Der zweite Punkt begreift die Einwirkung der Persönlichkeit, des Willens, auf die Außenwelt. In dieser Hinsicht gilt die Regel, daß dem Menschen Alles erlaubt ist, was nicht verboten ist. Die Freiheit zu handeln oder zu unterlassen hat daher die Vermuthung für sich, und die Beschränkungen müssen positiv erwiesen werden. Diese Beschränkungen fließen entweder aus sittlichen Motiven, wenn das positive Recht solche anerkennt und unterstützt, oder aus den Rechten Anderer, oder aus der Rücksicht auf öffentliche oder gemeinnützige Interessen [2]). Durch solche kann es kommen, daß Jemand in rein künstlicher Weise genöthigt wird, Etwas zu thun oder nicht zu thun, was nach dem natürlichen Recht betrachtet er unterlassen oder thun dürfte. Solche künstliche Beschränkungen kommen besonders im deutschen Gewerbewesen vor, insbesondere unter dem Namen der Zwangs- oder Bannrechte, wovon gelegentlich die Rede sein wird.

II. Rechtsverhältnisse an anderen Personen. A) Familienverhältnisse.

1) Die Ehe.

92. Die heutige Auffassung der Ehe ruht durchaus auf dem Boden des Christenthums und der Kirche, welche unterstützt durch

---

1) So Savigny System I. §. 55.

1) Dieses Recht auf Schutz fließt unmittelbar aus dem Begriff der Persönlichkeit, nicht aus dem Begriff von Recht an der eigenen Person. Gegen diesen erklärt sich mit Recht Savigny System I. §. 53.

2) Diese allgemeinen Grundsätze kommen namentlich bei der Frage über die Erlaubtheit des Nachdrucks zur Sprache.

die edlere deutsche Gemüthsweise und mit Benutzung dessen, was aus dem römischen Rechte dazu brauchbar war, ein neues vollständiges Eherecht geschaffen hat. Die Grundsätze über die Form und Bedingungen der Eingehung und über die Auflösung der Ehe sind daher aus dem canonischen Rechte zu schöpfen. In einigen Ländern ist zwar in der neueren Zeit ein selbstständiges bürgerliches Eherecht aufgestellt worden; jedoch zeigt dieses überall auf das Kirchenrecht als seine Grundlage zurück, und wo es sich davon entfernt, ist es nicht zum Vortheil des sittlichen und christlichen Grundprincips. Auch die Verhältnisse während der Ehe sind aus dem Grundgedanken einer durch Liebe und Treue verbundenen und durch die Religion geheiligten Gemeinschaft aller Lebensverhältnisse herzuleiten. Diese sittlichen Voraussetzungen kann zwar das positive Recht, wo sie fehlen, nicht schaffen; wohl aber kann und muß es die Consequenzen daraus, so weit sie auf das juristische Gebiet hinüberreichen, anerkennen und unterstützen. Diese Unterscheidung beobachtet auch das römische Recht, welches daher in Beziehung auf die juristische Behandlung der Ehe theilweise als Autorität benutzt werden kann.

93. Aus jenem Begriff der innigen Gemeinschaft der Lebensverhältnisse entspringt zunächst, daß der Mann dieselbe durch Bereitung eines standesgemäßen bleibenden Domicils möglich machen, daß aber dann auch die Frau dasselbe annehmen und dahin als an ihr gesetzliches Domicil folgen muß [1]). Als Zwangsmittel der Erfüllung dienen Verweigerung der Alimente, Beschlagnahme des Vermögens; ob aber auch körperlicher Zwang, muß der Richter mit Vorsicht und Schonung beurtheilen. Ferner sind sich die Ehegatten gegenseitig Beistand und Unterstützung schuldig, müssen sich einer den Andern im Nothfall ernähren und Unglücksfälle mit einander tragen. Verarmung und Krankheiten sind daher kein Grund sich zu verlassen [2]). Ferner ist nach der Natur der Ehe die Frau eine gewisse Oberherrschaft des Mannes an-

---

1) Fr. 5. D. de ritu nupt. (23. 2), fr. 65. D. de iudic. (5. 1), c. 9. C. de incol. (10. 39).

2) Fr. 22. §. 7. D. soluto matrim. (24. 3). Quid enim tam humanum est, quam fortuitis casibus mulieris maritum, vel uxorem viri, participem esse.

zuerkennen und ihren Willen dem seinigen unterzuordnen verbunden. Die Gerichte dürfen sich daher, wo es sich um Anordnungen des Hauses handelt, keine Cognition zwischen Mann und Frau zuschreiben, sondern haben nur den Willen des Mannes zu unterstützen. Auch folgt daraus das Recht des Mannes, die Frau mit Worten zurecht zu weisen, wobei aber das Maß nicht zu überschreiten und eine weiter gehende Züchtigung als mit den heutigen Sitten unvereinbar anzusehen ist. Doch sind Klagen darüber nicht auf dem Fuße gewöhnlicher Injurienklagen, sondern nach freierem Ermessen zu behandeln. Endlich ist der Mann die Frau zu schützen und zu vertheidigen schuldig [3]). Auch dieses liegt so sehr in der Natur der Ehe, daß ein Ehemann schon durch diese Eigenschaft auch ohne besonderes Mandat der Frau als berechtigt für sie vor Gericht aufzutreten anzusehen ist [4]); daß er aber auch, wenn die Frau wegen Delicten verklagt ist und kein Vermögen hat, die Kosten der Vertheidigung aus seinem eigenen Vermögen bezahlen muß. Das alte deutsche Recht gab aber dem Ehemann unter dem Namen, Mundium, eine Schutzgewalt über die Frau, welche sowohl hinsichtlich ihrer Person wie ihres Vermögens viel weiter griff [5]). Dieses Wort hat sich zwar allgemein verloren; auch ist das Institut durch das römische Recht vielfach verdrängt worden, und ist nicht mehr gemeinrechtlich. Allein in den Particularrechten hat es sich noch häufig unter dem Namen der ehelichen Vormundschaft oder Mombärschaft erhalten [6]).

94. Der dabei historisch überlieferte Grundbegriff ist der einer mit der ehelichen Gemeinschaft verbundenen umfassenden Beschützung und Vertretung der Frau durch den Mann. Daraus ergiebt sich in der Anwendung auf die heutigen Verhältnisse Folgendes. Zunächst darf die Frau ohne die Zustimmung des

---

3) Fr. 2. D. de iniur. (47. 10). Defendi uxores a viris, non viros ab uxore aequum est.

4) C. 21. C. de procurat. (2. 13).

5) Man sehe darüber meine Deutsche Rechtsgeschichte §. 453. 460.

6) So in den Landrechten von Jülich und Berg, und von Geldern; der Sache nach auch im französischen Recht und, jedoch nicht ganz consequent, im Preuß. Landr. II. 1. §. 188—191. 221—227. 230. 318—320. Man sehe unten §. 195. Note 5.

Mannes keine Veräußerungen und anderen Rechtsgeschäfte vornehmen. Doch ist dieses auf Rechtsgeschäfte unter Lebenden zu beschränken, weil bei denen auf den Todesfall die Willensfreiheit ein überwiegender Gesichtspunkt geworden ist. Auch sind die kaufmännischen Geschäfte auszunehmen, wenn die Frau auf ihren eigenen Namen Handel treibt, weil darin eine Generalvollmacht des Mannes liegt. Ferner ist zu Processen der Frau die Autorisation des Mannes nothwendig, was jedoch nach der Natur der Sache bei Delictklagen gegen die Frau eine Ausnahme leiden muß. Ist ohne die Einwilligung des Mannes, wo sie nöthig war, gehandelt worden, so entsteht daraus eine Nullität, jedoch eine solche, worauf sich nur die Frau und ihr Erbe, nicht aber auch der Mitcontrahent berufen kann, weil die Beschränkung nur im Interesse der Frau angeordnet ist.

2) Das elterliche Verhältniß. a) Natur desselben.

95. Das Verhältniß zwischen Eltern und Kindern begreift drei wesentlich verschiedene Bestandtheile. Der Erste ist das Recht auf Ehrerbietung und Pietät [1]). Dieses ist überwiegend moralischer Art. Doch äußert es sich auch juristisch darin, daß die Kinder gegen ihre Eltern keine infamirenden Klagen anstellen [2]), daß sie gegen dieselben nicht zum Zeugniß gezwungen werden können [3]), und daß die Eltern gegen sie ein Klagrecht auf Alimente haben, was aber auch umgekehrt gilt [4]). Diese Vorschriften des römischen Rechts sind als der richtige Ausdruck des sittlichen Gefühls noch maßgebend. Der zweite Bestandtheil ist die elterliche Erziehungsgewalt und die derselben entsprechenden Pflichten des kindlichen Gehorsams. Dieses bewegt sich ganz im Inneren des Hauswesens und gehört zu den elterlichen Rechten, in welche die Obrigkeit nur in Nothfällen eingreifen darf. Juristisch äußert es sich besonders darin, daß die Eltern, wenn die häuslichen Zuchtmittel nicht zureichen, von der Obrigkeit bereit-

---

1) Fr. 1. §. 2. fr. 9. 10. D. de obseq. parent. (37. 15), c. 4. C. de patr. potest. (8. 47).
2) Fr. 5. §. 1. D. de obseq. parent. (37. 15).
3) Fr. 4. 5. D. de testib. (22. 5).
4) Fr. 5. §. 1. D. de agnosc. liber. (25. 3).

willige Unterstützung verlangen können [5]), und daß sie, so lange das Kind noch nicht zu reiferen Jahren gekommen, die Religion und den Stand, worin es zu erziehen ist, zu bestimmen haben. An dieser Erziehungsgewalt nimmt nach uralter Sitte [6]) auch die Mutter Theil, und zwar wohl bemerkt aus eigenem von der Natur ihr gegebenen Recht, nicht kraft einer Vollmacht des Vaters. Sie muß daher zwar ihren Willen dessen Willen unterordnen [7]), tritt aber nach dessen Tode in ihr unumschränktes Recht ein [8]).

96. Der dritte Bestandtheil ist mehr positiv-national, und begreift die eigenthümliche nur dem Vater zustehende Gewalt. Von dieser Art war die römische patria potestas und das alte deutsche Mundium. Beide sind jedoch ihrem inneren Wesen nach durchaus verschieden. Das Grundprincip der potestas war ein Eigenthum, welches dem Vater an dem Kinde kraft der Zeugung zustand [1]), weshalb dieses auch nicht sui, sondern alieni iuris war, und wie ein bloßes Werkzeug des Vaters nichts Eigenes haben konnte. Sie beruhte also auf einem von der Tutel ganz verschiedenen Gesichtspunkt, und es konnte daher ein Vater sein unmündiges Kind aus seiner potestas emancipiren, allein die Tutel desselben behalten. Hingegen der Grundbegriff des deutschen Mundiums war der einer ausgedehnten Beschützung und Vertretung des Kindes nach Außen hin; es war also mehr der Tutel verwandt und hinderte die eigene Vermögensfähigkeit des Kindes nicht [2]). Als nun das römische Recht in die Wissenschaft und Praxis eindrang, wurde auch dessen patria potestas im Ganzen recipirt und dadurch unserem Rechte etwas Fremdartiges aufgedrungen [3]). Allein durch die glückliche Erfindung einer angeb-

---

5) C. 3. C. de patr. potest. (9. 47), c. un. C. de emend. propinq. (9. 15).

6) Den Beweis derselben giebt meine Deutsche Rechtsgeschichte §. 474.

7) Man sehe §. 93.

8) Die Mutter ist daher nicht verbunden, die Anordnungen des Vaters hinsichtlich der Erziehung fortzusetzen, wenn sie dieselben für das Kind nachtheilig hält.

1) Dieses Princip ist nachgewiesen in meiner Römischen Rechtsgeschichte II. §. 476.

2) Die Beweise stehen in meiner Deutschen Rechtsgeschichte §. 474. 477.

3) Dieses zeigt sich deutlich in dem Statutenbuch von 1572. Fol. 137.

lichen deutschrechtlichen Emancipationsform, welche unmittelbar und von selbst durch die separirte Oeconomie eintrat, ist diese potestas thatsächlich meistens auf die minderjährigen und hülflosen Kinder beschränkt, wo sie in der abgeschwächten Gestalt des neueren römischen Rechts wenig Auffallendes mehr hat und die Stelle einer kräftigen Vormundschaft einnimmt. So hat doch materiell der Grundgedanke des deutschen Mundiums obgesiegt. Ein wichtiger Unterschied ist allerdings noch der, daß nach dem römischen Rechte zwischen dem Vater und Kinde keine klagbaren Verbindlichkeiten entstehen können [4]), was jedoch von Justinian in Ansehung der Schenkungen wesentlich gemildert ist [5]). Mit dieser Milderung hat der römische Grundsatz in der Anwendung auf Kinder, die noch in der Oeconomie des Vaters stehen, nichts unseren Verhältnissen Widersprechendes, und es kann daher in so fern noch dessen gemeinrechtliche Geltung behauptet werden [6]). Die Particularrechte haben freilich häufig Geschäfte auch mit dem minderjährigen, noch in der Oeconomie befindlichen Kinde mit Zuziehung eines besonderen Curators gestattet.

97. Die Mutter hatte nach dem römischen Recht keine potestas, weil deren Grundgedanken nicht auf sie paßt. Sie hatte auch nach dem deutschen Recht kein Mundium, weil sie nach den damaligen Sitten und dem gerichtlichen Verfahren keinen Schutz gewähren konnte, vielmehr selbst dessen bedurfte. Mit der Verfeinerung der gesellschaftlichen Zustände hörte dieser Grund auf, und es stand nichts im Wege, ihr dem römischen Rechte gemäß nach des Vaters Tode die Vormundschaft zuzuwenden. Diese, verbunden mit dem ihr als Mutter zustehenden Rechte auf Ehrerbietung, Gehorsam und Erziehung, konnte im natürlichen Sinne auch als eine Gewalt aufgefaßt und so genannt werden, was

4) Der Grund davon ist, weil ohnehin Alles dem Vater gehört. Man leitet es häufig noch von einer unitas personae her, die zwischem dem Vater und dem Sohn gegolten habe. Diese Vorstellung ist jedoch als unrömisch widerlegt von Zimmern Rechtsgeschichte I. §. 184., und die Germanisten sollten endlich aufhören, davon zu reden.

5) C. 25. C. de donat. inter vir. et uxor. (5. 16).

6) Anderer Meinung sind Phillips Privatrecht II. §. 152., Mittermaier II. §. 363 (doch erst seit der 7. Ausgabe), Seuffert Archiv I. Nr. 353., Beseler System II. §. 134.

auch in mehreren Statutarrechten geschah. Endlich war es selbst dieser Auffassung angemessen, diejenigen Rechte der römischen patria potestas, welche im natürlichen Interesse der Eltern und eines minderjährigen Kindes beruhen, auch auf jene natürliche Gewalt der Mutter zu übertragen, namentlich das interdictum de liberis exhibendis, die exceptio SC. Macedoniani, das Recht der Mutter, dem Kinde im Testamente einen Vormund zu ernennen und ihm pupillariter zu substituiren. Dieses ist ebenfalls in manchen Statutarrechten geschehen [1]). Eine völlige Uebertragung der patria potestas an die Mutter auch über die großjährigen Kinder, oder in Ansehung anderer künstlicher Wirkungen, zum Beispiel des Peculiensystems, darf aber daraus nicht gefolgert werden, wenn es nicht das Statutarrecht ausdrücklich sagt. Die neuen Gesetzbücher haben endlich Alles auf das richtige für unsere Zustände passende Maß zurückgeführt, indem sie das Künstliche ganz abgestreift und beiden Eltern eine Gewalt oder Autorität beigelegt haben, nur mit der entscheidenden Stimme des Vaters im Falle eines Dissensus [2]).

98. Was das Verhältniß der Eltern bei der Verheirathung der Kinder betrifft, so ist vor Allem die Frage zu beantworten, ob man ihrer Einwilligung ein solches Gewicht beilegen könne, daß ohne dieselbe selbst eine geschlossene Ehe annullirt werden dürfte. Das römische Recht hat dieses bejaht, jedoch nur wegen der fehlenden Einwilligung des Gewalthabers, nicht der Mutter, auch nicht bei emancipirten Kindern. Das canonische Recht hat es verneint, um nicht durch die Annullirung das Mädchen der Entehrung zu überlassen [1]). Eben so that das deutsche Recht, indem es an die unterlassene Nachsuchung der Einwilligung des Vaters oder sonstigen Mundwaldes andere Nachtheile knüpfte [2]).

---

1) Sehr gut ist diese Wendung mit Beziehung auf einen Frankfurter Rechtsfall nachgewiesen in Heise und Cropp Juristische Abhandl. I. Nr. XVI. Gute Materialien findet man auch in den Noten bei Mittermaier II. §. 362. 363.

2) So vor Allem im französischen Gesetzbuch, dann im österreichischen und preußischen Landrecht. Im Letzteren findet sich aber noch am meisten Anklang an römische Rechtsbegriffe.

1) Man sehe mein Kirchenrecht §. 297.

2) Man sehe meine Deutsche Rechtsgeschichte §. 451. Note 6 — 10. §. 453. Note 18—21.

Daran muß man sich also als an das gemeine Recht halten, selbst für das protestantische Kirchenrecht, wenn gleich die Particularrechte dieses häufig abändern. Es handelt sich also hauptsächlich nur darum, in wie weit die mangelnde elterliche Einwilligung der Eingehung der Ehe hindernd entgegentreten kann. Das canonische Recht hat sich darüber wenig ausgesprochen, weil es auf die Pietät der Kinder, die Einsicht der Eltern und die Vermittlung des Seelsorgers rechnet. Für das bürgerliche Recht ist, wenn man durch die Landesgesetze unbehindert sich blos an die Natur der Sache halten kann, zu unterscheiden. Bei minderjährigen Kindern ist nicht blos aus Pflicht der Ehrerbietung der Consens beider Eltern nachzusuchen, sondern es ist auch wegen der Fürsorge der Eltern für das Wohl der Kinder wenigstens die Zustimmung des Vaters, und nach dessen Tode die der Mutter juristisch für unerläßlich zu halten. Hingegen bei großjährigen Kindern fällt diese Fürsorge weg; daher können die Eltern aus diesem Grunde die Ehe nicht hindern. Es bleiben zwar die Rücksichten der Ehrerbietung und Pietät. Allein diese können nun nur eine religiöse und moralische, keine juristische Geltung haben. Denn wenn man wegen ihrer die Einholung des elterlichen Consenses zur juristischen Pflicht macht, so muß man auch entweder den Eltern das Recht geben, durch ihre Weigerung die Ehe ganz zu verhindern, was zu weit geht; oder man muß den Kindern gestatten, auch ohngeachtet der Weigerung zu heirathen, wodurch das Ganze zu einer leeren verletzenden Form wird [3]; oder man muß den Gerichten möglich machen, den elterlichen Consens zu ergänzen, was gehässige Processe und eine Einmischung der Gerichte herbeiführt, die zum Geiste unserer Zeit nicht paßt [4]. Die Landesgesetze sind freilich darüber sehr abweichend [5].

b) Entstehung des elterlichen Verhältnisses.

99. Durch die Mischung des deutschen mit den fremden Rechten entsteht jetzt das elterliche Verhältniß entweder durch die

---

3) Dieses ist der Ausweg des französischen Rechts.
4) Dieses ist der Ausweg des preußischen Landrechts.
5) Nachweisungen giebt Mittermaier II. §. 377.

Ehe, oder durch Adoption, oder durch Legitimation. Der Beweis der ehelichen Abstammung richtet sich unmittelbar oder mittelbar nach den Grundsätzen des römischen und canonischen Rechts [1]). Die Adoption ist ganz aus dem römischen Recht aufgenommen, mit particularrechtlichen Modificationen. Die Legitimation beruht auf einer Mischung von römischem und canonischem Recht [2]).

c) Beendigung des elterlichen Verhältnisses.

100. Die auf die Ehrerbietung und Pietät bezüglichen Rechte und Pflichten dauern so lange die Eltern leben. Die Erziehungsgewalt modificirt sich nach dem Alter, und es hat die Obrigkeit, wenn darüber geklagt wird, auf die Individualitäten Rücksicht zu nehmen. In Ansehung der patria potestas und des Mundiums geht aber das römische und deutsche Recht weit aus einander. Die potestas dauerte an sich so lange der Vater lebte; Alter und Verheirathung des Kindes machten keinen Unterschied. Doch war eine künstliche Auflösung durch Emancipation, wenn beide Theile wollten, möglich. Hingegen das Mundium dauerte nur so lange das Kind dessen bedurfte; also bei Söhnen bis sie wehrhaft waren und sich selbstständig machten, bei Töchtern bis sie sich verheiratheten [1]); künstliche Emancipationen waren daher kein Bedürfniß und kamen nicht vor. Als nun das römische Recht seine Herrschaft auszuüben anfieng, suchte man dasselbe mit unseren Sitten auch in diesem Punkte möglichst in Uebereinstimmung zu bringen. Zuerst nahm man an, daß die väterliche Gewalt durch Verjährung und Nichtgebrauch aufhöre [2]). Bald aber halfen sich die Doctrin und Praxis so, daß sie neben die römische Regel eine neue Art von Emancipation stellten, welche man die Emancipirung durch separirte Oeconomie nannte [3]). Da nun die ganze

---

1) Man sehe mein Kirchenrecht §. 317. Nr. V. §. 318., Deutsche Rechtsgeschichte §. 475. Note 1. 2.

2) Man sehe mein Kirchenrecht §. 317. Nr. VI., Deutsche Rechtsgeschichte §. 475.

1) Man sehe meine Deutsche Rechtsgeschichte §. 476.

2) So sagt noch das Statutenbuch von 1572. Fol. 137 b. Dieses ist bisher unbemerkt geblieben.

3) Dieses findet sich schon bei Udalr. Zasius († 1535) Comment. in Dig. novum ad l. Utrum turpem 107. de verb. oblig. (Oper. III. 497).

Richtung unserer Erziehung dahin geht, die erwachsenen Söhne selbstständig zu machen, und bei den Töchtern die Verheirathung dieselbe Wirkung hat, so ist die römische Regel praktisch so gut wie aufgehoben. Sie greift nur noch in den seltenen Fällen ein, wo ein erwachsenes Kind in der elterlichen Nahrung bleibt, wo aber auch die engere Abhängigkeit gerechtfertigt ist. Neuere Gesetzbücher, das französische und österreichische, haben sogar die römische Regel ganz bei Seite geschoben und angenommen, daß die väterliche Gewalt von Rechtswegen durch die Großjährigkeit aufhöre. Der letztere Gesichtspunkt ist fehlerhaft, weil wenn ein großjähriges Kind noch von den Eltern ernährt werden muß, auch die Fortdauer der Abhängigkeit wohlbegründet ist.

101. Zum Begriff der separirten Oeconomie [1]) gehört, daß der Sohn sich in einer Lage befindet, worin er sich selbst sein Brod, wenigstens zum Theil, verdient; eine Beihülfe der Eltern hebt den Begriff nicht auf. Das Wohnen in oder außer dem elterlichen Hause ist dabei kein entscheidendes Moment. Es ist also separirte Oeconomie, wenn der Sohn im Hause bleibt, allein seinen Unterhalt vergütet. Nimmt er am Geschäft des Vaters Theil, oder hat ihm dieser ein Gut zu seiner Nahrung übergeben, so kommt es darauf an, ob er sich ohne dieses auf andere Weise durchzubringen im Stande wäre. Die Großjährigkeit ist dazu nicht wesentlich; doch hat die Minderjährigkeit die Wirkung, daß der Vater der Separation aus bestimmten Gründen, namentlich wenn sich der Sohn noch nicht zu ernähren vermag, widersprechen und ihn zurückholen kann. Die Wirkungen der Separation für den Sohn sind dieselben, welche die römische Emancipation hat; er hört auf Haussohn im römischen Sinne zu sein, verliert die Rechte des suus heres und die exceptio SC. Macedoniani. Bei Töchtern tritt unbestritten dasselbe bei ihrer Verheirathung ein; doch muß, wenn sie noch minderjährig sind, an ihrem Vermögen die väterliche Vormundschaft fortdauern.

Dann wurde es allgemeine Rechtsansicht. Die Zeugnisse giebt Grupen discept. forens. p. 86—106.

1) Die vielen hier vorkommenden Controversen sind genau angeführt und discutirt von Kraut Vormundschaft II. 643—669.

Hingegen ohne Verheirathung muß man nach dem Zusammenhang unserer Sitten mit dem alten Mundium, nach dem formell als gemeines Recht geltenden Gesichtspunkt der römischen potestas, nach der natürlichen Stellung unverheiratheter Mädchen und selbst im Interesse der guten Sitten den Grundsatz festhalten, daß selbst eine großjährige Tochter durch die bloße Thatsache der separirten Oeconomie ohne ausdrückliche Entlassung nicht von der väterlichen Gewalt frei werde [2]).

B) Schutzverhältnisse. 1) Ueber Unmündige [1]).

102. Die Vormundschaft über Unmündige war ursprünglich nur Sache der Blutsfreunde; später griff überall der Schutz des Königs auch aus Beweggründen der Religion durch seine Grafen ergänzend und beaufsichtigend ein [2]). Im Mittelalter traten die Landesherren und ihre Gerichte an die Stelle [3]). Diesen Elementen kam nun das römische Recht entgegen und erlangte wegen seiner reichen Ausbildung vollständig die Oberhand, doch so, daß Einzelnes aus dem deutschen Recht, namentlich die stete Concurrenz der Obrigkeit, festgehalten und noch näher entwickelt worden ist. Aus dieser Mischung hat sich folgendes System ergeben. I. Die Delation geschieht wie im römischen Recht durch Testament, Gesetz oder Ernennung der Obrigkeit. Bei der Dativtutel besteht aber der Unterschied, daß die Obrigkeit nicht erst auf besondere Aufforderung, sondern schon von Amtswegen einen Vormund bestellen muß [4]). II. Bei jeder Art von Vormundschaft darf der berufene Vormund „sich der Vormundschaft nicht unterziehen, „die Verwaltung sey ihm denn zuvor durch die Obrigkeit decer-

2) So bestimmt richtig auch das Preußische Landrecht.

1) Das Hauptwerk darüber ist: Kraut die Vormundschaft nach den Grundsätzen des Deutschen Rechts. Göttingen 1835. 1847. 2 Th.

2) Man sehe meine Deutsche Rechtsgeschichte §. 482. 483. Ueber das Historische dieser Lehre finden sich mancherlei Behauptungen, die sich aus den Quellen nicht beweisen lassen. Man muß sich auch hüten, die Vormundschaft des Vaters, die des Ehemannes, und die über Weiber mit der über Unmündige zu einem einzigen System zu verschmelzen. Dieses thun Kraut und Gerber §. 243. 244., der nur ein Excerpt aus Kraut giebt.

3) Nachweisungen giebt Kraut I. §. 10.

4) Reichspolizeiordnung von 1548. Tit. XXXI. §. 1. von 1577. Tit. XXXII. §. 1.

„nirt und befohlen“ [5]). Die Vormundschaft wird also nicht mehr als Angelegenheit der Familie, sondern vorherrschend als eine öffentliche angesehen. III. Der Vormund ist beim Antritt seines Amtes zu vereiden, muß ein Inventar errichten und jährlich, nicht wie im römischen Recht erst am Ende der Vormundschaft Rechnung ablegen [6]). IV. Nicht blos Pupillen, sondern auch Minderjährige müssen einen Vormund haben [7]). In so fern macht also die Pubertät keinen Unterschied mehr. Hierin liegt auch nach der richtigen Meinung, daß der Minderjährige für sein Vermögen eben so handlungsunfähig ist wie der Pupill, und daß er gleichmäßig wie dieser der Genehmigung seines Vormundes bedarf. Jedoch hat man die formellen Bedingungen des römischen Rechts bei der Ertheilung der autoritas fallen lassen, so daß die freiere Form des Consenses genügt [8]). V. Bei allen wichtigen Angelegenheiten der Verwaltung hat die Obrigkeit als obervormundschaftliche Behörde mitzuwirken; dafür findet aber auch bei einer Vernachlässigung eine subsidiairische actio tutelae gegen sie Statt [9]). Zuweilen sind zur Handhabung der Obervormundschaft besondere Pupillencollegien oder Waisengerichte eingesetzt.

2) Geschlechtsvormundschaft.

103. Jungfrauen und Weiber standen, auch wenn sie großjährig waren, als Wehrlose und Hülflose unter dem Schutze ihrer Familie und daher in einer beständigen Vormundschaft. Ursprünglich war ihr Zustand der einer sehr engen Abhängigkeit sowohl hinsichtlich ihrer Person als ihres Vermögens. Aber schon im Mittelalter war dieselbe sehr abgeschwächt [1]), und wurde es durch die Einführung des römischen Rechts, welches eine solche Vormundschaft nicht mehr kennt, immer mehr. Doch erhielt sich

---

5) Reichspolizeiordn. von 1548. Tit. XXXI. §. 2. von 1577. Tit. XXXII. §. 2.

6) Reichspolizeiordn. von 1548. Tit. XXXI. §. 3. Tit. XXXII. §. 3.

7) Reichspolizeiordn. von 1548. Tit. XXXI. §. 1. von 1577. Tit. XXXII. §. 1.

8) Gut ist dieses Alles nachgewiesen bei Kraut II. §. 52.

9) Kraut I. §. 10.

1) Die Nachweisung über dieses Alles giebt meine Deutsche Rechtsgeschichte §. 450—452.

dieselbe an vielen Orten als ein Mittel, die Frauen bei ihrer Unerfahrenheit gegen Nachtheil zu schützen. Den dabei angenommenen Gesichtspunkt bezeugt ein Rechtsbuch jener Zeit in folgender Weise [2]. „Warnemung zu bevögten die wyber die sich „gschrifftlich verbindend. Nach landsgewonheit sol yeglich un„vermehelt frow, witwe und dochter, wenn Sy eehhafftlich in „gschryfft sich selbs oder ire gütter verenderen, zinßhafft oder „sust schuldig ze sin verbinden wil, einem vogt oder fürmünder „haben. Und besser er werd ir vor rat oder gericht, oder durch „iren oberen rechtlich gesetzt, dann usserthalb solicher solennitet „erwelt angenommen: ursacht das in die oberkeit in eid oder „glüpt nimpt, der person getrülich nützlichest und best zeraten, „handlen zehelffen, und schedlichs zewidertriben: welich glüpt im „sust usserthalb der oberkeit nit uffgelegt. In solicher annemung „der vogtey (die nit allein unvermehelten, sunder etwen eewybern „mit willen irer mannen beschicht) wirdt dem vogt vor der ober„keit mit urteil underwysung gegeben, wenn sich solich bevögt „wybsperson treffenlich verschryben oder verbinden wil, wie sy „der vogt bedachtlich irer meynung und anligends in der sach „frey und sicher erkönnen, unnd fürter solichs vor gericht oder „der oberkeit melden und rechtvertigen lassen söll. Dasselb alles, „wies von eim ans ander gehandelt, ist in der verschrybung zu „berüren, umb das solicher Contract des sychrer schyne, und „des münder dafür geacht werd, als ob solich person listlich „oder gezwungen in verschribung gefiert sey."

104. Der Grundgedanke dieser Geschlechtsvormundschaft, wo sie noch besteht, ist demnach, daß die Frau wichtige Geschäfte nur mit dem Rath und der Zustimmung eines männlichen Beistandes eingehen soll. Diesen Beistand hat sie sich selbst zu wählen, entweder bleibend, oder nur für das einzelne Geschäft; zur Proceßführung ist ihr auch nöthigenfalls von Amtswegen Einer zu geben. Der Gewählte wird auf geschehene Anzeige von der Obrigkeit unter Ermahnung an seine Pflicht bestätigt und vereidet oder durch ein Gelöbniß an Eides Statt verpflichtet. Von

---

2) Riederer Rhetoric 1509. Fol. 115.

Inventar und Cautionsleistung ist nicht die Rede, weil er keine Vermögensverwaltung hat. Als ein Verhältniß des Vertrauens kann die Frau den Beistand jederzeit wechseln, so wie auch derselbe jederzeit kündigen kann. Zu den Fällen, wo der Beistand mitzuwirken hat, gehört nach dem Zwecke des Institutes vor Allem, wenn die Frau als Klägerin oder Beklagte vor Gericht auftreten soll; und zwar muß ohne die Mitwirkung des Beistandes die Handlung für beide Theile nichtig sein, weil das Gericht nicht seine Autorität theilen und einer mangelhaften Handlung verleihen kann. Bei außergerichtlichen Geschäften ist jene Mitwirkung nach dem Princip des Verhältnisses in allen Fällen für nöthig zu erachten, wo die Frau aus Unkunde sich am Vermögen Nachtheil zuziehen könnte. Die Particularrechte bestimmen dieses aber bald enger bald weiter, und einige, namentlich in Hamburg und Lübeck, dehnen es sogar auf letztwillige Verfügungen aus. Ist ohne einen Beistand, da wo er nöthig war, gehandelt, so entsteht daraus eine Nullität; jedoch hier nur eine solche, worauf sich blos die Frau, nicht aber der Mitcontrahent, berufen kann. Hat er aber mitgewirkt, so ist das Geschäft gültig, wenn auch die Frau dadurch benachtheiligt ist; nur kann sie gegen den Beistand auf Ersatz klagen, weil derselbe durch Uebernahme der Stelle sich zum äußersten Fleiße verpflichtet hat. Sein Verhältniß ist mehr als das eines Rathes, weil die Frau ohne seine Zustimmung sich nicht fest verpflichten kann. Da sie jedoch die Person jederzeit wechseln und sich einen Willfährigen auswählen kann, so ist jener Einspruch leicht zu umgehen und das Ganze deshalb eine ziemlich zwecklose Form. Dieses ist auch der Grund, weshalb in unserer Zeit das Institut in vielen Ländern ganz aufgehoben worden ist [1].

3) Vormundschaft über Abwesende [1].

105. Wenn Einer durch Abwesenheit sein zurückgelassenes

---

1) Genauere Nachweisungen über die Gesetzgebung, Jurisprudenz und Praxis giebt Kraut II. S. 69—72.

1) Bei der Verwirrung, welche die Wissenschaft in diese Lehre gebracht hat, ist es ebenfalls die Aufgabe der Wissenschaft, dieselbe wieder von den Irrthümern zu reinigen und auf die der Natur des Verhältnisses angemessene

Vermögen zu wahren verhindert wird, so erfordert es sein eigenes Interesse, wie das dritter Personen, daß dafür, so weit es Bedürfniß ist, auf künstliche Weise gesorgt werde. In diesem Sinne hat schon das römische Recht eine Curatel der Abwesenden gekannt[2]). Jetzt ist das Verhältniß nach der folgenden in der Natur der Sache liegenden Unterscheidung von drei Zeiträumen zu behandeln. Wenn Jemand aus seiner Heimath verschwindet, ohne einen Bevollmächtigten zurück zu lassen und ohne auch von sich und seinem Aufenthalte Nachricht zu geben, so hat man darum noch nicht das Recht, sich in sein Vermögen einzumischen, sondern man muß ihn als einen Solchen behandeln, welcher lebt aber sich um seine Angelegenheiten nicht bekümmert. Das Interesse dritter Personen darf jedoch darunter nicht leiden, sondern wenn Handlungen nothwendig werden, wobei er wegen Anderer mitwirken muß, zum Beispiel eine Theilung, so muß das Gericht auf deren Antrag einen Curator ernennen, der ihn dabei repräsentirt. Weiter darf sich aber derselbe in die eigenen Geschäfte des Abwesenden nicht mischen, außer für dringende Nothfälle. Wenn es sich daher um erst zu erwerbende Rechte handelt, zum Beispiel um eine angefallene Erbschaft, so ist der Abwesende wie Einer zu behandeln, der anwesend wäre aber sein Interesse versäumt. Diesen Zustand kann man mit dem Ausdrucke, Vermißtsein, bezeichnen.

106. Wenn dieser Zustand eine Zeitlang gedauert hat, so tritt aber doch die Vermuthung nahe, daß der Abwesende durch außerordentliche Umstände verhindert werde, von sich Nachricht zu geben und seine Rechte zu wahren. Es muß dann selbst die Möglichkeit berücksichtigt werden, daß der Tod die Ursache davon sei. Beide Gründe vereinigen sich dahin, daß nun für sein Vermögen durch Einsetzung einer bleibenden Verwaltung gesorgt werde. Darauf anzutragen sind Alle berechtigt, welche dabei ein

---

Theorie zurückzuführen. Nach diesem Gesichtspunkt ist dieselbe hier bearbeitet. Vortreffliche Materialien dazu giebt Kraut II. §. 62—67.

2) Fr. 15. pr. D. ex quib. caus. maior (4. 6), fr. 6. §. 4. D. de tutel. (26. 1), fr. 6. §. 2. D. quib. ex caus. in possess. (42. 4), fr. 22. §. 1. D. de reb. autor. iud. possid. (42. 3), fr. 1. §. 4. D. de muner. (50. 4), c. 3. C. de postlim. (8. 51).

wenn auch nur eventuelles Interesse haben, der Ehegatte, der testamentarische oder Intestaterbe, die Gläubiger. Nöthigenfalls muß die Obrigkeit auch von Amtswegen dazu schreiten. Der Einsetzung dieser Verwaltung müssen jedoch öffentliche Edictalladungen und andere geeignete Maßregeln vorhergehen, und es muß deren Erfolglosigkeit und die demnach verfügte Anordnung durch ein gerichtliches Urtheil ausgesprochen sein. Wie früh dieses nach dem Zeitpunkt des Verschwindens geschehen könne, ist in Ermanglung gesetzlicher Bestimmungen dem richterlichen Ermessen zu überlassen. Der von da beginnende Zustand wird die Verschollenheit genannt.

107. Durch die Verschollenheitserklärung ist nicht die Vermuthung des Todes ausgesprochen. Eben so wenig präsumirt man aber auch das Leben, sondern es tritt über Beides ein Zustand juristischer Ungewißheit ein [1]). Deswegen ist auch das Verhältniß gemischt. Wegen der Möglichkeit des Todes haben die präsumtiven nächsten Erben ein Anrecht auf die Verwaltung und den Besitz des Vermögens [2]), und es wäre offenbar gegen die Natur des Verhältnisses und selbst gegen das Interesse des Abwesenden, wenn man statt der präsumtiven Erben einen Fremden in eine möglicherweise so lange dauernde Verwaltung setzen wollte. Wegen der Möglichkeit des Lebens darf aber der Curator die Verwaltung nicht als die seines eigenen, sondern nur wie die eines fremden Vermögens behandeln; er muß daher ein Inventar errichten, Caution leisten, und Buch führen, so daß er dereinst über Alles genau Rechnung ablegen kann. Veräußerungen kann man ihm nur aus dringenden Gründen und mit Zustimmung des Gerichts gestatten. Für die Mühe der Verwaltung muß man ihm billigerweise als Vergütung einen Theil der Früchte zuerkennen [3]), theils weil diese Curatel nicht wie die Tutel durch einen unverschuldeten Zufall, sondern durch die eigene Handlung

1) Diese richtige Ansicht ist auch vertheidigt in Heise und Cropp Abhandl. II. Nr. V. §. 8. Die irrige Präsumtion des Lebens vertheidigt dagegen noch Kraut II. 258. 259. In den Particularrechten ist freilich dieser Irrthum zuweilen positiv gesetzlich sanctionirt.

2) Darüber ist man einig. Die Zeugnisse giebt Kraut II. §. 62. Note 3.

3) Dieses vertheidigt auch als gemeinrechtlich Kraut II. 237—240.

des Abwesenden veranlaßt, theils weil sie durch ihre lange Dauer sehr lästig ist, endlich wegen der Möglichkeit, daß das Vermögen, das der Curator verwaltet, schon sein eigenes ist. Ueber den Betrag der Vergütung muß in Ermanglung gesetzlicher Bestimmungen das Gericht das Nöthige festsetzen; auch ist es billig, daß mit der Länge der Zeit der Antheil an den Früchten steigt, weil um so mehr die Möglichkeit des Todes zur Wahrscheinlichkeit wird. Als die präsumtiven Erben sind diejenigen anzusehen, die es zur Zeit des Verschwindens oder der letzten Nachrichten sind, weil es einen bestimmteren Anhaltpunkt nicht giebt. Ein großer Irrthum ist es übrigens, daß ein Theil der älteren Jurisprudenz in die Verschollenheitserklärung die Bedeutung einer juristischen Präsumtion des Todes legte. Sie betrachtete demnach das Eintreten der Erben als eine anticipirte wirkliche Succession, nur mit der Resolutivbedingung, daß sie sich wieder auflösen sollte, wenn der Abwesende zurückkehrte oder bestimmte Nachrichten von ihm eingiengen[4]. Andere dagegen nennen dasselbe richtiger eine bedingte Succession, die erst dann eine wirkliche werde, wenn bis zum Termin der Todeserklärung der Abwesende nicht zurückgekehrt sei[5]. Allein ganz richtig ist auch dieses nicht, weil so lange der Tod nicht als gewiß angenommen wird, von einer Succession nicht die Rede sein kann[6]. Das Verhältniß der präsumtiven Erben ist das der Verwaltung eines fremden Vermögens, die ihnen zwar aus Rücksicht auf ihre eventuelle Succession, nicht aber als Succession gegeben wird. Daraus folgt auch, daß wenn Einer von ihnen stirbt, die Verwaltung nicht auf seine Erben vererbt wird, und daß überhaupt,

---

4) Aus diesem Gesichtspunkt redeten Hellfeld und Böhmer ganz consequent von einer successio anticipata. Andere Juristen, Carpzow, Lauterbach, Wernher, Faber, Schilter, Pufendorf, brauchten zwar nicht den Ausdruck, stimmten aber der Sache nach ganz damit überein. Diesen stimmt Pfeiffer Pract. Ausführ. II. 241. bei, protestirt aber doch gegen den Begriff von successio anticipata, und geräth dadurch in völlige Unklarheit. Auf jene Ansicht stützt sich auch das Urtheil von 1829 bei Flach Entscheidungen I. Nr. XVI. §. 1—6.

5) Man sehe Kraut II. §. 63. Note 29. In den Consequenzen folgt auch Pfeiffer dieser Meinung (Note 7), was aber zu seinem Grundprincip (Note 4) nicht paßt.

6) So sagt auch Kraut II. §. 63. Note 28. 29. 30., der aber doch noch zu sehr an der successio conditionata festhält.

wenn während der Verwaltung Veränderungen eintreten, wodurch ein Anderer der nächste präsumtive Erbe wird, die Verwaltung an diesen herausgegeben werden muß [7]).

108. Wichtig ist die Frage, wie es mit den Erbschaften werden soll, die dem Verschollenen deferirt werden. Da derselbe juristisch weder als lebend noch als todt angesehen wird, so muß derjenige, der für ihn als einen Lebenden Rechte an der Erbschaft in Anspruch nimmt, beweisen, daß er im Augenblick des Anfalls derselben gelebt habe, sonst wird er als nicht existirend behandelt. Diejenigen aber, die wenn er todt wäre, ein Repräsentationsrecht haben, können dieses geltend machen, weil sie dieses Recht selbst in dem für die Miterben günstigsten Falle, nämlich daß der Verschollene in jenem Augenblicke nicht mehr gelebt hätte, haben. Natürlich kann aber derselbe, wenn er zurückkehrt, gegen Alle die hereditatis petitio anstellen [1]). Die Meinungen und zum Theil auch die Particularrechte gehen jedoch über diese Frage sehr aus einander. Diejenigen, welche beim Verschollenen die Präsumtion des Todes und bei den Erben eine anticipirte Succession annehmen, stimmen im Resultat mit dem Obigen überein [2]). Andere, welche für den Verschollenen bis zur Todeserklärung die Präsumtion des Lebens behaupten, geben demgemäß dem Curator das Recht, die deferirte Erbschaft anzunehmen [3]). Wieder Andere gehen von dem richtigen Standpunkte der Ungewißheit aus, theilen sich aber in zwei Classen. Die Einen stimmen mit der obigen Ausführung überein, und nehmen nur noch den hier nicht passenden formellen Grund hinzu, daß ein Curator für einen Anderen nicht eine Erbschaft antreten könne [4]). Die An-

7) So sagt auch Kraut II. 243. Damit treffen auch die Vertheidiger der successio conditionata überein, Pfeiffer II. 244. 245. Nicht aber die der successio anticipata, daher auch nicht das Urtheil bei Flach (Note 4).

1) Dieses ist ganz richtig auch die Ansicht des Französischen Rechts.

2) So bemerkt auch Kraut II. 254. 255.

3) Diese Ansicht vertheidigt Kraut II. 255. 258—264. Sie ist widerlegt von Heise und Cropp Abhandl. II. Nr. V. §. 1—4. Diese geben dieselbe §. 11—16. zu, wenn das Particularrecht ausdrücklich die Präsumtion des Lebens ausspreche, beschränken aber auch dann die von Kraut unbedingt behauptete Fähigkeit des Curators, für den Abwesenden Erbschaften anzunehmen.

4) Diese Ansicht haben Flach Entscheidungen I. Nr. XXIII. §. 7. II. Nr. XVI., Pfeiffer Pract. Ausführ. IV. Nr. XI. §. 4. Jener Grund ist aus Heise und Cropp (Note 3) entlehnt.

deren behaupten, weder der Curator des Abwesenden könne den demselben deferirten Nachlaß in Anspruch nehmen, weil er dazu dessen Leben beweisen müßte; noch auch könnten die mit oder nach ihm Berufenen ihn ausschließen, weil sie dazu dessen Tod darthun müßten [5]). Also trete eine Ungewißheit ein; die deferirte Erbschaft müsse als hereditas iacens betrachtet, und dafür bis zur Todeserklärung ein Curator ernannt werden, der allerdings auch der Curator des Abwesenden sein könnte [6]).

109. Dieser Zustand der Ungewißheit kann nicht ins Unbestimmte dauern, sondern er wird zu irgend einer Zeit durch den Tod beendigt. Geht darüber eine bestimmte Nachricht ein, so treten die gewöhnlichen Verhältnisse der Beerbung ein, und das Vermögen wird an diejenigen ausgeliefert, die zur Zeit des Todes die nächsten Erben sind [1]). Geht aber keine Nachricht ein, so wird nach der Praxis, die an dem Psalm 90. Vers 10. einen Anhaltpunkt zu finden geglaubt hat, angenommen, daß er nicht über siebzig Jahre alt geworden sei [2]), und es kann nun dessen gerichtliche Todeserklärung nachgesucht werden. Es liegt darin die juristische Präsumtion des Todes, jedoch nicht so, als ob er am Tage des zurückgelegten siebzigsten Jahres gestorben, sondern so, daß er an jenem Tage gewiß nicht mehr am Leben gewesen sei. Daher kommt nun dessen Beerbung zur Anwendung, und zwar sind diejenigen dazu berufen, die an jenem Tage die nächsten Erben sind, weil von da an die Ungewißheit aufhört und die Gewißheit des Todes da ist. Irrig ist es daher, wenn man auf die Zeit der Todeserklärung [3]), und noch irriger, wenn man auf die Zeit des Verschwindens oder der letzten Nachrichten sehen

5) Dieses Zweite ist durchaus falsch. Der Berufene hat nur seine Verwandtschaft, nicht auch das Nichtdasein anderer Verwandten zu beweisen.

6) So ist die verschrobene Ansicht bei Heise und Cropp Abhandl. II. Nr. V. §. 8—16. Widerlegt ist dieselbe von Flach (Note 4).

1) Darüber ist man einig. Kraut II. §. 62. Note 4.

2) Ueber den Ursprung und Beweis dieses Satzes sehe man Kraut II. 231—234., Heise und Cropp Abhandl. II. Nr. IV. §. 2., Pfeiffer Pract. Ausführ. IV. Nr. XI. §. 6.

3) Dieses ist die Ansicht von Eichhorn, Mittermaier (seit der vierten Auflage), Vangerow. Man sehe dagegen Pfeiffer Pract. Ausführ. IV. Nr. XI. §. 9., Savigny System II. §. 63.

will [4]). Kehrt der Verschollene doch noch zurück, so lösen sich natürlich alle diese Verfügungen wieder auf, und er kann sein Vermögen zurückfordern; doch aber nur das, was davon noch existirt, oder in so weit die Anderen dadurch bereichert sind [5]).

C) Das Gesindeverhältniß.

110. Die Eigenthümlichkeit des Gesindeverhältnisses wird durch dessen Gegenstand bestimmt, welcher in der Leistung täglicher häuslicher Dienste besteht. Solche Dienste unterscheiden sich von anderen Diensten dadurch, daß sie unbestimmter Art und von den Bedürfnissen des Hauswesens abhängig sind, und daß sie auf der Stelle, wie sie verlangt werden, geleistet werden müssen. Es muß also das Gesinde den Befehlen der Herrschaft gehorsam sein und deren Autorität anerkennen, und sich einen gewissen Zwang wenigstens durch Worte gefallen lassen, indem, wenn wegen jeder Versäumniß der Richter herbeigerufen werden müßte, kein Hauswesen bestehen könnte. Wo aber auf der einen Seite das Recht zu befehlen, auf der anderen die Pflicht zu gehorchen ist, da ist das Verhältniß keine gewöhnliche Obligation, sondern ein Gewaltverhältniß. Es ist daher ein Grundfehler, wenn neuere Juristen und Gesetze das Gesindeverhältniß blos als eine Dienstmiethe behandeln [1]). Allerdings tritt der Charakter der Gewalt nicht mehr so stark hervor, wie bei dem unfreien Gesinde des Mittelalters, sondern es unterscheidet sich davon in drei Punkten. Einmal ist es nicht erblich, sondern wird durch Vertrag eingegangen und beendigt. Zweitens ist die Herrschaft durch den Vertrag zu bestimmten Gegenleistungen verpflichtet. Drittens ist die Gewalt und Selbsthülfe der Herrschaft überall durch die Ge-

4) Diese successio ex tunc hängt mit der veralteten Ansicht von der successio anticipata zusammen (§. 107. Note 4). Ueber den Zeitpunkt war man aber selbst nicht einig, Pfeiffer Pract. Ausführ. IV. Nr. XI. §. 8., Kraut II. §. 63. Note 30.

5) Fr. 25. §. 13—16. D. de hered. petit. (5. 3).

1) So thun mit Vielen Beseler System II. §. 126., Gerber §. 181. Der Mißgriff straft sich gleich auch selbst durch die Dürftigkeit und Dürre der Darstellung, die er unvermeidlich mit sich führt. Dieses fühlt auch Mittermaier II. §. 294.; allein von der falschen Auffassung beherrscht, tappt er hin und her.

setze beaufsichtigt und beschränkt. Alles dieses hebt jedoch den Charakter als Gewaltverhältniß nicht auf [2]). Es ist daher zu definiren, als die vertragsmäßige durch Gesetze geregelte Unterwerfung einer Person unter die Gewalt eines Brodherrn zur Erfüllung täglicher häuslicher Dienste.

111. Aus diesem Begriffe ergiebt sich, daß das Verhältniß aus drei Gesichtspunkten zusammengesetzt ist: aus dem eines Gewalt-, eines häuslichen und eines vertragsmäßigen Verhältnisses. Aus dem Ersten ergiebt sich, daß das Gesinde die Verpflichtung hat, sämmtliche häusliche Dienste, wofür es gedungen ist, willig zu leisten, und der Herrschaft bei deren Anweisung folgsam zu sein. Was das Maß dieser Dienste betrifft, so ist das Gesinde zum regelmäßigen Fleiße, bei außerordentlichen das Hauswesen treffenden Vorfällen auch zur äußersten Anstrengung verbunden. Wird wegen des Uebermaßes geklagt, so hat das Gericht auf die Natur und Bedürfnisse des Hauswesens, auf die Art der Dienste, wofür das Gesinde gedungen ist, und auf die physische Constitution des Dienstboten zu sehen. Ist das Gesinde bei der Arbeit nicht folgsam oder ungeschickt, so muß es sich kraft des gelobten Gehorsams eine Züchtigung mit Worten gefallen lassen, und der Richter darf wegen der beim Tadel gebrauchten harten Ausdrücke nicht leicht eine Injurienklage des Gesindes gegen die Herrschaft zulassen [1]). In einigen Ländern wird derselben sogar noch ein mäßiges körperliches Züchtigungsrecht gestattet [2]). Dieses ist jedoch gegen den Geist der neueren Zeit. Durch jene Züchtigung hat sich aber die Herrschaft selbst ihre Genugthuung verschafft, und sie kann nicht wegen jeder Ungeschicktheit noch außerdem eine Schadensersatzklage anstellen, sondern sie hat kleine Beschädigungen stillschweigend mit in den Kauf genommen [3]).

---

2) Das beste Zeugniß dafür ist der Sprachgebrauch, der von Dienstbote und Herrschaft redet.

1) Fr. 13. §. 4. D. locati (19. 2). Diese Stelle ist hierauf vollkommen anwendbar.

2) Ueber dieses Recht in früherer Zeit sehe man Trummer das altgermanische Personenrecht §. 17. (Vorträge III. 118).

3) Fr. 54. §. 1. 2. D. de acquir. rer. dom. (41. 1). Aus dem fal-

112. Aus dem Gesichtspunkt als häusliches Verhältniß ergiebt sich nach der Natur der Sache viererlei. Erstens ist dadurch die Herrschaft verpflichtet für die angemessene Kost und Schlafstelle des Dienstboten zu sorgen, dieser aber verbunden sich der Hausordnung genau zu unterwerfen. Es verändert die Natur des Verhältnisses, wenn das Gesinde außerhalb des Hauses wohnt und sich selbst beköstigt. Wird über die Quantität und Qualität der Kost geklagt, so hat der Richter einerseits auf das physische Bedürfniß des Dienstboten, andererseits auf die öconomische Lage der Herrschaft Rücksicht zu nehmen. Zweitens liegt in jenem Begriffe ein Element des Vertrauens. Dieses äußert sich juristisch darin, daß der Hausdiebstahl strenge bestraft wird. Drittens liegt darin die Pflicht der persönlichen Theilnahme. Die Herrschaft darf daher den Dienstboten im Falle der Erkrankung nicht verlassen, sondern leichte Erkrankungen hat sie den Gebrechen der menschlichen Natur gemäß stillschweigend mit übernommen, und bei schweren muß sie wenigstens für die Unterkunft des Dienstboten bei seiner Familie oder seiner Gemeinde Sorge tragen. Viertens liegt darin, daß die Herrschaft auch an der Moralität des Dienstboten ein nahes Interesse hat. Sie darf daher über dessen religiösen und bürgerlichen Lebenswandel wachen, und der Dienstbote muß sich auch darin ihren Anordnungen willig unterwerfen. Auch folgt daraus, daß wenn Dritte das Gesinde zu schlechten Handlungen verführen, man der Herrschaft, wenigstens so weit sie dadurch am Vermögen beschädigt ist, eine actio utilis de servo corrupto gestatten muß [1]).

113. Durch den Vertrag wird hauptsächlich zweierlei bestimmt: die Größe des Lohns und die Länge der Dienstzeit. Von dieser Seite aus stimmt das Verhältniß mit der Dienstmiethe überein. Da der Vertrag nicht schriftlich und auch selten vor

chen Gesichtspunkt der Dienstmiethe wird sich allerdings das Recht der Herrschaft nicht bestreiten lassen, den Werth erlittener Beschädigungen dem Dienstboten am Lohne abzuziehen. So kehrt sich, wie auch oft in anderen Fällen, der Nachtheil einer falschen Theorie grade gegen diejenigen, welchen man damit zu nützen meint.

1) Eine gute Analogie giebt dafür fr. 14. §. 1. D. de servo corrupto (11. 3).

Zeugen eingegangen wird, so entsteht eine eigene Schwierigkeit, wenn die Herrschaft und der Dienstbote einander über die Größe des Lohns widersprechen. Im Allgemeinen muß der Richter der eidlichen Angabe der Herrschaft, wenn dieselbe einen unbescholtenen Namen genießt, den Vorzug geben, weil diese das Uebergewicht der Bildung für sich hat und das Object für sie weit geringfügiger ist [1]). Eine einseitige Aufkündigung vor Ablauf der Dienstzeit ist nur aus besonderen Gründen zuzulassen, namentlich wenn der Andere seine Pflichten verletzt, wegen Untauglichkeit des Gesindes zum bedungenen Dienste, und nach einer allgemein anerkannten humanen Rücksicht, wenn der Dienstbote heirathet. Eine Entlassung oder Verlassung des Dienstes ohne Grund giebt ein Recht auf Schadenersatz. Da dieser jedoch vom Dienstboten schwer zu erhalten ist, so befinden sich die Dienstherrschaften rechtlich in einer ungleichen Lage, wenn ihnen nicht Polizeistrafen zu Hülfe kommen.

114. Das Gesindeverhältniß kann auch in Beziehung auf Dritte zur Sprache kommen. Hat das Gesinde auf den Namen der Herrschaft einen Vertrag abgeschlossen, so wird sie nach den bekannten Grundsätzen des römischen Rechts allerdings daraus direct verpflichtet, wenn sie es ihm befahl, oder ihm dazu einen allgemeinen oder besonderen Auftrag ertheilte, oder das Geschäft ratihabirte, oder es zu ihrem Vortheil verwendete. Ohne diese Umstände wird sie es aber nicht, selbst dann nicht, wenn sie auch solche Geschäfte öfters durch das Gesinde besorgen ließ oder sie schon öfter ratihabirt hat. Es ist also Sache des andern Contrahenten, sich jedesmal zu überzeugen, ob der Dienstbote wirklich von der Herrschaft den Auftrag hatte. Eben so wenig kann die Herrschaft zum Ersatz verpflichtet erachtet werden, wenn ihr Gesinde Dritte beschädigte oder verletzte, theils weil eine beständige Aufsicht über dasselbe nicht möglich ist, theils weil die Gesetze der Herrschaft gegen das Gesinde gar nicht solche Zuchtmittel einräumen, die einer solchen Verantwortlichkeit nothwendig zur Seite stehen müßten. Die Herrschaft kann also nur dann zum

---

1) Diese Wahrheit hat selbst das französische Recht anerkennen müssen.

Ersatz angehalten werden, wenn sie den Dienstboten zu der Handlung verleitete oder wenn derselbe unter ihren Augen, wo eine Aufsicht möglich war, den Schaden zufügte [1]).

Zweiter Abschnitt.

Rechtsverhältnisse an Sachen.

I. Von den Arten der Sachen.

115. Die Eintheilung der Sachen, so weit sie im Gebiete des Rechts in Betracht kommt, hat die römische Jurisprudenz mit großer Schärfe entwickelt, und sie ist mit dem römischen Recht im Ganzen recipirt worden [1]). Die im deutschen Familien- und Erbrecht so wichtige Unterscheidung zwischen dem beweglichen und unbeweglichen Vermögen hat aber veranlaßt, daß dieser Unterschied nach seinen verschiedenen Anwendungen in den Statutarrechten und neuen Gesetzbüchern mit besonderer Genauigkeit bestimmt worden ist. In dessen Ermanglung muß man sich an folgende Regeln halten. Im Zweifel entscheidet die physische Natur des Gegenstandes. Ausnahmsweise können aber Mobilien die Immobilarqualität annehmen, wenn sie durch ihre physische Verbindung oder durch die unzweideutige Bestimmung des Eigenthümers Zubehör eines Grundstückes sind, oder nach Umständen auch wenn sie einen Complex bilden, der einem Fundus gleich zu stellen ist [2]). Rechte sind an sich weder beweglich noch unbe-

1) Fr. 11. pr. D. locati (19. 2).

1) Dieses zeigt Ulrich Tengler Layenspiegel Th. I. Tit. Von aigenschafft etlicher güter, Statutenbuch von 1572. Fol. 108 b.

2) Statutenbuch von 1572. Fol. 87 b. Dieweil aber Kauffleut, Handtierer, Krämer, und andere dergleichen Händler, der mehrer theil, ire narung in farender habe zu kauffen und zu verkauffen haben, — So ist in Reichsstätten gemeinlich verordnet, daß solche Güter und Gelt zum kauffhandel verordnet für ligend Gut geacht und gehalten werden.

weglich. Wo sie aber so classificirt werden müssen, sind die Rechte, welche Zubehör eines Grundstückes oder die wesentlich auf ein Grundstück gerichtet sind, zum Immobilarvermögen zu rechnen, wie die Vindication oder der Ususfructus eines Grundstückes, oder eine auf ein Grundstück radicirte Rente [3]). Hingegen eine Capitalforderung gehört zum Mobilarvermögen, wenn sie auch durch eine Hypothek versichert ist. Daß im alten Recht die Saat auf dem Felde zu den beweglichen Sachen gerechnet wurde [4]), beruht auf einer irrigen Auffassung und Ausdrucksweise [5]). Aehnlich verhält es sich mit den Gebäuden [6]).

II. Uebersicht der Rechte an Sachen.

116. Die Unterscheidung von Rechten, die unmittelbar an einer Sache zustehen, war schon im älteren deutschen Recht entwickelt, nicht blos beim Eigenthum, sondern auch bei gewissen Rechten an einer fremden Sache, und dafür wurde der Ausdruck, Gewere, gebraucht [1]). Bei der Reception des römischen Rechts hat man jedoch eine Verschmelzung desselben mit dem deutschen Recht nicht versucht, sondern dieses ganz und gar aufgegeben

---

3) Statutenbuch von 1572. Fol. 87 b. Alle ligende Güter, die seien gründtlich odder zu einem widerkauff verkaufft, oder zu erbrechten bestanden, alle ewige Zinß und Renten, auch widerkauffs Gülten, werden gemeinlich für ligend Gut geacht.

4) Ulrich Tengler Th. I. Tit. Von farender hab. Item der steend getraid und ander frücht auff dem velde, auch obs das auff den baumen unnd die Weintrauben an den stöcken, werden an meer enden gewondlich für farende hab geschätzt und gehalten.

5) Die Deutschen gaben bei der Auflösung eines Benutzungsverhältnisses dem, der den Boden bestellt hatte, auch das Recht, die Früchte zu ziehen, Deutsche Rechtsgeschichte §. 501. 507. Dieses Recht wurde in Erbverhältnissen zum beweglichen Vermögen gerechnet, und dieses dann auf die Früchte selbst übertragen. Allein von dem Recht, die Früchte zu trennen und beweglich zu machen, gilt kein Schluß auf ihre Qualität, so lange sie noch nicht getrennt sind.

6) Das deutsche Recht gestattete in mehreren Fällen das auf einem fremden Boden errichtete gezimmerte Gebäude abzubrechen und wegzuführen, wenn sich der Herr des Bodens nicht darüber verglich, Deutsche Rechtsgeschichte §. 507. Von dem Recht, Gebäude zu trennen und beweglich zu machen, hat man dann auf die Qualität der Gebäude selbst einen falschen Schluß gezogen. Auch das römische Recht gestattete in gewissen Fällen ein ius tollendi. Wollte man daraus schließen, daß dann die Gebäude zu den Mobilien gehört hätten?

1) Die Beweise giebt meine Deutsche Rechtsgeschichte §. 493. 500.

und das römische Sachenrecht an die Stelle gesetzt[2]). Die Rechte an fremden Sachen sind aber nicht nothwendig auf die vier Formen des römischen Rechts beschränkt, sondern bei der Entwicklung des deutschen Rechts haben das practische Bedürfniß und die wissenschaftliche Consequenz dazu geführt, auch noch mit anderen Rechtsverhältnissen, wobei zwischen zwei Personen ein Grundstück in der Mitte steht, dem Berechtigten eine Klage gegen jeden dritten Inhaber des Grundstückes beizulegen, und so dessen Recht zu einem unmittelbaren Recht an der Sache zu machen. Dieses ist der Fall beim Recht des Vasallen am Lehngute, wovon hier nicht zu reden ist, beim Recht des Bauern an gewissen Arten verliehener Bauergüter, wie im Bauernrecht vorkommen wird, und bei den sogenannten Reallasten. Eine eigenthümliche Klasse von Rechten an Sachen entsteht ferner aus den Hoheitsrechten und Regalien. Diese greifen jedoch nicht blos unter diesem Gesichtspunkt, sondern auch wegen der daraus hervorgehenden vielen Eigenthumsbeschränkungen in das Sachenrecht ein. Endlich ist hier auch die Einwirkung der Familienverhältnisse auf das Sachenrecht zu betrachten.

III. Von dem Eigenthum. A) Begriff desselben.

117. Das Verhältniß der vollen und ausschließlichen Herrschaft über eine Sache, die das Wesen des Eigenthums ausmacht, war vom deutschen Recht, so weit unsere Nachrichten zurückreichen, anerkannt und geschützt[1]). Zu bewußten Abstractionen und Begriffsbestimmungen über die darin enthaltenen Rechte hatte es aber die Wissenschaft noch nicht gebracht, sondern man wurde in den einzelnen Anwendungen nur vom practischen Tacte geleitet. Das römische Recht fand daher hier einen gleichartigen Stoff vor, worauf es mit seiner entwickelten Form

---

2) Dieses zeigt der Laienspiegel von Ulrich Tengler, wo Alles römisch ist, und kaum das Wort, Gewere, mehr vorkommt. Wenn man daher die Lehre von der Gewere in ein System des heutigen deutschen Rechts hineinzieht, so ist dieses eben so fehlerhaft, als wenn man das Justinianische Personenrecht nach den Begriffen von potestas, manus und mancipium abhandeln wollte.

1) Das Historische, so weit die Materialien zureichen, findet man in meiner Deutschen Rechtsgeschichte §. 486. 488. 493. 500.

ungehindert angewendet werden konnte. Unsere ganze Denkweise in der Eigenthumslehre ist daher jetzt römisch, und selbst unsere deutschen Ausdrücke sind häufig nur Uebertragungen der römischen [2]).

B) Besondere Anwendungen des Eigenthums. 1) Eigenthum an Waldungen [1]).

118. Die Waldungen sind jetzt entweder Eigenthum des Staates, oder von Gemeinden, oder von Privatpersonen. Dieses Eigenthum unterscheidet sich als solches nicht von dem Eigenthum an anderen Sachen. Besondere Erscheinungen sind dabei nur, theils daß auch an den Waldungen des Staates oder von Privaten die umliegenden Bauern einzelne Nutzungsrechte als Servituten haben, theils daß die Eigenthümer in der Benutzung ihrer Waldungen mancherlei Beschränkungen unterworfen sind, wovon unten die Rede sein wird [2]). Dieses hat sich historisch auf folgende Art entwickelt. In der ältesten Zeit waren die Waldungen der größeren Masse nach Gemeingut; andere waren Waldungen des Königs, noch andere Eigenthum von Privaten, kirchlichen Instituten und großen Grundherren. In den beiden Letztern standen die Jagd und andere große Benutzung den Eigenthümern zu; doch ließen sie den Grundholden einzelne kleinere Gerechtsame, in Beziehung auf welche diese selbst Markgenossenschaften bilden konnten. In den Waldungen der ersten Art hatten die anliegenden Gemeinden und Grundbesitzer das Jagdrecht und die Holzbenutzung. An die Eigenthumsfrage wurde dabei nicht gedacht. Daher griff hier leicht die königliche Gewalt ein. Zunächst geschah dieses so, daß die Könige sich einzelne Stücke als Bannforste zur ausschließlichen Jagdbenutzung vorbehielten, und den Betheiligten nur geringere Nutzungsrechte ließen. Dann

---

2) Zum Beispiel die Worte Dienstbarkeiten, Nießbrauch, Faustpfand. Merkwürdig ist, daß Ulrich Tengler selbst statt Eigenthum, dem römischen dominium entsprechend, das Wort Oberkeit braucht.

1) Ein gründliches Werk darüber ist: Stieglitz Geschichtliche Darstellung der Eigenthumsverhältnisse an Wald und Jagd in Deutschland von den ältesten Zeiten bis zur Ausbildung der Landeshoheit. Leipzig 1832.

2) Man sehe §. 159.

griffen in gleicher Weise die Fürsten und Landesherren um sich[3]. Endlich wurden das Bannforstrecht und die übrigen damit verbundenen Gerechtsame nach und nach als Eigenthum angesehen, und so ein großer Theil der ursprünglich gemeinen Waldungen in Staatswaldungen umgewandelt. Die Nutzungsrechte der Gemeinden oder einzelner Personen, so weit sie bestehen blieben, wurden dadurch zu Servituten.

2) Eigenthum der Corporationen und Gemeinden.

119. Das Eigenthum von Corporationen und Gemeinden ist ein gewöhnliches Eigenthum, nur mit dem Unterschied, daß das Subject desselben nicht eine physische, sondern eine aus mehreren Individuen zusammengesetzte juristische Person ist. Es ist also dabei von einem Condominium und von quoten Theilen nicht die Rede, sondern das Eigenthum ist ein gewöhnliches einfaches ungetheiltes Recht, welches nach dem Willen der juristischen Person verwaltet und veräußert wird. Wie dieser Wille gebildet und gehandhabt wird, hängt von der Verfassung der Corporation ab; im Zweifel ist anzunehmen, daß dieses nach der Mehrheit der Stimmen geschehe[1]. In Beziehung auf die Benutzung solcher Güter, insbesondere der Gemeindegüter, sind drei Formen möglich[2]. Bei Einigen haben die einzelnen Mitglieder davon keinen unmittelbaren Vortheil, sondern die Güter werden ausgethan und die Einkünfte in die gemeinschaftliche Kasse gezogen; so bei den städtischen Kämmereigütern. Andere sind dem öffentlichen Gebrauche bestimmt, wie die Communalwege, Märkte, Brunnen[3]. Noch Andere sind solche, deren Nutzungen unmittelbar den einzelnen Mitgliedern zu Gute kommen; so namentlich die Waldungen und Weiden, die Allmenden sind[4]. Dieses ge-

---

3) Die Beweise für diesen Hergang giebt meine Deutsche Rechtsgeschichte §. 517. 518.

1) Man sehe oben §. 83.

2) Man sehe J. Weiske über Gemeindegüter und deren Benutzung. Leipzig 1849.

3) §. 6. J. de rer. divis. (2. 1).

4) Ueber deren Geschichte sehe man meine Deutsche Rechtsgeschichte §. 84. Note 13. §. 100. Note 11. §. 267. Note 4. 5. §. 278. Note 12. §. 282. Note 3.

schieht bald so, daß das Gut, zum Beispiel Waldungen, im Namen der Gemeinde verwaltet und das Holz jährlich unter die Mitglieder vertheilt wird; bald so, daß die Benutzung nach Loosen oder Familien verliehen wird [5]); endlich so, daß Alle zusammen ihre Nutzungsrechte unmittelbar ausüben können. Es ist auch möglich, daß solche unmittelbaren Nutzungsrechte nicht allen Mitgliedern ohne Unterschied, sondern einem engern Kreise unter denselben, namentlich nur den Besitzern bestimmter Höfe, nach Portionen der Größe des Hofes zustehen, welche man dann die Realgemeinde nennt [6]). Dieses sind dann Einzelrechte (iura singulorum), die an dem Vermögen der Gemeinde zustehen, und zum Theil nach der Analogie der Servituten zu beurtheilen sind [7]). Es können auch die Einzelberechtigten mit ihrer Allmende in der Gemeinde eine besondere Corporation bilden. Historisch sind solche Verhältnisse häufig aus den Markgenossenschaften entstanden [8]), indem die Mark, wenn sie nicht Eigenthum des Grundherrn war und blieb, Gemeindevermögen wurde, die alten Genossen aber im Gegensatz gegen neue Ansiedler für ihre Höfe ihr besonderes Nutzungsrecht (Echtwort, Wahre) am Gemeindegut festhielten [9]).

120. Nach den staatswirthschaftlichen Ansichten der Neuzeit ist häufig eine Vertheilung der Gemeindegüter in Anregung gebracht worden, weil man davon eine Steigerung des Bodenertrages erwartet. Der juristische Gesichtspunkt dabei ist der einer Veräußerung des Gemeindegutes an die einzelnen Mitglieder. Daraus folgt, daß der Beschluß der Vertheilung unter denselben Bedingungen wie der einer anderen Veräußerung gefaßt werden kann [1]). Irrig ist daher, wenn man dazu Einhelligkeit der Stim-

5) Maurenbrecher I. §. 171.

6) Bitzer die Realgemeinderechte, ihre Entstehung und Stellung in der Gegenwart. Stuttgart 1844., Renaud die Gemeindenutzungen, insbesondere die Realgemeinderechte (Reyscher Zeitschrift IX. 1845. S. 1—100), Römer über die rechtliche Natur der Realgemeinden und Realgemeinderechte (Reyscher Zeitschrift XIII. 1851. S. 94—124).

7) Gut behandelt diese Frage Renaud (Note 6) S. 95—100.

8) Ueber diese sehe man die Nachweisungen in meiner Deutschen Rechtsgeschichte §. 280.

9) Gute Nachweisungen darüber findet man bei Duncker Gesammteigenthum §. 17. 18. 19., Renaud (Note 6) S. 10—64.

1) So sagt auch Eichhorn §. 371., Maurenbrecher I. §. 372., Puchta in Weiske Rechtslexikon III. 78., Brackenhoeft in Weiske Rechtslexikon IV. 537.

men verlangt [2]), oder wenn man, von der falschen Theorie eines Condominium ausgehend, Jedem das Recht giebt die Theilung zu fordern [3]). Eine Ausnahme ist jedoch zu machen, wo gewisse Personen Einzelrechte an dem Gemeindegut haben, indem dann ohne ihre Zustimmung oder Verzichtleistung keine Theilung beschlossen werden kann [4]). Eine andere Frage ist, nach welchem Verhältniß getheilt werden soll? Augenscheinlich ist es der Sache am angemessensten, daß das, was Jeder an Eigenthum erhält, dem Werth seiner Nutzungsrechte oder Gemeindeberechtigungen entspreche, und daher deren Verhältniß zum Grunde gelegt werde [5]). Andere dagegen wollen Kopftheile gemacht wissen [6]). In so fern aber bei diesem Gegenstand ein öffentliches Interesse, das der Landescultur, mit verbunden ist, haben die Particulargesetze häufig geglaubt, von den Grundsätzen des strengen Rechts abgehen zu dürfen, indem sie selbst der Minorität das Recht gaben, Theilungen zu erzwingen, die Inhaber von Einzelrechten nöthigten, gegen Entschädigung in die Theilung zu willigen, und zur Leitung dieser Angelegenheiten besondere Theilungscommissarien ernannten, wodurch dieselben zum Theil zu Verwaltungssachen gemacht wurden.

121. Verschieden von dieser Frage ist die, wie es mit dem Vermögen werden soll, wenn die Corporation selbst aufhört? Zunächst kommt es auf deren Beschluß an, indem sie nicht verhindert werden kann, ihr Vermögen an ihre Mitglieder zu veräußern und zu vertheilen. Wenn sie dieses aber nicht gethan hat, so muß ihr Vermögen als derelinquirt und als vacantes Gut angesehen, und dem Fiscus zugesprochen werden [1]).

---

2) So Runde Beiträge zur Erörterung rechtlicher Gegenstände I. Nr. 1.

3) So Krüll Prüfung einzelner Theile des bürgerl. Rechts II. Nr. 1.

4) Gaudlitz (Haubold) de finibus inter ius singulorum et universitatis regundis. Lipsiae 1804. 4. — Dieser Ansicht folgen auch Eichhorn §. 370., Beseler System I. §. 69., Gerber §. 51.

5) So sagen nach Runde und Gaudlitz auch Eichhorn §. 371., Maurenbrecher I. §. 172., Brackenhoeft bei Weiske Rechtslexikon IV. 539., Gerber §. 51.

6) So Thibaut Civil. Abhandl. Nr. 18., Mittermaier I. §. 130.

1) So sagen auch Puchta in Weiske Rechtslexikon III. 73. 74., Brackenhoeft eben daselbst IV. 540., Pfeifer Jurist. Personen S. 106., Beseler System I. §. 69, Bluntschli Privatr. I. §. 43.

3) Von dem angeblichen Gesammteigenthum [1]).

122. Die deutschen Juristen des siebzehnten und achtzehnten Jahrhunderts haben in die Eigenthumslehre eine besondere Art eingeführt, die sie das Gesammteigenthum nennen. Dieses soll darin bestehen, daß Mehrere zum Eigenthum an einer Sache so concurriren, daß Jeder ein Recht auf das Ganze habe. Es soll daher nicht ein condominium pro diviso oder indiviso, sondern ein condominium in solidum sein. Diesen Begriff hat man namentlich der Markgenossenschaft, der Ganerbschaft, der ehelichen Gütergemeinschaft und noch einigen anderen Verhältnissen untergelegt. Offenbar liegt aber in jenem Begriffe und selbst schon im Ausdrucke ein unauflöslicher logischer Widerspruch [2]). Andere haben, wenn auch nicht jenen Ausdruck, doch aber den Begriff aufrecht erhalten wollen [3]), und diesen mit dem eben so unklaren Begriff von deutschrechtlichen Genossenschaften in Verbindung gebracht [4]). Allein es ist ihnen eben so wenig gelungen, denselben zur logischen Klarheit zu bringen [5]), und die Rechtsverhältnisse, die man zu dessen Beweise anführt, sind auf viel einfachere Begriffe zurückzuführen [6]). Es ist daher der Begriff

---

1) Eine ausgezeichnete Schrift darüber ist: Duncker das Gesammteigenthum. Marburg 1843.

2) Soll jener Ausdruck wirklich heißen, daß Jeder die Sache ganz habe, so schließt er eben dadurch den Begriff von condominium aus. Soll er heißen, daß die Mehreren zusammen ein solidum, eine Einheit, bilden, so läuft er auf den Begriff der juristischen Person hinaus; dann aber ist das Eigenthum bei dieser, und bei den einzelnen Mitgliedern ist von Eigenthum, also auch von condominium, nicht die Rede (§. 119).

3) So Phillips Privatrecht I. §. 85. 86., Beseler Erbverträge I. 73—88., System II. §. 83., Bluntschli Rechtsgeschichte von Zürich I. §. 19., Deutsches Privatr. I. §. 58. 59.

4) Man sehe darüber §. 84. Note 6.

5) Man sehe darüber auch Thöl Volksrecht S. 48—61. — Beseler I. 77. sagt mit einem aus Duncker Gesammteigenthum S. 211. entlehnten Ausdrucke, „daß die Institute eines nationalen Rechts sich nicht ausgebildet haben, um „einer logischen Regel zu genügen." Dieses stellt aber die Frage unter einen falschen Gesichtspunkt. Es handelt sich hier darum, Institute, die sich noch nicht zu einem bewußten Grundgedanken ausgebildet hatten, ihren überlieferten factischen Elementen gemäß wissenschaftlich zu formuliren, und ihnen den correcten logischen Ausdruck zu verleihen. So verfährt ja auch Beseler selbst mit den Erbverträgen, wobei er den überlieferten Stoff in eine ausgebildete wissenschaftliche Theorie, also unter logische Regeln, zu bringen sucht.

6) Dieses hat Duncker im Einzelnen nachgewiesen.

wie der Ausdruck, Gesammteigenthum, ganz aus dem deutschen Recht zu verbannen [7]).

4) Eigenthum an geistigen Erzeugnissen [1]).

123. An geistigen Erzeugnissen, wissenschaftlichen oder künstlerischen, tritt ein besonderes Verhältniß ein. Von dem Eigenthum einer Idee kann, wie auch der Sprachgebrauch bezeugt, in so fern die Rede sein, als man dieselbe erzeugt hat, oder, wie man sagt, deren Autor ist; ferner in so fern als man Herr ist, dieselbe mitzutheilen oder für sich zu behalten, und im zweiten Falle, wie bei Erfindung eines Fabricates, auch allen Nutzen davon zu ziehen, der ohne deren Veröffentlichung davon gezogen werden kann. Wenn man sie aber mitgetheilt hat, so bleibt zwar die nachweisliche Autorschaft bestehen; allein der Begriff von Eigenthum als einem fortdauernden ausschließlichen Besitzrecht hört auf, weil eine mitgetheilte Idee ihrer Natur nach zum Gemeingut gemacht ist. Andererseits ist es jedoch gewiß, daß die Autorschaft, auch nach der Mittheilung der Idee, nicht ein bloßer Name ist, sondern, wenn auch kein Eigenthumsverhältniß, doch aber andere Vortheile erzeugen kann, die positiv geschützt werden können. Diese Vortheile sind doppelter Art: einmal die wissenschaftliche oder künstlerische Ehre; dann der pecuniaire Gewinn, der aus der Veröffentlichung und Verbreitung der producirten Idee gezogen werden kann. Die Frage für das positive Recht ist also die, wie weit dasselbe die Ansprüche des Autors auf die aus der Erzeugung und Veröffentlichung seiner Idee ihm entspringenden Vortheile zu schützen im Stande und verpflichtet sei. Hier ist aber zu unterscheiden. I. Ist die Idee durch Rede oder Schrift mitgetheilt, so kann zwar Jeder dieselbe in sich aufnehmen und mit seinem Geistesleben verbinden. Wer sie

7) So sagen auch Mittermaier I. §. 155., Maurenbrecher I. §. 211. 212., Gerber §. 77.

1) Hieher gehören: Kramer die Rechte der Schriftsteller und Verleger. Heidelberg 1827., Renouard traité des droits d'auteurs. Paris 1838. 2 vol., Weiske Rechtslexikon IV. 170—197., Jolly die Lehre vom Nachdruck. Heidelberg 1852., Bluntschli Privatrecht. I. §. 46 — 50. Eine Beurtheilung der Werke von Renouard und Jolly giebt Bluntschli in der Münchener Kritischen Ueberschau. Bd. I. 1853. S. 1—26. — Es fehlt aber doch noch sehr an klaren Begriffsbestimmungen.

sich aber so aneignet, daß er dieselbe als die seinige wiedergiebt, verletzt dabei unbestreitbar die auch nach der ursprünglichen Mittheilung noch fortbestehende Qualität der Autorschaft. Doch kann das äußere Recht dagegen keine Hülfe gewähren. Erstens weil der Werth der Urheberschaft in der wissenschaftlichen Ehre besteht, die keiner Schätzung fähig ist. Zweitens weil eine einmal bekannt gewordene Idee nicht wie eine körperliche Sache in das ausschließliche Recht ihres Urhebers zurückgebracht werden kann, also eine Vindication nicht denkbar ist. Drittens, weil der Beweis der Aneignung nicht mit specifischer Gewißheit zu führen möglich ist, indem der Andere dieselbe Idee aus eigener Kraft producirt haben kann. Da demnach vom Gericht keine Hülfe möglich ist, so ist der Urheber auf Selbsthülfe angewiesen, indem er das Plagiat nachweist und den Anderen der litterärischen Unehre Preis giebt. Juristisch kann dann sein Recht als exceptio veritatis gegen dessen etwaige Injurienklage geltend gemacht werden. Dasselbe Resultat wird eintreten, wenn der Andere die Idee des Urhebers unter dessen Namen veröffentlicht. Hier fällt der Vorwurf unrechtmäßiger Aneignung weg, und das Unrecht besteht nur darin, daß Jener die Idee ohne die Zustimmung des Urhebers in weiteren Kreisen bekannt gemacht hat, was an und für sich, wenn nicht Anderes concurrirt, zu keiner Klage berechtigt, weil es nicht rückgängig gemacht und ein Vermögensersatz nicht begründet werden kann. Dem Urheber bleibt daher nichts übrig, als seine wissenschaftliche Ehre zu wahren, wenn die Veröffentlichung verfrüht, oder unvollständig geschehen ist. II. Ist die Idee als wissenschaftliche Arbeit zu Papier gebracht, so steht dieses Werk in dem wahren körperlichen Eigenthum des Urhebers. Es kann daher nach einer Entwendung vindicirt oder mit einer Diebstahlsklage verfolgt werden. Wird es von dem Andern, gleichviel ob unter seinem eigenen Namen oder unter dem Namen des Urhebers, veröffentlicht, so kann Letzterer unstreitig den daraus gemachten Gewinn als eine aus seinem angemaßten Eigenthum gewonnene Frucht in Anspruch nehmen [2]).

---

2) C. 22. C. de rei vind. (3. 32).

Gegen den Verleger in gutem Glauben kann aber nicht geklagt werden [3]), außer wenn er eine neue Auflage veranstalten will. III. Veröffentlicht der Urheber selbst sein Werk durch den Druck, so hat er dadurch das geistige Recht, das ihm als Urheber an seinen Gedanken zusteht, nicht verloren, und es kann daran noch immer ein Plagiat mit den obigen Wirkungen begangen werden. Wohl aber hat er seine Gedanken und sein Werk dem allgemeinsten Gebrauch und der Verbreitung übergeben, und es handelt derjenige in seinem Sinne, der durch Vorlesen, Abschreiben, Beurtheilung und Auszüge dazu mitwirkt. Ob dieses aber auch durch Nachdruck geschehen könne, hängt von der Frage ab, ob der Producent eines Geisteswerkes, nachdem er selbst dasselbe durch den Druck der Oeffentlichkeit übergeben, doch ein so ausschließliches Recht auf dessen Vervielfältigung durch den Druck erworben oder behalten habe, daß er Anderen, in dieser gewerblichen Thätigkeit mit ihm zu concurriren, untersagen könne. Diese Frage ist aber augenscheinlich keine Frage der Respectirung des Eigenthums; sie berührt darüber hinaus die natürliche Freiheit der menschlichen Handlungen, und gehört daher unter einen anderen Gesichtspunkt.

C) Klagen aus dem Eigenthum.

124. Die Deutschen haben sehr wohl erkannt, daß der Schutz des Eigenthums durch das Volksrecht in der damit verbundenen Klage gegen Dritte bestände. Bei Grundstücken hatte diese alle Eigenschaften einer dinglichen Klage; nur die Beweisführung war anders, wie im römischen Recht [1]). Daher hat die römische Vindication ganz deren Stelle einnehmen können. Die Verfolgung beweglicher Sachen beruhte dagegen auf eigenthümlichen Ansichten, die sich in Bruchstücken bis in die heutigen Rechte erhalten haben. Man gieng nämlich blos von der Billigkeitsansicht aus, daß wenn ein Eigenthümer seine Sache vom dritten Erwerber zurückforderte, derjenige den Schaden tragen sollte, der sich die größere Unvorsichtigkeit vorzuwerfen hätte. Demgemäß

---

3) §. 35. J. de rer. divis. (2. 1), fr. 48. pr. D. de acquir. rer. domin. (41. 1).

1) Man sehe meine Deutsche Rechtsgeschichte §. 501. 641. 643. 644.

unterschied man zwei Fälle. Behauptete der Kläger, daß ihm die Sache durch Diebstahl oder Raub oder auf ähnliche Weise entkommen sei, was Klage mit Anfang hieß, und konnte er dieses wahr machen: so mußte der Beklagte die Sache herausgeben, weil er sich an seinem Gewährsmann erholen konnte, oder es sich selbst beizumessen hatte, wenn er von einem unzuverlässigen oder unbekannten Gewährsmann kaufte. Behauptete dagegen der Kläger, daß er die Sache einem Zweiten geliehen, versetzt oder deponirt habe und daß durch diesen die Veruntreuung geschehen sein müsse: so brauchte der Beklagte die Sache nicht herauszugeben, weil sich der Kläger es selbst beizumessen hätte, wenn er die Sache in eine untreue Hand gelegt hätte. „Hand „muß Hand wahren; wo man seinen Glauben verloren hat, „muß man ihn wiedersuchen" [2]). Diese Rechtsansicht findet sich in manchen Statutarrechten noch jetzt. Der leitende Gesichtspunkt muß dann der sein, ob der Kläger sich bei der Wahl oder Beaufsichtigung der zweiten Hand eine Unvorsichtigkeit zu Schulden kommen ließ. Die Regel greift also auch dann noch ein, wenn er die Sache beim Zweiten, der sie veruntreute, in einer Feuers- oder Wassersnoth deponirt hat; ferner wenn er dieselbe verkaufte und voreilig vor Empfang des Kaufgeldes tradirt, und der Käufer sie weiter veräußert; desgleichen wenn ein Vormund Sachen des Mündels veruntreut hat. Da aber die ganze Ansicht nur auf allgemeiner Billigkeit beruht, so haben manche Statutarrechte noch andere dazu passende Billigkeitsrücksichten hinzugefügt, zum Beispiel daß der Beklagte nur dann geschützt ist, wenn er in gutem Glauben erworben hat [3]), oder daß der Kläger doch zurückfordern kann, wenn er dem Beklagten sein ausgelegtes Geld ersetzt [4]). Nicht anwendbar ist aber die Regel auf Sachen, die durch das Gesinde veruntreut werden, weil das, was man unter den Händen des Gesindes läßt, doch im Hause und im eigenen

2) Die Beweise für diese Darstellung, die von der gewöhnlichen ganz abweicht, findet man in meiner Deutschen Rechtsgeschichte §. 502—506. 642. 645. 646.

3) So sagt das Hamb. Stadtrecht von 1605. II. 2. §. 7., Oesterr. Gesetzb. §. 367. 368.

4) So sagt das Lüb. Recht III. 2. §. 1. 2.

Besitze bleibt, eine Veruntreuung also dem directen Diebstahl gleich steht [5]).

125. Die Klage mit Anfang hat sich aber als solche nicht erhalten, sondern ist schon früh mit der römischen Vindication verschmolzen worden [1]). Sie hatte in der That mit dieser das gemein, daß sie auch gegen jeden Besitzer gerichtet ist; die Vindication aber mit ihr, daß bei derselben die Hauptanwendung auf entwendete Sachen geht. Doch ist das römische Princip in den Particularrechten oft wesentlich modificirt. Im französischen Recht ist die Vindication nur auf gestohlene und verlorene Sachen beschränkt, so daß sich darin materiell die Klage mit Anfang wiederfindet [2]). Im preußischen Recht ist sie zwar überhaupt zugelassen; allein nur der unredliche oder verdächtige Besitzer muß unentgeltlich zurückgeben, der redliche Besitzer nur gegen Erstattung des Kaufpreises [3]). Besonders stark hat aber in den neuen Particularrechten die Rücksicht gewirkt, daß der Handel und Wandel häufig leiden könnten, wenn ein Käufer der Gefahr der Vindication ausgesetzt bleibe. Daher hat man die Vindication ganz abgeschnitten, wenn die verfolgte Sache über See und Sand gekommen und vom Beklagten durch Kauf an sich gebracht [4]), oder auf einem Markte, oder in einer Versteigerung oder in einem Kaufladen erstanden worden sei [5]). In Ermanglung besonderer Bestimmungen hat man sich aber an das römische Recht zu halten.

---

5) So sagte schon das alte Recht, Deutsche Rechtsgeschichte §. 504. Note 1. Eben so das Lüb. Recht III. 6. §. 5., Hamb. Stadtr. von 1605. II. 9. §. 7.

1) Man sehe meine Deutsche Rechtsgeschichte §. 503. Note 5. 6.

2) Französ. Gesetzb. Art. 2279.

3) Preuß. Landr. I. 15. §. 17—19. 24—26. 34. 37—41.

4) Hamb. Stadtr. von 1605. II. 19. §. 2. 3., Lüb. Recht VI. 5. §. 4. Ursprünglich schützte jener Umstand nur gegen die Diebesbuße; die Sache selbst mußte man aber lassen, Deutsche Rechtsgesch. §. 502. Note 9. Aber schon früh wurde dieses im angegebenen Sinne erweitert, Hamb. Stadtr. von 1270. VII. 9.

5) Preuß. Landr. I. 15. §. 42—44., Oesterr. Gesetzb. §. 367. 368. Das Französ. Gesetzb. §. 2280. läßt auch dann die Vindication zu, aber nur gegen Erstattung des Kaufpreises. Ursprünglich machte der Ankauf auf einem öffentlichen Markte nur von der Diebesbuße frei; die Sache mußte man aber herausgeben, Deutsche Rechtsgeschichte §. 502. Note 8.

D) Erwerbarten des Eigenthums. 1) Erwerbarten erster Hand.

126. Die sogenannten originären Erwerbarten waren dem deutschen Rechte sehr wohl bekannt; auf eine systematische Zusammenstellung kam man aber erst durch das römische Recht[1]). I. Occupation herrenloser Sachen oder „Begreiffen eines dings, „das sonst nyemandts besonders zugehörig ist." Dazu gehören: 1) Wilde Thiere, Vögel, Fische. Daß daran als an herrenlosen Dingen durch die bloße Thatsache der Occupation das Eigenthum erworben werde, liegt in der Natur der Sache und gilt auch noch jetzt[2]). Ob die Occupation von einem dazu Befugten oder Unbefugten geschah, darauf kommt für den dinglichen Gesichtspunkt nichts an[3]). Allerdings kann im zweiten Falle der Occupant nach Umständen mit einer persönlichen Klage auf Strafe belangt werden, und dieses kann auch zur Herausgabe des erlegten Wildes führen[4]). Man muß daher zwei Gesichtspunkte wohl unterscheiden: die Occupation an sich, und das Recht zur Occupation. Von diesem wird beim Jagd- und Fischereirecht die Rede sein. 2) Verlorene Sachen können nach altem Herkommen[5]) nicht eher als herrnlos angesehen werden, als bis der Finder das Seinige gethan hat, um den Eigenthümer ausfindig zu machen und dieses ohne Erfolg geblieben ist[6]). Bei Schätzen bildet jetzt[7]) das römische Recht das gemeine Recht[8]). 3) Die in einem schiffbaren Flusse entstehende Insel gehört seit dem im Mittelalter gebildeten Reichsrecht dem Fiscus[9]), und die Grundsätze

---

1) Man sieht dieses aus Ulrich Tengler Layenspiegel Th. I., Statutenbuch von 1572. Fol. 109—113. Hier ist die Darstellung wörtlich römisch. Doch finden sich dazwischen eigene Sätze aus dem deutschen Recht.

2) Das alte Recht zeigt meine Deutsche Rechtsgeschichte §. 508.

3) So sagt auch Ulrich Tengler Th. I. Tit. Von jagen., Statutenbuch von 1572. Fol. 109.

4) So sagt auch das Statutenbuch von 1572. Fol. 109 b. Danach berichtigt sich die Ansicht von Gerber §. 92. Note 7., Beseler System II. §. 87. Note 15.

5) Man sehe meine Deutsche Rechtsgeschichte §. 508.

6) So bezeugt auch Ulrich Tengler Th. I. Tit. Von Jagen, Statutenbuch von 1572. Fol. 113.

7) Das ältere Recht zeigt meine Deutsche Rechtsgeschichte §. 508.

8) Dieses zeigt Ulrich Tengler Th. I. Tit. Von gefunden schätzen, Statutenbuch von 1572. Fol. 112.

9) Die Beweisstelle giebt meine Deutsche Rechtsgeschichte §. 508.

des römischen Rechts sind nun auf die nicht schiffbaren Flüsse beschränkt. II. Ueber den Eigenthumserwerb an Früchten sind, wie im römischen Recht, drei Fälle zu unterscheiden. Wer als Eigenthümer des Bodens Früchte producirt, macht auch diese zu seinem Eigenthum. Die Modification, daß die überfallenden oder überhängenden Früchte dem Nachbarn gehörten [10], hat sich gegen das römische Recht nicht behauptet [11], und besteht nur noch particularrechtlich [12]. Wer als Pächter oder kraft eines andern zweiseitigen Verhältnisses aus dem Boden eines Andern Früchte producirt, macht dieselben durch Perception zu seinem Eigenthum. Früher bestand dabei allgemein der Rechtsgebrauch, daß, wenn bei der Auflösung des Rechtsverhältnisses der größte Theil der Arbeit bereits geschehen war, die Früchte als verdient angesehen und das Rechtsverhältniß daher bis zur Erndte fortgesetzt wurde [13]. „Wer säet der mähet." Dieser Grundsatz ist aber durch das römische Recht verdrängt worden, und gilt nur noch particularrechtlich, namentlich im sächsischen Recht. Endlich wer Frucht aus einem Acker erzeugt, der zwar nicht sein eigener ist, den er aber in gutem Glauben dafür hält, erwirbt auch an den separirten Früchten den Besitz in gutem Glauben mit dessen rechtlichen Wirkungen. Hinsichtlich der Früchte, die bei der Anstellung der Klage noch hängen, folgte das deutsche Recht ebenfalls der obigen Ansicht [14], und wo dieselbe particularrechtlich noch gilt, muß man sie auch in dieser Anwendung festhalten. III. Das auf fremdem Boden errichtete Gebäude sprach das römische Recht in der Regel dem Herrn des Bodens zu, gab aber daneben einen persönlichen Anspruch auf Entschädigung, und ausnahmsweise selbst ein Recht auf Wegnahme. Das deutsche Recht dagegen gestattete die Wegnahme weit häufiger, was freilich prac-

---

10) Merkwürdig ist, daß Ulrich Tengler Th. I. Tit. Von Grieß werden, Statutenbuch von 1572. Fol. 111. diese Lehre rein nach dem römischen Recht vortragen.

11) Dieses zeigt das Statutenbuch von 1572. Fol. 109b., wo ganz das römische Recht vorgetragen wird.

12) So im Preuß. Landr. I. 9. §. 287—292., Oesterr. Gesetzb. §. 422.

13) Ueber die Gründe sehe man meine Deutsche Rechtsgeschichte §. 507.

14) Die Beweise giebt meine Deutsche Rechtsgeschichte §. 501.

tisch wohl meistens zu einem Vergleich über Entschädigung hinführte[15]). Jetzt ist das römische Princip das herrschende[16]).

2) Erwerb durch ein zweiseitiges Geschäft.

127. Für die Eigenthumsübertragung an Mobilien kommt jetzt insgemein das römische Recht zur Anwendung. Die der Grundstücke geschah in der ältesten Zeit gewöhnlich vor Zeugen durch Resignation oder Auflassung des Eigenthums und Uebertragung (traditio) desselben an den Erwerber vermittelst gewisser Symbole, worauf die Einweisung in den Besitz (vestitura) beim Grundstücke selbst folgte. Später wurde die Auflassung allgemein im öffentlichen Gericht vorgenommen, und, als die Gerichtsbücher aufkamen, auch in das Gerichtsbuch eingetragen[1]). Durch das römische Recht kam zwar die Einrichtung in Verfall, erhielt sich aber doch besonders in den Städten, und wurde in neuerer Zeit wegen ihres mannichfaltigen Nutzens an vielen Orten wieder hergestellt. Wo dabei das germanische Recht in seiner Reinheit besteht, ist der leitende Grundsatz der, daß das Eigenthum nicht eher auf den Erwerber übergeht, als bis der Erwerbtitel in das Gerichtsbuch eingetragen und das Eigenthum auf den Namen des neuen Erwerbers umgeschrieben worden ist[2]). Die vom Veräußerer nach dem Verkauf aber vor der Umschreibung auf das Grundstück noch gelegten Servituten oder Hypotheken sind also für den Dritten gültig, und der Käufer hat gegen den Verkäufer nur einen persönlichen Anspruch auf Ersatz. Desgleichen folgt daraus, daß, wenn das Grundstück zu verschiedenen Zeiten an Mehrere verkauft wurde, derjenige vorgeht, auf dessen Namen umgeschrieben ist, selbst wenn ein Anderer früher tradirt erhalten hätte[3]). Doch sind der Verkauf und die Tradition ohne die Umschreibung auch gegen Dritte nicht ganz ohne rechtliche

---

15) Man sehe meine Deutsche Rechtsgeschichte §. 507.

16) Dieses zeigt das Statutenbuch von 1572. Fol. 111 b.

1) Die Beweise darüber gegen mancherlei irrige Meinungen, namentlich die von Eichhorn und Albrecht, giebt genau aus den Quellen meine Deutsche Rechtsgeschichte §. 509—512.

2) Dieses ist das Princip des Oesterr. Gesetzbuches §. 431. 444. 1499.

3) Zeugnisse geben Mittermaier I. §. 161., Maurenbrecher I. §. 225.

Wirkung, und müssen wenigstens die Vortheile des Besitzes in gutem Glauben genießen. Der Empfänger hat also die actio Publiciana gegen Jeden, der aus schwächeren Gründen besitzt; desgleichen die actio negatoria utilis gegen eine behauptete Beschränkung; auch hat er dadurch einen Usucapionsbesitz, der zur Verjährung führt [4]). Um so mehr sind die Wirksamkeit des Vertrages als solchen und die daraus fließenden persönlichen Verhältnisse zwischen dem Verkäufer und dem Käufer von der Umschreibung unabhängig. Dieses zeigt sich darin, daß die Gefahr schon gleich nach geschlossenem Kaufe auf den Käufer übergeht, daß aus dem Kaufe auf Vollziehung der Auflassung geklagt werden [5]), und daß, wenn der alte Eigenthümer das Grundstück nach geschehener Tradition aber vor vollzogener Auflassung vindiciren will, ihm die exceptio rei venditae et traditae entgegengestellt werden kann. Uebrigens ist zu bemerken, daß die Umschreibung das materielle Recht nicht ändern kann; sie ist daher ohne Wirkung, wenn der Veräußerer kein Eigenthum übertragen konnte [6]).

128. Statt dieser Auffassung ist auch eine andere denkbar, Man kann nämlich mit dem römischen Recht annehmen, daß das Eigenthum schon durch Vertrag und Uebergabe erworben werde, daß aber in allen Beziehungen zu Dritten nur derjenige als Eigenthümer gelte, der als solcher in das Grund- oder Hypothekenbuch eingetragen sei [1]). Diese Ansicht fällt in den Consequenzen größtentheils mit der vorigen zusammen. Manche Statutarrechte aber haben gemeint, ganz ohne die Eintragung in ein Gerichtsbuch fertig werden zu können, wenn durch die gerichtliche Confirmation und Ausfertigung des Veräußerungsvertrages für die gehörige Publicität desselben und die Gewißheit des Datums gesorgt, und dadurch Unterschleifen vorgebeugt sei. Einige haben

---

4) Ohne Grund wollen Manche dieses blos für das sächsische Recht gelten lassen; so Mittermaier I. §. 161., Gerber §. 89. Note 17., Beseler System II. §. 88. Note 13.

5) Fr. 11. §. 2. D. de act. emti (19. 1).

6) Zeugnisse giebt Maurenbrecher I. §. 225.

1) Dieses ist das Princip des Preuß. Landr. I. 10. §. 1—20. Aehnlich ist das Würtemb. Pfandgesetz von 1825 und das Pfandentwicklungsgesetz von 1828. Man sehe dazu Wächter Erörterungen Nr. VII.

dieses dem deutschen Princip in der Art genähert, daß durch die gerichtliche Bestätigung des Vertrags das Eigenthum übertragen wird; sie sind aber darin eigenthümlich, daß ohne die Bestätigung auch der Vertrag als solcher nichtig ist [2]). Andere behandeln die Bestätigung blos als Bedingung der Gültigkeit des Vertrags; hinsichtlich des Eigenthumsübergangs halten sie sich an die Grundsätze des römischen Rechts; oder wenn sie auch die gerichtliche Eintragung des Titels vorschreiben, so hat die Unterlassung doch nur eine Strafe zur Folge [3]).

3) Erwerb durch Ersitzung.

129. Ueber die Verschweigung und Ersitzung des Eigenthumsrechts enthält das alte Recht nur vereinzelte Bestimmungen; Manches hieng auch mit den eigenthümlichen Grundsätzen der Procedur zusammen [1]). Daher fand hier das römische Recht eine wichtige Lücke auszufüllen [2]). Doch giebt es in den Particularrechten mancherlei Abweichungen, die aus dem deutschen Recht zu erklären sind [3]). I. Nach mehreren Stadtrechten kann ein vermittelst gerichtlicher Auflassung erworbenes Grundstück nach Jahr und Tag von denen, die ein näheres Recht darauf haben, nicht mehr verfolgt werden [4]). Dieser Satz hat sich aus den Vortheilen der nach gerichtlicher Auflassung erworbenen rechten Gewere von Jahr und Tag entwickelt [5]). Der Tag ist hier der dreifache Termin über fünfzehn Nächte, also zusammen sechs Wochen und drei Tage [6]). Ohne gerichtliche Auflassung bleibt es beim römischen Recht. II. Im sächsischen Recht findet sich bei Grundstücken eine Verjährungsfrist von dreißig Jahren und Jahr

---

2) So war es in Kurhessen, Pfeiffer Pract. Ausführ. I. Nr. 13. Daran schließt sich dort die Verordnung von 1828.

3) So in Würtemberg und Braunschweig-Lüneburg. Die Stellen stehen bei Kraut Grundriß §. 111. Nr. 8. 9. 11.

1) Man sehe meine Deutsche Rechtsgeschichte §. 513.

2) Ganz römisch sind hier Ulrich Tengler Layenspiegel Th. I. Tit. Von ersitzen nutz und gewöre etc., Statutenbuch von 1572. Fol. 115—118.

3) Auf „besondere gebräuch in Landen und Stätten" verweist auch das Statutenbuch von 1572. Fol. 118.

4) Hamb. Stadtr. von 1605 I. 30. §. 3. II. 8. §. 7., Lüb. Recht I. 8. §. 2. III. 6. §. 2. 3.

5) Dieses zeigt meine Deutsche Rechtsgeschichte §. 499.

6) Deutsche Rechtsgeschichte §. 610.

und Tag. Diese ist dadurch entstanden, daß man das, was der Sachsenspiegel blos von erblosen Gütern gesagt hatte [7]), generalisirt hat. III. Im österreichischen Recht werden Grundstücke in drei oder in dreißig Jahren ersessen, je nachdem die Umschreibung im Gerichtsbuch geschehen ist oder nicht [8]). Hierin ist auch das deutsche Recht noch sichtbar. IV. Mobilien werden im sächsischen Recht in Jahr und Tag usucapirt. Hierin ist das, was der Sachsenspiegel von erblosen oder einem Diebe abgejagten Mobilien gesagt hatte [9]), generalisirt worden [10]). V. Das römische und deutsche Recht stimmten darin überein, daß gestohlene und geraubte Sachen nicht usucapirt und jederzeit verfolgt werden konnten [11]). Grade diese Ausnahme tritt aber der Hauptanwendung entgegen, welche die Mobilarverjährung haben kann, und ist für den Handel und Wandel vorzüglich nachtheilig. Daher wurde bei Sachen, die über See und Sand gekommen, auch wenn sie gestohlen waren, wenn der Besitzer seinen redlichen Erwerb beweisen konnte, die Vindication schlechthin nicht [12]), sonst aber nach Jahr und Tag nicht mehr zugelassen [13]), und in den neuen Gesetzbüchern ist jene Ausnahme schlechthin aufgehoben [14]). VI. In den Fällen, wo schon aus anderen Gründen eine Rechtsverfolgung gegen Mobilien nicht gestattet ist, fällt die Verjährung von selbst als unnöthig weg [15]).

E) Von den gesetzlichen Beschränkungen des Eigenthums.

130. Das positive Recht muß zwar die Freiheit des Eigenthums im Ganzen möglichst beschützen; doch treten auch Fälle ein, wo dieselbe anderen Rücksichten untergeordnet und durch das

---

7) Sachsensp. I. 28. 29.
8) Oesterr. Gesetzb. §. 1467. 1468.
9) Sachsensp. I. 28. II. 31. §. 2.
10) Dieses findet sich schon in der Glosse zum Sachsensp. II. 44*. Gärtner.
11) So sagt auch das Kaiserrecht II. 90., Ulrich Tengler Th. I. Tit. Von vällen darinn verjärung nit stat habe., Statutenbuch von 1572. Fol. 115 b.
12) Man sehe §. 125. Note 4.
13) Hamb. Stadtr. von 1270. VII. 9. von 1605. II. 19. §. 3.
14) Lüb. Recht I. 8. §. 1. VI. 5. §. 5., Franz. Gesetzb. Art. 2279., Oesterr. Gesetzb. §. 1466. Etwas gemildert ist wenigstens die Ausnahme im Preuß. Landr. I. 9. §. 584—586. 648.
15) Man sehe §. 124. 125.

Gesetz selbst beschränkt werden muß. Dieses kommt schon im alten Recht vor; jetzt giebt es solcher Fälle weit mehr. Sie beruhen entweder auf der Berücksichtigung eines öffentlichen oder eines bloßen Privat-Interesse. Im zweiten Falle können sie vom Betheiligten durch Vertrag erlassen werden. So häufig solche Beschränkungen sind, so hat aber doch keine eine Vermuthung für sich, sondern diese streitet immer für die Freiheit des Eigenthums. Die Doctrin hat daher hier einen durchaus particularrechtlichen Stoff vor sich. Dieser läßt sich, abgesehen von dem, was unten in die Lehre von den Regalien gehört, auf drei Gesichtspunkte zurückführen [1]). I. Beschränkungen, kraft welcher man mit seinem Eigenthum etwas nicht thun darf. Abgesehen von der Beschränkung zu veräußern, wovon bei den Erb- und Stammgütern die Rede ist, gehören hieher folgende Fälle. 1) Nach Particularrecht [2]) ist sehr häufig die nach dem römischen Recht unbehinderte Freiheit, in seiner eigenen Mauer Fenster anzulegen, beschränkt, indem man es entweder gar nicht, oder nur unter gewissen Modalitäten darf [3]). Die Befreiung von dieser Beschränkung kann jedoch theils durch Vertrag, theils durch Verjährung erworben werden. Ist es durch Vertrag geschehen, so liegt darin von Seiten des berechtigten Nachbarn stillschweigend auch der Verzicht auf das Recht, wider das Fenster zu bauen, weil er dadurch seinen Vertrag indirect für den Anderen nutzlos machen würde [4]). Im zweiten Falle hingegen ist durch die Verjährung zwar das Recht verloren, die Anlage des Fensters zu verbieten, nicht aber auch das Recht dawider zu bauen, weil diese als eine Handlung der reinen Willensfreiheit, wenn sie nicht durch das Particularrecht beschränkt ist, durch noch so langen Nichtgebrauch nicht untergeht. 2) Anlagen, die dem Nachbarn durch Feuchtigkeit oder

---

1) Die übliche Eintheilung, je nachdem die Beschränkung an Gebäuden oder an Grundstücken Statt findet, ist nicht juristisch.

2) Statutenbuch von 1572. Fol. 132 b.

3) Eine gute Abhandlung darüber ist bei Pfeiffer Pract. Ausführ. IV. Nr. 1. Viel positives Material giebt Mittermaier I. §. 167. Falsch ist es aber, wenn er dieses unter die Rubrik, Dienstbarkeiten, stellt.

4) Dieser Grundsatz ist auch im Lübischen und Rostockischen Recht positiv anerkannt, Kamptz Mecklenb. Civilrecht §. 43.

auf andere Weise Schaden drohen, dürfen nur in einer gewissen Entfernung von dessen Eigenthum angebracht werden [5]. Aber auch dann noch bleibt man nach allgemeinen Grundsätzen für den Schaden verantwortlich, der dadurch dem Nachbarn entsteht. 3) Bäume und Zäune dürfen häufig nur in einer gewissen Entfernung vom benachbarten Grundstücke gepflanzt oder angelegt werden. 4) Beschränkungen in der Benutzung können entstehen, je nachdem Grundstücke Feldrecht, Gartenrecht, Wiesenrecht, Waldrecht haben [6]. Die Regel ist jedoch, daß man seine Grundstücke nach Belieben umwandeln kann [7]. II. Beschränkungen, die in der Verpflichtung zu leiden bestehen. 1) Der Eigenthümer eines an einem schiffbaren Flusse gelegenen Grundstückes muß über dasselbe den Leinpfad dulden. 2) Die Nachbarn müssen dem Grundeigenthümer, der nicht zu seinem Grundstücke kommen kann, gegen Entschädigung eine Wegegerechtigkeit einräumen. Als gemeinrechtlich kann dieses jedoch nicht behauptet werden [8]. 3) Ein Nachbar hat häufig gegen das benachbarte Grundstück beim Pflügen das Tret- oder Anwenderecht, beim Bauen oder Ausbessern seines Gebäudes das Hammerschlags- oder Leiterrecht. [9]. III. Beschränkungen, die mit einem positiven Thun vermischt sind. 1) Eine gemeinschaftliche Mauer muß jeder Miteigenthümer repariren helfen, widrigenfalls ist dieses als Dereliction derselben zum Vortheil des Anderen anzusehen. 2) Gebäude in Städten, die von Alter verfallen, muß der Eigenthümer bei Verlust seines Rechts an den Fiscus wieder aufrichten [10]. 3) In manchen Städten fällt sogar das Eigenthum an einem leeren Bauplatz an denjenigen, der denselben bebauen will [11].

F) Von den am Grundeigenthum hängenden besonderen Gerechtsamen.

131. Im deutschen Recht kommen häufig Verhältnisse vor,

---

5) Sachsensp. II. 51. §. 1., Statutenbuch von 1572. Fol. 130b. 132.
6) Beispiele giebt Haubold Sächs. Privatr. I. §. 360.
7) So sagt auch das Statutenbuch von 1572. Fol. 133.
8) Dieses zeigt Beseler System II. §. 91. Anderer Meinung sind Mittermaier I. §. 167., Gerber §. 86.
9) Beispiele giebt Mittermaier I. §. 167., aus dem auch Gerber §. 86. seine Citate hat.
10) Dieses erwähnt schon das Statutenbuch von 1572. Fol. 130b.
11) Ein Beispiel giebt Kamptz Mecklenb. Civilr. §. 84.

wo eine Gerechtsame an ein Grundstück ganz künstlich, ohne für dasselbe eine wesentliche Zweckbestimmung zu haben, geknüpft ist. Dieses wird ein Realrecht oder besser eine Realgerechtigkeit genannt [1]). Es giebt davon mancherlei Formen. Einige sind einfache Gutsrechte, wie die Jagd- und Fischereigerechtigkeit, die aus der Markgenossenschaft fließenden Rechte, und das einem Gute gegen andere Güter zustehende Recht auf Zehnten, Frohnden und andere Reallasten. Andere fallen in das Gewerberecht, wie die Realgewerbegerechtigkeiten, die Zwangs- und Bannrechte. Andere zeigen sich im Kirchenrecht, nämlich das dingliche Patronatrecht. Noch Andere gehören dem öffentlichen Recht an, die Patrimonialgerichtsbarkeit, die Landtagsfähigkeit, und die Befreiung von öffentlichen Lasten. Ihre geschichtliche Entstehung hängt zum Theil damit zusammen, daß nach der alten Verfassung die höheren Freiheitsrechte durch den Grundbesitz bedingt waren. Dadurch wurden im Fortschritte der Zeit viele politische Rechte dinglich an Güter geknüpft, und dieses auch auf andere Rechte übertragen. So weit sie ins Privatrecht fallen, äußern sie sich theils in der Beschränkung fremder Eigenthumsrechte, theils in der Beschränkung der persönlichen Freiheit Anderer durch das Recht, ihnen Handlungen zu gebieten oder zu verbieten. Von den Realservituten unterscheiden sie sich dadurch, daß sie entweder gar nicht unter den Begriff von Beschränkung fremder Eigenthumsrechte fallen, oder daß sie, auch wo sie dieses thun, nicht wesentlich und zunächst den Vortheil des herrschenden Gutes, sondern den Nutzen und die Annehmlichkeit der Person bezwecken. Daher können sie auch von dem berechtigten Gute getrennt und auf ein anderes übertragen werden. So lange sie dieses aber nicht sind, sind sie als Pertinenz des Gutes zu behandeln [2]), gehen auf jeden Erwerber desselben über, wenn nicht dazu positiv

---

1) Davon handeln: Maurenbrecher I. §. 208. 347—356., Phillips I. §. 122. 123., Mittermaier I. §. 173 a. — Maurenbrecher hat das Verdienst, diese Lehre zuerst in das System gezogen zu haben; jedoch hat er nach seiner Weise in die Begriffsbestimmung manches Willkührliche und Uebertriebene eingemischt.

2) Dieses ist auch ganz im Geiste des alten Rechts. Den Beweis giebt meine Deutsche Rechtsgeschichte §. 485. Note 7. 8. Ohne Grund bestreitet es Maurenbrecher und nach ihm Mittermaier.

persönliche Eigenschaften vorgeschrieben sind, und können vom Eigenthümer desselben verfolgt werden. Die Fiction, daß dabei das Gut als das berechtigte Subject anzusehen sei, ist daher, um ihnen einen Platz im System anzuweisen, nicht Bedürfniß [3]). Als Rechtsmittel sie zu verfolgen dienen die actio confessoria utilis, und die aus der quasi possessio entstehenden Klagen [4]). Uebrigens haben aber die einzelnen Arten so wenig mit einander gemein, daß es fehlerhaft ist, sie im System an einem Orte zusammenzustellen [5]), sondern sie müssen, so weit sie ins Privatrecht fallen, unter die verschiedenen Materien vertheilt werden.

IV. Von dem getheilten Eigenthum [1]).

132. Ein dem deutschen Recht eigenthümliches Verhältniß an Sachen ist dasjenige, welches die Doctrin das getheilte Eigenthum genannt hat. Dieses besteht darin, daß an einem Grundstück der Eine das nutzbare, der Andere das Obereigenthum hat. Jenes begreift nicht blos das Recht, dasselbe in allen ihm beliebigen Formen zu gebrauchen und zu benutzen, sondern auch die Befugniß, dieses Recht zu veräußern, zu vererben, und gegen Dritte mit possessorischen und petitorischen Klagen zu vertheidigen. Der Obereigenthümer behält blos die nackte Proprietät, das Recht gegen Zerstörung der Sache einzuschreiten, das Recht der Zustimmung bei Veräußerungen, das Recht der Einziehung bei eintretender Erblosigkeit, endlich häufig auch das Recht auf gewisse Leistungen mit dem Recht der Einziehung bei Nichtentrichtung derselben. Auf diesen Rechtsbegriff ist die Doctrin durch das Lehnrecht geführt worden. Das anfangs beschränkte, widerrufliche und unter enge Aufsicht gestellte Benutzungsrecht des Vasallen an seinem Beneficium hatte sich im Laufe der Zeit zu einem

---

3) So sagen auch Maurenbrecher I. §. 348. Note 4., Beseler System I. 352. Anderer Meinung ist Reyscher in seiner Zeitschrift V. 1841. S. 53. 54.

4) Zeugnisse giebt Bruns Recht des Besitzes S. 383. 384. 407. 420—423.

5) So thut Maurenbrecher.

1) Ueber das Dogmengeschichtliche sehe man Eichhorn Rechtsgesch. IV. §. 565., Duncker über dominium directum und utile (Reyscher Zeitschr. II. 1. S. 177—212).

ausgedehnten vererblichen und durch selbstständige Klagrechte geschützten Benutzungsrecht am Lehen erweitert 2). Das langobardische Lehnrechtsbuch formulirte dieses unter dem Einfluß der aus dem römischen Recht gebildeten Schulsprache dahin, daß es zwar einerseits dem Vasallen nur possessio, dem Herrn die proprietas zuschrieb 3), andererseits aber doch dem Vasallen das Recht beilegte, sich die Sache wie ein Eigenthümer gegen jeden Besitzer gleichsam zu vindiciren 4). Die Glossatoren faßten dieses nun mit der utilis in rem actio bei der Emphyteuse 5) zusammen, und legten bei dieser wie beim Lehen dem Besitzer ein dominium utile, dem Herrn das dominium directum bei 6). Utile war hier im Sinne des römischen Klagrechts gemeint, wurde aber später von der nutzbaren Seite verstanden 7). So kam die Unterscheidung von nutzbarem und Obereigenthum auf. Dieser Begriff und Sprachgebrauch gieng auch in die Reichsgesetze 8), und später in die Landesgesetze über. Angewandt wurde und wird derselbe namentlich bei Lehen, bei der Superficies und Emphyteuse, und bei den Bauerngütern, die der Emphyteuse nachgebildet sind, oder welche die Particulargesetzgebung ausdrücklich unter diese Rechtsform stellt 9). Ein anerkannter Irrthum ist es allerdings, daß die Glossatoren denselben schon dem römischen Recht bei den genannten Verhältnissen unterlegten. Eben so ist es gewiß, daß das alte deutsche Recht denselben nicht gekannt hat. Allein wenn man sich einmal darüber verständigt hat, so liegt darin nichts logisch oder der Natur der Verhältnisse Widerspre-

2) Die Nachweisungen aus den Quellen giebt meine Deutsche Rechtsgeschichte §. 560. 565. 658.

3) II. F. 8. §. 2.

4) II. F. 8. pr., II. F. 26. §. 21., II. F. 43.

5) Fr. 1. §. 1. D. si ager vectig. (6. 3).

6) Man sehe die Glossen zu l. 1. D. si ager vectig. (6. 3), l. 2. D. de superfic. (43. 18), c. 1. C. de thesaur. (10. 15) v. nam in suis, II. F. 8. Diese und andere Stellen sind gesammelt bei Kraut Grundriß §. 106.

7) Dieses rügt schon Zasius in Dig. nov. Tit. de adquir. vel amitt. possess. (41. 3) L. si quis vi §. differentia nr. 18.

8) Kammergerichtsordn. von 1521. Tit. 32. §. 2., Instr. pac. Osnabr. art. XI. §. 12. art. XV. §. 3.

9) Man sehe darüber unten §. 510. Note 9. §. 512. Note 3. §. 514. 515. 516. 517.

Carton.

chendes, und es ist dieser Begriff als in unser Recht eingebürgert anzusehen [10]). Es findet dabei ein Miteigenthum Statt, nur so, daß nicht die Sache nach quoten Theilen, sondern die im Eigenthum enthaltenen Befugnisse getheilt sind. Der gefundene Schatz muß als ein außerordentlicher Gewinn dem nutzbaren Eigenthum zufallen [11]), an der entstandenen Insel aber das Rechtsverhältniß wie an der Hauptsache eintreten. Endlich muß, wenn das nutzbare Eigenthum vacant wird, dieses sich mit dem Obereigenthum consolidiren, nicht aber auch umgekehrt, weil jenes nur ein Ausfluß von diesem ist [12]).

V. Von den Servituten. A) Allgemeine Bemerkungen.

133. Eine wissenschaftliche Theorie der Servituten ist erst mit dem römischen Recht bekannt geworden, und daran hat man sich auch schlechthin gehalten [1]). Das deutsche Recht wirkt nur in einzelnen Punkten ein. I. Bei der Errichtung einer Servitut durch Vertrag ist häufig gerichtliche Auflassung und Eintragung in das Grundbuch vorgeschrieben. Es tritt dann zwischen dem Vertrag und dem dinglichen Recht dasselbe Verhältniß ein, wie beim Erwerbe des Eigenthums durch die Umschreibung [2]). II. Wo dieses gilt, zeigt sich die Wirkung davon auch bei dem Erwerbe durch Verjährung, indem diese, wenn gerichtliche Eintragung vorhergegangen ist, wie beim Eigenthumserwerb, in einer weit kür-

---

10) Dieser Meinung sind auch Eichhorn §. 160., Mittermaier I. §. 156., Maurenbrecher I. §. 244—246., Beseler System II. §. 82., Bluntschli Privatrecht I. §. 60. Dagegen will Duncker (Note 1) den Begriff und Ausdruck ganz verbannt wissen, weil er nicht im ursprünglichen Recht enthalten sei. Als ob nicht die Jurisprudenz auch neue Begriffe formuliren könnte? Blos ein Excerpt aus Duncker ist Gerber §. 77.

11) So sagt auch Beseler II. §. 82. Anderer Meinung ist Maurenbrecher I. §. 246.

12) So erledigt sich das Bedenken von Duncker S. 209. Für die Consolidation ist auch im zweiten Falle Bluntschli.

1) Dieses zeigt Ulrich Tengler Layenspiegel Th. I. Tit. Von dienstlichen gütern, Von wasserlaiten, Von vichtryben. — Statutenbuch von 1572. Fol. 132. 133. — Entscheidend wirkte dafür der Tractat de servitutibus des Bartholomäus Cäpolla († 1477) aus Verona, und auf diesen beruft sich auch Tengler ausdrücklich.

2) Lehrreich ist dafür Trummer Rechtsgeschichtl. Betrachtungen über das Hamburgische Servitutenrecht (Vorträge III. 32—72).

zeren Zeit eintritt [3]). III. Es liegen bloße Rücksichten der Zweckmäßigkeit zum Grunde, wenn bei Servituten, die nicht sichtbar sind, oder die sich nur in vereinzelten unzusammenhängenden Handlungen äußern, eine ungewöhnlich lange Verjährungsfrist erfordert, oder wie im französischen Recht gar kein Erwerb durch Verjährung zugelassen wird.

B) Einzelne Arten. 1) Die Weidegerechtigkeit [1]).

134. Die Weidegerechtigkeit oder das Hutrecht besteht in dem Recht, sein Vieh auf den Grundstücken eines Andern zur Weide gehen zu lassen. Die Entstehungsgründe dieses Verhältnisses sind sehr mannichfaltig: ein Vorbehalt des Gutsherrn bei der Ueberlassung des Bodens an seine Gutsunterthanen [2]), oder umgekehrt eine Begünstigung, die er denselben auf seinen Grundstücken einräumte [3]); eine Uebereinkunft unter den Mitgliedern einer Gemeinde über gegenseitige Gewährung der Weide; eine Berechtigung der Gemeindemitglieder an der Allmende [4]); die Rechte der Markgenossen an der gemeinen Mark, die sich auch über mehrere Gemeinden erstrecken kann [5]). Das Meiste bildete sich durch das Herkommen; theilweise wurden auch Weiderecesse errichtet. Aus jenem Ursprung erklärt sich, daß häufig das Weiderecht an demselben Complex von Grundstücken Mehreren concurrirend zusteht, was man im Allgemeinen eine Koppelhut nennt. Diese kommt vor: als Recht des Eigenthümers des dienenden Grundstückes neben dem Servitutberechtigten (ius compascendi); als Recht Mehrerer auf den Grundstücken eines Dritten (ius compascui); als gegenseitiges Weiderecht oder eigentliche Koppelhut (ius compasculationis reciprocum); als Recht der Mitglieder einer Gemeinde oder Mark an der Allmende oder Mark

3) Nach dem Oesterr. Gesetzb. §. 1469. 1470. in drei Jahren. Man vergleiche dazu oben §. 129. Note 8.

1) Die Litteratur darüber findet man bei Gengler Lehrbuch §. 63. Als Zeugniß der Doctrin und Praxis ist das Preuß. Landrecht I. 22. §. 80—145. lehrreich und auch von allgemeinerem Werthe.

2) Man sehe meine Deutsche Rechtsgeschichte §. 485.

3) Man sehe meine Deutsche Rechtsgeschichte §. 84. 278. 400.

4) Man sehe oben §. 119. Note 4.

5) Man sehe oben §. 119. Note 8. 9.

(ius compasculationis simplex) [6]. Der Zweck war aber überhaupt der, den Berechtigten die Benutzung der dienenden Grundstücke zur Viehzucht, so weit es mit deren Beschaffenheit und der Art des Landbaues vereinbar wäre, möglich zu machen.

135. Was nun die Theorie der Weidegerechtigkeit betrifft, so entspricht dieselbe in ihrer einfachen Grundform ganz der Natur einer Servitut [1], und ist nach diesem Princip, mit steter Beziehung auf jenen Zweck zu behandeln. Daraus ergiebt sich Folgendes. I. Die Servitut ist dem Berechtigten in seinem wirthschaftlichen Interesse erworben. Er kann also im Zweifel jede Gattung Vieh, die er in seiner Wirthschaft zu halten für gut findet, auch auf die Weide schicken. Ihm nur die Gattung gestatten zu wollen, die auf dem dienenden Gute gehalten wird, läßt sich aus der Natur des Verhältnisses nicht rechtfertigen [2]. Wo mehrere Berechtigte sind, die verschiedene Gattungen Vieh halten, kommt es hinsichtlich der Ordnung im Auftreiben auf die bestehende Observanz oder das Gesetz an [3]; in Ermanglung derselben ist die Festsetzung einer solchen nach der Natur des Verhältnisses unerläßlich, und daher jeder Theilnehmer darauf anzutragen berechtigt. II. Für die Zahl des Weideviehes ist aus dem angegebenen Grunde der Gesichtspunkt festzuhalten, daß das Recht für den zum herrschenden Gute gehörenden regelmäßigen Viehstand gegeben sei. Als solcher ist aber derjenige anzusehen, der nach dem alten Bestand des herrschenden Gutes von dem darauf gezogenen Futter durchwintert werden kann. Die durch spätere Veränderungen herbeigeführte Erhöhung des Viehstandes ist also auszuschließen [4]. Wo aber eine ganze Gemeinde das Weiderecht hat, ist anzunehmen, daß dieses nicht blos für den regelmäßigen Viehstand der Grundeigenthümer, sondern auch der Pachtbauern gegeben sei; und wenn der Berechtigte gar nicht

---

6) So unterscheidet richtig Eichhorn §. 181. und nach ihm Gerber §. 145.

1) So nennt sie auch Ulrich Tengler Layenspiegel Th. I. Tit. Von vichtryb.

2) So sagt richtig auch Sachse Sächs. Privatrecht §. 291.

3) Ein solches Gesetz giebt das Preuß. Landrecht I. 22. §. 128. 129.

4) So sagt auch Maurenbrecher I. §. 267., Haubold Sächs. Privatr. I. §. 193. Doch ist dabei Einiges controvers, Gründler Polemik I. §. 206.

ein Ackerwirth ist, so ist die Zahl des Viehes nach dem Zuschnitt seines Haushaltes oder Gewerbes zu bemessen. Jedenfalls sind aber in die berechtigte Zahl die säugenden Jungen, und bei Schafen die jungen Lämmer bis Michaelis [5]), nicht mitzurechnen. III. Da das Weiderecht nur so weit gegeben ist, als es sich mit der Hauptbestimmung der dienenden Grundstücke verträgt, so folgt, daß es nicht zum offenbaren Nachtheil derselben ausgeübt werden darf. Daher muß der Berechtigte zum Vieh einen Hirten stellen, und es sind von gewissen Grundstücken die denselben besonders schädlichen Vieharten ganz auszuschließen, zum Beispiel Ziegen von Waldungen, Schweine von Wiesen wegen des Wühlens. Ferner dürfen Wiesen und Aecker nicht unzeitig behütet werden, das heißt wo das Grundstück dadurch in seinen übrigen Nutzungen würde beschädigt werden. Waldungen, die erst anwachsen, oder die in wiederbesäete Holzschläge zerlegt sind, dürfen es nicht eher, als bis das Holz dem Zahne des Viehes entwachsen ist. VI. Seinerseits darf aber auch der Eigenthümer des dienenden Grundstückes nichts thun, wodurch, ohne daß es ihm Vortheil brächte oder zum Landbau nöthig wäre, das Weiderecht geschmälert würde. Die Brach- und Stoppelfelder dürfen daher nicht eher umgepflügt werden, als es zu deren Bestellung erforderlich ist. Die Termine dafür sind insgemein durch Verträge, Observanz oder Gesetze bestimmt. Sind dieselben unter dem alten Kalender entstanden, so müssen jetzt unter dem neuen Kalender, um dem damals gemeinten Stand der Sonne gleich zu sein, zwölf Tage zugesetzt werden [6]). V. Der leitende Gesichtspunkt bei der Bestellung des Weiderechts ist die von der Natur dargebotene Möglichkeit, dem Berechtigten einen Vortheil zu verschaffen, ohne das dienende Eigenthum zu beeinträchtigen. Die Servitut ist daher im Zweifel so auszulegen, daß sie mit den Eigenthumsbefugnissen nicht in Conflict komme [7]). Daraus folgt: 1) Der

---

5) Irrig ist die Meinung, daß die jungen Lämmer ein ganzes Jahr lang ungezählt bleiben, Gründler Polemik I. §. 210.

6) Man sehe Mittermaier I. §. 168. Nr. V. Es ist aber dabei manches controvers, Gründler Polemik I. §. 207.

7) Gut handelt darüber: B. W. Pfeiffer über die Beschränkungen des

Eigenthümer darf dadurch an der landesüblichen Cultur und Benutzung des Bodens nicht gehindert werden, und darf auch die Cultur verändern, so weit die neue Form ein Aequivalent für die Weide darbietet. Er darf aber nicht eine solche Form wählen, wodurch die Weide ganz ausgeschlossen würde, wie die Umänderung in Weinberge. 2) Er darf die Brache zur Sömmerung benutzen, es sei denn, daß der Errichtungstitel oder die Observanz positiv die Verpflichtung zum Brachhalten ausweist; und auch dann muß dem Verpflichteten gestattet sein, so viel zur Sömmerung zu benutzen, als nach billigem Ermessen das Bedürfniß seiner Wirthschaft erfordert. 3) Es kann nicht vermuthet werden, daß der Eigenthümer dem Andern das Weiderecht mit Ausschluß seines eigenen Viehes habe einräumen wollen [8]. Zwischen Beiden findet daher im Zweifel eine Mithut (ius compascendi) Statt [9]. Reicht die Weide für sie oder überhaupt für die Mitberechtigten nicht aus, so müssen sie den aufzutreibenden Viehstand verhältnißmäßig vermindern [10], es sei denn, daß das Weiderecht auf eine fest bestimmte Zahl lautet, oder daß der dienende Eigenthümer seinen Viehstand durch neue Einrichtungen vermehrt hat; denn in beiden Fällen muß die Reduction ihn allein treffen. VI. Alle diese Grundsätze gelten beziehungsweise auch von der eigentlichen Koppelhut, weil diese nach der einfacheren natürlichen Auffassung als eine wechselseitige Servitut betrachtet werden muß [11]. Der künstlichere Gesichtspunkt als societas quoad usum, den man erfunden hat, um die einseitige Aufkündigung möglich zu machen, ist nur unter besonderen Anzeigen gerechtfertigt [12]. Uebrigens kann die Koppelhut auch auf einem bloßen Precarium beruhen. Wer dieses aber behauptet,

---

Eigenthums eines der Hütegerechtigkeit unterworfenen Grundstücks (Reyscher Zeitschrift XIII. 165—222).

8) So sagt auch das Preuß. Landrecht I. 22. §. 89.

9) So sagen auch Mittermaier I. §. 168. Nr. I., Maurenbrecher I. §. 267.

10) Man sehe über diese Controverse die Schriftsteller bei Haubold I. §. 193. Note b.

11) Dieses nimmt richtig auch das Preuß. Landrecht I. 22. §. 135. als die Regel an.

12) Solche nennt das Preuß. Landrecht I. 22. §. 140., und damit übereinstimmend Haubold I. §. 195. Note f.

muß es beweisen [13]). VII. Die neuen Gesetze über Aufhebung und Ablösung der Weidegerechtigkeit gehören in die Particularrechte.

2) Die Schäfereigerechtigkeit [1]).

136. Bei der Schafzucht sind folgende Verhältnisse zu unterscheiden. Das Recht der Schafhaltung für Küche und Haus ist ein reines Recht des Privateigenthums und im Zweifel als solches uneingeschränkt. Beschränkungen können entstehen, in so fern dazu die Gemeindeweiden und der Gemeindehirt benutzt werden. Anders ist es, wenn man auf seinem Gute eine ganze Heerde zur Wollzucht mit einem eigenen Hirten halten will. Dieses ist zwar auch der Strenge nach ein Recht des Grundeigenthums; jedoch ist es häufiger aus polizeilichen und anderen Gründen positiven Beschränkungen unterworfen, und bildet dann unter dem Namen, Schäfereirecht, eine besondere Gerechtsame. Endlich kann es vorkommen, daß ein zur Schafzucht Berechtigter die Heerde auch auf fremden Grundstücken weiden lassen kann. Dieses bildet dann die Schäfereigerechtigkeit. Hierüber sind folgende Grundsätze anzunehmen. I. Die Schäfereigerechtigkeit ist nur eine Anwendung der Weidegerechtigkeit und im Ganzen nach deren Grundsätzen zu behandeln. II. Dieselbe ist als eine Beschränkung des Eigenthums besonders zu beweisen [2]), wenn nicht das Particularrecht eine Vermuthung zu Gunsten von Jemandem aufstellt [3]). III. Hinsichtlich der Zahl kann das Durchwinterungsprincip nicht den Maßstab abgeben, weil eine Schafheerde nicht zum Gute in so enger Beziehung steht [4]). Wohl aber muß man darauf zurückgehen, wenn das Recht Mehreren zusteht [5]). IV. Im Zweifel ist

13) Es ist jetzt als irrig anerkannt, dafür eine Präsumtion aufzustellen, Gründler Polemik I. §. 208., Mittermaier I. §. 169., Eichhorn §. 179. Das Preuß. Landrecht I. 22. §. 136. 137. stellt jedoch gewisse Kennzeichen auf, wonach eine Servitut oder ein Precarium angenommen werden soll.

1) Scholz III. das Schäfereirecht nach gemeinem Recht. Braunschweig 1837. Man sehe auch das Preuß. Landrecht I. 22. §. 146—169.

2) Man sehe die Schriftsteller bei Gründler Polemik I. §. 209.

3) Als ein Vorrecht der Gutsherrschaft erklärt es das Preuß. Landrecht I. 22. §. 146.

4) Man sehe Maurenbrecher I. §. 268.

5) So unterscheidet auch das Preuß. Landrecht I. 22. §. 150. 151.

anzunehmen, daß auch die anderen Dorfbewohner das Recht haben, Schafe auf die Hut zu bringen, und es ist dann der beiderseitige Viehstand nach Billigkeit zu moderiren. V. Auch da, wo die Schäfereigerechtigkeit ein ausschließliches Recht ist, muß man doch den Uebrigen die Befugniß lassen, einige Schafe unter einem eigenen Hirten abgesondert zu halten. VI. Wo die Anderen die Mithut haben, kommt es doch zuweilen vor, daß Einer das Stabrecht hat, das heißt das Recht, die Schafe der Anderen unter seinem Hirten gegen Entgeld zu weiden und den Dünger zu benutzen. Dieses bildet dann ein Bannrecht und ist immer besonders zu beweisen. VII. Wichtig ist die Frage, wo die Horde zum Pferchen der Schafe aufgeschlagen wird. Dieses ist für das Grundstück, wo es geschieht, keine Last, sondern ein Vortheil wegen des Düngers. Im Allgemeinen ist der Pferch eine natürliche Nutzung der Schafe, und daher ist im Zweifel jeder Eigenthümer derselben befugt, solche in Horden auf seine Ländereien zu legen [6]). Eine Ausnahme leidet dieses nur, wenn Einer das Stabrecht hat, oder wenn gewisse Grundstücke darauf ein Anrecht haben. Dieses bildet dann unter dem Namen Pferchrecht (ius faldagii) oder Recht des Hordenschlags (ius cratium) eine active Grundgerechtigkeit [7]). Zuweilen kommt auch das Pferchrecht als ein Recht der Gemeinde vor, das sie gegen ein Pferchgeld ausüben läßt.

3) Nutzungsrechte an Waldungen.

137. An Waldungen des Staates, der Gemeinden und Privaten kommen in Folge älterer Verhältnisse häufig Nutzungsrechte anderer Personen vor, die jetzt ganz nach Art der Servituten zu behandeln sind [1]). Diese sind das Beholzungsrecht, die Schweinemastgerechtigkeit, die Eichellese, die Raff- und Leseholz-Gerechtigkeit, das Windbruchrecht, das Streurechen, das Moos- und Laubsammeln und dergleichen. Die Natur der Sache giebt hier folgende Regeln. I. Die ordentliche forstmäßige Benutzung

---

6) Die Zeugnisse giebt Gründler Polemik I. §. 211.
7) Ganz irrig nennt es Eichhorn §. 182. eine Servitut.
1) Ueber deren Entstehung sehe man oben §. 118.

des Waldes durch den Eigenthümer bildet die Hauptsache, jene Servituten sind nur Accidenzien. Sie können daher so wenig jene Benutzung, als zweckmäßige Culturveränderungen hindern. II. Jene Gerechtsame sind im Zweifel so auszulegen, daß der Eigenthümer sie gestattet habe, weil der Vorrath für ihn und die Anderen hinreiche. Die Mastgerechtigkeit ist daher in Ermanglung näherer Bestimmungen so zu verstehen, daß dieselbe ausgeübt werden kann, wenn die Eicheln zu einer vollen oder doch halben Mast gerathen sind; nicht aber bei einer Viertel- oder einer Sprengmast, wo nur vereinzelte Bäume mit Früchten versehen sind [2]). III. Jede Gerechtigkeit ist nach ihrem üblichen Wortsinn und nach ihrem historischen Zwecke auszulegen. Das Beholzungsrecht begreift daher das zum regelmäßigen Bedürfniß des Berechtigten erforderliche Holz. Also vor Allem das Brennholz, wobei der Zuschnitt der Haushaltung entscheidet, wenn es nicht auf eine bestimmte Quantität gesetzt ist. In diesem Falle kann es auch für vergangene Jahre nachgefordert werden. Ferner begreift es das Bauholz [3]), so weit es zu dem vorhandenen Bestande des Hofes nöthig ist. Endlich begreift es auch die Umzäunung [4]), so weit diese zum Hause und Hofe gehört; nicht aber auch für Garten und Feld, weil dieses zu willkührlich ist. In keinem Fall giebt es aber das Recht Holz zum Verkaufe, also auch nicht zu verkäuflichen Schnitzwaaren zu fällen. IV. Jede einzelne Art von Waldgerechtigkeit ist auf sich zu beschränken, und nicht auf eine andere Art auszudehnen. Das Mastrecht begreift daher nicht auch das Recht der Eichellese, sondern diese bleibt im Zweifel dem Eigenthümer [5]). Das Beholzungsrecht, als blos für den Bedarf gegeben, begreift nicht das Windfallrecht als besonderen Gewinn [6]). Das Raff- und Leseholz begreift nur das dürre und abgestorbene, nicht das durch Windbrüche

---

2) Zeugnisse der Praktiker giebt Gründler Polemik I. §. 214.
3) Anderer Meinung ist Maurenbrecher I. §. 265.
4) Anderer Meinung ist Mittermaier I. §. 171.
5) Die Zeugnisse der Praxis giebt Gründler Polemik I. §. 213b.
6) Die Praxis bezeugt Gründler Polemik I. §. 212. Anderer Meinung ist Maurenbrecher I. §. 265.

umgeworfene Holz. Das Streurechen begreift nicht das Raff- und Leseholz. V. Alle Waldservituten sind, wie das Waldeigenthum selbst, den Vorschriften der Forsthoheit und der Forstordnungen untergeordnet, wodurch auch insgemein gewisse Holztage angesetzt sind.

VI. Vom Pfandrecht. A) Das Faustpfand.

138. Das deutsche Recht kannte seit der ältesten Zeit zur Sicherung einer Schuld den Versatz oder die Hingabe einer beweglichen Sache zum Unterpfand [1]). Dafür ist nun die Theorie des römischen Faustpfandes eingetreten. Wo jedoch die Verfolgung einer beweglichen Sache gegen den dritten Erwerber für den Eigenthümer beschränkt ist [2]), muß dasselbe in analoger Weise auch für den Pfandgläubiger gelten. Ferner gab es unter dem Namen Satzung auch eine Pfandhingabe von Grundstücken, gewöhnlich so, daß der Gläubiger das Gut „unberechnet" gebrauchen, doch aber auch so, daß die Früchte am Kapital abgerechnet werden sollten [3]). Beides hat sich unter dem Namen, Pfandschaft, bis in neuere Statutarrechte erhalten [4]), ist aber im ersten Fall in der Doctrin mit der römischen Antichrese zusammengeflossen [5]), womit es auch im Wesentlichen übereinstimmt [6]). Uebrigens brauchte man statt der Satzung auch häufig einen Verkauf auf Wiederkauf [7]). Auch dieses hat sich erhalten [8]), und ist, wo es

---

1) Die Beweise giebt meine Deutsche Rechtsgeschichte §. 532.

2) Man sehe oben §. 124. 125.

3) Die Beweisstellen giebt meine Deutsche Rechtsgeschichte §. 533.

4) So in dem Jülich-Bergischen Landrecht von 1564. Cap. 103., Geldernschen Landrecht von 1619. Th. IV. Tit. 7. §. 4. Nr. 1. 8.

5) So auch in dem Solmser Landrecht von 1571. Th. II. Tit. 15., Wildenburger Landrecht von 1607. Th. II. Cap. 10. §. 4., Chur-Trier. Landrecht von 1713. Tit. XIV. §. 2.

6) Besondere Ansichten hat hier Maurenbrecher I. §. 253. 257. 258. 301. 305. Er will in dem Pfandschaftsbesitz eine besondere Art von eigenthumähnlichen Rechten ohne getheiltes Eigenthum entdeckt haben. Allein er kennt den historischen Boden nicht, und seine Landrechte, die er citirt, reden theils vom gewöhnlichen antichretischen Pfandverhältniß, theils vom Verkauf auf Wiederkauf. Ihm folgt ohne Prüfung Mittermaier I. §. 260.

7) Man sehe meine Deutsche Rechtsgeschichte §. 533. Note 14. 15.

8) Solmser Landrecht von 1571. Th. II. Tit. 11., Wildenburger Landrecht von 1607. Th. II. Cap. 2. §. 14., Chur-Trier. Landrecht von 1713. Tit. XIV. §. 2.

noch vorkommt, nach den Grundsätzen des römischen Rechts zu behandeln.

B) Die Hypothek. 1) Princip des Hypothekenwesens.

139. Schon seit dem dreizehnten Jahrhundert kam bei Grundstücken auch eine andere Art von Satzung vor, welche der römischen Hypothek entspricht [1]), und woran sich daher das römische System anschloß. Durch den regen Geldverkehr der Neuzeit wurde man aber immer mehr auf dessen Mängel aufmerksam gemacht, und dadurch auf die richtige Behandlung dieser Lehre hingeführt. Es treten dabei zwei Hauptpunkte hervor. Auf der einen Seite soll der Realcredit erhöht, und dadurch dem Grundeigenthümer die Möglichkeit gegeben werden, auf Hypothek leicht und zu geringen Zinsen geliehen zu erhalten. Auf der anderen Seite soll aber auch derjenige, welcher Geld auf Hypothek herleihen will, die möglichst größte Sicherheit erhalten. Durch das Zweite wird von selbst auch das Erste erreicht werden; daher ist es nur der zweite Punkt, wofür man durch die Gesetzgebung zu sorgen hat. Diese Sicherheit des Creditors ist aber blos durch zwei Voraussetzungen bedingt: einmal, daß er genau wisse, wie viel das Grundstück werth ist, worauf er herleihen will; dann, daß er eben so sicher wisse, ob und wie viel Schulden bereits darauf ruhen. Das Erste kann der Creditor leicht auf gewöhnlichem Wege ermitteln. Daher ist es nur das Zweite, was die Hypotheken-Gesetzgebung ins Auge zu fassen hat und worum sich Alles dreht.

140. Um aber dem Creditor von der Existenz vorhandener Hypotheken sichere Kenntniß zu verschaffen, ist nichts einfacher, als die Eintragung jeder Hypothek in ein öffentliches Register unter dem Präjudiz vorzuschreiben, daß die nicht eingetragene gegen Dritte gar keine Wirkung haben solle. So natürlich dieses scheint, so ist doch das römische Recht bei allen seinen Versuchen, das Hypothekenwesen zu verbessern, nie darauf verfallen. Es bot dem Creditor gegen die Existenz älterer Hypotheken keine

---

1) Die Beweise giebt meine Deutsche Rechtsgeschichte §. 534.

Sicherheit als das Wort des Schuldners und die wenig erquickliche Aussicht, ihn im Falle einer Täuschung mit der Stellionatklage zur Strafe ziehen zu können. Das deutsche Recht hingegen war schon gleich anfangs auf den richtigen Weg gekommen, indem es auch für diese Art der Satzung die Eingehung vor Gericht und die Eintragung in das Gerichtsbuch vorschrieb [1]). Dieses wurde auch so verstanden, daß die nicht eingetragene Hypothek gegen den Gläubiger oder Käufer keine Wirkung haben sollte [2]). Doch wurde jenes Princip nicht ganz consequent durchgeführt, sondern man suchte es mit dem römischen Recht auf verschiedene Art in Einklang zu bringen; bald so, daß man dasselbe blos auf die vertragsmäßigen Hypotheken beschränkte, bei den gesetzlichen aber sich ans römische Recht hielt; bald so, daß man die eingetragenen Hypotheken wie die römischen pignora publica behandelte, das heißt ihnen im Concurs zwar schlechthin den Vorzug vor den nicht eingetragenen, doch aber diesen noch den Vorzug vor den Personal-Gläubigern beilegte [3]).

141. In der neueren Gesetzgebung ist man aber endlich, wie schon früher in einzelnen Stadtrechten, zu der Einsicht gelangt, daß das Ziel nur durch die unbedingte Durchführung einfacher Grundgedanken zu erreichen sei [1]). An der Spitze muß der Grundsatz stehen, daß eine Hypothek nur durch die Eintragung in ein öffentliches Register Wirkungen gegen Dritte haben könne. Man nennt dieses das Princip der Publicität. Der dabei zum Grunde liegende Zweck führt von selbst auch zu dem Princip der Specialität, das heißt daß jede Hypothek nur für eine genau bestimmte Summe und auf ein individuell bestimmtes Grundstück eingetragen werden könne. Generelle Hypotheken sind also dadurch ausgeschlossen. Es kann zwar ein Gläubiger noch eine ge-

---

1) Man sehe meine Deutsche Rechtsgeschichte §. 534. Note 3.

2) So sagt unter Anderen die Churcölnische Rechtsordnung von 1663 Tit. XIII. §. 1. 2.

3) So sagte die Erläuterung von 1767 zur Churcölnischen Rechtsordnung. Aehnlich war es in den meisten Landrechten. Gute Nachweisungen giebt Mittermaier I. §. 261.

1) So ist es namentlich in Preußen, Oesterreich, Bayern, Würtemberg. Die Nachweisungen giebt Mittermaier I. §. 262.

nerelle Hypothek in dem Sinne erhalten, daß er dadurch berechtigt wird, seine Forderung auf alle Grundstücke des Schuldners eintragen zu lassen. Das Generelle betrifft aber hier blos den Titel, der zur Inscription befugt macht; die Inscription selbst muß einzeln bei jedem Grundstücke geschehen, so daß der Gläubiger nur eine Summe mehrerer Specialhypotheken hat. Hypotheken an beweglichen Sachen vertragen sich aber mit diesem Systeme augenscheinlich gar nicht. Sie vertrugen sich schon mit dem älteren Rechte nicht, weil die Rechtsverfolgung von Mobilien gegen Dritte überhaupt beschränkt war.

2) Entstehung der Hypotheken.

142. Bei der Entstehung der Hypotheken ist unter diesem Systeme zweierlei zu unterscheiden: der Entstehungstitel an sich, und die Inscription, die hinzukommen muß, um der Hypothek Wirkung gegen Dritte zu ertheilen. Der Entstehungstitel kann sein ein Vertrag, ein Testament, das Gesetz, oder eine judiciäre Handlung. Bei den beiden Letzteren hängt Alles von den Particularrechten ab, namentlich ob und wie weit darin das römische Recht noch gilt. Auch der Organismus der Inscription ist durch die darüber erlassenen Gesetze eines jeden Landes bedingt [1]). Aus der Natur des Instituts ergeben sich jedoch folgende leitende Grundgedanken. I. Jeder, der ein hypothekarisches Recht hat, ist auch berechtigt, um dessen Priorität und Wirkung gegen Dritte zu sichern, dasselbe gegen den Schuldner inscribiren zu lassen. Dasselbe Recht steht dem Schuldner selbst zu, der dann als Geschäftsführer für den Gläubiger anzusehen ist. II. Der Hypothekenbewahrer kann und muß aber verlangen, daß ihm der Rechtstitel der Hypothek mit allen Angaben, welche das Princip der Specialität erfordert, vorgelegt werde, so daß er danach, nicht nach mündlichen Angaben die Inscription vollziehen könne. III. Der nachsuchende Theil ist berechtigt von dem Hypothekenbewahrer über die geschehene Eintragung zu seiner Sicherheit einen Recognitionsschein zu fordern. IV. Der Hypothe-

1) Eine gute Uebersicht der vorkommenden Formen giebt Mittermaier I. §. 263. und nach ihm Beseler System II. §. 97.

kenbewahrer ist berechtigt, bei eintretenden Bedenken die Eintragung zu verweigern. Jedoch ist der Nachsuchende berechtigt, eine provisorische Vermerkung oder Pränotation zu verlangen, um sich dadurch, wenn er das Bedenken als ungegründet nachweist, seinen ursprünglichen Platz zu sichern. V. Jeder, der ein begründetes Interesse gegen eine Inscription hat, ist berechtigt, dagegen eine Protestation einzulegen und notiren zu lassen, und sich dadurch seine Rechte zu wahren. VI. Dem Princip der Publicität gemäß muß es Jedem möglich gemacht sein, die auf ein Grundstück inscribirten Hypotheken mit voller Gewißheit zu erfahren. Die unmittelbare Einsicht der Bücher kann jedoch nicht gestattet, sondern Jenes kann nur dadurch bewirkt werden, daß der Hypothekenbewahrer darüber auf Verlangen einen Hypothekenschein ausstellt. Ein solcher Schein darf aber Keinem, der sich darum meldet, verweigert werden, und man kann von demselben nicht die Nachweisung eines Interesse verlangen [2]). VII. Die Sicherheit dieser ganzen Einrichtung ruht theils darin, daß dieselbe in der Hand eines dazu besonders bestellten und vereideten Beamten liegt; theils darin, daß man gegen denselben eine Klage auf Entschädigung hat, wenn man durch dessen Arglist oder amtswidrige Nachlässigkeit zu Schaden gekommen ist [3]), namentlich also, wenn er die gehörig nachgesuchte Eintragung gar nicht oder nur für eine geringe Summe vollzogen, oder wenn er im Hypothekenauszug vorhandene Hypotheken verschwiegen oder auf eine geringere Summe angegeben, oder auch, wenn er ein Grundstück als Eigenthum des Schuldners angegeben hat, welches es nicht ist [4]). Für diesen Ersatz haftet zunächst dessen Caution; wenn diese nicht zureicht, kann man sich aber den allgemeinen Rechtsprincipien gemäß an sein übriges Vermögen halten.

3) Wirkungen der Hypotheken.

143. Die Wirkung einer Hypothek besteht im Allgemeinen

---

2) Die Particulargesetze bestimmen dieses häufig anders.

3) Ein lehrreicher Rechtsfall darüber ist in Geiger und Glück Rechtsfälle II. Nr. 22.

4) Einen Rechtsfall der Art giebt Flach Entscheidungen II. Nr. 13.

in der dinglichen Verpflichtung des Grundstücks für eine persönliche Schuld. Diese Verpflichtung erstreckt sich stillschweigend auch auf die Zinsen; jedoch bringt das Princip der Publicität und Specialität es mit sich, daß die Zinsenschuld, wenn sie gegen Dritte wirken soll, in dem Maße, wie die Rückstände eintreten, inscribirt werde. Billig ist es allerdings, daß davon zu Gunsten der Zinsen des laufenden und des eben verflossenen Jahres eine Ausnahme gemacht sei, und so verordnen auch häufig die Gesetze; allein ohne Gesetz läßt es sich doch nicht annehmen.

144. Durch die Beziehung zur Sache kommt aber die Hypothek auch in Verhältnisse zu folgenden Personen. I. Der Schuldner, wenn er das Grundstück noch besitzt, muß zahlen oder den Zwangsverkauf desselben erleiden. Die Formen desselben sind weder mehr ganz die des alten deutschen[1]) noch die des römischen Rechts, und hängen von den Landesgesetzen ab. Diese Wirkungen gegen den Schuldner selbst sind durch die Inscription nicht bedingt. II. Der neue Erwerber des Grundstückes muß die darauf inscribirte Hypothek zahlen oder das Grundstück lassen. Dabei kann er auch nicht die exceptio excussionis entgegenstellen, weil er sich durch die Einsicht des Buches von der Existenz der Hypothek hätte die Kunde verschaffen sollen[2]). III. In der Concurrenz mit den persönlichen Gläubigern gehen die Hypotheken, wenn sie inscribirt sind, schlechthin vor. Ohne Inscription concurriren sie mit denselben pro rata. IV. In der Concurrenz der inscribirten Hypotheken unter einander treten bei einem Concurse folgende Grundsätze ein. Da es nach diesem Systeme keine Hypotheken an Mobilien giebt, so muß vor Allem die Immobilarmasse von der übrigen getrennt werden. In der Ersteren führt das System der Specialität von selbst dahin, daß der Ertrag jedes Grundstückes eine kleine Masse für sich bildet. Aus dieser werden die darauf inscribirten Hypotheken, und zwar nach dem Datum ihrer Inscription, befriedigt. Eine Ausnahme leidet diese Regel, wenn eine Hypothek gesetzlich privilegirt ist, indem sie

1) Man sehe über diese meine Deutsche Rechtsgeschichte §. 534. 638.
2) Dieser Satz ist auch von der Doctrin anerkannt, Mittermaier I. §. 266.

dann den einfachen, wenn auch älteren, Hypotheken vorgeht. Welche Hypotheken privilegirt sind, hängt von den Landesgesetzen ab. Solche Privilegien vertragen sich jedoch mit dem Zwecke des Hypothekensystems, mit der möglichsten Sicherheit der Creditoren, nicht, und müssen so sparsam wie möglich zugelassen werden. Insbesondere gilt dieses von dem Privilegium der Ehefrau wegen ihrer Dos. Daher ist dieses auch jetzt häufig abgeschafft, und der Ehefrau nur eine einfache gesetzliche Hypothek gegeben worden, die vom Tage der Heirath datirt, und gegen ältere Hypotheken nicht wirkt. Was vom Ertrag jedes Grundstückes übrig bleibt, geht in die gemeine Masse.

4) Erlöschung der Hypotheken.

145. Dem angenommenenen Grundprincipe gemäß geht eine Hypothek in ihren Wirkungen gegen Dritte unter, wenn die Inscription im Hypothekenbuche gelöscht wird. Eine solche Löschung kann natürlich rechtmäßig nur dann geschehen, wenn der Gläubiger dazu einwilligt, oder wenn der Schuldner dazu einen rechtsgültigen Titel nachweist, eine Quittung in authentischer Form, oder ein rechtskräftiges Urtheil, welches die Löschung gebietet. Hat der Hypothekenbewahrer die Inscription ohne rechtmäßigen Grund gelöscht, so versteht es sich von selbst, daß der Gläubiger deren Herstellung verlangen kann. Allein diese wirkt nicht gegen diejenigen, welche mittlerweile im Vertrauen auf die Richtigkeit der Löschung Rechte am Grundstück erlangt haben, sondern diesen steht der Creditor des gelöschten Postens nach, und kann sich nur wegen seines Schadens an den Hypothekenbewahrer halten. Hingegen können diejenigen, welche zur Zeit der unrechtmäßigen Löschung schon eingetragen waren, daraus keinen Vortheil ziehen, sondern der Gläubiger tritt gegen sie in seine alte Stelle wieder ein. Uebrigens sind die Löschung der Hypothek und die Erlöschung der Schuld selbst wohl von einander zu unterscheiden. Es kann also ein Gläubiger in die Löschung der Hypothek einwilligen, die Schuld aber doch bestehen bleiben. Umgekehrt kann die Schuld getilgt sein, die Hypothek aber, weil sie nicht gelöscht ist, fortbestehen, und nach der Cession an einen

Dritten noch wirksam sein [1]). In der Verjährung treffen aber beide Gesichtspunkte zusammen. So lange nämlich die Eintragung besteht, kann von einer Verjährung der Hypothek gewiß nicht die Rede sein; und durch das Bestehen derselben muß man annehmen, wird auch die Verjährung der Forderung selbst gehemmt [2]).

VII. Von den Reallasten [1]). A) Begriff derselben.

146. Das deutsche Leben hat viele dauernde Verhältnisse erzeugt, wo Einer von einem Grundstücke regelmäßige Leistungen an einen Andern zu entrichten hat. Dafür hatte sich auch theilweise auf der Grundlage der Begriffe von Eigenthum und Gewere eine juristische Theorie zu entwickeln begonnen [2]). Durch die Einwirkung des römischen Rechts ist diese aber durchschnitten, und sowohl aus dem Leben wie aus der Wissenschaft völlig verdrängt worden. Wenn daher auch der Stoff dieser Verhältnisse ganz deutscher Abkunft ist, so ist doch die wissenschaftliche Construction desselben nur mit Hülfe der Grundbegriffe der römischen Jurisprudenz vorzunehmen, indem diese ein lebendiges Stück unserer juristischen Denkweise und Ueberzeugung geworden sind, und als solches an jedem dafür empfänglichen Rechtsstoffe ihre bildende Kraft auszuüben haben [3]).

147. Vor Allem sind hier zwei Verhältnisse zu unterscheiden. Geschieht die Leistung zur Vergeltung einer zwischen dem Eigenthümer und dem jedesmaligen Inhaber des Gutes bestehenden Verleihung, so ist die Verbindlichkeit zu jener Leistung eine rein persönliche Obligation, zum Beispiel bei der Emphyteuse, beim

---

1) Man sehe Mittermaier I. §. 269.

2) So sagt auch das Preuß. Landrecht I. 20. §. 534. 535. Anderer Meinung ist Mittermaier I. §. 269.

1) Eine ausgezeichnete Schrift darüber ist: Duncker die Lehre von den Reallasten. Marburg 1837. Andere Nachweisungen giebt Gengler Grundriß §. 70.

2) Man sehe meine Deutsche Rechtsgeschichte §. 516. 517.

3) Es ist daher ein Irrthum, wenn Albrecht Gewere S. 165—188. aus der Lehre von der Gewere für die heutige Theorie der Reallasten Gewinn ziehen zu können meint. Einem abgestorbenen verschollenen Begriff, den man erst mit Hülfe der Rechtsgeschichte wieder ausgraben muß, läßt sich für die Gegenwart kein Leben mehr einhauchen.

Erbzinsgut, beim Lehngut. Diese Verhältnisse enthalten allerdings auch Rechte an der Sache selbst; der Verleiher hat daran das Eigenthum, der Inhaber ein festes auch gegen Dritte verfolgbares Nutzungsrecht oder nutzbares Eigenthum. Allein das Recht auf die jährliche Leistung hat damit nichts zu thun und ist nur der Ausfluß des persönlichen Verleihungsverhältnisses [1]). Ist hingegen die Leistung von dem Grundstück an einen Dritten zu entrichten, der nicht das Eigenthum oder Obereigenthum an demselben hat, so tritt ein eigenthümliches Verhältniß ein. Die Fälle dieser Art sind allein Reallasten zu nennen; die der ersten Art sind hier ganz auszuschließen und gehören zu den verschiedenen Arten der Verleihung, wenn sie auch dem Gegenstande nach mit der zweiten Art manches Gemeinschaftliche haben können, wie bei Zinsen, Zehnten, Frohnden [2]).

148. Die Elemente dieses Verhältnisses sind folgende. Es besteht eine dauernde Verpflichtung, die in der wiederkehrenden Entrichtung bestimmter Leistungen in Geld, Naturalien oder Diensten sich äußert, ohne daß jene dadurch beendigt wird. Diese Verpflichtung wird nach dem dabei überlieferten Begriff und Sprachgebrauch als auf dem Gute selbst ruhend gedacht. Jeder Erwerber desselben macht sie daher zu seiner eigenen, und übernimmt dadurch die Verbindlichkeit, die unter ihm fällig werdenden Leistungen zu entrichten. Es stellen sich also in diesem Verhältnisse zwei Momente dar. Einmal die Last als Ganzes, die

---

1) Daß die Leistung wegen der Benutzung der Sache gegeben werde, verändert deren rein obligatorischen Character nicht; denn dieses ist beim gewöhnlichen Pachtzins auch der Fall.

2) Beide Verhältnisse werden zwar von Eichhorn Privatrecht §. 162. unterschieden, doch aber als Reallasten neben einander abgehandelt, was seine Darstellung so schwerfällig macht. Albrecht Gewere S. 165 — 188. hat den Unterschied zwar bemerkt, aber doch beide Arten vermittelst der Gewere auf ein gleichartiges Princip zu reduciren versucht, was nur durch irrige Annahmen geschehen kann, die in meiner Deutschen Rechtsgeschichte §. 516. Note 15. 16. bezeichnet sind. Das Richtige haben Duncker S. 53. 97. 175. 176. 186. 187. 199—203., Mittermaier I. §. 173., Gerber §. 168. Note 2. angedeutet, jedoch an der Hauptstelle ihrer Darstellung nicht scharf genug hervorgehoben. Ausdrücklich verwirft dagegen jene Unterscheidung Phillips I. §. 118. Dasselbe thut Maurenbrecher I. §. 320. Note 6. Bei Bluntschli Privatrecht I. §. 89. 90. ist sie nicht einmal erwähnt, weshalb es bei ihm an scharfen Begriffsbestimmungen ganz fehlt.

eine Last des Grundstückes selbst ist. Diese besteht aber juristisch aufgefaßt nicht in einer Beschränkung der Eigenthumsbefugnisse, in einem Unterlassen oder Leiden, sondern in der Verpflichtung zu einem positiven Thun, also in einer Obligation, wobei das Grundstück das verpflichtete Subject ist [1]). Zweitens die Verbindlichkeit zu den einzelnen Leistungen. Diese ist eine durch den Besitz des Grundstückes begründete Obligation der Person. In der ersten Beziehung enthält also das Verhältniß ein Recht gegen die Sache selbst; in der zweiten ein Recht gegen die Person [2]).

149. Es giebt aber darüber mancherlei Meinungen [1]). 1) Einige betrachteten die der Reallast gegenüber stehende Berechtigung als eine persönliche Forderung, die aber mit einer Hypothek am Grundstücke verbunden sei. Dieses bedarf keiner Widerlegung mehr. 2) Andere nannten eine Reallast eine Servitut, die in einem Thun bestehe. Auch dieses ist eine unhaltbare aufgegebene Ansicht. 3) Ferner hat man die Reallasten als Pertinenz von dinglichen Rechten am Gute dargestellt; nämlich das Recht des Gutsherrn als Pertinenz seiner Proprietät, die Verpflichtung zur Leistung als Pertinenz des Rechts des Hintersassen am Grundstück [2]). 4) Eben so geschraubt und irrig ist die Ansicht, daß die Reallasten dingliche Rechte seien, die aus einer Theilung des Inhaltes der Gewere am Grundstück hervorgegangen [3]). 5) Ferner hat man die Reallast sowohl als Ganzes wie

---

1) Diese Begriffsform enthält nichts Unlogisches, und ist selbst dem römischen Rechte nicht fremd. Bei Grundsteuern sagte man: in vectigalibus ipsa praedia non personas conveniri, fr. 7. pr. D. de publican. (39. 4), und bei der servitus oneris ferendi, womit ausnahmsweise die Verpflichtung zu einem positiven Thun verbunden ist, wird diese ausdrücklich als Verpflichtung des Grundstückes, nicht der Person, bezeichnet, fr. 6. §. 2. D. si servitus vindic. (8. 5). Ferner liegt dem Pfandrecht durchaus der Begriff einer obligatio rei zum Grunde.

2) In dieser Art unterscheiden auch Maurenbrecher I. §. 319., Wächter Erörterungen I. 121. 128.

1) Eine Uebersicht und Beurtheilung geben Duncker Reallasten §. 1—12., Gengler §. 70.

2) Dieses ist die Theorie von Albrecht (§. 147. Note 2), dem Phillips I. §. 117. folgt. Abgesehen von Anderem, was Duncker §. 12., Gerber §. 168. Note 1. dagegen bemerkt haben, ist es klar, daß dieselbe doch nur auf die fälschlich sogenannten Reallasten passen würde.

3) Dieses ist die Ansicht von Renaud Beitrag zur Theorie der Reallasten. Stuttgart 1846. Diese steht aber mit der Geschichte der einzelnen Reallasten völlig im Widerspruch.

in den einzelnen Leistungen eine Last oder Schuld des Grundstückes allein, ohne alle persönliche Verbindlichkeit des Besitzers, genannt[4]). 6) Dem grade entgegengesetzt ist, wenn man bei der Reallast gar kein gegen das Grundstück selbst gerichtetes Recht, sondern nur eine Obligation der Person annimmt, die blos darin sich unterscheide, daß sie durch den Besitz des Grundstückes bedingt sei. Die Anhänger dieser Ansicht theilen sich weiter in drei Klassen, je nachdem sie das Verhältniß ein subjectiv-dingliches Recht[5]), oder ein dingliches Forderungsrecht[6]), oder nur eine gewöhnliche Obligation nennen[7]). Diese Ansicht läßt aber unerklärt, wie und wodurch der jedesmalige Erwerber in die Obligation hineingezogen wird[8]). 7) Noch Andere endlich haben richtig die Mischung von Dinglichem und Persönlichem erkannt, jedoch dieselbe nicht klar formulirt[9]).

---

4) Dieses ist die Ansicht von Duncker §. 16., Bluntschli Rechtsgeschichte von Zürich II. 117. Sie hat Manches für sich; gegen sich aber, daß in der unbedingten Personificirung des Grundstückes etwas zu Künstliches und Gewaltsames liegt, Wächter Erörterungen I. 129. 130. Doch ist nicht zu läugnen, daß dieselbe in einzelnen Statutarrechten angenommen worden ist, Duncker §. 7. 16., Gengler §. 70. Note 16.

5) Diese unglückliche Terminologie hat noch Eichhorn Privatrecht §. 162. Er sagt ausdrücklich, es sei hier durchaus eine Obligatio, kein Recht an der Sache vorhanden, und dinglich heiße hier nur so viel, daß das Recht gegen jeden Besitzer geltend gemacht werden könne. Dennoch stellt er die Reallasten unter die Rechte an Sachen.

6) So that Mittermaier in den ersten Auflagen 1821 und 1824. Er brauchte das Wort, dinglich, in demselben Sinne wie Eichhorn, stellte aber die Lehre richtig unter die Obligationen.

7) So thun Savigny Obligationenrecht I. 134., Gerber §. 167. 168., der daher die Reallasten unter die Obligationen stellt. Die Terminologie abgerechnet unterscheiden sie sich im Wesentlichen nicht von den vorigen.

8) Dieses könnte nur dadurch geschehen, daß die Obligation sich bei jedem Erwerber von Neuem erzeugte; oder daß er in die seines Vorgängers succedirte; oder daß er vermittelst einer Novation in die Stelle des vorigen Schuldners einträte. Allein an dergleichen denkt man nicht; sondern der historisch überlieferte Begriff ist, daß auf dem Gute eine Last ruhe, und daß jeder Erwerber sie mit demselben überkomme.

9) Namentlich sind folgende zu erwähnen. I. Mittermaier hat seit seiner dritten Ausgabe 1827 die Reallast als eine Last des Gutes bezeichnet, jedoch deren juristische Natur nicht weiter bestimmt. II. Maurenbrecher I. §. 319. 320. spricht sich so ungenau aus, daß man ihn nach einigen Ausdrücken zu der vorigen Ansicht stellen könnte, von der er sich aber doch unterscheiden will. III. Phillips I. §. 116—118. bezeichnet die Last als in das Grundstück radicirt. IV. Hillebrand §. 146. spricht von einem mit einem sachenrechtlichen Gewande bekleideten Forderungsrechte. V. Bluntschli Privatrecht I. §. 90. leitet historisch unrichtig alle Reallasten aus einer Herrschaft am Gute her, ver-

B) Geschichte der Reallasten.

150. Die Reallasten beruhen auf so verschiedenartigen Entstehungsgründen, daß von deren Geschichte nur bei den einzelnen Arten gehandelt werden kann [1]). Hier sind nur einige allgemeine Momente hervorzuheben. I. Auszuscheiden von den Reallasten sind die mannichfaltigen Leistungen [2]), welche bei den verliehenen städtischen und ländlichen Grundstücken als Vergeltung der Verleihung vorkamen [3]). II. Die wirklichen Reallasten sind entweder durch ein Gesetz auferlegt, wie die kirchlichen Zehnten; oder sie gründen sich auf einen Vertrag, wie die auferlegten Grundrenten [4]); oder auf einen Vorbehalt bei der Uebertragung des Grundstückes zum Eigenthum [5]). Manche sind Ueberreste alter Heerbannspflichtigen [6]) und Gerichtslasten [7]). Viele sind auch aus der Vogtei entstanden, welche selbst freie Bauern bei einem mächtigen Herrn nachsuchten [8]), was für ihr Grundeigenthum nicht blos Abgaben in Geld, sondern auch in Naturalien und Diensten nach sich zog [9]). III. Endlich sind viele Reallasten aus den fälschlich so genannten Reallasten dadurch entstanden, daß das Nutzungsrecht des Besitzers in Eigenthum umgewandelt, die jähr-

---

legt in diese Herrschaft die Dinglichkeit des Realrechts, und sagt mit Nachklängen aus Albrecht und Phillips (Note 2), daß in diese dingliche Hülle eine Forderung an den jeweiligen Besitzer eingeschlossen sei. Allein dieses sind Worte, keine Begriffe.

1) In dem, was Eichhorn Privatrecht §. 161., Mittermaier I. §. 172., Maurenbrecher I. §. 326., Bluntschli I. §. 90. darüber sagen, fließt Wahres und Falsches durcheinander. Es werden die eigentlichen und die uneigentlich so genannten Reallasten nicht unterschieden, und es fehlt an einer zusammenhängenden quellenmäßigen Anschauung der Geschichte des Bauernstandes.

2) Man sehe meine Deutsche Rechtsgeschichte §. 400. 401.

3) Eine Uebersicht giebt meine Deutsche Rechtsgeschichte §. 488. 490.

4) Deutsche Rechtsgeschichte §. 516.

5) Deutsche Rechtsgeschichte §. 219. Note 8. §. 282. Note 2., Duncker Reallasten §. 18., Derselbe in Reyscher Zeitschr. XI. 485—489.

6) Deutsche Rechtsgeschichte §. 199. Note 5. §. 250. Note 15. §. 281. Note 7.

7) Deutsche Rechtsgeschichte §. 259. Note 20. 21. §. 270. Note 13. §. 282. Note 6. §. 578. Note 22. §. 591. Note 13.

8) Die Geschichte dieser Vogtei ergiebt sich aus meiner Deutschen Rechtsgeschichte §. 131. 197. 200. 409. 415. 421. 422. 423. 439. 489.

9) Urkundliche Nachweisungen giebt meine Deutsche Rechtsgeschichte §. 197. Note 7. §. 200. Note 3. §. 409. Note 3. 4. §. 422. Note 6.

lichen Leistungen aber beibehalten und nun zu Lasten des Bodens gemacht wurden [10]).

C) Rechtsverhältnisse der Reallasten.

151. Aus der Natur der Reallasten ergeben sich folgende Grundsätze. I. Die Reallast als Ganzes ist eine Verbindlichkeit des Gutes selbst und folgt diesem in die Hand jedes Erwerbers; sie geht daher auch bei einer Subhastation nicht unter [1]). II. Als mit dem Grundstück innigst verbunden nimmt dieselbe die Immobilarqualität an. Es ist daher zur Uebertragung oder Verpfändung des Rechts auf die Reallast die Transscription oder Eintragung in das Hypothekenbuch nothwendig, wo dieses für Immobilien vorgeschrieben ist [2]). III. Da die Last als Ganzes keine Verbindlichkeit der Person, sondern des Grundstückes ist, so kann sich der Inhaber durch Dereliction von aller Verbindlichkeit für die Zukunft befreien [3]). IV. Die einzelnen Leistungen sind aber persönliche Verbindlichkeiten des Besitzers, unter welchem sie fällig werden; derselbe kann sich daher diesen Rückständen durch Dereliction nicht entziehen [4]). V. Aus demselben Grunde haftet er aber nicht auch für die Rückstände seines Vorgängers, außer wenn er als Erbe desselben für ihn eintritt, oder die Rückstände ins Hypothekenbuch eingetragen sind [5]). VI. Da einer Reallast auf Seite des Berechtigten ein dauerndes geistiges Band zu einer körperlichen Sache zum Grunde liegt, so kann man dabei wie bei Servituten von einem gleichsam körperlichen Zustande

---

10) Ein Beispiel giebt das Gesetz für Westphalen vom 25. Sept. 1820. §. 17., Preuß. Gesetz vom 2. März 1850. §. 2. 5.

1) Eine Anwendung davon macht Haubold Sächs. Privatr. §. 462. Note b.

2) Duncker §. 35. So war es auch im alten Recht, Deutsche Rechtsgeschichte §. 516. Note 8. 9. 10.

3) Zeugnisse giebt Maurenbrecher I. §. 321.

4) Die oben (§. 149. Nr. 6) bezeichnete Ansicht führt zu demselben Resultate. Anderer Meinung sind dagegen diejenigen, welche die oben (§. 149. Nr. 5) bezeichnete Ansicht annehmen.

5) Zustimmend sind über diese Streitfrage Wächter Erörterungen I. Nr. 6., Mittermaier I. §. 174. Die vorhin (Note 4) bemerkte Verschiedenheit der Ansichten tritt natürlich auch hier hervor. Ueber die verneinende Meinung sehe man insbesondere Duncker Reallasten S. 76—78. 166—172.

und von einer quasi possessio reden[6]. Diese wird durch einmalige Leistung der Pflicht erworben[7], und durch Verweigerung der Leistung mit Widerspruch gegen das Recht verloren[8]. Der quasi possessio der Last gegenüber giebt es aber auch eine quasi possessio der Freiheit[9]. Bei den fälschlich sogenannten Reallasten kann man von einem Besitz des Rechtes auf die Leistung nur dann reden, wenn man diesen Begriff auch bei anderen rein obligatorischen Verhältnissen, wie bei der Erhebung von Zinsen oder Pachtgeldern zuläßt[10]. In so fern sich jedoch das Eigenthumsrecht des Verleihers am Gute in der Erhebung der jährlichen Leistungen äußert, könnte man kraft derselben von einem Besitze, nicht des Rechts dieser Erhebung, sondern jenes Eigenthumsrechts reden[11]. VI. Bei einer Verletzung des Besitzes sind die Besitzklagen zuläßig, wie sie jetzt die Wissenschaft und Praxis ausgebildet hat, nämlich das interdictum uti possidetis, das

---

6) So that das canonische Recht, c. 24. X. de elect. (1. 6), c. 6. X. de arbitris (1. 43) ed. Richter., c. 19. X. de restit. spoliat. (2. 13), c. 31. X. de privil. (5. 33), c. 2. de restit. spoliat. in VI. (2. 5), wovon sich die Anwendung in unzähligen Urkunden zeigt, namentlich in denen, welche Duncker über den Quasibesitz (Reyscher Zeitschrift II. 2, 39—47) anführt. Aus dem canonischen Recht kam diese Theorie in das deutsche Recht. In dessen Ansicht von der Gewere an Rechten lag zwar Etwas, das diesen Uebergang erleichterte, Deutsche Rechtsgeschichte §. 516. Note 5. 6. 7. Allein es ist, wie Bruns Besitz S. 328—341. gezeigt hat, unrichtig, wenn Duncker meint, daß das canonische Recht seine Theorie aus dem deutschen Rechte geschöpft habe. Dasselbe entwickelte sich vielmehr selbstständig nach seinen eigenen Bedürfnissen. Es theilte dann seine Ansichten den Schriftstellern des Civilrechts mit, Bruns Besitz S. 121—126. 237—242., und nach der dadurch allgemein herrschend gewordenen Doctrin haben die Reichsgesetze eine quasi possessio an Rechten angenommen, Reichsabsch. von 1512. Tit. IV. §. 12., von 1548. §. 59., Landfrieden von 1548. Eingang §. 1., Reichsabsch. von 1576. §. 105., Instr. pac. Osnabr. 1648. art. V. §. 4.

7) Reichsabsch. von 1548. §. 59., von 1576. §. 105. Man sehe über diesen Satz auch Duncker Quasibesitz (Reyscher Zeitschr. II. 2, 57—60), Bruns Besitz S. 201—203.

8) Manches ist jedoch dabei controvers, Duncker Reallasten S. 101—103., Quasibesitz (Reyscher Zeitschr. II. 2, 78—86), Bruns Besitz S. 210—214.

9) Reichsabsch. von 1548. §. 56. 63., von 1576. §. 20. 104., von 1594. §. 16.

10) Duncker Reallasten S. 97—99. verneint dieses. Die Geschichte dieser alten Controverse giebt Bruns Besitz S. 121. 122. 124. 195. 242. 243. 383. 384. 406—408.

11) Diese Auffassung bestreitet jedoch Duncker Reallasten S. 97—99.

interdictum unde vi, die actio spolii und das summariissimum [12]. Die Weigerung der Entrichtung wird dabei von Einigen als Spolium, von Anderen blos als Störung angesehen [13]. Eine Besitzverletzung kann auch durch einen Dritten geschehen, der den Berechtigten an der Ausübung seines Rechtes hindert, oder sich selbst die Ausübung anmaßt [14]. VII. Für das Petitorium giebt die Praxis nach einer ganz richtigen Analogie die actio confessoria gegen den, der widerrechtlich die Leistungen verweigert, die actio negatoria gegen den, der Leistungen widerrechtlich fordert. Die Klage auf die einzelnen fälligen Leistungen ist eine obligatorische actio in factum [15]. Bei den fälschlich so genannten Reallasten muß man aus dem Verleihungsverhältniß klagen, oder, wenn man frei zu sein behauptet, das Verleihungsverhältniß anfechten.

D) Entstehung der Reallasten.

152. Entstehungsgründe der Reallasten sind folgende. I. Gesetz und Herkommen. Neue Gesetze der Art werden nicht leicht mehr vorkommen; doch sind sie nicht undenkbar, zum Beispiel als gesetzliche Auferlegung von Frohndiensten zum Kirchenbau [1]. II. Ein Vertrag [2]. Aus dem Standpunkt des römischen Rechts geht dieses nicht, weil dasselbe solche Lasten als eine dingliche, die Sache selbst verpflichtende Rechtsform nicht kennt [3]. Nach dem allgemeinen Herkommen ist dieses im deutschen Recht anders. Es muß daher die Errichtung der herkömmlichen Arten von Reallasten durch Vertrag eben so gut für möglich erachtet

12) Die Geschichte dieser Lehre zeigt Bruns Besitz S. 120. 121. 203—210. 243—248. 384. 408. 422.

13) Die Geschichte dieser Controverse giebt Bruns S. 210—214. 244. 409. 423.

14) Das Nähere giebt Bruns S. 214—219.

15) Gegen die Namen jener Klagen erklärt sich Mittermaier I. §. 173. Für dieselben ist Duncker Reallasten §. 23., und zwar soll nach seinem Grundprincip auch auf die einzelne Leistung mit der actio confessoria geklagt werden. Gerber §. 170. Note 2. will dagegen nach seinem Obligationenprincip auch für die Last als Ganzes nur eine persönliche Klage zulassen.

1) Unbegründet ist, was Gerber §. 169. dagegen sagt.

2) Die verschiedenen Ansichten darüber beleuchtet genau Duncker Begründung der Reallasten durch Vertrag (Reyscher Zeitschr. XI. 450—491).

3) Fr. 81. §. 1. D. de contrah. emt. (18. 1).

werden, als durch Vertrag Servituten und Hypotheken constituirt werden können[4]). Nur muß da, wo bei Rechten an Sachen zu ihrer Wirksamkeit gegen Dritte die Eintragung ins Grund- oder Hypothekenbuch vorgeschrieben ist, dieses auch auf die Reallasten angewendet werden. III. Eine letztwillige Verfügung. Davon muß dasselbe gelten, wie von einem Vertrage. IV. Die Verjährung. Wenn die Reallasten ein durch das Herkommen anerkanntes Institut sind, und sie durch Vertrag begründet werden können, so ist kein haltbarer Grund vorhanden, da, wo Einer von dem Nichteigenthümer eines Grundstückes eine Reallast an demselben in gutem Glauben und durch einen rechtmäßigen Titel constituirt erhalten hat, die erwerbende Verjährung von zehn und zwanzig Jahren nicht zuzulassen[5]). Jedenfalls ist nach dreißig Jahren auf der anderen Seite die Klage auf Freiheit erloschen, so daß sich der Besitzer mit den Besitzklagen im Besitz der Leistung behaupten kann[6]).

E) Erlöschungsgründe der Reallasten. 1) Gewöhnliche Fälle.

153. Erlöschungsgründe der Reallasten sind folgende. I. Die Consolidation nach allgemeinem Grundsatz[1]). II. Ein Vertrag oder eine letztwillige Verfügung. III. Die Verjährung. Die Klage auf jede einzelne Leistung ist nach dreißig Jahren, nachdem sie

---

4) Dieser Ansicht ist gegen seine frühere verneinende Meinung nun auch Duncker. Allein er verlangt, daß zum Vertrag immer die Confirmation des Richters hinzukomme. Ihm folgt durchaus Gerber §. 169, wiewohl es für sein Obligationenprincip nicht paßt. Duncker stützt sich auf das ältere deutsche Recht, was aber nicht entscheiden kann. Denn erstlich findet sich darin nur eine Bestimmung für den reservirten oder den constituirten Grundzins, Deutsche Rechtsgeschichte §. 218. Note 8. §. 516. Note 8. 9. 10. Zweitens ist die Lehre von der Gewere nicht in verwandte Begriffe des römischen Rechts aufgenommen, sondern völlig bei Seite geworfen worden, so daß man daraus nichts folgern kann. Die deutsche Praxis nahm entschieden an, daß ein gegen einen Dritten wirksames Retractrecht an einer Sache durch bloßen Vertrag ertheilt werden könnte, Meichßner Formular 1563. Fol. 6b. Dieses bietet eine klare Analogie.

5) Die meisten neueren Schriftsteller sind freilich anderer Meinung, Mittermaier I. §. 196.

6) Dieses meint auch Duncker Reallasten §. 28. 29.

1) Fr. 30. pr. D. de servit. praed. urban. (8. 2). Man sehe darüber Duncker Reallasten §. 30. Es ist ein Versehen, wenn Maurenbrecher I. §. 320. Note 13. Duncker die entgegengesetzte Meinung zuschreibt.

fällig geworden, verjährt [2]). Das Recht auf die Last als Ganzes ist durch dreißigjährigen, oder bei der Kirche durch vierzigjährigen Nichtgebrauch erloschen, weil in der Nichtgeltendmachung des Rechts auf die einzelne Leistung zugleich die Nichtgeltendmachung des Rechts als Ganzes enthalten ist [3]). IV. Die Umwandlung. Hier bleibt der Idee nach die Last an sich bestehen, und nur ihre Form wird verändert. In so fern aber eine Last nur in einer bestimmten Form ein juristischer Gegenstand ist, muß man doch diesen Fall juristisch so behandeln, als ob dadurch die alte Last aufhören und eine neue an deren Stelle treten solle. Es ist also beziehungsweise das von der Entstehung und Aufhebung durch Gesetz, Vertrag und Verjährung Gesagte zur Anwendung zu bringen [4]). V. Ein aufhebendes Gesetz, welches jedoch, wenn es nicht Willkühr an die Stelle des Rechts setzen will, eine Aufhebung nur gegen Entschädigung festsetzen darf [5]).

2) Umwandlung durch Rentenbanken.

154. Eine eigenthümliche Art der Aufhebung ist die durch die Concurrenz von Rentenbanken [1]). Dieses ist eine Erfindung der Neuzeit, wobei das in Preußen erschienene Gesetz als Repräsentant dienen kann [2]). Dieses geht davon aus, daß der Verpflichtete die Reallast durch Entrichtung des achtzehnfachen Wer-

---

2) C. 7. §. 6. C. de praescript. 30 ann. (7. 39). Darin stimmen alle Schriftsteller zu; nur Duncker Reallasten §. 32. bestreitet die Anwendbarkeit jener Stelle, weil sie von obligatorischen Leistungen rede, als welche Duncker weder die Reallast als Ganzes noch die einzelne Leistung gelten läßt.

3) Dafür ist auch c. 4. X. de praescript. (2. 26). Zustimmend sind Duncker Reallasten §. 33., Gerber §. 171. Note 4., letzterer jedoch mit Beimischung seiner irrigen Grundansicht. Andere wollen dagegen hier die Verjährung des Rechts selbst gar nicht zulassen; so Mittermaier I. §. 198., Maurenbrecher I. §. 324. Andere verlangen dazu, daß der Belastete sich durch Widerspruch gegen das Recht zuvor in den Besitz der Freiheit gesetzt habe, Thibaut Besitz und Verjährung S. 157.

4) Darüber, besonders über die Verjährung, giebt es jedoch mancherlei abweichende Meinungen. Man sehe Duncker Reallasten §. 34., Gründler Polemik I. §. 245.

5) Ein Verzeichniß der neuen Gesetze dieser Art giebt Gengler Lehrbuch §. 74. Die politische und staatswirthschaftliche Seite dieser Frage gehört nicht hieher.

1) Dieser Gegenstand ist noch gar nicht in die Lehrbücher aufgenommen.

2) Gesetz über die Ablösung der Reallasten vom 2. März 1850., Gesetz über die Errichtung von Rentenbanken vom 2. März 1850.

thes der jährlichen Leistung ablösen kann, und zugleich ist für den Fall, wo die Leistung in Naturalien oder Diensten besteht, die Art festgesetzt, wie dieselbe auf Geld zu reduciren ist. Für den Fall aber, daß der Verpflichtete die dazu erforderliche Capitalsumme nicht anders aufbringen will oder kann, erbietet sich die Rentenbank, dem Berechtigten ein Kapital im zwanzigfachen Werth der Rente zu ersetzen; jedoch nicht baar, sondern in einem Rentenbrief, den die Bank mit vier Procent jährlich verzinst, und der wie ein Staatsschuldschein in Circulation gesetzt werden kann. Der Verpflichtete zahlt aber inzwischen die auf Geld reducirte jährliche Leistung an die Rentenbank fort, so daß diese auf je fünf, die sie einnimmt, gegen das, was sie dafür an Zins ausgiebt, Eins gewinnt. Diesen Gewinn benutzt sie zur successiven Tilgung der Rentenbriefe, so daß nach $41^{1}/_{12}$ Jahren diese Briefe getilgt und die Verpflichteten von aller Last frei sind. In diesem Verhältnisse stecken also juristisch betrachtet drei Elemente: dem Berechtigten gegenüber Umwandlung der Reallast in eine Capitalschuld mit Substituirung eines neuen Debitors, nämlich der Rentenbank; dem Verpflichteten gegenüber Substituirung eines neuen Berechtigten für die Reallast, nämlich der Rentenbank; endlich eine Geschäftsführung der Rentenbank für den Verpflichteten zur successiven Tilgung seiner Last. Der politische Gedanke dabei ist auch, den im Bauernstand künstlich erregten Haß gegen die, denen er Lasten zu entrichten hat, von denselben abzuleiten, und die Rentenbank mit ihrer wohlthätigen Absicht in die Mitte zu stellen.

F) Einzelne Arten der Reallasten.

155. Der Begriff von Reallast ist eine Abstraction, welche die neuere Wissenschaft erzeugt hat. Unter demselben könnten im Systeme alle dahin gehörenden Verhältnisse abgehandelt werden. Dennoch giebt es überwiegende Gründe dieses nicht zu thun. Erstens sind diese Verhältnisse ganz unabhängig von einander und zu sehr verschiedenen Zwecken entstanden, und haben außer jener Abstraction wenig mit einander gemein. Zweitens sind denselben außer jenem Gesichtspunkt noch andere juristische Gesichts-

punkte beigemischt. Drittens läßt sich deren Natur und Zweck am besten in Verbindung mit dem Institute, woraus sie hervorgegangen, darstellen und erkennen. Viertens können gewisse Formen von Leistungen, je nach dem dabei concurrirenden Hauptverhältnisse, wirkliche Reallasten oder etwas Anderes sein, in welchem letzteren Falle sie nicht hieher gehören. Doch haben sie in beiden Fällen so viel Gemeinschaftliches, daß sie nicht füglich zu trennen sind. Es genügt daher hier eine Uebersicht der wichtigsten Arten zu geben. I. Die Grundsteuern sind ihrer Natur nach wahre Reallasten, haben aber ihre eigene Gesetzgebung und gehören weiter nicht hieher. II. Die Deich- und Siellast ist gleichfalls eine wahre Reallast, aber auch nicht privatrechtlicher Art [1]. III. Die Zehnten sind, der weit überwiegenden Zahl nach, ebenfalls wahre Reallasten; sie können jedoch auch bei verliehenen Grundstücken als Pachtzins vorkommen. Von ihnen wird bei den bäuerlichen Lasten die Rede sein, weil dieses die häufigste Anwendung derselben ist. IV. Die vom Schuldner seinem Grundstück für ein empfangenes Capital auferlegte Geldrente ist eine wahre Reallast. Davon wird jedoch am besten in Verbindung mit dem Rentenkauf gehandelt. V. Der aus einem Grundstück zu zahlende Census in Geld oder Naturalien ist nach Umständen eine wahre oder eine fälschlich so genannte Reallast. Beides kann bei städtischen wie bei ländlichen Grundstücken vorkommen. Letzteres ist jedoch das Gewöhnlichere; daher ist bei den Bauerngütern davon zu handeln. VI. Die Frohnden können Staats- oder Gemeinde- oder Privatlasten sein. In den beiden ersten Fällen sind sie immer wahre Reallasten. Im letzteren Falle können sie auch als Bedingung der Verleihung vorkommen. Von ihnen ist ebenfalls bei den Bauerngütern zu sprechen. VII. Endlich können im Familienrechte jährliche Prästationen den Character einer Reallast haben, bei der Leibzucht, der Apanage, dem Witthum. Davon muß dort die Rede sein.

---

1) Man sehe darüber §. 161.

VIII. Von der Einwirkung der Hoheitsrechte und Regalien auf das Sachenrecht [1]). A) Allgemeine Grundbegriffe.

156. Es liegt in der Natur der Sache, daß wo ein öffentliches Interesse mit den Privatrechten in Conflict kommt, Letztere dem Ersten untergeordnet werden müssen. Das öffentliche Interesse ist entweder ein gemeinnütziges Interesse des Publikums, oder ein finanzielles Interesse des Staates. Im zweiten Falle nehmen die daraus fließenden Rechte der Staatsgewalt einen näheren privatrechtlichen Charakter an. Dieses zeigt sich bei den Regalien. Unter regalia wurden im Mittelalter alle an dem Reiche hängenden Hoheitsrechte verstanden [2]). Die häufigen Verleihungen derselben an die geistlichen und weltlichen Reichsstände hatten die natürliche Folge, daß jedes dieser Regalien einen wie ein Privatrecht genau begränzten Begriff erhielt. Insbesondere war dieses bei den nutzbringenden Regalien der Fall, und diese wurden auch vorzugsweise unter den Regalien aufgezählt [3]). Mit

---

1) Es ist irrig und wird keine Nachahmung finden, wenn Gerber §. 67. von dieser Lehre das Allgemeine blos unter dem Gesichtspunkt des Erwerbs der Rechte durch Privilegien, das Einzelne zerrissen an verschiedenen Stellen des Systems abhandelt. Das Gemeinschaftliche derselben ist, daß dabei mehr oder weniger ein öffentliches Interesse concurrirt. Aus diesem Grunde hat die Staatsgewalt diese Rechte an sich gezogen, und diesen Gesichtspunkt hält sie auch bei der Verleihung durch Privilegien an Privaten fest.

2) Die Beweisstellen giebt meine Deutsche Rechtsgeschichte §. 177. Note 2. §. 227. Note 12.

3) Dieses zeigt sich in dem Verzeichniß der Regalien in Frider. I. Curia Roncaliae 1158. const. de regalibus (Pertz Leges II. 111). Regalia sunt hec; Arimanie, vie publice, flumina, navigabilia, et ex quibus fiunt navigabilia, portus, ripatica, vectigalia que vulgo dicuntur tholonea, monete, mulctarum penarumque compendia, bona vacantia, et que indignis legibus auferuntur, nisi que specialiter quibusdam conceduntur, et bona contrahentium incestas nuptias, et dampnatorum et proscriptorum secundum quod in novis constitutionibus cavetur, angariarum et parangariarum et plaustrorum, et navium prestationes, et extraordinaria collatio ad felicissimam regalis numinis expeditionem, potestas constituendorum magistratuum ad iustitiam expediendam, argentarie, et palatia in civitatibus consuetis, piscationum redditus, et salinarum, et bona committentium crimen maiestatis, et dimidium thesauri inventi in loco Cesaris, non data opera, vel in loco religioso; si data opera, totum ad eum pertinet. — In dieser Aufzählung sind, um sie auf die heutigen Ansichten zurückzuführen, drei Bestandtheile zu unterscheiden. Erstens die königlichen Gerechtsame, die wir jetzt Hoheitsrechte, nicht mehr Regalien nennen, wie die Heerbannsrechte (arimannie), die Verleihung der Gerichtsbarkeit. Zweitens die Gerechtsame, die aus einem wirklichen Eigenthum herrührten, wie die an den Palatien, an den Silbergruben und Salinen des Reiches. Dieses Eigenthum wird jetzt auch

dem langobardischen Lehnrecht, worin diese Aufzählung aufgenommen wurde [4]), gieng dieselbe auch in die deutsche Jurisprudenz über [5]). Seit dem sechzehnten Jahrhundert wurden die Regalien aus drei Gründen noch erweitert. Erstens machte der neue unbestimmte Begriff von Landeshoheit die Ausdehnung der landesherrlichen Gerechtsame möglich. Zweitens nöthigten die Finanzbedürfnisse der Fürsten, die gegebenen Hülfsquellen nach Kräften zu benutzen, wobei man leicht über das Maß hinaus gieng. Drittens machte die Beförderung der Landeswohlfahrt in manchen Fällen eine tiefere Einwirkung der öffentlichen Gewalt nothwendig, wozu man das Recht in dem Gesichtspunkt und Namen eines Regals zu finden glaubte. Die fortschreitende Wissenschaft des neuern Staatsrechts führte aber allmählig zu genaueren Begriffsbestimmungen. Man unterschied und unterscheidet die wesentlichen und die zufälligen Regalien, oder besser die Hoheitsrechte und die Regalien, das heißt die Rechte der Staatsgewalt, welche jetzt als zur Natur der Staatshoheit gehörend und als unveräußerlich angesehen werden, und diejenigen Rechte, welche zum Regieren nicht wesentlich sind und an Privaten veräußert werden können. Aus jeder dieser beiden Arten können in einer doppelten Richtung Einwirkungen auf das Privatrecht hervorgehen: einmal auf das Sachenrecht, zweitens auf die persönliche Freiheit und das Gewerbewesen. Nur die Ersteren gehören hieher. Bei der Darstellung derselben sind aber diejenigen, welche aus Hoheitsrechten und diejenigen, welche aus Regalien entstehen, soviel wie möglich als zwei Klassen zu trennen [6]), wiewohl es Gegenstände giebt, an welchen beiderlei Rechte concurriren.

157. Der Character eines eigentlichen Regals besteht nach

---

nicht mehr ein Regal genannt. Drittens die Reichsrechte, welche fiscalische Nutzungen gewährten. Darin fließen die Gerechtsame, die man jetzt Hoheitsrechte und die man Regalien im engeren Sinne nennt, in einander, sind aber nach dem heutigen Standpunkt der Wissenschaft zu unterscheiden.

4) II. Feud. 56.

5) Dieses beweist Ulrich Tengler Layenspiegel Th. I. Tit. Von Regalien., Statutenbuch von 1572 Fol. 109 b.

6) Dieses geschieht in keinem der vorhandenen Lehrbücher, was Gerber mit Recht tadelt.

dieser Begränzung darin, daß es eine nutzbare öffentliche Gerechtsame ist, die der Staatsgewalt nach Gesetz und Herkommen ausschließlich zusteht, aber an Andere veräußert werden kann [1]). Die Veräußerung geht jedoch nicht auf das Recht selbst, sondern nur auf die Ausübung desselben. Eine Ausnahme bestand zu Gunsten der Reichsstände, indem diese vom Kaiser Regalien auch zur Proprietät erhielten [2]). Die gewöhnliche Form der Verleihung war aber die Investitur nach Lehurecht [3]), wovon es noch Ueberreste giebt. Jetzt geschieht die Verleihung durch Concession, wobei die Analogie der Privilegien zur Anwendung kommt. Natürlich bleibt der Beliehene nicht blos den Bedingungen der Verleihung, sondern auch den allgemeinen Staatshoheitsrechten unterworfen. So weit die Regalien sich über das Privateigenthum erstrecken, sind sie als eine eigenthümliche Klasse von Rechten an einer fremden Sache anzusehen, und gehen, wie diese, gegen Jeden, der das Grundstück besitzt. Sie sind aber nicht abgelöste Theile des Eigenthums, sondern sie stammen aus einem besonderen Gesichtspunkte. Daher kann auch ein Eigenthümer an seinem eigenen Grundstück ein Regal erwerben, ohne daß darum eine Consolidation eintritt. Uebrigens ist aber Manches von den Servituten auf sie analog anwendbar. Namentlich hat der Beliehene die confessorische Klage und die possessorischen Rechtsmittel.

B) Einwirkung der Hoheitsrechte. 1) Recht der Expropriation [1]).

158. Die Unterordnung des Privatrechts unter das Allgemeine erfordert, daß die Staatsgewalt unter Umständen selbst die Abtretung des Privateigenthums zu verlangen berechtigt sein muß. Zum Schutze des Eigenthums sind jedoch dabei folgende

---

1) Von diesem Begriff handelt Zachariä Regalien (Reyscher Zeitschrift XIII. 319—329).

2) Beweise giebt meine Deutsche Rechtsgeschichte §. 176. Note 14. 19. §. 180. Note 12.

3) Deutsche Rechtsgeschichte §. 238.

1) Treichler über zwangsweise Abtretung von Eigenthum (Reyscher Zeitschrift XII. 123 — 166). Die Abneigung von Gerber, für die Hoheitsrechte eine eigene Rubrik zu bilden, hat bewirkt, daß er §. 90. die Lehre von der Expropriation bei den Erwerbarten des Eigenthums unterbringt.

Regeln festzuhalten. I. Es muß dazu ein hinreichender Zweck vorliegen. Dieser kann allerdings nicht auf das Bedürfniß für das unmittelbare Staatswohl beschränkt, sondern es muß auch ein gemeinnütziges Interesse für zureichend erachtet werden. Jedoch darf die Entscheidung, daß ein solcher Fall vorliege, nicht den Verwaltungsbehörden überlassen sein; sondern es muß entweder die gesetzgebende Gewalt für den gegebenen Fall das Expropriationsrecht aussprechen, oder es müssen durch ein Gesetz im Allgemeinen die Fälle aufgezählt sein, wo zur Expropriation geschritten werden darf. Aber selbst dann noch muß über die Anwendung des Gesetzes durch die Verwaltungsbehörde eine Beschwerde im Verwaltungsweg zuläßig sein. II. Es muß die Nothwendigkeit vorliegen, von dem zustehenden Expropriationsrecht auch wirklich Gebrauch zu machen. Dieses kann daher nicht geschehen, wenn der Zweck eben so gut ohne die Abtretung von Privatrechten erreicht werden könnte. III. Es muß der Vermögensschaden, den der Betroffene durch den Verlust seines Eigenthums erleidet, vollständig ersetzt werden; also nicht blos der Werth der Sache an sich, sondern auch der Nutzen, den sie ihm durch die Verbindung mit seinen übrigen Sachen gewährte. Der bloße Affectionswerth braucht aber nicht ersetzt zu werden, weil dieses nur ein imaginairer Werth ist. IV. Die Entschädigung muß in Ermanglung eines Vergleiches durch eine Behörde ausgemittelt werden, welche in ihrer Zusammensetzung die Gewährleistung ihrer Unparteilichkeit und Unabhängigkeit darbietet. Das Nähere hängt von den Expropriationsgesetzen jedes Landes ab.

2) Einwirkung der Hoheitsrechte auf die Privatwaldungen [1]).

159. Die Wichtigkeit der Holzcultur für das gemeine Be-

---

1) Es sind hier die verschiedenen Gesichtspunkte zu unterscheiden. Erstlich das Recht der Staatsgewalt an den Staatswaldungen (§. 118). Dieses ist ein gewöhnliches Eigenthum, kein Regal. Zweitens die Einwirkung der Staatsgewalt auf die Benutzung der Waldungen der Gemeinden und Privatpersonen (§. 118). Diese fließt aus der Staatshoheit und ist ebenfalls kein Regal. Drittens die Beaufsichtigung der Staatsgewalt über die an den Waldungen zustehenden Servituten (§. 137). Damit verhält es sich eben so. Ein Forstregal giebt es daher nicht, und dieses Wort ist ganz aus der Wissenschaft zu verbannen.

dürfniß hat bei der Zunahme der Population und Abnahme der Waldungen zu der Einsicht geführt, deren Behandlung und Benutzung einer bestimmten Ordnung und öffentlichen Aufsicht zu unterwerfen. Die Einsetzung von Forstbeamten mit einer polizeilichen und richterlichen Gewalt brachte schon das Abschließen von Forsten mit sich [2]; jedoch war dieses nur gegen Forst- und Wildfrevel gerichtet. Eine auch über die Benutzung der Gemeinde- und Privatwaldungen sich erstreckende Beaufsichtigung wurde erst seit dem sechzehnten Jahrhundert ausgebildet [3]. Diese Forsthoheit begreift das Recht, die Befugnisse des Privateigenthums, so weit es im Interesse der Forstcultur nothwendig ist, zu beschränken, Forstordnungen in diesem Sinne zu erlassen, die Vollstreckung derselben zu beaufsichtigen und zu sichern, und die dawider vorfallenden Contraventionen zu bestrafen. Die Beschränkungen des Eigenthums zeigen sich namentlich darin, daß Alles, was zur Holzveräußerung führt, untersagt, eine eigenmächtige Culturveränderung nicht gestattet, und das Fällen des Holzes hinsichtlich der Zeit, des Alters, der zu belassenden Höhe und des Wegführens der Stämme an bestimmte Vorschriften oder gar an die Anweisung der Forstbeamten gebunden, und dem Landesherrn der Vorkauf vorbehalten ist. Das Nähere hängt von den Forstgesetzen jedes Landes ab. Die Forsthoheit erstreckt sich auch über die Nutzungsrechte an fremden Waldungen [4].

3) Beziehung der Staatsgewalt zu den öffentlichen Wegen [1].

160. Das erste Bedürfniß des bürgerlichen Verkehrs ist die Anlegung von Wegen. Daher waren die germanischen Könige von Anbeginn an auf den Unterhalt der von der Römer Zeit vorgefundenen und auf die Anlage neuer Wege bedacht. Eben so gehört dieses noch jetzt zu den ersten Angelegenheiten der

---

2) Man sehe darüber §. 118.

3) Gute Nachweisungen geben Stieglitz Waldrecht §. 31. 32. 33., Renaud Gemeindenutzungen (Reyscher Zeitschrift IX. 56—58).

4) Man sehe darüber §. 137.

1) Es ist, wie sich gleich zeigen wird, ganz irrig, von einem Wegregal zu reden. So thun Eichhorn §. 272., Maurenbrecher I. §. 179. 298., Phillips I. §. 91. Das Richtige hat Gerber §. 62. Doch fehlt es bei Allen an festen Ansichten.

Staatsgewalt. Daraus entspringen folgende Verhältnisse. I. Als zum allgemeinen Gebrauche bestimmt kann bei den öffentlichen Wegen, so lange sie Wege sind, von einer Veräußerung und Eigenthumsdisposition nicht die Rede sein. Sie sind in so weit extra commercium. In so fern aber die Staatsgewalt doch die Macht hat, deren Bestimmung zu verändern und sie zu gewöhnlichen Grundstücken zu machen, kann man ihr daran ein schlummerndes Eigenthum beilegen. Ein Regal ist dieses aber nicht zu nennen [2]). II. Die Staatsgewalt ist zur Förderung des Verkehrs befugt, die zur Sicherheit der Wege und ihres ungehinderten Gebrauches nöthigen Anordnungen zu treffen. Darauf bezogen sich früher die Bestimmungen über den Wegfrieden [3]). Jetzt wird dafür durch die Landes- und Wegepolizei gesorgt. Auch dieses ist kein Regal, sondern fließt aus den allgemeinen Hoheitsrechten [4]). III. Die Staatsgewalt ist berechtigt, zum Unterhalt der Wege von denjenigen, die sich derselben bedienen, eine Abgabe zu erheben [5]). Dieses fließt, strenge genommen, schon aus ihrem Eigenthum; jedenfalls aus ihrem allgemeinen Besteuerungsrecht, und ist eben so wenig ein Regal zu nennen. IV. Die Staatsgewalt ist berechtigt, zum Unterhalt der Wege als zu einem öffentlichen Zwecke die Naturaldienste der Unterthanen in Anspruch zu nehmen [6]), und zur Anlegung neuer Wege nöthigenfalls die Expropriation zu verlangen. Auch dieses ist kein Regal. V. Jeder Privatmann ist befugt, über sein Grundeigenthum einen öffentlichen Weg anzulegen. Allein das Recht, Wegegelder zu erheben, weil es eine Art von Besteuerung ist, muß er von der Staatsgewalt verlie-

---

2) Im Mittelalter wurden zwar auch die Gegenstände, woran das Reich das Eigenthum hatte, regalia genannt. Dieses ist aber für den jetzigen Standpunkt nicht mehr maßgebend (§. 156. Note 3).

3) Man sehe meine Deutsche Rechtsgeschichte §. 57. Note 8. §. 253. Note 11.

4) Im Mittelalter konnten zwar die viae publicae auch unter diesem Gesichtspunkt zu den regalia gezählt werden. Dieses ist aber jetzt nicht mehr maßgebend (§. 156. Note 3).

5) Dieses geschah schon im fränkischen Reiche, Deutsche Rechtsgeschichte §. 121. Note 6. §. 246. Note 1. 4. Daß es zu jenem Zwecke geschehen sollte, bezeugt der Reichsabsch. von 1670 (Koch IV. 75).

6) Dieses geschah schon im fränkischen Reiche, Deutsche Rechtsgeschichte §. 123. Note 1.

hen erhalten, hat aber dann auch für den Unterhalt des Weges Sorge zu tragen.

4) Einwirkung der Staatsgewalt beim Deichwesen [1].

161. Der Schutz gegen Ueberschwemmungen ist in niedrig liegenden Gegenden für die dortigen Einwohner und für die Landescultur ein so wichtiger Gegenstand, daß die Einwirkung der Staatsgewalt darauf durchaus nothwendig und gerechtfertigt ist. Schon im Mittelalter war daher die Anlegung und der Unterhalt von Dämmen den anliegenden Dörfern zur Pflicht gemacht [2], und es bildeten sich dadurch eigene Deichgenossenschaften, Deichbände oder Deichachten. Jetzt ist die Staatsgewalt noch bestimmter hinzugetreten. Es entstehen dabei folgende Verhältnisse. I. Der Landesherr ist kraft seiner Sorgfalt für das allgemeine Wohl befugt, alle zur Anlegung und zum Unterhalt nöthiger Dämme erforderlichen dauernden Anordnungen zu treffen, also Deichgesetze zu erlassen, Beamten anzustellen, den Bau zu leiten, den Unterhalt durch regelmäßigen Deichschau beaufsichtigen zu lassen, die dabei entstehenden Streitigkeiten zu entscheiden, und auf die Deichbände, wo solche organisirt bestehen, in der geeigneten Weise einzuwirken. Die Beamten der Deichbände, die Deichgrafen, Deichgeschworene und Andere, hängen von den Einrichtungen jedes Landes ab. Ferner ist der Landesherr berechtigt, den Deichfrieden durch besondere Strafen zu schützen, bei einem Durchbruch alle Einwohner der Gegend, auch die nicht bedrohten, bei Strafe zur Nothhülfe aufzubieten [3], und zur Anlegung der Dämme Expropriationen vorzunehmen. Alles dieses fließt aus den allgemeinen Hoheitsrechten, und ist nicht ein Regal zu nennen [4].

---

1) Vieles Material und die Litteratur hat Runde §. 113 — 123. Aus ihm haben die neueren Lehrbücher geschöpft. Besonders lehrreich ist: Thünen Geschichtliche und rechtliche Begründung der deichrechtlichen Zustände in der Herrschaft Jever. Oldenburg 1847. Gerber §. 60. Note 2. glaubt das System zu vereinfachen, indem er diese Lehre gar nicht aufnimmt, was allerdings das Leichteste ist.

2) Sachsensp. II. 56. §. 1.

3) Sachsensp. II. 56. §. 1.

4) So thut ausdrücklich Maurenbrecher I. §. 299., was Gerber mit Recht rügt.

II. Der leitende Gesichtspunkt für die Rechtsverhältnisse bei einem Deiche ist, daß er das Mittel sei, dem die Grundstücke auf die Dauer ihre Erhaltung verdanken. Daraus ergeben sich folgende Sätze. 1) Wenn ein Deich als nothwendig erkannt ist, sind die Besitzer aller bedrohten Grundstücke zu dessen Errichtung mitzuwirken verbunden. Wenn jedoch die Nothwendigkeit blos aus einem Vortheil für den Staat entspringt, so hat dieser allein die Kosten zu tragen[5]). 2) Eben so sind die Besitzer aller durch den Deich geschützten Grundstücke zu dessen Unterhalt zu contribuiren verpflichtet, und dagegen kann kein Stand, keine Exemtion, selbst die unvordenkliche Verjährung nicht schützen, weil es gegen die Pflichten der Selbsterhaltung keine Privilegien und keine Verjährung geben kann. 3) Die Deichlast trifft nicht die uncultivirten Grundstücke, weil diese durch Ueberschwemmung nicht zerstört werden; auch nicht diejenigen, die durch ihre hohe Lage von selbst geschützt sind. 4) Die Deichlast und das Grundstück sind unzertrennlich mit einander verbunden, und jene ist eine wahre Reallast desselben. „Kein Deich ohne Land, kein Land ohne Deich." Der Eigenthümer des Grundstückes kann sich daher durch dessen Dereliction der Deichlast entziehen. 5) Umgekehrt kann aber auch die Nichtentrichtung der Deichlast als Verzicht auf die Erhaltung des Grundstückes und als Dereliction desselben angesehen werden. „Wer nicht kann deichen, der muß weichen." Die Uebernahme der Deichlast durch einen Anderen zieht dann den Erwerb des Grundstückes nach sich, was von der dabei üblichen Cäremonie das Spadelandsrecht oder Spadenrecht heißt, aber jetzt häufig abgeschafft ist. 6) Die Vertheilung der Deichlast kann auf doppelte Weise geschehen. Die ältere und rohere Form ist die Pfanddeichung, wo jedem zum Deichbande gehörenden Grundstücke nach Verhältniß ein Stück des Deiches (Pfand, Deichkabel) angewiesen wird, welches der Besitzer unterhalten (schaufrei erhalten) muß, was sich jedoch nicht auf außerordentliche Vorfälle erstreckt. Die jetzt gewöhnlichere Form ist, daß der Deichbau in Communion aus der Deichcasse bestrit-

5) So sagt auch das Preuß. Landr. II. 15. §. 66.

ten und die Kosten nach Verhältniß repartirt werden. In beiden Fällen ist aber, nach der Consequenz des Grundprincips, nicht blos auf die Größe, sondern auch auf die Güte des geschützten Grundstückes Rücksicht zu nehmen [6]). 7) Bei außerordentlichen Lasten, die einem größeren Gebiete zu Gute kommen, sind beziehungsweise auch die benachbarten Deichbände zu einer Beihülfe heranzuziehen. 8) Wird eine Einlage, das heißt die Anlegung eines neuen Dammes mehr landeinwärts vorgenommen, und dadurch das ausgedeichte Land der Zerstörung Preis gegeben, so ist für den Eigenthümer desselben zu unterscheiden. War der alte Damm unhaltbar, so trifft den Eigenthümer die Veränderung als ein durch unabwendbare Gewalt entstandener Zufall. Ist aber der neue Damm nur aus Gründen der Zweckmäßigkeit im Interesse des Deichbandes errichtet worden, so kann der Eigenthümer des ausgedeichten Landes Entschädigung fordern [7]). Jedenfalls wird er von der Deichlast so wie von öffentlichen Lasten frei. III. Mit den Deichen in Verbindung stehen die Sielen, das heißt Schleusen mit den dazu gehörenden Abzugscanälen, um das hinter dem Deich sich sammelnde Regenwasser durch den Deich abzuleiten oder Fluthwasser zur Bewässerung einzulassen. Zu diesen Sielen haben diejenigen beizutragen, deren Land dadurch entwässert wird, und diese bilden daher besondere Sielachten, von denen im Kleinen dasselbe wie von den Deichbänden gilt. IV. In Beziehung auf die Eigenthumsfrage ist der Deich als Eigenthum des Deichbandes oder des Staates anzusehen, je nachdem dieser oder jener ihn gebaut hat. Jedoch ist daran diejenige Nutzung zu gestatten, die sich mit dessen Bestimmung verträgt. Das zwischen dem Wasser und dem Deiche liegende Vorland ist als Accession und Fortsetzung des nächsten Binnenlandes zur Compensation seiner größeren Gefahr und Belastung anzusehen [8]). V. Alles was den Deichbau als solchen und den Unter-

---

6) Dieses ergiebt sich auch aus dem Preuß. Landr. II. 15. §. 65. Doch ist dieser Punkt controvers, Gründler Polemik II. §. 447.

7) Doch wird auch darüber gestritten, Gründler Polemik II. §. 449., Maurenbrecher I. §. 329. Note 10.

8) Doch ist dieses controvers, Gründler Polemik II. §. 448.

halt der Deiche betrifft, ist als Regierungssache zu betrachten. Hingegen Justizsachen sind die daraus entstehenden privatrechtlichen Streitigkeiten, als über die Vertheilung der Deichlast, über den Kostenbetrag, über den Schadenersatz wegen unterlassener Reparatur des Dammes [9]).

C) Einwirkung der Regalien auf das Sachenrecht. 1) Von dem Bergregal [1]).
a) Begriff und Entstehung desselben.

162. Die Gewinnung der im Boden enthaltenen Schätze ist für ein Land von so allgemeinem und weitreichendem Interesse, daß die Staatsgewalt dieselbe als eine Angelegenheit des gemeinen Wohles behandeln und fördern muß. Zu diesem Zwecke muß sie vor Allem denen, die sich diesem kostspieligen und gewagten Unternehmen widmen wollen, die Eröffnung und Betreibung des Bergbaues auch auf fremdem Boden möglich machen. Insbesondere ist es nothwendig, daß derselbe, unabhängig von den auf der Erdoberfläche bestehenden Eigenthumsgränzen, die unter derselben befindlichen Gesteine ungehindert aufsuchen und verfolgen könne, zu welchem Zwecke die nöthigen Beschränkungen und Expropriationen des Privateigenthums gesetzlich zugelassen sein müssen. Zugleich erfordert aber der Bergbau zur Gewinnung aller im Boden vorfindlichen Mineralien, zur Sicherheit der dazu verwendeten zahlreichen Arbeiter, zur Vermeidung nachtheiliger Collisionen, feste technische Regeln, wozu eine besondere Gesetzgebung und organisirte Beaufsichtigung durch die Staatsgewalt unentbehrlich ist. Endlich muß dieselbe auch berechtigt sein, für die dem Bergbau erwiesene Berücksichtigung und für den dadurch verschafften Gewinn eine angemessene Besteuerung, so wie anderen Nahrungszweigen aufzuerlegen. Alle diese Rechte fließen schon aus dem allgemeinen Hoheitsrechte, und damit kann man schon weit kommen. Es wird aber allerdings die Behandlung vereinfacht und erleichtert, wenn man die im Boden vor-

---

9) Doch wird auch darüber gestritten, Gründler Polemik II. §. 445.

1) Die Quellen und Litteratur des Bergrechts findet man unter Anderen bei Gengler Lehrbuch §. 81. 82. Sehr lehrreich ist die Darstellung von J. Weiske in Dessen Rechtslexikon I. 931 — 969. Wichtig als Zeugniß der Doctrin ist auch das Preuß. Landr. II. 16.

handenen Schätze als einen zur Zeit herrenlosen Gegenstand ansieht, und dem Fiscus daran das ausschließliche Occupationsrecht beilegt, dem das Privateigenthum schlechthin untergeordnet wird, und welches er unter den ihm nützlich scheinenden Bedingungen auf Privaten übertragen kann. Dieses ist der Gedanke, welcher der Regalität des Bergbaues zum Grunde liegt.

163. Bei den Römern wurden die Mineralien als Pertinenz des Bodens angesehen, und der Staat hatte nur auf diejenigen ein ausschließliches Recht, die zum Boden der Republik gehörten, oder deren Gruben bei der Eroberung eines Landes als Staatsgut eingezogen worden waren. Doch wurden in der späteren Kaiserzeit Goldgruben und Marmorbrüche Privaten auch auf fremdem Boden gegen einen Canon gestattet [1]). Bei den Germanen [2]) erscheinen die Fossilien ursprünglich ebenfalls nur als Zubehör der Reichsgüter und der Haupthöfe von Privaten [3]). Im zwölften Jahrhundert wurden aber am kaiserlichen Hofe, man weiß nicht auf welche Veranlassung, die Metalle, insbesondere die Silbergruben, zu den Rechten des Reiches und zu den königlichen Gerechtsamen (regalia) gezählt [4]), und von den Kaisern einzelnen Stiften und weltlichen Fürsten, theils auf deren eigenem Boden, theils auf fremdem, gegen einen Theil des Ertrages zum Eigenthum oder zum Lehen ertheilt [5]). Die Goldene Bulle bestätigte die Kurfürsten für ewige Zeiten in dem herkömmlichen Recht an den vorhandenen und künftigen Metallgruben jeder Art und an den Salinen in ihrem Fürstenthum [6]), und auch bei den anderen Reichsständen wurden nun bei der Verleihung der Regalien die Bergwerke und Salzquellen regelmäßig in die Lehnbriefe mit auf-

1) Die Beweisstellen giebt meine Römische Rechtsgeschichte §. 166. 226. 389.

2) Die neueste Schrift über die Geschichte der Regalien ist von Zachariä in Reyscher Zeitschrift XIII. 321—381.

3) Dieses zeigt die Aufzählung in den Urkunden, Deutsche Rechtsgeschichte §. 119. Note 10. §. 485. Note 7.

4) In der Aufzählung von 1156 werden unter den regalia auch die argentariae genannt; allein dieses beweist nichts, da es blos auf die Bergwerke des Reiches gehen kann (§. 156. Note 3).

5) Die Haupturkunden nennt meine Deutsche Rechtsgeschichte §. 248. 520.

6) Aurea bulla a. 1356. cap. IX. §. 1.

genommen. Die Macht des Herkommens und die Theorie der Juristen befestigten dieses dann immer mehr, so daß zuletzt im Reiche das Bergregal als ein Recht der Landeshoheit entschieden anerkannt wurde [7]). Ueber die juristische Bedeutung dieses Regals war man sich nicht klar. Manche Juristen betrachteten es als ein wahres Eigenthum an den regalen Fossilien. Allein die praktische Behandlung führte auf den richtigen Begriff, nämlich den eines ausschließlichen Occupationsrechts des Fiscus an denselben.

164. Der Gebrauch, den die Kaiser und die Reichsstände von diesem Regal machten, nahm jedoch gleich von Anfang an eine eigenthümliche Gestalt an. Selten eigneten sie sich selbst den Bergbau an; sondern um möglichst viele Kräfte für diese dem Lande so nützlichen Unternehmungen zu gewinnen, gestatteten sie Jedem nach Mineralien zu suchen, und begnügten sich, vermittelst ihres Regals den Findern die Betreibung des Bergbaues zu erleichtern, dieselbe an die Bergordnungen und an die Beaufsichtigung der Bergbeamten zu binden, und sie gewissen Abgaben zu unterwerfen [1]). Dieses wird die Freierklärung des Bergbaues genannt. Es kann aber auch das Bergregal selbst in einem Landestheil vom Landesherrn einer Corporation oder einem Magnaten des Landes verliehen worden sein, was man eine Specialverleihung nennt. Dann hat der Belehnte das ausschließliche Recht zum Betriebe des Bergbaues. In beiden Fällen ist aber der Gesichtspunkt des Bergregals und der der Berghoheit zu unterscheiden, was früher nicht gehörig geschehen ist. Daher sind auch im zweiten Falle die aus der Berghoheit fließenden Rechte im Zweifel nicht als mitverliehen anzusehen, so daß der Belehnte doch den Bergordnungen und landesherrlichen Bergämtern unterworfen bleibt. Endlich kann eine solche allgemeine Verleihung des Bergregals nur für gewisse Arten regaler Fossilien, oder gar nur für

---

7) Die Zeugnisse geben Eichhorn §. 273., Maurenbrecher I. §. 282.

1) Daß diese Freiheit des Suchens schon in den ältesten Bergordnungen vorausgesetzt wird und nicht erst im sechzehnten Jahrhundert eingeführt worden, zeigt gegen die gewöhnliche Meinung Weiske in Dessen Rechtslexikon I. 935–940.

einzelne Rechte des Bergregals, zum Beispiel für den landesherrlichen Zehnten, geschehen sein. Dann ist sie eine concessio minus plena.

b) Umfang des Bergregals.

165. Hinsichtlich der Frage, welche Fossilien regal seien, läßt sich aus der Natur der Sache wenig folgern. Es concurriren dabei verschiedene Gesichtspunkte, von denen jedoch keiner allein zu einer vollständigen Entscheidung genügt. I. Der eine Gesichtspunkt ist, daß dasjenige, was so tief im Boden eines Anderen steckt, daß es nur durch große das Maß seiner Kräfte und die Gränzen seines Eigenthums übersteigende Anstrengungen gewonnen werden kann, in Wahrheit als für ihn nicht vorhanden und als herrenlos angesehen werden darf. Nach diesem Gesichtspunkt müßte Alles nicht regal sein, was leicht auf der Oberfläche gewonnen werden kann. II. Ein anderer Gesichtspunkt ist, daß ein Staat aus staatswirthschaftlichen Gründen ein Interesse dabei habe, daß Alles, was im Boden steckt, zu Tage gefördert und in den Verkehr gebracht werde, daß demnach die Gewinnung der Mineralien auch aus einem fremden Boden gestattet sein müsse. Aus diesem Gesichtspunkt kann man das Regal sehr weit ausdehnen. III. Ein dritter Gesichtspunkt ist, daß die Staatsgewalt sowohl im Interesse des Bergbaues als in dem der Arbeiter berechtigt sein müsse, die Betreibung desselben an eine Concession und Beaufsichtigung zu binden. Daraus allein folgt aber ein Regal gar nicht, sondern nur eine Berghoheit, und auch diese beschränkt sich nur auf die Fossilien, die durch einen künstlichen Bergbau gewonnen werden, nicht auf Brüche unter freiem Himmel. IV. Ein vierter Gesichtspunkt ist der fiscalische, aus der Regalität für die Staascasse möglichst Nutzen zu ziehen. Dieses hat gar keine feste Gränze. V. Aus historischen Gründen ist mit Gewißheit zu entnehmen, daß die Metalle und das Salz zu den Regalien gehören [1]. Darüber hinaus ist aber nach dem Geiste dieser Verhältnisse eine Regalität nur da zu

1) Man sehe §. 163.

behaupten, wo die genannten Gesichtspunkte alle vier zusammentreffen. Der Torf ist daher zu den Regalien nicht zu rechnen [2]). Die Landesgesetze enthalten aber jetzt insgemein über jene Frage genaue Bestimmungen.

c) Benutzung des Bergregals durch Privatpersonen.

166. Der leitende Gedanke bei der Freierklärung des Bergbaues ist, durch die freie Concurrenz möglichst viele Kräfte zu solchen Unternehmungen heranzuziehen. Demgemäß hat Jeder wer will das Recht, an jedem beliebigen noch bergfreien Orte nach Mineralien zu suchen, was das Recht zu schürfen heißt, und Jedem, der darum für ein von ihm zu bezeichnendes Feld nachsucht, wird vom Bergamt ohne Weiteres ein für eine gewisse Zeit gültiger Schürfzettel ertheilt [1]). Das Nähere ist im Interesse des Bergbaues und um Collisionen zu verhüten auf folgende Art geordnet. Erstens dürfen zwar auch Andere auf demselben Felde schürfen; jedoch müssen sie von der bereits begonnenen Arbeit des Ersteren eine gewisse, durch die Bergordnungen bestimmte Entfernung beobachten. Zweitens kommt es unter den Concurrenten darauf an, wer zuerst eine Lagerstätte findet; dadurch wird das Alter im Felde bestimmt und die Uebrigen müssen weichen. Drittens muß das gefundene Feld binnen der gehörigen Zeit gemuthet, das heißt beim Bergamt um die Verleihung desselben zum Bergbau nachgesucht, und es darf die Annahme der Muthung ohne erhebliche Gründe nicht verweigert werden. Unter mehreren Muthern geht der Finder, so lange die Frist der Muthung noch nicht verstrichen ist, vor; sonst aber entscheidet das Alter der Muthung. Viertens muß binnen der gesetzlich bestimmten Zeit nach der Annahme der Gang wirklich entblößt oder Verlängerung nachgesucht, auch daran beständig gearbeitet werden, sonst fällt derselbe wieder ins Freie. Fünftens endlich wird nach der vom Bergamt an Ort und Stelle vorgenommenen Untersuchung dem

---

2) Dieser Meinung ist auch Pfeiffer über die Regalität des Torfes (Reyscher Zeitschr. XIII. 223—242).

1) Als Beispiel der dabei vorkommenden näheren Bestimmungen und Formen dient die Preuß. Circularverfügung vom 31. März 1852.

Muther die Verleihung unter Eintragung der verliehenen Gegenstände in das Gegenbuch und Ausfertigung eines Lehnsscheines ertheilt, und die Vermessung des zugetheilten Feldes nach den dafür üblichen genauen Bestimmungen des Bergrechts vorgenommen. Das durch diese Verleihung ertheilte Recht ist genau juristisch ausgedrückt nicht schon ein Eigenthum, sondern nur das Recht, die Fossilien, worauf die Concession ertheilt ist, durch Occupation zu seinem Eigenthum zu machen, ferner das Recht, die zu dieser Occupation nöthigen Anlagen vorzunehmen, und als Folge davon auch das Recht, gegen die benachbarten Grundeigenthümer die erforderlichen Expropriationen durchzusetzen. Hinsichtlich des Eigenthums bestehen daher keine von dem gemeinen Recht abweichenden Grundsätze, sondern dieses wird erworben an dem zu Tage geförderten Gestein durch Occupation, an den zum Bergwerk gehörenden Grundstücken durch Expropriation, an den Anlagen, Geräthschaften und sonstigen zu einer Zeche gehörenden Besitzungen und Gerechtsamen auf die gewöhnliche privatrechtliche Weise [2].

d) Eigenthumsbeschränkungen, die aus dem Bergregal hervorgehen.

167. Das für das Privatrecht Wichtige sind besonders die Eigenthumsbeschränkungen, die aus dem Bergregal hervorgehen. Diese zeigen sich in verschiedenen Richtungen. I. Für das Grundeigenthum überhaupt entstehen daraus folgende Beschränkungen. 1) Der Eigenthümer kann auf seinem Boden nicht nach Belieben regale Fossilien graben, sondern er darf dieses entweder gar nicht, oder, wenn der Bergbau frei erklärt ist, doch nur, wenn er gehörig gemuthet und Concession erhalten hat. 2) Jeder Grundeigenthümer muß auf seinem Boden leiden, daß wer nach Erzen zu schürfen berechtigt ist, dort die nöthigen Arbeiten vornehme; nur sind einige Orte ausgenommen, worüber jedoch die Bergge-

---

2) Es ist daher unrichtig, wenn man für das verliehene Recht einen besonderen Rechtsbegriff aufstellen will, ein dominium utile, eine Servitut, Emphyteuse, oder ein Erbzinsrecht. Dieses widerlegt Weiske in Dessen Rechtslexikon I. 948. 949. Allein er begeht den Fehler, daß er dasselbe ein Bergeigenthum nennt. Das Richtige hat Gerber §. 95. Doch ist auch seine Darstellung nicht ganz erschöpfend.

setze wechseln; auch muß der Schürfer, wenn er nichts findet, den Ort wieder ebenen. 3) Jeder Grundeigenthümer muß die zur Anstellung des Grubenbaues und zur Abführung der Mineralien nöthigen Grundstücke und Gewässer abtreten, gegen einen Antheil an dem zu machenden Gewinn (Erbkuxe) und gegen eine nöthigenfalls unter Mitwirkung des Bergamtes zu regulirende Entschädigung. II. Für die Eigenthümer der Gruben selbst finden folgende Beschränkungen Statt. 1) Sie sind, was das Technische des Bergbaues betrifft, den zur Sicherheit der Arbeiter und zur Nachhaltigkeit des Bergbaues bestehenden Verordnungen und herkömmlichen Regeln unterworfen, deren Beaufsichtigung durch die Bergämter gehandhabt wird. Sie dürfen bei Verlust des Rechts nicht auf den Raub bauen, so daß durch Weghauen der nöthigen Stützpfeiler die Fortsetzung des Baues erschwert oder unmöglich gemacht wird. 2) Die Betreibung eines Ganges hängt nicht von der Willkühr des Beliehenen ab; sondern er muß die Zeche durch beständige Belegung mit Arbeitern bauhaft erhalten. Die auflässige das heißt nicht mit Arbeit belegte Zeche, welche als solche bei dem Freifahren durch einen Bergbeamten, das heißt bei der zu diesem Zwecke dreimal in einer Woche vorgenommenen Besichtigung, befunden worden, fällt ins Freie und kann von jedem gemuthet werden. Auch kann Jeder auf Freifahrung einer auflässigen Zeche antragen und gilt dann als Finder. 3) Die Inhaber der Gruben haben an den Landesherrn gewisse Abgaben zu entrichten, worunter der Zehnte und das vierteljährige Quatembergeld die wichtigsten sind [1]. Auch hat der Landesherr bei den edlen Metallen, wegen deren Beziehung zum Münzwesen, ein Vorkaufsrecht.

e) Von der Stollengerechtigkeit.

168. Etwas Eigenthümliches ist, daß die Inhaber eines Bergwerkes auch Fremden den Betrieb eines Stollens in ihrem Felde gestatten müssen. Dieses hängt mit den Vortheilen zusam-

1) In Preußen sind die meisten Bergabgaben aufgehoben, und statt derselben der Zwanzigste und eine Aufsichtssteuer von einem Procent des Erlöses der Producte eingeführt worden, Gesetz vom 12. Mai 1851.

men, den Stollen dem Bergbau theils als Suchstollen zur Auffindung von erzführenden Gängen, theils als Erbstollen, um den Gruben Wässer zu benehmen und Wetter zu bringen, gewähren. Daher sind mit dem Einbringen solcher Stollen, nach dem Gesichtspunkte der in rem versio, mancherlei Vortheile verknüpft, welche zusammen die Stollengerechtigkeit bilden. Diese bestehen namentlich in dem Stollenhieb als dem Recht auf die beim Forttreiben des Stollens gewonnenen Erze, in einem Neuntel oder zweiten Zehnten der von der Grube gewonnenen Erze, und in dem vierten Pfennig oder Beitrag zum vierten Theile der zur Betreibung des Stollens nöthigen Kosten. Alles dieses hat seine genauen dnrch das Bergrecht festgesetzten Bedingungen. Um aber als Erbstollen zu gelten muß derselbe eine bestimmte Tiefe haben. Auch muß derselbe gemuthet und verliehen und im Betriebe erhalten werden, wenn er nicht ins Freie fallen soll. Wird ein tieferer Stollen eingebracht, so wird der Erste, weil er nun nicht mehr das Seinige leistet, enterbt und der Stollengerechtigkeit beraubt [1]).

2) Von dem Salzregal [1]).

169. Die Gewinnung des Salzes, sowohl aus Steinsalz wie aus Salzquellen, gehörte ursprünglich zu den Rechten des Grundeigenthums. Später aber wurde das Steinsalz wie die Metalle unter den Regalien genannt [2]), mit diesen verliehen [3]), in der Goldenen Bulle den Kurfürsten nach deren herkömmlichem Besitzstand bestätigt [4]), und zuletzt das Salzregal überhaupt ebenfalls zu den Rechten der Landeshoheit gerechnet [5]). Die Salzgerechtigkeit oder Betriebsbefugniß von Salinen kann daher jetzt

---

1) Mehr findet man im Preuß. Landr. II. 16. §. 221—252. 383—471., Weiske in Dessen Rechtslexikon I. 965—967., und nach diesem wörtlich bei Mittermaier I. §. 248.

1) Die Litteratur giebt Gengler Lehrbuch §. 83.

2) In der Aufzählung von 1156 werden als regalia auch die redditus salinarum genannt. Dieses giebt jedoch keinen bestimmten Beweis für die Regalität im heutigen Sinn, weil es auch blos auf die Salzwerke der Reichsgüter gehen kann (§. 156. Note 3).

3) Man sehe meine Deutsche Rechtsgeschichte §. 520.

4) Man sehe oben §. 163. Note 6.

5) Dieses zeigt gegen Jung und Andere Zachariä (§. 163. Note 2).

von Privaten regelmäßig nur vom Landesherrn erworben werden, was mittelst Specialbeleihung unter Vorbehalt des Salzzehnten geschieht, da eine Freierklärung hier nicht vorkommt. Dieses gilt auch von Salzquellen, und eine Ausnahme ist nur dann zu machen, wenn in einem Territorium bestimmt nachzuweisen ist, daß solche dort fortwährend als Recht des Grundeigenthums angesehen worden sind. Neben dieser Regalität haben sich aber allerdings als Folge älterer Anlagen viele Salzwerke (Soolen) im Privateigenthum als „freies eigenes Sieden" erhalten [6]. Zuweilen gehören dieselben besonderen Verbindungen (Erbsälzer, Salzbeerbte, Salzjunker) zu intellectuellen Antheilen, welche häufig ihr Recht zu emphyteutischer Benutzung gegen einen Canon auf Andere übertragen, was dann eine erbfließende Siedensgerechtigkeit heißt. Verschieden von dem Salzregal ist übrigens das Salzverkaufsregal, welches aber nicht als gemeinrechtlich anzusehen, und wo es vorkommt, nach dem Gesichtspunkt eines Monopols zu beurtheilen ist.

3) Von den Rechtsverhältnissen an Gewässern [1]. a) Allgemeine Grundsätze.

170. Die Rechtsverhältnisse an den Gewässern werden von den thatsächlichen, von der Natur selbst gegebenen Eigenthümlichkeiten derselben beherrscht, und davon muß man vor Allem ausgehen [2]. Diese zeigen sich in folgenden Punkten. I. Ein fließendes Wasser bildet eine ohne menschliches Zuthun erzeugte, sich stets fortbewegende und erneuernde Masse, welche durch menschliche Kraft entweder gar nicht oder doch nicht auf die Dauer gehemmt werden, sondern nur in ihrem Vorbeifließen benutzt werden kann. Der Begriff des Eigenthums als einer willkührlichen und ausschließlichen Herrschaft über dieselbe ist daher hier nach der Natur des Stoffes entweder gar nicht oder nicht

6) Gute Nachweisungen giebt Mittermaier I. §. 258. 259.

1) Eine gründliche, jedoch etwas schwerfällige Untersuchung darüber ist: Schwab die Conflicte der Wasserfahrt auf den Flüssen. Heidelberg 1847 (Beilageheft zum Archiv für die Civilistische Praxis. XXX. Band). Dort findet man auch die Litteratur über diese Lehre. Es giebt hier viele unklare Vorstellungen zu berichtigen.

2) Den Anfang einer tiefer gehenden rationellen Behandlung dieses Gegenstandes macht erst Bluntschli Privatrecht I. §. 53. 75—77.

vollständig zu realisiren. II. Ein fließendes Wasser bildet eine zusammenhängende Masse, in welcher die Einwirkungen, die sie an einem Orte empfängt, nicht auf diesen Ort begränzt werden können, sondern sich mit unwiderstehlicher Kraft auch nach oben oder nach unten mittheilen, und dadurch zerstörend in ein fremdes Rechtsgebiet eingreifen können. Dadurch unterscheidet sich also auch die Benutzung von der anderer im Eigenthum stehender Sachen, indem es bei dieser dem Benutzenden möglich ist, die Wirkungen auf die Gränzen seines Eigenthums zu beschränken. III. Ein fließendes Wasser bildet eine unversiegbare Kraft, die zum Betriebe industrieller Werke sehr nützlich verwendet, und wie andere Bodenkräfte zu den von der Natur einem Lande verliehenen wohlthätigen Gaben gerechnet werden kann. Es gehört daher zu den Aufgaben der Staatsgewalt, diese Kraft nicht nur zu erhalten, sondern auch deren Gebrauch im Sinne der möglichsten Gemeinnützigkeit zu regeln. IV. Als eine von der Natur verliehene und von der Staatsgewalt zum gemeinen Nutzen geordnete Kraft liegt es nahe, daß diejenigen, welche sich derselben vorzugsweise zu ihrem Vortheil bedienen, dafür auch an den Staat eine besondere Steuer entrichten, theils als Abgabe eines lucrativen Gewerbes, theils als Beitrag zu den Kosten, welche die Staatsgewalt wegen ihrer Beaufsichtigung und nöthigen Anlagen zu bestreiten hat. V. Jene Eigenthümlichkeiten, wodurch sich ein fließendes Wasser dem gemeinen Begriff von Eigenthum und Benutzung entzieht, treten um so mächtiger hervor, je größer die fließende Wassermasse ist. Es ist daher bei der juristischen Behandlung auf diese factischen Unterschiede wesentlich Rücksicht zu nehmen.

171. Die Theorie dieser Verhältnisse ist jedoch schwierig. Das römische Recht bietet nur wenige Bestimmungen, die aber wie gewöhnlich die wahre Natur der Sache getreu ausdrücken. Das alte deutsche Recht enthält noch weniger Zeugnisse einer ausgebildeten festen Rechtsansicht. Im Mittelalter wurden unter den königlichen Gerechtsamen die schiffbaren Flüsse, die Abgaben der Schiffe und die Einkünfte von Fischereien genannt. Allein dieses erfaßt nur die äußere lucrative Seite und giebt über das

Grundprincip keinen Aufschluß [1]). In der Theorie der Juristen seit dem sechzehnten Jahrhundert flossen wie gewöhnlich die Hoheitsrechte und Regalien unklar durch einander, oder man legte an den Flüssen nach deren Größe dem Staate oder Privaten das Eigenthum bei, ohne sich klar zu werden, daß die Natur des Stoffes selbst diesen Begriff mehr oder weniger zu einer leeren Fiction macht. Es ist daher die Aufgabe der Wissenschaft, mit Berücksichigung des gesetzlich Feststehenden, aber mit Beseitigung der herkömmlichen falschen doctrinellen Ansichten, aus der Natur der Sache die richtige Theorie dieser Verhältnisse zu entwickeln, woran man sich zu halten hat, so weit nicht die falschen Ansichten in den Landesgesetzen ausdrücklich Sanction erhalten haben.

b) Von den schiffbaren Flüssen.

172. Bei den großen Strömen und Flüssen ergiebt sich aus der Natur der Sache Folgendes. I. An solchen kann in Wahrheit nicht von einem Eigenthum, weder des Staates noch der Privaten, die Rede sein, weil hier der Stoff viel mächtiger ist, als die Herrschaft des Willens, die das Wesen des Eigenthums ausmacht. Alle Rechtsverhältnisse drehen sich daher nur um die mögliche Benutzung des vorbeiströmenden Wassers. Demgemäß spricht auch das römische Recht dabei blos vom Gebrauch und nur sehr unbestimmt vom Eigenthum [1]). Im Mittelalter nannte man zwar unter den Regalien die schiffbaren Flüsse; allein dieses drückte nur aus, daß man diese als einen Gegenstand fiscalischer Benutzung betrachtete [2]). Erst seit dem sechzehnten Jahrhundert, wo man Regal für wirkliches Eigenthum nahm, bildete sich eine doppelte Theorie. Die ältere legt dem Landesherrn daran ein Eigenthum wie an den Domainen und Staatswaldungen bei, was völlig unhaltbar ist [3]). Die jüngere betrachtet sie als

---

1) Man sehe oben §. 156. Note 3.

1) §. 2. 4. 5. J. de rer. divis. (2. 1), fr. 4. §. 1. fr. 5. pr. D. de divis. rer. (1. 8), fr. 15. D. de verb. sign. (50. 16).

2) Man sehe §. 156. Note 3.

3) Die Schriftsteller dieser Theorie sind angeführt und widerlegt von Schwab Conflicte §. 28—34. 55—61.

ein dem allgemeinen Gebrauch gestattetes Eigenthum des Staates[4]), wobei aber der Begriff von Eigenthum eine Fiction, die juristische Realität die Benutzung ist. II. Diese Benutzung ist nach der Natur der Sache wie nach dem Herkommen eine öffentliche und allgemeine, und dieses ist als Rechtsprincip für alle Formen von Benutzung festzuhalten, deren allgemeine Ausübung ohne Nachtheil für das Ganze ist, als das Waschen, Schöpfen, Pumpen, Baden, Schwimmen, Schwemmen, Viehtränken, Fahren mit eigenem Nachen[5]). III. Zu dieser Benutzung gehören auch die Schiffahrt[6]) und die Floßfahrt mit verbundenem Holze[7]). Die Möglichkeit der Conflicte, der Vortheil der Schiffahrt für Handel und Gewerbe, die Einwirkung derselben auf die Ufer, die im Interesse der Schiffahrt entstehenden Unkosten des Wasserbaues, geben der Staatsgewalt das Recht, dieselbe zu beaufsichtigen, Schifferordnungen zu erlassen, und Wasserzölle zu erheben. Dieses fließt schon aus den Hoheitsrechten[8]), und es ist unrichtig[9]), daraus ein Schiffahrt- und Floßregal zu machen[10]). IV. Eine Benutzung eines großen schiffbaren Flusses, die mit einer künstlichen Vorrichtung in demselben verbunden ist, kann nur von der Staatsgewalt, die dabei das öffentliche Interesse zu vertreten hat[11]), und nur so weit gestattet werden, als sie sich mit der allgemeinen Benutzung verträgt. Das Recht zu einer solchen Concession fließt aus dem Rechte der Staatsgewalt, die Benutzung solcher Flüsse zu regeln. Es wird daher dadurch, wenn sie nicht beschränkt ertheilt ist, ein festes Recht, gleichsam

---

4) Dieses ist die jetzt herrschende Ansicht, Schwab Conflicte §. 26. 27. 35—40.

5) Fr. 1. §. 8. D. ut in flum. publ. (43. 14), fr. 3. §. 1. D. de aqua cottid. (43. 20).

6) Fr. 1. pr. D. de flumin. (43. 12), fr. 1. pr. §. 1. D. ut in flum. publ. navig. (43. 14). — Sachsensp. II. 28. §. 4.

7) Dieses zeigt Schwab Conflicte §. 72—75. 79. 80.

8) Schwab Conflicte §. 42. 81.

9) Man kann sich dafür auch nicht auf das Mittelalter berufen (§. 156. Note 3).

10) Maurenbrecher hat Beides; Mittermaier blos das Floßregal; Eichhorn weder das Eine noch das Andere. Man sehe darüber Schwab Conflicte §. 84. 85.

11) Fr. 50. D. de acquir. rer. domin. (41. 1), fr. 1. pr. §. 10—16. 19—22. fr. 4. D. de flumin. (43. 12).

eine Servitut an dem Flusse erworben, welche ohne Entschädigung nicht wieder entzogen werden kann. Den Schaden, der an jenen Anlagen durch den natürlichen Mitgebrauch Anderer, zum Beispiel durch den Wellenschlag bei der Schiffahrt oder durch unvermeidlichen Zufall entsteht, hat deren Eigenthümer zu tragen. Denjenigen aber, der böswillig oder durch Nachlässigkeit verursacht wird, hat der Urheber zu ersetzen [12]. V. Kann ein großer, von der Natur zur Schiffahrt geeigneter Fluß durch Wegräumung einzelner Hindernisse schiffbar gemacht werden, so ist die Staatsgewalt in Vertretung des öffentlichen Interesse dazu berechtigt, auch wenn dadurch die an dem Flusse ertheilten besonderen Rechte und Anstalten beeinträchtigt werden, indem diese dem höheren Interesse weichen müssen. Jedoch können deren Besitzer Entschädigung verlangen, oder wenn an ihren Anstalten wegen der Schiffahrt oder Flößerei Veränderungen nöthig sind, so sind diese auf Staatskosten vorzunehmen [13]. VI. Eine Benutzungsform, welche sich mit den anderen Arten der Benutzung nicht verträgt, oder welche ohne Störung von Mehreren nicht ausgeübt werden kann, ist zu den gemeinen Benutzungsrechten nicht zu zählen. Dazu gehört namentlich das Flößen unverbundenen Holzes, entweder von Klafterholz (Scheiter- oder Brennholzflößerei) oder von Klötzen und Blöcken (Trum-, Massel-, Sägklotz-, Wildflößerei) [14]. Dieses bleibt daher immer ein besonderes Recht der Staatsgewalt, welches man ein Regal nennen, und welches durch Concession an Privaten übertragen werden kann [15]. Der Flößherr muß sich aber genau an die Flößordnungen und die dadurch vorgeschriebenen Vorsichtsmaßregeln halten, und bleibt selbst dann noch für den entstehenden Schaden verantwortlich [16]. VII. Bei der Anlegung von Brücken und Fähren, wodurch die Benutzung

12) Man sehe Schwab Conflicte §. 135—142.

13) Eichhorn §. 268. Anderer Meinung aus sehr complicirten Gründen ist Schwab Conflicte §. 86 — 134. Ein Excerpt aus ihm ist Gerber §. 63. Note 14.

14) Das Technische darüber giebt Schwab Conflicte §. 76. 77.

15) Dieses zeigt Schwab Conflicte §. 80. Doch ist hin und wieder diese Flößerei ein gemeines Recht geblieben, Schwab §. 83.

16) Bluntschli Privatrecht I. §. 76. Nr. 6.

des Flusses an einem bestimmten Orte zu einer bleibenden Anstalt gemacht wird, concurrirt ein doppelter Gesichtspunkt: der polizeiliche für die gemeine Sicherheit und der finanzielle. Daher wird diese von der Staatsgewalt mit Recht als ein Regal in der Hand behalten [17]). VIII. Die Ufer, das heißt die beim vollen Wasserstand trocken bleibenden Einfassungen des Flusses, gehören den Eigenthümern der unmittelbar daran stoßenden Grundstücke [18]); nur müssen dieselben sich darauf Alles gefallen lassen, was der öffentliche Gebrauch des Flusses mit sich bringt [19]). Daran schließt sich das Recht der Staatsgewalt, über diesen Gebrauch Uferordnungen zu erlassen. Eine bloße Anwendung jenes Grundsatzes ist, daß die Ufereigenthümer den Leinpfad zu Gunsten der Schiffahrt dulden müssen [20]). Auch folgt daraus, daß die zur Erhaltung der Ufer nöthigen Bauten den Eigenthümern [21]), die auf den Fluß und dessen öffentliche Benutzung bezüglichen Wasserbauten aber dem Staate zur Last fallen, und die Eigenthümer dabei nur deren Vornahme zu dulden haben [22]).

c) Von den kleineren Flüssen.

173. Bei den kleineren nicht schiffbaren Flüssen treten, wenn auch in vermindertem Maße, dieselben Gesichtspunkte ein, wie bei den größeren. Es kann auch bei ihnen in Wahrheit nur von einem Eigenthum des Flußbettes, nicht des Flusses als Ganzes oder des vorbeifließenden Wassers, und nur von der Benutzung dieses Letzteren gesprochen werden. Damit stimmt das römische

---

17) Man sehe Maurenbrecher I. §. 295. 297.

18) Von diesem römischen Grundsatz muß man noch jetzt als dem gemeinrechtlichen ausgehen; dieses beweisen schon die recipirten Grundsätze von der Alluvion. So thut auch das Preuß. Landr. II. 15. §. 55—63.

19) Fr. 5. pr. D. de divis. rer. (1. 8), fr. 1. §. 5. fr. 3. D. de flumin. (43. 12).

20) Ganz irrig ist hier Maurenbrecher I. §. 295, der seine Eigenthümlichkeit darin sucht, dieses aus dem Schiffahrtsregal herzuleiten, und daraus ein eigenes Leinpfadregal macht. Zu beschränkt faßt dieses auch Mittermaier I. §. 231.

21) Das römische Recht spricht davon nur als einer Befugniß, ist aber, so weit es sich darum handelt, noch anwendbar, fr. 1. D. de ripa munienda (43. 15). Nach den deutschen Rechten besteht aber dazu insgemein eine Verpflichtung, Mittermaier I. §. 223.

22) Man sehe Mittermaier I. §. 223.

Recht überein, welches zum Begriff eines öffentlichen Flusses nicht die Schiffbarkeit, sondern nur das beständige Fließen und eine gewisse Größe, wodurch er sich von einem Bache unterscheide, und wobei es im Zweifel auf die Ansicht und den Sprachgebrauch der Gegend ankommen sollte, erfordert [1]). Eben so nimmt das ältere deutsche Recht bei der Frage, wann ein Wasser ein gemeines Wasser sei, nur auf zwei Kennzeichen Rücksicht: einmal, daß es kein stehendes Wasser, und zweitens, daß es von einer gewissen Größe sei [2]). Das Regalienrecht des Mittelalters unterschied die schiffbaren und nicht schiffbaren Flüsse nur für den Gesichtspunkt, daß der König sich blos an den Ersteren, nicht auch an den Letzteren nutzbare Rechte beilegte [3]), beweist also über einen Unterschied hinsichtlich der Eigenthumsfrage nichts. Jene Unterscheidung hatte im Gegentheil praktisch die Wirkung, daß die nicht schiffbaren Flüsse recht eigentlich wie ein Theil der Almende in der gemeinen Benutzung der angränzenden Gemeinden blieben. Später hat jedoch dieselbe in der Doctrin zu dem Irrthum geführt, die schiffbaren Flüsse als Eigenthum des Fiscus oder als öffentliches Staatseigenthum [4]), die nicht schiffbaren als Privateigenthum zu betrachten [5]). Diese Ansicht ist selbst hin und wieder in die Landesgesetzgebung übergegangen [6]), wiewohl sie zu den thatsächlichen Verhältnissen und zu der Natur der Sache nicht paßt, und zu der Nothwendigkeit führt, das, was mit der einen Hand gesetzt ist, mit der anderen wieder zu nehmen. Geht

1) Fr. 1. §. 1. 3. fr. 3. pr. D. de flumin. (43. 12), fr. 1. §. 2. D. ne quid in flumine publ. (43. 13), fr. 4. §. 1. D. de divis. rer. (1. 8).

2) Sachsensp. II. 28. §. 1. 2. 4., Schwabensp. 197 b. Laßb. Jene Stelle verlangt dazu, daß ein Wasser zum Fahren und Fischen gemein sei, nichts als ein stromweise fließendes Wasser. Darin liegt erstens der Gegensatz zum stehenden Wasser, zweitens das Requisit einer gewissen Größe. Daß es auch wirklich fahrbar sein müsse, folgt daraus eben so wenig, als daß es wirklich Fische enthalten müsse. Die gewöhnliche Meinung widerlegt Schwab Conflicte §. 16. 17. Doch betrachtet auch er noch das Fahren als ein Requisit, will es jedoch nur vom Fahren mit Fischerkähnen verstanden wissen.

3) Man sehe oben §. 156. Note 3.

4) Man sehe §. 172. Note 4.

5) Die Zeugnisse giebt Schwab Conflicte §. 20—25. Etwas modificirt wird jedoch diese Ansicht hinsichtlich der Privatflüsse bei Eichhorn §. 268., Gründler Polemik II. §. 439., Gerber §. 63.

6) So im Preuß. Landr. II. 15. §. 38—62.

man von der richtigen Theorie aus, so ergiebt sich Folgendes. I. Auch an den nicht schiffbaren Flüssen finden die gemeinen Benutzungsrechte des Wassers und des Ufers Statt, und können von den anstoßenden Eigenthümern, so weit sie nicht ihr Grundeigenthum verletzen, nicht verhindert werden [7]). II. Die angränzenden Eigenthümer sind berechtigt, den Fluß zur Bewässerung ihrer Grundstücke zu benutzen, und es ist dabei nöthigenfalls eine billige Vertheilung zu veranstalten [8]). III. Es dürfen auch hier die Einzelnen mit dem Flusse nichts vornehmen, wodurch dessen gemeine und herkömmliche Benutzung gehindert oder verändert würde [9]). IV. Die Staatsgewalt ist auch hier als Wächter des gemeinen Interesse befugt, die Benutzung solcher Flüsse zu beaufsichtigen und darüber Verordnungen zu erlassen [10]). V. Die Staatsgewalt ist auch hier berechtigt, die Benutzung des Wassers zu künstlichen Werken zu gestatten und davon eine Abgabe zu erheben. Jedoch darf dadurch an der herkömmlichen Wasserbenutzung der Anderen nichts geändert werden [11]). VI. Das Flößen mit verbundenem Holze gehört auch auf solchen Flüssen, wenn es hier möglich ist, zu den gemeinen Nutzungsrechten [12]). Eben so muß es hinsichtlich des Flößens mit unverbundenem Holze bei den oben genannten Grundsätzen bleiben. VII. Die Staatsgewalt ist, gleichwie zur Anlegung von Landstraßen, eben so zur Anlegung von Wasserstraßen berechtigt, und daher auch dazu, die von der Natur nicht schiffbaren Flüsse durch Kunst zu schiffbaren zu machen. Sie ist jedoch verbunden, die Inhaber künstlicher Anlagen, die auf die Wasserbenutzung für diese ein besonderes Recht haben und welche durch die Veränderung Schaden leiden, zu entschädigen [13]), nicht aber auch diejenigen, die dadurch blos in der gemeinen Benutzung beeinträchtigt werden, wie im Baden, Schwimmen, Fischen [14]).

---

7) Fr. 3. §. 1. 2. D. de aqua cottid. (43. 20).

8) Fr. 17. D. de servit. praed. rust. (8. 3), fr. 2. D. de flumin. (43. 12).

9) Fr. 1. §. 12. 18. D. de flumin. (43. 12).

10) Dieses ist von Allen anerkannt, Schwab Conflicte §. 24. 25.

11) C. 7. C. de servit. et aqua (3. 34).

12) Die Beweise giebt Schwab Conflicte §. 82.

13) Darüber sind Alle einig, Schwab Conflicte §. 106—123.

14) Bluntschli Privatrecht I. §. 76. Nr. 1.

d) Von den Bächen und Quellen.

174. Ein Bach stimmt mit einem Flusse darin überein, daß auch er eine andauernd fließende Wassermasse und Wasserkraft bildet, deren Benutzung für einen Bezirk von großem Interesse ist. Er unterscheidet sich aber darin, daß eine stärkere Einwirkung auf denselben von Seiten desjenigen, durch dessen Boden er fließt, bis zur Erschöpfung also Zerstörung desselben möglich, und daß durch den gewöhnlichen Mangel eines dem gemeinen Gebrauch zu überlassenden Ufers eine Ausschließung dritter Personen von dessen Benutzung ausführbar ist. Durch Beides fällt der Bach mehr unter den Gesichtspunkt des Privateigenthums. Jedoch widerstrebt demselben noch immer der Gesichtspunkt, daß der Bach ein aus einer beweglichen Wassermasse bestehendes, über die Gränze der einzelnen Grundstücke hinaus reichendes Ganzes bildet, an welchem viele Grundeigenthümer betheiligt sind [1]). Daraus ergiebt sich Folgendes. I. Der Eigenthümer des Bodens darf den Bach nicht so benutzen, daß er Bach zu sein aufhöre. Er darf ihn daher zwar auf seinem Grundstück zur Wässerung vertheilen, muß ihm aber bei seinem Ausgang seinen natürlichen Lauf wiedergeben [2]). II. Er darf dem durchfließenden Wasser keine Stoffe mittheilen, wodurch es für den unteren Eigenthümer unbrauchbar gemacht würde [3]). III. Er darf an dem Wasserlauf keine Veränderungen und Stockungen vornehmen, wodurch dem oberen oder unteren Eigenthümer Nachtheil entsteht [4]). IV. Wegen der Wichtigkeit dieser Conflicte ist die Staatsgewalt befugt, auch die Benutzung der Bäche durch Verordnungen zu regeln und diese im Verwaltungswege zu handhaben [5]). Man hat daraus zuweilen fälschlich sogar ein Regal an Bächen gemacht [6]). V. Die auf einem Grundstücke entspringende Quelle ist ganz Privateigen-

1) Daher giebt Mittermaier I. §. 222 b. den Ufereigenthümern nicht ein Eigenthum am Bache. Um so widersprechender ist es aber, bei Flüssen von einem Eigenthum zu reden.

2) Fr. 1. §. 13. D. de aqua (39. 3). — Man sehe Gründler Polemik II. §. 440.

3) Einen lehrreichen Rechtsfall darüber giebt Löw Rechtsfälle Nr. 442.

4) Fr. 1. §. 13. D. de aqua (39. 3). — Schwab Conflicte §. 21—23.

5) Schwab Conflicte §. 24. 25.

6) Beispiele nennt Mittermaier I. §. 222.

thum des Herrn des Bodens und er kann damit machen, was er will. Auch wenn er das Wasser zum Nachbarn hat gelangen lassen, so darf er es demselben wieder entziehen, außer wenn dieser auf dessen Gebrauch eine Servitut [7]), oder durch unvordenkliche Zeit ein Recht erworben hat [8]).

e) Von dem Mühlenregal [1]).

175. Die Benutzung eines schiffbaren Flusses zum Betrieb einer Mühle unterscheidet sich von anderen Arten der Benutzung in drei Punkten. Erstens erfordert dieselbe Anlagen, welche leicht die Schiffahrt hindern und daher nur mit Umsicht gestattet werden dürfen. Zweitens eignet man sich durch diese Anlagen einen bestimmten Theil des Wassers ausschließlich an, was nur kraft einer besondern Concession der Staatsgewalt geschehen kann. Drittens wird dieser Theil der Wasserkraft zum ausschließlichen Vortheil eines Einzelnen verwendet, so daß es nicht unbillig ist, dafür eine Vergeltung zu verlangen. Aus diesen Gründen haben die deutschen Könige, wie die Urkunden zeigen, die Verleihung der Mühlengerechtigkeit an ihre Hand gezogen, und bei der Erwähnung der Flüsse als königliche Gerechtsame [2]) wurde hauptsächlich an die Verleihung des Mühlenrechts und die davon zu ziehende Abgabe gedacht [3]). Diese Mühlengerechtigkeit wurde unter den Regalien auch an die Reichsstände verliehen [4]), und so seit dem sechzehnten Jahrhundert die Benutzung der öffentlichen Flüsse zum Mühlenbetriebe allgemein unter den landesherrlichen Regalien aufgeführt. Man kann eben so weit

---

7) Fr. 8. D. de aqua (39. 3), fr. 1. §. 7. 38. 39. D. de aqua cottid. (43. 20), c. 10. C. de servit. et aqua (3. 34). — So sagt auch Mittermaier I. §. 222 b. Irrig äußert sich dagegen Bluntschli Privatrecht I. §. 75. Nr. 5.

8) Fr. 3. §. 4. D. de aqua cottid. (43. 20).

1) Davon handelt Schwab Conflicte §. 62—71.

2) Man sehe §. 156. Note 3.

3) Dieses ergiebt sich aus dem Bericht des Radevic. Frising. de rebus gestis Frider. I. imperat. II. 5. über den Inhalt der oben (§. 156. Note 3) angeführten Constitution. Er nennt darin die molendina statt der dort genannten flumina navigabilia.

4) Man sehe meine Deutsche Rechtsgeschichte §. 284. Note 13.

kommen, wenn man die Concession zu Mühlen in öffentlichen Flüssen aus dem Recht der Staatsgewalt deren Benutzung zu regeln, das Recht davon Abgaben zu erheben, aus der Finanzgewalt ableitet. Jedenfalls bleibt die Ausübung dieses Regals der landesherrlichen Aufsicht und den Mühlenordnungen unterworfen. An den nicht schiffbaren Gewässern war das Recht, Mühlen anzulegen, so weit es ohne Schaden der Anderen geschehen konnte, ein Recht des angränzenden Eigenthümers [5]). Gewöhnlich gehörten Mühlen zu den Pertinenzen eines Haupthofes [6]), und wurden von dem Grundherrn gegen einen Zins auf Zeit oder erblich verliehen, dafür aber, besonders bei Schenkungen oder Verkäufen der Mühle, von dem Grundherrn das Recht zugesagt, daß innerhalb einer gewissen Strecke auf seinem Gebiete keine anderen Mühlen gestattet werden sollten [7]). Jetzt ist aber zur Anlage einer Mühle, wegen der mannichfach concurrirenden oder bedrohten Interessen Anderer, auch bei kleinen Gewässern die Genehmigung der Regierung nothwendig [8]). Hin und wieder hat man daraus ebenfalls ein Regal gemacht [9]). Außerdem sind bei einer solchen Anlage die anliegenden oberen und unteren Grundeigenthümer und anderen Interessenten mit zuzuziehen, und es sind dabei mancherlei technische Regeln zu beobachten [10]). Der Schadenersatz bei Ueberschwemmungen, die durch die Mühle veranlaßt werden, ist nach der Theorie der culpa zu beurtheilen; nur ist dabei zu bemerken, daß der Müller nach der Natur des Verhältnisses auch zu einem positiven Fleiße verbunden ist, namentlich zum Aufziehen der Schleusen bei drohenden Ueberschwemmungen [11]).

f) Von dem Fischereiregal.

176. Das Fischen in fließenden Gewässern war ursprünglich

---

5) Die Beweise giebt meine Deutsche Rechtsgeschichte §. 519. Note 2.

6) Deutsche Rechtsgeschichte §. 265. Note 6.

7) Urkunden darüber findet man in Kraut Grundriß §. 125. Nr. 3. 4. 5.

8) Bluntschli Privatrecht I. §. 78. So sagt auch das Preuß. Landr. II. 15. §. 233—242.

9) Beispiele nennen Mittermaier I. §. 237., Gerber §. 86. Note 3.

10) Diese nennt Mittermaier I. §. 238.

11) Umständlich spricht davon Ulrich Tengler Layenspiegel Th. I. Tit. Vom Mühlwerck.

Allen gemein [1]; das in Seen, Teichen und in ganz durch die Grundstücke eines Anderen durchfließenden Gewässern gehörte aber daselbst zum Grundeigenthum [2]. Häufig wurde jedoch von den Königen die Fischerei gleichwie die Jagd in großen Districten, unter Androhung des Königsbannes, dem gemeinen Gebrauch entzogen [3]) und auf diese Weise auch Fischereien unter den königlichen Gerechtsamen aufgeführt [4]). Durch Verleihung kamen solche Bannwasser auch an die geistlichen und weltlichen Reichsstände [5]). Endlich führte die Ausbildung der Regalität an den schiffbaren Flüssen, wie man sie im sechzehnten Jahrhundert verstand [6]), dahin, auch die Fischerei in denselben für ein landesherrliches Regal zu erklären. An den Gewässern, die nicht Bannwasser oder nicht schiffbare Flüsse waren, bildeten sich mancherlei Verhältnisse, die zum Theil noch fortdauern. Es gab demnach Fischereien, die man von der Obrigkeit erworben, Andere, die der Gemeinde gehörten und die man von derselben pachtete, wieder Andere, die Jedem gemein waren, noch Andere, worüber man sich mit den Nachbarn verglichen, endlich Solche, die man durch langen Gebrauch erworben [7]). Als ein dem Publikum nach dem Herkommen verbliebenes Recht ist die kleine Fischerei mit Angeln zu betrachten. Immer ist aber die Ausübung der Fischerei, mit Ausnahme der in Teichen und eingeschlossenen Privatgewässern, an die im Interesse der Fischcultur erlassenen Fischereiordnungen gebunden, dergleichen schon früh vorkommen [8]).

4) Von dem Jagdregal. a) Allgemeiner Gesichtspunkt.

177. Die Eigenthümlichkeit des Jagdwesens besteht in fol-

---

1) Sachsensp. II. 28. §. 4. II. 61. §. 1.

2) Darauf beziehen sich L. Rip. XLII. 1. LXXVI., Sal. XXXIII. 1. nov. 96 Merkel., Sachsensp. II. 28. §. 1. 2.

3) Beweisstellen giebt meine Deutsche Rechtsgeschichte §. 519. Note 5.

4) Man sehe oben §. 156. Note 3.

5) Deutsche Rechtsgeschichte §. 516. Note 6.

6) Man sehe oben §. 172.

7) Diese Aufzählung macht Ulrich Tengler Layenspiegel Th. I. Tit. Von vischentzen.

8) Vielerlei Material giebt Mittermaier I. §. 233—235. Als Beispiel, wie dieser Gegenstand in der neueren Gesetzgebung behandelt wird, dient das Preuß. Landr. I. 9. §. 170—192. II. 15. §. 73—78.

genden Punkten. Erstens erfordert die ergiebige Ausübung der Jagd eine große zusammenhängende Fläche. Zweitens gewährt das Wild für den Genuß und die Industrie so mancherlei Vortheile, daß auf dessen Erhaltung Rücksicht genommen werden muß. Drittens kann daher die Ausübung der Jagd nicht schlechthin Jedem auf seinem Boden gestattet werden. Einmal weil dieselbe auf kleinen Parzellen so gut wie gar keinen Werth und Erfolg hat. Zweitens weil der damit verbundene allgemeine Gebrauch von Waffen zur Wilddieberei und Unsicherheit führt. Drittens weil die Vereinigung der Grundbesitzer zur gemeinschaftlichen Bejagung ihrer Felder die Zerstörung des Wildes herbeiführen würde. Viertens weil dieses Jagen die geringeren Landbewohner zum Müßiggang und zu unnöthigen Auslagen verleitet. Es ist daher eine Form zu finden, welche eine beschränkte Benutzung und einen großen zusammenhängenden Jagddistrict gewährt. Dazu sind folgende Formen möglich. Erstens wenn man das Jagen blos den Besitzern großer zusammenhängender Gütercomplexe auf denselben gestattet, den Anderen aber auf ihren Grundstücken verbietet. Dadurch würde aber das Wild zum Schaden der Felder zu sehr vermehrt werden. Zweitens wenn man die Besitzer der kleineren Grundstücke in einem bestimmten Bezirk sich vereinigen, die Jagd verpachten oder durch einen gemeinschaftlichen Jäger beschießen, und den Ertrag unter sich theilen läßt. Drittens wenn man das Jagdrecht als eine selbstständige, vom Grundeigenthum unabhängige, über das ganze Staatsgebiet sich erstreckende öffentliche Gerechtsame betrachtet, welche nach Bezirken an Privaten verliehen werden kann. Dieses Letztere ist der Grundgedanke des Jagdregals.

b) Entstehung des Jagdregals [1]).

178. Bei den Deutschen gehörte die Jagd als Recht zum Grundeigenthum [2]), als Beschäftigung zum freien Mann. Im Fortschritte der Zeit nahm dieses folgende Gestalt an. I. Die Grundeigenthümer hatten das Jagdrecht nicht blos über die

---

1) Gute Nachweisungen darüber giebt Stieglitz (§. 118. Note 1).
2) Man sehe meine Deutsche Rechtsgeschichte §. 518. Note 1.

Grundstücke, die zum Haupthofe gehörten, sondern auch über das Land, welches sie ihren unfreien Leuten verliehen. Sie behielten dasselbe auch, als die Haupthöfe zu Rittergütern, und die bäuerlichen Besitzungen erblich wurden [3]). In so weit ist das bei den Rittergütern vorkommende Jagdrecht ein Ueberrest des wirklichen Eigenthums. II. Wenn Güter von den Fürsten zu Lehen verliehen wurden, so war das Jagdrecht sowohl über die zum Hauptgut gehörenden Ländereien, wie über die bäuerlichen Besitzungen, als Recht des Eigenthums darin begriffen [4]). III. Als seit dem zehnten Jahrhundert die geringeren Grundeigenthümer oder Freibauern sich dem Heerbanndienst entzogen und dadurch einen Theil ihrer Freiheitsrechte einbüßten [5]), verloren sie wohl zum Theil auch das Jagdrecht über ihre Besitzungen, welches für sie ohnehin nur einen geringen Werth hatte, und die umliegenden Rittersleute dehnten ihr Jagdrecht, zumal wenn sie die Vogtei hatten, darüber aus. Als allgemein kann man jenes aber nicht annehmen, da sich auch viele freie Bauern und freie bäuerliche Güter erhielten [6]). IV. Auf den Krongütern stand die Jagd kraft des Grundeigenthums dem Könige zu, und wurde namentlich in den königlichen Waldungen nach einem großen Zuschnitt betrieben [7]). Bei Schenkungen von Reichshöfen wurde sie als eine wichtige Pertinenz derselben ausdrücklich mit aufgezählt [8]). V. Ebenfalls von großer Bedeutung war die Jagd auf den weitläufigen Besitzungen der Stifte, Klöster und weltlichen Fürsten. Doch kam es hier vor, daß das Jagdrecht von dem Grundeigenthum getrennt wurde, indem dasselbe vom Grundherrn einem Anderen aus Gefälligkeit oder concurrirend eingeräumt [9]), oder ihm

---

3) Von dieser Umwandlung handelt meine Deutsche Rechtsgeschichte §. 485. 486. 487.

4) Deutsche Rechtsgeschichte §. 75. 198. 485. Note 7. 8. Man sehe auch Stieglitz §. 27.

5) Ueber diese Umwandlung sehe man meine Deutsche Rechtsgeschichte §. 197—201.

6) Deutsche Rechtsgeschichte §. 439. 489.

7) Deutsche Rechtsgeschichte §. 119. Note 8. 9. §. 517. Note 4. 5.

8) Ein Beispiel giebt das Praecept. Osnabr. Caroli M. 804 (Walter II. 200). Andere Urkunden geben Kraut Grundriß §. 121. Nr. 6. 7., Stieglitz §. 26. Note 6—46.

9) Urkunden giebt Stieglitz §. 15. Note 32. 33. §. 28. Note 5—9.

vollständig abgetreten [10]), oder bei Veräußerungen sich vorbehalten wurde [11]). VI. In den gemeinen Waldungen und Almenden war die Jagd Allen gemein. Doch entstanden Ausnahmen dadurch, daß große Stücke solcher Waldungen von den Königen als Bannforste sich zur ausschließlichen Jagdbenutzung vorbehalten, oder als solche an geistliche oder weltliche Reichsstände verliehen, oder von den Fürsten gradezu occupirt wurden [12]). Auch kam in den Marken nicht selten das Jagdrecht ausschließlich an den Obermärker, der ein vornehmer Herr war [13]). Davon abgesehen blieb es aber hier bei der gemeinen Regel.

179. Das Jagdrecht beruhte demnach noch vorherrschend auf dem Grundeigenthum oder auf besonderen vom Grundeigenthümer ausgegangenen Erwerbtiteln. Es gehörte daher zu den allgemeinen königlichen Gerechtsamen nicht, und wurde auch nicht darunter aufgezählt [1]). Mit der fortschreitenden Entwicklung der Landeshoheit entstand jedoch seit dem Ende des fünfzehnten Jahrhunderts die entschiedene Neigung, dasselbe zu einem landesherrlichen Regal zu machen, sich damit vom Reiche ebenfalls belehnen zu lassen und Andere damit weiter zu belehnen. Dazu trugen hauptsächlich drei Umstände bei. Erstens der Wildbann, welchen die Fürsten vom Reiche in den Bannforsten hatten, mit seinem ausgebildeten Systeme von Forstbeamten, reizte dieses Recht auch über die Güter der Unterthanen, selbst über die der Ritterschaft auszudehnen. Zweitens wurde aus den landesherrlichen Gerechtsamen eine über das ganze Territorium sich erstreckende „forstliche Obrigkeit" oder Forst- und Jagdhoheit abgeleitet, letztere irrig der Wildbann genannt und daran die Rechte des alten Wildbannes geknüpft. Drittens half die geschmeidige Doctrin der Juristen durch mancherlei Gründe und durch Berufung auf Be-

10) Urkunden giebt Stieglitz §. 28. Note 2. 3. 4.

11) Urkunden geben Stieglitz §. 26. Note 57—60., Kraut Grundriß §. 121. Nr. 13. 14.

12) Die Beweise aus Urkunden giebt meine Deutsche Rechtsgeschichte §. 517. Note 12. 13. §. 518. Note 2. 4. 5., Stieglitz §. 13. Note 47—55, §. 17. Note 8—48. §. 18. 19., Kraut §. 121. Nr. 11.

13) Die Beweise giebt Stieglitz §. 22.

1) Man sehe oben §. 156. Note 3.

sitzstand und Verjährung nach [2]). Insbesondere wurden die Bauern und anderen niederen Stände von der Jagdbeschäftigung als ihnen verderblich ausgeschlossen [3]).

180. Die Wendung dieser Verhältnisse wird in einem alten Rechtsbuche gut folgendermaßen dargestellt [1]). „Wiewol Gejägt „und Wildtbann under den hocheiten und Regalien, die in Usibus Feudorum ordentlich erzelt werden, nicht begriffen, so em„pfahen doch die Fürsten unnd andere hohe Personen denselben „Wildtbann jetzo gewonlich für Regalia, welchs gleichwol dem „natürlichen und geschriebenen Göttlichen und Menschlichen Rech„ten gestracks entgegen. Wann Gott hat den Menschen beschaf„fen, unnd gab ihm zuherschen über die Fisch des Meers, die „Vögel des Luffts, über die Thier alles Erdtreichs, Genes. 1. „Darauff nachmals das Natürlich Recht aller Völker gegründet „ist. — Demnach unnd dieweil das natürliche Recht unwandel„barlich sein solle, haben die Recht und Keyser durch verleihung „der Regalien den Völckern das berüret Wildgejägt nit nemen „noch auffheben wöllen, als es dann an viel enden auff heutigen „tag noch gehalten worden, daß das Wilpret jederman frei und „gemein ist, unnd zuvor auff jedes eygen Grundt und Boden. „Auß dem allen wirt klar angezeigt, daß der Wildbann auß „grundt der Recht nicht Regalien noch Keyserlich herrlicheyt ge„nant noch geachtet werden mag. Doch ist hieneben zubedencken, „dieweil anfänglich das gejägt dem Volck in gemein zugehöret „hat, unnd vorauß einem jeden auff seinem eignen grundt, also

2) Genaue Nachweisungen giebt Stieglitz §. 35—40.

3) Ulrich Tengler Layenspiegel Th. I. Tit. Von Jagen. Dieweil aber die Kaiser und Künig dem rittermässigen adel von ergetzlichait wegen, als Regalien, setzen und verleihen, das sy mit hunden und federspil waidwerck zu treiben haben: so getzimpt doch solchs den gaistlichen in kainen weg, noch auch den paurn. — Polizei-Ordnung der Stend in Elsaß. Straßburg 1552 (Stieglitz §. 39. Note 21). Dieweil man auch zu täglicher Erfarung befindet, das die Underthanen diß Landts sich trefflich auff das Wildpret, Hasen und gevögels schießen legen, dadurch sie ire Arbeiden versäumen, auch etwann vil unrahts bishero darauß entstanden ist, und noch täglich entstaht, Ist gemeinlich abgeredet, bewilligt unn angenommen, das hinfürther solch schießen den gemeinen Burgern und Underthanen nit gestattet werden, sondern verbotten sein soll. — Das Buch der gemeinen Landpot. München 1520. Fol. 41 (Stietzlitz §. 39. Note 20., Kraut Grundriß §. 121. Nr. 21).

1) Statutenbuch von 1572. Fol. 109 b.

„was ein jeder gefangen, ist sein gewesen, hat sich solchs die „gemeyn und ein jeder gegen seinen Fürsten und Herren wol be„geben und verzeihen mögen, zu sondern ehren, lust, freuden und „herrlicheyten des Fürsten. Solches sey nun anfänglich von dem „Volck mit willen beschehen oder nicht, dieweil es die Fürsten „in langer nutz und gewehr, gar viel lenger dann Menschen ge„dächtnuß, gehabt haben, mit wissen, stillschweigen und on alles „widersprechen des Volcks, wirt darauß des Volcks gunst und „will vermutet, und haben die Fürsten solche Gerechtigkeyt des „jagens nach außweisung der Rechten genugsamlich Prescribiert, „verjärt, ersessen, unnd ihren Fürstenthummen zugebracht. Und „so die weidwerck also zu den Fürstenthumben kommen seind, so „haben sie an sich genommen Lehnsart und natur. Dann das „zufallend folgt nach der Natur seines Obersten. — Hierum „so leihen jetzo die Keyser den Fürsten solche gejägt als ein zu„fallend gerechtigkeyt des Fürstenthumbs, unnd nicht als ein Re„gal oder Keyserliche herrlicheyt. Doch unabbrüchlich denen die „auch in nutz und gebrauch des jagens lange zeit, so zu Recht „gnug ist, gewesen seind. Dann es wird vermutet, daß dieselben „sich ihrer natürlichen Gerechtigkeit nie begeben noch verzihen „haben, mag jn weder von Keisern noch von anderen fürsten „wider jren willen Rechtlich nicht genommen werden. Deßhal„ben beschließlich zu halten, daß die Fürsten haben Gejägd nit „als Regal oder Keyserliche herrlicheyt, sonder habens erobert „und zu jren Fürstenthumben bracht auß dem Titel der Prescrip„tion und Verjärung, unnd wirt jhn als ein zufall der Fürsten„thumb in Lehensweiß von den jetzigen Römischen Keysern unnd „Königen gelihen."

c) Von der Jagdgerechtigkeit nach dem heutigen Recht.

181. Mit der Jagdgerechtigkeit verhält es sich demnach jetzt wie folgt. I. Das landesherrliche Jagdregal ist nicht in allen Territorien durchgedrungen und ist nicht gemeinrechtlich [1]). Es

1) Nachweisungen über die einzelnen Territorien giebt Stieglitz §. 42. Note 13—37.

muß also, wenn es behauptet wird, bewiesen werden. Wo es nicht gilt, beruht das Jagdrecht entweder auf dem Grundeigenthum oder auf besonderen Erwerbtiteln. Ein Ausfluß des ehemaligen Grundeigenthums ist es da, wo es einem Rittergut über bäuerliche Ländereien zusteht, die ehemals verliehen waren, allein im Laufe der Zeit in Eigenthum unter der bleibenden Belastung mit der Jagdservitut umgewandelt worden sind. II. Wo die Jagd ein Regal geworden ist, steht sie nur demjenigen zu, welchem vom Landesherrn die Jagdgerechtigkeit verliehen worden ist. Doch hat sich daneben das Jagdrecht der Ritterschaft insgemein erhalten, entweder kraft ihres alten Besitzstandes, oder dadurch, daß ihr Recht auf den Landtagen ausdrücklich bestätigt, oder in der Form von Privilegien und Gnadenbriefen erneuert, oder das Jagdrecht in den Lehnbriefen unter die Pertinenzen der Lehngüter aufgenommen worden ist[2]). III. Der Werth, den die Könige und Fürsten auf die Jagd des Hochwildes legten, gab Veranlassung, daß hauptsächlich wegen desselben die Bannforste ausgeschieden wurden [3]), während die Ritterschaft solches Wild selten auf ihren Besitzungen hatte. Da sie daher im Conflict mit der landesherrlichen Regalität selten einen Besitzstand der hohen Jagd nachweisen konnte, so gieng ihr dieselbe häufig verloren [4]). Die Gränze ist nach den Particularrechten verschieden [5]). IV. Von dem früheren gemeinen Jagdrecht ist hin und wieder für die Eingesessenen eines gewissen Districtes noch die freie Pürsch übrig [6]).

d) Verhältniß des Jagdrechts zu dem fremden Grundeigenthum.

182. Für das fremde Grundeigenthum, worüber sich das Jagdrecht erstreckt, entstehen daraus folgende Beschränkungen. I. Dasselbe muß leiden, daß es von dem Jagdberechtigten der Jagd wegen zu den offenen Zeiten betreten werde. II. Der Grundeigenthümer darf das Wild, das er auf seinem Boden findet,

---

2) Nachweisungen geben Stieglitz §. 42. Note 45—57., Kraut Grundriß §. 121. Nr. 24.
3) Zeugnisse giebt Stieglitz §. 15. 28.
4) Man sehe die Zeugnisse bei Stieglitz §. 41., Kraut §. 121. Nr. 31.
5) Man sehe Kraut §. 121. Nr. 25—30., Mittermaier I. §. 216.
6) Man sehe darüber Stieglitz §. 23.

nicht jagen, fangen oder erlegen, auch keine demselben schädlichen Thiere, Hunde oder Katzen, aufs Feld mitnehmen oder zulassen. Wohl aber sind ihm die Anstalten erlaubt, die blos das Abwehren des Wildschadens bezwecken; daher selbst die Umzäunung, nur keine lebensgefährlichen Spießzäune [1]). III. Der Eigenthümer des Waldes kann durch das Jagdrecht des Anderen nicht gehindert werden, die in der forstmäßigen Benutzung seines Eigenthums enthaltenen Befugnisse auszuüben und die dazu gehörenden Anordnungen zu treffen; auch bleibt er berechtigt, dessen Cultur zu ändern und ihn auszurotten [2]). IV. Die Grundeigenthümer haben nach der Natur des Verhältnisses einen gewissen Anspruch auf den Ersatz des Schadens, der ihnen durch das Wild entsteht. Es treffen jedoch bei dieser Frage mehrere leitende Gesichtspunkte zusammen. Einerseits kommt in Betracht, daß der Grundeigenthümer nicht selbst das Wild erlegen und sich dadurch gegen Schaden sichern darf, daß also der Jagdberechtigte, zu dessen Vortheil er jenes nicht darf, ihn billigerweise in dem dadurch erleidenden Schaden vertreten muß. Andererseits ist zu erwägen, daß ihm doch andere Mittel der Abwehr gestattet sind, und daß, wenn ihm auch das Recht, das Wild zu erlegen, zustände, ihn dieses doch nicht immer schützen und ihm auch Zeit und Geld kosten würde. Endlich kommt in Betracht, daß das Wild vom Gesetz nicht als etwas schlechthin Gemeinschädliches, vielmehr Nützliches angesehen wird, daß daher das Gesetz dessen mäßige Erhaltung will und der Jagdberechtigte selbst in diesem Sinne mehrfach beschränkt ist. Daraus folgt also: 1) Es kann nicht der Ersatz jedes geringfügigen Schadens verlangt werden, der aus dem gewöhnlichen mäßigen Wildstand entsteht, sondern diesen müssen die Betheiligten, wie anderes natürliches Ungemach von nicht jagdbaren Thieren und Vögeln, wogegen sie sich auch nicht durch Tödtung schützen können, tragen. 2) Wo von selbst eine übermäßige und unabsichtliche Anhäufung entsteht, zum Beispiel bei Kaninchen in Gehölzen, können die Nachbarn verlangen, daß

1) Dem entsprechen auch die Bestimmungen des Preuß. Landr. I. 9. §. 141—143.

2) Man sehe Mittermaier I. §. 220., Maurenbrecher I. §. 279.

der Jagdherr oder Grundeigenthümer dieselben vertilge, oder ihnen deren Vertilgung erlaube, oder den Schaden ersetze. 3) Wo absichtlich Wild gehegt oder aus fremden Revieren angelockt wird, ist der Jagdberechtigte zu den nöthigen Vorkehrungen, oder zum Ersatz des Wildschadens verpflichtet. 4) In der Theorie [3]), und daher auch in der Gesetzgebung, fehlt es aber mehr oder weniger bei dieser Frage an klaren Grundsätzen, und daher ist auch Letztere sehr abweichend [4]).

e) Grundsätze über die Ausübung der Jagd.

183. Die Ausübung der Jagd enthält zwei Bestandtheile. Der Eine ist das Recht, das Wild weidmännisch zu verfolgen und zu erlegen. Dabei ist aber der Jagende, gleichviel auf welchem Grunde sein Recht beruhe, der landesherrlichen Jagdhoheit und der daraus fließenden Gesetzgebung, Aufsicht und Gerichtsbarkeit in Jagdsachen unterworfen [1]). Es ist zur Erhaltung des Wildes eine Hegezeit vorgeschrieben und gewisse Fangarten sind untersagt; im Interesse der Landescultur ist das Betreten der Felder vor gemachter Erndte beschränkt, und im Interesse der gemeinen Sicherheit das Jagen in der Nähe der Wohnungen und in eingeschlossenen Gärten verboten. Hinsichtlich des Eigenthumserwerbes entscheiden im Ganzen die Grundsätze der Occupation [2]). Etwas Eigenthümliches ist jedoch der uralte Gebrauch [3]) der Jagdfolge, vermöge welcher die begonnene Occupation auch in ein fremdes Revier fortgesetzt werden darf [4]). Der andere Bestandtheil ist das Recht, das Wild weidmännisch zu hegen. Aus die-

---

3) Mittermaier I. §. 219. 220., Maurenbrecher I. §. 279., Gerber §. 93. 220., Bluntschli I. §. 85. Nr. 4. Eine eigene Abhandlung darüber, worin auch die verschiedenen Meinungen angeführt sind, die aber zu unbedingt den Ersatz jeder Art von Wildschaden vertheidigt, ist bei Pfeiffer Pract. Ausführungen. Band III. Nr. V.

4) Beispiele giebt Kraut Grundriß §. 122. Nr. 8—13., Mittermaier I. §. 219. Gut ist das Preuß. Landr. I. 9. §. 144—147.

1) Von deren Entstehung und Inhalt handelt Stieglitz §. 36.

2) Man sehe oben §. 126. Note 2. 3. 4.

3) Man sehe meine Deutsche Rechtsgeschichte §. 508. Note 2. 3. Nachweisungen giebt auch Stieglitz §. 15. 28. 94.

4) Ein gutes Zeugniß aus dem praktischen Recht giebt das Preuß. Landr. I. 9. §. 130—140.

sem Recht und aus der Pflicht, die Nachbarn gegen das gehegte Wild nöthigenfalls durch Wildzäune zu schützen, folgt von selbst, daß der Jagdberechtigte zum Hegen des Wildes Wildzäune auf seine Kosten auch auf fremden Grundstücken anlegen darf [5]).

f) Neueste Veränderungen.

184. Mancherlei zum Theil auch mit Uebertreibung nacherzählte Mißbräuche bei der Ausübung des Jagdrechts und die allgemeine Abneigung gegen Vorrechte hatten die öffentliche Meinung ungünstig gestimmt, als die Ausbrüche des Jahres 1848 die Gelegenheit darboten, diese Abneigung zu befriedigen. Anstatt jenen Mißbräuchen durch ein strenges und gerechtes Gesetz entgegen zu treten, griff man über dieses Maß hinaus zu Illusionen, hob in den meisten deutschen Staaten das Jagdrecht auf fremdem Grund und Boden „ohne Entschädigung" auf, und sprach dasselbe jedem Grundbesitzer auf seinem Grundeigenthum zu [1]). Die mit der allgemeinen Ausübung der Jagd nach der Natur der Sache verbundenen Uebelstände [2]) machten sich aber bald mit einer solchen Macht fühlbar, daß man sich genöthigt sah, die Ausübung des vermeintlich so kostbaren Rechtes aus jagdpolizeilichen Gründen wieder zu beschränken, und so das, was mit der einen Hand gegeben war, mit der anderen wieder zu nehmen [3]). Es ist nun die Ausübung der Jagd nur demjenigen gestattet, der einen zusammenhängenden Gutscomplex von dreihundert Morgen besitzt. Den kleineren Grundeigenthümern ist dieselbe untersagt, und ihnen nur die Wahl gelassen, die Jagd an höchstens Drei unter ihnen zu übertragen, oder sie ruhen, oder durch einen gemeinschaftlichen Jäger ausüben zu lassen, oder zu verpachten. Die Beobachtung der Hegezeit ist beibehalten oder hergestellt. Die Einräumung des Jagdrechts als Servitut, wodurch allerdings auf dem Wege des Vertrags wieder ein großes

---

5) So sagt richtig gegen Andere Maurenbrecher I. §. 279. Note 9.
1) So in Preußen durch das Gesetz vom 31. October 1848.
2) Man sehe oben §. 177.
3) Man sehe das Preuß. Jagdpolizei-Gesetz vom 7. März 1854. Nach dieser Art sind die meisten anderen Gesetze.

zusammenhängendes Jagdrevier geschaffen werden könnte, ist positiv untersagt.

185. Vergleicht man dieses Resultat mit dem früheren Zustand, so ergiebt sich Folgendes. Man hat zwar alte Vorrechte abgeschafft, aber ohne es zu merken, ein neues Vorrecht zu Gunsten der großen Gutscomplexe einführen müssen. Man hat, wo man immer die Freiheit im Munde führte, die Freiheit über sein Eigenthum zur Errichtung einer Jagdservitut zu verfügen, unnöthig bevormundet und beschränkt. Man hat das Grundeigenthum durch Rückgabe des Jagdrechts von einer alten Last frei gemacht; allein man hat den kleinen Grundeigenthümer mit neuen Beschränkungen belastet, indem man ihm das Jagdrecht giebt, allein die Ausübung desselben, die Hauptsache, wieder nimmt, ihn hinsichtlich derselben den Beschlüssen der Communalbehörde unterwirft, und ihn sogar bestraft, wenn er sein Jagdrecht auf seinem eigenen Boden nicht nach jenen Beschlüssen ausübt. So ist das neue Recht durch die natürliche Macht der Dinge zu einer Ironie, zu einem Jagdrecht ohne Jagd, geworden. Das Einzige, was er davon merkt, ist, daß er von dem Pachtgelde oder dem Jagdertrage nach Verhältniß seiner Morgenzahl einen Antheil erhält. Um dieses geringfügigen Gewinnes willen hat man das Vertrauen in die öffentliche Moral durch Confiscation alter wohlerworbener Rechte erschüttert, und das Gewissen der Grundeigenthümer mit der Zuwendung des geraubten fremden Gutes beschwert. Die Eintheilung in die hohe und niedere Jagd hat ihre alte Bedeutung verloren, kann aber noch bei Verpachtungen zur Sprache kommen. Die Jagdfolge hat man, um Conflicte zu vermeiden, gewöhnlich aufgehoben. Die Frage nach dem Ersatz des Wildschadens kann auch in dem neuen Zustande beziehungsweise noch vorkommen; jedoch hat man es für besser gehalten, den gesetzlichen Anspruch darauf ganz zu beseitigen, indem man bei Verpachtungen Alles dem Pachtvertrag überläßt, in anderen Fällen aber den Nachbarn als Nothwehr das Fangen und Tödten des Wildes, vorbehaltlich der Ablieferung an den Jagdberechtigten gegen ein Schießgeld, erlaubt, womit aber der Wildschaden und der Verlust an Zeit keineswegs immer ersetzt sind. So läuft

der Vortheil, den man durch die gewaltsame Veränderung auf Unkosten des Rechts zu erreichen vermeinte, größtentheils auf Selbsttäuschung hinaus.

IX. Von der Einwirkung der Familienverhältnisse auf das Vermögen [1]).

A) Einwirkung der Familie als Ganzes [2]).

186. Nach den Zuständen eines kräftigen Naturvolkes war die auf der Gemeinschaft des Blutes beruhende Verbindung von weitgreifender Bedeutung. Abgesehen von den Wirkungen für das Gefühl, gewährte sie dem Einzelnen auch äußerlich große Vortheile: Schutz, Hülfe mit Rath und That, und Beistand in der Fehde wie vor Gericht. Die Macht und politische Ehre des Geschlechts beruhten aber wie bei dem Einzelnen auf dem Grundbesitz. Jeder hatte daher, wie an der Erhaltung der Ehre und Macht, so auch an der des Grundbesitzes bei seinen Blutsfreunden ein eigenes nahes Interesse. Bei Veräußerungen von Grundstücken fand daher wie über eine Familienangelegenheit eine Berathung der Blutsfreunde Statt, und es galt als schwere Verletzung der Verwandtschaftspflicht, den Kindern und Blutsfreunden Grundeigenthum durch Schenkungen an Fremde zu entziehen. Alles dieses beruhte zunächst nur in dem Gefühl und der Sitte. Als aber mannichfache Ursachen die alten Sitten erschütterten, wurde nach mancherlei Schwankungen das gute Herkommen durch positive Vorschriften in Schutz genommen, und die Veräußerungen wie die Vergabungen von Grundstücken regelmäßig an die Zustimmung der nächsten Erben gebunden. Dennoch behauptete sich dieses auf die Länge nicht. Es wurde blos auf die Erbgüter beschränkt, weil bei diesen das Familiengefühl für deren Erhaltung besonders mächtig spricht [3]). Im Laufe der Zeit ist aber

---

1) Es ist fehlerhaft, wenn man jetzt fast allgemein die persönlichen und die Vermögensverhältnisse des Familienrechts mit einander verbunden abhandelt. Dieses hat dann den zweiten Nachtheil, daß man die Familie von den anderen Rechtsverhältnissen an Personen trennen und hinter das Sachenrecht stellen muß. Das Richtige sollte man doch aus dem römischen Systeme lernen.

2) Bei dem angenommenen fehlerhaften Systeme weiß man für die Erbgüter keinen schicklichen Platz zu finden, und man spricht davon nur gelegentlich bei den Arten der Sachen oder bei den Beschränkungen des Eigenthums.

3) Die urkundlichen Beweise für diese ganze Darstellung, nebst Anführung der Ansichten Anderer, giebt meine Deutsche Rechtsgeschichte §. 442—448.

auch dieses verblichen, und die Eigenthümlichkeit der Erbgüter hat sich, als ein absterbender Rest alter Gesinnung und Einrichtungen, nur noch in wenigen Stadt- und Landrechten erhalten[4]).

187. Der leitende Gedanke dabei ist, daß man ein ererbtes Grundstück, gleichsam wie ein Fideicommiß, in Ehren halten und wieder auf seine Erben bringen solle. Als eine vorherrschend auf dem Gefühl beruhende Rechtsansicht besteht aber über deren Ausbildung keine Gleichförmigkeit. Im Geiste derselben liegt, daß auch das von Seitenverwandten [1]), ja selbst das vom Ehegatten her [2]) ererbte Grundstück Erbgut werde. Manche Rechte beschränken es aber nur auf die von den Voreltern, und zwar mindestens vom Großvater her, ererbten Güter [3]). Auch die Grundstücke, womit ein Kind abgefunden oder ausgesteuert wurde, müssen in dessen Hand Erbgut bleiben oder werden [4]). Hin und wieder hat man den Begriff von Erbgut sogar auch auf das bewegliche Vermögen angewendet [5]). Nicht Erbgut ist aber alles selbst

---

4) So im Lübischen Recht, Pauli Abhandlungen Th. I. 1837. Darstellung des Rechts der Erbgüter. — daraus in Rostock und Wismar, Kamptz Mecklenb. Civilrecht §. 47. — im Hamburgischen Recht, Dreves Abhandlungen. Band I. 1844. Das Recht der Erbgüter (darüber Pauli in Reyscher Zeitschr. X. 325—349), Trummer das Hamburgische Erbrecht. Hamburg 1852. 2 Th. — in Sachsen, Haubold Sächs. Privatrecht II. §. 396. — in einigen Theilen von Hannover, Maurenbrecher I. §. 215. Note 5. — Am Rhein bestanden bis in die neuere Zeit Ueberreste darin, daß über andere als selbst gewonnene und geworbene Güter nicht testirt werden durfte, Jülich-Berg. Landr. von 1564. Cap. 69., Geldernsches Landr. von 1619. Th. III. Tit. 6. §. 2. Nr. 3., und daß an veräußerten Stamm- oder Erbgütern den Blutsfreunden das Retractrecht gestattet war, Jülich-Berg. Landr. von 1564. Cap. 98., Churcölnische Rechtsordnung von 1663. Tit. XV. §. 1. Ungenau sind die Angaben von Maurenbrecher I. §. 215. Note 8., worauf Gerber §. 82. Note 3. verweist.

1) So in Hamburg, Hamb. Stadtr. von 1270. I. 8 (Kraut Grundriß §. 102. Nr. 23), Hamb. Stadtr. von 1605. III. 1. §. 7 (Kraut §. 311. Nr. 5) — in Lübeck, Lüb. Recht I. 10 §. 2. 6 (Kraut §. 311. Nr. 2), Pauli Abhandl. I. 48—50.

2) So war es im Lübischen Recht, Kraut §. 102. Nr. 29—32., wurde aber später geändert, Pauli I. 78—92. 199. II. 93—96. 129—139. In Hamburg wird nur das, was bei einem Ehegatten Erbgut war, bei dem Andern, wenn es an denselben fällt, Erbgut, Hamb. Stadtr. von 1605. III. 1. §. 8. Doch ist dieses bestritten, Pauli in Reyscher Zeitschr. X. 328—332.

3) So in Sachsen, Lüneburg, Bremen, Kraut §. 311. Nr. 1. 3. 4.

4) Hamb. Stadtr. von 1497. K. 3. von 1605. III. 1. §. 7 (Kraut §. 102. Nr. 33. §. 311. Nr. 5). — Pauli Abhandl. I. 72—78.

5) So in Hamburg, Hamb. Stadtr. von 1605. III. 1. §. 6. 7. — in Lübeck, Pauli Abhandl. I. 181—199., Kraut §. 311. Nr. 6.

Gewonnene und Erworbene [6]) oder geschenkt Erhaltene [7]); ferner nicht das zwar Ererbte, allein nicht von der Sippe her Ererbte [8]); auch nicht der andere Theil eines von einem Blutsfreund her ererbten Grundstückes, den man dem Miterben abgekauft [9]). Bestritten ist, ob auch das, was man von einem Blutsfreund durch Testament aus dessen gewonnenen Gütern oder mit Consens der nächsten Erben aus dessen Erbgütern erhält, Erbgut werde oder bleibe. Im Zweifel ist es aber zu verneinen, weil der Testirer die Beschränkung, wenn er sie beabsichtigt hätte, ausgesprochen haben würde [10]). Eine Ausnahme ist jedoch nach dem Geiste des Verhältnisses mit der Intestatportion zu machen, worauf in dem Testament der nächste Intestaterbe selbst eingesetzt worden ist. Hier muß umgekehrt die Beschränkung ausdrücklich erlassen sein [11]).

188. Die Wirkung des Institutes besteht darin, daß beim Erbgute, wie ehemals bei Grundstücken überhaupt [1]), zu Vergabungen unter Lebenden oder auf den Todesfall, und zu anderen Veräußerungen die Zustimmung der nächsten [2]) Erben eingeholt werden muß, widrigenfalls sie von denselben binnen Jahr und Tag angefochten werden können [3]). Einen Verkauf aus Noth kann zwar ihr Einspruch nicht hindern [4]); jedoch muß ihnen, dem alten Recht gemäß, der Vorkauf angeboten werden, sonst haben

---

6) Kraut §. 102. Nr. 22. 24. 25. 34. — Lüb. Recht I. 9. §. 2. I. 10. §. 3.

7) Hamb. Stadtr. von 1497. K. 3 (Kraut §. 102. Nr. 34). von 1605. III. 1. §. 7.

8) Schwabensp. 198 Laßb.

9) So sagt das Notum von 1327 aus dem Lübecker Stadtbuch bei Kraut §. 102. Nr. 36.

10) Dieses zeigt auch für das Lübische Recht Pauli Abhandl. I. 2. 51—72.

11) Pauli III. 287—289. Diese Unterscheidung ist auch im Hamb. Stadtr. von 1497. K. 3 (Kraut §. 102. Nr. 34) von 1605. III. 1. §. 7., Pauli in Reyscher Zeitschr. X. 332.

1) Man sehe meine Deutsche Rechtsgeschichte §. 445. Note 4—9. §. 446. Note 18—25.

2) So sagen die Stellen bei Kraut §. 102. Nr. 11—14. Der Sitte nach wurden auch die entfernteren Blutsfreunde zur Berathung gezogen, Kraut §. 102. Nr. 15. 16. 17., Pauli I. 140—150.

3) Lüb. Recht I. 9. §. 4. 5. I. 10. §. 6. III. 7. §. 1., Pauli I. 121—129.

4) Man sehe die Stellen bei Kraut §. 102. Nr. 23. 25.

sie das Recht, das Gut gegen Ersatz des Kaufpreises einzulösen [5]). Mit diesem Anerbieten zum Vorkaufe und eventuellem Einlösungsrecht hat man dann häufig die Erben auch bei Vorkäufen ohne Noth abgefunden [6]). Zur Verpfändung von Erbgütern ist ebenfalls die Zustimmung der nächsten Erben erforderlich [7]). Daher dürfen bei Executionen die Erbgüter nur im Nothfall angegriffen werden, und es muß auch dann den Erben ihr Näherrecht bleiben [8]). Wer die nächsten Erben seien, ist nach der gemeinen Ordnung zu ermessen; auf Descendenten ist das Recht nicht beschränkt [9]). Wo übrigens auch Mobilien zum Erbgut gezogen worden sind, hat das Verhältniß eine andere Gestalt erhalten. Von einer Mitwirkung der Erben bei der Veräußerung kann dann nicht die Rede sein. Es tritt dann überhaupt die Bedeutung der einzelnen Objecte zurück; die Hauptsache ist, daß der Werth des ererbten Vermögens sich ungeschmälert im Nachlaß wiederfinde [10]), und die Zustimmung der Erben kommt nur noch beim Testiren zur Sprache [11]).

B) Vermögensverhältnisse unter Ehegatten [1]). 1) Uebersicht.

189. Die Grundgedanken des deutschen ehelichen Güterrechts sind, daß Mann und Weib auch in der Gemeinschaft der Thätigkeit und Sorgen für ihre und ihrer Kinder zeitliche Existenz mit einander auf das Engste verbunden seien, daß der Mann als das in Zuneigung und Vertrauen von der Frau erkorene Haupt des Hauses den größeren Theil der Sorgen und Verantwortlichkeit zu tragen, daher aber auch alles Vermögen, das ihrige wie das seinige, allein zu verwalten, und aus den Nutzungen nach

---

5) Lüb. Recht I. 10. §. 6., Pauli I. 114—119.

6) Zeugnisse giebt Kraut §. 102. Nr. 18. 19. 21. — Lüb. Recht III. 7. §. 1. 2.

7) Man sehe Kraut §. 102. Nr. 21. 25., Pauli I. 105. 106.

8) Man sehe Kraut §. 102. Nr. 8. 9.

9) Pauli I. 135—150., Gründler Polemik I. §. 191.

10) Hamb. Stadtr. von 1605. III. 1. §. 6.

11) Hamb. Stadtr. von 1605. III. 1. §. 4 (Kraut §. 311. Nr. 5), Pauli I. 181. 182., Derselbe in Reyscher Zeitschr. X. 328.

1) Ein Hauptwerk darüber ist jetzt: C. L. Runde Deutsches eheliches Güterrecht. Oldenburg 1841. Man kann jedoch weder seiner Auffassung, noch seiner Darstellung in Allem beipflichten.

seinem Ermessen die Einrichtungen und Bedürfnisse des Hauswesens zu ordnen und zu bestreiten habe, daß unter Ehegatten wegen ihrer bei Lebzeiten gehabten innigen Beziehungen auch bei der Beerbung eine gewisse Berücksichtigung Statt finden, daß namentlich für den Unterhalt der Wittwe in angemessener Weise Sorge getragen werden müsse [2]).

190. In der Anwendung nehmen aber diese Gedanken nach den Zeiten und Verhältnissen verschiedene Formen an. Wo beim Vermögen die Unterscheidung von Hof und Stammgut und die Rücksicht auf die Blutsfreunde vorherrscht, bleibt das Frauengut davon in sichtbarer Weise geschieden und kenntlich; die Versorgung der Wittwe ist mit wesentlicher Rücksicht auf das Gut einzurichten und erhält dadurch eine bestimmte Gestalt; und von Beerbung kann nur an untergeordneten Stücken die Rede sein. Hingegen wo das bewegliche Vermögen und das Geld vorherrschen, ist das Vermögen des Mannes und das der Frau den Objecten nach weniger kenntlich; sie erscheinen unter der Hand des Mannes als eine gleichartige Masse; der gegenseitigen Beerbung treten weniger Bedenklichkeiten entgegen, und das Erbrecht der Wittwe kann zugleich als ihre Wittwenversorgung gelten, so daß davon nicht besonders die Rede zu sein braucht. Endlich kann da, wo jeder Ehegatte ganz frei über sein Vermögen verfügen darf, auch der Gesichtspunkt aufkommen, daß sie unter einander Alles, nicht blos der Verwaltung und Verwendung, sondern auch der Substanz nach gemeinschaftlich machen, und Reichthum wie Armuth mit einander theilen wollen. Hierin liegt dann beziehungsweise eine gegenseitige Zuwendung schon bei lebendigem Leibe, welche ein Erbrecht und eine besondere Versorgung für die Wittwe entbehrlich macht. Dieses sind die Hauptstadien, welche unsere Rechtsentwicklung nachweist. Das Herkommen und Bedürfniß hatte die ersten Formen gebildet; bei veränderten Zuständen half man durch die Heirathsverträge nach; durch Nachahmung wurden diese stehend, und so entstanden neue Gewohnheitsrechte, welche

2) Die historische Nachweisung darüber giebt meine Deutsche Rechtsgeschichte §. 460—466.

bei der Revision der Stadt- und Landrechte in diesen ihre Stelle fanden [1]). Die Formen der ehelichen Güterverhältnisse wurden dadurch sehr verschieden. Das Wichtige für die Wissenschaft des gemeinen deutschen Rechts ist aber nur die Theorie der Hauptbestandtheile, die darin vorkommen. Die Frage, wo und in welcher Mischung dieselben gelten, ist aus dem Particularrecht jedes Ortes zu beantworten. Auch eine Gruppirung der Particularrechte nach ihrer inneren Verwandtschaft und Verschiedenheit gehört nicht hieher, sondern in eine Statistik der Particularrechte, die allerdings in dieser Lehre ein reiches Material zu registriren vorfindet, dennoch aber daraus, wegen dessen positiver Fassung, für die wissenschaftliche Construction dieser Lehre wenig Gewinn ziehen kann [2]).

2) Institute auf der Grundlage des alten Rechts. a) Das in der Hand des Mannes geeinte Ehegut [1]).

191. Das eheliche Güterrecht, wie es sich noch im Mittelalter findet, war durchaus nach den ländlichen Zuständen und nach den Bedürfnissen des Hofes gebildet. Die Weiber waren bei der Beerbung des Grundeigenthums gegen die Männer wesentlich zurückgesetzt [2]); daher kamen Höfe regelmäßig nur in eines Mannes Hand vor. Die Töchter wurden juristisch nur

1) Sehr deutlich tritt dieser Hergang in den Auszügen aus Praktikern hervor, die in meiner Deutschen Rechtsgeschichte §. 469—471. abgedruckt sind.

2) Was in den Lehrbüchern davon vorkommt, ist theils zu wenig, theils zu viel. Zu wenig in Vergleich zu der Fülle des Materials, so daß man generalisiren muß, dadurch aber für den, der den Stoff nicht schon von anders woher kennt, dunkel bleibt. Zu viel, weil durch die Masse der Einzelheiten der Blick auf die Hauptsachen verwirrt wird.

1) Das Beste darüber ist Kraut Vormundschaft II §. 76—99. Daraus haben alle neueren Lehrbücher ihr Material geholt. Nicht zu rechtfertigen ist jedoch, daß Kraut zwischen der ehelichen Vormundschaft und der ehelichen Herrschaft des Mannes einen scharfen Unterschied durchführen, und jedem dieser beiden Gesichtspunkte sein genau begränztes Gebiet von Rechten und Wirkungen anweisen will. Er legt dadurch dem deutschen Recht viel zu viel bewußte Abstraction unter. Ueberhaupt ist es irrig, wenn man das deutsche Mundium lediglich mit der römischen Tutel vergleicht. Es war damit auch ein Element von Gewalt verbunden, welche sich nach den Gegenständen verschieden äußerte. Dieses zeigt das Mundium bei den Freigelassenen und Liten, Deutsche Rechtsgeschichte §. 388. 392. Richtig erklärt sich gegen Kraut auch Bluntschli II. §. 153. Nr. 1.

2) Dieses zeigt meine Deutsche Rechtsgeschichte §. 542—546.

gleichsam als zur Verheirathung bestimmte Werkzeuge angesehen, um den Stamm fortzusetzen und der Wirthschaft als tüchtige Hausfrauen vorzustehen. Daher war im Vermögens- und Erbsystem hauptsächlich nur dafür gesorgt, daß sie als Jungfrauen mit einer angemessenen Mitgift versehen, und daß ihnen als Wittwen der lebenslängliche Unterhalt gesichert sei. Die Mitgift bestand entweder in der Aussteuer, welche die Tochter aus dem elterlichen Hause in Leinwand, Hausrath, Schafen, Gänsen und dergleichen mitbekam, oder, wenn die Mutter todt war, in ihrem Erbtheil an der von derselben hinterlassenen Gerade, die in gleichen Gegenständen bestand. Möglich, wenn auch selten, war es, daß sie auch noch Anderes, selbst Grundstücke, in die Ehe mitbrachte oder darin erbte. Während der Ehe hatte der Mann Alles, was im Hofe war, auch das Vermögen der Frau, als der Herr und Vorsteher des Hauses, nach seinem freien Ermessen zu verwalten und zu verwenden; nur veräußern durfte er Grundstücke der Frau ohne ihre und ihrer Erben Zustimmung nicht. Bei der Auflösung der Ehe mußten sich diese also zur Rückgabe vorfinden. Anstatt der Aussteuer oder Gerade, die im Hauswesen gebraucht und verbraucht worden, erhielt die Frau oder ihre nächste Erbin Alles, was von Gegenständen jener Art im Hofe war, gleichviel ob mehr oder weniger als das ursprünglich Eingebrachte, heraus [3]. So stellte das Ganze eine den ländlichen Zuständen überaus angemessene Ordnung dar. Im Fortschritte der Zeit änderte sich aber, namentlich in den Städten, das Vermögens- und Erbsystem gänzlich. Die Ehefrau brachte nun häufig nicht blos Hausrath und dergleichen, sondern auch Capitalien und Grundstücke, entweder gleich bei der Verheirathung oder später, in die Ehe ein. Hiemit wurde auch die Nutzgewalt des Mannes am Vermögen der Frau häufig durch andere Rechtsformen oder durch das römische Recht verdrängt. Doch erhielt sie sich in vielen Territorien ausdrücklich oder stillschweigend, und bildet eine der im ehelichen Güterrecht vorkommenden Hauptformen.

---

3) Die Beweise giebt meine Deutsche Rechtsgeschichte §. 460. 461.

192. Wo dieses System des unter der Nutzgewalt des Ehemannes geeinten Ehegutes besteht [1], ergiebt sich aus dessen Grundprincip in der Anwendung auf die heutigen Vermögensverhältnisse Folgendes [2]. Der Mann ist zwar derjenige, worauf die Sorge für das Hauswesen hauptsächlich ruht; allein die Frau hat daran mit Theil zu nehmen, und wenn sie Vermögen in die Ehe mitbringt oder darin erwirbt, so muß dieses nicht blos ihr, sondern auch dem Hauswesen zu Gute kommen. Dieses könnte zwar dadurch geschehen, daß sie dasselbe verwaltete und die Einkünfte davon zum Hauswesen hergäbe. Allein nach der überlieferten deutschen Art und Gefühlsweise soll derjenige, in dessen Hand sie ihre persönlichen Lebensschicksale gelegt hat, auch ihr Vermögen in die Hand erhalten, weil man vertraut, daß dasselbe bei ihm am besten bestellt sein werde. Der Mann erhält daher daran eine seinem freien Ermessen anheimgegebene Verwaltung und Verwendung, die nur daran ihre Gränze hat, daß Handlungen, welche den Pflichten eines guten Hausvaters gradezu widerstreiten, oder welche die Frau arm machen würden, nicht darin begriffen sind. Er kann daher über ihre Mobilien frei verfügen [3], weil die Natur des Hauswesens darin eine Beweglichkeit mit sich bringt und die stete Unterscheidung zwischen ihren und seinen Sachen unpassend wäre. Hingegen zur Veräußerung von Grundstücken und zur Einziehung und Verwendung von Capitalien muß die Frau zustimmen [4], es sei denn, daß dazu eine sie persönlich treffende rechtliche Nothwendigkeit vorliegt, zum Beispiel zur Zahlung einer vorehelichen Schuld. Ferner folgt aus jenem Gesichtspunkt, daß wenn der Mann das Hauswesen

---

1) Dieses System wird von Runde Güterrecht §. 33. und Beseler System II. §. 139. die eheliche Gütervereinigung, von Bluntschli Privatrecht II. §. 151. die Güterverbindung, von Gerber §. 226. die Gütereinheit genannt. Diese Terminologieen sind jedoch nicht glücklich gewählt.

2) Als Zeugniß für die in der Jurisprudenz und Praxis überlieferte Rechtsanschauung ist hier wichtig das Preuß. Landr. II. 1. §. 205—340.

3) So sagt auch das Preuß. Landr. II. 1. §. 247. 559. Im alten Recht findet sich dasselbe bei der Gerade auch schon, Sachsensp. I. 24. §. 4.

4) Preuß. Landr. II. 1. §. 231—239. In den Particularrechten findet sich zuweilen, daß der Mann auch die Grundstücke der Frau frei veräußern kann. Darin ist aber das Princip des Vertrauens oder der ehelichen Herrschaft zu weit ausgedehnt.

aus seinem Vermögen und Erwerbe nicht mehr zu unterhalten vermag, die Beitragspflicht der Frau aus ihrem Vermögen zwar nicht aufhört: allein da sie es nun ist, die das Hauswesen ernährt, so verwandelt sich das Verhältniß um, und sie kann ihr Vermögen herausverlangen, um dasselbe für das Hauswesen selbst zu verwalten [5]. Endlich sind auch hiernach die Wirkungen, welche die Schulden des Mannes auf das geeinte Vermögen der Frau haben, zu beurtheilen. Diese reduciren sich auf drei Sätze. Erstens, daß die Gläubiger sich allerdings an die Einkünfte aus diesem Vermögen halten können, weil die Frau damit zu den Lasten des Hauswesens beiträgt. Zweitens, daß aber die Substanz desselben, ohne die Zustimmung der Frau, nicht angegriffen werden kann, weil dieses die Befugnisse des Mannes überschreitet und sie sich durch ihn nicht arm machen zu lassen braucht [6]. Drittens, daß wenn der Mann überschuldet ist, der Fall vorliegt, daß er das Hauswesen nicht mehr zu unterhalten vermag. Die Frau kann also ihr Vermögen aus dem Concurse herausverlangen, um damit das Hauswesen selbstständig zu ernähren [7].

193. Die Frau bleibt Eigenthümerin ihres Vermögens und kann darüber auf den Todesfall frei verfügen. Zu Rechtsgeschäften unter Lebenden kann man ihr aber diese Befugniß nur mit Zustimmung des Mannes beilegen, weil man da, wo der Mann statutarisch jene Rechte am Vermögen der Frau hat, nach dem historischen Zusammenhang der Verhältnisse [1]) auch noch die Fortdauer der ehelichen Vormundschaft und der daraus fließenden Rechte [2]) annehmen muß, so daß die Frau ohne den Mann über das jener Vormundschaft unterworfene Vermögen, auch über des-

---

5) Aus diesen in der Natur der Sache beruhenden Gründen erklären sich die Bestimmungen des Preuß. Landr. II. 1. §. 256—258. 262—265.

6) Wenn sich in Particularrechten das Gegentheil findet, so ist dieses eine Anomalie, wovon noch unten (§. 205) die Rede sein wird. Unrichtig ist es, wenn Runde §. 50 — 55. und nach ihm Gerber §. 231. 232. daraus eine allgemeine Regel machen. Das Richtige hat Bluntschli Privatrecht II. §. 152. Nr. 5.

7) So sagt auch das Preuß. Landr. II. 1. §. 258. 261 — 265. 274. 275. Die Frage ist jedoch controvers, Runde Güterrecht §. 49.

1) Man sehe meine Deutsche Rechtsgeschichte §. 460. Note 6.

2) Man sehe über diese oben §. 94.

sen bloße Substanz, gültig keine Geschäfte schließen kann[3]). Hinsichtlich der von der Frau eingegangenen Schulden ist zu unterscheiden. I. Schulden, die sie in die Ehe mitbringt, können fortwährend gegen sie und ihr Vermögen, das eingebrachte wie das später zugefallene, verfolgt werden, weil die Rechte ihrer Creditoren durch ihre Verheirathung keine Veränderung erleiden können, und weil der Mann, indem er eine Frau mit Schulden heirathet, weiß, daß die Creditoren auf deren Vermögen ein Anrecht haben[4]). Gegen den Mann erlangen sie aber keine Klagrechte[5]), sondern er kann nur so weit beigezogen werden, als kraft der ehelichen Vormundschaft zu Processen seine Einwilligung nöthig ist[6]). II. Hinsichtlich der Schulden, welche die Frau während der Ehe eingeht, ist zu unterscheiden: 1) Die Schuld ist von ihr im directen Auftrage des Mannes contrahirt. Wenn dieses dem Gläubiger bekannt gemacht war, so contrahirt die Frau gar nicht für sich, sondern nur als das Werkzeug des Mannes. Es tritt also dieselbe Wirkung ein, als wenn dieser in eigener Person gehandelt hätte. Unter diesen Gesichtspunkt gehören auch die Schulden, welche die Frau zur Führung der Haushaltung eingeht. Denn dieses ist ihr natürlicher Beruf, und indem der Mann sie als seine Hausfrau hinstellt, hat er ihr alle dazu nöthigen Vollmachten übertragen, so daß sie darin kraft seines stillschweigenden Mandates handelt[7]), und er die in diesen Bereich

---

3) Die richtige Ansicht hat Bluntschli Privatrecht II. §. 154. Nr. 1. Unrichtig ist Gerber §. 231. Note 7. 12.

4) Manche wollen das in der Ehe erworbene Vermögen der Frau ausnehmen, Kraut Vormundschaft II. 412. 413. Dawider erklären sich aber mit Recht Beseler System II. §. 139. Note 13., Bluntschli Privatrecht II. §. 154. Nr. 3., Preuß. Landr. II. 1. §. 338—340. Die richtige Ansicht hat auch Runde Güterrecht §. 37—39., allein aus falschen Gründen. Er betrachtet den Uebergang des Vermögens der Frau in die Hand des Mannes als eine successio per universitatem, und wendet darauf nun den Satz an: bona non intelliguntur nisi deducto aere alieno.

5) Anderer Meinung ist nach seiner irrigen Grundansicht Runde.

6) Man sehe oben §. 93. 94.

7) Mit Unrecht bestreiten diesen Begriff Runde §. 41., Kraut II. 443. 444. 557—560., Gerber §. 231. Note 8. Allein wie ist denn die auch von Runde anerkannte Erscheinung zu erklären, daß solche Schulden nicht die Frau, sondern nur den Mann obligiren, und daß er durch öffentlichen Widerruf ihr jenes Recht nehmen kann? In der That läßt Kraut und nach ihm Gerber

fallenden Schulden als die seinigen anerkennen muß. Will er dieses nicht, so muß er es im Voraus öffentlich bekannt machen. 2) Die Schuld ist von der Frau auf ihren eigenen Namen ohne Zustimmung des Mannes contrahirt. Hier ergiebt sich aus dem oben erwähnten Princip [8], daß dieselbe für das in der Hand des Mannes befindliche Vermögen der Frau nichtig ist [9], in so fern nicht eine nützliche Verwendung für dasselbe oder für den Haushalt nachweislich ist [10]. Eine Ausnahme ist jedoch hinsichtlich der Delictschulden der Frau zu machen, weil das öffentliche Interesse dieses verlangt, und weil hier den Dritten nicht, wie bei einer anderen Schuld, ein Vorwurf trifft, also der Ehemann billigerweise angehalten werden kann, wenigstens das Vermögen seiner Frau für die verwirkte Schuld herauszugeben [11]. 3) Die Schuld ist von der Frau mit Zustimmung ihres Mannes eingegangen. Hier kann natürlich ihr Vermögen dafür angegriffen werden. Hingegen das des Mannes nach dem strengen Rechte nicht, weil darin, daß man in die Eingehung der Schuld eines Anderen einwilligt, noch nicht liegt, daß man die Schuld auch auf sich übernehme. Nach dem allgemeinen deutschen Herkommen wird jedoch in jenem Falle auch der Mann für sein Vermögen obligirt [12]; denn erstens erscheinen Mann und Frau dem Dritten in einem solchen Falle nicht wie ein Vormund und Mündel, sondern wie in einer Gemeinschaft. Zweitens kann der Mann, wenn er aus dem Seinigen zahlen mußte, leicht von der Frau, wenn sie

---

auch die Frau obligirt werden. Richtiger, jedoch auch nicht juristisch bestimmt genug, äußert sich Bluntschli II. §. 154. Nr. 5.

8) Man sehe oben Note 1. 2. 3.

9) So sagt auch das Preuß. Landr. II. 1. §. 320. Anderer Meinung ist Kraut II. 405—412. 553—555., und nach ihm Beseler II. §. 139. Note 14. Die richtige Ansicht hat Bluntschli II. §. 154. Nr. 3. Nicht ganz klar ist Gerber §. 231. Note 11. 12.

10) Preuß. Landr. II. 1. §. 324. 334. Diese Bestimmung kommt auch schon im alten Recht vor, Kraut II. 406.

11) So sagen auch Bluntschli II. §. 213. Nr. 4., Kraut II. 555. Nach Runde §. 39. soll der Mann blos das nach dem Delict erworbene Vermögen der Frau herausgeben müssen, was ein Beweis ist, zu welchen Consequenzen ein falsches Grundprincip (Note 4) führen kann. Nach den alten Statutarrechten brauchte der Mann nichts herauszugeben, Kraut II. 418—425.

12) So auch nach dem Preuß. Landr. II. 1. §. 329 — 333. Die Zeugnisse aus den alten Statuten giebt Kraut II. 415—418.

zahlungsfähig ist, Ersatz haben; wenn sie es aber nicht ist, so hätte er gar nicht in die Schuld einwilligen sollen. Drittens übernimmt der Mann durch die Einwilligung auch gegen die Frau eine gewisse Verantwortlichkeit, so daß er, wenn sie um Zahlung gedrängt wird, sie schützen muß. Natürlich kann aber der Mann, wenn er eine Schuld der Frau aus seinem Vermögen bezahlen mußte, von ihr Ersatz verlangen. 4) Schulden, die eine Ehefrau, welche ihr Mann abgesondert einen Handel oder ein Gewerbe treiben läßt, für ihr Geschäft contrahirt. Hier trifft ein doppelter Gesichtspunkt zusammen. Erstens hat der Mann die Frau ein für allemal zu den Geschäften, die in jenen Bereich fallen, autorisirt. Zweitens soll die Frau dadurch in besonderer Art das Hauswesen unterstützen und bereichern helfen. Solche Schulden sind daher nicht nur für das Vermögen der Frau vollkommen verbindlich, sondern sie können auch gegen den Mann wie eine Schuld des Hauswesens verfolgt werden. Eine Ausnahme muß Letzteres nur dann leiden, wenn der Gewinn des Geschäfts ausschließlich der Frau vorbehalten ist [13]. 5) Schulden, welche eine Ehefrau in Nothfällen, wegen Abwesenheit oder Unfähigkeit des Mannes, zum Unterhalt der Familie oder zum Betriebe seines Gewerbes eingeht. Hier ist die Frau von der Natur selbst berufen ergänzend einzutreten, und was sie in dieser Hinsicht thut, ist so anzusehen, als geschähe es von dem Manne selbst. Daher wird dadurch, wie bei einer Haushaltungsschuld, nur dessen Vermögen, nicht auch das der Frau obligirt [14]. 6) Schulden, welche auf einer der Frau zugefallenen Erbschaft ruhen. Ist dieselbe mit dem Vorbehalt des Inventars angetreten, so braucht der Mann nicht weiter zu bezahlen, als der Bestand der Erbschaft reicht. Ist aber ohne Inventar angetreten worden, so ist dieses so zu behandeln, als ob die Frau die Erbschafts-

---

13) Hierauf beruhen die Bestimmungen des Preuß. Landr. II. 1. §. 219. 220. 335—337. 620.

14) Uebereinstimmend ist das Preuß. Landr. II. 1. §. 202—204. 274. 325—328. Anders muß es natürlich in den Particularrechten sein, wonach, wie oben (§. 192. Note 5) bemerkt, die Schulden des Mannes auch gegen das Vermögen der Frau wirken.

schulden aufs Neue für sich contrahirt hätte. Es ist daher zu unterscheiden, ob der Mann zu der Annahme einwilligte oder nicht, und es sind beziehungsweise die unter Nr. 2. und 3. entwickelten Grundsätze zur Anwendung zu bringen.

194. Bei der Auflösung der Ehe oder des gemeinsamen Haushaltes löst sich das geeinte Vermögen in seine ursprünglichen Bestandtheile auf, und fällt beziehungsweise dem Manne und der Frau oder deren Erben heim. Das darüber hinaus ersparte oder gewonnene Gut verbleibt nach der Natur der Sache dem Manne als dem Herrn des Hauses [1]), wenn nicht ein besonderes Erbrecht der Ehegatten oder eine Gemeinschaft der Errungenschaften besteht. Im Zweifel ist auch Alles, worüber die Frau nicht den Beweis der Illation führen kann, für Eigenthum des Mannes zu halten [2]). Die Rückgabe des von der Frau eingebrachten Geldes geschieht baar oder durch Herausgabe der Schuldbriefe. Bei der Zurückgabe ihrer Grundstücke können die Verbesserungen und Verschlechterungen zur Sprache kommen [3]). Die zugebrachten Mobilien, welche noch existiren, muß die Frau in dem Zustande nehmen, worin sie sich finden, weil sie ihrer Natur nach zum Gebrauch, also auch zur Abnutzung, bestimmt waren. Existiren sie in Natur nicht mehr, sind aber Andere derselben Art an die Stelle gesetzt worden, so kann sie sich mit diesen entschädigen. Sind die Mobilien bei der Illation taxirt worden, so kann sie statt derselben die Taxe verlangen. Sind sie dabei für eine bestimmte Summe verkauft worden, so kann sie nur diese Summe fordern [4]). Zur Sicherstellung ihrer Ansprüche gaben schon ältere Statutarrechte der Frau gewisse Rechte am Vermögen des Mannes [5]). Aus dem Gesichtspunkt des römischen Rechts müßte man ihr dafür beziehungsweise die Pri-

1) Gerber §. 232. Note 2., Bluntschli II. §. 153. Nr. 5. So sagt auch das Preuß. Landr. II. 1. §. 211.

2) Runde Güterrecht §. 48. So sagt auch das Preuß. Landr. II. 1. §. 544.

3) Vieles Detail als guten Anhaltspunkt für die Wissenschaft und Praxis bietet hier das Preuß. Landr. II. 1. §. 548—558. 576—613.

4) Preuß. Landr. II. 1. §. 559—569. Die entsprechenden Bestimmungen des römischen Rechts bei der Dos können dabei ganz gut benutzt werden.

5) Man sehe Bluntschli II §. 152. Nr. 4. §. 219. Nr. 8.

vilegien der Dos und die gesetzliche Hypothek der Paraphernalgüter beilegen[6]). Die neueren Particularrechte bestimmen dieses insgemein genauer [7]). Eine Sicherheitsleistung von Seiten des Mannes ist aber dem alten Recht unbekannt und gegen den Geist des Verhältnisses; die Frau darf daher dieselbe nur da fordern, wo ein Mißtrauen durch besondere Umstände gerechtfertigt ist[8]).

195. Uebrigens kann es bei diesem Systeme des geeinten Ehegutes doch einzelne Vermögensstücke der Frau geben, die dem Manne entzogen und der Verwaltung und Verfügung der Frau vorbehalten sind. Diese werden Einhands-, Sonder- oder Spillgüter (bona receptitia) genannt. Dieses kann entweder auf einer gesetzlichen Bestimmung[1]), oder auf dem Willen eines Dritten, welcher der Frau Etwas unter jener Bedingung geschenkt oder vermacht hat[2]), oder auf einem Vertrage der Ehegatten beruhen[3]). Nur muß im letzten Falle da, wo das Verbot von Schenkungen unter Ehegatten besteht, der Vorbehalt vor der Ehe geschehen, weil während der Ehe darin eine Schenkung enthalten wäre. Solche Sondergüter, namentlich aus Schenkungen Dritter, kommen schon in den älteren Rechten vor[4]). Von diesen Sondergütern zieht die Frau die Früchte selbst, und kann auch frei darüber verfügen und sie mit Schulden beschweren, in so fern nicht die Vormundschaft des Mannes beschränkend eingreift[5]). Verfügungen des Mannes über das Sondergut ohne die Zustimmung der Frau sind natürlich nichtig[6]), und begründen auch nach der Auflösung der Ehe gegen ihn einen Anspruch auf Ersatz[7]). Hat

6) Man sehe Runde Güterrecht §. 47.
7) So das Preuß. Landr. II. 1. §. 241. 242. 254. 255. 259. 272—275.
8) So sagt auch das Preuß. Landr. II. 1. §. 255.
1) Ein Beispiel giebt das Preuß. Landr. II. 1. §. 206. 207. 213. 215.
2) Preuß. Landr. II. 1. §. 214.
3) Preuß. Landr. II. 1. §. 205. 208. 209. 216—218.
4) Beispiele geben Pauli Abhandl. II. §. 12. 13., Kraut Vormundschaft II. §. 82.
5) Man sehe oben §. 94. Dieses ist der Fall nach dem Französ. Gesetzb. Art. 215. 217. 218. 1449. 1538. 1576. Eine nicht zu rechtfertigende Ausnahme macht jedoch beim Sondergut das Preuß. Landr. II. 1. §. 221—230. 318. 319. 619.
6) Preuß. Landr. II. 1. §. 248—250.
7) Preuß. Landr. II. 1. §. 546.

sie ihm dessen Verwaltung überlassen, so muß man ihr die gesetzliche Hypothek, die in gleichem Falle das Paraphernalvermögen hat, zuerkennen [8]). Zu dem Sondergut sind auch die sogenannten Trüffel- oder Spill- (nicht Spiel-) Gelder zu rechnen [9]).

196. Schließlich sind die besonderen Rechtsformen zu erwähnen, auf welche man in den Particularrechten jenes System des geeinten Ehegutes zurückgeführt hat. In dem Bestreben, die deutschrechtlichen Institute möglichst nach römischen Begriffen und Terminologieen zu modeln, haben die Juristen in Sachsen für die ehelichen Güterverhältnisse das römische Recht als Grundlage genommen, hiemit aber jenes System verbunden und unter den Gesichtspunkt eines Nießbrauchs (ususfructus maritalis) gebracht, der dem Ehemann nach deutschem Herkommen von Rechtswegen an dem Vermögen der Frau gebühre. Diese Auffassung hat auch in anderen Ländern Eingang gefunden. In den practischen Consequenzen trifft Beides im Ganzen zusammen, besonders dann, wenn jenem Nießbrauch die eheliche Vormundschaft über die Frau zur Seite steht [1]). Irrig ist es, wenn man Beides als zwei materiell verschiedene Systeme aufstellt [2]). Das preußische Landrecht entlehnte von der Theorie des Nießbrauchs nur gewisse das sachliche Verhältniß des Mannes zu den Grundstücken der Frau berührende Bestimmungen [3]); im Uebrigen hielt es an dem deutschen Stoffe fest, wie es denselben in dem Leben und der Anschauung der Gegenwart vorfand [4]). Das französische Recht führt

8) Nähere Bestimmungen hat darüber das Preuß. Landr. II. 1. §. 270. 271. 547.

9) Man sehe darüber Pauli Abhandl. II. §. 13.

1) Man sehe die Darstellung dieses Systems bei Runde Güterrecht §. 42 — 49., Haubold Sächs. Privatrecht I. §. 70—76.

2) So thut Gerber §. 230 — 232. 235., welchem Beseler System II. §. 138. 139. gefolgt ist. Eine Hauptdifferenz wäre allerdings die, daß nach dem Systeme des geeinten Ehegutes, wie sie es darstellen, der Mann über die Grundstücke der Frau im Falle der Noth auch ohne ihre Zustimmung hätte verfügen und dasselbe durch seine Schulden obligiren können. Allein diese Wirkung liegt im Princip jenes Systems durchaus nicht, sondern gehört in die Uebergangsformen desselben zum Systeme der Gütergemeinschaft (§. 205). Gerber §. 231. Note 13., der überhaupt in dieser Lehre mehr Worte als scharfe Begriffe giebt, nennt sie selbst einen exorbitanten Rechtssatz. Bluntschli hat sich von diesen Irrthümern frei gehalten.

3) Preuß. Landr. II. 1. §. 231. 586. 589. 590. 595. 614. 615.

4) Es ist daher nicht ganz richtig, wenn Runde Güterrecht §. 42. Note b.

unter den möglichen ehelichen Güterverhältnissen zwei Rechtsformen an, wovon die Eine dem Systeme des geeinten Ehegutes, die Andere dem Systeme des Sondergutes entspricht [5]).

b) Heirathsgut. Hochzeitgeschenke.

197. Es gehört zum allgemeinen deutschen Herkommen, daß die Frau dem Manne ein Heirathsgut zubringt. Die Größe und Beschaffenheit desselben hängt von den Umständen ab. Das Minimum ist eine angemessene Ausstattung der Braut für ihr persönliches Bedürfniß und für die erste Einrichtung der Haushaltung. Diesem entspricht im alten Recht die Gerade [1]). Diese war so in der Sitte begründet, daß man noch jetzt im Zweifel darauf eine Zwangspflicht der Eltern annehmen muß. Hierauf ist aber das Heirathsgut unter den vermögenden Ständen jetzt gewöhnlich nicht beschränkt, sondern es besteht häufig auch in Capitalien und Grundstücken, was man dann die Mitgift, den Eheschatz oder das Heirathsgut im engeren Sinne nennen kann [2]). Dieses findet sich, besonders bei den vornehmen Ständen, unter dem Namen Dotalitium, Dos, Heirathsgut, Heimsteuer, schon im Mittelalter [3]), und hat sich bald auch im Bürgerstande verbreitet. Vom Erbrecht der ausgesteuerten Tochter ist jetzt das Heirathsgut in der Regel unabhängig; nur muß es bei der künftigen Beobachtung conferirt werden, wenn die Collation nicht erlassen wird. Anders war allerdings das Verhältniß bei der Gerade. Diese war regelmäßig das Einzige, was die Tochter vom elterlichen Vermögen erhielt, indem die Töchter neben Söhnen überhaupt nicht in das väterliche Erbe, und die ausgestattete Tochter mit der unausgestatteten auch nicht in die mütterliche Gerade succedirte. Durch die veränderten Vermögens- und Erbverhältnisse des Bürgerstandes hat aber bei diesem die Aussteuer

---

und nach ihm Gerber §. 235. Note 1., Beseler II. §. 138. Note 5. das preußische Landrecht zu der sächsischen Rechtsform rechnen.

5) Französ. Gesetzbuch Art. 1530—1535. 1536—1539.

1) Man sehe oben §. 191.

2) Eheschatz, Heirathgut nennt es Ulrich Tengler Layenspiegel Th. I. Tit. Von eesteurn.

3) Beispiele giebt meine Deutsche Rechtsgeschichte §. 468.

die Beziehung zum Erbtheil ganz verloren. Hingegen beim Bauernstande, so weit noch die alte Erbordnung gilt, und bei dem Stamm- und Fideicommißsystem des Adels hat sich noch etwas Aehnliches erhalten. Hier ist dann die Aussteuer nicht blos eine gesetzliche Pflicht, sondern auch die Größe derselben ist in angemessener Weise durch den Landes- oder Standesgebrauch oder durch Familienverträge bestimmt.

198. Was die juristische Natur des Heirathsgutes betrifft, so ist diese nach dem daneben geltenden ehelichen Gütersystem verschieden, und es muß davon an verschiedenen Orten die Rede sein. Wo das deutsche System des unter der Hand des Mannes geeinten Ehegutes rein besteht, muß man auch Alles, was die Frau als Heirathsgut mitbringt, darunter ziehen, sofern nicht durch Vertrag Vorbehalte gemacht sind, wo dann der Begriff von Sondergut eingreift [1]. Eine Ausnahme ist nur nach der Natur der Sache in Ansehung der Gegenstände der Ausstattung zu machen, die ausschließlich zu dem Gebrauch und den Bedürfnissen der Frau bestimmt sind. Diese sind stillschweigend als vorbehaltenes Vermögen anzusehen [2]. Hinsichtlich der Restitution des als Heirathsgut Eingebrachten sind dann auch die oben erwähnten Grundsätze zur Anwendung zu bringen [3]. Wo neben jenem System das römische Recht als gemeines Recht gilt, entsteht die Frage, wie sich dessen Dotalsystem zu jenem verhalte? Man muß das deutsche System mit allen darin enthaltenen Consequenzen als den Grundstoff ansehen, wogegen das römische Recht, so weit es Anderes festsetzt, zurücktreten, so weit es aber Gleichartiges hat, zur Ergänzung herangezogen werden muß. Wenn also ein Heirathsgut ausdrücklich bestellt ist, so ist zwar nicht die Theorie der römischen Dos, doch aber sind die Privilegien derselben darauf anzuwenden. Dieses muß auch von der Ausstattung gelten, mit Ausnahme der Gegenstände, welche stillschweigend vorbehaltenes Vermögen der Frau bleiben [4]. Ist aber ein

---

1) Man sehe oben §. 195.
2) So sagt richtig auch das Preuß. Landr. II. 1. §. 206.
3) Man sehe §. 194.
4) In so fern hat Mittermaier II. §. 392. Recht, wenn er die Aus-

Heirathsgut ausdrücklich nicht bestellt, so ist alles eingebrachte Vermögen der Frau, weil es wie die römische Dos in die Benutzung des Mannes zur Unterstützung des Haushaltes fällt, hinsichtlich der damit zu verbindenden Privilegien der Dos zu vergleichen. Das während der Ehe eingebrachte Vermögen der Frau entspricht dann, wenn man den römischen Gesichtspunkt festhalten will, den Paraphernen, die der Verwaltung des Mannes übergeben worden; und das der Frau vorbehaltene Sondergut entspricht den Paraphernen, welche die Frau in der Hand behalten hat [5]. Hochzeitsgeschenke sind im Zweifel als beiden Ehegatten gemeinschaftlich gegeben anzusehen [6].

c) Witthum. Widerlage. Leibgeding [1].

199. Zu den Grundgedanken des alten Rechts gehörte, daß die Frau nach der Auflösung der Ehe nicht blos ihr eigenes Vermögen zurück, sondern auch aus dem Vermögen des Mannes Etwas zu ihrer Wittwenversorgung erhalten sollte [2]. Dieses ist die Bedeutung der germanischen Dos, deren Rechtsverhältnisse aber nach den Volksstämmen und Zuständen sehr verschieden waren und noch sind. I. Die Bestellung einer Dos hieng regelmäßig vom Heirathsvertrage ab, und war zwar allgemeine Sitte, doch aber kein Zwangsrecht. Nur bei einigen Stämmen kam auch eine gesetzliche Dos vor. So ist das Verhältniß noch jetzt. Natürlich kann aber eine Wittwenversorgung auch durch Testament oder Erbvertrag bestellt werden. II. Der Gegenstand, wodurch man jenen Zweck erreichen will, kann verschieden sein. Im alten

---

stattung von der Dos unterscheidet, und der Vorwurf, den ihm Gerber §. 237. Note 1. macht, ist nur theilweise begründet. Es besteht aber überhaupt über die Aussteuer bei den Germanisten aus Mangel an den gehörigen Unterscheidungen keine rechte Klarheit.

5) So ist in der That die Auffassung unter dem oben (§. 196) erwähnten sächsischen System des ususfructus maritalis, Haubold Sächs. Privatrecht I. §. 74—76., Runde Eheliches Güterrecht §. 157. Eben so im märkischen Recht, Laspeyres in Reyscher Zeitschr. VI. 42.

6) Die Litteratur darüber giebt Mittermaier II. §. 397.

1) Eine gute Abhandlung darüber ist: Eckardt das Witthum oder Dotalitium und Vidualitium in ihrer historischen Entwicklung (Reyscher Zeitschr. X. 437—493).

2) Das Historische, worauf hier Bezug genommen wird, findet man in meiner Deutschen Rechtsgeschichte §. 463.

Recht wurde die Dos nicht selten volles Eigenthum der Frau. Als sich aber die Rechte der Blutsfreunde am Grundvermögen zu einem festen Systeme ausgebildet hatten [3]), wurden zur Wittwenversorgung insgemein ein oder mehrere Güter bestimmt, woran die Wittwe die Leibzucht haben, die aber nach ihrem Tode an die Erben des Mannes zurückfallen sollten [4]). Diese Gestalt hat das Witthum (vidualitium) häufig noch jetzt. Doch besteht es auch häufig in der Anweisung eines Capitals zum lebenslänglichen Zinsgenuß (Wiederfallsgeld), oder in einer fest versicherten lebenslänglichen Rente [5]). Hiemit verbunden kommt auch die Anweisung eines Wittwensitzes vor. Wo es im Nießbrauch eines Gutes besteht, sind jetzt im Ganzen die Grundsätze des Ususfructus anzuwenden, nur daß dabei nach dem allgemeinen Herkommen die Wittwe keine Caution zu leisten braucht. III. Die Bestellung der künftigen Leibzucht geschah nach dem alten Recht vor Gericht [6]), und dadurch wurde der Wittwe eine feste Sicherheit verschafft. Jetzt geschieht Jenes nicht mehr; doch kann dessen Zweck durch die Eintragung in das Grundbuch oder durch Einräumung einer Hypothek erreicht werden. Ist dieses nicht geschehen, so kann die Frau die Veräußerung des Witthumsgutes nicht anfechten, und muß sich auch bei einem etwa ausbrechenden Concurse des Mannes unter die gewöhnlichen Gläubiger stellen lassen, wenn nicht das Particularrecht ihr besondere Vorrechte gewährt. IV. Wird die Ehe nicht durch den Tod, sondern durch Scheidung getrennt, woran die Frau Schuld ist, so hat sie das Recht auf das Witthum verwirkt [7]). Ist sie aber der unschuldige Theil, so kann sie dasselbe gleich fordern [8]). Wird die Ehe wegen eines canonischen Hindernisses annullirt, so kann, weil die Frau nicht

---

3) Man sehe oben §. 186.

4) Dieses ist die Gestalt im Sachsenspiegel I. 21. §. 1. 2. I. 32. II. 21. §. 3. III. 74. 75. Hier wird das Witthum die Leibzucht genannt.

5) Das Preuß. Landrecht II. 1. §. 457. 458. nennt dieses ein Witthum; Leibgeding hingegen den Nießbrauch an einem Grundstück oder Capital.

6) Sachsensp. I. 21. §. 1.

7) C. 4. X. de donat. inter virum et uxor. (4. 20).

8) Sachsensp. I. 21. III. 74. Mit Unrecht versteht Hasse in Savigny Zeitschrift IV. 74. diese Stellen von einer Nullitätserklärung wegen zu naher Verwandtschaft.

Ehefrau war, auch nicht von einem Witthum die Rede sein [9]. Doch leidet dieses eine Ausnahme bei der putativen Ehe, wo sich die Frau in gutem Glauben befand [10]. V. Schreitet die Wittwe zu einer zweiten Ehe, so gieng ihr nach dem alten Recht die Leibzucht nicht verloren, sondern sie war ihr schlechthin lebenslänglich gegeben [11]. Später hat man aber aus dem noch dazu irrig abgeleiteten Namen, Witthum [12], den Schluß gezogen, daß es ihr nicht blos auf den Fall, daß sie Wittwe würde, sondern auch unter der Bedingung, daß sie es bliebe, gegeben sei, und diese Ansicht herrscht wirklich in den neuern Particularrechten vor. Allein im Zweifel muß man beim alten Recht bleiben, in so fern nicht die Intention der Partheien, oder, wie beim Wittwensitz, die Natur des Gegenstandes ein Anderes mit sich bringt [13].

200. Das Witthum stand ursprünglich zu der Gerade oder Aussteuer in keiner Beziehung. Dieses änderte sich, seitdem man den Töchtern ein reicheres Heirathgut, Dotalitium oder Dos genannt, mitgab. Da dasselbe beim Tode des Mannes an die Frau zurückfiel, so war damit theilweise zugleich auch für sie gesorgt. Es ließ sich nun das beiderseitige Interesse so mit einander verbinden, daß der Mann dasjenige, was er der Frau als Wittwenversorgung anweisen wollte, mit ihrer Dos gleichsam als eine Verstärkung derselben vereinigte. So entstand der Gebrauch, daß der Mann der Frau statt der Leibzucht unter dem Namen contrados, donatio propter nuptias, Widerlegung, eine bestimmte, häufig der Dos gleiche Summe verschrieb. Beide Summen wurden entweder nicht gleich eingezahlt, sondern nur die Renten davon zu zehn Procent nach dem damaligen hohen Zinsfuß aus bestimmten Gütern versichert; oder sie wurden gleich

9) C. 5. X. de donat. inter virum et uxor. (4. 20).

10) Speidel. Sylloge quaestion. iurid. v. dotalitium n. 3.

11) Sachsensp. I. 21. §. 1. 2. I. 32. Auch nach den alten Volksrechten folgte die Dos der Wittwe insgemein auch in eine zweite Ehe, Deutsche Rechtsgeschichte §. 463.

12) Der Name kommt, wie Phillips bemerkt hat, von widmen, und man sollte Widdum schreiben.

13) So sagen auch Mittermaier II. §. 396., Eichhorn §. 306.

gezahlt und dafür Grundstücke gekauft, oder auf Grundstücke des Mannes zu Widems Recht zu jenem Zinsfuß angelegt. Während der Ehe gehörten die Renten oder Früchte dem Manne. Nach der Auflösung derselben fielen sie an den überlebenden Ehegatten bis zu dessen Tode; dann kehrten, wenn keine Leibeserben da waren, die Summen oder die dafür angeschafften Grundstücke an die Seite zurück, woher sie gekommen [1]). Diese Form findet sich in den Heirathsverträgen, besonders unter den höheren Ständen, noch lange; nur mußte später der Zinsfuß von zehn auf fünf Procent herabgesetzt werden [2]). Auch giengen aus dieser Verbindung der Dos und Widerlage in den Particularrechten und Eheverträgen noch mancherlei andere Formen hervor. Eine der eigenthümlichsten ist die sogenannte Besserung (augmentum dotis) welche noch in Mecklenburg und theilweise im märkischen Rechte gilt [3]). Diese besteht darin, daß die adlige Wittwe, wenn sie eine Dos eingebracht hat, nicht blos dieselbe zurückfordern, sondern auch, wenn ihr nicht in anderer Art ein Witthum gegeben ist, ein Vermögen, welches der Hälfte der Dos gleich steht, zum lebenslänglichen Nießbrauch, oder nach märkischem Recht zum vollen Eigenthum, verlangen kann [4]).

201. Aus jenen Elementen hat sich in den Ländern des sächsischen Rechts noch eine eigenthümliche Form entwickelt. Diese besteht darin, daß die adlige Wittwe ihre Dos und die etwa verschriebene Widerlage nicht heraus erhält, dafür aber eine lebenslängliche Rente bezieht, welche den doppelten, oder wenn eine Widerlage verschrieben ist, den vierfachen Zinsen der Dos gleich steht. Diese Form wird jetzt vorzüglich unter Leibgeding oder

---

1) Die Belege dazu aus Urkunden giebt meine Deutsche Rechtsgeschichte §. 472. Note 6. Andere Beweisstellen giebt Eckardt in Reyscher Zeitschr. X. 459—472.

2) Dieses zeigen die Formularien des sechzehnten Jahrhunderts. Die Stellen sind angeführt in meiner Deutschen Rechtsgeschichte §. 472. Note 6.

3) Die Particularrechte sind angeführt von Eckardt in Reyscher Zeitschr. X. 474—479., Laspeyres in Reyscher Zeitschr. VI. 45—55. Auch das Gegenvermächtniß des Preuß. Landr. II. 1. §. 456. 459—461. und die Widerlage des Oesterr. Gesetzb. §. 1230. 1231. hängen damit zusammen; nur fallen sie der Wittwe als Eigenthum zu.

4) Kamptz Mecklenb. Civilrecht §. 202., Laspeyres in Reyscher Zeitschr. VI. 51. 52.

Dotalitium verstanden [1]). Sie entstand augenscheinlich durch die Zusammenwirkung von zwei Ursachen: einmal, daß man den später nicht mehr zulässigen hohen Zinsfuß von zehn Procent [2]) im Interesse der Wittwenversorgung doch gern beibehalten, dann daß man im Interesse des adligen Grundbesitzes die Rückzahlung der Dos und Auszahlung der Widerlage vermeiden wollte. Zunächst kommt dabei Alles auf den Heirathsvertrag an. In Ermanglung eines solchen hat die Frau beim Tode des Mannes die Wahl, ob sie die Dos und Widerlage in Natur oder das Leibgeding fordern will. Voraussetzung für das Letztere ist immer, daß eine Dos inferirt oder doch versprochen wurde, in welchem Falle die Wittwe, wenn sie das Leibgeding haben will, die Dos sammt den Verzugszinsen von der Eingehung der Ehe an in die Erbschaftsmasse einbringen muß. Das leitende Princip des Leibgedings ist also, daß es eine Leibrente ist, welche der Wittwe als Surrogat der Dos und Widerlage dienen soll. Daraus folgt, daß das Recht darauf, als durch einen onerösen Titel erworben, von ihrem Wittwenstande unabhängig ist, daß es ihr jedoch durch solche Vergehen verloren geht, wodurch sie auch den Anspruch auf die Dos verwirkt haben würde, und daß das vertragsmäßige Leibgedinge bei einem Concurse des Mannes die Vorrechte der Dos, wenigstens im Betrage der doppelten Zinsen derselben, genießen muß [3]). Hingegen ohne Vertrag kann die Frau aus der Concursmasse des verstorbenen Mannes nur die Dos selbst fordern. In wie fern das Leibgeding auch den Nachfolger im Lehen und Stammgut verpflichte, hängt von den Landesgesetzen und Familienverträgen ab. Gemeinrechtlich ist es zu verneinen, wenn er nicht zu dessen Bestellung eingewilligt hat, oder in der Eigenschaft als gemeiner Erbe dazu verbunden ist [4]). Die bloße Verwendung der inferirten Dos zum Nutzen eines Lehn-

---

1) Davon handelt Eckardt in Reyscher Zeitschr. X. 479—487. Beweisstellen giebt Kraut Grundriß §. 206.

2) Man sehe oben §. 200. Note 2.

3) Zeugnisse der Praxis giebt Speidel. Sylloge quaestion. iurid. v. dotalitium n. 6.

4) Speidel. v. dotalitium n. 4. 6.

oder Stammgutes begründet eine solche Verpflichtung nicht, sondern nur die zur Restitution der Dos. Stirbt die Frau vor dem Manne, so können ihre Erben natürlich ein Leibgeding in keinem Falle fordern. Wohl aber können sie, wenn kein Leibgedingsvertrag vorliegt, die Dos zurückfordern. Ob aber auch dann, wenn ein solcher Vertrag vorliegt, ist zweifelhaft. Nimmt man an, daß die Dos gleich durch den Vertrag selbst in das Recht auf die Leibrente umgeschaffen worden sei, so ist die Frage zu verneinen. Betrachtet man hingegen das Verhältniß so, daß der Mann den Vertrag nur im Interesse seiner Erben habe schließen wollen, daß also der Verzicht der Frau auf die Dos erst beim Tode des Mannes zu wirken anfange, so ist sie zu bejahen. Im Zweifel ist die erste Meinung anzunehmen, weil sie einfacher ist, und weil bei diesem Vertrage vorherrschend an die Frau, nicht an die Erben des Mannes gedacht wird.

d) Morgengabe.

202. Zu dem allgemeinen Herkommen gehörte die Morgengabe, ein Ehrengeschenk, welches der Mann der Frau am Morgen nach der Heirath vor den versammelten Hochzeitsgästen als Anerkennung der Jungfräulichkeit darbrachte [1]). Dieses hat sich in verschiedenen Formen erhalten. Eine Form ist die, daß die Morgengabe in Gegenständen besteht, welche der Frau gleich übergeben oder während der Ehe zu entrichten versprochen werden [2]). Hier erwirbt sie daran gleich ein festes Recht, vererbt dieses, wenn sie auch vor dem Manne stirbt, auf ihre Erben, und kann darüber testiren oder auch unter Lebenden darüber verfügen [3]). Wo noch das System des geeinten Ehegutes besteht, muß diese Morgengabe zu dem der Frau vorbehaltenen Vermögen gerechnet werden [4]). Möglich ist, daß der Mann das als Morgengabe geschenkte Capital in Händen behält, und der Frau blos die Zinsen entrichtet. Dieses ist dann so, als ob sie dem

1) Die Beweisstellen giebt meine Deutsche Rechtsgeschichte §. 464.
2) Diese Form ist auch die des Oesterr. Gesetzb. §. 1232.
3) Zeugnisse der Praktiker dafür giebt Speidel. Sylloge quaestion. iurid. v. morgengaba n. 4.
4) So sagt auch das Preuß. Landr. II. 1. §. 207.

Manne aus ihrem eigenen Vermögen das Geld geliehen hätte. In diesem Falle, oder wenn die Morgengabe blos versprochen ist, muß man derselben auch das Recht einer stillschweigenden Hypothek wie dem Paraphernalvermögen beilegen [5]). Im Fall einer Scheidung, woran die Frau Schuld ist, geht ihr Recht an der Morgengabe verloren und der Mann kann dieselbe zurückfordern [6]); nicht aber verliert sie dieselbe, wie nach dem römischen Recht die lucra nuptialia, wenn sie zu einer zweiten Ehe schreitet, weil die Morgengabe als eine remuneratorische Schenkung anzusehen ist [7]).

203. Eine andere Form der Morgengabe ist die, wo dieselbe der Frau nicht schlechthin, sondern nur bedingt, auf den Fall, daß sie Wittwe würde, gegeben ist. Auch diese findet sich schon im Mittelalter in einer den ländlichen Verhältnissen angemessenen Gestalt [1]). Daraus hat sich die Morgengabe des sächsischen Rechts entwickelt. Das Eigenthümliche derselben besteht darin, daß dieselbe gar nicht von einer Zusage oder Verschreibung des Mannes abhängt, sondern man hat aus dem Herkommen einen unbedingten gesetzlichen Anspruch der adligen Wittwe gebildet. Die Gegenstände, worauf derselbe gerichtet ist, sind aber noch aus demselben Kreise von Sachen entnommen, woraus auch damals die Morgengabe gegeben werden konnte. Namentlich begreift derselbe aus dem feldgängigen Vieh alles Vieh weiblichen Geschlechts, und einiges Andere [2]). Durch jene Wendung hat die Morgengabe den Charakter eines gesetzlichen Erbrechts angenommen, woraus weiter folgt, daß das Recht darauf allen Creditoren nachsteht. Im Geist der alten Sitte muß man aber noch jetzt als gemeinrechtlich den Grundsatz festhalten, daß nach der Wie-

---

5) So sagen auch die Praktiker, Speidel. v. morgengaba n. 4. Anderer Meinung sind Phillips II §. 131., Mittermaier II. §. 398. Nach dem Preuß. Landr. II. 1. §. 269. hat die versprochene Morgengabe die Rechte wie das eingebrachte Vermögen.

6) Dafür ist die Analogie des c. 4. X. de donat. inter virum et uxor. (4. 20). So sagt auch das Preuß. Landr. II. 1. §. 774.

7) So ist auch die Praxis, Speidel. v. morgengaba n. 6.

1) Deutsche Rechtsgeschichte §. 464. Note 8. 9. §. 507. Note 5.

2) Haubold Sächs. Privatr. II. §. 404., Sachse Sächs. Privatr. §. 538.

derverheirathung einer Wittwe der Anspruch auf die Morgengabe nicht geltend gemacht werden kann.

204. Eine dritte Form der Morgengabe ist die, wo der Frau im Heirathsvertrag außer dem Witthum oder der Widerlage eine bestimmte Summe zur Morgengabe versichert, allein während der Ehe nicht ausgezahlt wird. Hier erhält dieselbe darauf ein festes Recht, worüber sie, wenn sie auch vor dem Manne stirbt, „nach freier Morgengab Recht" verfügen kann, und das sie in Ermanglung dessen auf ihre Erben vererbt. Diese Form findet sich häufig in den Ehepacten der vornehmen Stände [1]).

3) Uebergangsformen zur ehelichen Gütergemeinschaft.

205. Nach der deutschen Gefühlsweise soll zwar zwischen dem Manne und der Frau die engste Gemeinschaft bestehen. Allein der Durchführung dieser Idee im Vermögen stellten sich in der älteren Zeit mancherlei Hindernisse entgegen. Das Wichtigste war dieses, daß der Hauptthei1 des Vermögens im Landeigenthum bestand, wozu die Weiber nur eine untergeordnete Stellung einnahmen [1]). Damit hieng zusammen, daß Weiber in der Beerbung der Grundstücke zurückgesetzt waren, und daher dem Manne regelmäßig nur eine Aussteuer zubrachten, also auf einen Antheil an dessen Vermögen keinen Anspruch hatten. Ein drittes Hinderniß lag in dem Anrecht der nächsten Erben auf das Grundeigenthum, welches durch die Aufnahme der Ehefrau in die Gütergemeinschaft verletzt worden wäre. Die Folge davon war, daß die Vermögensstücke nach ihrem Ursprung und ihrer Verwendung für den Hof und für die Wittwenversorgung genau unterschieden wurden, und daß das Vermögen nur äußerlich, so lange die Hand des Mannes es zusammenhielt, eine gemeinschaftliche Masse bildete. Alles dieses änderte sich im Fortschritte der Zeit in den Städten. Erstens erhob sich hier neben dem Grundbesitz der Geldreichthum, woraus die Töchter nicht blos eine reichere Aussteuer, sondern auch einen den Söhnen gleichen Erbtheil zubrachten, so

1) Den Beweis geben die Formularien des sechzehnten Jahrhunderts, Deutsche Rechtsgeschichte §. 472. Note 6.

1) Man sehe oben §. 191.

daß das beiderseitige Eingebrachte gleicher wurde. Zweitens traten die Rechte der Blutsfreunde in den Hintergrund, wodurch die eheliche Zuneigung in der Vermögensverfügung des Einen zu Gunsten des Anderen eine freiere Bewegung erhielt. Drittens führte das Geldwesen von selbst zu einer größeren Beweglichkeit und Ausgleichung, wodurch die hauptsächlich nur auf die ländlichen Zustände passende Unterscheidung der Gegenstände der Gerade[2]), der Morgengabe und des Mustheils verwischt, und auch für die Wittwenversorgung bequemere Formen möglich wurden. Dieses führte nun in den Heirathsverträgen und Statutarrechten zu neuen Einrichtungen der ehelichen Güterrechte, worin sich die fortschreitende Tendenz zu einer engeren Gemeinschaft an dem beiderseitigen Vermögen ausspricht. Ein dabei besonders häufig hervortretender Gesichtspunkt ist die Unterscheidung, ob bei der Ehe Kinder vorhanden sind, oder ob sie eine unbeerbte Ehe ist. Im ersten Falle wird insgemein die Vermögensgemeinschaft enger; die Masse löst sich bei der Auflösung der Ehe nicht in ihre ursprünglichen Bestandtheile auf, und die Verfügungsrechte des Mannes sind freier, wie bei der unbeerbten Ehe [3]).

206. Dieses vorausgesetzt sind folgende, in den Statutarrechten vorkommende Formen hervorzuheben. I. Das Verhältniß während der Ehe ist das des alten Rechts; allein nach dem Tode des Mannes erhält die Wittwe statt der Gerade, der Leibzucht, der Morgengabe und des Mustheils ein Drittheil des sämmtlichen vom Manne hinterlassenen Vermögens [1]). II. Das Vermögen der Frau wird zu den Bedürfnissen des Hauses und zu den Schulden des Mannes herangezogen, und dem Manne ein freies Veräußerungsrecht gestattet. Dazu wirkte theils der Gedanke, daß die vermögende Frau sich der Noth des Mannes und der Kinder nicht entziehen dürfe, theils die Absicht, den Credit des Mannes durch

---

2) Ein Beispiel der Verlegenheiten, welche in den Städten die Gerade machte, zeigen die Stellen bei Kraut Vormundschaft II. 362. Note 18.

3) Eine Beleuchtung dieser Unterscheidung giebt Kraut II. 503—513. Doch kann man seiner Erklärung nicht immer beipflichten.

1) So ist es in den sächsischen Städten nach dem Buch der Ausscheidung I. 11. Dist. 1. 2. I. 14. Dist. 4. I. 23. Dist. 1. Man sehe dazu die Einleitung von Ortloff S. XXXV. und Göschen Goslar. Statut. S. 278.

die größere Sicherheit der Creditoren zu erhöhen, endlich auch das Vertrauen, daß der Mann, besonders bei einer beerbten Ehe, davon nur einen guten Gebrauch machen werde. Das Vermögen der Frau kann daher unbedingt angegriffen werden, um den Mann aus der Noth zu ledigen [2]; er darf es veräußern, nur so, daß diese Freiheit bei Grundstücken [3]), oder doch bei Erbgütern [4]), blos auf Nothfälle beschränkt, oder daß sie zwar auch ohne Noth, allein nur bei einer beerbten Ehe [5]), oder daß sie schlechthin auch bei einer unbeerbten Ehe [6]) gestattet ist; und im Falle des Concurses werden die Schulden, wenigstens bei einer beerbten Ehe, selbst von ihrer Mitgift bezahlt [7]). III. Das Vermögen gilt während der Ehe als eine gemeinschaftliche Masse, so daß Keiner ohne den Andern etwas davon veräußern darf, und daß die Schulden, selbst die vom Manne in die Ehe mitgebrachten, vom sämmtlichen Mobilarvermögen bezahlt werden. Beim Tode des Mannes wird die Mobilarmasse nach Abzug der Schulden zwischen der Wittwe und den Kindern getheilt. Bei einer unbeerbten Ehe erhält sie ihre Aussteuer und anderes eingebrachtes Vermögen, ihre Morgengabe, Witthum oder Widerlage [8]). IV. Bei der Auflösung der Ehe geht, wenn dieselbe eine beerbte ist, das ganze beiderseitige Vermögen auf den Ueberlebenden und die Kinder zu zwei gleichen Hälften dem Eigenthum nach über, und an der Hälfte der Kinder behält der Ueberlebende den Nießbrauch. Bei einer unbeerbten Ehe erhält der Ueberlebende sein Vermögen ganz heraus, und von dem Vermögen des Verstorbenen die Hälfte [9]). V. Eine Theilung des gesammten Vermögens

---

2) Lüb. Recht Cod. II. Art. 11. Hach., Revid. Lüb. Recht I. 5. §. 6.

3) Hamburg. Stadtr. von 1292. E. 14.

4) Lüb. Recht Cod. I. Art. 15. Cod. II. Art. 18. Hach., Revid. Lüb. Recht I. 5. §. 9. Die Beziehung dieser Stellen auf die Erbgüter zeigt Kraut Vormundschaft II. 495–497.

5) So nach den älteren Statuten von Lüneburg, Kraut II. 499.

6) So nach den Stadtrechten von Freiburg, Bern und anderen Städten der Schweiz, Kraut II. 499. Desgleichen in Bamberg, Zöpfl Bamb. Recht S. 186.

7) Lüb. Recht Cod. II. Art. 11. Hach.

8) Dieses ist das System des Schwabenspiegels, Deutsche Rechtsgeschichte §. 467., Kraut Vormundschaft II. 477—494.

9) Dieses ist das System des älteren Lübischen Rechts, Deutsche Rechtsgeschichte §. 468.

zwischen dem Ueberlebenden und den Erben des Verstorbenen tritt nicht blos bei der beerbten, sondern auch bei der unbeerbten Ehe ein [10]. VI. Bei einer unbeerbten Ehe wird der Ueberlebende als der nächste Erbe des Verstorbenen angesehen und ihm daher das ganze Vermögen zugesprochen [11]. VII. Dasselbe findet sich selbst bei einer beerbten Ehe, so daß der Ueberlebende im ganzen Vermögen mit den Kindern bleibt, dieselben erzieht und aussteuert, und sie nach dessen Tode das Vermögen der beiden Eltern erben [12]. VIII. Alles Vermögen, Grundstücke wie fahrende Habe, welches von den Ehegatten persönlich herrührt, oder in der Ehe durch Ersparniß erübrigt worden, bildet eine einzige Masse, woran Jedem schon in der Ehe die Hälfte zugehört, und auch nach ihrem Absterben dafür geerbt wird [13].

4) Die eheliche Gütergemeinschaft [1]. a) Allgemeine Grundsätze. α) Begriff derselben.

207. Die in diesen Formen hervortretenden Erscheinungen, das gemeinschaftliche Handeln der Ehegatten bei Veräußerungen, das Haften des ganzen Vermögens für die Schulden, die Auflösung desselben nach der Ehe in quote Theile oder die Fortsetzung desselben in der Hand des Ueberlebenden, alles dieses deutete auf eine Verschmelzung des Vermögens, wofür man seit dem sechzehnten Jahrhundert in der Wissenschaft einen einfachen Begriff suchte.

---

10) Diese Form findet sich im Hamburger Recht, Cropp und Heise Abhandl. II. Nr. XVI. §. 33. 34. 57. 58. 59., Kraut II. 505. Note 5. Sie wird auch als gangbar erwähnt von Tengler in der in meiner Deutschen Rechtsgeschichte §. 469. abgedruckten Stelle.

11) Auch diese Form erwähnt Tengler (Note 10). Sie findet sich unter Anderen im Bamberg. Stadtr. §. 308a. Zöpfl.

12) Diese Form findet sich im Stadtrecht von Freiburg und Bern, Kraut II. 506. Note 5. Eben so in einer Urkunde für Landshut von 1423 bei Mittermaier in Savigny Zeitschr. II. Nr. XIV.

13) Diese Form wird als gangbar erwähnt von Tengler in der in meiner Deutschen Rechtsgeschichte §. 471. abgedruckten Stelle.

1) Hasse Beitrag zur Revision der bisherigen Theorie von der ehelichen Gütergemeinschaft. Kiel 1808., Phillips die Lehre von der ehelichen Gütergemeinschaft mit besonderer Rücksicht auf preußisches allgemeines und provinzielles Recht. Berlin 1830., Deiters die eheliche Gütergemeinschaft nach dem Münsterischen Provinzialrechte, dem Preußischen Landrechte, und ihrem Verhältnisse zu einander. Bonn 1831. — Man findet in diesen Werken auch die ältere Litteratur über diese Lehre.

Man fand diesen in der unbestimmten Vorstellung einer communio bonorum, einer ehelichen Gütergemeinschaft [2]). Man gieng nun weiter, indem man nach der Manier jener Zeit mit Beihülfe des römischen Rechts eine Theorie auszubilden suchte, welche theils die in den Statutarrechten vorkommenden Erscheinungen aus einem bestimmten Princip zu erklären, theils die in den Statutarrechten vorkommenden Lücken zu ergänzen im Stande wäre [3]). Aus der Doctrin sind dann weiter die neueren Particularrechte und Gesetzbücher hervorgegangen. So entstand das System der ehelichen Gütergemeinschaft. Dieses ist allerdings nur eine Schöpfung der neueren Wissenschaft, und es ist unrichtig, wenn man dasselbe schon den alten Statutarrechten unterlegen will [4]). Allein aus dem Standpunkt des heutigen Rechts vermindert dieses seinen praktischen Werth nicht, weil die Wissenschaft darin nur dasjenige formulirt hat, was in der natürlichen Richtung der Zeit lag, und weil die Jurisprudenz nicht darauf beschränkt ist, das überlieferte Recht zu systematisiren, sondern auch in Uebereinstimmung mit den Rechtsbedürfnissen neues Recht schaffen kann und zu allen Zeiten geschaffen hat [5]). Richtig ist allerdings, daß man bei der Anwendung vor Allem zu untersuchen hat, ob die Jurisprudenz und Praxis in der Ausbildung eines Statutarrechts wirklich bis zum Princip der Gütergemeinschaft durchgedrungen ist, oder ob sie die Grundgedanken der älteren Formen festgehalten hat, in welchem Falle man ihnen mit der modernen Theorie keine Gewalt anthun darf [6]).

---

2) Diese Vorstellung zeigt sich schon bei Ulrich Tengler (§. 206. Note 13).

3) Die nähere dogmengeschichtliche Nachweisung könnte nur mit Beziehung auf die einzelnen Statutarrechte gegeben werden, was hier zu weit führen würde. Eine gute Nachweisung für Bamberg findet man bei Zöpfl Bamb. Recht S. 191 — 193. Häufig erhielt irgend ein Schriftsteller eine locale Autorität, und bestimmte die Praxis und Gesetzgebung.

4) Sehr richtig sind darüber die Bemerkungen von Zöpfl S. 193.

5) Man denke nur bei den Römern an das Recht der Präterition und der querela inofficiosi, welches nur ein Product des ius civile, des Juristenrechts, war. Es ist daher irrig, wenn Gerber §. 227. aus Vorliebe für sein sogenanntes System der Gütereinheit (oben §. 192. Note 1) die Gütergemeinschaft eine „Verunstaltung" desselben nennt, doch aber anerkennen muß, daß dieselbe „in dem Rechtsbewußtsein eines großen Theils des deutschen Volkes „wirklich zur Herrschaft gekommen sei."

6) Die Kennzeichen, ob nur das System des unter der Hand des Man-

208. Es handelt sich also um die Theorie des Verhältnisses, wo bei einer Ehe eine wahre vollständige Gemeinschaft des Vermögens gedacht wird [1]). Aus diesem Begriffe folgt, daß alles Vermögen, ohne Rücksicht auf seinen Ursprung, zwischen beiden Ehegatten zu gleichen Theilen, wenn nicht positiv andere Quoten bestimmt sind, gemeinschaftlich ist und auch so vererbt wird. Wenn nach einem Statutarrecht, welches die Gütergemeinschaft hat, dem Ueberlebenden dennoch das ganze Vermögen zufällt [2]), so ist dieses in Beziehung auf die Quote des Verstorbenen als ein concurrirendes Erbrecht anzusehen [3]). Eben so folgt aus jenem Begriffe in Ansehung der Schulden, daß nicht blos die in der Ehe für die Gemeinschaft eingegangenen, sondern auch alle in die Ehe mitgebrachten Schulden gemeinschaftlich werden, so daß für die eingebrachten Schulden des Einen auch das eingebrachte Vermögen des Anderen angegangen werden kann. Es tritt also für die Gläubiger von selbst und ohne ihr Zuthun die vortheilhafte Veränderung ein, daß sie nicht blos gegen ihren ursprünglichen Schuldner und dessen Vermögen, sondern gegen die Gütergemeinschaft und dadurch auch gegen das Vermögen des Andern, womit sie nicht contrahirt haben, klagen können. Diese Erscheinung widerstreitet allerdings der gewöhnlichen nackten Ver-

---

nes geeinten Ehegutes oder eine wahre Gütergemeinschaft vorliege, sind gut angegeben bei Runde Eheliches Güterrecht §. 67. Dabei können allerdings wichtige Controversen entstehen. So war bisher für das heutige Recht in Hamburg, Bremen und Lübeck das System der Gütergemeinschaft angenommen worden; neuere Untersuchungen haben es auf das erweiterte System des unter der Hand des Mannes geeinten Ehegutes zurückgeführt. Dieses ist geschehen für Hamburg von Cropp und Heise, für Bremen von Berck, für Lübeck von Pauli. Die ältere Ansicht vertheidigen jedoch wieder für Hamburg Trummer, für Bremen Runde, für alle Drei Beseler. Nähere litterarische Nachweisungen findet man bei Gerber §. 531 Note 1., Beseler System II. §. 139. Note 5., Duncker Gesammteigenthum §. 20. Die Frage kann hier nicht verfolgt werden.

1) Die Doctrin muß aber hier der Praxis eine einfache Theorie bieten, und nicht eine solche, die mit dem historischen Recht untermengt ist, wodurch dem Richter zugemuthet wird, bei jedem Rechtssatz auf dessen Entwicklung bis zum Sachsenspiegel hinauf zurückzublicken. Dieses ist namentlich der Fehler, der in der Darstellung von Runde herrscht.

2) Statutarrechte der einen und der anderen Art sind verzeichnet bei Mittermaier II. §. 387. 403., Maurenbrecher II. §. 507. Eine sehr gute beurtheilende Uebersicht giebt Euler in Reyscher Zeitschr. X. 7—28.

3) Man sehe unten §. 214.

tragstheorie. Sie beruht aber darauf, daß eben die Ehe kein bloßes, nur unter den Paciscenten wirksames Societätsverhältniß, sondern ein öffentliches Institut ist, welches auch für Dritte Rechte und Pflichten erzeugt. Wenn also unter den Ehegatten eine Gemeinschaft nicht blos der Personen, sondern auch aller Vermögensverhältnisse eingegangen wurde, so werden dadurch auch Dritte unmittelbar berechtigt, von den dadurch bewirkten Vermögensveränderungen ihres Schuldners Kenntniß zu nehmen und sich daran zu halten[4].

209. Neben der Gemeinschaft steht aber der Mann mit den Rechten, die ihm die deutsche Sitte als dem Herrn und Haupt des Hauses an dem Vermögen zuweist. Dieses Element ist durch das Princip der Gemeinschaft nicht verändert worden, sondern es ist historisch nachweisbar neben allen Formen der ehelichen Güterrechte geblieben und aus diesen in das System der Gütergemeinschaft übergegangen [1]. In dem Manne sind also zwei Eigenschaften zu unterscheiden: die als Theilhaber an der Gemeinschaft, in welcher Hinsicht er der Frau gleich, und die als das Haupt und der Vertreter der Gemeinschaft, in welcher Hinsicht er über ihr steht.

210. Die aufgestellte Theorie der Gütergemeinschaft wird auch von anderen Germanisten als die richtige anerkannt [1], und durch die Fassung vieler Particularrechte ausdrücklich bestätigt [2]. Doch giebt es darüber auch andere Ansichten. I. Der richtigen

---

4) Daraus allein, daß Zwei ihre Vermögen sachlich in eine Masse zusammenfließen lassen, folgt, wenn das Eine verschuldet ist, nicht, daß deren Creditoren sich auch an das Andere halten können, sondern der Concurs kann auf die erste Masse beschränkt werden; so bei der Arrogation, §. 3. J. de adquis. per arrogat. (3. 11). Demgemäß hat Runde Eheliches Güterrecht §. 61. auch bei der Gütergemeinschaft angenommen, daß die Gläubiger der Frau aus dem gemeinschaftlichen Vermögen nur so weit Bezahlung verlangen können, als sie in dasselbe an Vermögen eingebracht habe. Dieses hängt zum Theil noch mit seiner irrigen Grundansicht (§. 192. Note 4) zusammen. Ihn tadelt Gerber §. 233. Note 13., allein einen Erklärungsgrund giebt er nicht an.

1) Man sehe §. 191. 192. 206.

1) So von Runde Eheliches Güterrecht §. 58. 59. 63., Gerber §. 233.

2) Solche Rechte nennt Gerber §. 233. Note 6. Auch ist das Preuß. Landr. II. 1. §. 360—395. 634—661. dahin zu rechnen, wenn gleich die Redactoren sich darüber nicht recht klar waren. Man sehe darüber die gute Beurtheilung von Deiters §. 136.

Meinung am nächsten kommt diejenige, welche die Gütergemeinschaft eine Societät nennt [3]). Nur muß man die Eigenthümlichkeit hinzunehmen, daß der Mann allein dieselbe verwaltet und repräsentirt, also gleichsam derjenige ist, der die Firma führt [4]). II. Andere nahmen, um die Gütergemeinschaft zu definiren, zu dem angeblichen Begriff von Gesammteigenthum ihre Zuflucht, und suchten durch mancherlei Wendungen und Bilder das Undenkbare denkbar zu machen [5]). Doch hat jener falsche Begriff auf die Sprache einiger Statutarrechte in der That eingewirkt [6]). III. Wieder Andere fassen die Gütergemeinschaft so auf, daß die beiden Ehegatten durch die Ehe zu einer Einheit, zu einer juristischen Person, und diese die Eigenthümerin des beiderseitigen Vermögens geworden sei [7]). Dieses ist zwar denkbar, jedoch allzu gekünstelt, und mit den in den Statutarrechten positiv vorkommenden Erscheinungen nicht vereinbar. Namentlich steht ihr entgegen, daß jeder Ehegatte über die Hälfte des Gesammtvermögens testiren kann. Denn dieses Recht zu testiren beweist, daß Jedem schon während der Ehe eine ideelle Hälfte zusteht, daß also hier keine juristische Person, sondern eine communio vorliegt [8]). Auch kann nicht dafür angeführt werden, daß es Sta-

---

3) Dieses ist die Auffassung in den Dissertationen von Lauterbach 1661, Wesel 1674; auch die von Mevius 1664 und Anderen. Diese nennt Duncker Gesammteigenthum §. 20.

4) Die Unterschiede, welche Gründler Polemik III. §. 540., Runde Güterrecht §. 64. zwischen der societas und der ehelichen Gütergemeinschaft angeben, beruhen theils auf irriger Auffassung, theils auf blos äußerlichen Merkmalen.

5) So that für das Bamberger Recht Justus Veracius 1681. Gut spricht darüber Zöpfl Bamb. Recht S. 192. In neuerer Zeit vertheidigten diese Ansicht Lange 1766, Scherer 1799, und aus ihnen Danz Handbuch VI. 370. Widerlegt wird sie von Runde Güterrecht §. 65., Duncker Gesammteigenthum §. 20. 21. Man sehe auch über jenen Begriff oben §. 122.

6) So in der Verordnung für Lippe-Detmold von 1786. §. 8 (Runde Güterrecht S. 515). Man sehe dagegen Duncker Gesammteigenthum §. 21.

7) Diese Ansicht findet sich schon im vorigen Jahrhundert, Kraut Vormundschaft II. §. 76. Note 3. Genau begründet und durchgeführt wurde sie aber erst von Hasse (§. 207. Note 1). Ihr folgen Eichhorn und Deiters. Widerlegt ist sie von Duncker Gesammteigenthum §. 20. 21., Runde Güterrecht §. 66., Mittermaier II. §. 399.

8) Man sehe darüber oben §. 119. Es ist merkwürdig, in welcher Weise die Vertheidiger jener Theorie über diese Schwierigkeit hinwegzukommen

tutarrechte giebt, wo dem Ueberlebenden das Ganze verbleibt. Denn theils hängt dieses mit anderen Gründen zusammen 9), theils können doch nicht für ein und dasselbe Institut blos nach jener Verschiedenheit zwei ganz entgegengesetzte Theorieen der Statutarrechte behauptet werden. Ganz irrig und unklar ist es aber, wenn man die Grundsätze der juristischen Person und der communio mit einander verbinden will 10). IV. Noch Andere bringen hier den unhaltbaren eigenthümlichen Begriff von Genossenschaft zur Anwendung 11). Allein es ist bis jetzt ihren wortreichen Anstrengungen nicht gelungen, ein Verhältniß, wo Zwei juristisch nicht mehr Zwei, aber auch nicht Eins sind, denkbar zu machen 12). V. Endlich ist in der neuesten Zeit als die Formel des Verhältnisses das Alleineigenthum des Mannes am Gesammtgute mit eventuellem Rechte der Frau aufgestellt worden 13). Dieses ist jedoch historisch unerweislich 14).

β) Verhältniß während der Ehe.

211. Während der Ehe liegt die Verwaltung der Gütergemeinschaft allein in der Hand des Mannes 1). Dieses beruht noch auf demselben Princip, worauf im alten Recht die Rechte

---

suchen; so Hasse im Rhein. Museum Jahrg. III. S. 491—494., Bluntschli Privatrecht II. §. 166. Nr. 3.

9) Man sehe §. 208.

10) So thut Pfeiffer Practische Ausführungen I. Nr. IX.

11) So Beseler System II. §. 140., Bluntschli Privatrecht I. §. 39. Nr. 2. II. §. 162. Nr. 5. Man sehe dagegen oben §. 84. Note 6. §. 122. Note 3—6.

12) Bluntschli sagt: Mann und Frau würden nicht als Subjecte aufgehoben, doch aber gälten sie zusammen „wie Ein Leib" und „Eine Person." Mann und Frau seien zu innigster Gemeinschaft und „Einheit" verbunden; doch aber hörten sie nicht auf, auch selbst Personen zu bleiben. Sie seien eine „wahre Zweieinigkeit." Keiner von Beiden wolle ein ausschließliches Eigenthum, sondern Beide und Jeder von Beiden wollten „gemeinsames" Eigenthum an dem gemeinen Gute, d. h. eben „Gesammteigenthum" haben und üben. Die Schwierigkeit solcher gemeinsamen Herrschaft werde gehoben theils in der Regel durch die Gemeinschaft der Gesinnung und Interessen, theils durch die überragende Stellung des Ehemannes als des Hauptes der Ehe. — In dieser Darstellung, die fast an die bekannte subtile Beschreibung von Lange erinnert, schwimmen das Ethische, das Juristische und das dem Manne zustehende besondere Recht unklar durch einander.

13) So nach Sarauw von Duncker Gesammteigenthum §. 22.

14) Gut widerlegt dieses in der Kürze Bluntschli II. §. 162. Nr. 3.

1) Man sehe §. 209.

des Mannes an dem eingebrachten Vermögen der Frau beruhen, nämlich auf der Freiheit und dem Ansehen, das der Mann, als der Vertreter des Hauses, nach Außen haben muß, dann aber auch auf dem Vertrauen, daß er diese Freiheit wie ein guter Hausvater zum gemeinsamen Vortheil gebrauchen werde [2]). Verstärkt wird dieses noch theils dadurch, daß die heutigen Verhältnisse eine noch größere Beweglichkeit der Geschäftsführung erfordern, theils dadurch, daß der Mann am Vermögen der Frau nicht mehr blos Verwalter, sondern wie an seinem eigenen Vermögen wahrer Miteigenthümer geworden ist. Man muß ihm daher die Freiheit geben, nach seinem Ermessen zu verkaufen, zu vertauschen und für die Gütergemeinschaft Schulden einzugehen. Eine Gränze hat diese Freiheit wie im alten Recht nur an den Handlungen, welche dem Begriffe eines ordentlichen Hausvaters gradezu widerstreiten und zur Zerstörung des Hauswesens führen würden. Schulden aus Delicten des Mannes werden daher nicht gemeinschaftlich. Sie müssen zwar, um nicht das öffentliche Interesse oder Dritte durch das Gütergemeinschaftsverhältniß leiden zu lassen, gegen den Mann und die Gütergemeinschaft verfolgt werden können; allein sie sind ihm bei der späteren Theilung in Anrechnung und Abzug zu bringen [3]). Auch Schenkungen, die sich der Verschwendung nähern, sind dem Manne nicht erlaubt, sondern solchen kann die Frau widersprechen [4]). Ueberhaupt muß man ihr dem Grundprincip des Verhältnisses gemäß das Recht zugestehen, bei drohender Verschwendung und Zerrüttung des Hauswesens durch den Mann die Aufhebung der Gütergemeinschaft zu verlangen, um wenigstens die Hälfte von dem, was noch da ist, für sich zu retten [5]). Wie es bei der Veräußerung

---

2) Man sehe oben §. 192.

3) So sagt auch das Preuß. Landr. II. 1. §. 384. 385. Die spätere Anrechnung bestreiten Manche mit Unrecht, namentlich Mittermaier II. §. 402. Nr. III., Phillips II. §. 141. Die verschiedenen Meinungen nennt Gründler Polemik III. §. 557. Wenn freilich nichts zu theilen da ist, so büßt die Frau mit. Dieses gehört zu der Gefahr, welche sie durch die Eingehung der Lebensgemeinschaft mit übernommen hat.

4) Manche Statutarrechte verlangen dazu sogar die ausdrückliche Einwilligung der Frau, Beseler System II. §. 140. Note 20.

5) Gut äußert sich darüber Runde Eheliches Güterrecht §. 100.

von Grundstücken zu halten sei, ist streitig. Manche verlangen dazu die ausdrückliche Einwilligung der Frau [6]), und so bestimmen auch manche Particularrechte [7]). Allein dem Grundgedanken und Entwicklungsgang der Gütergemeinschaft ist dieses nicht angemessen [8]), und daher nicht als gemeinrechtlich anzunehmen [9]). Doch muß man der Frau das Recht lassen, gegen die Veräußerung Einspruch einzulegen, wenn sie deren offenbaren Nachtheil beweisen kann. Jedenfalls kann aber, wo ihre Einwilligung nöthig war, die ohne dieselbe geschehene Veräußerung doch nur von ihr selbst, nicht von dem Manne angefochten werden [10]).

212. Die Frau hat dagegen mit der Verwaltung der Gütergemeinschaft nichts zu thun, und kann daher dieselbe durch ihre einseitigen Handlungen und contrahirten Schulden in der Regel nicht obligiren. Es sind in dieser Hinsicht die oben bei dem Systeme des geeinten Ehegutes aufgestellten Grundsätze beziehungsweise auf die Gütergemeinschaft anzuwenden [1]). Die von ihr im Auftrage des Mannes contrahirten Schulden, wozu stillschweigend auch die Haushaltungsschulden gehören, fallen also der Gütergemeinschaft und dem Manne zur Last, so als ob dieser sie in eigener Person contrahirt hätte. Die von ihr im eigenen Namen und ohne Zustimmung des Mannes contrahirten Schulden aber nicht, und es wird dadurch, weil sie nach dem Princip der ehelichen Vormundschaft ohne den Mann gültig keine Schulden eingehen kann [2]), nicht einmal ihr künftiges Vermögen obligirt. Eine Ausnahme muß dieses nur, und aus denselben Gründen wie beim Manne, bei Obligationen aus Delicten der Frau leiden [3]). Endlich die von der Frau mit Zustimmung des

---

6) So Maurenbrecher II. §. 493., Runde Güterrecht §. 53. 60.

7) Beseler System II. §. 140. Note 17. 18. So namentlich das Preuß. Landr. II. 1. §. 178.

8) Man sehe §. 206. Nr. II.

9) So sagt auch Mittermaier II. §. 401., der darüber eine reiche Litteratur giebt.

10) So bemerkt richtig Mittermaier II. §. 401.

1) Man sehe oben §. 193. Nr. II. 1—6.

2) Man sehe oben §. 94. 195. Note 5.

3) So sagt auch das Preuß. Landr. II. 1. §. 390. Eben so Bluntschli Privatrecht II. §. 165. Nr. 4. Hingegen bleiben Mittermaier und Phillips auch hier bei ihrer irrigen Meinung (§. 211. Note 3). Derselben Ansicht

Mannes eingegangenen Schulden sind nicht blos für sie vollkommen verbindlich, sondern können aus den oben angeführten Gründen [4]) auch gegen die Gütergemeinschaft verfolgt werden, nur so, daß wenn sie blos für die Frau verwendet worden sind, sie ihr später auf ihren Antheil in Anrechnung gebracht werden.

213. Uebrigens können bei der allgemeinen Gütergemeinschaft auf beiden Seiten durch Vorbehalte Sondergüter vorkommen [1]). Die Mitgift der Frau ist es aber als solche nicht, sondern wird es nur durch ausdrückliche Festsetzung, in welchem Falle sie unter den Gesichtspunkt der Dos kommt [2]). Schenkungen unter Ehegatten, so weit sie überhaupt gestattet sind, werden durch die Gütergemeinschaft nicht gehindert. Sie geschehen entweder so, daß die Schenkung als Sondergut des Beschenkten aus dem gemeinschaftlichen Vermögen ausgeschieden, oder so, daß sie ihm später vor der Abtheilung als Voraus entrichtet wird [3]).

γ) Auflösung der Gütergemeinschaft.

214. Die Gütergemeinschaft wird entweder mit der Ehe durch den Tod oder auf andere Art aufgelöst. Im ersten Falle liegt es im Principe der Gemeinschaft, daß das Vermögen zwischen dem Ueberlebenden und den Erben des Verstorbenen getheilt wird, indem nun Letzteren dessen Quote als das im Leben ihm zugestandene Recht zufällt [1]). Daraus folgt auch, daß jeder Ehegatte über seine Quote, entweder abgesondert für sich, oder Beide zusammen in einem gemeinschaftlichen Testamente, sowohl zu Gunsten eines Dritten als gegenseitig Einer auf den Anderen testiren dürfen, so weit nicht durch die Rücksicht auf den Pflichttheil Beschränkungen entgegenstehen [2]). Manche Statutarrechte

---

scheint Beseler System II. §. 140. Note 24. Ganz rathlos ist hier Runde Güterrecht §. 61.

4) Man sehe §. 193. Nr. II. 3.

1) Runde Eheliches Güterrecht §. 167.

2) Runde Eheliches Güterrecht §. 157.

3) Die falschen Theorieen vom Gesammteigenthum oder von der juristischen Person machen, um dieses juristisch zu erklären, vielerlei zu schaffen. Nachweisungen geben Runde Güterrecht §. 169., Mittermaier II. §. 401. Nr. IV., Gründler Polemik III. §. 552.

1) Statutarrechte dieser Form nennt Mittermaier II. §. 387.

2) Runde Eheliches Güterrecht §. 172. 173., Mittermaier II. §. 401.

sprechen allerdings dem Ueberlebenden die ganze Gütergemeinschaft zu [3]). „Längst Leib, längst Gut; der Letzte macht die Thür „zu." Dieses hängt mit drei Umständen zusammen. Erstens hat die falsche Theorie vom Gesammteigenthum auf einige Statuten eingewirkt, in welchem Falle man sich daran halten muß [4]). Zweitens lebt in dieser Form, wo sie bei einer beerbten Ehe vorkommt, eine ältere analoge Form fort, in welcher die Begriffe von Beerbung, häuslicher Gemeinschaft und elterlicher Gewalt in einer eigenthümlichen Weise verbunden waren [5]). Drittens hängt es damit zusammen, daß man bei einer unbeerbten Ehe dem überlebenden Ehegatten das nächste Erbrecht beilegte [6]). Wo daher jene Erscheinung beim Systeme der Gütergemeinschaft vorkommt, ist sie so auszulegen, daß der Ueberlebende die eine Hälfte als Theilhaber an der bestandenen Gemeinschaft, die andere als Erbe des Verstorbenen erhält [7]). Von einem Testiren über eine Quote kann natürlich in diesen Fällen nicht die Rede sein. Wohl aber kann Jeder eventuell, auf den Fall, daß er der Ueberlebende sein würde, schon während der Ehe über das Ganze verfügen, und dieses können auch Beide zusammen in einem gemeinschaftlichen Testa-

---

Nr. III. Die Vertheidiger der Theorie vom Gesammteigenthum müssen natürlich die Befugniß, einseitig über eine Quote zu verfügen, läugnen; so Gründler Polemik III. §. 551. Dasselbe müssen, wenn sie consequent sein wollen, die Vertheidiger der Theorie der juristischen Person oder des Begriffes von Genossenschaft thun (§. 210. Note 8). So sagt auch Beseler System II. §. 140. Nr. IV. Hingegen Bluntschli Privatrecht II. §. 166. Nr. 3. weiß hier wieder mit Worten zu helfen. Die Verfügung in einem gemeinschaftlichen Testamente lassen sie natürlich zu, so Eichhorn §. 308. Nr. III., Deiters in Reyscher Zeitschr. II. 2, 115—132., Beseler II. §. 140. Nr. IV. Doch hat auch dieses aus dem Standpunkt jener Theorie seine Schwierigkeiten. Denn eine juristische Person oder Genossenschaft stirbt nicht, sondern löst sich auf, und kann nicht testiren. Jenes Testament ist daher nicht ein Testament der juristischen Person selbst, sondern eine Verbindung von zwei eventuellen Testamenten der einzelnen Ehegatten. Jeder testirt dadurch über das Vermögen der Gütergemeinschaft, welches ihm, wenn er der Ueberlebende ist, ungetheilt zufallen wird.

3) Statutarrechte der Art nennt Mittermaier II. §. 387. 403.

4) Man sehe §. 210. Note 6.

5) Man sehe §. 206. Nr. VII.

6) Man sehe §. 206. Nr. VI.

7) Gegen den Gesichtspunkt der Beerbung protestiren natürlich die Anhänger der Theorie vom Gesammteigenthum, Gründler Polemik III. §. 560.

mente thun, natürlich unbeschadet aller bei einer beerbten Ehe gegen die Kinder obliegenden Pflichten[8]).

215. Sind bei einer Auflösung der Ehe Schulden vorhanden, so werden diese aus dem Activvermögen befriedigt[1]). Ist dieses nicht geschehen, so gehen sie je nach der erwähnten Verschiedenheit der Statuten entweder auf den Ueberlebenden ganz über, oder sie werden zwischen ihm und den Erben des Verstorbenen getheilt. Sie werden dadurch, wie bei der Erbschaftsantretung, persönliche Schulden des Nachfolgers, so daß sie, wenn die Gütergemeinschaft überschuldet ist, gegen dessen Sondergut und später zu erwerbendes Vermögen verfolgt werden können. Von diesem Nachtheil kann sich auch der Mann durch eine Verzichtleistung nicht befreien. Denn da er allein die Verwaltung der Gütergemeinschaft in der Hand hatte, so muß er auch die Folgen seiner Verwaltung tragen. Hingegen die Frau kann man, weil sie keine Verwaltung hat, über den Bestand der Gütergemeinschaft hinaus nicht verantwortlich machen[2]), sondern man muß ihr, wie analogerweise schon im älteren Recht vorkam[3]), die Möglichkeit lassen, sich durch einen Verzicht wenigstens gegen jene Nachtheile zu schützen[4]). Gleiches Recht müssen die Erben des Mannes haben, wenn sie mit der überlebenden Frau theilen. Doch ist jenes nicht auf solche Schulden zu beziehen, die von der Frau persönlich herrühren. Denn für diese haftet sie in und nach der Ehe, wie jeder Schuldner, mit Allem was sie hat und erwirbt, indem die Eingehung der Gütergemeinschaft an den Rechten ihrer Creditoren nichts ändern kann.

---

8) Man sehe Note 2.

1) Hinsichtlich der von der Frau herrührenden Schulden hält Runde Güterrecht §. 61. auch hier seinen oben (§. 208. Note 4) erwähnten Irrthum fest.

2) Diesen inneren Unterschied hat Gründler Polemik III. §. 558. nicht erkannt.

3) Zuerst bezog sich der Verzicht der Frau nur auf die fahrende Habe, um ihre Grundstücke zu retten, Deutsche Rechtsgeschichte §. 467. Note 4. 5. 6. Dann, als man für die Schulden auch die Grundstücke der Frau heranzog (§. 206. Nr. II.), bezog er sich darauf, ihr künftiges Vermögen zu schützen. Diesen Sinn hat das Borgen- und Dachding-Auftragen des Lübischen Rechts, Deutsche Rechtsgeschichte §. 468.

4) Man sehe darüber Runde Eheliches Güterrecht §. 13. 51. 74., Mittermaier II. §. 402. Nr. VI.

216. Wird die Ehe nicht durch Tod, sondern durch Ehescheidung aufgelöst, so ist es der Natur des Verhältnisses am angemessensten, daß jeder Theil sein Eingebrachtes zurückerhalte und das Ueberschüssige getheilt werde [1]). Denn die normale Voraussetzung der Ehe ist ihre lebenslängliche Dauer, und nur dazu paßt die Absicht, sich unter einander Alles gemeinschaftlich machen zu wollen. Manche Schriftsteller und Particularrechte nehmen jedoch auch dann eine Theilung in gleiche Hälften an. Jedenfalls bleiben aber die dem schuldigen Theile auferlegten Vermögensstrafen bei Kraft, und sind an dem ihm zufallenden Vermögen in Vollzug zu bringen [2]). Ferner muß man der Frau das Recht geben, wegen Verschwendung und schlechter Wirthschaft des Mannes auf die Aufhebung der Gütergemeinschaft anzutragen [3]). Endlich kann diese auch durch Vertrag geschehen; nur dürfen darunter die bereits erworbenen Rechte Dritter nicht leiden. Die öffentliche Bekanntmachung eines solchen Vertrages kann jedoch gemeinrechtlich nicht für nothwendig erachtet werden [4]).

b) Gütergemeinschaft der Mobilien. α) Zusammensetzung derselben.

217. Der Gedanke einer engen Vermögensgemeinschaft unter den Ehegatten konnte am ehesten an der fahrenden Habe wirksam werden, weil hier die Rechte der Blutsfreunde nicht hinderten. Dieses zeigt sich schon frühe [1]), und wurde in den Gegenden, wo die Rücksicht auf die Grundstücke oder auf die Erbgüter der allgemeinen Gütergemeinschaft entgegenstand, zu einer Gütergemeinschaft der Mobilien ausgebildet [2]). Die Theorie derselben ist nach der Natur des Verhältnisses folgende. Dem Worte gemäß

---

1) Dieser Ansicht ist auch Eichhorn §. 310. und so verordnet auch das Preuß. Landr. II. 1. §. 755. Anderer Meinung sind Mittermaier II. §. 406., Gründler Polemik III. §. 566., Runde Eheliches Güterrecht §. 101.

2) Man sehe darüber Runde Güterrecht §. 101.

3) Man sehe oben §. 211. Note 5.

4) Dieses zeigt Runde Güterrecht §. 164. 165., Mittermaier II. §. 406.

1) Man sehe §. 206. Note 8.

2) Solche Statutarrechte nennt Mittermaier II. §. 389. 407., Maurenbrecher II. §. 508. Eine sehr gute beurtheilende Uebersicht giebt aber Euler in Reyscher Zeitschr. X. 28 — 43. Auch gehört dahin das gesetzliche System des heutigen französischen Rechts, worin diese Form auf den Grund der älteren Jurisprudenz sehr scharfsinnig und consequent behandelt ist.

fallen in diese Gütergemeinschaft alle Mobilien, welche die Ehegatten in die Ehe mitbringen und darin, gleichviel unter welchem Titel, erwerben; ferner alle Früchte aus dem beiderseitigen Separatvermögen; ferner alles bewegliche Gut, welches während der Ehe durch gemeinschaftlichen Fleiß erübrigt wird; endlich auch die während der Ehe aus dem gemeinschaftlichen Vermögen angeschafften Immobilien, weil diese als Surrogat an die Stelle des Anschaffungscapitals treten müssen [3]). Es ist also in einer solchen Gütergemeinschaft beziehungsweise auch eine Gütergemeinschaft der Errungenschaften enthalten. Ausgeschlossen sind aber von ihr alle von den Ehegatten in die Ehe mitgebrachten Grundstücke und Anderes, was nach dem Particularrecht die Immobilarqualität hat; desgleichen diejenigen, die sie darin durch Schenkung oder Beerbung erwerben; endlich diejenigen, welche einem Separatgrundstücke durch Verkauf, Tausch und dergleichen substituirt werden. Es können also bei dieser Gütergemeinschaft dreierlei Massen vorkommen, und diese können auch unter einander in Abrechnungsverhältnissen stehen, wenn aus der Einen Auslagen und Schulden bestritten worden sind, die eigentlich der Anderen obliegen. Was die Verwaltung der Sondergrundstücke der Frau betrifft, so ist darauf das Princip des in der Hand des Mannes geeinten Ehegutes oder beziehungsweise des sächsischen ususfructus maritalis anzuwenden [4]). Dieses folgt theils aus dem historischen Entwicklungsgang dieser Art von Gütergemeinschaft, theils daraus, daß die Früchte aus den Sondergrundstücken der Gütergemeinschaft gehören [5]). Das Heirathsgut der Frau ist in Ermanglung näherer Bestimmungen, soweit es in beweglichem Vermögen besteht, zur Gütergemeinschaft zu ziehen; das unbe-

3) Den Beweis dieses Grundsatzes für das deutsche Recht giebt Kraut Vormundschaft II. 341—343.

4) So sagen auch Eichhorn §. 312. Nr. II., Maurenbrecher II. §. 502., Runde Güterrecht §. 77—79. Anerkannt ist es auch im französischen Gesetzbuch.

5) Es ist eine schiefe Auffassung, wenn man dieses in der Doctrin eine communio bonorum usufructuaria genannt hat, Eichhorn §. 311., Runde Güterrecht §. 78. Nr. 2.

wegliche ist nach dem Princip des geeinten Ehegutes, oder, wo das Dotalsystem gilt, als Dos zu behandeln [6]).

218. Was die Schulden betrifft, so gehören wie die Forderungen so auch die eingebrachten Schulden zu dem beweglichen Vermögen, und also in die Gütergemeinschaft [1]). Der Umstand, daß für die Schuld eine Hypothek an einem Grundstücke des Mannes oder der Frau bestellt ist, ertheilt ihr die Immobilarqualität nicht, weil dieses Accessorische ihre principale Natur nicht verändert [2]). Ausnahmen sind nach der Natur der Sache nur zu machen in Ansehung der Renten und Lasten, die auf ein Grundstück radicirt sind, so daß dieses der principale Schuldner ist; ferner wenn die Hypothek als Bürgschaft, nicht für eine Schuld des Mannes oder der Frau selbst, sondern für die Schuld eines Dritten bestellt ist; endlich wohl auch, wenn die Schuld in dem rückständigen Kaufpreis für ein erworbenes Grundstück oder anderes Immobile besteht, weil sie hier das specifische Aequivalent des Grundstückes ist, und der Ehegatte erst nach deren Tilgung dasselbe wahrhaft sein eigen nennen kann [3]). Jedenfalls kann aber die Eingehung der Gütergemeinschaft die Rechte der Creditoren zwar verbessern [4]), nicht aber zu ihrem Nachtheil verändern. Der Creditor für eine eingebrachte Schuld des Mannes oder der Frau kann daher auch noch in der Ehe gegen seinen ursprünglichen Schuldner und dessen persönliches Vermögen klagen, und dieser hat dann nach geleisteter Zahlung, wenn die Schuld auf die Gütergemeinschaft übergegangen ist, gegen dieselbe einen Anspruch auf Ersatz. Man muß daher beim Schul-

---

6) Man sehe Eichhorn §. 312. Nr. II. 2.

1) Hinsichtlich der Schulden der Frau hält Runde Güterrecht §. 79. auch hier seine irrige Ansicht fest (§. 208. Note 4).

2) Anderer Meinung ist Bluntschli Privatrecht II. §. 168. In der That finden sich darüber in den Particularrechten abweichende Bestimmungen, weil man sich dabei nicht klar war. Die richtige Ansicht hat Mittermaier II. §. 407., wo auch die Particularrechte angeführt sind.

3) So ist es auch im Chur-Trier. Landr. von 1713. Tit. VII. §. 3. Strenge genommen könnte man allerdings die Schuld, isolirt für sich betrachtet, zu dem beweglichen Vermögen und der Gütergemeinschaft rechnen. Jedenfalls hätte diese aber, wenn sie zahlen müßte, gegen den Ehegatten, dem das Grundstück gehört, einen Regreß.

4) Man sehe §. 208.

denwesen überhaupt zwei Gesichtspunkte vor Augen haben: die Klagrechte, die aus dem Ursprunge der Schuld herrühren, und die Vermehrung der Klagrechte und Executionsobjecte, die durch das Verhältniß der Gütergemeinschaft hinzu kommt.

β) Verhältniß während der Ehe.

219. Die Verwaltung während der Ehe beruht auf den gewöhnlichen Grundsätzen [1]. Zu den sich von selbst verstehenden Auslagen und Lasten der Gütergemeinschaft gehört Alles, was das Hauswesen und die Erziehung betrifft, die Zinsen der Immobilarschulden und die laufenden Unterhaltungskosten der Sondergüter, weil deren Einkünfte der Gütergemeinschaft zufallen. Etwas verwickelter wird aber hier das Schuldenwesen dadurch, daß auf beiden Seiten Sondergut vorkommt. Man muß von dem gewöhnlichen Grundsatz ausgehen, daß eine Schuld den Gläubiger im Zweifel gegen alles Vermögen berechtigt, worüber der Schuldner Schuldenhalber verfügen kann. Demnächst sind drei Fälle zu unterscheiden. I. Die Schuld ist vom Manne allein contrahirt. Hier kann sich der Gläubiger sowohl an die Gütergemeinschaft wie an dessen persönliches Vermögen halten; nur kann unter beiden Massen ein Regreß statt finden, zum Beispiel wenn aus dem Separatvermögen eine Schuld bezahlt wird, die für die Erziehung der Kinder eingegangen war, oder aus der Gütergemeinschaft eine Schuld, die zur Errichtung eines Baues auf einem Separatgrundstück aufgenommen wurde. Dieses gilt auch von Obligationen aus Delicten des Mannes, wo natürlich die Gütergemeinschaft, wenn sie zahlen mußte, immer einen Regreß hat. II. Die Schuld ist von der Frau contrahirt. Hier wiederholt sich die schon oben vorgekommene Unterscheidung [2]. 1) Die Frau handelte im ausdrücklichen oder stillschweigenden Auftrage des Mannes. Dadurch werden so, als ob er selbst gehandelt hätte, die Gütergemeinschaft und sein persönliches Vermögen obligirt, jedoch beziehungsweise mit Regreß. 2) Die Frau

1) Man sehe §. 211.
2) Man sehe §. 212.

handelte im eigenen Namen und ohne Zustimmung des Mannes. Hier sind genau die oben genannten Grundsätze anwendbar. 3) Die Frau handelte im eigenen Namen und mit Zustimmung des Mannes. Hier wird nicht nur ihr persönliches Vermögen obligirt, sondern, kraft der der Zustimmung des Mannes beigelegten eigenthümlichen Wirkung [3]), auch dessen persönliches Vermögen und die Gütergemeinschaft. III. Die Schuld ist von dem Manne und der Frau gemeinschaftlich contrahirt. Hier ist die Gütergemeinschaft aufs Ganze obligirt; eben so jeder Ehegatte für sein persönliches Vermögen, wenn sie solidarisch contrahirten; ohne dieses ist es die Frau nur zur Hälfte; der Mann aber doch aufs Ganze, nämlich für seine eigene Hälfte als Theilhaber, für die Hälfte der Frau als dazu consentirend. Uebrigens ist auch in diesen Fällen ein Regreß möglich.

220. Fällt einem der Ehegatten in der Ehe eine Erbschaft zu, so gehören deren Mobilien in die Gütergemeinschaft, die Immobilien bleiben Sondergut. Zu den Erbschaftsschulden haben, da sie auf der Gesammtmasse ruhen, die Gütergemeinschaft und der erbende Ehegatte nach Verhältniß des ihnen zufallenden Activvermögens beizutragen. Davon unabhängig ist die Frage, gegen wen und gegen welches Vermögen die Erbschaftsgläubiger ihre Klagen richten können. Hier ist zu unterscheiden, ob die Erbschaft mit oder ohne Vorbehalt des Inventars angetreten wurde. Im ersten Falle sind ihre Rechte nur auf die Erbmasse beschränkt. Im zweiten Falle aber wird zwischen der Erbschaft und dem Vermögen des acceptirenden Ehegatten eine völlige Verschmelzung bewirkt, und es ist so gut, als ob er die Schulden aufs Neue für sich contrahirte. Was daher von den während der Ehe eingegangenen Schulden gesagt wurde, ist auch hier anzuwenden. Es können also die Erbschaftsgläubiger nach Umständen gegen einen Ehegatten oder gegen die Gütergemeinschaft aufs Ganze klagen, in welchem Falle ein Regreß und eine Abrechnung mit dem erbenden Ehegatten nach dem obigen Maßstabe möglich werden [1]).

---

3) Man sehe §. 193. Nr. II. 3.

1) Die Lehrbücher erwähnen dieses wichtige Verhältniß gar nicht. Eine

γ) Verhältniß nach aufgelöster Gütergemeinschaft.

221. Bei der Auflösung der Ehe ist vor Allem das beiderseitige Sondergut von der Masse der Gütergemeinschaft zu trennen. Befand sich das Sondergut der Frau in der Verwaltung des Mannes, so haftet ihr dieser für die Restitution mit seinem Sondergut und seinem Antheil an der Gütergemeinschaft. Ferner ist unter jenen drei Massen Abrechnung über das zu halten, was etwa die Eine für die Andere mit Vorbehalt ihres Regresses ausgelegt hat. Hiebei muß die Frau den Vorzug haben, daß sie sich wegen dessen, was sie für die Gütergemeinschaft ausgelegt hat, nicht blos an diese, sondern auch an das persönliche Vermögen des Mannes halten kann, weil jeder Creditor der Gütergemeinschaft dieses Recht hat [1]). Das, was nun als die Masse der Gütergemeinschaft übrig bleibt, wird zwischen dem Ueberlebenden und den Erben des Verstorbenen zu gleichen Hälften getheilt, wenn nicht nach dem Particularrecht das Ganze an den Ueberlebenden fällt. Sind die Schulden vor der Theilung nicht berichtigt worden, so hat Jeder daran die Hälfte zu zahlen, und was er etwa darüber hinaus zahlt, kann er von dem Andern ersetzt verlangen. Für die Gläubiger ist aber nun ein dreifaches Verhältniß vorhanden. Erstens können sie sich auch jetzt noch an das persönliche Vermögen desjenigen halten, wogegen ihnen dieses Recht bisher nach dem Ursprung der Schuld zustand, weil die Auflösung der Gütergemeinschaft für sie keine nachtheilige Veränderung hervorbringen kann. Zweitens können sie sich wie bisher an die Masse der Gütergemeinschaft halten, weil darauf die Schuld ruht, und unter diesem Gesichtspunkt können sie gegen jeden Theil zur Hälfte klagen. Endlich erlangen sie ein neues Klagrecht aus dem Gesichtspunkt der Acceptation, indem durch die Annahme der einen Hälfte, wie bei der Annahme einer hal-

---

Ausnahme macht nur Mittermaier II. §. 407. Nr. III., der aber in dem Wenigen, was er sagt, unklar ist.

1) Man sehe §. 219. Nr. I. Darauf beruhen auch die Bestimmungen des französ. Gesetzbuches Art. 1436. 1472., welches in dieser Lehre auf der Grundlage der älteren Jurisprudenz sehr scharfsinnig gearbeitet ist, und als wissenschaftliche Autorität benutzt werden kann.

ben Erbschaft, auch die Schulden zur Hälfte auf den Acceptirenden übergehen und gegen dessen persönliches Vermögen verfolgbar werden. Jedoch muß man auch hier der Frau das Recht geben, durch einen Verzicht auf die Gütergemeinschaft ihr persönliches Vermögen zu schützen [2]).

c) Gütergemeinschaft der Errungenschaften.

222. In der Gütergemeinschaft der Mobilien ist zugleich die der Errungenschaft enthalten. Möglich ist aber, daß die Gütergemeinschaft blos auf diese gerichtet ist. Schon nach den ältesten Rechten wurde nach einem natürlichen Gefühle das in der Ehe errungene Vermögen als eine besondere Masse unterschieden, und den Ehegatten daran feste Antheile zugeschrieben. Wegen des während der Ehe überwiegenden Rechtes des Mannes kamen diese Theilrechte allerdings erst bei der Auflösung der Ehe zur Sprache [1]). Nach dem fränkischen Recht erhielt dann die Wittwe ein Drittheil, nach dem Recht der Westphalen die Hälfte. Im Sachsen- und Schwabenspiegel ist zwar von der Errungenschaft nicht ausdrücklich die Rede; allein stillschweigend steckt der Antheil der Wittwe daran in der Gerade, der des Wittwers in seinem Anspruch auf alle nach Abzug der Gerade übrigen Mobilien [2]). Mit dem fränkischen Recht hängt es unstreitig unmittelbar zusammen, daß bis in die neuere Zeit am Rheinstrom auf und ab fast allgemein von der Errungenschaft dem Manne das Schwerdttheil, das heißt zwei Drittheil, der Frau das Spindeltheil, das heißt ein Drittheil, zukam [3]). Dieses zeigte sich allerdings hauptsächlich als ein Recht auf den Todesfall, und findet sich in dieser Form häufig noch jetzt. An manchen Orten ist aber daraus von der Wissenschaft und Gesetzgebung eine Gütergemeinschaft der Errungenschaft gebildet worden [4]).

---

2) Man sehe oben §. 215.

1) Daß der Ehefrau schon während der Ehe eine Quote an der Errungenschaft zustand, hat Kraut Vormundschaft II. §. 84. nachgewiesen. Mit Unrecht bestreitet dieses Gerber §. 226. Note 8.

2) Die Nachweisungen giebt meine Deutsche Rechtsgeschichte §. 468.

3) Dieses bezeugt Lindenfels Notariatspiegel von 1607. S. 440. Die Stelle ist abgedruckt in meiner Deutschen Rechtsgeschichte §. 470.

4) Ein Verzeichniß solcher Statutarrechte findet man bei Maurenbrecher

223. Wo diese besteht, liegt der Gedanke zum Grunde, daß das beiderseitige persönliche Vermögen zwar nicht der Substanz nach gemeinschaftlich gemacht, doch aber zur gemeinschaftlichen Wirthschaft eingebracht sei, um davon im Verein mit den persönlichen Kräften eines Jeden das Hauswesen zu unterhalten, und zum gemeinschaftlichen Vortheil blühend zu machen. Es gehört also in die Gütergemeinschaft Alles, was durch gemeinschaftliche Anstrengung erarbeitet und erspart, ferner was durch die persönliche Thätigkeit des Einen und Andern verdient oder gewonnen wird; daher auch der Lotteriegewinn, weil demselben doch immer ein Geschäft und eine zum Zwecke des Gewinnens angewandte Thätigkeit zum Grunde liegt [1]; ferner die Einkünfte aus dem beiderseitigen Separatvermögen [2]; ferner die Werthehöhung, die ein Separatgrundstück nachweislich durch Fleiß erhalten hat; endlich remuneratorische Schenkungen an einen Ehegatten, und gemeinschaftlich an beide Ehegatten gemachte Schenkungen, wenn sie auch nicht remuneratorische sind, weil solche als um der Ehe willen gegeben, also gleichsam als durch die Ehe verdient anzusehen sind [3]. Der Begriff der Errungenschaft oder Erkoberung kann jedoch auch enger gefaßt und blos auf die Collaboration oder den Conquest, das heißt auf das gemeinschaftlich Errungene und Ersparte beschränkt sein, wo dann das durch des Einen alleinigen Fleiß und Vermögen Gewonnene dessen Sondergut bleibt [4]. Im Zweifel ist jedoch dieser engere Begriff nicht anzunehmen [5]. Zum Sondervermögen gehört dagegen Alles, was die Ehegatten in die Ehe mitbringen; ferner das, was ihnen während der Ehe durch Erbgang, Vermächtniß, Schenkung und

II. §. 509. Eine gute beurtheilende Uebersicht derselben giebt Euler in Reyscher Zeitschr. X. 43—61. Auszüge daraus sind gesammelt bei Kraut Grundriß §. 215—217.

1) Kraut Vormundschaft §. 77. Note 5. So sagt auch das Preuß. Landr. II. 1. §. 404.

2) Runde Eheliches Güterrecht §. 78. Nr. 2. So sagt auch das Preuß. Landr. II. 1. §. 405.

3) Einige wollen alle Schenkungen ohne Unterschied zur Errungenschaft ziehen, Andere sie ohne Unterschied davon ausschließen, Gründler Polemik III. §. 571.

4) Ueber diese Begriffe sehe man Runde Güterrecht §. 77.

5) Den Grund giebt Mittermaier II. §. 408. Nr. I.

Aehnliches, wozu kein Fleiß mitwirkt, zufällt[6]); daher auch der im Sondergut gefundene Schatz zu dem Theile, der davon dem Grundeigenthum zufällt, da hingegen der Theil, welcher einem Ehegatten zur Belohnung als Finder zugesprochen wird, als Gewinn einer glücklichen Hand zur Errungenschaft zu ziehen ist[7]); ferner die blos durch die Natur bewirkte Vermehrung eines Sondergutes, wie die Alluvion, das verlassene Flußbett, die entstandene Insel. Wird aus der einen Masse Etwas angeschafft, so muß das Angeschaffte ihr verbleiben; namentlich muß also das aus dem Erlös eines verkauften Sondergutes angekaufte Grundstück, wenn nicht ausdrücklich ein Anderes ausgemacht ist, Sondergut sein, weil man nicht annehmen kann, daß Einer die Substanz seines Sondergutes in Errungenschaft umwandeln wollte[8]). Umgekehrt muß das vor der Ehe gekaufte, aber erst in der Ehe tradirte und aus der Errungenschaft bezahlte Grundstück zur Errungenschaft gezählt werden[9]); eben so, wenn ein Grundstück von einem Ehegatten kraft eines ihm zustehenden Retractrechtes eingelöst, allein die Einlösungssumme aus der Errungenschaft bezahlt worden[10]). Da also bei dieser Art der Gütergemeinschaft nicht, wie bei der der Mobilien, die Qualität der Sachen, sondern die Zeit und Art des Erwerbes entscheiden, so ist es von großer Wichtigkeit, daß über das eingebrachte Vermögen ein In-

---

6) Gründler Polemik III. §. 569. So sagt auch das Preuß. Landr. II. 1. §. 402. 403.

7) Die Meinungen sind aber darüber sehr verschieden, Kraut Vormundschaft §. 77. Note 6., Gründler Polemik III. §. 570.

8) Dieser Satz ist gegen die abweichende Ansicht von Eichhorn, Mittermaier, Runde, begründet von Kraut Vormundschaft §. 77. Note 10. Uebereinstimmend ist Maurenbrecher II. §. 505. Die verschiedenen Meinungen referirt Gründler Polemik III. §. 572.

9) Einige ziehen es zum Sondergut und geben der Errungenschaft nur einen Anspruch auf Ersatz; so Runde Güterrecht §. 78. Nr. 3. 6. Allein offenbar ist hier nicht der Zeitpunkt des entstandenen persönlichen Anspruches, sondern die Zeit und das Mittel des vollendeten Erwerbes für die Entscheidung das überwiegende Moment. Andere wollen umgekehrt lediglich auf den Zeitpunkt des vollendeten Erwerbes, nicht auf das Mittel desselben sehen, so daß in jedem Falle das Grundstück Errungenschaft werde, nur mit der Pflicht der Vergütung, wenn es aus dem Sondergut bezahlt worden. Die richtige Ansicht hat Kraut Vormundschaft §. 77. Note 11.

10) Es wiederholen sich hier aus analogen Gründen die irrigen Meinungen des vorigen Falles. Das Richtige hat Kraut Vormundschaft §. 77. Note 12.

ventar errichtet, und darin auch dasjenige nachgetragen werde, was Jedem während der Ehe als Sondergut zufällt. Ist kein Inventar errichtet oder ist Etwas darin nicht verzeichnet, so muß, wenn über dessen Eigenschaft Streit entsteht, der Richter aus den Umständen entscheiden; eine Präsumtion für die Errungenschaft läßt sich gemeinrechtlich nicht begründen[11]).

224. Der volle Begriff von Errungenschaft setzt voraus, daß während der Ehe alles Vermögen, das beiderseits zugebrachte und das erworbene, in der Hand des Mannes eine ungezweite Masse bildet, für deren Erhaltung Mann und Weib, jeder nach seiner Weise, wirken und schaffen. Die Rechte des Mannes über das gemeinschaftliche Vermögen sind dieselben, wie bei der allgemeinen Gütergemeinschaft[1]); eben so die über das Sondergut der Frau[2]). Möglich ist jedoch, daß neben dieser Gütergemeinschaft, statt des Systemes des geeinten Eheguts, das römische Dotalsystem angenommen worden ist[3]). Dann kommt nur das Heirathsgut in die Hand des Mannes; das Paraphernalvermögen bleibt, wenn nicht ein Anderes beliebt wird, in der Verwaltung der Frau. Doch muß auch dann das daraus an den jährlichen Einkünften Ersparte im Zweifel zu der Errungenschaft gerechnet werden.

225. Was die Schulden betrifft, so liegt es in dem Begriff der Errungenschaft, daß die Ehegatten ihre Schulden nicht, wie solches bei der allgemeinen Gütergemeinschaft und bei der der Mobilien der Fall ist[1]), gemeinschaftlich machen wollten[2]).

---

11) So sagen richtig Runde Güterrecht §. 77., Beseler System II. §. 141. Nr. II., Bluntschli Privatrecht §. 169. Nr. 2. Anderer Meinung sind freilich mit den älteren Praktikern Eichhorn, Maurenbrecher und Andere, die man bei Gründler Polemik III. §. 568. angeführt findet. Particularrechtlich wird allerdings jene Präsumtion häufig festgesetzt; namentlich im Preuß. Landr. II. 1. §. 397—401., Französ. Gesetzb. Art. 1499.

1) Man sehe oben §. 211.

2) Man sehe §. 217. Note 4.

3) Beispiele giebt Euler in Reyscher Zeitschr. X. 44—47. Diese Rechtsform hat auch das französ. Gesetzbuch Art. 1581. vor Augen.

1) Man sehe §. 208. 218.

2) Die Germanisten sind bei dieser Frage unklar und ohne feste Principien. Richtige Grundsätze hat das französ. Gesetzbuch Art. 1498. 1499. 1510., Preuß. Landr. II. 1. §. 406—409.

Die Gläubiger der von einem Ehegatten eingebrachten oder in der Ehe für ihn persönlich contrahirten Schulden haben es daher nur mit ihrem Schuldner und dessen Vermögen zu thun; an die Objecte der Gütergemeinschaft können sie nur unter dem Gesichtspunkt greifen, daß die Einkünfte aus jenem Vermögen in derselben auf eine nicht mehr zu unterscheidende Weise confundirt sind. Der andere Ehegatte hat aber dann, weil die Zahlung mit aus seinem Antheil geleistet wurde, gegen das persönliche Vermögen des Schuldners einen Anspruch auf Ersatz. Die während der Ehe für den gemeinschaftlichen Haushalt, die Erziehung und Ausstattung der Kinder und dergleichen contrahirten Schulden sind natürlich vor Allem aus dem errungenen Vermögen zu bestreiten, weil von einem Acquest oder einer Errungenschaft erst nach Abzug dieser Lasten die Rede sein kann. Was daher ein Ehegatte aus seinem persönlichen Vermögen in die gemeine Nahrung verwendet hat, kann er aus der Errungenschaft, so weit diese zureicht, ersetzt verlangen. Reicht das errungene Vermögen für jene Schulden nicht hin, so können sich die Gläubiger doch immer an den Mann als das Haupt des Hauses und an dessen persönliches Vermögen halten. Hingegen an das der Frau nicht, sondern diese hat nur, wenn der Mann die Familie nicht mehr ernähren kann, kraft ihrer Alimentationspflicht einzutreten [3]. Die Particularrechte bestimmen dieses freilich oft anders [4]. Immer versteht es sich aber von selbst, daß die Frau mit haftet, wenn sie die Schuld mit contrahirt hat. Nach der Auflösung der Ehe werden die Schulden aus dem errungenen und den persönlichen Vermögen, so weit sie diese treffen, bezahlt; erst dadurch stellt sich heraus, ob wirklich Errungenschaft da ist. Der Mann kann sich durch Verzicht auf die Masse den Schulden nicht entziehen, weil er dafür auch persönlich haftet; wohl aber kann es die Frau, wenn sie sich nicht für die Schuld persönlich verbindlich gemacht hat. Von dem Antheil der Frau an der Errungenschaft ist das Erbrecht, das sie etwa am Vermögen des Man-

---

3) Man sehe oben §. 192.
4) Beispiele nennt Euler in Reyscher Zeitschr. X. 47.

nes hat, unabhängig. Macht sie dieses geltend, so muß sie auch die den Mann treffende Schuldenlast übernehmen [5]).

5) Das Dotalsystem.

226. Mit dem römischen Recht ist auch das Dotalsystem in Deutschland bekannt geworden; allein man hat sich mit dessen Geiste nicht befreunden können, so daß es häufig nur dem Namen nach recipirt worden ist [1]). Man kann daher eine dreifache Abstufung unterscheiden. Entweder gilt dasselbe ganz rein, so daß die Frau ihr Paraphernalvermögen von Rechtswegen selbst zu verwalten hat, und die Ueberlassung an den Mann einen besondern Vertrag voraussetzt [2]). Oder es wird, wenn nicht die Ehefrau ausdrücklich widerspricht, angenommen, daß dieselbe die Verwaltung ihres freien Vermögens unverrechnet ihrem Manne anvertraut habe, was sich also dem deutschen Recht nähert [3]). Oder man hat das deutsche Recht materiell ganz beibehalten, und es nur unter die römische Terminologie gebracht. Hier fällt dann von Rechtswegen das ganze Vermögen der Frau, nicht blos das Heirathsgut, in die Verwaltung und Benutzung des Mannes, und es hört der materielle Unterschied von Dotal- und Paraphernalgut größtentheils auf [4]). Wo das römische System gilt, fällt, wie beim Systeme des geeinten Ehegutes [5]), die Errungenschaft dem Manne zu [6]). Eine Ausnahme leidet dieses jedoch, wenn neben dem römischen Systeme eine Gütergemeinschaft der Errungenschaft statt findet [7]).

6) Gemeinschaftliche Punkte. a) Bestimmungsgrund des bei einer Ehe geltenden Gütersystems.

227. Das Vermögenssystem, welches bei einer Ehe gelten soll, wird, weil es sich um reine Privatrechte handelt, zunächst durch den Vertrag der Ehegatten, und erst in dessen Ermanglung

5) Richtig äußert sich darüber Gründler Polemik III. §. 573.
1) Eine Uebersicht der Länder, wo es gilt, giebt Maurenbrecher II. §. 510.
2) So ist es in Mecklenburg, Kamptz Mecklenb. Civilrecht §. 193.
3) So ist es im Oesterr. Gesetzb. §. 1238. 1239.
4) Man sehe darüber §. 196. 198.
5) Man sehe §. 194.
6) So auch nach dem Oesterr. Gesetzb. §. 1237.
7) Man sehe über diesen Fall §. 224. Note 3.

durch das Gesetz bestimmt [1]). Hinsichtlich der Form solcher Verträge kommt es zunächst auf die Vorschriften der Particularrechte an; in Ermanglung solcher ist jede die Uebereinkunft beweisende Form für zureichend zu halten [2]). Eben so ist deren Publication, wenn auch wegen des Interesse dritter Personen für wünschenswerth, doch aber im Zweifel nicht für wesentlich zu erachten; dieses auch dann nicht, wenn dadurch das gesetzliche Gütersystem ausgeschlossen werden soll [3]). Der Eingehung solcher Verträge noch während der Ehe stehen innere Gründe nicht entgegen; nur kann dadurch den aus dem bisherigen Rechtsverhältnisse erworbenen Rechten dritter Personen kein Abbruch geschehen [4]). Aus Rücksicht auf diese erklären aber die Particularrechte häufig solche Verträge während der Ehe für ungültig [5]). In Ermanglung eines Ehevertrages entscheidet über das eheliche Güterverhältniß das Recht des Ortes, wo die Ehegatten ihren ersten Wohnsitz nehmen [6]). Spricht sich dieses über die Frage nicht aus, und findet sich auch in den Ortsgewohnheiten kein Anhaltpunkt, was aber wohl selten vorkommen wird, so ist das System des geeinten Ehegutes anzunehmen, weil dieses das ursprüngliche ist, und auch noch jetzt unseren Sitten und unserer überlieferten Gefühlsweise näher liegt, als das aus den Büchern nirgend recht ins Leben übergegangene römische Dotalsystem [7]). Das einmal entstandene Gütersystem ist auch unter einer neuen Gesetzgebung noch nach dem Recht, unter welchem es entstand, zu beurtheilen [8]).

---

1) Runde Eheliches Güterrecht §. 155. 156.

2) So sagt auch Runde Güterrecht §. 156.

3) Dieses zeigt Runde Güterrecht §. 165. Anderer Meinung sind Eichhorn §. 307., Maurenbrecher II. §. 511., Beseler System II. §. 142. Nr. II.

4) Runde Güterrecht §. 156. 164.

5) So das Französ. Gesetzbuch Art. 1394. 1395., Preuß. Landr. II. 1. §. 354. 413.

6) Dieses ist allgemein anerkannt, Runde Güterrecht §. 96. So sagt auch das Preuß. Landr. II. 1. §. 350. Einen Rechtsfall giebt Flach Entscheidungen Nr. 14.

7) Dieses vertheidigt als die subsidiaire Rechtsform Runde Güterrecht §. 4. Dagegen erklären sich aber Beseler System II. §. 138., Bluntschli Privatrecht II. §. 151. Nr. 2.

8) So ist auch die Praxis. Zeugnisse dafür geben Pfeiffer Pract. Aus-

b) Anfangspunkt der ehelichen Güterverhältnisse.

228. Die ehelichen Güterrechte setzen wesentlich die Ehe voraus. Als Anfangspunkt derselben gilt aber, dem neueren Eherechte gemäß, die Trauung, und zwar die Civiltrauung, wo eine solche neben der kirchlichen besteht, weil es sich hier um rein bürgerliche Verhältnisse handelt. Die Ansicht des Mittelalters, daß der Anfang der Ehe von der Beschreitung des Ehebetts oder von dem feierlichen Kirchgang gerechnet wird [1], hat sich nur ausnahmsweise in Statutarrechten erhalten [2]. Möglich ist jedoch, daß der Eintritt eines bestimmten Gütersystems, namentlich der Gütergemeinschaft, durch den Ehevertrag von einem bestimmten Ereigniß abhängig gemacht wird, zum Beispiel von der Geburt eines Kindes; nur muß dann die Wirkung davon da, wo vertragsmäßige Aenderungen während der Ehe untersagt sind, auf den Anfang der Ehe zurückbezogen werden. In der früheren Zeit wurden solche Vorbehalte häufig gemacht, um auf den Fall, daß ein Ehegatte bald nach der Eingehung der Ehe ohne Leibeserben sterben würde, dessen Familie sein Vermögen zu sichern. Davon kommt, daß nach manchen Statutarrechten die Gütergemeinschaft erst nach Jahr und Tag eintreten soll [3].

c) Einfluß des Ortswechsels.

229. Ist das Güterrecht durch den Ehevertrag bestimmt, so hat eine Ortsveränderung darauf keinen Einfluß, selbst dann nicht, wenn durch den Vertrag nur das gesetzlich bestehende System bestätigt worden [1]. Sehr bestritten ist aber, ob dieses auch dann anzunehmen sei, wenn das bei einer Ehe vorhandene Gütersystem ohne Vertrag durch das Gesetz des ersten Wohnsitzes der Ehegatten begründet worden? Richtiger ist dieses zu bejahen, weil die durch den Vertrag oder in dessen Ermanglung unmittelbar durch das Gesetz gebildete Güterform nach der Natur der

---

führ. II. 270., Mittermaier II. §. 400. Nr. V. Anderer Meinung ist Maurenbrecher II. §. 484.

1) Die Beweisstellen giebt meine Deutsche Rechtsgeschichte §. 455. Note 10—16.

2) Runde Eheliches Güterrecht §. 94., Bopp in Reyscher Zeitschr. V. 359.

3) Man sehe Runde Güterrecht §. 94. 155.

1) Dieses ist allgemein anerkannt, Runde Eheliches Güterrecht §. 164.

Sache als ein bleibender, die Ehegatten umgebender Kreis von Rechtsverhältnissen anzusehen ist [2]), der so wenig durch eine neue Gesetzgebung, als durch einen Wechsel des Wohnortes verändert werden kann [3]). Gewöhnlich leitet man es davon ab, daß die Ehegatten durch einen stillschweigenden Vertrag das gesetzliche Güterrecht des Domicils zu dem ihrigen gemacht hätten. Dem steht jedoch entgegen, daß ein stillschweigender Vertrag doch immer ein bestimmtes Bewußtsein bei beiden Theilen voraussetzt, was hier nicht erweislich ist [4]). Eben so wenig läßt sich jene Ansicht dadurch begründen, daß die Geltung des Rechts des neuen Domicils die freie Unterwerfung der Ehegatten unter dasselbe erfordere, die aber ihren Ansichten und Interessen oft grade entgegen sei [5]). Dieser Grund ist nicht stichhaltig, weil die verbindende Kraft der Gesetze jedenfalls nicht von der freiwilligen Unterwerfung abhängt. Andere verwerfen daher jene Meinung ganz, und lassen nach den an dem neuen Wohnorte geltenden Gesetzen auch einen Wechsel des Güterrechts eintreten [6]). Hieraus könnten aber die größten Verwirrungen und Unbilligkeiten hervorgehen. Noch Andere suchen einen Mittelweg, so daß die bereits begründeten Vermögensrechte unverändert bleiben, und nur der künftige Erwerb nach den Gesetzen des neuen Wohnortes geregelt werden sollte [7]). Diesem steht aber, außer der Schwierigkeit der praktischen Durchführung, der Grund entgegen, daß

---

2) Man sehe oben §. 41.

3) Dieser Meinung sind auch, wenn auch aus verschiedenen Gründen, außer vielen älteren Schriftstellern Pfeiffer Pract. Ausführungen II. Nr. 6., Mittermaier II. §. 400., Gründler Polemik III. §. 545., Schaeffner Internationales Privatrecht §. 109—114., Wächter im Archiv für die civilist. Praxis XXV. 49—55., Savigny System VIII. 328—334., Gerber §. 229. Zustimmend, nur mit einer untergeordneten Modification, ist auch das Preuß. Landr. II. 1. §. 350—355. Eine Enscheidung aus der neueren Praxis giebt Bopp in Reyscher Zeitschr. V. 356. Zweifelhaft äußert sich Bluntschli Privatrecht II. §. 164. Nr. 2.

4) So sagt richtig Savigny.

5) Diese Begründung versucht Savigny.

6) So unter den Neueren Eichhorn §. 307., Phillips II. §. 139., Deiters Gütergemeinschaft §. 31., Maurenbrecher II. §. 484., Runde Güterrecht §. 97., Pütter Fremdenrecht §. 46.

7) Dieser Meinung sind Kierulff und Puchta. Man sehe darüber Wächter S. 50. 54.

das eheliche Güterrecht, dem Wesen der ehelichen Gemeinschaft entsprechend, als ein Ganzes, während der ganzen Ehe Fortwirkendes angesehen werden muß [8]).

C) Vermögensverhältnisse zwischen Eltern und Kindern. 1) Bei den Kindern in der elterlichen Pflege.

230. Die Vermögensverhältnisse zwischen den Eltern und Kindern waren im alten deutschen Recht, den häuslichen Einrichtungen entsprechend, sehr einfach. So lange das Kind in der elterlichen Pflege war, half es im Hause und auf dem Felde nach Kräften mit, ohne daß von einer besonderen Vergütung die Rede war. Was es aber durch Schenkung oder Erbgang erwarb, wurde sein Eigenthum; nur hatte der Vater daran bis zur Absonderung des Kindes die Verwaltung und den Genuß. Er blieb daher, namentlich wenn die Mutter starb, mit den Kindern vorläufig im ungetheilten Vermögen sitzen; eben so die Mutter, wenn der Vater den Kindern zu früh gestorben war. Waren die Söhne herangewachsen, so erhielten sie, wenn beide Eltern noch lebten, gewöhnlich vom Vater etwas Vermögen zu ihrer eigenen Einrichtung; war eins der Eltern todt, so bekamen sie dazu ihr väterliches oder mütterliches Vermögen heraus. Häufig blieben sie aber auch mit den Eltern im ungetheilten Vermögen und in gemeinschaftlicher Thätigkeit beisammen, natürlich aber nicht mehr unter deren Schutz und Pflege, sondern in einer selbstständigen, durch Sitte und Uebereinkunft geregelten Stellung. Erwachsene Töchter traten aber aus dem elterlichen Hause regelmäßig nur, wenn sie sich verheiratheten oder ins Kloster giengen, und erhielten dann eine Aussteuer oder ihr ererbtes mütterliches oder väterliches Vermögen [1]).

231. In dem Justinianischen Recht ist zwar der Grundsatz des alten römischen Rechts, daß das Kind Alles dem Vater erwerbe, aufgehoben, und es ist grade umgekehrt der Grundsatz aufgestellt, daß Alles, was das Kind von Außen her erwerbe,

---

8) So sagt richtig Mittermaier II. §. 400.

1) Die Beweise zu dieser Darstellung giebt meine Deutsche Rechtsgeschichte §. 477. 478.

sein Eigenthum sei. Daneben sind aber doch noch mehrere Wirkungen des alten Systems stehen geblieben. Zunächst die, daß der Vater an dem dem Kinde von Außen her eigenthümlich zufallenden Vermögen, so lange die väterliche Gewalt dauert, also nicht blos während der Minderjährigkeit des Kindes, den Nießbrauch hat. Ferner ist auch neben der neuen Regel das Princip des peculium castrense und quasi castrense beibehalten, so daß daran der Vater nicht einmal den Nießbrauch haben soll. Endlich ist auch noch im Justinianischen Recht ein peculium concessum möglich, woran der Vater als von ihm herrührend das Eigenthum, der Sohn den Nießbrauch und die Verwaltung hat.

232. Mit dem römischen Recht ist nun auch dieses System in der Theorie als das gemeinrechtliche in Deutschland recipirt worden. Allein die überall eingreifenden Wirkungen der Emancipation durch separirte Oeconomie [1]) haben ihm doch nur eine beschränkte Anwendung gelassen. Hieraus ergiebt sich als gemeinrechtlich Folgendes [2]). I. Von einem peculium castrense und quasi castrense kann nicht mehr die Rede sein, weil deren Erwerb eine Lage voraussetzt, wo der Sohn sich selbst ernährt, also durch separirte Oeconomie emancipirt ist, und daher sein Vermögen nicht mehr unter den Begriff von Peculium fällt. II. Ein peculium concessum wird nur selten vorkommen. Denn selbst wenn der Vater seinen Sohn, der sich selbst vorstehen kann, aus seinem Vermögen etablirt oder ihn in das Geschäft mit aufnimmt, wird derselbe dadurch emancipirt, und es ist von Peculium nicht die Rede. Denkbar ist dasselbe jedoch noch in dem Falle, wenn der Vater einem Sohne, der sich anders zu ernähren ganz unfähig

---

1) Man sehe darüber oben §. 100. 101.

2) Bluntschli Privatrecht II. §. 175. meint nach Phillips II. §. 152., daß das Peculiensystem als ganz unanwendbar zu betrachten und der römischen Rechtsgeschichte zu überweisen sei. Allein die Einwirkung des römischen Rechts als des gemeinen Rechts auf die Praxis und Gesetzgebung ist auch in dieser Materie eine historische Thatsache, die sich nicht durch Ignoriren rückgängig machen läßt. Es handelt sich daher darum, die verschiedenen Elemente so zu verbinden, wie sie mit einander bestehen können. So urtheilen auch Mittermaier II. §. 364., Kraut Vormundschaft II. §. 106., Beseler System II. §. 143. Note 1. Anders ist es, wenn es sich um eine neue Gesetzgebung über diesen Gegenstand handelt. Da kann man allerdings, nach dem jetzigen Standpunkt der Rechtswissenschaft, die Sache weit einfacher fassen.

ist, unter seiner Aufsicht ein Vermögen zu seiner Verwaltung und Beschäftigung anweist [3]. III. Unter den Begriff des sogenannten peculium adventitium, und also unter den Nießbrauch und die Verwaltung des Vaters, ist dagegen Alles zu ziehen, was das Kind durch Erbschaft, namentlich von der Mutter her, oder durch Schenkung erwirbt [4], auch die Pathengeschenke [5]. Doch ist das Recht des Vaters nur auf die Kinder in der Pflege beschränkt, weil sie bei der Anlegung einer eigenen Oeconomie emancipirt werden und ihr Vermögen herausverlangen können. Dabei hat auch der Vater nicht das im römischen Recht ihm zuerkannte praemium emancipationis zu fordern, weil hier die Emancipation nicht durch seinen Willen, sondern von Rechtswegen eintritt [6]. Die Mutter hat aus dem Standpunkt des gemeinen Rechts jene Rechte nicht [7]. Doch findet es sich häufig in den Particularrechten, so wie auch, daß der überlebende Ehegatte an dem auf die Kinder fallenden Vermögen des Verstorbenen den lebenslänglichen Nießbrauch hat, was aber dann mit dem ehelichen Güterrechte zusammenhängt [8]. Die neuen Gesetzbücher haben sich von der römischen Grundlage ganz frei gemacht, und sind zu einem einfacheren, dem alten deutschen sich nähernden Systeme zurückgekehrt [9]. IV. Endlich bei dem, was ein Kind in der elterlichen Pflege durch Fleiß und Arbeit verdient, ist zu unterscheiden. Das, was es durch gewöhnliche häusliche Dienstleistungen dem Hauswesen nützt, ist ihm nicht besonders zu vergüten, sondern ist als eine Pflicht gegen das Haus, wovon es unterhalten wird, anzusehen. Hingegen künstliche oder handwerksmäßige Dienste, wodurch es dem Hauswesen eine regelmäßige baare Ausgabe erspart, kann es vergütet verlangen [10]. Eben so muß dasjenige, was es abgesondert durch Fleiß und Geschick-

3) Diesen Fall übersieht Kraut II. 640—642.
4) So sagt auch Kraut II. 622—624.
5) Doch ist dieses controvers, Gründler Polemik III. §. 479.
6) So sagen auch Gründler Polemik III. §. 481., Kraut II. 665—667.
7) Zeugnisse geben Gründler III. §. 482., Mittermaier II. §. 365.
8) Man sehe §. 206. Nr. IV.
9) Preuß. Landr. II. 2. §. 147—209., Französ. Gesetzbuch Art. 384—387. 389., Oesterr. Gesetzbuch §. 149—151.
10) Man sehe Gründler Polemik III. §. 478., Kraut II. 638—640.

lichkeit erwirbt, oder zur Belohnung seines Fleißes von den Eltern oder Anderen, oder als Geschenk für geleistete Dienste erhält, sein freies Vermögen oder Spargut bleiben, nur so, daß der Vater nach Umständen die Aufbewahrung oder Verwaltung in die Hand nehmen, oder auch die Verwendung zu den besonderen das Kind angehenden Auslagen verlangen kann [11]). Das Verhältniß ist als der Uebergang zur eigenen Oeconomie aufzufassen.

2) Einfluß des Todes eines der Eltern [1]).

233. Aus den im alten Recht beim Tode des einen Ehegatten eintretenden Vermögensverhältnissen [2]) haben sich im Fortgange der Zeit mancherlei Rechtsformen entwickelt. Diejenige, welche der ursprünglichen am nächsten steht, ist, wenn während der Ehe das System des geeinten Ehegutes bestand, und der Ueberlebende mit den Kindern im ungezweiten Gute, entweder bis zu deren Austritt aus dem elterlichen Hause, oder lebenslänglich sitzen bleibt. Derselbe übt dann die Verwaltung und den Nießbrauch nach denselben Grundsätzen, wie der Vater während der Ehe that, mit der Pflicht, die Kinder zu erziehen und auszustatten. Die Mutter ist jedoch, wo die Geschlechtsvormundschaft besteht, bei Rechtsgeschäften an diese gebunden, und, wo sie nicht mehr besteht, insgemein durch neuere Gesetze als Vormünderin zur Inventarisirung und Cautionsleistung angehalten, jedoch als Nutznießerin von einer Rechnungsablage befreit [3]). Hiemit verwandt ist, wenn neben dem System des geeinten Ehegutes eine Gemeinschaft der Errungenschaft besteht, und der Ueberlebende an dem zugebrachten Vermögen des Verstorbenen und an der auf die Kinder fallenden Hälfte der Errungenschaft den lebenslänglichen Beisitz und Nießbrauch hat [4]).

---

11) Lehrreich ist über dieses Alles das Preuß. Landr. II. 2. §. 121—123. 147—167.

1) Die hier zusammengestellten Verhältnisse stehen historisch wie systematisch in der engsten Verbindung, und dürfen nicht, wie insgemein in den Lehrbüchern geschieht, an verschiedenen Orten zerstreut abgehandelt werden.

2) Man sehe oben §. 230. Gut bezeichnet diese auch Runde Eheliches Güterrecht §. 9. 111.

3) Man sehe Runde Güterrecht §. 112.

4) Zeugnisse für diese Form giebt meine Deutsche Rechtsgeschichte §. 470.

234. Eine andere Form ist, wenn das gesammte Vermögen, ohne Rücksicht von wem es herrührt, beim Tode eines der Eltern in zwei gleiche Hälften zerfällt, und der Ueberlebende außer seiner Hälfte auch an der auf die Kinder fallenden Hälfte, bis zu deren Mündigkeit oder lebenslänglich, den Beisitz und Nießbrauch hat, unter der Verpflichtung, die Kinder zu erziehen und auszustatten [1]). Das Rechtsverhältniß ist dem der vorigen Form analog [2]). Hiemit verwandt ist der Fall, wo in der Ehe das System der Gütergemeinschaft angenommen ist, die beim Tode des Einen unter den Ueberlebenden und die Kinder getheilt wird, und Jener an der Hälfte der Kinder den Beisitz und Nießbrauch behält [3]). In beiden Fällen haben die Kinder an ihrer Quote alsbald ein festes Recht erworben, kraft dessen ihnen das Vermögen verfangen [4]) oder verstrickt ist. Sie vererben daher ihren Theil, wenn sie auch vor dem Ueberlebenden sterben, auf ihre Erben, können darüber testiren [5]), und wenn sie einen Ehegatten hinterlassen, so erstreckt sich dessen statutarisches Erbrecht auch auf jene Quote [6]).

235. Diese Elemente sind an manchen Orten, wo das System der Gütergemeinschaft aufkam, von der Doctrin und Praxis, und dadurch auch in den Statutarrechten, unter das Princip gebracht worden, daß die Gütergemeinschaft von dem Ueberlebenden mit den Kindern fortgesetzt werde. Man hat diese Rechtsform die fortgesetzte Gütergemeinschaft (communio prorogata)

1) Man sehe oben §. 206. Nr. IV. So ist es auch nach dem Hamburger Recht, Heise und Cropp Abhandl. II. Nr. XVI. §. 37. 57.

2) Ausführlich handeln davon für das Lübische Recht Pauli Abhandl. II. 110—128. 140—149., Ein Ungenannter in Reyscher Zeitschr. VI. 225—256. Jedoch hat das Lübische Recht mancherlei Eigenthümlichkeiten, die man nicht generalisiren darf.

3) Ein Zeugniß für diese Form giebt Ulrich Tengler, welche Stelle in meiner Deutschen Rechtsgeschichte §. 471. abgedruckt ist.

4) Dieses Wort wird dafür im fünfzehnten Jahrhundert gebraucht, Deutsche Rechtsgeschichte §. 480. Note 2. Doch ist dahinter hier nichts Besonderes zu suchen.

5) Dieses bestreitet für das Lübische Recht Pauli Abhandl. II. 145., während er doch S. 140. dem Ueberlebenden das Recht über seine Hälfte zu testiren zugesteht.

6) Anderer Meinung ist für das Lübische Recht Pauli Abhandl. II. 149—158., wo auch die Schriftsteller für und wider angeführt sind.

genannt [1]. Doch wird dieser Ausdruck häufig auch uneigentlich auf die anderen verwandten Rechtsformen angewendet, und der Begriff nicht immer genau durchgeführt. Man muß auch dabei das Princip einer Gemeinschaft zu ideellen Theilen festhalten [2], und zwar ist nach der historischen Entstehung dieser Rechtsform im Zweifel anzunehmen, daß dem Ueberlebenden die eine, den Kindern die andere Hälfte zusteht [3], woraus sich hinsichtlich des Rechts, über seine Quote zu testiren und sie zu vererben, dieselben Folgerungen wie beim vorhin erwähnten Falle ergeben [4]. Als Bestand dieser Gütergemeinschaft ist nach der Natur und historischen Entstehung derselben im Zweifel nur das Vermögen anzunehmen, welches bei der Auflösung der Ehe vorliegt [5]. Deutet aber in einem Statutarrecht Etwas auf einen umfassenderen Begriff, so muß man auch nicht blos das dem überlebenden Parens, sondern auch das den Kindern durch Erbschaft und dergleichen zufallende Vermögen in die Gemeinschaft ziehen [6]. Jedenfalls ist es rationell nicht zu rechtfertigen, wenn man den späteren Erwerb des überlebenden Ehegatten dazu rechnen, den der Kinder aber ausschließen will [7]. Die Verwaltung und Vertretung der Masse hat allein der Ueberlebende nach den bei der Gütergemeinschaft geltenden Grundsätzen; diese entscheiden auch hinsichtlich der Schulden. Der Ehefrau, wenn sie der überlebende Theil ist, muß

1) Runde Eheliches Güterrecht §. 114. Viel Material giebt hier auch Mittermaier II. §. 404.

2) Die falschen Vorstellungen von Gesammteigenthum, Vermögen einer juristischen Person oder einer Genossenschaft (§. 210) wiederholen sich natürlich auch hier. Dieselben verwirft mit Recht Runde Güterrecht §. 114. 173.

3) So sagt auch Runde Güterrecht §. 118.

4) Man sehe §. 234. So sagen auch Runde Güterrecht §. 115. 173., Pfeiffer Practische Ausführungen I. Nr. 9., Mittermaier II. §. 404. Nr. IX. XIV., Maurenbrecher II. §. 496. Anderer Meinung sind natürlich diejenigen, welche das falsche Princip des Gesammteigenthums oder ein ähnliches festhalten; so Gründler Polemik III. §. 563.

5) So sagt richtig Bluntschli II. §. 167. Nr. 3. Anderer Meinung ist Beseler System II. §. 143. Nr. II., welcher dieses als die Ausnahme ansieht.

6) Dieses bezeichnen als die Regel Maurenbrecher II. §. 496., Beseler System II. §. 143. Nr. II.

7) Dieses ist die irrige Meinung von Runde Güterrecht §. 114., Eichhorn §. 309. Nr. II., Mittermaier II. §. 404 Nr. XI. XII., Gerber §. 236. Note 6. So sagen auch viele Statuten. Mit Recht erklärt sich aber gegen jene Ansicht Phillips Privatrecht II. §. 144.

man in dieser Hinsicht gleiche Rechte zugestehen, wie dem Ehemanne [8]); doch machen die neueren Gesetze, besonders neben minderjährigen Kindern, häufig Beschränkungen. Aus der Gütergemeinschaft sind die Erziehung und Ausstattung der Kinder zu bestreiten. Gewinn und Verlust sind gemeinschaftlich. Die Fortsetzung der Gütergemeinschaft ist jedoch für den Ueberlebenden nur ein Recht, keine Pflicht. Er kann daher jederzeit die Aufhebung und Abtheilung verlangen. Die Kinder aber können es nur aus bestimmten Gründen: wenn der Ueberlebende zu einer zweiten Ehe schreitet, weil er dann in eine neue Gemeinschaft eintritt, und wenn er durch schlechte Wirthschaft die Interessen der Kinder augenscheinlich bedroht. Die Großjährigkeit allein giebt ihnen dieses Recht im Zweifel nicht, weil diese Rechtsform sich aus dem lebenslänglichen Beisitz entwickelt hat [9]). Beendigt wird aber diese Gütergemeinschaft von selbst durch den Tod des überlebenden Parens; nicht aber durch den Tod eines der Kinder [10]).

236. Wieder eine andere Rechtsform ist die, wo dem Ueberlebenden das ganze Vermögen eigenthümlich zufällt [1]). Der Grundgedanke dabei ist, daß, wenn derselbe auch formell juristisch der alleinige Eigenthümer ist, er dieses Recht doch nur mit treuer Fürsorge für die Kinder ausüben, dieselben erziehen und ausstatten, und bei seinem Tode ihnen das ganze Vermögen mit seinen Vermehrungen hinterlassen werde und solle. Dem äußeren Erfolge nach trifft also dieses Verhältniß mit der fortgesetzten Gütergemeinschaft im Ganzen zusammen, und wird mißbräuchlich wohl auch so genannt [2]). Allein innerlich ist das Verhältniß sehr verschieden. Die Kinder haben hier kein Recht an einer Quote, sondern nur eine Hoffnung. Sie vererben daher, wenn sie vor dem letztlebenden Parens verstorben, ihren Anspruch nicht, und können nicht darüber testiren. Andererseits folgt aber doch

---

8) So sagt auch Mittermaier II. §. 404. Nr. VI.

9) Nähere Nachweisungen über diese Sätze geben Runde Güterrecht §. 117., Mittermaier II. §. 405., Beseler System II. §. 144. Nr. III.

10) Runde Güterrecht §. 116.

1) Man sehe oben §. 206. Nr. VII. §. 214.

2) So von Phillips Privatrecht II. §. 144.

aus der Natur des Verhältnisses, daß die Kinder, wenn sie den Parens überleben, einen festen Anspruch auf dessen Nachlaß haben und von demselben nicht enterbt werden können, weil das Vermögen des erstverstorbenen Parens mit darin steckt[3]). Es liegt selbst in der sittlichen Idee des Verhältnisses, daß die Kinder die Abtheilung oder doch die Errichtung eines Inventars verlangen können, wenn der Ueberlebende offenbar verschwendet oder zu einer zweiten Ehe schreitet, und dieses setzen auch manche Statuten als positives Recht fest[4]). Allein im Zweifel kann man doch daraus kein Zwangsrecht machen[5]).

237. Noch eine sehr eigenthümliche Rechtsform bildet den graden Gegensatz der vorigen, indem bei dem Tode des einen Ehegatten an sämmtlichen Grundstücken, auch an den von dem Ueberlebenden herrührenden, zu Gunsten der Kinder ein Verfangenschaftsrecht (ius devolutionis) eintritt[1]). Der Grundgedanke dabei ist, die Kinder gegen die Nachtheile sicher zu stellen, die ihnen eine zweite Ehe des Ueberlebenden bringen könnte. Es haben sich davon zwei Formen ausgebildet. Die Eine besteht darin, daß den Kindern nur an den Grundstücken des Verstorbenen, nicht auch an denen des Ueberlebenden, das Eigenthum zufällt, beide ihnen aber so verstrickt sind, daß der Ueberlebende zwar bis zu seinem Tode im Vermögen sitzen bleibt, allein davon nichts veräußern darf. Dieses wird das uneigentliche Verfangenschaftsrecht genannt. Die andere Form ist die, daß beim Tode des einen Ehegatten alsbald das Eigenthum an den beiderseitigen Immobilien auf die Kinder übergeht[2]). Der Unterschied liegt

---

3) So sagen auch Runde Eheliches Güterrecht §. 115., Maurenbrecher II. §. 497.

4) So das Würzburger oder fränkische Recht, Euler in Reyscher Zeitschrift X. 25.

5) So sagen auch Phillips II. §. 145., Runde Güterrecht §. 117. Anderer Meinung ist Maurenbrecher II. §. 497.

1) Davon handeln: Dewies Lichtstrahlen in das finster umwölkte Verfangenschaftsrecht. Köln 1833., Maurenbrecher II. §. 554., C. L. Runde in Reyscher Zeitschr. VII. 34., Euler in Reyscher Zeitschr. VII. 85. X. 2—7., Kraut Vormundschaft II. 611. 612. Was aber von der Geschichte dieses Instituts erzählt wird, ist theils ungenügend theils gradezu fehlerhaft. Am richtigsten äußert sich darüber Gerber §. 236. Note 7.

2) Diese Form besteht klar im Geldernschen Landrecht von 1619, Deut-

also darin, daß im ersten Falle die Kinder an den Grundstücken des Letztlebenden kein Eigenthum, sondern nur ein gegen Veräußerung geschütztes Erbrecht haben[3]). Der Name wie die Sache sind aus zwei Verhältnissen hervorgegangen. Einmal wurde das Vermögen des Verstorbenen, wenn der Ueberlebende davon den Nießbrauch, die Kinder das Eigenthum hatten, als denselben verfangen bezeichnet[4]). Zweitens wurden auch die Grundstücke des Ueberlebenden, weil er davon ohne die Zustimmung der Kinder als der nächsten Erben nichts veräußern durfte, denselben verfangen genannt[5]). Beide Beziehungen, obwohl im Grunde sehr ungleich, zog man nun unter dem gleichen Ausdrucke zusammen, und so wurde daraus das uneigentliche, dann nach einer im Interesse der Kinder erweiterten Auffassung, das eigentliche Verfangenschaftsrecht. Im Zweifel muß man das Erstere als das weniger anomale annehmen[6]). Wo aber das eigentliche Verfangenschaftsrecht gilt, muß consequenterweise, wenn das Vermögen des lebenden Vaters dem Eigenthum nach dem verheiratheten Sohne verfangen ist, beim Tode von dessen Ehefrau dieses Eigenthum an dessen Kinder devolviren[7]).

3) Von der Ausstattung oder Ausrichtung der Kinder.

238. Die Natur der ländlichen Zustände führte dazu, daß der erwachsene Sohn, wenn er nicht mit den Eltern in Gemein-

---

sche Rechtsgeschichte §. 480. Note 6. Mit Unrecht wird daher dieselbe von Kraut in Abrede gestellt.

3) Praktisch wichtig ist dieses deshalb, weil, wenn nach eingetretener Devolution, aber noch bei Lebzeiten des Parens ein neues Gesetz über die Erbfolge eingeführt wird, dadurch jenes Erbrecht der Kinder erster Ehe aufgehoben wird.

4) Man sehe oben §. 234. Note 4.

5) Den Beweis giebt meine Deutsche Rechtsgeschichte §. 480. Note 4.

6) Ueber das Princip im Jülich und Bergischen Landrecht besteht in der Theorie und Praxis ein alter Streit. Die Schriftsteller und Urtheilssprüche auf beiden Seiten sind angeführt von Maurenbrecher in der Note 33. zu seiner Ausgabe des Jülich und Bergischen Landrechts Cap. 74. und S. 479. Für die eigentliche Verfangenschaft streitet außer ihm auch Dewies. Mit Unrecht beruft man sich aber auf verschiedene Atteste als authentische Declarationen. Man sehe über diese und andere irrige Angaben die wichtigen Berichtigungen in Lacomblet Archiv I. 58—60.

7) So ist auch von den Gerichten erkannt worden. Zeugnisse giebt Maurenbrecher in der Note 35. zu seiner Ausgabe des Gelderschen Landrechts.

schaft auf dem Hofe bleiben sollte, von dem Vater, wenn derselbe dazu im Stande war, mit etwas Vermögen, zum Behuf seiner ersten Einrichtung, abgesondert wurde. Dieses war allgemeine Sitte, die hin und wieder selbst als eine Zwangspflicht aufgestellt wurde [1]). Man nennt dieses jetzt die Ausradung, Beradung, Ausstattung, Ausrichtung (subsidium paternum). Diese ist immer mit der Errichtung einer eigenen Oeconomie, also mit dem Austritt aus der väterlichen Gewalt verbunden. Ein gesetzlicher Anspruch darauf besteht gemeinrechtlich nicht; wohl aber nach manchen Particularrechten [2]). Häufig tritt nun auch die Ausbildung, die man dem Sohne zu einem Amte oder einem Gewerbe geben läßt, an die Stelle. Zu dem Erbanspruch des Kindes steht die Ausrichtung in keiner Beziehung, sondern dieser dauert fort; jedoch ist zu unterscheiden, ob dieselbe bei Lebzeiten beider Eltern oder erst nach dem Tode eines derselben geschehen ist. Im ersten Falle ist das Erhaltene auf den Erbtheil des Kindes an dem Vermögen, woraus die Ausrichtung geschah, oder auf dessen Erbtheil an der Gütergemeinschaft, wenn eine solche bestand, anzurechnen. Im zweiten Falle ist weiter zu unterscheiden. Erhält das Kind nach dem Statutarrechte bei seinem Austritt aus dem elterlichen Hause wie im alten Recht seinen Erbtheil am Vermögen des verstorbenen Parens heraus, so dient ihm dieses zugleich zu seiner ersten Einrichtung, und es kann von dem Ueberlebenden keine Ausradung verlangen [3]). Behält aber der Ueberlebende das Vermögen des Verstorbenen als fortgesetzte Gütergemeinschaft oder in einer anderen Rechtsform in der Hand, so muß er das Kind ausstatten, dieses aber das Erhaltene später einbringen [4]).

4) Von der Absonderung oder Abschichtung der Kinder.

239. Möglich ist, daß ein Kind mit einem Stück Vermögen für alle ihm zustehenden Erbansprüche abgefunden werden

---

1) Die Zeugnisse giebt meine Deutsche Rechtsgeschichte §. 478. Note 6. 7.
2) So in beschränkter Weise noch nach dem Preuß. Landr. II. 2. §. 231—242.
3) Beseler System II. §. 144. Nr. I.
4) Runde Eheliches Güterrecht §. 117. 118.

soll. Dieses ist die Abfindung, Abschichtung oder Absonderung im eigentlichen Sinne zu nennen. Man muß davon zwei Hauptfälle unterscheiden: solche, wo die Absonderung bei Lebzeiten beider Eltern, und solche, wo sie nach dem Tode eines derselben Statt findet [1]). Erstere geschieht insgemein nur, wenn ein Kind zugleich aus dem elterlichen Hause scheidet, und fällt dadurch mit der Aufhebung der väterlichen Gewalt zusammen, was bei der zweiten nicht immer der Fall ist. Den abgefundenen Kindern werden davon die anderen unter dem Namen der Kinder in der Were entgegengesetzt. Nach dem alten Rechte setzte die Absonderung einen ausdrücklichen Verzicht voraus [2]). Dieses ist noch jetzt als die Regel anzunehmen, wo dann die Theorie des Erbverzichts zur Anwendung kommt. Doch giebt es Statutarrechte, wo die Absonderung schon stillschweigend, wenn nicht das Gegentheil ausdrücklich vorbehalten ist, als völlige Abfindung gilt, nach einigen wenigstens bei den Töchtern, nach anderen auch bei Söhnen [3]). Der leitende Gedanke dabei ist, daß das Kind für seine gesetzlichen Erbansprüche, den übrigen Kindern und den Eltern gegenüber, schlechthin abgefunden sein soll. Daraus folgt, daß wenn beim Ableben der Eltern Kinder oder Enkel in der Were da sind, die Succession diesen allein zufällt [4]), und daß, wenn auch keine solche da sind, die abgefundenen Kinder doch keinen Anspruch auf den Pflichttheil mehr haben, so daß die Eltern frei, sowohl Einer zu Gunsten des Anderen als zu Gunsten dritter Personen, verfügen können [5]). Weiter reicht aber jener

1) Die Unklarheit, welche bei den Germanisten in dieser Lehre herrscht, rührt eben daher, daß man diese verschiedenen Anwendungen nicht gehörig unterscheidet.

2) Sachsensp. I. 13. §. 2., Schwabensp. 162 Laßb.

3) Das Erste findet sich in den nach Wesel ergangenen Dortmunder Rechtssprüchen (Wigand Archiv IV. 422). Das Andere sagen die Statuten von Bocholt Art. 5 (Wigand Archiv III. 4), Hamb. Stadtr. von 1270. III. 4. Die Stellen sind angeführt von Pauli Abhandl. III. 100. und aus ihm bei Mittermaier II. §. 372. 438. Nr. II., der noch andere beifügt. So ist es auch nach dem neueren Lübischen Recht, Pauli III. 100. Anders war es nach dem alten; hier konnte das abgesonderte Kind bei der Erbtheilung nach dem Tode beider Eltern unter Collation des Erhaltenen mit den Kindern in der Were zur Theilung gehen, Pauli II. 113. 164. III. 97.

4) Pauli Abhandl. III. 90—104.

5) Heise und Cropp Abhandl. II. Nr. VIII. §. 1. Note 4., Pauli Ab-

Gedanke nicht, und es wird dadurch das Intestaterbrecht der abgefundenen Kinder keineswegs aufgehoben. Wenn daher beim Tode eines der Eltern nur abgefundene Kinder da sind, und von dem Verstorbenen nicht durch Testament verfügt ist, so treten jene als die nächsten Erben neben dem überlebenden Ehegatten ein [6]. Wo dann das Gesammtvermögen zwischen diesem und den Kindern in gleiche Hälften zu theilen ist, müssen die Kinder jenem gegenüber die erhaltenen Abfindungssummen in das Ganze einwerfen; bei der Theilung der auf sie fallenden Hälfte aber haben sie sich untereinander nicht zu conferiren, sondern sie theilen nur das, was nach Abrechnung der Abfindungssummen noch mehr da ist. Aus dem Standpunkte des heutigen Rechts ist auch kein Grund vorhanden, die Absonderung auf die Erbrechte der Eltern gegen die abgesonderten Kinder, oder der Kinder untereinander wirken zu lassen. Wenn daher ein abgesondertes Kind ohne Leibeserben stirbt, so muß es von seinen Eltern und den abgefundenen wie nicht abgefundenen Geschwistern nach den gewöhnlichen Grundsätzen beerbt werden. Auch zur testamentarischen Succession wird das Kind durch die Absonderung nicht unfähig gemacht [7]. In manchen Particularrechten wird jedoch alles dieses durch die Rechtsansicht modificirt, daß, was in der Were verstirbt, wieder an die Were erbt. Es bilden dann nicht blos die Kinder in der Were im Verhältniß zu den Eltern, sondern auch die Geschwister in der Were im Verhältniß zu einander für die Beerbung einen engern Kreis; eben so die abgesonderten Kinder, die noch in dem Vermögen, womit sie abgefunden wurden, in Gemeinschaft sitzen [8].

240. Die Absonderung der Kinder nach dem Tode des einen Ehegatten ist die häufigste Anwendung, die von diesem Geschäfte vorkommt. I. Diese ist denkbar mit großjährigen wie mit minderjährigen Kindern, die dann dabei durch einen Vormund

---

handl. II. 212—214. III. 270., Beseler Erbverträge III. 321—323., Dessen System II. §. 144 Note 10., Mittermaier II. §. 463. Nr. II. Anderer Meinung ist Runde Eheliches Güterrecht §. 119. Note a.

6) Beseler Erbverträge III. 323

7) So sagt schon der Schwabensp. 162 Laßb.

8) Ausführlich handelt davon Pauli Abhandl. III. 88—130. Man sehe auch Mittermaier II. §. 438. Nr. II. §. 439. Nr. I.

zu vertreten sind, entweder so, daß sie vom freien Willen des Ueberlebenden abhängt, oder so, daß die Kinder sie unter gewissen Voraussetzungen gesetzlich fordern können [1]). Nach dem Lübischen Recht sind sie in zwei Fällen dazu berechtigt: einmal bei erreichter Volljährigkeit, vorausgesetzt, daß das Kind nicht bei Lebzeiten beider Eltern ausgestattet worden [2]); zweitens, wenn der Ueberlebende zu einer zweiten Ehe schreitet [3]). II. Das Vermögen, wofür die Absonderung wirkt, hängt von dem bei der Ehe bestandenen Güterverhältnisse ab, in welcher Hinsicht drei Hauptformen zu unterscheiden sind: das System des geeinten Ehegutes, wo das Vermögen des Verstorbenen genau unterschieden bleibt, aber der Ueberlebende daran den Nießbrauch hat; die Systeme, wo das gesammte Vermögen in zwei Hälften zerfällt, mit dem Beisitz des Ueberlebenden in der Hälfte der Kinder, wie im Lübischen Recht und bei der fortgesetzten Gütergemeinschaft; und das System, wo der Ueberlebende das Ganze erhält [4]). III. In den beiden ersten Fällen kann die Abtheilung entweder blos das Vermögen des Verstorbenen zum Gegenstande haben, wo dann das Erbrecht am Vermögen des Ueberlebenden bestehen bleibt oder vorbehalten wird; oder sie kann für das beiderseitige Vermögen geschehen [5]). In Lübeck ist in den Statuten bei der Absonderung wegen Volljährigkeit der Kinder oder der zweiten Ehe des Ueberlebenden das Letztere angenommen [6]). Nach der neueren Praxis ist ihr jedoch der erstere Sinn beigelegt, so daß die abgesonderten Kinder ihre Ansprüche und den Pflichttheil am Vermögen des Ueberlebenden behalten [7]). IV. Werden die Kinder sowohl vom väterlichen wie vom mütterlichen Vermögen abgeschichtet, so liegt darin in Beziehung auf das Vermögen

---

1) Solche Fälle sind nach den Statutarrechten verzeichnet von Kraut Vormundschaft II. 595 596. Man sehe auch Beseler System II. §. 144. Nr. III., Dessen Erbverträge III. 327.

2) Pauli Abhandl. II. 111. 158—169.

3) Pauli Abhandl. II. 177—200.

4) Man sehe §. 233—237.

5) Statutarrechte nennt Mittermaier II. §. 405. Nr. IV.

6) Pauli Abhandl. III. 98—101.

7) Pauli Abhandl. II. 205—207. 214. 215.

des Verstorbenen ein Verzicht auf das, wozu sie schon wirklich Erbe geworden sind. In Beziehung auf das Vermögen des noch Lebenden liegt aber darin ein Verzicht auf das, wozu sie erst Erbe werden sollten, es aber nun nicht werden. Wenn also beim Tode des Letztlebenden Gläubiger da sind, so können sich diese an die abgeschichteten Kinder nur als Erben des zuerst verstorbenen, nicht aber auch als die des zuletzt verstorbenen Parens wenden [8]). V. Die Absonderung besteht, besonders wenn sie wegen der zweiten Ehe des Ueberlebenden geschieht, jetzt häufig nicht mehr in einer wirklichen Abtheilung, sondern nur in einem nach geschehener Liquidation festgestellten Ausspruch und einer Versicherung des Ausgesprochenen [9]). VI. Geschieht die Absonderung mit noch minderjährigen Kindern, wie dieses namentlich bei der Abschichtung wegen der zweiten Ehe des Ueberlebenden häufig der Fall ist, so bleiben dieselben und das ihnen zugetheilte Vermögen noch in der Gewalt und Hand des Ueberlebenden [10]). Die Absonderung schließt daher nicht nothwendig die Auflösung der väterlichen Gewalt in sich [11]). VII. Die völlige Abschichtung der Kinder erster Ehe bewirkt, daß dieselben bei der späteren Beerbung des gemeinschaftlichen Parens gegen die Kinder der zweiten Ehe ganz zurücktreten [12]). Sind aber keine solche da, so treten sie als die nächsten Erben ein [13]).

5) Von der Einkindschaft [1]).

241. Um bei der Eingehung einer zweiten Ehe das Ver-

---

8) Ein lehrreicher Rechtsfall dafür steht in Heise und Cropp Abhandl. II. Nr. 8.

9) Pauli Abhandl. II. 193—200. 208—211., Beseler System II. §. 144. Note 14.

10) Formularien über solche vertragsmäßige Abschichtungen minderjähriger Kinder erster Ehe bei Eingehung einer zweiten giebt Meichßner Formular 1563. Th. II. Fol. 18—20. 21 b.

11) Kraut Vormundschaft II. 598—600. Anderer Meinung ist Gründler Polemik III. §. 501.

12) Man sehe oben §. 239. Note 4. 5.

13) Runde Güterrecht §. 119.

1) Die neuesten Abhandlungen darüber, worin man auch eine beurtheilende Angabe der älteren Litteratur findet, sind: Beseler Erbverträge III. 150—192., Hillebrand das Rechtsprincip in der Lehre von der Einkindschaft (Reyscher Zeitschr. X. 420—436).

fangenschaftsrecht oder die Abschichtung der Kinder oder andere später eintretenden Verwicklungen zu vermeiden, kam die Verabredung auf, daß die von der einen oder von beiden Seiten zugebrachten Kinder mit den in der Ehe noch erzeugt werdenden Kindern gleich geschwistert, in der Pflege getreulich väterlich und mütterlich gleich gehalten, die Verfangenschaft und andere Vermögensrechte derselben ganz abgethan, dafür aber ihnen gegen beide Eltern bei deren Ableben bestimmte Erbrechte gesichert sein sollten [2]). Dieses nannte man eine Einkindschaft (unio prolium). Die Wirkungen eines solchen Vertrages drückt ein Rechtsbuch jener Zeit in ungekünstelter Weise folgendermaßen aus [3]). „Kin„der, so von Man oder frawen einander zugebracht in einer an„dern ehe geborn, und durch sonderlich beredung oder Pact, das „genannt wird Einkindtschafft, Erben gemacht werden, mit ge„bürlicher Solennitet, masse, unnd bescheidenheit, folgen nach in „erbfällen, und erben die beid jre Eltern, die also ehelich zu„sammen vermählet, auch mit Ehlichen Kindern, ob, unnd so „mehr Kinder, von denselben letzberürten ehlichen gemechten, ge„boren würden, zum gleichen theyl, als weren sie alle gleich von „ihrer beyder leibe kommen."

242. „Dieselben Kinder aber mögen krafft der Einkindsbe„redung nicht erben derselben jrer gemachten Vatter oder Mut„ter gesipten freunde, sie seien in aufsteigender oder zwerch Li„nien, sie weren dann denselben sonst so nah verwandt, daß auß „gemeinen Rechten derselb Erbfall denselben Kindern gebürte „und zustehn solt."

243. „Und nach absterben derselben Vatter und Mutter, „zwischen denen die Einkindschafft beredt und gemacht, so thei„lung irer verlassen Güter geschehen, ist die Einkindschafft vol„lendt und auß. Und (nach gemeinen Rechten) welche auß einem „Vatter, erben einander, und die auß einer Mutter, erben auch

2) So lauten die Formularien des fünfzehnten Jahrhunderts. Die Sache ist aber wohl ein Jahrhundert älter. Die Zeugnisse sind angeführt in meiner Deutschen Rechtsgeschichte §. 481.

3) Statutenbuch von 1553. Ausgabe von 1572. Fol. 85 b.

„einander, und haben die geerbten Einkinder mit den Rechten „geschwisterden kein gemeinschaft mehr in solcher vertheylung."

244. „So aber ein Wittwe einen andern Man nimpt, und „Einkindschafft mit jren kindern voriger Ehe, auch denen so sie „in der andern Ehe erobern oder gewinnen würde, machte, und „dann in zeit derselben andern Ehe den Kindern erster Ehe von „freunden oder gesipten jres natürlichen Vatters ein Erbfalle zu„stände, und dieselben Kinder noch under fünff und zwantzig „Jaren, odder noch nicht im Ehestandt in gewaldt jres geerbten „Stieffvatters weren, so mag sich der geerbte Stiefvatter, krafft „der Einkindtschafft, desselben gefallenen Erbs gebrauchen und „geniessen; doch vorbehalten denselben Kindern den eygenthumb, „daran die anderen geerbten Geschwistert in krafft der Einkind„schafft keinen Theyl haben. Wann aber die ersten Kinder, den „solcher Erbfall gefallen, fünff und zwantzig jar alt, oder mit „willen der gesipten freunde Ehelich bestattet werden, soll jhnen „der geerbte Stieffvatter den Erbfall zu ihren Handen stellen. „Dergleichen wirdt es auch mit dem Mann, so die Fraw ver„stirbt, und er sich wider vermähelt, gehalten."

245. In einem solchen Geschäfte liegen also, seiner historischen Natur und seinem Zwecke gemäß, drei Momente. I. Die Vorkinder verlieren alle Rechte, die ihnen durch den Tod ihres Parens an dem in der Hand des Ueberlebenden befindlichen Vermögen zu Theil geworden sind. Dieser bringt also dasselbe wie ganz sein eigenes in die neue Ehe ein. Worin dieses Vermögen besteht, hängt von dem bei und nach der ersten Ehe bestandenen Güterverhältnisse ab. Existirt mit den Kindern der ersten Ehe eine fortgesetzte Gütergemeinschaft, so geht deren Masse in die neue Ehe über. Eben so hängt es von dem Heirathsvertrag oder von dem Statutarrecht ab, in welches Verhältniß dieses Vermögen in der zweiten Ehe mit dem vom anderen Ehegatten zugebrachten und in der zweiten Ehe erworbenen Vermögen kommen soll. Findet in derselben eine Gütergemeinschaft Statt, so wird alles Eingebrachte in der gewöhnlichen Art gemeinschaftlich [1].

---

1) Wenn also eine Wittwe, die mit ihren Kindern in einer fortgesetzten

Besteht eine Gütergemeinschaft nicht, so gilt das abgetretene Vermögen der Vorkinder für die künftige Beerbung als Vermögen ihres leiblichen Parens [2]). II. Die zugebrachten Kinder sollen in der zweiten Ehe hinsichtlich des Vermögens, auch gegen den Stiefparens, so gehalten werden, als ob sie in dieser Ehe gezeugt wären, und darin soll die Ausgleichung liegen für das, was sie einbüßen. Wenn also bei der Auflösung der zweiten Ehe wegen einer bestandenen Gütergemeinschaft oder aus einem andern Grunde eine Theilung zur Hälfte eintritt: so erhalten die Vor- und Nachkinder zusammen die eine Hälfte, oder es kann auch mit dem Ueberlebenden die Gütergemeinschaft fortgesetzt werden; und wenn derselbe stirbt, beerben ihn die Vorkinder wie seine leiblichen Kinder [3]). Diesem Principe gemäß findet auch unter ihnen Collation, ius accrescendi und dergleichen, wie unter Kindern derselben Ehe Statt. In Beziehung auf das Erbrecht, welches die Vorkinder gegen den Stiefparens erhalten sollen, liegt also in der Einkindschaft materiell ein Erbvertrag. In Beziehung auf deren Zweck liegt darin ein Surrogat der Abschichtung. Beide beabsichtigen die Vereinfachung der Vermögensverhältnisse, allein mit grade entgegengesetzten Mitteln. Bei der Abschichtung erhalten die Kinder etwas Gewisses, und verlieren dafür ihr künftiges Erbrecht. Bei der Einkindschaft verlieren sie etwas Gewisses, und erhalten dafür ein künftiges Erbrecht. III. Die zugebrachten Kinder sollen den leiblichen in der Pflege und Erziehung durchaus gleich geachtet werden [4]). Sie werden also auch, so weit die Natur der häuslichen Zucht und des häuslichen Verbandes reicht, der Autorität des Stiefparens unterworfen [5]),

---

Gütergemeinschaft steht, eine zweite Ehe mit Einkindschaft eingeht, so verliert sie die Verwaltung derselben, und diese geht an den Mann über.

2) Gerber §. 262. Note 5. ist der Meinung, das abgetretene Vermögen der Vorkinder falle an die Ehegatten zu gleichen Theilen. Dieses ist aber wohl nicht haltbar.

3) Man sehe die richtige Bemerkung von Gerber §. 262. Note 11.

4) Dieses wird in den alten Formularien auf das Nachdrücklichste ausgesprochen. Die Stellen sind abgedruckt in meiner Deutschen Rechtsgeschichte §. 481.

5) Das Statutenbuch von 1553 braucht dafür den Ausdruck Gewalt (§. 244). Doch ist dieses nur im unbestimmten natürlichen Sinne zu nehmen (§. 97).

müssen wie leibliche Kinder zur Ehe oder zu ihrer ersten Einrichtung ausgestattet [6]), und können auch, wie diese, ganz abgeschichtet werden. Weiter geht aber die Wirkung der Einkindschaft nicht, und der Gedanke, daß dadurch zwischen den Vorkindern und dem Stiefparens ein den leiblichen Eltern ganz gleiches Verhältniß begründet werde [7]), ist historisch nicht erweislich und dem Institute künstlich eingeimpft. Daher wird auch dadurch nicht die Vormundschaft selbst, sondern nur die Fürsorge des Vormundes für die Pflege des Kindes aufgehoben [8]), und es tritt zwischen dem Vormunde und den Ehegatten dasselbe Verhältniß ein, wie da, wo der Mutter die Vormundschaft genommen, die Pflege und Erziehung des Kindes aber gelassen ist. Wenn daher ein Vorkind ein besonderes Vermögen besitzt oder erwirbt, so bleibt dieses unter dem Vormunde [9]); nur muß man da, wo die Eltern an dem Vermögen ihrer leiblichen Kinder als Ersatz der Erziehungskosten den Nießbrauch bis zu deren Verheirathung oder Austritt aus dem elterlichen Hause haben, dieses auch hier festhalten [10]).

246. Ueber die Natur der Einkindschaft sind jedoch schon frühe verschiedene Ansichten entstanden, und diese haben auch auf die Fassung der Partikularrechte eingewirkt. Einige erblicken darin nichts weiter als einen Erbvertrag [1]). Es ist auch nicht zu läugnen, daß ein solcher, selbst nach der Absicht der Parteien, theilweise darin steckt [2]), und daß das Geschäft in so weit nach

---

6) So sagt auch Beseler Erbverträge III. 184.

7) Dieses ist die Ansicht von Mittermaier II. §. 369. 370. Nr. II., Maurenbrecher II. §. 513. 514., Beseler Erbverträge III. 179., System II. §. 145. Nr. I., Bluntschli Privatrecht II. §. 173. Nr. 3 a. Richtig äußert sich dagegen Gerber §. 262. Note 7.

8) Ueberzeugend zeigt dieses Kraut Vormundschaft II. 187—189. 696. Anderer Meinung ist dagegen nach seinem falschen Grundprincip Mittermaier II. §. 370. Nr. I.

9) So sagt auch Kraut Vormundschaft II. 388. 389.

10) So sagt auch das Statutenbuch von 1553 (§. 244). Bei Mittermaier II. §. 370. Nr. VI. fehlt die richtige Unterscheidung. Allerdings sind die Statutarrechte über diese Frage sehr abweichend und ohne festes Princip. Das Richtige hat jedoch die Lippe-Detmoldische Verordnung von 1786. §. 28.

1) So Mevius, Stryk, Tafinger, Strombeck; auch Runde Privatrecht §. 673. 676., Eichhorn §. 348., Gerber §. 262.

2) Unhaltbar sind die Einwendungen, welche Beseler Erbverträge I. 11.

diesem Princip zu behandeln ist. Fehlerhaft ist es nur, wenn man dieses als das alleinige Moment hinstellt [3]). Andere haben die Einkindschaft in dem früher üblichen Bestreben zu Romanisiren unter den Gesichtspunkt der Adoption [4]) und der Begründung der väterlichen Gewalt [5]) gezogen. Diese Meinung ist jetzt größtentheils aufgegeben. Dagegen hat man nun fälschlich das Princip aufgestellt, daß durch die Einkindschaft zwischen den Vorkindern und dem Stiefparens dasselbe Verhältniß wie zwischen leiblichen Kindern und Eltern begründet werde [6]). In den Folgerungen, die man daraus zieht, gehen aber wieder die Meinungen aus einander. Einige wollen dem Stiefparens, wenn auch nicht die väterliche, doch aber die elterliche Gewalt, wie sie die Mutter gegen ihre leibliche Kinder habe, beilegen [7]). Allein es kann nicht gelingen, für eine elterliche Gewalt, die weniger als die väterliche, und doch mehr als die Pflege und Erziehung wäre, da sie die Vormundschaft entbehrlich machen soll [8]), einen klaren Begriff zu formuliren. Andere wollen ohne besonderes Statut auch nicht einmal ein solches Mittelding von elterlicher Gewalt entstehen lassen [9]). Allein wie mit den Vorkindern das gleiche Verhältniß wie mit leiblichen Kindern, und doch keine elterliche Gewalt entstehen solle, ist vollends unbegreiflich. Das allein

---

III. 173—178., System II. §. 145. Nr. I. dawider macht. Sehr richtig äußert sich gegen ihn Gerber §. 262. Note 8.

3) Durch diesen Fehler wird Gerber §. 262. dahin gebracht, die persönlichen Wirkungen, Erziehung, Ernährung, Aussteuer der Vorkinder nur als den Gegenstand möglicher Nebenberedungen gelten zu lassen. Dieses wird aber durch die Geschichte des Instituts widerlegt (§. 245. Note 8).

4) So Gaill, Fichard, Ryck von Arweiler (doch mit Unterscheidung), Carpzow, Schilter. Man sehe darüber und über die Statuten, welche dieser Ansicht folgen, Beseler Erbverträge III. 162—167., System II. §. 145. Note 4. Anfangs neigte er selbst zu dieser Meinung, Erbverträge I. 11.

5) So Pufendorf Obs. iur. Tom. I. obs. 200. §. 9. 10. 11. 17. 18. Dieses widerlegen Mittermaier II. §. 370. Nr. II., Beseler Erbverträge III. 182. Eigenthümlich ist hier Maurenbrecher II. §. 513. 514. Erst verwirft er die Ansicht derer, welche die Einkindschaft zu einer eigenen Begründungsart der väterlichen Gewalt machen; dann aber legt er ihr doch ausdrücklich für den Stiefvater alle Wirkungen der väterlichen Gewalt bei.

6) Man sehe §. 245. Note 7.

7) Dieses ist die Meinung von Mittermaier II. §. 370. Nr. II.

8) Man sehe §. 245. Note 8.

9) Dieses ist die Ansicht von Beseler Erbverträge III. 183.

Consequente, wenn man einmal jenes falsche Princip annimmt, ist, daß man dann auch dem Stiefvater dieselben Rechte der deutschen väterlichen Gewalt, wie dem leiblichen Vater, beilege [10]. Dieses ist auch der Grundsatz des Preußischen Landrechts, jedoch blos für die Person, nicht auch für das Vermögen der Vorkinder [11], so daß also die Vormundschaft dafür nicht aufgehoben wird. Noch Andere endlich setzen die Bedeutung der Einkindschaft in die dadurch begründete Möglichkeit, die mit den Kindern bisher fortgesetzte Gütergemeinschaft mit dem neuen Ehegatten fortzusetzen [12], oder in die Aufnahme der Vorkinder in die bei der zweiten Ehe entstehende neue Gemeinschaft [13]. Dieses ist aber nur eine äußerliche Auffassung, womit nichts gewonnen ist. Natürlich muß man sich in der Praxis zunächst an das in seinem Statutarrecht angenommene Princip halten, dann aber möglichst auf die richtige Theorie zurückgehen.

247. Die Einkindschaft kann für die Vor- oder Nachkinder nachtheilig sein, wenn dasjenige, worauf jene verzichten, mit demjenigen, was sie gewinnen, nicht im Verhältniß steht, oder umgekehrt. Daher ist dieser Vertrag mit Vorsicht zu behandeln. Sind die Kinder großjährig, so ist deren Zustimmung, so weit das Geschäft sie binden soll, nothwendig. Sind sie minderjährig, so geht das, worauf jeder Theil für seine leiblichen Kinder verzichtet, und wofür er dieselben dem andern Theile gegenüber berechtigt, an sich über den Bereich seines Willens hinaus. Dieser muß daher durch die Obrigkeit ergänzt werden. Diese hat unter Zuziehung der Vormünder und Verwandten eine genaue Untersuchung des beiderseitigen Vermögens vorzunehmen, um mit ungefährer Berücksichtigung der wahrscheinlichen Zahl der Nachkinder zu ermitteln, in wie weit die Einkindschaft nützlich oder schädlich sei. Auch ist dabei auf Alter, Charakter und Erwerbzweig der Eltern Rücksicht zu nehmen. Eine Ungleichheit

---

10) Dieses ist die Ansicht von Maurenbrecher II. §. 514., Bluntschli Privatrecht II. §. 173. Nr. 3a.

11) Preuß. Landr. II. 2. §. 717. 718. 720. 732. 733.

12) Dieses ist die Ansicht von Phillips Privatrecht II. §. 149.

13) Dieses ist die Ansicht von Hillebrand (§. 241. Note 1).

zum Nachtheil der Vor- oder Nachkinder kann durch ein Voraus für jene, oder ein Reservat für diese ausgeglichen werden. Uebrigens ist ein solcher Vertrag auch während der zweiten Ehe für zulässig zu achten [1]. Auch ist aus dem Standpunkt des gemeinen Rechts kein Grund vorhanden, die Einkindschaft eines unehelichen Kindes für unwirksam zu halten [2]; nur darf dadurch das Kind aus dem Nachlaß seines leiblichen Parens nicht mehr erhalten, als das Gesetz erlaubt.

248. In der Veräußerung unter Lebenden werden die Eltern durch die Einkindschaft nicht beschränkt, da diese sich nur auf das bezieht, was die Eltern bei ihrem Tode hinterlassen werden. Doch muß man aus Rücksicht darauf, daß die Kinder ihr wirkliches Vermögen eingeworfen haben, denselben das Recht geben, bei eintretender Verschwendung der Eltern die Aufhebung der Einkindschaft zu beantragen [1]. Verfügungen auf den Todesfall sind aber den Eltern nicht mehr zu gestatten, weil sie durch die Einkindschaft gebunden sind, ihr Vermögen den Kindern zu hinterlassen [2]. Dieses muß auch gegen den leiblichen Parens gelten, weil dieser aus dem Verzicht der Kinder ebenfalls Vortheil zieht [3]. Andere halten freilich hier die falsche Ansicht fest, daß durch die Einkindschaft die Vorkinder nur in das gleiche Verhältniß wie die leiblichen Kinder gebracht werden sollten, und geben ihnen daher gegen den Stiefparens nur die gewöhnlichen Intestaterb- und Pflichttheilsrechte leiblicher Kinder [4]. Wenn aber auch wegen des Erbvertrags das Recht der Eltern zu testiren aufhört, so bleibt ihnen doch gegen beiderlei Kinder das Recht sie aus den gesetzlichen Gründen zu exhärediren, weil das-

1) Zeugnisse dafür giebt Mittermaier II. §. 370 Note 1.
2) Anderer Meinung ist Mittermaier II. §. 370.
1) So sagen richtig Maurenbrecher II. §. 515. Note i., Mittermaier II. §. 371.
2) Die Schriftsteller für diese Meinung nennt Gründler Polemik III. §. 495. Unter den Neueren gehört dahin Gerber §. 292. Anerkannt ist sie auch im Preuß. Landr. II. 2. §. 747. 748.
3) So sagt richtig Gerber §. 292. Note 10.
4) So Beseler Erbverträge III. 184—187., System II. §. 145. Nr. III., Mittermaier II. §. 370. Nr. VII—IX., Bluntschli Privatrecht II. §. 173. Nr. 3 d.

selbe auf sittlichen Motiven des Familienbandes beruht, die durch Verträge nicht verändert werden können, und in welche auch die unirten Kinder stillschweigend eintreten [5]). Doch sind auch hier die Meinungen verschieden, indem Einige die Enterbung nur gegen die leiblichen Kinder [6]), Andere selbst gegen diese nicht zulassen [7]). Ein Erbrecht der Stiefeltern gegen die zugebrachten Kinder folgt aber aus dem Princip der Einkindschaft, richtig verstanden, nicht [8]), obgleich dieses zuweilen irrigerweise behauptet und festgesetzt worden ist [9]). Wenn man dieses aber thut, so muß man consequenterweise jenes Erbrecht ebenfalls als ein solches betrachten, welches, den Fall der gesetzlichen Enterbung abgerechnet, durch letztwillige Verfügung nicht mehr entzogen werden kann [10]). Noch weniger wird aber durch die Einkindschaft ein Erbrecht der zugebrachten Kinder unter einander [11]), oder der zugebrachten Kinder gegen die Blutsfreunde des Stiefparens begründet. Sie erlangen daher auch nicht in der Familie desselben einen Erbretract.

249. Die Einkindschaft hört in folgenden Fällen auf. I. Wenn beide Eltern verstorben sind. Nach dem Tode des Einen wird allerdings dessen Vermögensantheil unter die Kinder vertheilt; allein mit dem Ueberlebenden dauert die Einkindschaft fort [1]).

---

5) So sagt auch das Preuß. Landr. II. 2. §. 749.

6) So Eichhorn §. 348., Beseler III. 187. 188., Maurenbrecher II. §. 514. Note u., Mittermaier II. §. 370. Nr. X.

7) So Gründler Polemik III. §. 496. Angenommen ist dieses auch in der Lippe-Detmold. Verordnung von 1786. §. 29. Nr. 2.

8) So sagt auch das Statutenbuch von 1553 (§. 242). Zustimmend sind Runde Privatrecht §. 676., Mittermaier II. §. 370. Nr. XI., Gerber §. 262. Note 12., Beseler System II. §. 145. Nr. III.

9) Gründler Polemik III. §. 497., Maurenbrecher II. §. 514., Bluntschli Privatrecht §. 173. Nr. 3 e. Angenommen ist es unter Anderen im Preuß. Landr. II. 2. §. 743—745.

10) So thut auch das Preuß. Landr. II. 2. §. 743. 747. 748. 749. Es ist offenbar inconsequent, wenn zum Beispiel das Mainzer Landrecht dem Stiefparens das gleiche Intestaterbrecht, wie dem leiblichen Parens, aber Letzterem allein ein Recht auf eine legitima giebt.

11) So sagt auch das Statutenbuch von 1553 (§. 243), und es ist jetzt die herrschende Ansicht, Mittermaier II. §. 370. Nr. XI. Doch wird auch ein solches Erbrecht von einigen Schriftstellern und Statutarrechten, wie in der Cölner Rechtsordnung, angenommen, Gründler Polemik III. §. 497.

1) Maurenbrecher II. §. 515., Mittermaier II. §. 371. Ohne Grund wird

II. Durch die Ehescheidung. In diesem Falle muß den Vorkindern, da sie das Erbrecht gegen den Stiefparens verlieren, das von ihnen dafür eingeworfene Vermögen hergestellt werden. III. Wenn alle zugebrachten Kinder verstorben sind. Da aber das von denselben eingeworfene Vermögen bei der Ehe bleibt, so müssen, wenn sie Descendenten hinterlassen, die Rechte der Einkindschaft in diesen fortdauern [2]). Der Umstand aber, daß in der zweiten Ehe keine Kinder geboren werden oder am Leben bleiben, hebt im Zweifel die Einkindschaft nicht auf, weil sie auch ohne dieses einen Zweck behält [3]). IV. Durch den Antrag der Vorkinder auf Restitution, die aber vom Gericht nur aus erheblichen Gründen zu gewähren ist. Eine Anfechtung wegen Verletzung über die Hälfte oder wegen Verletzung des Pflichttheils, die allerdings für die leiblichen Kinder durch die Aufnahme der Vorkinder ins Erbrecht entstehen kann, ist gemeinrechtlich nicht zu begründen [4]), weil das, was sie durch die Sorgfalt und Pflege des Stiefparens gewinnen, in Gegenrechnung zu bringen ist.

259. Die Einkindschaft ist ein Institut, welches sich blos durch Sitte und Vertrag aus Gründen der Zweckmäßigkeit in Verbindung mit anderen Instituten des deutschen Rechts gebildet und darum eine sehr weite Verbreitung erlangt hat [1]). Die Statutarrechte haben es nicht erfunden, sondern aus dem Leben aufgenommen. Sie haben es auch nirgend als Zwangsrecht aufgestellt; sondern nur die Verträge in vorkommenden Fällen ergänzen wollen. Wenn daher an einem Orte das Landrecht gar nicht davon spricht, allein das Bedürfniß und die Convenienz auf einen solchen Vertrag hinführen, so muß dieser als im Herkommen und im Geiste unseres Rechts begründet als gültig angesehen

---

dieses von Manchen bestritten. Man sehe aber dagegen Gründler Polemik III. §. 499.

2) Anderer Meinung ist ohne Grund Mittermaier II. §. 371. Nr. II.

3) Dieses zeigen Gründler Polemik III. §. 498., Mittermaier II. §. 371., Maurenbrecher II. §. 515. So bestimmt auch das Preuß. Landr. II. 2. §. 741. Mehrere Schriftsteller und Statutarrechte verfügen freilich anders.

4) So sagt auch Mittermaier II. §. 371. Der Meinungen sind aber darüber verschieden, Gründler Polemik III. §. 500.

1) Irrig ist es, wenn man ihm nur eine beschränkte örtliche Verbreitung beilegt. Dieses widerlegt Hillebrand in Reyscher Zeitschr. X. 434.

werden [2]). Eine Ausnahme muß dieses nur dann leiden, wenn in einem Lande Erbverträge positiv untersagt sind.

Dritter Abschnitt.

Rechtsverhältnisse, die sich auf Forderungen beziehen.

I. Forderungen aus Verträgen. A) Von den Verträgen im Allgemeinen. 1) Classification der Verträge.

251. Die Verträge können nach verschiedenen Gesichtspunkten eingetheilt werden. Der eine ist nach ihrem Entstehungsgrunde. In dieser Hinsicht sind sie auch noch nach dem heutigen Recht entweder Consensualverträge, wo der Vertrag als vollendet und Verpflichtungen erzeugend gedacht werden kann, sobald die beiderseitige Einwilligung erklärt ist. Oder sie sind Realverträge, wenn sie eine Sache und zwar in der Art zum Gegenstande haben, daß eine Verpflichtung in Beziehung auf die Sache erst dann denkbar ist, wenn dieselbe der Hand des Anderen übergeben ist, wie beim Mutuum, Commodatum, Depositum, Pignus [1]). Oder sie sind Litteralverträge, wenn eine Scriptur so zum Wesen des Vertrags gehört, daß ohne die Schrift dieselbe nicht besteht, wie das Wechselgeschäft. Ein anderer Gesichtspunkt der Eintheilung ist nach dem Gegenstande. Dieser ist entweder eine Sache, sei es zur vollen Entäußerung, wie beim Kauf, bei der Schenkung, oder nur zur Benutzung, wie bei der Miethe, beim Commodatum; oder er ist eine Leistung; oder eine Hoffnung, wie bei den gewagten Geschäften; oder endlich

---

2) Anderer Meinung sind Beseler Erbverträge III. 188—192., System II. §. 145. Nr. V., Bluntschli II. §. 173. Nr. 5. Dieses widerlegt aber Hillebrand in Reyscher Zeitschr. X. 433—435.

1) Es ist daher nicht richtig, wenn man sagt, daß es jetzt keine Realcontracte mehr gebe. Die Natur der Sache kann man nicht zerstören.

die Sicherstellung einer Forderung, wie der Pfandvertrag, die Bürgschaft. Ein dritter Gesichtspunkt der Eintheilung ist nach den Beweggründen. Diese sind entweder ein reines Vermögensinteresse, so daß Jeder für das, was er hingiebt, etwas gewinnen will, wie beim Kauf, bei der Miethe. Oder sie sind Gefälligkeit und Zuneigung. Diese kann eine doppelte Abstufung haben. Entweder leistet man etwas, wodurch man dem Andern nützt, jedoch ohne sich ärmer machen zu wollen; so beim Mandat, Mutuum, Commodat, Depositum. Oder man macht um das, was man dem Andern giebt, sich selbst absichtlich ärmer, nämlich bei der Schenkung. Alle diese Gesichtspunkte kommen bei der Theorie der einzelnen Verträge mehr und weniger in Betracht. Sie können jedoch, da sie einander durchkreuzen, in der Classification derselben nicht mit einander verbunden werden, sondern man muß sich für einen derselben entscheiden, wo dann der nach den Gegenständen am Weitesten führt. Doch kommt darauf bei der Darstellung des deutschen Rechts überhaupt nicht viel an, weil diese doch nicht das ganze Gebiet der Verträge zu umfassen, und Manche stillschweigend dem römischen Recht zu überweisen hat. Die Frage gehört daher in die Encyclopädie des Rechts und der Rechtswissenschaft.

2) Klagbarkeit der Verträge.

252. Nach dem Herkommen und der Denkart der Germanen wurde jedes Geschäft regelmäßig für bindend und klagbar gehalten, wenn man auch der Eingehung vor Gericht gewisse Vorzüge beilegte, und Symbole als Zeichen des vollendeten Abschlusses gern gebrauchte [1]). Hieran hat sich die spätere Praxis angeschlossen, indem sie dafür an gewissen Stellen des canonischen Rechts [2]), zur Abwehr der allzu formalistischen Ansichten des römischen Rechts, einen willkommenen Anhaltpunkt fand. Der römische Verbalcontract hat daher keine practische Bedeutung mehr, und jede gemachte und acceptirte Zusage hat regelmäßig, ohne Rücksicht auf die Form, die Wirkungen der römi-

1) Die Beweise giebt meine Deutsche Rechtsgeschichte §. 521.
2) C. 1. 3. X. de pactis (1. 35).

schen Stipulation [3]). Es ist also auch schon das bloße Versprechen, eine Sache leihen oder zum Pfand geben zu wollen, klagbar [4]). Eben so muß jetzt der Tauschvertrag von dem wirklich vollzogenen Tausche wohl unterschieden, und jener, grade wie ein Kauf, schon nach erklärter Einwilligung für vollendet und bindend angesehen werden [5]). In Particularrechten kommen freilich hierin noch fehlerhafte Nachahmungen des römischen Rechts vor.

3) Form der Errichtung.

253. Nach dem alten deutschen Recht war zwar eine bestimmte Form zur juristischen Gültigkeit der Geschäfte in der Regel nicht wesentlich; wohl aber war sie des Beweises halber wichtig, weil die eigenthümliche Rechtsansicht galt, daß ein Geschäft, welches nicht vor Gericht oder vor absichtlich zugezogenen Zeugen eingegangen worden, gegen den Beklagten, der dasselbe eidlich in Abrede stellte, durch zufällige Zeugen nicht bewiesen werden könnte [1]). Dieses wurde aber durch das canonische Recht geändert, welches mit Recht der Aussage unbescholtener Zeugen mehr Gewicht beilegte, als dem Eide des Betheiligten, der dadurch auch allzu leicht in die Versuchung des Meineides kommen könnte [2]). Es wurde daher nun in der Praxis angenommen, daß die Existenz eines Geschäftes in Ermanglung anderer Mittel durch bloße Zeugen dargethan werden könnte. Dieses muß noch jetzt

---

3) Savigny Obligationenrecht II. §. 76. 77. Die Eigenthümlichkeit der stipulatio, und daher auch ihres Gegensatzes des nudum pactum, wird jedoch noch jetzt insgemein verkannt, und ihr eine zu weite Anwendung beigelegt. Das Charakteristische derselben besteht in der Einseitigkeit der dadurch zu begründenden obligatorischen Leistung. Sie umfaßt nur das Gebiet der Fälle, wo nur der Eine ohne zugleich einen Austausch oder eine Gegenleistung des Anderen versprochen zu erhalten, sich demselben obligiren wollte. Man sehe die Beweise in meiner Römischen Rechtsgeschichte II. §. 564. 568. Für die Beziehung zum deutschen Recht ist jener Irrthum ohne Einfluß.

4) Man muß das pactum de mutuo oder pignori dando von dem wirklichen mutuum und pignus wohl unterscheiden. Das Gesagte steht daher mit §. 251. Note 1. nicht im Widerspruch.

5) So sagen auch das Oesterr. Gesetzbuch §. 1045., Französ. Gesetzbuch Art. 1703.

1) Man sehe darüber meine Deutsche Rechtsgeschichte §. 615. 620.

2) Jener Satz des Sachsenspiegels gehört daher zu den Artikeln, die von der Kirche reprobirt wurden, Deutsche Rechtsgeschichte §. 300.

als der gemeinrechtliche Grundsatz angesehen werden. Die bei der abnehmenden Moralität sich häufenden Erfahrungen falscher Zeugenaussagen haben jedoch in der neueren Gesetzgebung einzelner Länder wichtige Veränderungen veranlaßt. Man kann in dieser Hinsicht folgende Systeme unterscheiden. I. Es ist ein gewisser Werth des streitigen Gegenstandes festgesetzt, über welchen hinaus der Beweis durch bloße Zeugen nicht mehr zugelassen ist [3]). Eine solche Vorschrift schließt nur diese Art des Beweises aus, sie berührt nicht die Gültigkeit oder Klagbarkeit des Geschäftes an sich; dieses kann daher, auch ohne Scriptur, durch Eidesdelation oder Geständniß bewiesen werden. II. Es ist positiv die schriftliche Errichtung des Vertrages vorgeschrieben. Dieses kann einen doppelten Sinn haben. 1) Der Vertrag ist ohne die Scriptur nicht für nichtig, sondern nur für nicht klagbar erklärt. Es bleibt also die natürliche Verbindlichkeit bestehen. Daraus folgt, daß wenn der Eine freiwillig geleistet und der Andere diese Leistung angenommen hat, Jener das Gegebene nicht mehr zurückfordern kann, wenn der Andere seine Gegenleistung erfüllen will; daß aber, wenn dieser dieses nicht will, Jener nicht auf die Gegenleistung klagen [4]), sondern nur seine Leistung zurückfordern kann [5]). Ist aber von beiden Seiten Alles erfüllt, so muß der Vertrag als perfect und in seinen Consequenzen völlig wirksam angesehen werden, und es sind aus demselben die Klagen auf Eviction, Verletzung über die Hälfte und dergleichen zu gestatten [6]). 2) Der Vertrag ist ohne die Scriptur positiv für nichtig erklärt. Dann kann daraus nicht einmal eine Einrede

---

3) Dieses ist das Princip des französischen Rechts, wenn das Object mehr als 150 Francs ausmacht.

4) Anderer Meinung ist Eichhorn §. 93. Ihn widerlegt Thöl Handelsrecht I. §. 58.

5) So sagt auch das Preuß. Landr. I. 5. §. 131. 155. 156., wo der Gegenstand über fünfzig Thaler beträgt.

6) Anderer Meinung ist mit Unrecht Thöl I. §. 59. und nach ihm Gerber §. 159. Note 5. Er sagt, die Schrift könne durch die Erfüllung nicht ersetzt werden, weil das Gesetz, um Uebereilung zu verhindern, die Schrift fordere. Dieses ist jedoch der richtige Ausdruck nicht. Das Gesetz fordert die Scriptur als den Beweis der ernsten Einwilligung, und dieser ist durch die beiderseitige Erfüllung vollständig dargethan.

hergeleitet, also das Gegebene schlechthin zurückgefordert werden [7]). Selbst zur Begründung der ordentlichen Usucapion ist ein solcher Vertrag untauglich. III. Das Erforderniß schriftlicher Errichtung schließt nicht die Eingehung vor Notar und Zeugen in sich, sondern diese ist nur da wesentlich, wo das Gesetz positiv die Errichtung in einer authentischen Urkunde gebietet. Wo dieses nicht der Fall ist, hat der Notariatact vor der Privaturkunde nur die Vorzüge, die aus der Authenticität entspringen, und die namentlich darin bestehen, daß der Inhalt, die Unterschriften und das Datum als gewiß gelten, bis sie durch den Beweis der Fälschung widerlegt sind. IV. Wo das Gesetz zwar nicht einen Notariatact, doch aber, um der Antedatirung zu begegnen, eine Gewißheit des Datums verlangt, gewährt eine Privaturkunde durch sich allein diese gegen Dritte nicht, oder doch nur beziehungsweise in dem Fall, wenn die Unterschrift als richtig anerkannt, der Urheber aber verstorben ist. V. Die Eingehung vor Gericht ist nur in besonderen Fällen vorgeschrieben, worüber sich wenig Gemeinschaftliches sagen läßt [8]). Sie bezweckt entweder nur die feierliche Beurkundung des Inhaltes oder des Datums, in welchem Falle jedes Gericht genügt; oder es sollen dadurch öffentliche oder Privatinteressen in vormundschaftlicher Weise gewahrt werden, in welchem Falle eine Untersuchung und Bestätigung Statt finden muß, also die Rücksicht auf die Competenz des Gerichts, und möglicherweise auch eine Verantwortlichkeit desselben, eintritt. Welche Wirkung der Mangel der vorgeschriebenen obrigkeitlichen Mitwirkung für das Geschäft hat, ist zunächst aus dem Gesetze, in dessen Ermanglung aus dem Grunde und aus dem Geiste des Verhältnisses zu entnehmen [9]).

4) Von Tractaten und Punctationen [1]).

254. Bei der Abschließung eines Vertrages sind nach der

---

7) Gut äußert sich darüber Thöl I. §. 58.

8) Beispiele geben §. 128. 247.

9) Gute Nachweisungen findet man darüber bei Mittermaier II. §. 277., Beseler System II. §. 121. Nr. II.

1) Gut handelt davon Thöl Handelsrecht I. §. 62.

Natur der Sache folgende Stadien zu unterscheiden. I. Die Parteien stehen erst in Unterhandlung oder Tractaten, die man auch, wenn sie schriftlich gemacht sind, Punctationen nennt. Hier ist der Eine an seine gestellte Forderung, der Andere an sein gemachtes Gebot vor der Annahme des anderen Theiles nicht gebunden, wenn sie nicht ausdrücklich, daran gebunden sein zu wollen, erklärt haben. Erst die erklärte Annahme der Forderung oder des Gebotes machen den Abschluß des Geschäfts aus. II. Die Tractate der Parteien sind zu dem Vertrage gediehen, den Hauptvertrag abschließen zu wollen. Hier ist zu unterscheiden. Läßt jener Vertrag den Gegenstand des Hauptvertrages noch in wesentlichen Theilen unbestimmt, so ist er nur als Theil der Unterhandlung anzusehen [2]). Ist dadurch alles Wesentliche des Hauptvertrages bestimmt, und erfordert Letzterer zu seinem Abschluß nur die Uebereinstimmung, so fallen Beide leicht in Eins zusammen [3]), wenn nicht die Abschließung des Hauptvertrages an einen späteren Zeitpunkt oder an eine Bedingung geknüpft ist. Ist endlich der zweite Vertrag von der Art, daß er nur die einfache Ausführung des Ersten ist, so kann darauf geklagt werden, und es treten nach dieser Ausführung die Rechtsverhältnisse des zweiten Vertrages ein; so bei dem Vertrag über die Hingabe eines Darlehns, über die Bestellung eines Pfandes, über die Ausfertigung eines Wechsels. III. Die Parteien haben sich ohne vorbereitenden Vertrag über die Hauptpunkte definitiv geeinigt, und stehen nur noch über Nebenpunkte in Verhandlung. Hier hat Jeder auf die Hauptpunkte ein Recht erworben, und kann den Andern durch Nachgeben oder Fallenlassen der Nebenpunkte auf Erfüllung belangen. Die schriftliche Festsetzung der vereinbarten Hauptpunkte wird ebenfalls eine Punctation genannt. IV. Die Parteien haben sich über alle Punkte geeinigt, und diese summarisch zu Papier gebracht, um danach die genauere Redaction vorzunehmen. Auch dafür wird der Ausdruck, Punctation, gebraucht. Diese gilt, wenn nicht besondere Formvorschriften entgegenstehen,

---

2) Gut bezeichnet dieses das Oesterr. Gesetzbuch §. 936.
3) So faßt es auch das Französ. Gesetzbuch Art. 1589.

als vollendeter Vertrag, und wenn über die Redaction Streit entsteht, ist diese im Sinne des Festgesetzten vorzunehmen. V. Ist zur Gültigkeit oder Klagbarkeit des Vertrages positiv schriftliche Errichtung oder die Eingehung vor Gericht vorgeschrieben, so kann aus den mündlichen Tractaten, wenn sie auch vollständig zum Abschluß gediehen sind, nicht geklagt werden, weder auf Erfüllung noch auf die schriftliche Ausfertigung, weil das Gesetz ohne jene Form noch keine vollendete ernstliche Einwilligung annimmt. Selbst die Festsetzung einer Conventionalstrafe wegen der Vollziehung der schriftlichen Ausfertigung ist unverbindlich, weil es keine Conventionalstrafe auf Erfüllung dessen geben kann, was man in den Augen des Gesetzes nicht ernstlich gewollt hat [4]). Selbst aus einer schriftlichen Punctation kann nicht geklagt werden, wenn zur Gültigkeit des Hauptvertrages ein Notariatact vorgeschrieben ist. VI. Ist die schriftliche Errichtung nicht gesetzlich geboten, haben aber die Parteien sie freiwillig vereinbart, so ist zu unterscheiden. Bezweckt die Scriptur nur den Beweis, so ist der Vertrag schon ohne sie perfect, und es kann daraus auf Erfüllung der Form geklagt werden. Ist aber der Sinn der Verabredung der, daß der Vertrag durch die Scriptur erst seine Vollendung erhalten soll, so ist, so lange die Urkunde nicht vollkommen fertig ist, noch keine bindende Uebereinkunft vorhanden. Nur wenn wegen der Errichtung der Urkunde eine Arrha gegeben wurde, zieht die Weigerung den Verlust oder die Restitution des doppelten Betrags nach sich [5]). Im Zweifel ist jene Verabredung im ersten Sinne zu verstehen, weil sie sich am wenigsten vom gewöhnlichen Recht entfernt [6]).

5) Von dem Handgeld und dem Reugeld.

255. Nach der Sitte kommt es häufig vor, daß bei der Abschließung von Verträgen ein Stück Geld gegeben wird, welches Handgeld, Toppgeld, Haftgeld, Gottesheller, Weinkauf

---

4) So sagt auch, wiewohl nicht ganz richtig ausgedrückt, Thöl I. §. 58.
5) Diese Bestimmungen machte schon die c. 17. C. de fide instrum. (4. 21), pr. J. de emtione (3. 23).
6) Gut erörtert diese Fragen Thöl I. §. 60. 61.

heißt [1]). Dieses kann eine verschiedene juristische Bedeutung haben. I. Entweder wird es nur als Zeichen oder Bekräftigung des geschehenen Abschlusses gegeben und angenommen. Dann ist die Existenz des Geschäfts davon unabhängig, und dieses kann auch ohne dasselbe bewiesen werden. Dieses ist die regelmäßige Bedeutung der römischen Arrha [2]). Diese nimmt aber, wenn der Vertrag nicht freiwillig erfüllt wird, zugleich den Character einer Conventionalstrafe an, indem dann nicht blos auf Erfüllung geklagt werden kann, sondern die Arrha verloren geht [3]). Ist aber der Vertrag erfüllt, so wird dieselbe nach dem römischen Recht zurückgegeben [4]). Nach dem deutschen Recht ist hingegen nach dem Ortsgebrauch und den Umständen zu unterscheiden, ob sie als ein Angeld auf die schuldige Summe, oder, wie der Miethpfennig der Dienstboten, als eine Zugabe zu betrachten sei. II. Oder das Geschäft gilt vor Entrichtung des Handgeldes noch nicht als vollendet. Dieses war wohl früher das Vorherrschende, ist aber jetzt dem Einfluß des römischen Rechts gewichen, und als von der gemeinen Regel abweichend nur da anzunehmen, wo das Particularrecht es bestimmt. III. Oder die Arrha wird bei einem verabredeten, aber noch nicht vollendeten Geschäft zum Unterpfand der Vollendung gegeben; dann dient sie als Strafgeld gegen denjenigen, der die Vollendung verweigert, zwingt aber zur Vollendung nicht [5]). IV. Oder die Arrha ist nach vollendetem Geschäft zur Sicherung der pünktlichen Erfüllung gegeben; dann geht sie dem Säumigen zur Strafe verloren, und es findet noch außerdem die Klage auf Erfüllung Statt [6]). V. Oder endlich die Arrha wird zwar nach vollendetem Geschäft gegeben, sie dient aber als Reugeld oder Wandelpön (arrha poenitentialis), so daß man sich durch Einbüßung

---

1) Man sehe darüber meine Deutsche Rechtsgeschichte §. 522. Note 1. 2.

2) Fr. 35. pr. D. de contrah. emt. (18. 1).

3) Dieses ist einer der beiden Fälle, die in der c. 17. C. de fide instrum. (4. 21), pr. J. de act. emti (3. 23) behandelt werden. Diese Auslegung vertheidigt auch Savigny Obligationenrecht II. 269—271.

4) Fr. 11. §. 6. D. de act. emti (19. 1).

5) Dieses ist der andere Fall, der in den (Note 3) angeführten Stellen behandelt wird (§. 254. Note 5).

6) Dieses kommt schon vor in der L. Baiuv. XV. 10.

derselben von dem Geschäfte wieder losmachen kann. Dieses kann vertragsmäßig bedungen werden; es ist aber auch, wie es scheint, aus Mißverständniß des römischen Rechts, an manchen Orten als gewohnheitsrechtlich angenommen worden [7]). Dieses ist jedoch immer als eine Singularität anzusehen. Damit ist nicht der im Lübischen Recht vorkommende Satz zu verwechseln, daß selbst die gegebene Arrha noch sofort, ehe die Parteien sich geschieden haben, zurückgefordert oder gegeben und dadurch Alles rückgängig gemacht werden kann [8]). Dieses beruht auf der Ansicht, daß selbst noch nicht durch das Hingeben der Arrha, sondern erst durch das Auseinandergehen der Parteien der Vertrag als vollendet gelte.

6) Wirkung der Verträge für Dritte. a) Allgemeine Grundsätze [1]).

256. In dem Vertrage stellt sich ein Verhältniß zweier Personen dar, die durch ihren eigenen freien Willen untereinander ein Recht und eine Verbindlichkeit geschaffen haben, welche ohne diesen Willen nicht existiren würden. Daraus folgt unbedingt, daß Zwei durch ihren Vertrag einem Dritten keine Verbindlichkeit auferlegen können. Eben so folgt, formell betrachtet, daraus, daß durch den Vertrag zwischen Zweien ein Dritter keine Rechte erhalten kann. Dieser Auffassung folgt das römische Recht, wonach aus einem solchen Vertrag weder der Handelnde noch der Dritte ein Klagrecht erwirbt: nicht Jener, weil er für sich keine Rechte erwerben wollte; nicht Dieser, weil er nicht durch seinen Willen mitgewirkt hat [2]). Es ist jedoch hierüber anch eine freiere Auffassung möglich. Der Erste, der sich von dem Zweiten Etwas zum Vortheil des Dritten versprechen läßt, thut dieses aus Interesse für den Letzteren; er bezweckt also in der Befriedigung dieses Interesse auch einen Vortheil für sich selbst, und in so fern

---

7) Das Statutenbuch von 1572. Fol. 91. behandelt den Weinkauf oder Gottesheller in diesem Sinne, und beruft sich dabei auf das römische Recht (§. 254. Note 5).

8) Lüb. Recht III. 6. §. 6.

1) Das Neueste darüber, wo man auch andere Nachweisungen findet, ist bei Savigny Obligationenrecht II. §. 59. 60.

2) Fr. 11. D. de obl. et act. (44. 7), fr. 38. §. 17. de verb. obl. (45. 1), c. 26. C. de iure dot. (5. 12).

besteht auch zwischen ihm und dem Zweiten ein juristisches Band, daß dieser das Seinige thue, um dem Dritten das Versprochene zu leisten. Dem Dritten gegenüber kann allerdings der Vertrag nicht die Wirkung haben, diesen zu verpflichten, von dem angebotenen Rechte wirklich Gebrauch zu machen. Wenn er dieses aber zu wollen erklärt hat, so tritt das Verhältniß eines acceptirten Schenkungsversprechens ein, wo der Erste der Veranlasser, der Zweite der Schenker, der Dritte der Beschenkte ist. Vor der Erklärung der Annahme sind aber die beiden Ersten blos unter sich gebunden, und können daher den Vertrag beliebig wieder aufheben. Dieses muß ihnen auch dann noch frei stehen, wenn sie ihren Vertrag dem Dritten zwar angezeigt, dieser sich aber über den Beitritt noch nicht erklärt hat, weil bis dahin das Vertragsverhältniß mit ihm noch nicht vollendet ist. Diese Grundsätze liegen in der Natur und dem Geiste des heutigen Vertragsrechts [3]), so daß man dadurch die beengende Auffassung des römischen Rechts als aufgegeben ansehen muß [4]).

b) Von den auf den Inhaber lautenden Verschreibungen [1]).

257. Eine Verschreibung auf den Inhaber ist diejenige, wodurch eine in der Urkunde selbst ausgedrückte Clausel der Aussteller sich verpflichtet, Jeden, der ihm das Document vorzeigt, als seinen Gläubiger anzuerkennen. Es soll also dadurch dem ersten und jedem nachfolgenden Gläubiger die Möglichkeit gegeben werden, die Rechte aus der Verschreibung auf jeden Andern zu übertragen, und jedem Andern die Möglichkeit, sie auf diese Weise zu erwerben. Diese Möglichkeit wird nicht blos im Interesse des Gläubigers gegeben, sondern sie hängt auch mit dem

---

3) Dieses fühlte man auch bei der Abfassung der neuen Gesetzbücher, wenn man sich auch darüber nicht ganz klar war. Dieses zeigt das Preuß. Landr. I. 5. §. 74—77. Man sehe dazu die guten Bemerkungen von Beseler System II. §. 120. Note 14. Ferner gehört dahin das Französ. Gesetzbuch Art. 1121. Diese Stelle ist bei Savigny S. 87. nicht berücksichtigt.

4) Anderer Meinung ist Savigny S. 83. 84., der das römische Recht festhalten will. Man sehe aber dagegen die gute Ausführung von Beseler System II. §. 120. Nr. III., mit den dort gegebenen Nachweisungen.

1) Das Neueste darüber, wo man auch die älteren Schriftsteller angeführt findet, ist bei Savigny Obligationenrecht II. §. 62—70. Man sehe auch Thöl Handelsrecht I. §. 54—56.

des Ausstellers zusammen, weil dieser um so leichter einen Gläubiger erhalten wird, wenn dieser weiß, daß er sein Recht nicht zu behalten braucht, sondern es leicht wieder veräußern kann. Da er diese Veräußerung regelmäßig nicht ohne einen Ersatz vornehmen wird, so erhält ein solches Document durch diese Veräußerungen zugleich den Character eines Zahlungsmittels und Repräsentanten baaren Geldes [2]), und in so fern der Erwerber dabei einen Vortheil zu erreichen gedenkt, erhält es zugleich den Character einer Waare [3]). In dieser Eigenschaft kann es auch durch die Umstände einen wechselnden Geldwerth annehmen, und Gegenstand der Speculation werden. Besonders tritt dieses dann hervor, wenn von Jemand, der dazu das gehörige Vertrauen besitzt, Verschreibungen auf den Inhaber in größerer Masse emittirt worden sind, um sich damit baares Geld zu verschaffen. Beispiele von einzelnen Verschreibungen der Art kommen schon im dreizehnten Jahrhundert vor [4]). Die wichtigsten Beispiele von Emittirungen in Masse sind die auf den Inhaber lautenden Staatsobligationen, und die in dieser Art ausgefertigten Verschreibungen von Actiengesellschaften. Auch gehören dahin die landschaftlichen oder ritterschaftlichen Pfandbriefe. Bei diesen ist aus den Eigenthümern der Rittergüter eines Landestheils eine Corporation gebildet, welche einem Mitgliede auf dessen Verlangen bis zu einem gewissen Betrage des Taxwerthes seines Gutes einen auf den Inhaber lautenden Pfandbrief ausfertigt, womit sich dasselbe baares Geld verschaffen kann. Die Corporation macht sich hier dem Inhaber zum Schuldner für die Zinsen und das Capital zum Vortheil jenes Mitgliedes, wogegen sie sich den Regreß vorbehält. Zugleich haftet das Gut als Hypothek, und daran

---

2) Dieses läugnet Savigny S. 115. 116. 118. Allein wenn Einer den Preis eines Grundstückes in Staatsobligationen entrichtet, so wird man nicht sagen, er habe gegen diese das Grundstück eingetauscht, sondern er habe damit das Grundstück bezahlt.

3) Auch dieses läugnet Savigny S. 116. Allein seine Gründe sind rein äußerlich. Denn daraus, daß es nicht wünschenswerth sei, wenn mit Staatspapieren wie mit einer Waare allzu viel speculirt werde, folgt nicht, daß sie es nicht sind. Jenes gilt zum Theil auch gegen den Kornhandel.

4) Beispiele geben Mittermaier II. §. 273., Duncker in Reyscher Zeitschrift V. 32—40.

kann sich auch die Corporation, wenn sie zahlen mußte, halten. Es concurriren also hier mehrere Rechtsverhältnisse [5]).

258. Aus der Natur solcher Verschreibungen ergiebt sich juristisch Folgendes. I. Die Grundlage bildet ein Darlehn, welches der Aussteller mit demjenigen, der ihm gegen die Verschreibung Geld hergiebt, eingeht, und wovon Jener durch das Document die Rückzahlung verspricht. Daher kann man dabei wie gewöhnlich von einem Schuldner und Gläubiger reden. Das Eigenthümliche besteht nur darin, daß der Schuldner sich verbindlich gemacht hat, jedem Vorzeiger zahlen zu wollen, daß also die Person des Gläubigers nicht individuell bestimmt bleibt, sondern jeden Augenblick wechseln kann [1]). II. Durch die Uebertragung des Documentes hört nach dem Zwecke des Institutes der Uebertragende völlig auf Gläubiger zu sein, und der Erwerber wird es. Es liegt also darin eine vollständige Veräußerung des Rechts. Dadurch unterscheidet sich die Uebertragung von einer Cession, deren Grundsätze deshalb hier nirgends zur Anwendung gebracht werden können [2]). Mehr stimmt die Wirkung mit der Novation durch Delegation eines andern Gläubigers überein. Allein der Unterschied besteht darin, daß bei dieser die ursprüngliche Schuld aufgehoben wird, was dort nicht der Fall ist. Es liegt also darin etwas unserem Rechte Eigenthümliches, jedoch nichts, was den allgemeinen Regeln über die Natur der Verträge wi-

---

5) Dieses Institut ist seit 1769 in den Preußischen Provinzen durchgeführt worden; desgleichen in Bremen, Mecklenburg und anderwärts. Nachweisungen geben Savigny S. 111., Eichhorn §. 191.

1) Savigny S. 92. 94. 123. stellt die Verschreibungen auf den Inhaber unter die Verträge mit einem unbestimmten Gläubiger, wie die, wo Jemand auf das Wiederbringen einer verlorenen Sache in öffentlichen Blättern einen Preis aussetzt. Allein beide Fälle sind innerlich sehr verschieden. Bei einer solchen Anzeige ist es allerdings unbestimmt, wem man den Preis zu zahlen haben wird. Hat sich aber Einer dazu gemeldet, so hat man an ihn gleich zu zahlen; seine Person ist bestimmt, und von einer weiteren Uebertragung seines Rechts ist nicht die Rede. Hingegen bei den Schuldverschreibungen auf den Inhaber besteht das Charakteristische darin, daß das Schuldverhältniß ein dauerndes ist, und daß das Recht des Gläubigers auf jeden Dritten soll übertragen werden können. Daher sind diese Verschreibungen zu den Wirkungen der Verträge für Dritte zu stellen.

2) Man sehe Savigny S. 95. 101. 119. 137. 138., Mittermaier II. §. 274. Nr. V., Thöl I. §. 54. Nr. 3. 4.

verspräche. Denn wenn hier ein neuer Gläubiger an die Stelle des alten eintritt, so gründet sich dieses einestheils auf den Willen des Schuldners, der sich dem durch die Clausel „an den Inhaber" im Voraus unterworfen hat, andrentheils auf den Willen des alten Gläubigers, der dem neuen das Document überträgt. Es sind also die Bedingungen wie bei einer Novation vorhanden. Unrichtig ist es daher, ein solches Rechtsgeschäft gemeinrechtlich für ungültig zu halten [3]. III. Das Document ist nicht der Entstehungsgrund und alleinige Träger der Obligation [4], sondern nur deren Beweis. Es bildet aber wohl bemerkt einen Beweis für zweierlei. Einmal an sich den Beweis für das Bestehen der Schuld. Zweitens in der Hand des Inhabers den Beweis der Uebertragung des darin documentirten Rechts. Für Beides bildet es den regelmäßigen, aber darum nicht ausschließlich möglichen Beweis, indem, wenn die Urkunde untergegangen oder dem Inhaber abhanden gekommen ist, und dieses gehörig bewiesen werden kann, das materielle Recht, wenn es dargethan ist, geschützt werden muß. IV. Wenn aber die Verschreibung existirt, so bildet sie über die Schuld an sich eine unumstößliche Gewißheit, nicht aber auch für die Uebertragung des Rechts an den Inhaber, weil dieser auch auf unrechten Wegen in deren Besitz gekommen sein kann. Die bloße Thatsache des Besitzes giebt also ein unumstößliches Eigenthum nicht. Umgekehrt würde es aber dem Zwecke des Papieres widersprechen, wenn jedesmal vom Gläubiger noch die Nachweisung des rechtmäßigen Erwerbes des Documentes gefordert werden könnte. Also muß dessen Besitz, wenn auch nicht unbedingt das Eigenthum, doch aber die Ver-

---

3) Dieses thut Savigny S. 101., wozu er durch seine irrige Vergleichung (Note 1) veranlaßt wird.

4) Dieser Meinung sind Gönner, Nebenius, Schumm. Gerber §. 160. sagt: „Der Besitz der Urkunde sei der eine Obligation erzeugende Zustand, es knüpfe sich an ihren Besitz das Dasein eines obligatorischen Verhältnisses überhaupt an." Bluntschli II. §. 171. Nr. 1. sagt: „Jene Schuldscheine seien nicht bloße Beweisurkunden für Forderungen, die außer ihnen ein selbständiges Dasein haben, sondern die Forderungen sind gleichsam mit ihnen verwachsen, an sie gebunden." Allein damit ist die Amortisation und das unter Nr. VI. zu Sagende nicht vereinbar. Man sehe daher dagegen Mittermaier II. §. 274., Thöl I. §. 55.

muthung des rechtmäßigen Eigenthums erzeugen, und diese regelmäßig die Rechte des wirklichen Eigenthums geben [5]). V. Hieran knüpft sich die Frage, in wie weit diese Vermuthung die Vindication des wirklichen Eigenthümers ausschließe? Nach den gewöhnlichen Grundsätzen müßte, so scheint es, ein solches Document, wie eine andere bewegliche Sache, vindicirt werden können, da selbst Geld vindicirt werden kann [6]). Allein dagegen ist das Eigenthümliche zu erwägen, daß solche Papiere zur leichten Circulation bestimmt sind, daß dieser Zweck nicht zu erreichen wäre, wenn der jedesmalige Erwerber den Erwerbtitel seines Autors zu untersuchen hätte, und daß aus diesem Grunde die Clausel „an den Inhaber" Jeden berechtigen soll, von Jedem mit Sicherheit zu erwerben. Die Zulässigkeit der Vindication verträgt sich daher mit der Bestimmung solcher Papiere und mit dem Sinne jener Clausel nicht. Eine Ausnahme muß dieses nur dann leiden, wenn man dem Erwerber den bösen Glauben beweisen kann, weil in diesem Falle das materielle Recht über alle Präsumtionen und Gründe der Zweckmäßigkeit die Oberhand behalten muß [7]). Die Particularrechte behandeln allerdings diese Frage verschieden. VI. Aus der durch den Besitz für den Inhaber begründeten Präsumtion folgt, daß der Schuldner an denselben mit liberatorischer Wirkung zahlen kann, weil er die Rechtmäßigkeit des Erwerbers nicht zu untersuchen braucht. Es folgt aber nicht daraus, daß er schlechthin an denselben zahlen muß, weil jenes doch immer nur eine Präsumtion ist. Er kann daher einstweilen die Zahlung verweigern, wenn ihm erhebliche Zwei-

---

5) Man sehe darüber die Ausführung bei Savigny S. 130—137.

6) Fr. 78. 94. §. 2. D. de solut. (46. 3), fr. 11. §. 2. fr. 14. 31. §. 1. D. de reb. cred. (12. 1), fr. 24. §. 2. D. de reb. author. iud. (42. 5).

7) Hiemit übereinstimmend, wenn auch zum Theil mit anderer Begründung, sind Mühlenbruch, Eichhorn, Gönner, Bender, Souchay, Dunker; auch Thöl I. §. 55., Bluntschli II. §. 117. Nr. 4. §. 118. Nr. 1. Für die unbedingte Zulässigkeit der Vindication erklären sich aber unter Anderen Phillips I. §. 73., Mittermaier II. §. 274. Nr. III., Gerber §. 160. Auch Savigny S. 138—178. spricht sich dafür aus, indem er aber wegen der Schwierigkeit der Requisite der Vindication die Publicianische Klage mit heranzieht. Gegen die Zulässigkeit der Vindication entschied aber 1836 der Cölner Appellhof, Sandt Archiv XXV. 1, 116—118.

felsgründe mitgetheilt werden, daß der Inhaber nicht der wahrhaft Berechtigte, sondern mit Unrecht an die Urkunde gekommen sei [8]). VII. Da die Urkunde nicht der Grund, sondern nur der Beweis der Schuld ist, so hat der Inhaber, wenn er dieselbe durch Zufall oder Unredlichkeit verloren hat, noch nicht das Recht selbst verloren. Er kann daher Schritte thun, um beim Schuldner der Zahlung vorzubeugen, die Kraft der Urkunde als Beweis der Uebertragung zu annulliren, und sein Recht auch ohne die Urkunde zu beweisen und zu realisiren. Dazu dient die Anzeige bei Gericht, die öffentliche Bekanntmachung und Aufforderung an den Inhaber sich binnen einer gewissen Zeit zu melden, wo dann, wenn Einer auftritt, zwischen diesem und dem Kläger die Grundsätze der Vindication entscheiden, endlich, wenn keiner sich meldet, die gerichtliche Amortisation des Documents [9]). VIII. Papiere auf den Inhaber können auch verpfändet werden. Beim Verfalltage ist aber nicht die gewöhnliche Form der gerichtlichen Versteigerung für nöthig zu halten. Denn diese hat den Zweck, im Interesse des Schuldners den möglichst größten Geldwerth zu erzielen, der aber hier durch den Werth an der Börse schon gegeben ist. Es kann daher gleich zum Verkauf durch einen Mäkler an der Börse geschritten werden [10]). IX. Zur Ausstellung von Papieren an den Inhaber muß man gemeinrechtlich Jeden für ermächtigt halten, und es ist, wie bei anderen Darlehn, Sache des Publikums, sich vor Schaden zu hüten [11]). In einzelnen Ländern ist es jedoch ohne Autorisation der Regierung untersagt worden [12]).

---

8) Uebereinstimmend hiemit ist Savigny S. 136. 179. 180., Bluntschli II. §. 117. Nr. 5.

9) Man sehe über die Amortisation Savigny §. 69., Thöl I. §. 56., Mittermaier II. §. 274. Nr. VI. Bedenklichkeiten haben, nach der Consequenz ihres falschen Princips (Note 4). Gerber §. 160., Bluntschli II. §. 118. Nr. 3.

10) Zeugnisse dafür giebt Mittermaier II. §. 274. Nr. II. Für eine Singularität erklärt dieses irrigerweise Bluntschli II. §. 117 Nr. 6.

11) So sagen auch Mittermaier II. §. 274., Gerber §. 160. Anderer Meinung ist jedoch blos aus äußerlichen Gründen, Savigny S. 122—127.

12) So in Preußen 1833, Oesterreich 1847, Savigny S. 127—130.

B) Verträge, die sich auf Sachen beziehen. 1) Kauf und Verkauf.
a) Verkauf von Thieren.

259. Nach den Grundsätzen der Billigkeit kann derjenige, der den vollen Preis einer Sache bezahlt hat, auch erwarten, daß dieselbe von regelmäßiger Güte und Beschaffenheit sei, und wenn sie geheime Fehler hat, so ist sie mehr oder weniger nicht die Sache, die der Käufer zu kaufen beabsichtigte. Man muß ihm daher gestatten, den Kauf aufzulösen oder wenigstens einen Theil des gegebenen Geldes zurückzufordern. Dieses ist die Ansicht des römischen Rechts. Nach Gründen der Zweckmäßigkeit kann man aber auch, um mißliche Processe zu vermeiden, von der Ansicht ausgehen, daß vor Allem der Käufer selbst zusehen müsse, daß er nur dann auf Aufhebung des Kaufes klagen könne, wenn der Verkäufer den Fehler gekannt habe, und daß dieses jedenfalls nur wegen Hauptmängel zulässig sei. Dieses ist die Auffassung des alten deutschen Rechts [1]), namentlich beim Verkauf von Thieren [2]). Durch die dabei täglich vorkommende Uebung blieb dieselbe im Volke so lebendig, daß die römische Theorie von der Gewähr heimlicher Mängel aus den Büchern im Leben beim Verkauf von Thieren nicht vollständig durchdringen konnte. Hierin gieng die Sitte ihren Gang fort, und es bildete sich dafür nach Bedürfniß und Erfahrung mit Beihülfe der Gesetzgebung ein eigenthümliches Recht aus. Die Hauptgesichtspunkte dabei sind folgende. I. Anerkannt ist jetzt, dem römischen Recht gemäß, daß der Verkäufer für die wesentlichen heimlichen Fehler haften muß, wenn er sie auch nicht gekannt hat [3]), es sei denn, daß er sich ausdrücklich die Befreiung von der Gewährleistung stipulirte. Er haftet aber nicht für die sichtbaren Fehler, die der Käufer bei der gehörigen Aufmerksamkeit hätte erkennen können. II. Welche Fehler Hauptmängel seien, ist im Zweifel durch Sachverständige zu entscheiden. Die Landesgesetze zählen aber solcher

1) Gut handelt davon Cropp in Heise und Cropp Abhandl. I. Nr. 11.
2) L. Baiuv. XV. 9. §. 2—8.
3) Beseler System II. §. 123. Nr. III., Bluntschli Privatrecht II. §. 121. Nr. 4 b.

häufig speciell auf [4]). In diesem Falle ist jedoch zu fragen, ob diese Aufzählung nur als Beispiele, oder als eine ausschließliche anzusehen sei? Im Zweifel ist unstreitig Ersteres anzunehmen [5]), da ja neue bisher noch nicht bekannte Krankheitsformen auftreten können. Wenn aber auch ein Landrecht seine Aufzählung ausdrücklich als eine ausschließliche bezeichnet, so muß es den Contrahenten doch noch immer frei stehen, die Gewähr auch anderer Mängel vertragsmäßig festzusetzen. Auch ist die Klage wegen Betrugs dadurch nicht ausgeschlossen [6]). Wohl ist aber durch eine solche im Geiste des deutschen Rechts aufgestellte Aufzählung das römische System der ädilitischen Klage als beseitigt anzusehen, und es kann daher wegen anderer nicht speciell aufgezählter Fehler nicht zur Minderungsklage gegriffen werden [7]). III. Der Fehler muß natürlich im Augenblick des Verkaufs schon existirt haben, und dieses hat im Zweifel der Käufer zu beweisen [8]). Da dieses aber bei Krankheiten der Thiere schwer ist, so haben die Gesetze häufig einen bestimmten Termin bezeichnet. Kommt binnen desselben die Krankheit zum Vorschein, so wird zu Gunsten des Käufers, bis zum Beweis des Gegentheils, präsumirt, daß dieselbe schon im Augenblicke des Verkaufes da gewesen sei. Umgekehrt wird bei einem späteren Ausbruch zu Gunsten des Verkäufers, bis zum Beweise des Gegentheils, präsumirt, daß die Krankheit erst nach dem Verkaufe entstanden sei. IV. An jene Präsumtion knüpft sich aber auch das Interesse des Verkäufers und daher die Pflicht des Käufers, den Termin des Ausbruches genau zu constatiren, was durch die Anzeige beim Verkäufer, oder in dessen Abwesenheit bei Gericht geschehen muß. V. Ueber die Zeit, binnen welcher die Klage erhoben werden muß, haben die Landesgesetze insgemein nähere Bestimmungen.

---

4) Nachweisungen giebt Mittermaier II. §. 281.

5) So sagt auch Eichhorn §. 97.

6) So sagt auch Mittermaier II. §. 281.

7) So sagen auch Cropp Abhandl. I. Nr. 11. Note 12b., Mittermaier II. §. 281., Flach Entscheidungen II. Nr. 17. Anderer Meinung ist Eichhorn §. 97.

8) Beseler System II. §. 123. Nr. III.

In deren Ermanglung sind die Fristen des römischen Rechts anzunehmen.

b) Vom Handel mit Staatspapieren.

260. Eine wichtige Anwendung des Kaufgeschäfts fällt in das Handelsrecht. Dafür findet man aber insgemein in dem reichhaltigen Material des römischen Rechts genügende Anhaltspunkte, und es handelt sich meistens nur darum, die unter eigenthümlichen Terminologieen versteckten Geschäftsformen auf die gewöhnlichen Begriffe zurückzuführen, was der Darstellung des römischen Rechts zu überweisen ist [1]. Hieher gehören nur die Anwendungen, die beim Handel mit Staatspapieren vorkommen, indem die Römer solche gar nicht gekannt haben [2]. Staatspapiere sind im Allgemeinen Schuldscheine, welche ein Staat über ein empfangenes Gelddarlehn, entweder auf bestimmte Namen oder auf den Inhaber ausstellt [3]. Wegen ihres nach den Umständen wechselnden Curses, also Marktpreises, werden sie aber auch der Gegenstand von Speculation, wie eine Waare, und wegen ihrer bequemen compendiösen Handhabung und Berechnung gehen solche Speculationen oft sehr ins Große.

261. Das einfachste Geschäft der Art ist, wenn über eine Quantität Staatspapiere ein Tagskauf geschlossen wird, das heißt, daß die Waare sofort nach dem Abschluß des Kaufes geliefert werden soll, wobei natürlich, in Ermanglung einer andern Verabredung, der Curs gilt, den sie im Augenblick des Kaufes haben [1]. Der Käufer denkt hier zu gewinnen, indem er ein Steigen des Curses erwartet, und dann die Papiere für mehr Geld, als wofür er sie kaufte, wieder verkaufen kann. Der Verkäufer denkt zu gewinnen, indem er auf ein Sinken des Curses

---

1) Den Beweis giebt Thöl Handelsrecht I. §. 63–85., wo der Kauf und Verkauf nach seinen verschiedenen kaufmännischen Formen und Terminologieen genau und scharfsinnig dargestellt, die juristische Theorie aber durchgängig mit Stellen aus dem römischen Recht belegt ist.

2) Monographieen über den Verkehr mit Staatspapieren erschienen unter Anderen von Bender 1830, Thöl 1835. Die Litteratur findet man am besten bei Thöl Handelsrecht I. §. 52. Note 1.

3) Man sehe Thöl Handelsrecht I. §. 52. 53.

1) Ueber den Begriff von Tagskauf im Gegensatz von Lieferungskauf sehe man Thöl Handelsrecht I. §. 70.

rechnet, und dann für das eingenommene Geld mehr Papiere, als er verkaufte, wieder einkaufen kann [2]). Eine andere Art des Kaufs ist das Lieferungsgeschäft, wo festgesetzt wird, daß die Lieferung der Waare erst einige Zeit nach dem Abschluß des Kaufes geschehen soll. Der Kauf ist also gleich perfect, und nur die Lieferung hinausgeschoben. Hier denkt der Käufer zu gewinnen, indem er annimmt, daß die Papiere am Tage der Lieferung höher, der Verkäufer, indem er annimmt, daß sie dann niedriger stehen werden, als sie am Tage des Kaufes standen oder bedungen worden sind. In beiden Fällen kann, was die Zahlung der Kaufsumme betrifft, der Kauf ein Contantkauf oder ein Creditkauf sein [3]). Jedenfalls liegt aber hier nach der Natur der Speculation dem Käufer Alles daran, die Papiere genau zur bestimmten Zeit zu haben, dem Verkäufer, sie zur bestimmten Zeit los zu werden. Ist daher der Verkäufer mit der Lieferung säumig, so braucht der Käufer sie später nicht mehr anzunehmen, und er kann schlechthin auf das Interesse klagen, welches er daran hat, daß wirklich geliefert worden wäre, das heißt auf die Preisdifferenz von damals und jetzt [4]). Ist der Käufer mit der Annahme säumig, so kann der Verkäufer durch reelle Oblation und Deposition erfüllen und auf die Kaufsumme klagen. Er kann aber auch sich von der nachträglichen Lieferung, weil diese eine andere als die bedungene ist, für entbunden erachten, und blos auf das Interesse, das ist die Preisdifferenz, klagen. Ja er kann, weil er dadurch seinen Nutzen fördert und den des Käufers nicht verletzt, selbst die Papiere verkaufen oder auf eigene Rechnung übernehmen, und sich die Preisdifferenz vorbehalten [5]); nur muß

---

2) Thöl Handelsrecht I. §. 88. 89.

3) Darüber sehe man die guten Bemerkungen von Thöl I. §. 70. Note 7.

4) Fr. 1. pr. D. de act. emti (19. 1), c. 4. 10. 12. C. eod. (4. 49).

5) Fr. 1. §. 3. D. de peric. et commodo (18. 6). Licet autem venditori vel effundere vinum, si diem ad metiendum praestituit, nec intra diem admensum est: effundere autem non statim poterit, priusquam testando denunciet emptori, *ut aut tollat vinum, aut sciat futurum, ut vinum effunderetur*. — Commodius est autem — vendere vinum bona fide, id est, quantum sine ipsius incommodo fieri potest, operam dare, ut quam minimo detrimento sit ea res emptori.

er darüber dem Käufer eine Denunciation zugehen lassen [6]). Dieses ist auch die gewöhnliche kaufmännische Procedur. Häufig wird ausdrücklich stipulirt, daß durch die Mora des Einen am bestimmten Tage die Verbindlichkeit des Andern erloschen sein solle. Durch diese Clausel wird aber nicht mehr bewirkt, als was schon in der Festsetzung eines bestimmten Termines von selbst liegt [7]).

262. Es kommt beim Handel mit Staatspapieren vor, daß der Speculant in dem Augenblick, wo er Papiere kauft, entschlossen ist, sie gleich wieder zu verkaufen, und daß ihm zu Beidem schon sein Verkäufer und Käufer gewiß ist. Natürlich wird er beide Geschäfte nur dann schließen, wenn er theurer verkaufen, als kaufen kann. In der Differenz liegt sein Gewinn. Ein Beispiel ist, wenn ein Capitalist Papiere von Einem zu dem heutigen Curse kauft, und einem Anderen auf Lieferung zu einem späteren Zeitpunkt, wo er des Steigens des Curses gewiß ist, verkauft. Er macht sich so sein Geld auf kurze Zeit nutzbar. Ein solches Geschäft kann auch mit einer und derselben Person geschlossen werden, wie in folgendem Falle. Einer speculirt auf das Steigen, es fehlt ihm aber, um Papiere zu kaufen, an Geld. Er verschafft sich solches von dem Kapitalisten, dem er die dafür eingekauften Papiere mit dem Vorbehalte übergiebt, sie ihm später zu einem höheren Preise wieder abzunehmen, indem er annimmt, daß dann der Curs noch höher stehen werde, als jener höhere Preis. Eben so kann es vorkommen, daß Einer, der auf Steigen speculirt, heute Papiere von einem Andern mit dem Vorbehalte kauft, sie ihm später zu einem niedrigeren Preise zurück zu verkaufen, indem er annimmt, daß er inzwischen durch deren Verkauf einen Gewinn gemacht habe, welcher den bei dem Rückverkauf zu erleidenden Verlust übersteige. Oder Einer, der auf das Sinken speculirt, aber, um Papiere zu kaufen, kein Geld hat, nimmt heute Papiere von einem Andern mit dem Vor-

---

6) Die in der angeführten Stelle vorgeschriebene Denunciation wird von der Praxis auch auf den Fall des Verkaufens bezogen, Thöl I. § 87. Note 5.

7) Von dem Einfluß der Mora handelt Thöl I. §. 86 87. Doch ist seine Darstellung etwas geschraubt, und könnte viel einfacher sein.

behalt, sie ihm später zu einem niedrigeren Preise zurück zu verkaufen, weil er annimmt, daß dann der Curs noch niedriger stehen werde, er also für den Ertrag der gleich zu dem noch hohen Curse veräußerten Papiere jetzt weit mehr Papiere zu dem niedrigen Curse kaufen und damit einen Gewinn machen könne, welcher den Verlust übersteige. Man nennt solche Geschäfte ein Prolongationsgeschäft in diesem Sinne (marché à reports). Es liegt jedoch darin nichts Eigenthümliches, sondern nur eine Verbindung mehrerer Kaufgeschäfte in derselben Handlung [1]).

263. Bei dem Lieferungsgeschäft kommen mancherlei Nebenberedungen vor. Es kann bedungen werden, daß der Verkäufer, oder umgekehrt, daß der Käufer das Recht des Rücktritts hat, also eigentlich nicht gebunden ist, dafür aber dem Andern, der gebunden ist, schlechthin eine festgesetzte Prämie zahlen soll. Diese ist also dem Reugeld ähnlich, unterscheidet sich jedoch darin, daß sie in allen Fällen zu entrichten ist. Der Vortheil für den Wahlberechtigten besteht hier darin, daß er, weil er bei einem ihm ungünstigen Curse zurücktreten wird, nie mehr als die Prämie verliert, aber ins Unbestimmte gewinnen kann. Der Vortheil für den Andern besteht darin, daß er die Prämie gewiß gewinnt, aber ins Unbestimmte verlieren kann [1]). Ferner kann festgesetzt werden, daß beiden Theilen die Wahl zwischen der Erfüllung und dem Rücktritte zusteht, im zweiten Falle aber der Zurücktretende dem Andern eine festgesetzte Prämie entrichten soll. Dieser Vertrag gewährt jedem Theil den Vortheil, daß er in dem ihm ungünstigen Fall seinen Verlust auf den Betrag der Prämie begränzen kann [2]). Endlich kann festgesetzt werden, daß wie vorhin beiden Theilen die Wahl zwischen der Erfüllung und dem Rücktritt zusteht, daß aber umgekehrt, wer die Erfüllung verlangt, dem Andern eine festgesetzte Prämie entrichten muß und diesen

---

1) Man sehe darüber Thöl Verkehr mit Staatspapieren §. 11., Desselben Handelsrecht I. §. 90.

1) Man sehe Thöl Handelsrecht I. §. 93. Einen lehrreichen Rechtsfall giebt darüber Thöl Verkehr mit Staatspapieren S. 182—225. Es ist jedoch gezwungen und ohne practischen Nutzen, wenn man gewöhnlich jene Prämie einer Assecuranzprämie vergleichen will.

2) Thöl Verkehr §. 35. 36. 39.

dadurch zur Erfüllung bindet. Der Erfolg ist der, daß wenn sich der Curs nicht um den Betrag der Prämie ändert, Keiner die Erfüllung verlangen wird. Im entgegengesetzten Falle wird es aber derjenige, dem die Cursänderung günstig ist, thun, und die Wirkung ist dann grade umgekehrt wie im vorigen Falle die, daß der Gewinn des Einen und der Verlust des Andern ins Unbestimmte möglich ist, und nur das Eine wie das Andere um den Betrag der Prämie vermindert wird [3]). Solche Geschäfte führen den Namen: einfaches Prämiengeschäft.

264. Es sind auch mancherlei Verbindungen dieser Geschäfte möglich. I. Einer verkauft auf Lieferung Papiere an den Zweiten, und kauft auf Lieferung von dem Dritten, Beides mit Vorbehalt des Rücktrittes und unter Festsetzung einer von ihm an den Einen wie an den Andern zu entrichtenden Prämie. Steigt der Curs, so tritt er von dem ersten Geschäft zurück und gewinnt mit dem zweiten; sinkt der Curs, so geschieht das Umgekehrte. Er gewinnt aber an der Speculation überhaupt, wenn die Cursänderung den Betrag beider Prämien übersteigt. Oder einer verkauft wie oben an den Zweiten und kauft vom Dritten, erhält von Jedem eine Prämie und bewilligt dafür Beiden das Recht des Rücktrittes. Steigt der Curs, so wird der Zweite, sinkt er, so wird der Dritte sein Recht geltend machen, und der Erste wird gewinnen, wenn die Cursänderung geringer als der Betrag der beiden Prämien ausfällt. Man kann dieses das Zweiprämiengeschäft nennen [1]). II. Der Eine schließt mit dem Zweiten ein Lieferungsgeschäft, wobei er gegen eine zu empfangene Prämie sich verpflichtet, nach der Wahl des Zweiten diesem entweder Papiere zu liefern, oder sie von ihm zu beziehen, oder vom Vertrage ganz abzustehen. Steigt der Curs, so wird der Zweite die Lieferung, sinkt er, so wird er die Abnahme verlangen; ändert sich der Curs nicht, so wird er vom Vertrage zurücktreten. Der Erste wird gewinnen, wenn die Cursdifferenz in dem einen oder andern Falle weniger als den Betrag der Prämie ausmacht.

---

3) Thöl Verkehr §. 37. 38. 39.
1) Thöl Verkehr §. 40. 43., Handelsrecht I. §. 94.

Dieses heißt das zweischneidige Prämiengeschäft [2]. Der Unterschied von dem vorigen Geschäfte liegt darin, daß bei dem Letzteren der Zweite und Dritte in einer Person vereinigt sind. III. Einer schließt mit dem Andern ein Lieferungsgeschäft, wobei der Zweite gegen eine zu entrichtende Prämie das Wahlrecht behält, die Papiere dem Ersten zu liefern oder von ihm zu beziehen. Dieses heißt ein Stellgeschäft; der Erste heißt Steller, der Andere Wähler. Es stimmt mit dem zweischneidigen Prämiengeschäft überein, nur daß dabei die Wahl des Rücktrittes fehlt. Es giebt kaufmännisch noch einige andere Unterschiede, die aber für das Juristische unerheblich sind [3]. IV. Einer verkauft dem Andern Papiere auf Lieferung mit der Clausel, daß derselbe berechtigt sei, einen bestimmten Theil der Papiere nicht zu nehmen, dafür aber dann die zu nehmenden Papiere etwas höher zu bezahlen habe. Diese Erhöhung des Kaufpreises der festen Papiere ist die Prämie, das Reugeld. Das Geschäft heißt der Schluß auf fest und offen. Dasselbe kann nach der Verabredung einen doppelten Charakter haben. Entweder ist es nur ein einziges Geschäft, ein Lieferungskauf mit einer für die offenen Papiere geltenden Resolutivbedingung. Oder es ist aus zwei Geschäften zusammengesetzt: hinsichtlich der festen Papiere aus einem Lieferungskauf, hinsichtlich der offenen Papiere aus einem Prämiengeschäft. Uebrigens ist ein Schluß auf fest und offen auch in der grade umgekehrten Lage möglich, nämlich so, daß der Verkäufer das Wahlrecht hat, einen Theil der Papiere nicht, dann aber den anderen Theil zu einem geringeren Preise zu liefern [4]. V. Einer schließt mit dem Anderen ein Lieferungsgeschäft mit der Clausel, daß der Käufer, oder daß der Verkäufer das Recht habe, zur Lieferungszeit eine Anzahl Papiere mehr zu fordern oder beziehungsweise zu liefern. In Beziehung auf die festen Papiere liegt darin ein einfaches Lieferungsgeschäft; in Beziehung auf die Noch- oder Nachpapiere liegt darin ein Prämiengeschäft. Die Prämie steckt gewöhnlich in dem für die festen Pa-

2) Thöl Verkehr §. 42., Handelsrecht I. §. 95.
3) Thöl Verkehr §. 45. 46., Handelsrecht I. §. 96.
4) Thöl Verkehr §. 48., Handelsrecht I. §. 97.

piere bedungenen Kaufpreise, der etwas höher ist, wenn dem Käufer die Nachforderung, etwas niedriger, wenn dem Verkäufer die Nachlieferung zusteht. Dieses Geschäft trifft mit dem vorigen im Resultate zusammen und unterscheidet sich nur durch die Auffassung. Bei dem Schluß auf fest und offen kann der Käufer die offenen Papiere, wenn er will, als gekauft behalten; bei dem Nochgeschäft kann er sie als noch zu kaufend dazu verlangen [5]. VI. Einer schließt mit dem Andern ein Lieferungsgeschäft mit der Clausel, daß der Käufer die Lieferung früher als zu der gesetzten Zeit fordern, sich also den ihm günstigen Zeitpunkt wählen könne. Für diesen Vortheil muß er eine Prämie geben, wozu gewöhnlich der Kaufpreis etwas höher angesetzt wird. Dieses heißt das Wandelgeschäft [6].

2) Miethe und Pacht.

265. In der Lehre von der Miethe und Pacht, oder nach der alten Sprache vom Bestande, ist das römische Recht vollständig recipirt, und bildet dafür das gemeine Recht [1]. Daneben haben sich nach Billigkeit, Bedürfniß und Ortsgebrauch mancherlei kleine Modificationen erhalten oder gebildet, die rein positiver Art sind, und woran sich doctrinell nichts anknüpfen läßt [2]. Hervorzuheben ist nur der schon frühe und noch jetzt in vielen Land- und Stadtrechten vorkommende Satz, daß der jüngere Kauf die ältere Miethe nicht bricht [3]. Der Grund liegt in dem allgemeinen Billigkeitsgefühl, daß es dem späteren Käufer leichter möglich sei, die bestehende Miethe zu erfahren, als dem Miether sich gegen einen späteren Verkauf zu schützen. Jedoch erfordert

---

5) Thöl Verkehr §. 49., Handelsrecht I. §. 98.

6) Thöl Verkehr §. 47., Handelsrecht I. §. 99.

1) Dieses zeigt schon das Statutenbuch von 1572 Fol. 94 b., welches unter der Rubrik, Vom Verleihen und Bestehn unbeweglicher und farender Hab, nur römisches Recht giebt.

2) Am vollständigsten findet man diese aufgezählt bei Bluntschli Privatrecht II. §. 124., dann bei Mittermaier II. §. 292. Nach dem für dieses Werk angenommenen Gesichtspunkte (§. 9. 16. 17) werden sie aber hier übergangen, weil sich daraus für die wissenschaftliche Theorie des deutschen Rechts nichts machen läßt.

3) Dieses findet sich schon in dem Buch der Ausscheidung II. 4. Dist. 5. Ortloff.

dann eben auch die Billigkeit, den Käufer gegen ein doloses Antedatiren des Miethvertrages sicher zu stellen. Es muß daher auf die Gewißheit dessen Datums der größte Nachdruck gelegt werden [4]).

3) Formen des Darlehns. a) Zinsgeschäft.

266. Die Behandlung des Zinsgeschäftes hängt von der Bedeutung des Geldes, und diese von den gesellschaftlichen Zuständen jeder Zeit ab. In einer Zeit, wo Ueberfluß an Boden, aber wenig Geld und Handelsverkehr ist, lebt man unmittelbar von den Erzeugnissen des Bodens und der auf den Höfen betriebenen rohen Industrie. Die Armen werden von den Grundherren ernährt, versorgt und zum Bodenbau verwendet. Das Geld ist nur Tauschmittel, um die in der ersten Hand producirten Lebensbedürfnisse an die zweite, höchstens die dritte Hand zu bringen. Um mit Geld zu speculiren und zu gewinnen, fehlt es sowohl an Capital als an Antrieb und Gelegenheit. Wer etwas Geld zu viel hat, muß es müßig liegen lassen; wer zu wenig hat und leiht, thut dieses nicht zum Gewinn, sondern aus Noth zum Einkauf der unmittelbaren Lebensbedürfnisse. In dieser Voraussetzung hat es etwas dem Gefühle Widersprechendes, wenn der Erste, der durch das Herleihen nichts entbehrt, sich dafür einen Gewinn bedingt, indem dieser lediglich der Noth des Andern abgepreßt ist. Auf diese Zustände der ländlichen Bevölkerung paßte das canonische Recht, welches Zinsen schlechthin als Wucher verbot [1]). Daher wurde dieses auch vom weltlichen Recht unterstützt, und die Bestrafung des Wuchers von demselben ausdrücklich den geistlichen Gerichten zugewiesen [2]).

267. Anders wird es in einem fortgeschrittenen Zustande der Gesellschaft, wenn Capitale sich bilden, Industrie, Handel und Verkehr sich entwickeln. Der Besitzer eines Capitals will dasselbe benutzen und davon leben, ohne es zu consumiren. Dieses ist in directer Weise nur dadurch möglich, daß er sich dafür

4) Man sehe oben §. 253. Nr. IV.
1) Man sehe mein Kirchenrecht §. 351.
2) Die Beweise giebt meine Deutsche Rechtsgeschichte §. 525. 706.

ein Grundstück kauft und dasselbe selbst baut oder es verpachtet. Es ist aber auch so möglich, daß er das Capital bei einem Andern, der dasselbe zum Ankauf von Grundstücken oder auf andere Art vortheilhaft verwenden will, anlegt, und sich davon bestimmte jährliche Renten bedingt. Das Capital wird dadurch unmittelbar producirend, ein wahres Surrogat eines Grundstückes. Dieses Geschäft wurde selbst im Mittelalter nicht für unerlaubt gehalten, und der Renten- oder Gültenkauf genannt [1]. Der Sache nach scheint dieses zwar auf dasselbe hinaus zu laufen, wie das Zinsgeschäft. Allein der Unterschied ist der, daß dabei der Andere nicht als bedürftig vorausgesetzt wird, sondern als Einer, der jährliche Renten zu verkaufen, also daran Ueberfluß hat, und zwar indem er solche entweder aus seinem anderweitigen Vermögen, oder aus dem mit dem entnommenen Capital zu machenden Gewinn zieht. Freilich kann auch ein aus Noth eingegangenes Zinsgeschäft in jene Form eingekleidet werden, und dieses mag in jener Zeit oft genug geschehen sein. Die Höhe der Rente hieng von der Uebereinkunft ab. Sie war gewöhnlich zwischen fünf und sechs [2], nach Umständen aber bis zehn und fast vierzehn Procent [3]. Durch die Reichsgesetze wurde sie auf fünf vom Hundert festgesetzt [4].

268. Die Theorie des Rentenkaufes, wo er noch vorkommt, ist folgende. Er ist seinem wahren Sinne nach der Kauf einer Forderung, die auf eine jährliche Prästation gerichtet ist. Die Renten haben also mit den Zinsen nichts gemein, und können daher in Naturalien bestehen, während die Kaufsumme Geld ist, und umgekehrt, da hingegen die Zinsen immer von der Natur der Hauptsumme und eine Quote derselben sind. Eben daher kann die Theorie der Zinsen nicht auf sie übertragen werden, namentlich nicht die Sätze, daß dabei keine Verzugszinsen vorkommen, und daß sie nicht über die Höhe des Hauptgeldes anschwellen

1) Die Zeugnisse giebt meine Deutsche Rechtsgeschichte §. 525.

2) Dieses zeigt Mone in seiner Zeitschrift für die Geschichte des Oberrheins I. 26—36.

3) Dieses zeigen die Beispiele in Kraut Grundriß §. 145. Nr. 71—77.

4) Reichspolizeiordn. von 1530. Tit. 26. §. 8., von 1548. Tit. 17. §. 8., von 1577. Tit. 17. §. 9.

dürfen. Thatsächlich konnte man allerdings den Rentenkauf dem Zinsgeschäft dadurch ähnlich zu machen suchen, daß der Rentenkäufer sich die Aufkündigung und Rückforderung des Capitals vorbehielt, und dieses konnte für den Andern eben so drückend werden, wie zwischen Gläubiger und Schuldner. Dieses wurde aber durch die gewöhnliche Stipulation abgewendet, wodurch nur dem Rentenverkäufer, nicht aber dem Rentenkäufer, jenem aber jederzeit, das Recht der Aufkündigung zugesprochen wurde [1]), und dieses wurde von den Reichsgesetzen als das unabänderliche Recht so bestätigt, daß jede dem entgegengesetzte Clausel als unkräftig behandelt werden sollte [2]). Nur das Versprechen des Schuldners, im Falle er in der Zahlung der Renten säumig wäre, das Hauptgeld dem Gläubiger wiederzugeben, wurde später für klagbar erklärt [3]), und dann von der Praxis dem Gläubiger in diesem Falle auch ohne ausdrückliches Versprechen die Rückforderung gestattet. Sehr häufig wurde die Rente zur Sicherheit des Käufers auf ein Grundstück gelegt [4]), und daraus entwickelte sich eine sehr ausgebildete Rechtsform [5]). Jetzt ist eine solche Rente ganz nach den Grundsätzen der Reallasten zu behandeln [6]).

269. Die etwas schwerfällige Form des Rentenkaufes genügte aber den fortschreitenden Bedürfnissen nicht mehr. Die beim blühenden Geld- und Handelsverkehr dargebotene Gelegenheit mit eigenem oder geliehenem Gelde zu speculiren und zu gewinnen, rechtfertigt, daß der Darleiher unter der Form von Zinsen für den Gewinn, den er selbst entbehrt und den er mit seinem Gelde dem Andern verschafft, sich einen Ersatz oder Antheil

1) Dieses wird als das allgemeine Herkommen erwähnt von Martin V. 1420 im c. 1. Extr. comm. de emtione (3. 5), und von Calixtus III. 1455 im c. 2. eod.

2) Reichspolizeiordn. von 1548. Tit. 17. §. 8., von 1577. Tit. 17. §. 9.

3) Deputations-Abschied zu Speyer von 1600. §. 35.

4) Die Stellen des canonischen Rechts (Note 1) sprechen davon, als von der allein vorkommenden Form.

5) Genau handelt davon meine Deutsche Rechtsgeschichte §. 516. Es ist ganz falsch, wenn Mittermaier II. §. 283., Gerber §. 188. dieses völlig Antiquirte in die Darstellung des heutigen Rechts einmischen.

6) Man sehe darüber Duncker Reallasten §. 16., Derselbe in Reyscher Zeitschr. XI. 469—483.

bedinge. Schon im Mittelalter mögen daher in den Handelsstädten Zinsgeschäfte vorgekommen oder auf Umwegen erreicht worden sein. Im sechzehnten Jahrhundert wurden sie auch in einzelnen Landesgesetzen ausdrücklich zugelassen und kamen immer mehr in Gang [1]. Eine Aushülfe bot selbst das canonische Recht dar, welches Verzugszinsen unter dem Gesichtspunkt des Interesse gestattete [2], und die Reichsgesetze schrieben dafür den Fuß von fünf vom Hundert vor, gleichsam als ob von der Zeit des Verzugs an der Gläubiger beim Schuldner das Geld auf Renten angelegt hätte [3]. Sich im Voraus durch Vertrag Zinsen zu bedingen, blieb aber dem gemeinen Rechte nach verboten [4]. Die Gesetzgebung und Praxis der einzelnen Territorien gieng jedoch in der entgegengesetzten Richtung fort. Ueber die Höhe des erlaubten Zinsfußes entstanden aber dabei Zweifel, weil Manche die Zulässigkeit von Conventionalzinsen als gemeinrechtlich vertheidigten, und nun auch den Zinsfuß des römischen Rechts von sechs Procent als den gemeinrechtlichen heranziehen wollten. Allein da jene Voraussetzung irrig ist, so bewegt sich die Frage blos auf dem Gebiete der Particularrechte. Man muß demnach unterscheiden. Wo die Landesgesetze oder die Praxis vertragsmäßige Zinsen gestatten, aber nicht zugleich ein festes Maß bestimmt haben, muß man nach dem historischen Zusammenhang der Verhältnisse annehmen, daß sie den bei den Renten und Verzugszinsen reichsgesetzlich angenommenen Fuß von fünf Procent auch

---

1) Dieses zeigen einzelne Formularbücher jener Zeit, die davon als von einer ganz geläufigen Sache reden, Frey Practica iuris 1574. Fol. 48—52. Die Landesgesetze nennen Mittermaier II. §. 275., Beseler System II. §. 127. Note 5. 6. 7.

2) C. 9. X. de arbitr. (1. 43), c. un. X. de plus petit. (2. 11), c. 48. X. de sent. excomm. (5. 39).

3) Deputations-Hauptschluß zu Speyer von 1600. §. 139.

4) Man kann sich dagegen nicht auf den Reichsabschied von 1654. §. 174. berufen; denn dieser redet nur von Renten und Verzugszinsen aus Darlehn, und schärft dafür den Zinsfuß von fünf vom Hundert ein. Jedenfalls würde er nur eine transitorische Verfügung über die im dreißigjährigen Kriege entstandenen Schulden enthalten. Den Beweis dafür giebt ein Schreiben aus Speier von 1655, also einem Jahre später, welches ausdrücklich sagt, daß das Kammergericht Conventionalzinsen gar nicht, sondern nur fünf Procent Verzugszinsen anerkenne. Das Schreiben steht aus Meiern Rechtmäßigkeit des sechsten Zinsthalers S. 111. auch abgedruckt in Hugo Civil. Magazin II. 193.

auf die Conventionalzinsen übertragen haben, weil man nun den Rentenkauf und das Zinsgeschäft entschieden als einander ganz nahe verwandt betrachtete. Ein sechster Zinsthaler ist daher nur da als erlaubt anzusehen, wo die Landesgesetze oder die Praxis ihn unter dem Einfluß des römischen Rechts ausdrücklich zulassen [5]). Wo dieses der Fall nicht ist, muß gemeinrechtlich selbst die Zurückforderung des Gezahlten gestattet werden. Nur soviel ist durch die Praxis entschieden, daß die Strafen des Zinswuchers beim sechsten Zinsthaler nicht anwendbar sind [6]). Es hat aber diese ganze Controverse durch die in den meisten Ländern erschienenen Zinsgesetze ihr Interesse größtentheils verloren. Wo übrigens Zinsen vorkommen und das römische Recht noch gemeines Recht ist, müssen auch dessen Verbote des Anatocismus und der usurae ultra alterum tantum gemeinrechtliche Geltung haben [7]).

270. Eine sehr alte Anwendung des Zinsgeschäftes ist bei dem Institute der Leihhäuser. Das Eigenthümliche ist nur dieses, daß das Institut den wohlthätigen Zweck verfolgt, die augenblickliche Noth gegen Wucherer zu schützen. Zu seiner Sicherheit kann es allerdings nicht ohne Unterpfand leihen, und zu seinem Bestehen muß es auch Zinsen nehmen. Allein seinem Zwecke gemäß sollten diese Zinsen nicht höher sein, als zu seinem Bestehen durchaus erforderlich ist, und es müßte auch der Ueberschuß der verkauften Unterpfänder den Schuldnern herausgegeben werden. Wegen der wohlthätigen Absicht haben die Päpste und Concilien solche Anstalten unter jener Beschränkung ausdrücklich gebilligt [1]), und sie haben jetzt insgemein mancherlei Vorrechte. Doch ist nicht zu läugnen, daß sie in einer vergnügungssüchtigen Zeit das leichtsinnige Borgen befördern, und es wäre wünschenswerth, wenn man sie durch strenge Unterdrückung des Wuchers entbehrlich machen könnte.

5) Solche Landesgesetze nennt Mittermaier II. §. 275.

6) Am gründlichsten ist diese ganze Frage behandelt bei Eichhorn §. 108. 109.

7) Beseler System I. §. 127. Nr. 1., Maurenbrecher II. §. 344.

1) Conc. Lateran. V. a. 1517. Sess. X., Conc. Trid. Sess. XXII. cap. 8. de ref., Benedict. XIV. de synodo dioeces. lib. X. cap. 5. §. 1—3. Ueber die Geschichte der Leihhäuser sehe man Morichini degl' istituti di publica carità. Roma 1835.

b) Das kaufmännische Depositum [1]).

271. Es kommt häufig vor, daß Einer sein Geld, worüber er die freie Verfügung zu behalten wünscht, und welches er doch nicht ganz unbenutzt lassen will, bei einem Kaufmann oder Banquier gegen geringe Zinsen niederlegt, mit dem Vorbehalte, es jeden Augenblick ganz oder auch theilweise zurücknehmen zu können. Man hat dieses ein conto à deposito genannt, und häufig auch juristisch als ein Depositum, nur als ein irregulaires, behandelt. Allein selbst in dem Falle, wenn Geld mit der Erlaubniß, es zu gebrauchen, deponirt wird, ist zwar das Geschäft im Anfang ein Depositum, es geht aber in dem Augenblick in ein Darlehn über, wo der Andere von dieser Erlaubniß wirklich Gebrauch macht [2]). Diesen letzteren Character muß dasselbe also hier von Anbeginn an haben, da der Kaufmann Zinsen giebt, was klar anzeigt, daß das Geld nicht blos mit der Erlaubniß des Gebrauches hingegeben, sondern auch in der Absicht des alsbaldigen Gebrauches empfangen wird. Das Verhältniß ist also, seines Namens ohngeachtet, als ein wahres Zinsgeschäft anzusehen [3]). Practisch wichtig ist diese Unterscheidung deshalb, weil, wenn es ein Depositum wäre, der casuelle Untergang der noch nicht verausgabten Münzsorten dem Deponenten als dem Eigenthümer zur Last fiele, und weil dieser bei einem Concurse des Empfängers die noch vorhandenen Münzsorten vindiciren dürfte, oder doch unter die privilegirten Creditoren der vierten Classe gehören würde, was aber der Fall nicht ist [4]). Dasselbe Rechtsverhältniß ist da vorhanden, wo Einer sein Geld gegen Zinsen bei einer Bank deponirt. Auch gehört dahin das wohlthätige Institut der Sparcassen, wodurch das nutzbare Anlegen auch von ersparten kleinen Summen möglich gemacht werden soll [5]).

---

1) Davon handeln Thöl Handelsrecht I. §. 111., Gengler Lehrbuch §. 117.

2) Fr. 9. §. 9. fr. 10. D. de rebus cred. (12. 1), fr. 1. §. 3. D. depos. (16. 3).

3) Fr. 24. 26. §. 1. D. depos. (16. 3).

4) Fr. 7. §. 2. D. depos. (16. 3).

5) Die Litteratur darüber findet man bei Gengler Lehrbuch §. 116.

C) Verträge über persönliche Leistungen. 1) Uebersicht derselben [1]).

272. Die persönlichen Leistungen oder Dienste als Gegenstand von Verträgen betrachtet zerfallen in zwei Hauptklassen. Die Erste begreift solche Verrichtungen, wobei man seine Thätigkeit und Kräfte zum Vortheil eines Andern vorherrschend aus Gefälligkeit und persönlicher Rücksicht hingiebt und die Absicht dadurch etwas für sich zu verdienen entweder gar nicht oder nur in ganz untergeordneter Weise vorhanden ist. Dieses ist der Fall beim Mandatverhältniß. Die zweite Klasse begreift die Fälle, wo man zwar seine Dienste zum Nutzen eines Andern verwendet, wo man dieses wesentlich aber wegen seines eigenen Interesse um einer Gegenleistung willen thut. Davon sind aus dem Standpunkt des heutigen Rechts nach der Natur der Dienste weiter drei Arten zu unterscheiden. Entweder sind die Verrichtungen geringer und gemeiner Art, die einen gewöhnlichen Preis haben. Hier wird dieser Preis der Lohn genannt. Oder die Dienste sind etwas höherer Art, die eine gewisse Intelligenz erfordern. Diese fallen besonders in das Handelsrecht, und hier wird die Gegenleistung nicht Lohn, sondern etwas vornehmer Provision, Spesen und dergleichen genannt [2]). Oder endlich die Dienste sind solche, die zwar nicht unentgeltlich verrichtet werden, denen aber doch ein ganz individuelles Vertrauensverhältniß beigemischt ist, und die ihrer höheren geistigen Natur wegen über die gemeine Werthschätzung hinausgehen. Hier heißt daher die Gegenleistung das Honorar.

2) Deutschrechtliche Formen des Mandates.

273. Im kaufmännischen Leben kommen davon folgende Formen vor. I. Das Zahlungsmandat, wo Einer einem Andern den Auftrag giebt, an einen Dritten eine Summe auszuzahlen. Hier reichen ganz die Grundsätze des römischen Rechts aus [1]). Der

---

1) Diese Uebersicht fehlt bei allen Germanisten, weshalb auch in der Classification so vieles Ungenaue und Unvollständige vorkommt.

2) Gerber §. 199. hat diese in der Natur der Sache liegenden Unterscheidungen nicht erkannt, und ist dadurch in den großen Fehler verfallen, dieses Verhältniß als ein Mandat zu behandeln. Der Sprachgebrauch dient hier schon als der richtige Wegweiser.

1) Nach diesem sind die Verhältnisse dargestellt bei Thöl Handelsrecht I. §. 114—118.

Zweite ist nicht genöthigt den Auftrag anzunehmen, selbst dann nicht, wenn er Schuldner des Ersten ist, weil er nicht verpflichtet ist, neben seiner Schuld eine neue Verbindlichkeit zu übernehmen. Hat er aber den Auftrag übernommen, so kann er mit der directen Mandatklage auf Erfüllung und auf Schadenersatz belangt werden [2]. Umgekehrt kann er aber auch nach erfülltem Auftrage gegen den Ersten mit der contrairen Mandatklage auf Ersatz und völlige Schadloshaltung klagen [3]. Mit dem Dritten kommt der Zweite in kein obligatorisches Verhältniß, sondern Jener hat sich über die empfangene Zahlung mit dem Ersten zu berechnen. Dieses Verhältniß liegt der Art von Creditbriefen zum Grunde, worin der Aussteller einem Andern aufträgt, dem Inhaber des Briefes eine Summe auf seine Rechnung auszuzahlen. II. Das Eincassirungsmandat, wo Einer einem Zweiten den Auftrag ertheilt, bei einem Dritten eine Summe einzucassiren [4]. Hier ist der Zweite dem Ersten für die getreue Vollführung des übernommenen Auftrages verantwortlich. Nach erhaltener Zahlung muß er ihm das Geld entweder herausgeben, oder er behält es als Creditum, oder es dient ihm zur Tilgung einer Forderung, die er gegen den Ersten hatte. Der Dritte kommt mit dem Zweiten in kein obligatorisches Verhältniß, sondern nur mit dem Ersten, indem er von ihm Ersatz oder, wenn er dessen Schuldner war, Tilgung der Schuld verlangt. III. Die kaufmännische Anweisung, wo Einer einem Zweiten den Auftrag giebt, an einen Dritten zu zahlen, und einem Dritten den Auftrag, diese Zahlung zu empfangen. Hier treffen ein Zahlungs- und ein Eincassirungsmandat zusammen [5]. IV. Einer ertheilt durch einen Creditbrief einem Andern den Auftrag, dem Inhaber des Briefes auf dessen Verlangen bis zu einer bestimmten oder unbestimmten Summe zu creditiren [6]. Dieses kann nach den gebrauchten Ausdrücken einen doppelten Sinn haben. Entweder soll der Zweite den Inhaber

---

2) Fr. 12. §. 10. D. mandati (17. 1).
3) Fr. 12. §. 9. fr. 27. §. 4. D. mandati (17. 1).
4) Davon handelt Thöl I. §. 119.
5) Man sehe Thöl I. §. 121—126.
6) Davon handelt Thöl I. §. 108. 109.

des Briefes zu seinem eigentlichen Schuldner machen, und der Aussteller will nur wie ein Bürge subsidiair haften. Oder er übernimmt die Schuld nicht blos auf seine Rechnung, sondern auch auf seine Gefahr, so daß er direct belangt werden kann. Im Zweifel ist der letzte Sinn anzunehmen [7]). V. Bloße Empfehlungen zu Gunsten eines Dritten, der Geld creditirt zu erhalten sucht, verpflichten aber den Aussteller nicht [8]), außer wenn er dabei mit Arglist verfuhr, und der Darleiher dadurch nachweislich zum Darleihen bestimmt worden ist [9]). Eben so wenig können Rathschläge, die man einem Kaufmann zu dessen eigenem Interesse gab, wenn er auch dadurch zu Schaden kam, einen Entschädigungsanspruch begründen [10]).

3) Geding von Diensten und Arbeiten.

274. Von dem Geding gemeiner Dienste und Arbeiten um Lohn kommen folgende besondere Anwendungen vor. I. Das Verhältniß des Herrn zu den Tagelöhnern. Dabei kommt die Theorie der locatio conductio operarum ganz rein zur Anwendung. II. Das Verhältniß des Handwerkermeisters zu seinen Gesellen. Dieses ist in der Hauptsache auch eine Dienstmiethe, wobei der Lohn nach dem Vertrag ein Tag-, Wochen- oder Monatlohn sein, oder auch nach dem Stück bezahlt werden kann. Das Eigenthümliche ist nur, daß, besonders wenn der Geselle beim Meister Wohnung und Kost erhält, eine Beimischung von häuslicher Unterordnung hinzukommt, und daß aus Gründen der öffentlichen Disciplin die Autorität des Meisters durch die Zunftordnungen und Polizeigesetze in besonderer Weise unterstützt wird. Diese tritt noch stärker gegen den Lehrling hervor, da dieser nicht Lohn erhält, sondern erst arbeiten lernen soll und dafür ein Lehrgeld entrichtet, also die Eigenschaft von Lehrer und Lehrling für die beiderseitigen Rechte und Pflichten der leitende Gesichtspunkt sind [1]).

---

7) Fr. 56. pr. fr. 60. pr. D. mandati (17. 1), c. 7. C. eod. (4. 35).

8) Fr. 12. §. 12. D. mandati (17. 1). — Man sehe darüber Euler in Reyscher Zeitschr. X. 139., Thöl I. §. 101.

9) Fr. 7. §. 10. D. de dolo (4. 3).

10) Fr. 2. §. 6. D. mandati (17. 1).

1) Man sehe Gerber §. 182., Mittermaier II. §. 516. 517., Bluntschli Privatrecht I. §. 126. Nr. 2.

III. Das Verhältniß des Fabrikherrn zu den Fabrikarbeitern. Dieses ist an sich ein gewöhnliches Arbeiten für Lohn. Allein durch das Dauernde und Massenhafte, und durch das leicht zu einer wahren Herrschaft ausartende Uebergewicht des Herrn wird im Interesse der Humanität und der guten Sitten eine Einwirkung und Beaufsichtigung durch die Staatsgewalt nothwendig, worüber das Nähere von den Landesgesetzen abhängt [2]. IV. Das Verhältniß der Bergwerkseigenthümer zu den Bergleuten. Diese sind ebenfalls Arbeiter um Lohn, wobei das Maß der Arbeit vom Herkommen abhängt, so daß die Arbeiter bestehen können. Nach der Natur des Verhältnisses müssen auch die Eigenthümer der im Dienste erkrankten oder beschädigten Bergleute sich annehmen, und ihnen noch einige Zeit lang ihren Lohn zahlen [3]. V. Das Verhältniß des Schiffers zum Schiffsvolk. Auch dieses beruht vorherrschend auf dem Gesichtspunkt der Dienstmiethe. Nur macht die Natur des Seedienstes eine große Pünktlichkeit und die Unterwerfung unter die Disciplin des Schiffers nothwendig, wogegen dieser auch für den im Schiffsdienste erkrankten oder verwundeten Matrosen sorgen muß, und ihm dafür keinen Lohn abziehen darf [4].

4) Besorgung von Geschäften und Verrichtungen höherer Art. a) Bestellung eines bleibenden Geschäftsführers.

275. Bei den Römern bediente man sich zur Besorgung seiner Geschäfte insgemein seiner Sclaven; in die Dienste eines Andern zu treten wurde eines freien Mannes nicht würdig gehalten. Jetzt ist dieses anders, und es giebt die mannichfaltigsten Fälle, wo Jemand bei einem Andern zu seiner Subsistenz gegen einen festen Lohn eine Geschäftsführung als bleibenden Dienst übernimmt [1]. Ein solcher Dienst wird Condition, Engagement, Stelle, Anstellung, und der Lohn Gehalt, Salair genannt. Das Verhältniß hat zwei Seiten. Zwischen dem Herrn und dem angestellten Geschäftsführer besteht nicht ein Mandat, weil um

2) Die Gesichtspunkte dabei bezeichnet Bluntschli II. §. 126. Nr. 3.
3) Als Beispiel dient das Preuß. Landr. II. 16. §. 213—220.
4) Mehr darüber findet man bei Mittermaier II. §. 544.
1) Davon handelt weitläufig Thöl Handelsrecht I. §. 20—33.

Lohn gedient wird, sondern eine Dienstmiethe [2]), was den Begriff einer größeren Abhängigkeit, Pünktlichkeit und Anstrengung in sich schließt. Zwischen dem Geschäftsführer und dritten Personen ist das Verhältniß so, daß dem freien Princip des Justinianischen Rechts gemäß Ersterer durch das, was er innerhalb der Gränzen seines Auftrages thut, den Herrn gegen Dritte unmittelbar berechtigt wie verpflichtet, wobei aber die Theorie der exercitorischen und institorischen Klage noch nützliche Anhaltpunkte gewährt [3]). Ueber die Gränzen des Auftrages entscheidet der Name und Zweck der Anstellung. Will der Herr davon einzelne Punkte ausgenommen wissen, so muß er dieses öffentlich bekannt machen. Doch hat auch der Dritte dabei eine den Umständen angemessene Vorsicht zu beobachten. Die wichtigsten solcher hieher gehörenden Geschäftsführer sind folgende [4]). 1) Der Factor oder Disponent, welcher von einem Handelsherrn oder einer Handelsgesellschaft über die ganze Handlung oder einen Zweig derselben gesetzt ist [5]). Als solcher ist auch der Provisor einer Apotheke anzusehen [6]). 2) Der Handlungsdiener in seinen verschiedenen Abstufungen, als Ladendiener, Börsendiener, Cassirer, Besorger des Zolles [7]); hingegen sind der Buchhalter und der Correspondenzführer zu Geschäften mit Dritten nicht als berechtigt anzusehen, und bei dem Comtoirbedienten und Lagermeister kommt es auf die Umstände an. 3) Die Reisenden (commis voyageurs), welche zur Besorgung von Geschäften umhergesandt werden [8]). Doch ist bei Zahlungen an dieselben und beim definitiven Abschluß eines Geschäftes ihre Legitimation wohl zu prüfen. Eine Art derselben sind die Cargadeurs, welche eine Schiffsladung für deren Zwecke begleiten. 4) Der von dem Rheder zum Seetransport angestellte Schiffs-

2) Fr. 1. §. 18. fr. 5. pr. D. de exercit. act. (14. 1).

3) Ueber dieses Princip des Justinianischen Rechts sehe man Savigny Obligationenrecht II. 56—58., dessen Ausführung gegen Puchta, dem Thöl folgt, gerichtet ist.

4) Diese Aufzählung gründet sich, so weit sie das Kaufmännische berührt, hauptsächlich auf Thöl I. §. 22.

5) Mittermaier II. §. 537., Gengler Lehrbuch §. 106.

6) Mittermaier II. §. 576.

7) Man sehe darüber Mittermaier II. §. 538.

8) Mittermaier II. §. 538.

capitain oder Schiffer, wovon unten zu handeln ist [9]). 5) Der Schichtmeister bei einem Bergwerke, welcher als Factor der Gewerkschaft unter der Leitung des Bergamtes die Oeconomie der anvertrauten Grubengebäude, die Anschaffung der Materialien besorgt, die Contracte mit den Arbeitern abschließt, die Producte verkauft, die Zubußen sammelt und Rechnung stellt [10]). 6) Der Wirthschaftsdirector auf Landgütern.

b) Besorgung einzelner kaufmännischer Geschäfte. α) Commissionsgeschäft.

276. Im kaufmännischen Verkehr kommt es häufig vor, daß Einer einzelne vorübergehende Handelsgeschäfte durch einen Andern besorgen läßt, und es giebt selbst Personen, welche die Uebernahme und Ausführung kaufmännischer Commissionen als bleibenden Erwerbzweig betreiben und sich als solche öffentlich bekannt machen. Das Verhältniß hat mit dem Mandat darin Aehnlichkeit, daß der Committent dabei auf die Thätigkeit, Einsicht und Treu und Glauben des Commissionair vorzüglich vertraut. Es unterscheidet sich aber darin, daß der Commissionair das Interesse des Andern wesentlich um seines eigenen Interesse, um des Lohnes oder der Provision willen besorgt, was aber seine Pflichten nicht vermindert, sondern verschärft. Eine Anwendung davon bildet die Einkaufscommission [1]). Hierüber gelten nach der Natur des Verhältnisses folgende Grundsätze. I. Die Uebernahme einer kaufmännischen Commission ist Sache des freien Willens. Dem Rechte nach kann der Beauftragte nicht einmal verpflichtet erachtet werden, die Nichtannahme zu erklären. Wenn jedoch Einer sich öffentlich als Commissionair bekannt gemacht hat, so ist er im Falle der Nichtannahme zur sofortigen Erklärung verbunden. II. Durch die Uebernahme der Commission verpflichtet sich der Commissionair mit regelmäßigem kaufmännischen Fleiße das Interesse des Committenten wahrzunehmen, vor Allem möglichst wohl-

9) Man sehe §. 280.

10) Mittermaier I. §. 249., Eichhorn §. 277. Genau handelt davon das Preuß. Landr. II. 16. §. 310—321.

1) Das reichhaltigste Material mit der Litteratur giebt Mittermaier II. §. 551., Gengler Lehrbuch §. 105. Monographieen darüber sind: Treitschke Rechtsgrundsätze vom Commissionshandel. Leipzig 1839., Delamarre et Lepoitevin traité du contrat de commission. Paris 1840. 2 vol.

feile und gute Waare einzukaufen, dabei aber überall mit der Einsicht eines verständigen Kaufmannes zu verfahren, und von veränderten wichtigen Umständen den Committenten sofort zu benachrichtigen. III. Ist ihm ein Maximum des Preises gesetzt und hat er dasselbe überschritten, so muß zwar der Committent, wenn der Commissionair will, den Kauf als den seinigen anerkennen; allein er ist nur für jenes Maximum gehalten [2]). IV. Das Eigenthum der gekauften Waare geht auf den Committenten über, sobald dem Commissionair tradirt ist, weil Jener durch diesen als Mittelsperson den Besitz erwirbt [3]). Es muß jedoch bewiesen sein, daß der Commissionair für den Committenten gekauft habe. V. Zwischen dem Committenten und dem Verkäufer entsteht aus dem Geschäft keine Verbindlichkeit und kein Klagrecht, sondern nur zwischen diesem und dem Commissionair. Daher ist auch der Name des Committenten für den Verkäufer gleichgültig. Anders ist es jedoch, wenn der Commissionair seinen Committenten ausdrücklich als den Käufer genannt und der Verkäufer denselben als solchen angenommen hat. In diesem Falle ist der Commissionair nur Werkzeug des Committenten, und wird gegen den Dritten nicht obligirt. VI. Der Committent ist dem Commissionair zur Zahlung der Provision und zur vollen Schadloshaltung verbunden [4]). Dafür hat dieser auch an den Waaren ein Retentionsrecht. VII. Der Commissionair wird durch die Natur des Geschäfts nicht gehindert, die Waaren auf seinem eigenen Lager zu entnehmen, wenn er sie von gleicher Wohlfeilheit und Güte, wie von einem Andern liefern kann [5]). Der Kauf ist dann als vollendet anzusehen, sobald irgend eine äußere Handlung des Commissionair vorliegt, welche seine Absicht bei sich gekauft zu haben, beweist; die Tradition aber an sich als Commissionair, sobald die Waare von seinem Vorrath für den Committenten abgesondert

---

2) Fr. 3. §. 2. fr. 4. D. mandati (17. 1).

3) Fr. 13. pr. D. de acquir. rer. domin. (41. 1), fr. 1. §. 20. D. de acquir. possess. (41. 2).

4) Fr. 12. §. 9. D. mandati (17. 1).

5) Anderer Meinung ist Bluntschli Privatrecht II. §. 551. Nr. 5. Man sehe dagegen Mittermaier II. §. 551. Nr. XVI.

und zurückgelegt worden [6]. VIII. Der Commissionair ist, so weit sich sein Auftrag auf dem gewöhnlichen kaufmännischen Gebiete bewegt, als berechtigt anzusehen, einen Andern weiter zu committiren; jedenfalls thut er dieses aber auf seine eigene Verantwortlichkeit.

277. Eine andere Anwendung ist die Verkaufscommission [1]. Dabei gilt, nur in umgekehrter Lage, dasselbe wie bei der Einkaufscommission. Hervorzuheben sind folgende Punkte. I. Der Commissionair ist verpflichtet, zu dem möglichst höchsten Marktpreis zu verkaufen, auch dann, wenn ihm ein Minimum gesetzt ist, unter welchem er nicht verkaufen soll. II. Das Eigenthum an der Waare bleibt beim Committenten so lange, bis daß dieselbe vom Commissionair dem Käufer tradirt ist. III. Die Rechte und Verbindlichkeiten aus dem Kaufe bestehen blos zwischen dem Commissionair und dem Käufer. IV. Es besteht durch die Natur des Geschäftes für den Commissionair kein Hinderniß, an sich selbst zu verkaufen; nur muß er, wenn der Tagespreis höher steht, als das gesetzte Limito, jenen zahlen. V. Glaubt der Commissionair, daß die Waare das gesetzte Limito nicht erreichen, sondern wieder zurückgehen werde, so darf er, ohne den Committenten benachrichtigt zu haben, nicht darüber verfügen. Möglich ist, daß er sie dann auf eigene Gefahr in der Erwartung verkauft, daß der Preis sinken, der Committent ihm nun den Auftrag zum Verkauf ertheilen, und er diesem den geringen Preis übersenden werde. Wenn hier die Waare das Limito erreicht, bevor der Committent den Auftrag zurücknahm, so kann dieser den vollen Preis fordern. Wenn er ihn aber zurücknahm und nun den geschehenen Verkauf erfährt, so kann er wenigstens die volle Kaufsumme einfordern, weil der Commissionair den erhaltenen Auftrag eigenmächtig verändert, sich durch die unbefugte Speculation mit der Sache des Andern bereichert und durch sein Stillschweigen nicht mit der nöthigen Aufrichtigkeit gehandelt

---

6) Man kann hier beziehungsweise die Regeln anwenden, welche Thöl Handelsrecht I. §. 74. aufstellt. Nur muß man vor Augen halten, daß hier der Verkäufer und der Stellvertreter des Käufers dieselbe Person sind.

1) Davon handelt Mittermaier II. §. 552.

hat. VI. Die Befugniß, auf Credit zu verkaufen, ist als von selbst in der Verkaufscommission enthalten nicht anzusehen, sondern ist es nur dann, wenn sie ausdrücklich ertheilt oder am Wohnorte des Commissionairs gebräuchlich ist. Dann aber haftet derselbe, wenn er mit der regelmäßigen kaufmännischen Vorsicht gehandelt hat, für die Zahlung nicht, wenn er nicht ausdrücklich die Verpflichtung del credere, etwa gegen eine höhere Provision, übernommen hat. Dieses bildet dann einen besonderen Nebenvertrag VII. Ist die Waare nicht verkäuflich, so ist sie nicht gleich zurückzuschicken, sondern der Committent muß davon benachrichtigt und dessen Verfügung abgewartet werden. VIII. Eine besondere Art der Verkaufscommission ist im deutschen Buchhandel. Jeder Buchhändler constituirt sich als Commissionair der Anderen. Sie senden sich unter einander ihre Verlagsartikel zum Absatze zu, gewähren sich bei den verkauften Artikeln den Buchhändlerrabatt als Provision, und schicken sich jährlich die nicht verkauften zurück. Der Mittelpunkt für diese Sendungen und Zurücksendungen ist Leipzig, wo daher jeder Buchhändler seinen Commissionair hat[2].

β) Speditionsgeschäft[1].

278. Das Speditionsgeschäft ist ein Vertrag, wodurch Einer gegen eine Provision (Spesen) die Beförderung einer Sache von einem Orte zu einem andern übernimmt. Insgemein giebt es dafür Personen, die daraus einen stehenden Erwerbzweig machen, welcher der Speditionshandel heißt. Es gelten darüber folgende Grundsätze. I. Der Vertrag begründet für den Spediteur die Verpflichtung, mit dem höchsten kaufmännischen Fleiße die sichere, rechtzeitige und möglichst wohlfeile Beförderung der Sache an ihren Bestimmungsort zu besorgen. Er muß daher dieselbe in Empfang nehmen, bis zur Versendung aufbewahren und gehörig verpacken lassen, die bereits geschehene Verpackung untersuchen, die mangelhafte verbessern, und wenn daraus bereits

---

2) Man sehe Mittermaier II. §. 575., Gengler Lehrbuch §. 105.

1) Die Litteratur findet man bei Mittermaier II. §. 553., Maurenbrecher II. §. 366—368., Gengler Lehrbuch §. 107.

eine Beschädigung entstanden ist, dieselbe constatiren, um den Regreß zu sichern, endlich die Sache auf dem nächsten und sichersten Wege weiter senden. II. Für den Schaden, der durch die Schuld oder eine Versäumniß des Spediteurs in einer dieser Beziehungen entsteht, ist derselbe verantwortlich; ja er haftet nach bekannten Grundsätzen selbst für den casuellen Schaden, den die Sache bei ihm erleidet, wenn er mit deren Weitersendung in einer augenscheinlichen Mora war. III. Die Rechte des Spediteurs aus dem Geschäft gehen auf Zahlung der Provision und Ersatz aller Auslagen. Dafür hat er an der Sache ein Retentionsrecht, welches er bei der Weiterbeförderung auch auf denjenigen überträgt, der von ihm die Sache gegen Bezahlung jener Forderung in Empfang nimmt. IV. Das Geschäft kann mündlich ohne alle Form geschlossen werden. Es kann da, wo der Spediteur sich als solcher dem Publikum bekannt gemacht hat, selbst stillschweigend geschehen, wenigstens in so fern, daß er die Waaren, die ihm in dieser Eigenschaft zugeschickt werden, annehmen und aufbewahren, und wenn er die Spedition nicht übernehmen will, dieses unverzüglich erklären muß. V. Der Spediteur ist kraft des erhaltenen und übernommenen Auftrages Mittelsperson des Absenders, nicht des Adressaten. Letzteres ist er nur dann, wenn er von demselben den Auftrag erhalten und übernommen hat. Wichtig ist dieses wegen des Ueberganges des Besitzes und des Eigenthums[2]). Erhält derselbe Spediteur den Auftrag von Beiden, so erwirbt er den Besitz für den Adressaten durch seinen bloßen Willen[3]). Er darf dieses jedoch erst dann, wenn er den Auftrag des Absenders ausgerichtet hat, zum Beispiel wenn dieser ihm aufgab, die Waare nicht vor erhaltener Bezahlung zu übergeben[4]). VI. Mit der Uebernahme der Spedition übernimmt der Spediteur auch die Anstellung derjenigen Personen, ohne welche er seinen Auftrag nicht vollführen kann, namentlich der Fuhrleute und Zwischenspediteure. Diese sind also seine Agenten,

---

2) Man sehe darüber Thöl Handelsrecht I. §. 78.
3) Fr. 18. pr. D. de acquir. posses. (41. 2).
4) Bluntschli Privatrecht II. §. 129. Nr. 5.

nicht die des Absenders, und er ist daher diesem für deren Handlungen und Unterlassungen verantwortlich, wofür er gegen sie seinen Regreß nimmt [5]). Für den unabwendbaren Zufall haften aber sie so wenig wie er selbst. VII. Zuweilen erhält der Spediteur zugleich den Auftrag, die Waare an bestimmten Zwischenorten zum Verkauf auszubieten. Dann concurrirt mit der Spedition zugleich eine Verkaufscommission.

γ) Frachtverdingung zu Lande [1]).

279. Der Frachtverding ist der Vertrag, wodurch Einer gegen einen Lohn die Verbindlichkeit übernimmt, die sichere und pünktliche Beförderung einer Sache an einen bestimmten Ort auf der Achse selbst auszuführen. Es treffen ihn also, was die Empfangnahme, Verpackung und Beaufsichtigung derselben betrifft, dieselben Verbindlichkeiten, wie den Spediteur, und es kommen noch eigenthümliche hinzu. I. Der Vertrag wird, wie eine Dienstmiethe, durch die bloße Uebereinkunft vollendet, so daß der Frachtfahrer, wenn der Befrachter zurücktritt, Entschädigung verlangen kann. II. Die Ausführung des Vertrages wird durch den Frachtbrief bestimmt, welcher den Namen des Absenders, Frachtfahrers und Adressaten, die Bezeichnung der Waare, den Bestimmungsort, die Größe des Frachtlohns, und die Zeit der Ankunft, wenn diese bedungen ist, enthält, und gegen den Frachtfahrer nach dessen Empfangnahme einen vollen Beweis bildet. III. Der Absender kann die Waare, wenn sie auch schon unterwegs ist, jederzeit zurückholen, gegen Entschädigung, weil nur darauf das Interesse des Frachtfahrers geht. IV. Der Frachtfahrer haftet wegen Verlust, Beschädigung oder Verspätung wie der Spediteur, auch für seine Leute. V. Er ist bei unvorhergesehenen Ereignissen verpflichtet, nach bester Einsicht zu verfahren, auch dann nöthigenfalls von den vorgezeichneten Bedingungen in Ansehung des Weges und der Zeit abzugehen, und die zur Erhaltung der Waare

5) Anderer Meinung ist Mittermaier II. §. 553. Nr. X. XI. Man sehe dagegen Maurenbrecher II. §. 367., Bluntschli II. §. 129. Nr. 3.

1) Das Meiste an Material und Litteratur geben Mittermaier II. §. 540., Buddeus in Weiske Rechtslexikon IV. 423—431., Gengler Lehrbuch §. 95. Eine Monographie darüber ist: Münter das Frachtfahrerrecht. Hannover 1810.

erforderlichen Auslagen zu machen. VI. Zur Deckung dieser Auslagen, des Frachtlohns und der an die Spediteurs bezahlten Spesen hat er nach dem allgemeinen Gebrauche ein Retentionsrecht. Dieses hat er aber nicht blos in seinem Interesse, sondern auch in dem des Absenders und der Spediteurs, indem diese Personen zur Tilgung ihrer gegen den Frachtfahrer contrahirten Verbindlichkeit denselben an den Adressaten anweisen und ihm zu seiner Deckung die Waaren in die Hand geben. Wenn er daher die Waare vor erhaltener Zahlung ausliefert, so bleibt er zwar Gläubiger des Empfängers, kann aber gegen den Absender und die Spediteurs nicht mehr klagen. VII. Durch die Annahme der Waare und durch Auszahlung der Fracht von Seiten des Adressaten erklärt derselbe seine Zufriedenheit mit der Vollführung des Auftrages. Dieses hindert jedoch nicht die nachträgliche Klage wegen erst später entdeckter oder gar verheimlichter Fehler.

d) Frachtverdingung zur See [1]).

280. Für die Frachtfahrten zur See giebt es Personen, Rheder, welche daraus ein eigenes Gewerbe machen, indem sie dazu ihre eigenen oder ganz zum Gebrauche von Anderen übernommenen Schiffe halten und ausrüsten [2]). Häufig sind ihrer mehrere, und bilden dann eine Gesellschaft. Zur Besorgung der Ladung und für die Schiffahrt stellt der Rheder (exercitor) den Schiffer, Schiffscapitain oder Patron (magister navis) an. Daraus ergeben sich folgende Rechtsverhältnisse. Der Rheder verpflichtet sich gegen eine bedungene Fracht (frét, nolis) den Transport der Ladung vermittelst seines Schiffes und mit dem von ihm anzustellenden Schiffer sicher und pünktlich auszuführen; der Befrachter verpflichtet sich, die Ladung in der bestimmten Art und Zeit zu liefern. Die Befrachtung oder Verheuerung des Schiffes (nolissement) geschieht entweder so, daß der Befrachter dazu das ganze Schiff (en bloc) heuert, oder so, daß der Schiffer einzelne

---

1) Vieles an Material und Litteratur geben darüber Mittermaier II. §. 541—550., Gengler Lehrbuch §. 96. Es herrscht jedoch in der Darstellung des Seerechts allgemein der Fehler, daß man die Verhältnisse mehr äußerlich und kaufmännisch beschreibt, als nach juristischen Gesichtspunkten ordnet.

2) Fr. 1. §. 15. D. de exercit. act. (14. 1).

Stückgüter bis zur vollen Ladung annimmt (affréter à cueillette). Im ersten Falle muß ein schriftlicher Befrachtungsvertrag (certe, certepartie, charteparlie) errichtet werden, und hier kann der Befrachter gleich nach vollendeter Ladung die Abfahrt verlangen. Im zweiten Falle wird der Vertrag gewöhnlich von einem Mäkler geschlossen und in dessen Tagebuch notirt, und hier hängt die Zeit der Abfahrt von der vollen Befrachtung ab.

281. Das Verhältniß des Schiffers zum Rheder beruht im Ganzen, namentlich in der Anstellung und Entlassung, auf dem Gesichtspunkt der Dienstmiethe. Jedoch ist dabei zu erwägen, daß einestheils dieser Dienst mannichfache Kenntniß und Tüchtigkeit erfordert und daher eine ehrenvolle Behandlung verlangt; anderntheils, daß er wegen der wichtigen Consequenzen für die Menschen und das Schiff die größte Umsicht, Pünktlichkeit und eine bis zur größten Aufopferung gehende Anstrengung voraussetzt. Er muß daher bei der Besichtigung, Ladung, Abfahrt, Reise, Schiffbruch, Caperei, mit der höchsten seemännischen Einsicht verfahren, in außerordentlichen Umständen mit dem Rath der Vornehmsten der Schiffsmannschaft handeln, ein genaues Schiffsjournal führen und, auf den Grund desselben, über die erlittenen Unfälle am ersten Orte der Landung, unter eidlicher Vernehmung der Mannschaft durch die geeignete Behörde ein Protocoll (Verklarung, Seeprotest) erheben lassen [1].

282. Im Verhältniß zu dritten Personen gilt der Schiffer als der Mandatar des Rheders. Dieser wird daher aus dessen innerhalb seiner Vollmacht geschlossenen Verträgen direct berechtigt und verpflichtet. Diese Vollmacht modificirt sich von selbst, je nachdem der Schiffer sich an dem Wohnorte des Rheders oder eines speciellen Bevollmächtigten desselben befindet, oder davon entfernt auf sich selbst angewiesen ist [1]. Im Verhältniß zu dem Befrachter insbesondere stellt sich der Schiffer als derjenige dar, der im Auftrage des Rheders das ganze Geschäft der Verladung leitet und überwacht, und die Ausführung des Transports unter

1) Ueber diese Verklarung sehe man Mittermaier II. §. 318.
1) Fr. 1. pr. §. 1. 3. 5. 8. D. de exercit. act. (14. 1).

seiner Verantwortlichkeit selbst besorgt. Nach vollendeter Ladung stellt derselbe dem Befrachter über die geladenen Waaren drei bis vier gleichlautende Exemplare des Connossementes aus, worin der Schiffer und die Rheder unter genauer Angabe aller nöthigen Punkte bei Verpfändung ihrer Habe und Güter, insbesondere des Schiffes und dessen Zubehörs, die Ablieferung an den Destinatair versprechen. Während der Reise ist der Schiffer, nach Art eines Fuhrmanns, auch hinsichtlich der Waaren alle zu deren Erhaltung nöthige Sorgfalt aufzuwenden verbunden, und bei außerordentlichen Umständen auch zu den dazu erforderlichen außerordentlichen Mitteln berechtigt. Treten der Erfüllung des Vertrages vor der Abfahrt oder während der Reise unübersteigliche Hindernisse entgegen, so löst sich derselbe ganz oder theilweise auf.

283. Der Destinatair, an welchen die Waaren adressirt sind, erscheint dem Schiffer gegenüber als derjenige, an welchen derselbe die Waaren abzuliefern sich im Connossement verpflichtet hat. In der Uebersendung des anderen Exemplars des Connossements von Seiten des Befrachters an den Destinatair liegt für diesen die Bevollmächtigung, die Ablieferung der Waare nach dem Vertrage zu fordern. Das Connossement ist von dieser Seite gleichsam eine Anweisung auf die Waare, und kann daher wie ein Wechsel auf Ordre oder gar auf den Inhaber ausgestellt und durch Indossament umgesetzt werden [1]). Hinsichtlich des Verhältnisses des Destinatairs zur Waare ist zu unterscheiden. Ist derselbe nur der Commissionair des Befrachters, so setzt dieser den Besitz daran durch den Schiffer als die erste, und den Destinatair als die zweite Mittelsperson fort. Ist aber der Destinatair der Besteller und Käufer der Waare, so erwirbt er durch die Ablieferung des Schiffers an ihn den Besitz mit dessen rechtlichen Wirkungen. Nach vielen Particularrechten gilt jedoch das Connossement als der körperliche Repräsentant der Waare selbst, so daß der Destinatair schon mit dessen Empfang den Besitz und als Käufer unter den zutreffenden übrigen Bedingungen auch das Eigenthum erwirbt. Dieses kann man juristisch nicht dadurch er-

1) Mittermaier II. §. 545. Nr. I.

klären, daß in dem Augenblick, wo der Destinatair das Connossement empfange, der Schiffer sich stillschweigend aus der Mittelsperson des Befrachters in die Mittelsperson des Destinatairs umwandle, weil zu einer solchen Umwandlung ein ausdrücklicher Auftrag oder eine ausdrückliche Ratihabition erforderlich ist [2]). Jener Satz beruht daher nur auf Zweckmäßigkeitsgründen, und kann nicht als gemeinrechtlich angesehen werden [3]). Jedenfalls braucht aber der Schiffer die Waaren nur gegen Zahlung der bedungenen Fracht abzuliefern, und hat daran wie der Fuhrmann ein Retentionsrecht. Von den durch Seegefahr verloren gegangenen Waaren kann er nur in so weit Fracht fordern, als sie nach Maßgabe der geretteten Objecte vergütet werden.

284. Vom Augenblicke der Ladung bis zur Ausladung besteht nach der Natur der Sache zwischen dem Schiffe und den Waaren, und dadurch zwischen dem Rheder und dem Befrachter eine gewisse Gemeinschaft; denn das Eine ist um des Andern willen da. Es entsteht daher auch eine gewisse Gemeinschaft der Schäden und Kosten. In dieser Beziehung unterscheidet man folgende Fälle. I. Die Ungelder und anderen Auslagen, welche zu den gewöhnlichen Kosten der Schiffahrt und Reise gehören, wie die Anker- oder Hafengelder, das Baakengeld für Wacht-, Leuchtthürme und Warnungszeichen, die Lootsen-, Brücken- und ordentlichen Quarantainegelder. Diese werden die ordinaire oder kleine Haverei genannt. Wie sie von den Interessenten zu tragen sind, wird durch den Vertrag, häufig auch durch die Particularrechte bestimmt [1]). In Ermanglung von Beidem muß man, da sie zu den regulären Transportkosten gehören, annehmen, daß der Schif-

---

2) Fr. 24. D. de negot. gest. (3. 5), fr. 42. §. 1. D. de adquir. possess. (41. 2).

3) Dieses zeigt auch Thöl Handelsrecht I. §. 80. Die meisten Schriftsteller behaupten freilich dessen gemeinrechtliche Gültigkeit; so namentlich Mittermaier II. §. 565., Beseler in Reyscher Zeitschr. IX. 487—496., Gengler Lehrbuch §. 96. Anm. 3., bei welchen man auch die übrige Litteratur angeführt findet. Eine eigenthümliche Ansicht vindicirt sich Brinckmann Handelsrecht §. 78. Nach ihm soll man hier die Frage nach dem Besitz und Eigenthum gar nicht aufwerfen, und sich blos daran halten, daß durch das Connossement schlechthin das Recht erworben werde, die Auslieferung der Waare zu fordern.

1) Genau ist darüber das Preuß. Landr. II. 8. §. 1774—1784.

fer sie übernommen und danach seinen Frachtlohn bestimmt habe. II. Die Schäden und Kosten, welche, um ungewöhnliche Gefahr und größeren Schaden vom Schiffe und von der Ladung abzuwenden, gemacht worden sind. Dieses wird die große, außerordentliche oder gemeinschaftliche Haverei (avarie grosse genannt[2]). Dahin gehört der Seewurf eines Theiles der Waaren, um das Schiff und die übrigen Waaren zu retten, das vorsätzliche Stranden zu diesem Zwecke, die Beschädigung bei der Vertheidigung gegen den Feind, der Loskauf von Piraten, die Auslagen im Nothhafen, die außerordentlichen Lootsen und Quarantainegelder. Diese Auslagen und die in Geld abzuschätzenden Schäden müssen von den Eigenthümern der geretteten Objecte nach Verhältniß deren Werthes ersetzt werden[3]). Bei dem Seewurf insbesondere müssen auch die geworfenen Waaren nach ihrem Werthe dazu beitragen, da sie in Geld ersetzt werden[4]). III. Beschädigungen und Kosten, welche nur das Schiff oder nur die Waaren angehen. Diese nennt man eine particulaire Haverei. Dazu gehören Verletzungen des Schiffes durch die Schuld des Schiffers, Beschädigungen der Waare durch inneres Verderben und zufälligen Seeschaden; die Waarenzölle. Solche Kosten und Schäden gehen blos die Eigenthümer an[5]). IV. Zum Beweis der gehabten Auslagen und erlittenen Schäden dient das Schiffsjournal und die Verklarung[6]). Die Berechnungen geschehen durch eigene vereidete Personen, Dispacheurs, und nach der von ihnen aufgestellten Dispache haben diejenigen, welche an der Haverei Theil nehmen, ihre Beiträge, das Werfgeld, zu zahlen.

ε) Geschäft der Mäkler und Güterbesteder.

285. Die Mäkler[1]) sind Personen, welche die Vermittlung und Abschließung von Handelsgeschäften unter Dritten zu ihrem

---

2) Sehr ausführlich ist darüber das Preuß. Landr. II. 8. §. 1785—1899.

3) Hierüber ist die auf die lex Rhodia de iactu gebaute Doctrin des römischen Rechts noch ganz anwendbar.

4) Vom Seewurf handelt Mittermaier II. §. 317.

5) Davon handelt das Preuß. Landr. II. 8. §. 1900—1933.

6) Man sehe §. 281.

1) Eine reiche Litteratur darüber giebt Gengler Lehrbuch §. 108.

stehenden Gewerbe machen, und dazu unter öffentlicher Autorität mit einer besondern Glaubwürdigkeit versehen sind. Der von ihnen zu beziehende Lohn wird Mäklerlohn, Senserie, Courtage genannt. Das Verhältniß ist im Ganzen das der kaufmännischen Commission; jedoch hat es zwei Eigenthümlichkeiten. Erstens beruht es auf dem vorzüglichen Vertrauen in die Umsicht, Sachkenntniß und Verschwiegenheit des Mäklers, weshalb er für Versehen und Unterlassungen in diesen Richtungen verantwortlich ist. Gegen den anderen Contrahenten, mit welchem, wenn auch auf sein Zureden, das Geschäft zu Stande gekommen ist, hat er aber keine Verantwortlichkeit [2]). Zweitens hat der Mäkler einen öffentlichen Charakter zur Beglaubigung der durch ihn geschlossenen Geschäfte. Er muß daher die erforderliche Sorgfalt anwenden, um den Beweis darüber zu sichern, namentlich jedes für den Committenten abgeschlossene Geschäft in ein regelmäßiges Buch eintragen und daraus beiden Theilen die Schlußzettel zustellen, durch deren Annahme das Geschäft perfect wird. Zugleich muß er Alles unterlassen, wodurch das Vertrauen in seine Unparteilichkeit geschwächt würde. Nach den meisten Particularrechten darf er daher nicht selbst Handel treiben noch mit einem Kaufmann in Gesellschaft stehen, weshalb er dann nach jedem geschlossenen Geschäfte seinen Committenten namhaft machen muß. Als gemeinrechtlich läßt sich dieses jedoch nicht behaupten. Eine Art von Mäkler sind auch die Güterbesteder, welche den Fuhrleuten Fracht verschaffen, Wagen miethen, die Packung und Abfahrt überwachen. Auch sie sind häufig unter öffentlicher Autorität angestellt und vereidet [3]).

5) Leistungen gegen ein Honorar.

286. Der Zuschnitt unseres bürgerlichen Lebens hat es, und zwar zum Vortheil des unbemittelten Talentes, mit sich gebracht, daß die Ausübung liberaler Künste und Wissenschaften, welche in anderen Zuständen der Gesellschaft von den Wohlhabenden

---

2) Fr. 2. D. de proxenet. (50. 14).

3) Man sehe darüber Maurenbrecher II. §. 633., Gründler Polemik IV. §. 757.

aus Liebe zur Sache oder wegen der Ehre und zum Dienste der Mitbürger unentgeltlich betrieben wird, eine stehende Lebensbeschäftigung bildet, wovon man subsistirt, indem für die Dienstleistungen der Art nach dem allgemeinen Herkommen ein Honorar gefordert werden kann[1]). Dieses ist selbst insgemein im Interesse beider Theile in feste Taxen gebracht. In so weit besteht hier ein gewöhnliches Lohnverhältniß. Das Eigenthümliche ist jedoch dieses, daß man dabei unbedingt auf den Ruf, die Kenntnisse und die Individualität des Andern vertraut, so daß man denselben zwar jeden Augenblick wechseln, allein wegen des unglücklichen Erfolges nie eine Schadenersatzklage anstellen kann[2]).

D) Gesellschaftsverträge. 1) Im Allgemeinen.

287. Eine Gesellschaft ist eine Vereinigung mehrerer Personen, welche Sachen oder Leistungen oder Beides zusammen zu einem gemeinschaftlichen Zwecke hergeben. In dem römischen Recht ist dieses Verhältniß besonders nach folgenden drei Gesichtspunkten genau ausgebildet. Erstens wirkt der Gesellschaftsvertrag nur unter den Contrahenten; für Dritte erzeugt er Rechte und Verbindlichkeiten nur in so fern, als dieselben mit den Gesellschaftern oder deren Bevollmächtigten contrahirt haben. Dieses Princip ist, als in der Natur des Vertragsrechts gegründet, noch jetzt festzuhalten. Zweitens wird im römischen Recht die Gesellschaft als eine nicht blos um des Zweckes, sondern auch um bestimmter Personen willen geschlossene Verbindung gedacht[1]); sie löste sich daher durch den Tod des Einen für die Uebrigen auf. Diese Ansicht paßt auf viele der heutigen Gesellschaften nicht mehr, wo die geschäftlichen Verhältnisse die Hauptsache, die persönlichen ganz untergeordnet sind. Drittens wird im römischen Recht nach jenem Gesichtspunkt auch auf die Möglichkeit entste-

---

1) Bei den Römern gehörten solche Klagen zu den extraordinariae cognitiones und es waren dabei mehrere Einschränkungen, fr. 1. pr. §. 1—11. D. de extraord. cognit. (50. 13).

2) Von diesem Rechtsverhältnisse ist bei den Germanisten nirgends die Rede. Eine Ausnahme macht nur Bluntschli Privatrecht II. §. 126.

1) §. 5. J. de societ. (3. 25). Qui societatem contrahit, certam personam sibi elegit.

hender Reibungen und anderer persönlicher Mißverhältnisse Rücksicht genommen [2]), und daher jederzeit der Austritt und dadurch die Auflösung der Gesellschaft gestattet. Auch dieses ist aus dem angegebenen Grunde nicht mehr so strenge zu nehmen, daß nicht durch Vertrag darauf verzichtet werden könnte.

2) Von den Handelsgesellschaften [1]). a) Die offene Handelsgesellschaft.

288. Die offene oder Collectiv-Gesellschaft ist diejenige, wo die Gesellschafter sich nach Außen hin als so enge verbunden darstellen, daß Jeder für die Gesellschaft schlechthin einsteht, und dadurch dem Contrahenten die Gewißheit gewährt wird, daß sie ihre Forderungen und Klagen nicht zu theilen brauchen. Die Gesellschaft bildet daher für die Geschäftsführung eine Einheit; allein der Unterschied von einer juristischen Person liegt darin, daß nach Innen jeder Gesellschafter mit einer Quote betheiligt ist, und daß nach Außen eine völlige Scheidung zwischen dem Vermögen der Gesellschaft und dem der einzelnen Theilnehmer nicht Statt findet. Der Grund davon ist, daß man bei einer solchen blos durch Privatübereinkunft gebildeten Vereinigung dem dritten Contrahenten nicht zumuthen kann und soll, die Vermögensverhältnisse der Gesellschaft isolirt für sich zu untersuchen und seinen Credit blos auf sie zu beschränken; daß es vielmehr dem Interesse der Gesellschaft selbst förderlich sei, wenn der persönliche Credit der Einzelnen in den Augen Dritter mit dem der Gesellschaft zusammenfließe, und daß, wenn dieselbe über ihre Kräfte hinaus mit Dritten contrahire, jedenfalls die Einzelnen eine Mitschuld, also nach der Billigkeit auch eine Verantwortlichkeit treffe [2]).

---

2) Fr. 14. D. pro socio (17. 2). Quid, si ita iniuriosus et damnosus socius sit, ut non expediat eum pati?

1) Die reiche allgemeine und particularrechtliche Litteratur findet man bei Mittermaier II. §. 554., Gengler Lehrbuch §. 109 — 111. Insbesondere ist zu empfehlen Thöl Handelsrecht I. §. 34 — 48., Brinckmann Handelsrecht §. 30—64.

2) Die Eigenthümlichkeiten dieser Art von Gesellschaft beruhen also auf Gründen der handelsmännischen Zweckmäßigkeit und Billigkeit; man muß sich hüten, dieselben aus juristischen Abstractionen und Feinheiten ableiten zu wollen, die dem Bewußtsein des Handelsstandes fremd sind. Auch der Begriff, den Brinckmann §. 36. davon aufstellt, wird selbst dem gebildeten Handelsmann schwer faßlich sein.

289. Zur Errichtung einer offenen Gesellschaft gehört Folgendes. I. Nothwendig ist vor Allem eine Bezeichnung, wodurch der Gesellschaft ihr einheitlicher und eigenthümlicher Charakter beigelegt wird. Dazu dient die Wahl einer Firma (raison, ragione), unter welcher sie bei ihren Geschäften auftritt. Diese kann beliebig eingerichtet werden, nur immer so, daß dadurch Niemand irre geführt wird. In diesem Geiste giebt es mancherlei particularrechtliche Beschränkungen [1]). II. Die Eingehung des Vertrages und Feststellung der Bedingungen ist durch blos mündliche Uebereinkunft denkbar. Wegen der Wichtigkeit und Dauer des Verhältnisses ist jedoch die schriftliche Errichtung gewöhnlich, und durch die Particularrechte selbst insgemein als nothwendig vorgeschrieben. Wenn dieses auch nicht der Fall ist, muß man die blos mündliche Verabredung, weil der Handelsgebrauch dagegen ist, bis zum bestimmtesten Beweise des Gegentheils noch nicht als definitiven Abschluß ansehen [2]). III. Wenn die Gesellschaft in der Handelswelt auf Anerkennung Anspruch macht, was besonders im Wechselverkehr wichtig ist, so muß sie sich auch als solche in der angemessenen Weise öffentlich bekannt gemacht haben. Dieses ist auch durch die Particularrechte häufig als nothwendig vorgeschrieben, und es sind an die Unterlassung bestimmte Nachtheile geknüpft [3]). Wo dieses der Fall ist, muß es auch bei einer Veränderung und Auflösung der Gesellschaft beobachtet werden, wenn dieselbe für Dritte Wirkungen hervorbringen soll [4]).

290. Die Geschäftsführung für die Gesellschaft geschieht durch den- oder diejenigen, welche nach dem Vertrage unter der Firma zu handeln berechtigt sind. Dadurch wird die Gesellschaft und, nach dem oben entwickelten Grundgedanken, auch jeder Einzelne, und zwar solidarisch, verpflichtet. Nach dem römischen Recht konnte, wenn eine Gesellschaft einen gemeinschaftlichen Fac-

---

1) Von der Firma handeln Thöl I. §. 36., Brinckmann §. 21.

2) Es ist zu unbedingt, wenn Bluntschli Privatrecht II. §. 135. Nr. 3. die schriftliche Errichtung gemeinrechtlich als schlechthin nothwendig erklärt. Gegen ihn sind Thöl I. §. 37 b, Brinckmann §. 37.

3) Eine Aufzählung solcher Nachtheile giebt Brinckmann §. 37. Nr. 3.

4) Brinckmann §. 44.

tor bestellt hatte, aus dessen Geschäften, gegen welchen Gesellschafter man wollte, solidarisch geklagt werden, der dann gegen die Mitgesellschafter mit der Societätsklage seinen Regreß zu nehmen hatte [1]). Demgemäß will man, um jenen Satz auf das römische Recht zurückzuführen, denjenigen, der die Firma zeichnet, als den Factor der anderen Gesellschafter betrachten. Allein der Unterschied ist der, daß jetzt in erster Linie die Gesellschaft, der einzelne Gesellschafter erst in zweiter Linie zu belangen ist. Das Verhältniß ist daher nach seiner Eigenthümlichkeit zu nehmen, wenn gleich das römische Recht theils in der Gleichheit des Grundes [2]), theils in der Zulässigkeit des Regresses eine Analogie darbietet. Was das Recht zur Unterzeichnung der Firma betrifft, so ist der Natur dieser Gesellschaft gemäß im Zweifel jeder Gesellschafter als dazu berechtigt anzusehen. Man faßt dann dieses Verhältniß häufig so auf, als ob die Gesellschafter unter einander der Eine der Factor der Anderen sei [3]). Doch ist diese Abstraction aus dem angeführten Grunde zu verwerfen und durchaus entbehrlich [4]). Es kann aber das Recht, die Firma zu zeichnen, durch den Vertrag blos Einem oder Einigen der Gesellschafter oder einem Dritten beigelegt werden; nur ist dieses als ungewöhnlich immer besonders bekannt zu machen.

291. Das Vermögensverhältniß der Gesellschaft beruht auf dem Grundgedanken, daß aus den Beiträgen der Gesellschafter ein Fond gebildet ist, welcher mit den zu machenden Vermehrungen bis zur Auflösung der Gesellschaft zusammen gehalten werden soll, um die beabsichtigte kaufmännische Unternehmung in fortschreitend erweiterten Verhältnissen zum gemeinschaftlichen Vortheil zu betreiben. Das Vermögen der Gesellschaft ist daher der Verwaltung nach von dem Vermögen der einzelnen Gesellschafter

---

1) Fr. 1. §. 25. fr. 2. D. de exercit. act. (14. 1), fr. 13. §. 2. fr. 14. D. de instit. act. (14. 3), fr. 27. §. 8. D. de peculio (15. 1).

2) Fr. 27. §. 8. D. de peculio (15. 1). Est enim iniquum, in plures adversarios distringi eum, qui cum uno contraxerit.

3) So nehmen es unter Anderen Thöl I. §. 38., Mittermaier II. §. 555. Auch dem römischen Recht ist diese Auffassung bekannt, fr. 4. pr. §. 1. D. de exercit. act. (14. 1).

4) So sagt auch Bluntschli II. §. 136. Nr. 4. 6.

völlig getrennt. Doch greift Beides in gewissen Beziehungen in einander. Erstens kann man nach dem oben genannten Grundsatz wegen Schulden der Gesellschaft, wenn dieselbe nicht zahlt, an einen einzelnen Gesellschafter solidarisch zurückgehen, der dann gegen die Gesellschaft und gegen die einzelnen Mitgesellschafter Regreßrechte hat [1]). Zweitens sind die Schulden des einzelnen Gesellschafters von der Gesellschaft zwar völlig geschieden. In so fern jedoch der Antheil des Einzelnen an der Gesellschaft mit zu dessen Vermögen gehört, kann dieser Antheil von den persönlichen Gläubigern mit Arrest belegt, und im Fall eines Concurses dessen Herausgabe verlangt werden; nicht aber der Eintritt in die Gesellschaft selbst an die Stelle des insolventen Schuldners [2]). Drittens bringt es die Natur einer solchen dauernden und umfassenden Gesellschaft mit sich, daß die einzelnen Gesellschafter daraus regelmäßig ihren Unterhalt bestreiten müssen, und daher aus der Gesellschaftskasse das dazu Nöthige fordern können, was ihnen auf ihren Antheil am Gewinn zur Last geschrieben wird. Das Nähere wird insgemein durch den Vertrag bestimmt [3]).

292. Die Gesellschafter unter einander sind durch die Gemeinschaft der Beiträge und Arbeit und durch die Theilnahme am Gewinn und Verlust nach den Bestimmungen des Vertrages, und in dessen Ermanglung nach den gesetzlichen Regeln, verbunden. Zur Ermittlung des Gewinnes oder Verlustes wird jährlich die Bilanz gezogen und jedem Genossen mitgetheilt [1]). Da der Gewinn als das Product der mit den Beiträgen vereinigten Arbeitskräfte anzusehen ist, so ist die Vertheilung desselben in Ermanglung näherer Bestimmungen so vorzunehmen, daß von dem Gewinn zuerst die Zinsen des Gesammtcapitals abgezogen und jedem Gesellschafter verhältnißmäßig gutgeschrieben, und der Rest unter sie zu gleichen Theilen vertheilt wird [2]). Ob dieser Gewinn jährlich ganz ausgezahlt, oder ein Theil als Reserve-

1) Nachweisungen über diesen Satz giebt Brinckmann §. 38. Nr. VIII. §. 39. Nr. XII.

2) Man sehe Brinckmann §. 38. Nr. IX. §. 48.

3) Nachweisungen giebt Brinckmann §. 39. Nr. X.

1) Näheres darüber giebt Brinckmann §. 39. Nr. IV. §. 40. 41.

2) Man sehe darüber die genaue Ausführung bei Brinckmann §. 42.

fond zurückbehalten wird, hängt zunächst vom Gesellschaftsvertrage ab. Im Zweifel ist jedoch anzunehmen, daß jeder Gesellschafter nur das Recht hat, das zu seinem Unterhalt Erforderliche aus der Masse zu beziehen, daß aber der überschüssige Gewinn zur Vergrößerung und Sicherung des Betriebes im Geschäfte bleibt [3]).

293. Wird ein neues Mitglied aufgenommen, was dem Princip der Societät gemäß nur mit Zustimmung aller Gesellschafter geschehen kann, so ist im Zweifel anzunehmen, daß dasselbe auch in die bereits vorhandenen, nicht blos in die erst von da an entstehenden Verbindlichkeiten eintreten wolle. Dem Sinne der Contrahenten ist dieses gewiß am nächsten, und die Rücksicht auf die Gläubiger kann nicht entgegenstehen, weil sie dadurch nur gewinnen, nichts verlieren [1]). Tritt umgekehrt ein Gesellschafter aus, so kann er zwar seinen Antheil an dem Activvermögen den Zurückbleibenden übertragen, nicht aber auch seine Verbindlichkeiten gegen Dritte, sondern dazu ist deren Zustimmung erforderlich. Auch die Erklärung der Zurückbleibenden, daß sie alle Activa und Passiva des Ausgeschiedenen übernommen haben, genügt dazu gemeinrechtlich nicht. Doch enthalten die Particularrechte darüber häufig besondere Bestimmungen [2]).

294. Bei der Auflösung der Gesellschaft kommt es zur Liquidation und Vertheilung des Ueberschusses [1]). Wird dieselbe nicht vorgenommen, sondern die Masse von einem oder mehreren der Gesellschafter oder von einem Dritten übernommen, so hat dieses in Ansehung der Activa kein Bedenken. Hinsichtlich der Schulden ist aber zur Befreiung der bisherigen Theilnehmer die Zustimmung der Gläubiger nothwendig, und dann liegt darin eine Delegation. Ohne deren Zustimmung werden die alten Schuld-

---

3) Die Belege für diesen Satz giebt Brinckmann §. 42. Die Particularrechte verordnen freilich häufig anders.

1) Dieser Ansicht, die auch die überwiegende Praxis für sich hat, sind auch Brinckmann §. 45., Bluntschli Privatrecht II. §. 136. Nr. 6. Anderer Meinung sind Mittermaier II. §. 555., Thöl I. §. 39., Gerber §. 196., Gengler Lehrbuch §. 110. Nr. 7.

2) Man sehe darüber Thöl I. §. 39. Nr. III., Brinckmann §. 46. Note 29.

1) Das Verfahren dabei beschreibt Brinckmann §. 52.

ner nicht befreit, die neuen Gesellschafter aber, wie durch das Constitutum einer fremden Schuld, gebunden [2]). Erklärt sich die Gesellschaft insolvent, so sind darin alle einzelnen Gesellschafter wegen ihrer solidarischen Verantwortlichkeit inbegriffen. Dem oben beschriebenen Vermögensverhältnisse gemäß sind aber die Masse der Gesellschaft und die der einzelnen Gesellschafter zu trennen. Die Creditoren der Gesellschaft haben an der Ersteren ein Vorzugsrecht, indem die Creditoren des einzelnen Gesellschafters nur ein Recht auf den Activantheil desselben an der Gesellschaft haben, also an dem, was nach Zahlung der Gesellschaftsschulden übrig ist. Reicht aber jene Masse nicht zu, so concurriren die Gesellschaftsgläubiger, welche sich bei der Privatmasse eines Gesellschafters kraft dessen solidarischer Verbindlichkeit melden, mit dessen Privatgläubigern [3]).

b) Die stille Gesellschaft [1]).

295. Die stille oder Commanditen-Gesellschaft ist diejenige, wo sich Einer bei einem Geschäft auf gemeinschaftlichen Gewinn und Verlust, jedoch nicht mit seiner Person, sondern nur mit einem bestimmt begränzten Capital, betheiligen will. Wer das Capital hergiebt oder herzugeben versprochen hat, wird der stille Gesellschafter, Commanditair, Commanditiste, der Andere, der das Geschäft betreibt, der offene Gesellschafter oder Complementair genannt. Dieser kann sowohl ein Einzelner als eine Collectivgesellschaft sein. Aus der Natur einer solchen Gesellschaft ergiebt sich hinsichtlich der Errichtung Folgendes. I. Eine Gesellschaft ist dieselbe nur im Verhältniß der Gesellschafter zu einander; im Verhältniß zu Dritten ist sie es nicht, weil nur der Complementair, nicht der Commanditist mit ihnen in Rechtsverhältnisse kommt. Daher wird das Geschäft nur auf den Namen

---

2) Darüber ist die Jurisprudenz einig, Brinckmann §. 51.

3) Man sehe Brinckmann §. 53., Bluntschli II. §. 136. Nr. 7. Zu rügen ist, daß Bluntschli, welcher Brinckmann offenbar vor Augen hatte, diesen nirgends nennt.

1) Monographieen darüber sind: Goldschmidt de societate en commandite, specimen I. Halis 1851., Steiner Diss. de societate, quam dicunt „en commandite.“ Monachii 1852. Außerdem ist zu vergleichen Thöl I. §. 40—43., Brinckmann §. 54—58.

des Complementairs errichtet und geführt; oder wenn auch dafür eine besondere Firma gewählt ist, so gehört diese doch allein dem Complementair an. II. Zur Errichtung kann daher eine Veröffentlichung gemeinrechtlich nicht für nöthig erachtet werden. Es kann allerdings im Interesse der Gesellschafter liegen, die Größe des eingelegten Capitals bekannt zu machen; dann werden sie dieses von selbst thun. Eben so kann es für dritte Contrahenten wichtig sein, diese zu kennen; dann stehen ihnen dazu die geeigneten Schritte offen. Jedenfalls rechtfertigen diese bloßen Zweckmäßigkeitsgründe die Bestimmungen mancher Particularrechte nicht, welche in allzu fürsorglichem Geiste vorschreiben, daß der Betrag der Einlage oder gar der Name des Commanditisten veröffentlicht werden müssen [2]). III. Dritte Personen sollen allerdings nicht irre geführt und ohne ihre Schuld nicht in Nachtheil gebracht werden. Sind daher bei der Errichtung die Namen veröffentlicht, ist aber der Commanditist nicht als solcher bezeichnet worden, so sind Dritte berechtigt, ihn als offenen Gesellschafter zu betrachten. Ist er hingegen als solcher bezeichnet und nur der Betrag des Capitals nicht genannt worden, so haftet er auch gegen Dritte nicht darüber hinaus, weil sie wußten, daß eine Beschränkung existirte, und es ihnen oblag, sich über deren Umfang zu erkundigen [3]). Ist eine Firma gewählt und in diese der Name des Commanditisten mit aufgenommen, so macht dieses allein die Gesellschaft nicht zu einer offenen; sondern es liegt den dritten Personen ob, sich um das Rechtsverhältniß zu erkundigen [4]). Wenn freilich der Commanditist Dritten gegenüber sich als voller Gesellschafter gerirt hat, so wird er ihnen solidarisch verantwortlich. Um Irrungen zu verhüten verbieten aber manche Particularrechte schlechthin, den Namen des Commanditisten in die Firma aufzunehmen [5]).

---

2) Eine gute Kritik darüber findet man bei Brinckmann §. 55. Note 3.

3) So sagen richtig Thöl I. §. 42. Note 7., Brinckmann §. 55. Note 7. Irrig ist es, wenn Andere den Commanditisten dann mit dem ganzen Vermögen haften lassen wollen.

4) Man sehe Thöl I. §. 36. Nr. II. 2. §. 42. Note 3., Brinckmann §. 55. Note 8.

5) Nachweisungen giebt Brinckmann §. 55. Note 10.

296. Für das innere Verhältniß ergeben sich aus der Natur dieser Gesellschaft folgende Grundsätze. I. Der Zweck derselben ist, daß der Complementair allein der Handelsherr ist, daß der Commanditair mit dem eingeschossenen Capital ihm mit helfen, und nach Verhältniß desselben am Gewinn und Verlust Theil nehmen soll. Der Commanditair ist also in dieser Beziehung wirklicher Gesellschafter, nicht bloßer Creditor, und kann als solcher die Einsicht in den Geschäftsbetrieb und den Ersatz doloser und culposer Handlungen verlangen. Allein er ist es nicht auch in Beziehung auf den Betriebsfond, sondern dieser gehört dem Complementair als Eigenthümer. Der Commanditist ist also in Beziehung auf seine versprochene aber noch nicht gezahlte Einlage Schuldner des Complementair. In Beziehung auf seine bereits gemachte Einlage und den darauf fallenden Gewinn ist er dessen Gläubiger. Von dieser Seite aus ist es also unrichtig, von einer Gesellschaft zu sprechen [1]). II. Ob der Commanditiste auch persönlich beim Geschäftsbetriebe mit hilft, hängt von dem Vertrage ab. So lange er dieses aber blos als Commanditist thut, wird dadurch an dem Rechtsverhältniß nichts geändert. Er kann selbst vom Complementair die Vollmacht erhalten, dessen Firma zu zeichnen, und verpflichtet diesen dann wie dessen Factor. Manche Particularrechte haben jedoch wieder in übertriebener Besorgniß möglicher Mißverständnisse die Betheiligung des Commanditisten an der Geschäftsführung ganz untersagt [2]). III. Der bei der jährlichen Bilanz sich ergebende Gewinn ist nach dem durch den Vertrag festgesetzten Verhältnisse dem Commanditisten auszuzahlen, weil er nur mit dem bestimmten Capital zum Geschäfte beitragen will [3]). Den sich ergebenden Verlust hat er natürlich bis zum Betrage seines eingelegten Capitals mit zu tragen. Die Verminderung desselben ist aber aus dem späteren Gewinn zu ergänzen, damit er das Versprochene erfülle. IV. Der

---

1) Die abweichenden Ansichten von Mittermaier und Anderen findet man bei Brinckmann §. 56. Note 3.

2) Man sehe Brinckmann §. 56. Nr. VIII. Auch Mittermaier §. 556. erklärt sich gegen die Zweckmäßigkeit solcher Verbote.

3) So bestimmen auch die meisten Particularrechte. Doch giebt es auch Modificationen, Brinckmann §. 56. Note 12.

nach der Bilanz richtig berechnete und ausgezahlte Gewinn geht aus dem Vermögen des Complementairs, wie jedes andere zur Erfüllung einer Verbindlichkeit gezahlte Geld, völlig heraus, und in das Vermögen des Commanditisten über. Es kann daher wegen später eintretender Verluste dessen Rückgabe nicht verlangt werden [4]. V. Geräth der Complementair in Concurs, so verliert der Commanditist von seinem eingelegten Capital schlechthin den Theil, der von dem Verlust verhältnißmäßig auf ihn fällt. Für den Rest wird er Gläubiger der Masse. Wenn jedoch seine Betheiligung als Commanditist veröffentlicht worden war, so steht er mit jener Forderung den Handelsgläubigern nach, weil er sein Capital zu deren Sicherheit hingegeben hat. Ist dasselbe noch nicht eingezahlt, so gehen die Rechte des Complementairs auf seine Gläubiger über [5]. VI. Fällt der Commanditist in Concurs, so tritt die Masse in seine Rechte auf Einlage und Gewinn gegen den Complementair ein. VII. Eine scheinbare Modification der Commanditegesellschaft ist, wenn das Commanditencapital, die Einlage der stillen Gesellschafter, in Actien zerlegt ist. Dadurch wird jedoch die juristische Natur der Gesellschaft nicht verändert. Die Actieninhaber sind die Commanditisten, der Geschäftsführer, auf dessen Namen der Geschäftsbetrieb geht, ist der Complementair, und als solcher Dritten mit seinem ganzen Vermögen, nicht blos mit den Actien, die er etwa im Geschäfte hat, verantwortlich [6]. VIII. Mit der Commanditengesellschaft ist übrigens der Fall nicht zu verwechseln, wo ein Handlungshaus ein Nebenetablissement unter dem Namen von Commandite hat. Diese bildet eine Factorei, wofür die Haupthandlung solidarisch haftet. Möglich ist allerdings, daß das Etablissement einen selbstständigen Vorsteher hat, und daß die Haupthandlung nur den Betriebfond hergiebt. Dann besteht zwischen beiden Anstalten eine Commanditen-Gesellschaft [7].

---

4) So sagen auch Thöl I. §. 42. Note 9., Gerber §. 197. Note 8., Brinckmann §. 56. Nr. VI., Bluntschli II. §. 138. Nr. 6. Diese Frage ist jedoch merkwürdigerweise sehr bestritten, worüber man bei den genannten Schriftstellern die Nachweisungen findet.

5) Gut behandelt diese Fragen Brinckmann §. 56. Nr. XIV.

6) Gut handelt von dieser Form Brinckmann §. 54. Note 7—15.

7) Man sehe darüber Brinckmann §. 54. Note 1.

c) Die Gelegenheitsgesellschaft [1]).

297. Die Gelegenheits- oder vorübergehende Gesellschaft (association en participation, a conto meta) ist diejenige, welche zu vorübergehenden Speculationen geschlossen wird, wobei man nicht eine bleibende Firma errichten will. Die Vereinigung nimmt daher den Namen und das Vertrauen als Gesellschaft nicht in Anspruch, weshalb von einer besonderen Form und Veröffentlichung dabei nicht die Rede ist. Sie gehört daher überhaupt als Gesellschaft in das gemeine Recht; in das Handelsrecht nur in so fern, als sie auf Handelsgeschäfte gerichtet ist [2]). Die Gesellschafter unter einander haften nach den gewöhnlichen Regeln der Societät. Die Geschäfte mit Dritten können von ihnen zusammen geschlossen werden, wo sie dann nach dem gemeinen Recht, in Ermanglung besonderer Bestimmungen, Jeder nach Kopftheilen berechtigt und verpflichtet sind. Gewöhnlich ist jedoch, daß sie nur Einen damit beauftragen. Handelt dieser, die Gesellschaft verschweigend, in seinem alleinigen Namen, so wird er auch allein verpflichtet und muß seinen Regreß gegen die Anderen nehmen. Eben so wird er allein berechtigt, und muß den Anderen, wenn sie klagen wollen, seine Rechte cediren. Hat er sich aber als Mandatar der Anderen genannt, so sind diese direct verpflichtet, als ob sie anwesend gewesen wären.

3) Von der Actiengesellschaft [1]). a) Natur derselben.

298. Die Grundlage einer Actiengesellschaft bildet eine Unternehmung, wozu man den Fond durch die Betheiligung vieler Personen zu gewinnen sucht. Zu diesem Zwecke wird derselbe in gleiche nicht zu große Antheile, welche Actien heißen, zerlegt, und

---

1) Davon handeln Mittermaier II. §. 554., Thöl I. §. 48., Brinckmann §. 65. 66.

2) So sagt Brinckmann §. 65. Anderer Meinung ist Thöl I. §. 48., der sie ganz aus dem Handelsrecht verweist. Wichtig ist die Frage wegen der Competenz der Handelsgerichte.

1) Besondere Abhandlungen darüber giebt es von Treitschke in Reyscher Zeitschr. V. 1841. S. 324—353., Pöhls 1841., Marbach 1844., Jolly in Reyscher Zeitschr. XI. 1847. S. 317—450., Reyscher in seiner Zeitschr. XIII. 1852. S. 382—413. Außerdem sind wichtig Thöl Handelsrecht I. §. 44—47., Brinckmann Handelsrecht §. 59—64., Gengler Lehrbuch §. 112.

diese werden an diejenigen, welche sich betheiligen wollen, abgesetzt, so daß Einer auch mehrere Actien übernehmen kann. Nach diesen Actien wird auch der zu machende Gewinn vertheilt. Alles Nähere wird durch gemeinschaftlich errichtete Statuten festgestellt. Die Verwaltung und Vertretung der Gesellschaft wird einer erwählten Direction übertragen; für wichtige Fragen finden Generalversammlungen der Actionaire Statt, wo die Mehrheit der Stimmen entscheidet. Den Namen erhält die Gesellschaft nicht von Personen, sondern von dem Gegenstande der Unternehmung [2]. Die Errichtung von Actiengesellschaften zu den mannichfaltigsten Zwecken hat sich in unserer Zeit so gehäuft und eine solche Wichtigkeit erlangt, daß in manchen Ländern darüber eigene Gesetze erschienen sind [3].

299. Juristisch analysirt enthält ein solches Verhältniß folgende Momente. Die Actionaire sind nach Verhältniß ihrer Actien wirkliche Miteigenthümer des Gesellschafts-Vermögens und am Gewinn und Verlust betheiligt. Die Vereinigung bildet also ihrem Grundbegriff nach eine Gesellschaft, nicht eine juristische Person [1]. Sie unterscheidet sich jedoch von anderen Gesellschaften in drei Punkten. Erstens hat jeder Theilnehmer während der Dauer der Gesellschaft auf die Geltendmachung seiner Sonderrechte verzichtet, und sich den Statuten und den Beschlüssen der Mehrheit schlechthin untergeordnet. Zweitens ist dabei Keiner der Gesellschafter als Solcher der Geschäftsführer; sondern dieses ist die statutenmäßig erwählte Direction. Es zeigt sich auf diesem Punkte eine ähnliche Unterscheidung zwischen den Einzelnen und dem Ganzen wie bei einer juristischen Person; der Un-

---

2) Davon wird die Actiengesellschaft auch société anonyme, unbenannte Gesellschaft, naamlooze gennootschap genannt.

3) So in Preußen das Gesetz vom 9. November 1843.

1) Als juristische Person betrachten sie unter Anderen Pöhls und Reyscher (§. 288. Note 1). Dagegen erklären sich aber außer den dort angeführten Treitschke und Jolly auch Pfeifer Jurist. Personen S. 41—45. Andere wollen hier ganz besonders den Begriff von Genossenschaften (§. 84) zur Anwendung bringen; so Renaud Privatrecht I. §. 57., Bluntschli Privatrecht II. §. 139. Dagegen erklären sich Gerber §. 198. Note 2., Gengler Lehrbuch §. 112. Eine Zusammenstellung der verschiedenen Ansichten giebt Jolly in Reyscher Zeitschr. XI. 337—343.

terschied besteht aber darin, daß bei dieser der Gegensatz sich auch auf das Recht selbst, bei der Actiengesellschaft nur auf die Verwaltung und Vertretung bezieht. Sie ist eine Vereinigung von Rechtssubjecten, welche die Verwaltung ihrer Rechte in dieselbe Hand gelegt haben[2]). Drittens kommt von Seiten keines Gesellschafters als Solchem das Haften mit seinem persönlichen Vermögen vor, sondern Jeder ist nach dem Vertrage nur bis zum Betrage seiner Actie, und daher auch die Gesellschaft nur bis zum Betrage des durch die Actien zusammengebrachten Gesellschaftsfonds verpflichtet. Jeder Dritte, der mit einer Actiengesellschaft contrahirt, weiß dieses und hat sich dadurch dieser Bedingung unterworfen. In diesen Wirkungen liegt nichts, was nicht durch Vertrag geschaffen werden kann. Eine Genehmigung durch die Staatsgewalt ist daher gemeinrechtlich nicht für nothwendig zu halten, und wenn die Particularrechte dieses insgemein vorschreiben, so beruht dieses nur auf Zweckmäßigkeitsgründen[3]). Denkbar ist es übrigens allerdings, daß für eine Actiengesellschaft die Eigenschaft als juristische Person nachgesucht, oder daß sie in einem Particularrecht als solche qualificirt ist. Dann ändert sich beziehungsweise etwas die juristische Auffassung; der praktische Erfolg bleibt im Ganzen derselbe[4]).

b) Rechtsverhältnisse bei der Errichtung.

300. Die Errichtung einer Actiengesellschaft beginnt insgemein damit, daß Einer oder Mehrere mit dem Projecte nach einem vorläufigen Plane unter ihrer Namensunterschrift öffentlich auftreten, und zum Beitritt durch Zeichnung von Actien einladen. Dadurch verpflichten sich die Urheber, gegen die Unterzeichner die weiteren erforderlichen Schritte zu besorgen, namentlich, wenn die festgesetzte Zahl von Actien gezeichnet sein werde, eine Generalversammlung zu berufen. Die Unterzeichner verpflich-

---

2) Dieses ist auch die Auffassung von Savigny Obligationenrecht II. 113. Dadurch wird die Vorstellung von Bluntschli widerlegt, welcher eine Einheit des Rechtssubjectes selbst behauptet.

3) So sagen auch Thöl I. §. 44., Pfeifer Jurist. Personen S. 44., Jolly in Reyscher Zeitschr. XI. 343—436., Brinckmann §. 62. Note 16. 17.

4) So sagt auch Savigny Obligationenrecht II. §. 64. Note g.

ten sich, auf den Fall, daß die Gesellschaft wirklich zu Stande komme, den Betrag der gezeichneten Actien einzuzahlen. Während dieses Stadiums erscheinen die Urheber durchaus als die Hauptpersonen, welche aus eigenem Interesse das zu Standebringen der Gesellschaft betreiben; sie handeln nicht als Mandatare der Unterzeichner [1]). Eben so wenig betrachten sich die Unterzeichner jetzt schon unter einander als Gesellschafter. Daher fallen auch den Urhebern allein während dieses Stadiums die Kosten zur Last [2]), wenn nicht dazu die Vorauszahlung einer Tantieme der Actien vorbehalten ist. Sind sie in der Vornahme der weiteren Schritte säumig, so giebt es freilich gegen sie keine Klage auf Schadenersatz, weil noch kein Schaden nachgewiesen werden kann. Wohl aber kann jeder Zeichner diese Schritte fortsetzen und die Generalversammlung berufen. Ist aber die Generalversammlung zusammengetreten, so tritt das Verhältniß in ein neues Stadium. Indem nun die Urheber der Versammlung die Verzeichnisse der gezeichneten Beiträge vorlegen, übertragen sie auf dieselbe die Rechte, welche sie gegen die Unterzeichner haben, und stellen die Beurtheilung derer Zahlungsfähigkeit so wie alles Uebrige der Versammlung anheim. Alles geht nun von der Generalversammlung aus, und wenn diese auch die bisherigen Urheber in Thätigkeit läßt, so sind diese doch von nun an als Mandatare der Uebrigen zu betrachten. Daher fallen auch die von da an entstehenden Kosten diesen zur Last.

c) Rechtsverhältnisse im Innern. α) Verhältniß der Mitglieder.

301. Die Rechtsverhältnisse im Innern einer Actiengesellschaft betreffen die einzelnen Mitglieder, die Gesellschaft als Ganzes und die Vorsteher. Mitglied wird man durch die Uebernahme einer oder mehrerer Actien, worüber eine Urkunde ausgestellt wird, welche ebenfalls Actie heißt. Die dadurch erlangten Rechte sind die statutenmäßige Mitwirkung und Einsicht in die Verwaltung,

---

1) Das Gegentheil behauptet Brinckmann §. 61. Allein dieses liegt durchaus nicht im Bewußtsein der handelnden Personen.

2) Dieses giebt Brinckmann zu, betrachtet es aber als eine durch den Handelsgebrauch festgesetzte Anomalie.

namentlich in den Generalversammlungen, ferner das Miteigenthum am Gesellschaftsvermögen, und die Theilnahme am Gewinn. Der Gewinn, die Dividende, wird durch die gewöhnlich jährlich aufzustellende Bilanz nachgewiesen, und nach Zurückbehaltung eines etwa nöthigen Reservefonds auf die Actien vertheilt. Häufig werden den Actionairen statt der Dividende oder neben derselben für ihre Einlagen bestimmte Procente als Zinsen zugesichert. Dieses ist jedoch ein irriger Ausdruck, weil die Actionaire die Mitunternehmer, nicht Gläubiger, sind. Solche angebliche Zinsen sind daher juristisch als Theil des Gewinnes, oder als die regelmäßige Dividende, zu behandeln. Practisch wichtig ist dieses für die Gläubiger der Gesellschaft, weil, wenn kein Gewinn gemacht ist, eine Vertheilung solcher Zinsen nicht geschehen darf, und die Direction ist deshalb selbst für persönlich verantwortlich zu halten [1]). Der rechtmäßig vertheilte Gewinn ist aber aus dem Gesellschaftsvermögen für immer ausgeschieden und Eigenthum der Actionaire geworden; er kann daher, wenn die Gesellschaft auch später insolvent wird, nicht mehr zurückgefordert werden. Es fängt in so fern gleichsam nach jeder Bilanz ein neuer Gesellschaftsfond an, und es ist die Sache Dritter, danach ihren Credit einzurichten [2]).

302. Die Verbindlichkeit der Mitglieder geht auf die Einzahlung der übernommenen Actien, und nicht weiter. Sind also die Actien noch gar nicht, oder werden sie nur successiv eingezahlt, so sind oder bleiben die Actionaire in so weit Schuldner der Gesellschaftsmasse, und können von der Direction zur Erfüllung, und im Falle des Rückstandes zu den statutenmäßigen Conventionalstrafen angehalten werden. Zur Entziehung der Actie ist sie aber nur dann berechtigt, wenn das Statut dieses ausdrücklich als Strafe festsetzt [1]). Bei der successiven Einzahlung wer-

1) Gut behandeln diese Frage Jolly in Reyscher Zeitschr. XI. 394—396. 430—437., Brinckmann §. 63. Note 14—18. Man sehe auch Savigny Obligationenrecht II. 113. 114.

2) Dieser Satz steht durch die überwiegende Jurisprudenz und Praxis fest, Thöl I. §. 47. Note 6. 7. 8, Brinckmann §. 63. Note 12. Es wiederholt sich hier die oben erwähnte Controverse (§. 296. Note 4).

1) Man sehe Jolly in Reyscher Zeitschr. XI. 380—388., Brinckmann §. 63. Note 2.

den über die geleisteten Zahlungen Quittungsbogen, Interims- oder Promeßscheine ausgestellt, die das Versprechen enthalten, aber auch ohne dieses die Verpflichtung begründen, nach völliger Einzahlung den ordentlichen Actienschein auszufertigen. Uebrigens können auch Mitglieder vorkommen, die ihren Beitrag nicht in Geld, sondern in Diensten für die Gesellschaft leisten, und dafür verhältnißmäßig Actien erhalten. Diese werden Industrieactien genannt. Da solche Mitglieder nicht zu dem Gesellschaftsfond, sondern nur zum Gewinn beitragen, so ist im Zweifel anzunehmen, daß sie nicht an Jenem, sondern nur an Diesem Antheil haben [2]).

303. Eine Actie bildet einen Theil des Vermögens des Actionairs, und wird mit den daran hängenden Rechten und Verbindlichkeiten vererbt. Bei einer eintretenden Insolvenz gehört sie zur Masse [1]). So weit sie blos Rechte enthält, kann sie beliebig auf einen Andern übertragen werden; der Umstand, daß der Gesellschaft ein neuer Gesellschafter zugeführt wird, kann in Ermangelung statutarischer Bestimmungen nicht entgegenstehen, weil hier auf die Individualität nichts ankommt [2]). Sind aber bei einer Actie noch Verbindlichkeiten rückständig, so kann sie ohne die Zustimmung der Direction nicht cedirt werden [3]). Durch den Verkauf des Quittungsbogens über partielle Einzahlungen wird also der Actionair von den noch fehlenden nicht liberirt. Wohl aber kann die Gesellschaft die vom Käufer übernommene Verpflichtung hinterher ratihabiren und denselben als ihren Schuldner behandeln [4]). Die Cession einer Actie geschieht je nach den Statuten durch Vermerkung auf dem Document, oder durch Anzeige bei der Direction, oder durch Umschreibung im Register. Wenn aber die Actien auf den Inhaber ausgefertigt sind, so geschieht sie durch die bloße Einhändigung des Actienscheins. Solche Actien wer-

---

2) Man sehe Brinckmann §. 60. Note 10.

1) Man sehe Jolly in Reyscher Zeitschr. XI. 388—393.

2) Dieser Ansicht ist auch Gengler Lehrbuch §. 112. Anderer Meinung sind Jolly in Reyscher Zeitschr. XI. 410—414., Thöl I. §. 47. Nr. 3.; auch wie es scheint Gerber §. 198.

3) Man sehe Thöl I. §. 47. Nr. 3., Brinckmann §. 60. Note 4.

4) Man sehe Savigny Obligationenrecht II. §. 70. Nr. 1.

den jedoch nicht anders, als gegen volle Einzahlung ausgegeben, weil die Nachforderung der Reste nicht ausführbar wäre [5]).

304. Reichen die Actienbeiträge zu dem Unternehmen nicht hin, so kann man die Actionaire nicht zu Zuschüssen nöthigen, sondern wenn sie sich nicht freiwillig dazu verstehen, so bleibt nichts übrig, als die Unternehmung aufzugeben, die Schulden aus dem Gesellschaftsvermögen zu bezahlen, und den etwaigen Ueberschuß unter die Actionaire zu vertheilen. Sind die Meinungen über die Zuschüsse getheilt, so kommt es auf die Mehrheit der Stimmen an. Ist diese gegen die Fortsetzung, so muß die Gesellschaft aufgelöst werden. Ist sie dafür, so kann die Minderzahl nicht zu Zuschüssen gezwungen werden, sondern scheidet aus. Dabei kann sie aber, wenn das Activvermögen die Schulden übersteigt, ihren Antheil an dem Ersteren herausverlangen, weil die Fortsetzung als eine neue auf die Zuschüsse gegründete Gesellschaft zu betrachten ist, wozu die Minderzahl ihren Antheil nicht herzugeben braucht. Aus demselben Grunde kann sie aber auch, wenn das Unternehmen nun Gewinn bringt, keinen Antheil daran verlangen.

β) Verhältniß der Gesellschaft als Ganzes.

305. Die Gesammtheit der Actionaire bildet für die Verwaltung und den Betrieb des Unternehmens eine Einheit, welche durch das Statut als der vertragsmäßigen Vereinigung der Einzelnwillen gegründet ist, welche kraft dieses Statutes in den gewöhnlichen Fällen durch die Direction vertreten wird, und bei außerordentlichen Fragen in den Generalversammlungen handelnd auftritt. In diesen entscheidet über die auf der beschlossenen Grundlage sich erhebenden Fragen die Mehrheit der Stimmen, weil ohne dieses ein gemeinschaftliches Handeln unmöglich ist, und daher jeder Einzelne sich diesem Gesetze, wenn es auch nicht im Statute steht, stillschweigend im Voraus unterworfen hat. Wenn jedoch an den festgesetzten Rechten und Verbindlichkeiten der Einzelnen etwas geändert werden soll, so ist Stimmeneinhelligkeit nothwendig, weil man sich so weit der Mehrheit nicht unterwor-

5) Man sehe die Nachweisungen bei Brinckmann §. 60. Note 3.

fen hat [1]). Statutenmäßig kann allerdings auch dieses festgesetzt, oder für gewisse Fragen eine größere Majorität, zum Beispiel von zwei Dritteln der Stimmen, vorgeschrieben werden. Die Stimmen sind in der Regel, der Natur dieser Gesellschaft gemäß, nach den Actien zu zählen, so daß wer mehrere Actien hat, auch mehrere Stimmen führt. Es kann aber durch das Statut, um den Einfluß der Masse zu schwächen, zum Stimmrecht der Besitz einer gewissen Zahl von Actien, oder um das Uebergewicht der Reichen zu verhindern, ein Maximum von Stimmen, die ein Einzelner führen kann, festgesetzt sein [2]).

γ) Verhältniß der Vorsteher.

306. Mit der Geschäftsverwaltung haben die Actionaire als solche nichts zu thun, sondern damit wird eine statutenmäßig erwählte Behörde (Direction, Vorstand, Ausschuß) beauftragt. Die Organisation derselben, die Vertheilung der Geschäfte, die Unterordnung bei mehreren Behörden, die Art der Controle, hängt von den Statuten ab. Diese Behörden besorgen danach den Betrieb des Unternehmens, die Verwaltung des Gesellschaftsvermögens, die Erfüllung der Verbindlichkeiten der Actionaire unter einander, die Einziehung der Beiträge, die Anstellung der Unterbeamten, die Aufstellung der Rechnungsablage. Sie haften für ihre Handlungen und Unterlassungen nach den Regeln eines freiwillig übernommenen, und mit Rechtschaffenheit, Umsicht, Fleiß und Pünktlichkeit zu vollführenden Auftrages.

d) Rechtsverhältnisse nach Außen.

307. Nach Außen tritt die Gesellschaft nur durch ihren Vorstand handelnd auf. Auf diesen, oder bei einer Theilung der Geschäfte auf die einzelnen Abtheilungen desselben, ist durch den im Statut oder in den Beschlüssen der Generalversammlung ausgesprochenen vereinigten Willen die Vollmacht übertragen, die Gesellschaft zu vertreten und durch die innerhalb ihrer Vollmacht

---

1) Jolly in Reyscher Zeitschr. XI. 398—406., Brinckmann §. 63. Note 25. 26. 27.
2) Jolly in Reyscher Zeitschr. XI. 397. 398. 406—410., Thöl I. §. 45.

vorgenommenen Handlungen den Gesellschaftsfond zu verpflichten [1]). Für Dritte wird dieses durch die im Allgemeinen veröffentlichte oder bei dem einzelnen Rechtsgeschäft kund gegebene Vollmacht bindend. Diese können daher aus solchen Geschäften nur gegen den Gesellschaftsfond klagen; nicht gegen die Mitglieder des Vorstandes, weil diese nur Mandatare sind, so lange sie sich innerhalb ihres Auftrages gehalten haben; auch nicht gegen die einzelnen Actionaire, weil diese nur bis zu dem Betrag ihrer Actien und gar nicht für ihre Person haften [2]). Wohl aber kann der Vorstand Dritten das Klagrecht gegen die einzelnen Actionaire auf rückständige Einzahlungen cediren [3]). Auch vor Gericht und bei deferirten oder auferlegten Eiden hat der Vorstand die Gesellschaft zu vertreten [4]). Zur Aufnahme eines Darlehns ist aber der Beschluß der Generalversammlung nothwendig. Ein solches Darlehn wird häufig in die Form eingekleidet, daß dafür sogenannte Prioritäts-Actien ausgegeben werden, welche bestimmte Zinsen bringen und nicht an den Dividenden Theil nehmen. Die Abnehmer solcher Actien sind aber, dieses Namens ohngeachtet, wahre Gläubiger der Gesellschaft; sie gehen daher den anderen Actionairen vor, und stehen den anderen Gesellschaftsgläubigern gleich [5]). Solche Prioritätsactien können auch auf den Inhaber ausgefertigt sein [6]).

4) Von der Mitrhederei.

308. Eine besondere Art von Gesellschaft tritt ein, wenn mehrere Rheder gemeinschaftlich ein Schiff zum Seetransport ausrüsten [1]). Es werden dann häufig Theile, Schiffsparten, gebildet, und von den Theilnehmern übernommen. In so weit ist das Verhältniß einer Actiengesellschaft gleich, wo die Schiffsparten

1) Gut bezeichnet dieses Verhältniß Thöl I. §. 45. Nr. 3.
2) Nachweisungen giebt Brinckmann §. 59. Nr. IV.
3) Thöl I §. 46. Nr. 1.
4) Thöl I. §. 46. Note 1., Brinckmann §. 63. Note 6. Anderer Ansicht ist Jolly in Reyscher Zeitschr. XI. 439—441.
5) Man sehe darüber Brinckmann §. 63. Note 21. 22.
6) Von diesem Falle handelt Savigny Obligationenrecht II. 114.
1) Die Quellen und Litteratur darüber findet man bei Mittermaier §. 542. Nr. IV. V. VI. Einen guten Anhaltpunkt giebt das Preuß. Landr. II. 8. §. 1420—1444.

den Actien entsprechen. Nach diesen werden also bei der Abstimmung die Stimmen gezählt, die Beiträge zu den Ausrüstungskosten bestimmt, der Gewinn und Verlust vertheilt. Der Unterschied ist jedoch der, daß die Mitrheder, wenn sie sich als solche bekannt gemacht haben, nicht blos bis zu einer bestimmten Summe, sondern mit ihrem ganzen Vermögen haften. Darin ist das Verhältniß wie bei einer offenen Gesellschaft [2]. Zur Ausführung der gefaßten Beschlüsse und zur Abschließung der Contracte wird ein correspondirender oder dirigirender Rheder oder Schiffsdirector bestellt [3]. Dieser ist innerhalb der Gränzen seines Auftrages als der Factor der Anderen zu betrachten, und verpflichtet daher jeden Mitrheder solidarisch [4]. In gleicher Weise werden dieselben durch die Handlungen des von ihnen unmittelbar oder durch den dirigirenden Rheder angestellten Schiffers verbunden [5]. Neuere Seerechte lassen jedoch sehr häufig die Mitrheder dadurch nur bis zum Betrag ihrer Schiffsparte verpflichtet werden [6].

5) Von der Bergwerkgesellschaft [1].

309. Ein Bergwerk oder eine Zeche kann entweder von Eigenlehnern oder von einer Gewerkschaft betrieben werden. Ersteres ist der Fall, wenn Eigenthümer nur Einer oder, wenn auch Mehrere, doch nicht mehr als acht sind. In diesem Falle ist deren Verhältniß, sowohl unter einander als gegen Dritte, das einer gewöhnlichen Gesellschaft, und sie sind von den Bergbeamten unabhängiger. Sind aber der Theilnehmer mehr als acht, so heißt die Gesellschaft eine Gewerkschaft und ist eigenthümlich organisirt. Die Zeche wird dann in 128 Kuxe oder ideelle Antheile zerlegt und diese unter die Gewerken vertheilt, so daß

2) Man sehe §. 288.

3) Ueber dessen regelmäßige Vollmachten sehe man Heise und Cropp Abhandl. I. Nr. 24.

4) Man sehe §. 290. Note 1. Nicht ganz klar ist hier hinsichtlich der Solidarität Heise und Cropp Abhandl. I. Nr. 24. §. 14. 15.

5) Man sehe §. 282.

6) Mehr darüber giebt die lehrreiche Abhandlung in Heise und Cropp Abhandl. I. Nr. 23.

1) Genaue Angaben der Litteratur findet man bei J. Weiske in dessen Rechtslexikon I. 952—965., Gengler Lehrbuch §. 82.

Einer auch mehr, der Andere weniger Kure übernehmen kann. Der Vorsteher der Gewerkschaft zur Besorgung des Betriebes ist der von den Gewerken erwählte Schichtmeister [2]). Besondere Angelegenheiten werden durch gemeinsamen Beschluß nach Stimmenmehrheit entschieden, wobei die Stimmen nach den Kuren gezählt werden. Bei Salzwerken, die durch Gesellschaften betrieben werden, findet ein ganz ähnliches Verhältniß statt. Nur heißt hier die Gesellschaft eine Pfännerschaft, und die Berechnung geschieht nach Pfannen, wobei gewöhnlich die Zahl 111 zu Grunde gelegt wird.

310. Eine Gewerkschaft bildet demnach eine Vereinigung der an einem Bergwerke Betheiligten zum Zwecke des dauernden Betriebes desselben auf gemeinschaftlichen Gewinn und Verlust nach dem durch die Kure bestimmten Maßstabe. Sie ist also keine Corporation oder juristische Person [1]), sondern eine Gesellschaft nach Art einer Actiengesellschaft. Der Unterschied von dieser ist aber der, daß ein Kur in der übernommenen unbestimmten Verpflichtung zur Zahlung der nöthigen Zuschüsse, nicht wie eine Actie, in einer fest begränzten Summe besteht. Die Möglichkeit einer Begränzung ist hier nur dadurch gegeben, daß man die Kure jeder Zeit aufgeben kann. Das Rechtsverhältniß der Einzelnen wie des Ganzen ist demnach Folgendes. Die Verbindlichkeit der Einzelnen besteht in der Zubuße, die Jeder, so lange die Zeche nicht genug einbringt, zu entrichten hat. Diese wird durch den Schichtmeister unter Mitwirkung des Bergamtes zu Anfang jedes Quartals veranschlagt, auf die Kure umgelegt und gegen Zubußzettel eingefordert. Als Zwangsmittel der Erfüllung dient, daß wer bis in die sechste Woche des Quartals nicht entrichtet hat, in das Retardat gesetzt wird und seinen Kur verliert, der den anderen Gewerken zugetheilt oder an Dritte veräußert wird. Doch muß es der Gewerkschaft gestattet sein, statt dessen die rückständige Zubuße selbst einzuklagen [2]), weil so lange Einer Ge-

2) Man sehe §. 275. Note 10.

1) Diese Ansicht wird unter Anderen noch von Weiske vertheidigt. Richtig äußert sich dagegen Gerber §. 97. Note 2.

2) Dieses ist gut nachgewiesen in Heise und Cropp Abhandl. I. Nr. 22.

sellschafter ist, er auch seine Verbindlichkeiten erfüllen muß. Die Rechte der Gewerken bestehen in dem Miteigenthum an allen zum Bergwerk gehörenden Gegenständen und in dem verhältnißmäßigen Antheil an der Ausbeute, wenn die Zeche solche zu geben anfängt, was man erst dann annimmt, wenn sämmtliche Schulden, wozu auch die gemachten Zubußen gehören, nach und nach zurück erstattet sind. Die Ausbeute wird ebenfalls vierteljährig vertheilt, jedoch immer so viel zurückbehalten, als zum Bau im nächsten Vierteljahre nöthig ist.

311. Ein Kur bildet also ein eigenes aus Rechten und Verbindlichkeiten zusammengesetztes ideelles Vermögen, worüber der Inhaber unter Lebenden wie auf den Todesfall verfügen kann. Bei einer Veräußerung wird die Vertragsurkunde in das Gegenbuch eingetragen, und der Kur dem Erwerber zugewährt. Auch kann derselbe verpfändet werden, wobei die Hypothek in das Gegenbuch eingetragen werden muß. Uebrigens gehört derselbe doch zu des Gewerken gewöhnlichem Vermögen, wird mit demselben vererbt, haftet mit für die gemeinen Schulden, und wird von einer allgemeinen Hypothek mit ergriffen [1]). Da er einen Antheil an dem Bergwerk repräsentirt, ist er zu den unbeweglichen Sachen zu rechnen, was für die Formen der Subhastation und dergleichen wichtig ist. Ein besonderes Verhältniß bilden die Freikure, welche an der Ausbeute Theil nehmen, ohne Zubuße zahlen zu müssen. Diese sind der Erbkur oder Ackertheil [2]), der Holzkur für denjenigen, der das nöthige Holz hergiebt, die Freikure für die benachbarte Kirche oder Schule, und für die Knappschaft.

312. Die Gewerkschaft als Ganzes faßt ihre Beschlüsse durch die nach den Kuren zu zählende einfache Mehrheit der

---

Bestritten wird es von Weiske S. 965., aber ohne die von Cropp angeführten Gründe zu berücksichtigen.

1) Dieses Letztere wird zwar insgemein geleugnet, Weiske S. 963., Mittermaier I. §. 253. Nr. VI. Als Grund giebt man an, daß die Kure als ein vom Civilvermögen verschiedener Theil betrachtet würden. Allein in dieser Allgemeinheit läßt sich dieses nicht rechtfertigen, und es paßt auch nicht dazu, daß, wie man zugiebt, die Kure für die gemeinen Schulden mit haften. Das Richtige ist, daß die Bergschulden am Kur den anderen gemeinen Hypotheken allerdings vorgehen.

2) Man sehe §. 167.

Stimmen, wenn nicht der Vertrag oder das Landesgesetz für einzelne Fälle eine stärkere Majorität vorschreiben [1]). Sie wird dem Staate gegenüber durch den Lehnträger, auf dessen Namen die Belehnung steht, in der Geschäftsführung nach Innen und Außen durch den Schichtmeister repräsentirt [2]). Dritte Personen halten sich wegen der Bergschulden an diesen und durch ihn an die gewerkschaftliche Zeche. Um die Klage gegen diese abzuwenden, fordert er von den Gewerken die zur Befriedigung der Gläubiger nöthige Zubuße, und in so weit wirken Bergschulden auch gegen die persönlichen Vermögen. Wird aber die Zubuße verweigert, so kann man sie nicht erzwingen, sondern dann kommt es im äußersten Falle zum Zwangsverkaufe, oder die Gewerkschaft löst sich freiwillig auf. Eine Klage der Berggläubiger unmittelbar gegen die einzelnen Gewerken ist eben so wenig wie bei einer Actiengesellschaft zulässig, weil sie durch die Verzichtleistung auf ihren Antheil ihr persönliches Vermögen schützen können, und weil die Gläubiger auf diese Gefahr hin creditirt haben [3]).

6) Von den Vereinen zu wissenschaftlichen oder geselligen Zwecken.

313. Vereine zu wissenschaftlichen oder geselligen Zwecken zeigen folgende durch die Natur des Verhältnisses gegebene Eigenthümlichkeiten. Das Interesse der Mitglieder besteht in der wissenschaftlichen oder geselligen Befriedigung; das Vermögen ist das ganz Untergeordnete und Zufällige. Ferner wird der Verein nicht blos für die ersten Theilnehmer, sondern als eine dauernde und daher vom Wechsel der Mitglieder unabhängige Verbindung eingegangen. Endlich erfordert der Verein eine bestimmte Ordnung, also ein Statut und einen Vorstand. Hieraus ergiebt sich das Rechtsverhältniß der Einzelnen und des Ganzen. Die Verbindlichkeiten der Einzelnen bestehen in der Entrichtung der festge-

---

1) In Preußen enthält das Gesetz über die Verhältnisse der Miteigenthümer eines Bergwerks vom 12. Mai 1851. §. 6. 7. solche Bestimmungen.

2) In Preußen wird dazu nach dem erwähnten Gesetze §. 13 15. 26. ein Repräsentant oder ein aus zwei bis fünf Personen bestehender Grubenvorstand erwählt, und auf diesen sind die Befugnisse des Lehnträgers und Schichtmeisters übertragen.

3) Ganz irrig will Weiske S. 957. diesen Satz aus den Grundsätzen des alten deutschen Rechts über Schuldenwesen herleiten.

setzten Beiträge und in der statutenmäßigen Unterwerfung unter den Vorstand und die Beschlüsse der Mehrheit. Die Rechte bestehen in der Theilnahme an den Gesellschaftszwecken, an den Generalversammlungen und an dem Gesellschaftsvermögen, so daß bei der Auflösung der Gesellschaft jedes dann vorhandene Mitglied ins Theil geht. Während des Bestehens der Gesellschaft hat aber wegen des dauernden Zweckes derselben der Einzelne auf die Geltendmachung seines Sonderrechts, selbst im Falle seines Austrittes, um so mehr verzichtet, als der Hauptzweck für ihn gar nicht in dem Vermögen, sondern in dem gehabten wissenschaftlichen und geselligen Nutzen besteht. Das Ganze wird durch die Generalversammlungen und den Vorstand vertreten. Wegen Schulden der Gesellschaft haftet der Einzelne nicht über seinen Beitrag, wenn er es nicht besonders bewilligt hat. Es ist Sache des Vorstandes, die Ausgaben danach einzurichten. Der Vorstand aber, der die Schuld contrahirte, haftet Dritten mit seinem persönlichen Vermögen, und kann sie, wenn es nicht ausdrücklich stipulirt wurde, nicht, wie bei einer Actiengesellschaft, an das Gesellschaftsvermögen verweisen, weil die Vermögensverhältnisse solcher Gesellschaften nicht, wie bei jener, zur Kenntniß des Publikums gebracht werden. In allem diesem liegt nichts, was den natürlichen Begriff des Gesellschaftsvertrages überschreitet; daher sind auch solche Vereine nicht für eine Corporation oder juristische Person zu halten [1]). Sie können es allerdings durch die Erklärung der Staatsregierung werden, und es wandelt sich dann der Gesichtspunkt in einigen Stücken um.

E) Viehverstellungsverträge [1]).

314. Gewisse Hausthiere haben mit Grundstücken das gemein, daß sie durch ihren Gebrauch, oder ihren Fruchtertrag, oder durch Beides zusammen Nutzen gewähren, und daher vom

---

1) Man hat zwar auch hier den Begriff von deutschrechtlichen Genossenschaften anwenden wollen; so Beseler System I. §. 71. Richtig äußert sich aber dagegen Gerber §. 49. Note 8. §. 195 Note 1.

1) Viele gute Materialien sind darüber gesammelt von Huck in Reyscher Zeitschr. XI. 226—323. Ein dürftiger Auszug ist Bluntschli Privatrecht II. §. 125. Ganz werthlos ist die Darstellung bei Mittermaier II. §. 293.

Eigenthümer Anderen gegen eine Vergeltung zum Gebrauch und Fruchtgenuß überlassen werden können. Sie haben aber das Eigenthümliche, daß sie eine tägliche sorgfältige Pflege und Wartung bedürfen, daß sie durch Vernachlässigung und Zufall leicht ganz zu Grunde gehen, daß also der Eigenthümer bei der Ueberlassung an Andere von selbst darauf geführt wird, sich der guten Pflege und der Abwehr des casuellen Schadens zu versichern. Dieses kann hauptsächlich auf einem zwiefachen Wege geschehen. Der Eine ist, daß der Eigenthümer mit demjenigen, wobei er das Vieh einstellt, eine Gesellschaft eingeht, und denselben dadurch auch um seiner selbst willen für die möglichst gute Pflege interessirt. Der andere Weg ist, daß er dem Anderen das Vieh verpachtet, allein sich durch die Pachtbedingungen gegen die Gefahr der Vernachlässigung und des Zufalls sicher stellt. In diesen Richtungen haben sich zu jenen Zwecken nach Bedürfniß und Ortsgebrauch mancherlei Rechtsformen gebildet.

315. Die einfachste Form begreift die Fälle, wo Einer sein Zug- oder Melkvieh bei dem Andern zum Gebrauch und Fruchtgenuß einstellt, oder zur Weide für den Sommer überläßt, und dafür einen bestimmten Zins an Geld, Käse, Butter, oder statt dessen, oder damit in Verbindung das Milchkalb ganz oder zur Hälfte erhalten soll [1]). Hier ist ein einfacher Pacht- oder Bestandvertrag vorhanden [2]). Der Versteller ist also der Eigenthümer und trägt als solcher den Zufall, der das Stellvieh und das Milchkalb, wenn er solches erhält, trifft. Der Einsteller trägt den Zufall an der Milchverminderung und dergleichen. Auch muß er den Schaden ersetzen, der durch seine verschuldeten Handlungen und Unterlassungen entsteht, wozu auch gehört, wenn er bei einer eintretenden Krankheit nicht den Versteller zeitig benachrichtigt oder selbst für die eilende Hülfe sorgt. Daß dem Einsteller durch den Vertrag auch der Zufall ganz oder zur Hälfte auferlegt werde, ist denkbar; jedoch muß er dann in den anderen

---

1) Man sehe über diese Form Huck §. 15. 16. Dazu gehört auch das Franz. Gesetzb. Art. 1831.

2) Fr. 9. §. 4. 5. D. locati (19. 2).

Stücken mildere Bedingungen erhalten, widrigenfalls der Vertrag einen wucherlichen Charakter annehmen kann.

316. Eine andere häufig vorkommende Form ist, daß bei der Verpachtung eines Landgutes das auf demselben befindliche Inventar an Vieh nach vorgenommener Abschätzung daselbst gelassen wird, aber nach Ablauf der Pachtzeit mit dem Gute ein an Zahl und Werth gleiches Inventar zurückgegeben werden soll. Man nennt dieses den Eisernviehvertrag (cheptel de fer, contractus socidae) in diesem Sinne) [1]. In diesem Geschäft liegt in so fern ein Bestandvertrag, als der Pächter allen Gebrauch und sonstigen Nutzen des Viehes, auch die Nachzucht und Wertherhöhung, allein erhält. Der Pachtzins ist in der gesammten Pachtsumme mit enthalten, indem der Verpächter des Landgutes darin das verstellte Vieh mit in Anschlag bringt. Das Eigenthümliche ist jedoch dieses, daß in Folge der angeführten Clausel der Pächter schlechthin eine Heerde von gleicher Art oder deren Werth zurückzugeben versprochen, sich also zu der angemessenen Standhaltung und Substitution verpflichtet, und allen Zufall, selbst wenn dadurch die ganze Heerde zu Grunde geht, übernommen hat. Dadurch sind die mißlichen Untersuchungen, ob der Untergang sich durch Schuld oder durch reinen Zufall ereignete, abgeschnitten. „Eisernes Vieh stirbt (für den Verpächter) nicht." Als Eigenthum des Verpächters gehört das Stellvieh, wenn er insolvent wird, zu seiner Concursmasse, wenigstens bis zu dem taxirten Werthe. Umgekehrt kann er dasselbe aus der Concursmasse seines Pächters herausziehen. Aehnlichkeit hat übrigens dieser Eisernviehvertrag mit dem Falle, wo mit einem verpachteten Landgut ein abgeschätzter Viehstand übergeben wird, die Abschätzung aber zum Zwecke des Verkaufes geschieht [2]. Der juristische Unterschied ist jedoch der, daß hier der Pächter des Gutes Eigenthümer des Viehstandes und Schuldner einer Geldsumme wird, während dort zunächst die Ergänzungen der Heerde aus sich selbst in Betracht kommen und der Ersatz in Geld nur subsidiair ein-

1) Davon handelt Huck §. 28—31. Auch gehört dahin das Franz. Gesetzb. Art. 1821—1826.

2) Von diesem Falle handelt Huck §. 32. 33.

tritt. Praktisch treffen beide Formen insgemein darin zusammen, daß auch bei der Zweiten der hingegebene Viehstand bei dem Ablauf der Pachtzeit mit dem Gute gewöhnlich in der Form des Rückkaufes zurückgegeben wird. Ist eine Abschätzung vorgenommen worden, allein, welche der beiden Formen dabei gemeint sei, zweifelhaft, so präsumirten die Römer die zweite Form [3]). Jetzt aber muß man für die Erste als die allgemein üblichere präsumiren [4]).

317. Eine ihrem Principe nach davon wesentlich verschiedene Rechtsform ist die, wo Zwei Vieh auf gemeinschaftlichen Gewinn und Verlust zusammenstellen, indem entweder Beide das Vieh hergeben, oder nur der Eine es thut, der Andere aber es ihm zur Hälfte abkauft. Dieses heißt die halbtheilige Viehverstellung (cheptel à moitié) [1]). Der dabei zum Grunde liegende Gedanke ist offenbar der einer Societät, wo Beide gleichen Fond einsetzen, der Einsteller aber allein die Wartung und Fütterung zu tragen hat, dafür jedoch auch allein den Gebrauch, die Milch und den Dünger erhält. In diesem Principe liegt, daß der Zufall Beide gemeinschaftlich trifft, der verschuldete Schaden aber vom Einsteller zu ersetzen ist. Bei der Auflösung der Gesellschaft ist also der vorhandene Viehbestand abzuschätzen und zu theilen, wobei hinsichtlich des Verfahrens gütliche Uebereinkunft, Ortsgebrauch oder richterliches Ermessen entscheiden. Eine Anwendung davon ist auch die Meng- oder Setzschäferei, wo der Schäfer eine Quote der Schafe mit einsetzt. Der Grundherr giebt jedoch hier außer seinem Antheil an Schafen Stallung, Weide, Heu, Stroh und Futter allein; die übrigen Kosten sind verhältnißmäßig gemeinschaftlich. Außer seinem Antheil am Ertrag erhält jedoch der Setzschäfer für seine Mühe gewisse Emolumente. Das Verhältniß ist daher aus Societät und Dienstmiethe zusammengesetzt [2]).

---

3) Fr. 3. 54. §. 2. D. locati (19. 2).
4) Nachweisungen über diese Streitfrage giebt Huck §. 28. Note 5—8.
1) Man sehe Huck §. 23—26. Davon handelt das Franz. Gesetzb. Art. 1818—1820.
2) Man sehe als Beispiel Kamptz Mecklenb. Civilrecht §. 141. Nr. IV.

318. Eine verwandte Rechtsform ist folgende. Der Versteller giebt nicht den halben, sondern den ganzen Viehstand her, der Einsteller erhält wie im vorigen Falle allein den Gebrauch, die Milch und den Dünger, und muß dafür die Wartung und Fütterung bestreiten; die Wolle, Nachzucht und etwa auch die Wertherhöhung des Stellviehes werden getheilt. Dieses heißt Theilvieh, Halbvieh (cheptel simple, auch contractus socidae in diesem Sinne) [1]. Man betrachtet dieses Geschäft insgemein als aus Bestand und Societät gemischt [2]. Allein da der Eigenthümer keinen Zins in Geld, und auch von der Milch und dem Dünger nichts erhält, so müßte der Pachtzins in der ihm zukommenden Hälfte der übrigen Nutzungen stecken; dann aber bliebe für die Societät nichts übrig. Es ist also, da hier von einer Theilung des Ertrages zur Hälfte die Rede ist, dem sachlichen Verhältnisse angemessener, dasselbe als eine Societät aufzufassen [3], wozu der Eine den Viehstand, der Andere die Kosten und Mühe der Verpflegung hergiebt. Da aber der Letztere an der Vermehrung des Viehstandes, ohne dazu Etwas beigetragen zu haben, doch zur Hälfte Theil nimmt, so ist es dem Gedanken der Gemeinschaft und der Analogie des vorigen Falles entsprechend, ihn auch die Verminderung zur Hälfte tragen zu lassen [4]. Mehr ihm aufzuerlegen ist aber gegen die Natur des Verhältnisses. Bei der Beendigung des Vertrages nimmt also der Versteller vor Allem so viel Vieh, als dem ursprünglichen Stellvieh nach der damaligen Schätzung gleichkommt, zurück; der Ueberschuß wird getheilt; eben so der Verlust, wenn der vorhandene Viehstand nicht der ursprünglichen Schätzung gleich kommt.

319. Eine Viehverstellung kann auch als Zubehör eines

---

1) Man sehe darüber Huck §. 17—22. Davon handelt das Franz. Gesetzb. Art. 1804—1817.

2) So thun auch Huck §. 14. 17., Bluntschli Privatrecht II. §. 125. Nr. 3.

3) Dafür ist auch fr. 25. §. 6. D. locati (19. 2).

4) So sagt auch das angeführte fr. 25. §. 6. D. locati (19. 2). Willkührlich und nicht zu rechtfertigen ist die Unterscheidung des Franz. Gesetzb. Art 1810., daß bei dem nur theilweisen Untergang des Viehstandes der Verlust Beide, beim gänzlichen Untergang den Versteller allein treffen soll. Man sehe dawider die gute Kritik von Huck §. 21.

Landgutes vorkommen, welches gegen eine Quote des Ertrages verpachtet ist[1]). Hier tritt für den Pächter in so fern ein günstigeres Verhältniß ein, wie bei der Verstellung eines abgesonderten Viehstandes, als er aus dem Gute selbst die Stallung und Fütterung leistet; daher können hier für den Versteller mehr als die Hälfte des Nachwuchses und andere Vortheile stipulirt werden. Eben aus jenem Grunde ist auch im Zweifel anzunehmen, daß der Einsteller, gleichwie er an einer Quote der Nutzungen participirt, so auch verhältnißmäßig den zufälligen Untergang mit tragen soll[2]). Der ganze Zufall kann ihm aber nicht auferlegt werden.

F) Von dem Verlagsvertrage[1]). 1) Verhältniß zwischen dem Schriftsteller und dem Verleger.

320. Der Verlagsvertrag verdankt seine Entstehung den Erfindungen, wodurch es möglich geworden ist, von einer Schrift, einem Musikwerke oder einer Zeichnung vermittelst der einmal gemachten mechanischen Vorrichtung eine sehr große Zahl von Exemplaren hervorzubringen. Dadurch kam man bald darauf, diese Art der Vervielfältigung von Geisteswerken als ein ins Große gehendes lucratives Geschäft zu behandeln, und dieses hat auch auf die Auffassung der Autoren zurückgewirkt. Der Verlagsvertrag ist demnach ein Vertrag, wodurch der Verleger vom Autor ein Geisteswerk zur Vervielfältigung in der bestimmten mechanischen Weise und zur Verbreitung der hervorgebrachten Exemplare übernimmt. Das Interesse des Autors dabei ist wesentlich ein geistiges; das des Verlegers aber ist ein lucratives, oder wenn er auch ein wissenschaftliches oder Kunstinteresse damit verbindet, so ist dieses doch nur etwas Zufälliges, worauf er keine Rechte gegen den Autor gründen kann. Ein solches Ge-

---

1) Man sehe Huck §. 34. Davon handelt das Französ. Gesetzb. Art. 1827—1830.

2) Hier paßt ebenfalls das fr. 25. §. 6. D. locati (19. 2). Man sehe darüber Huck §. 12. Das Franz. Gesetzb. Art. 1827. wiederholt auch hier seine grundlose Unterscheidung (§. 318. Note 4).

1) Hieher gehört die bereits oben (§. 123. Note 1) angeführte Litteratur. Mancherlei litterärische Nachweisungen geben auch Mittermaier II. §. 296 a., Gengler Lehrbuch §. 114. 115.

schäft ist kein Kauf, weil die Handschrift nicht Eigenthum des Verlegers wird, womit er machen kann, was er will, sondern die Hauptsache ist grade das, was mit ihr geschehen soll. Eben so wenig ist es ein Mandat; denn dazu gehört, daß Einer seine Kräfte für die Interessen eines Andern hergiebt, während hier Jeder für sich und sein eigenes Interesse wirken will. Eben deshalb kann auch nicht von einem Geding von Diensten und Arbeiten die Rede sein; auch ist dazu, wenigstens auf Seiten des Autors, die Leistung zu hoher geistiger Art. Endlich hat man darin die Ueberlassung eines Geisteswerkes vom Autor an den Verleger zum Fruchtgenuß nach Art einer Verpachtung, oder zum nutzbaren Eigenthum finden wollen. Dieses ist aber eine gekünstelte Vorstellung, womit nichts gewonnen wird[2]). Das Geschäft ist also durchaus eigenthümlicher Natur, und es müssen die gegenseitigen Rechte und Pflichten aus seinem eigenen Begriffe bestimmt werden.

321. Die Rechte des Verlegers bestehen darin, daß ihm das Werk über den verabredeten Gegenstand, vom angemessenen Umfang, zur gehörigen Zeit, zum Verlage übergeben werde. I. Was den Gegenstand und Inhalt betrifft, so genießt in dessen Behandlung der Schriftsteller die ausgedehnteste Freiheit, weil dieses mit dem Vortheil, den er davon für sich erwartet, unmittelbar zusammenhängt, und weil darin der Verleger dessen Namen schlechthin vertraut hat. Nur in ganz außerordentlichen Fällen darf sich der Verleger einmischen, wo dann das Gutachten von Sachverständigen entscheiden muß. Wird das Buch confiscirt, so ist zu unterscheiden. Geschieht es wegen des gesetzwidrigen Inhalts, so sind Beide in Schuld, und Keiner hat einen Anspruch an den Andern. Geschieht es wegen außerordentlicher unvorherzusehender Umstände, so ist dieses ein Zufall, der den Absatz, also den Verleger allein trifft, und der Autor kann selbst noch sein Honorar fordern. II. Der Umfang oder die Größe der Bogenzahl richtet sich zunächst nach dem Vertrage, und in dessen

---

2) Man findet die Namen der Schriftsteller zu diesen verschiedenen Theorieen genannt bei Gengler §. 114.

Ermanglung nach dem durch den Charakter des Werkes bezeichneten Maße. In beiden Fällen liegt es aber in der Natur einer geistigen Arbeit, daß sich das Maß nicht genau im Voraus bestimmen läßt, und daß Vieles dem Ermessen des Autors nachgegeben werden muß, um so mehr, als ja der Verleger danach seinen Preis festsetzen kann. In besonderen Fällen muß man das Gutachten von Sachverständigen einholen. III. In Ansehung der Zeit ist ebenfalls zu erwägen, daß dieselbe hier nicht wie bei einer mechanischen Arbeit genau abgewogen werden kann. Ja es muß selbst die Einrede des Autors berücksichtigt werden, wenn er später wegen Veränderung seiner wissenschaftlichen Ueberzeugung, wegen Unzulänglichkeit seiner Kräfte, oder wegen seitdem erschienener Werke gleicher Art, den Vertrag nicht erfüllen zu können behauptet. Auf der anderen Seite darf jedoch der Verleger nicht der Willkühr der Schriftsteller preisgegeben sein. Uebersetzungen und Werke von geringerer Art können hinsichtlich der bedungenen Zeit strenger behandelt werden. Ferner muß es dem Verleger bei einer erheblichen Verzögerung, und bei Gelegenheitsschriften gleich frei stehen, vom Vertrage abzugehen. Auch kann derselbe jedenfalls die Auslagen ersetzt verlangen, die er auf den Verlag verwendet hat [1]). IV. Das Verlagsrecht begreift das Recht, das Werk zu vervielfältigen und die Exemplare zum eigenen Vortheil zu verkaufen. Die Stärke der Auflage hängt vom Vertrage, in dessen Ermanglung vom Belieben des Verlegers ab. Eben so die Festsetzung des Preises. Im Zweifel ist aber das Verlagsrecht nur auf eine Auflage zu beziehen, und es ist zu einer neuen Auflage die Zustimmung des Autors erforderlich, weil es, abgesehen von seinem pecuniairen Interesse, seine litterärische Ehre und selbst sein Gewissen berühren kann, eine frühere Schrift nicht wieder verbreitet zu sehen. Auch ist es billig, daß wenn der Verleger aus dem Werke des Autors einen neuen Gewinn ziehen will, er sich auch mit demselben benehme. Diese Gründe gelten auch in dem Falle, wenn der Autor sein Werk,

---

1) Die Litteratur über diese Fragen giebt Gengler Lehrbuch §. 115. Nr. 10.

ohne die Zahl der Exemplare zu bestimmen, in Verlag gegeben hat, weil er dabei doch jedenfalls nicht an eine unbegränzt in alle Zukunft gehende Zahl gedacht hat[2]). So lange aber die Auflage nicht vergriffen ist, darf der Autor keine anderen Ausgaben oder Auszüge des verlegten Werkes veranstalten, wodurch dessen Absatz vermindert würde. Diese Beschränkung geht jedoch nicht so weit, daß er nicht über denselben Gegenstand Etwas schreiben dürfte, welches als ein ganz neues Werk zu betrachten wäre. Hierüber ist, wenn es zum Streite kommt, das Urtheil der Sachverständigen zu vernehmen. Zu einer Abtretung des Verlagsrechts an einen Andern ist der Verleger ohne Zustimmung des Autors nicht für berechtigt zu halten, weil es kein reines Recht ist, sondern auch die Verbindlichkeit der thätigen Verbreitung enthält, woran der Autor ebenfalls interessirt ist, und wobei er auf die Persönlichkeit des Verlegers gerechnet hat.

322. Das Recht des Schriftstellers besteht wesentlich darin, daß das Werk, und zwar wörtlich wie er es liefert, gedruckt und verbreitet werde. Nur wenn der Inhalt dem Verleger ungesetzlich scheint, darf er den Druck verweigern und auf einen Rechtsspruch provociren, oder wenigstens den Verfasser allein für den Erfolg und den Schaden verantwortlich machen. Davon abgesehen, kann der Autor, wenn der Verleger mit dem Drucke oder der Verbreitung säumig ist, auf Erfüllung, oder auf Auflösung des Vertrages, oder auf das Interesse, wenn er ein solches beweisen kann, klagen. Gewöhnlich, wiewohl nicht wesentlich ist, daß dem Autor außerdem ein Honorar zubedungen wird. Besteht dieses in einer runden Summe, so kann es der Schriftsteller, wenn er das Manuscript fertig übergeben hat, gleich fordern, weil er dann das Seinige vollständig geleistet hat. Ist es nach der Bogenzahl bestimmt, so kann er es dann aus demselben Grunde fordern, so wie ein Bogen gedruckt ist. Wird aber das Manuscript erst wäh-

---

2) Dieser Meinung sind auch Mittermaier II. §. 296 a., Gerber §. 200., Gengler Lehrbuch §. 115. Nr. 6. 7. Doch ist die Frage controvers, Kramer Rechte der Schriftsteller §. 25. Das Preuß. Landr. I. 11. §. 1011 — 1020. macht hier eigenthümliche, nicht zu billigende Unterscheidungen zwischen Auflagen und Ausgaben.

rend des Druckes geliefert, so kann er das Honorar erst nach Beendigung des Druckes verlangen. Wird ein Theil oder das ganze Honorar in Büchern angesetzt, so liegt in diesem Nebenvertrag ein Kauf. Wird aber kein Honorar bedungen, sondern eine Theilung des Gewinnes festgesetzt, so liegt in dem Geschäft eine Societät.

323. Die Rechte aus dem Verlagsvertrag müssen den allgemeinen Rechtsprincipien gemäß auch auf die beiderseitigen Erben übergehen, so weit die Natur derselben dieses zuläßt [1]). Es sind dabei mehrere Unterscheidungen nothwendig. I. Das Werk ist beim Tode des Einen oder Andern noch nicht fertig. Stirbt der Verleger, so müssen dessen Erben für ihn eintreten und entweder den Verlag übernehmen oder für einen andern Verleger sorgen. Stirbt der Autor, so müssen dessen Erben das Manuscript, wenn es fertig ist, herausgeben. Ist es aber noch nicht vollendet, so ist wegen des Fehlenden keine Klage gegen sie zulässig, weil die Verpflichtung zu einer litterärischen Arbeit als etwas rein Persönliches durch die Erben nicht erfüllt werden kann. Selbst wenn der Druck im Gange war, kann gegen sie auf Ersatz der gehabten Auslagen nicht geklagt werden, weil der Verleger die Gefahr davon zu tragen hat, daß er den Druck, ehe er das ganze Manuscript in Händen hatte, unternahm. II. Die Auflage ist bei Lebzeiten beider Theile fertig geworden. Hier treten nach dem Tode des Einen dessen Erben überall an seine Stelle. Der Verleger kann daher ohne die Zustimmung der Erben des Autors keine neue Auflage machen, wenn er es ohne Zustimmung des Autors selbst nicht konnte. Desgleichen können dessen Erben, wenn für den Fall neuer Auflagen etwas für den Autor stipulirt ist, dasselbe für sich fordern, und sie brauchen sich auch keinen Abzug gefallen zu lassen, wenn der Verleger es nöthig finden sollte, die neue Auflage durch einen andern Schriftsteller besorgen zu lassen. Es ist Sache des Verlegers zu berechnen, ob er dabei bestehen kann, oder sich mit den Erben abzufinden.

---

1) Die Wissenschaft und daher auch die Gesetzgebung sind sich aber über diese Fragen wenig klar. Gut handelt davon Gengler Lehrbuch §. 115. Nr. 9.

2) Von der juristischen Behandlung des Nachdruckes [1]).

324. Hat ein Autor sein Werk entweder auf eigene Kosten oder durch Vermittlung seines Verlegers veröffentlicht, so hat er dasselbe dem Publikum zum freiesten Gebrauch übergeben, und er kann nicht verwehren, daß man dasselbe durch Vorlesen oder Abschreiben mittheile. Ja Einer kann selbst unbestreitbar davon ein oder mehrere Exemplare drucken lassen, wenn er dieselben für sich behält und auf keine Weise in Umlauf setzt. Die Streitfrage ist also nur die, ob Einer das Werk nachdrucken dürfe, um mit den Exemplaren Handel zu treiben? So viel ist klar, daß der Nachdruck die Qualität der Autorschaft nicht verletzt [2]), weil er das Werk unter dem Namen des Verfassers wiedergiebt. Eben so wenig greift er das Verlagsrecht oder das Eigenthum an den vom Autor oder vom Verleger producirten Exemplaren an. Er setzt sich nur mit ihnen in Concurrenz, indem er sich das Recht beilegt, mit Etwas, das ohne Einschränkung dem öffentlichen Gebrauch übergeben worden ist, dasselbe zu thun, was sie thun. Die Rechtsfrage ist also die: ob diese Concurrenz, die weder eine Beschränkung des Eigenthums noch der Freiheit der Anderen ist, die ihnen aber am Absatz Abbruch thut, nach allgemeinen Rechtsprincipien widerrechtlich sei?

325. Man hat dieses aus verschiedenen Gründen zu bejahen versucht, und auch die Philosophen haben darüber ihre Stimmen abgegeben [1]). Kant betrachtet den Nachdrucker als einen unbefugten Geschäftsführer des Autors, da er diesen ohne dessen Auftrag zum Publikum reden lasse. Allein da das Verlagsrecht selbst nicht auf den Begriff eines Mandates oder einer befugten Geschäftsführung, wodurch der Verleger den Autor zum Publikum reden läßt, zurückgeführt werden kann, so kann auch der Nachdruck nicht eine unbefugte Geschäftsführung der Art sein; anderer Gründe nicht zu gedenken. Fichte läßt den Autor an seinem in dem Werke

---

1) Hieher gehören ebenfalls die oben (§. 123. Note 1) genannten Werke von Kramer, Renouard, Jolly und Bluntschli.

2) Man sehe §. 123. Nr. II.

1) Eine gute Nachweisung der vielen Meinungen darüber giebt Jolly die Lehre vom Nachdruck §. 2.

niedergelegten geistigen Eigenthum auf den Verleger als Nießbrauch die Befugniß übertragen, das Werk zu vervielfältigen und daraus Nutzen zu ziehen; der Nachdrucker handle also widerrechtlich, indem er sich diesen Nießbrauch anmaße. Allein eine gewerbliche Thätigkeit, wozu Einer den Stoff hergiebt, kann nicht mit Nießbrauch und Eigenthum verglichen werden [2]). Hegel meinte, wie im Wesentlichen schon Pütter, der Autor bleibe „Eigenthümer der allgemeinen Art und Weise" sein Eigenthum zu vervielfältigen; er habe dieses bei den einzelnen Exemplaren nicht mit veräußert, sondern sich vorbehalten. Allein, auch abgesehen von dem juristisch sehr fehlerhaften Ausdrucke, ist das grade die Frage, ob er sich dieses in einer für Dritte bindenden Weise vorbehalten könne [3]). Eben so wenig kann der Nachdruck als Diebstahl verfolgt werden, weil dazu gehört, daß man sich eine fremde körperliche oder unkörperliche Sache aneigne, was hier nicht der Fall ist, da sich der Nachdrucker nur in Concurrenz setzt. Auch nicht als Injurie, weil dazu eine Anmaßung über die Persönlichkeit des Autors erforderlich wäre. Auch nicht als widerrechtlich zugefügter Schaden, weil hier grade die Widerrechtlichkeit erst zu beweisen ist. Für die Zulässigkeit des Nachdruckes streitet daher die natürliche Freiheit des Gewerbes. Eine Beschränkung derselben durch das ausschließliche Verlagsrecht fällt juristisch unter den Gesichtspunkt eines Monopols, und setzt daher, wie alle Monopolien, ein Privilegium oder ein positives Gesetz voraus.

326. Bei der Erlassung solcher Privilegien und Gesetze ist zweierlei in Betracht zu ziehen. Auf der einen Seite spricht die offenbare Billigkeit dafür, daß der Autor, der mit mehr oder weniger Aufwand von Zeit, Kräften und Unkosten ein Werk zu Stande gebracht, so wie auch der Verleger, welcher die Gefahr

---

2) Wenn Einer durch Kunst eine seltene Blumensorte erzeugt, dieser seinen Namen beilegt, und mit dem Samen Handel treibt oder einen Andern Handel treiben läßt, so folgt daraus nicht dessen ausschließliches Recht, damit zu handeln, sondern Jeder kann dieses, der sich den Samen verschafft und vervielfältigt hat.

3) Jene Mißgriffe bestätigen sehr klar, wie man auf dem Rechtsgebiet ohne die Sicherheit, welche nur der genaue Umgang mit den Rechtsbegriffen gewährt, nicht philosophiren kann.

des Gelingens getragen und oft ein hohes Honorar gezahlt hat, gegen den Nachdruck geschützt und ihnen die Früchte ihrer Arbeit gesichert werden. Diese Gründe müssen auch den beiderseitigen Erben zu Gute kommen. Auf der anderen Seite ist jedoch jener Schutz nicht bis ins Unendliche auszudehnen, theils weil der eine Zeitlang gezogene ausschließliche Gewinn die gehabte Mühe und Kosten aufwiegt, theils weil ein veröffentliches Geisteswerk zu einem Gemeingute gemacht ist, und weil es im Interesse der Wissenschaft ist, es als solches benutzen zu können. Dieselben Gesichtspunkte treten bei der Ertheilung von Monopolien für neue Erfindungen ein [1]). In jenem Geiste ist in Deutschland nach mancherlei Verhandlungen eine Bundesgesetzgebung gegen den Nachdruck zu Stande gekommen [2]). Die Schutzmittel bestehen in einer Klage auf Schadenersatz, in der Confiscation der nachgedruckten Exemplare, und in der Möglichkeit von Geldbußen. Es ist also dadurch der Nachdruck zu einem Delicte gemacht. Der Schutz dauert jedoch nur bis dreißig Jahre nach dem Tode des Autors, oder bei Werken, die anonym oder nach dem Tode des Verfassers edirt werden, bis dreißig Jahre nach ihrem Erscheinen. Nach dem Grunde des Verbotes ist auch die unbefugte Herausgabe eines Manuscriptes, das vom Autor noch nicht veröffentlicht worden, also auch das Nachdrucken von Collegienheften, darunter zu ziehen. Jedenfalls muß aber die Vervielfältigung auf rein mechanischem Wege, und zwar auf einem solchen geschehen, der durch die Concurrenz den Verleger erheblich bedroht. Die Vervielfältigung eines Kupferstiches durch den Stich, aber in kleinerem Formate, ist daher nicht für unerlaubt zu halten. Um so weniger die durch Abzeichnen, oder bei Büchern und Musicalien durch Abschreiben [3]).

---

1) Gute Nachweisungen giebt darüber Mittermaier II. §. 296.

2) Dieses geschah durch die Bundesbeschlüsse vom 9. Nov. 1837 und vom 19. Juni 1845. Die Geschichte der Verhandlungen findet man bei Jolly §. 4. Für Preußen wurde das letztere Gesetz mit einigen Verschärfungen publicirt durch das Public.-Patent vom 16. Jan. 1846.

3) Die Bundesbeschlüsse lassen bei Kunstwerken Manches unbestimmt, und gehen in der Beschränkung etwas zu weit. Man sehe darüber Jolly §. 8. 11.

G) Von dem Wechselgeschäft [1]). 1) Einleitung. a) Beschreibung des Verhältnisses.

327. Ein Wechsel ist eine Urkunde, wodurch Einer (der Trassant) einem Andern (dem Trassaten) aufträgt, die in der Urkunde genannte Summe zu einer bestimmten Zeit an den Inhaber derselben (den Wechselnehmer) auszuzahlen, mit der Absicht, daß wenn der Trassat Jenes nicht thue, gegen den Trassanten eine mit großer juristischen Strenge zu behandelnden Klage auf Ersatz Statt haben sollte. Diese Absicht wird in der Urkunde selbst nicht ausgesprochen; sie knüpft sich aber da, wo das Wechselinstitut gilt, stillschweigend an den in den nöthigen Formen ausgestellten Wechselbrief an. Die Veranlassung einen Wechsel auszustellen, kann eine mannichfaltige sein. Bald dient er dem Wechselnehmer als Mittel, die Summe, die er an dem einen Orte dem Trassanten gezahlt hat, an dem andern Orte durch den Trassaten wieder an sich selbst oder an einen Andern ausgezahlt zu erhalten, um das Mitnehmen oder Hinsenden des baaren Geldes zu vermeiden. Bald will der Trassant dadurch dem Wechselnehmer zu der Summe verhelfen, die er demselben schuldig ist. Bald will er dadurch die Summe einkassiren, die ihm der Trassat schuldig ist, und Anderes. In allen solchen Fällen ist es für den kaufmännischen Verkehr sehr vortheilhaft, wenn der Wechselnehmer die Zahlung, die er auf den Wechsel erheben kann, nicht selbst zu erheben braucht, sondern wenn er das Recht darauf einem Andern abtreten kann. Daher hat sich der Gebrauch gebildet, daß er den Wechsel durch eine auf dessen Rückseite gemachte Bemerkung auf einen Andern, dieser wieder auf einen Andern, und so fort übertragen kann, indem dadurch zugleich Jeder wegen der vom Trassaten zu erhaltenden Zahlung dieselbe strenge Verbindlichkeit wie der Trassant eingeht. Dadurch ver-

---

1) Die neuesten Werke über das Wechselrecht sind: Thöl Handelsrecht. II. Band 1847. (das Wechselrecht enthaltend). Stern die Lehre von den Wechseln und dem Wechselverkehr. Gießen 1853., Renaud Lehrbuch des Gemeinen Deutschen Wechselrechts. Gießen 1854. — Die reiche Litteratur des allgemeinen und particulären Wechselrechts findet man außerdem in Dedekind Abriß einer Geschichte der Quellen des Wechselrechts. Braunschweig 1843., Gengler Lehrbuch §. 118.

tritt der Wechsel in vielen Fällen die Stelle eines kaufmännischen Papiergeldes, und dieser Gesichtspunkt hat sich durch den Gebrauch so eingebürgert, daß er bei der juristischen Beurtheilung mit ins Auge zu fassen ist.

b) Ursprung der Wechsel [1]).

328. Der Ursprung der Wechsel beruht in den Geldverhältnissen des Mittelalters. Diese waren durch zwei Umstände erschwert: durch die große Verschiedenheit der Münzsorten, und dadurch, daß an einem Orte nur die dort cursirenden Münzsorten zu Zahlungen gebraucht werden konnten. Fremde Münzsorten mußten daher in die cursirenden umgesetzt oder umgeprägt werden. Ein solcher Umsatz hieß cambium, Wechsel, und es dienten dazu die Münzer oder andere besonders privilegirte Campsoren oder Wechsler [2]). Besonders wichtig war dieser Umsatz, wenn ein Kaufmann mit dem an dem einen Meßort eingenommenen Gelde an einem andern Meßorte Einkäufe oder Zahlungen zu machen hatte, was häufig vorkam, weil nach der damaligen Weise die Abrechnungen unter Kaufleuten hauptsächlich in Person auf den Messen geschahen. Um aber das Beschwerliche des Mitnehmens großer Summen von einem Meßorte zum anderen zum Zwecke des Umwechselns zu vermeiden, entstand noch eine andere Einrichtung. Die Campsoren hatten an den verschiedenen Meßorten ihre Häuser, und standen auch unter einander in weit verzweigter geschäftlicher Verbindung. Ein Kaufmann, der das an dem einen Orte eingenommene Geld an dem anderen Orte brauchen wollte, übergab nun dasselbe dort einem Campsor, und erhielt dafür gegen ein Aufgeld eine Anweisung an dessen Geschäftsfreund an dem zweiten Orte, kraft welcher ihm hier dieselbe Summe in der hier üblichen Münzsorte zurückgezahlt wer-

---

1) Davon handeln: Martens Versuch einer historischen Entwicklung des wahren Ursprungs des Wechselrechts. Göttingen 1797., Biener Historische Erörterungen über den Ursprung des Wechsels. Leipzig 1846 (Abhandlungen S. 59—153). Einen Auszug daraus giebt Gengler Lehrbuch §. 118.

2) Heinrici regis sententia de cambiis 1231 (Pertz Leges II. 281). Cambium quod vulgo dicitur Wehsel neque institor neque alius quivis mercatorum, sed ipse monetarius exercere debebit, vel is cui dominus permisit ex indulgentia speciali.

den sollte. Eine solche Anweisung wurde littera cambii genannt, und es wurde nun ein doppeltes Cambium, das gegen Baar (cambium manuale oder minutum) und das durch einen Wechselbrief (cambium per litteras) unterschieden. Nach Bedürfniß und Gelegenheit konnten natürlich solche Wechselbriefe auch außerhalb der Meßzeit und auf Orte, wo keine Messen waren, ausgestellt werden. Allmählig wurde aber der Gebrauch der Wechsel noch ausgedehnter, indem man nicht zum bloßen Umsatz und zur Rückzahlung einer baar eingenommenen Geldsumme, sondern auch um empfangene Waaren zu bezahlen, oder um eine aus irgend einem Grunde entstandene Forderung einzukassiren, Wechsel ausstellte. Alles dieses entwickelte sich zunächst in Italien und Frankreich, verbreitete sich aber allmählig auch nach Deutschland [3]).

329. Der wichtige Gesichtspunkt bei den Wechseln ist die Sicherheit ihrer Realisirung, da im kaufmännischen Verkehr von der Pünktlichkeit der zu leistenden und zu empfangenden Zahlungen Credit und Ehre abhängen. Bei den Meßwechseln bedurfte es dazu keiner besondern Bestimmung, weil für alle auf Messen contrahirten oder zu realisirenden Verbindlichkeiten vor den dazu privilegirten Meßgerichten ein rasches summarisches Verfahren mit Personalexecution galt. Dasselbe trat, wo es Handelsgerichte gab, bei Außermeßwechseln ein. Anderwärts, namentlich in Deutschland, entstand aber eine Lücke, weil bei den gewöhnlichen Gerichten der durch die Juristen und Statutarrechte in Italien für Wechsel und andere klare Verschreibungen ausgebildete Executivproceß mit Personalhaft nicht vollständig Eingang fand. Im siebzehnten Jahrhundert wurde aber aus innerem Bedürfniß durch die Landesgesetze in Wechselsachen summarisches Verfahren mit Personalarrest eingeführt [1]), und dieses auch durch die Reichsgesetzgebung bestätigt [2]).

---

3) Gute Nachweisungen darüber giebt Dedekind Geschichte der Quellen des Wechselrechts S. 87—92., und nach ihm Gengler Lehrbuch §. 118. N. 4. 5.

1) Der Uebergang ist nach Martens und Briegleb in der Kürze dargestellt von Biener S. 77—80. 139—149. Die Stellen aus den Landesgesetzen findet man bei Gengler Lehrbuch §. 118 Nr. 5.

2) Dieses geschah durch den Reichsabsch. zu Regensburg von 1654. §. 107. Ueber den Sinn dieser Stelle sehe man Biener S. 147. 148.

c) Quellen des Wechselrechts [1]).

330. Der Gebrauch der Wechsel hatte sich blos durch die Bedürfnisse des kaufmännischen Lebens gebildet, und diese leiteten auch die richterliche Beurtheilung. Es wurde daher über das Wechselrecht lange Zeit wenig aufgezeichnet. Die ersten Wechselordnungen entstanden im sechzehnten Jahrhundert in Italien und den Niederlanden. Von da an wurde dieser Stoff in allen europäischen Ländern theils durch Wechselordnungen, theils durch einzelne Gesetze immer mehr ausgebildet [2]). In Deutschland erschienen an den wichtigsten Handelsplätzen Wechselordnungen im siebzehnten, dann fast in allen deutschen Territorien im achtzehnten und neunzehnten Jahrhundert [3]). Um aber der dadurch im Gebiete des deutschen Bundes herrschenden Rechtsverschiedenheit abzuhelfen, trat auf die Anregung Preußens in Leipzig 1847 eine Conferenz von Abgeordneten der deutschen Bundesstaaten zur Abfassung einer allgemeinen deutschen Wechselordnung zusammen [4]). Nach dem Eintritt der Ereignisse von 1848 faßte auch die damalige Nationalversammlung zu Frankfurt diesen Gegenstand ins Auge, in Folge wovon der zu Leipzig verfaßte Entwurf am 26. November 1848 als allgemeine deutsche Wechselordnung publicirt, und der Anfangstag ihrer verbindlichen Kraft auf den 1. Mai 1849 festgesetzt wurde. Letzteres gieng zwar wegen der mangelnden Mitwirkung der Regierungen nicht allgemein in Erfüllung; doch aber wurde jene Wechselordnung vor und nach in

---

1) Werke, worin man die wichtigsten Wechselordnungen und Wechselgesetze der einzelnen Länder gesammelt findet, sind: Siegel Corpus iuris cambialis. Leipzig 1742. 2 Th. fol. mit vier Fortsetzungen von Uhl. Leipzig 1758. 1764. 1771. 1786., Zimmerl Vollständige Sammlung der Wechselgesetze aller Länder und Handelsplätze in Europa. Wien 1809. 3 Th. 4. mit einem Nachtrage Wien 1829. 4., Meißner Codex der europäischen Wechselrechte. Nürnberg 1836. 2 Th. (Der erste Theil enthält die deutschen Wechselgesetze).

2) Ein genaues nach den Ländern geordnetes Verzeichniß dieser Quellen giebt Dedekind Geschichte der Quellen des Wechselrechts S. 12—86., und chronologisch geordnet S. 162—168.

3) Ein nach den deutschen Bundesstaaten geordnetes Verzeichniß derselben giebt Dedekind S. 87—139., und chronologisch geordnet S. 169—173.

4) Die Verhandlungen giebt das folgende Werk: Protocolle der zur Berathung einer allgemeinen deutschen Wechselordnung in der Zeit vom 20. October bis zum 9. December 1847 in Leipzig abgehaltenen Conferenz. Leipzig 1848.

den einzelnen Bundesstaaten durch besondere Gesetze mit geringen Modificationen eingeführt [5]), so daß nun das Wechselrecht im Gebiete des deutschen Bundes doch auf einer Summe fast wörtlich übereinstimmender Particulargesetze beruht [6]). Ein gemeines deutsches Wechselrecht bildet dieses freilich, formell betrachtet, nicht, sondern dieses ist auch jetzt noch, wie das gemeine deutsche Recht überhaupt [7]), nur in der Doctrin zu finden [8]). Doch aber hat jene neue Rechtsquelle für diese Doctrin einen doppelten Vortheil gebracht. Einmal liegt darin ein wichtiges Zeugniß der Männer vom Fache über das, was nach dem jetzigen Standpunkt der Rechtsanschauung der Natur des Wechsels für angemessen gehalten wird. Zweitens dient dieselbe der Doctrin als gemeinschaftlicher Ausgangspunkt, so daß sich auf dieser Unterlage weit leichter als in anderen Materien eine gemeinschaftliche Jurisprudenz fixiren kann [9]). Den durch die Gesetzgebung gebildeten Quellen stehen aber die Uesancen und Pareres [10]) der Kaufleute in Wechselsachen noch immer ergänzend zur Seite [11]).

2) Juristische Natur der Wechselverbindlichkeit. a) Im Allgemeinen.

331. In der Ausstellung eines Wechsels liegt aus dem Standpunkt des Trassanten zum Wechselnehmer dreierlei: die diesem gemachte und von ihm acceptirte Zusicherung, daß er beim

---

5) In Preußen geschah dieses durch das Patent vom 6. Januar 1849. und das Gesetz vom 15. Februar 1850. Ein Verzeichniß dieser sämmtlichen Einführungsgesetze findet man bei Gengler Lehrbuch §. 118. Note 25., Renaud Wechselrecht §. 5. Abgedruckt sind dieselben im Anhang zu Brauer Allgemeine deutsche Wechselordnung. Erlangen 1851.

6) Ueber das Verhältniß der neuen Wechselordnung zu den bisherigen Wechselgesetzen der einzelnen Länder sehe man Gengler §. 118. am Ende.

7) Man vergleiche oben §. 8. 9.

8) Man sehe über diese Frage Dedekind S. 139—141.

9) Aus diesem Grunde sind die Schriftsteller über die neue Wechselordnung von Wichtigkeit. Dazu gehören (Liebe) 1848., Ortloff 1848., Brauer 1849., 1851., Kitzinger 1849., Koch 1850., Berger 1850., Blaschke 1850., Borchard 1851., Ditscheiner 1851., Bluntschli 1852., Kalessa 1852., Stern 1853., Heckert 1853. Man sehe Renaud §. 8. Nr. IV. Wichtig sind auch die darauf bezüglichen Zeitschriften, von Siebenhaar seit 1850., von Gelpke seit 1852.

10) Man sehe darüber §. 31. Note 4.

11) Es giebt davon Sammlungen von Phoonsen 1677., Savary 1679., Marperger 1709., Baldasseroni 1784. Man sehe darüber Dedekind S. 9.

Trassaten Zahlung erhalten werde; die Verpflichtung zum vollständigen Ersatz auf den Fall, daß dieses nicht geschähe; und die Unterwerfung unter die Wechselstrenge, wenn dieser Ersatz nicht freiwillig geleistet würde. Das Wechselgeschäft stellt also von dieser Seite, so wie die römische Stipulation, einen Inbegriff einseitiger förmlich übernommener Verbindlichkeiten dar, ohne daß deren Leistung im Vertrage durch eine Gegenleistung des Anderen bedingt erscheint. Allerdings wird der Wechsel im kaufmännischen Leben regelmäßig nicht um zu schenken, sondern auf den Grund irgend einer Gegenleistung ausgestellt. Allein diese bildet nicht einen Bestandtheil der aus der Wechselurkunde selbst zu verfolgenden Ansprüche; sie ist für dieselbe gleichgültig, und wenn darüber Streit entsteht, so gehört dieser, wie die exceptio doli neben der stipulatio, unter einen außerhalb der Urkunde liegenden Gesichtspunkt. In so fern nun jene formellen einseitigen Verbindlichkeiten ihr juristisches Dasein nicht durch einen mündlichen Vertrag, sondern nur durch eine in bestimmter Form ausgestellte Wechselurkunde erhalten, woran das positive Recht diese eigenthümlichen Wirkungen anknüpft, in so fern also hier die Scriptur nicht ein bloßes Beweismittel, sondern der die Wechselobligation erzeugende Grund selbst ist: kann dieselbe mit Recht eine Litteralobligation des deutschen Rechts genannt werden [1].

332. Die Ansichten über diesen Punkt sind jedoch verschieden [1]. So lange der Wechsel nur eine Anweisung war, die an dem einen Orte eingezahlte Summe an dem andern Orte zurückgezahlt zu erhalten, wurde das Wechselgeschäft als ein Tausch oder ein Kauf angesehen, wo das eingezahlte Geld der Kaufpreis, die zu empfangende Summe die Waare ist [2]. Nachdem aber der Wechsel eine andere Bestimmung erhalten hatte, so ent-

---

1) Diese Theorie hat der Verfasser fast mit denselben Worten schon seit 1828 in seinen Vorlesungen vorgetragen.

1) Eine gute und ausführliche Zusammenstellung derselben giebt Gengler Lehrbuch §. 124. Man sehe auch Thöl Handelsrecht II. §. 215. 216.

2) Die Zeugnisse aus den alten Juristen findet man bei Biener Abhandl. S. 91—98.

standen über die Natur des Wechselgeschäfts mancherlei Meinungen, die zum Theil dasselbe auf römische Vertragsformen, ein Mandat, Depositum, Darlehn, eine Anweisung, oder einen Innominatcontract zurückführen wollten. Die richtige Ansicht hat sich jedoch allmählig Bahn gebrochen, und dieser gemäß hat Liebe den Wechselvertrag einen Formalact, Thöl ein formales Summenversprechen [3]), Bluntschli und Gengler einen Litteralcontract des neuen Rechts genannt. Daneben ist jedoch in der neuesten Zeit eine eigenthümliche Theorie von Einert aufgestellt, und von Brauer lebhaft vertheidigt worden. Diese setzt das Wesen des Wechsels ausschließlich darin, das Papiergeld der Kaufleute zu sein. Allerdings hat der Wechsel durch den Handelsgebrauch auch die für den Verkehr überaus nützliche Bestimmung erhalten, wie Geld zu circuliren und zu Zahlungen gebraucht zu werden; und es muß in der Gesetzgebung und bei der juristischen Beurtheilung auch auf dieses Moment Nachdruck gelegt werden. Allein es ist einseitig, darauf die ganze Theorie des Verhältnisses bauen zu wollen [4]). Denn der Werth eines Wechsels als Geld beruht in der Aussicht auf die darauf zu erhaltende Zahlung; diese Aussicht ist aber das Erzeugniß der besonderen an einen Wechsel sich knüpfenden obligatorischen Verhältnisse. Diese machen also das principale Moment aus, was bei der Theorie des Wechsels ins Auge zu fassen ist; der Gebrauch als Papiergeld ist davon nur die secundaire Folge.

b) Insbesondere von der Wechselstrenge [1]).

333. Die Wechselstrenge besteht in dem an den Wechsel sich anschließenden raschen processualischen Verfahren bis zur Execution hin, wobei selbst Personalhaft möglich ist [2]). Dieses war

---

3) Man sehe besonders dessen Handelsrecht II. §. 181—185.

4) Dagegen erklären sich auch Biener Abhandl. S. 108—110., Renaud Wechselrecht §. 9. Note 6.

1) Man vergleiche dazu Renaud Wechselrecht §. 19. 21., Thöl Handelsrecht II. §. 149. 304.

2) Es gehört zu den unnöthigen Feinheiten, wenn Thöl, dem Gerber §. 205. folgt, eine materielle und formelle Wechselstrenge unterscheidet, und jene darin setzt, daß die durch den Wechsel übernommenen Verbindlichkeiten

anfangs nicht den Wechseln allein eigen, ist aber später bei ihnen festgehalten oder beziehungsweise festgesetzt worden [3]). Immer ist es aber etwas Positives, Conventionelles; setzt also, wo es gelten soll, ein positives Herkommen oder Gesetz voraus. Von diesen hängt es auch ab, ob der Personalarrest gegen den nicht zahlenden Schuldner gleich bei der Production der Urkunde, oder erst nach Klage und Urtheil, oder gar nach dem Urtheil nur in Ermanglung anderer Executionsmittel zuläßig sei [4]). Jedenfalls ist aber die Möglichkeit der Personalhaft, wenn gleich zur Sicherheit der Zahlung sehr vortheilhaft, doch nicht als das einzige Moment der Wechselstrenge anzusehen, indem die kurzen Fristen, die Ausschließung der nicht gleich liquid zu machenden Einreden, und die schnellste Execution gegen das Vermögen der Wechselstrenge auch ohne Personalhaft eine große Bedeutung übrig lassen. Dieselbe ist daher auch theilbar, und eine solche Theilung ist in den Fällen anzuwenden, wo zwar eine Wechselverbindlichkeit vorhanden, allein aus besonderen Gründen der Wechselarrest auszuschließen ist [5]).

3) Momente der Eingehung. a) Die Wechselfähigkeit [1]).

334. Die Wechselfähigkeit kann auf einen doppelten Gesichtspunkt bezogen werden: entweder auf die allgemeine Fähigkeit, überhaupt eine wechselmäßige Verbindlichkeit einzugehen, oder blos auf die besondere Fähigkeit, sich der Wechselhaft zu unterwerfen. Das Erste war bei dem Ursprung des Instituts thatsächlich auf die Campsoren beschränkt, und ist auch bei dessen Erweiterung nur für die Kaufleute festgehalten worden. Allein nach der jetzigen Ausbildung des Verkehrs und der bürgerlichen Gesellschaft ist Jeder in so weit, als er sich durch Vertrag ver-

---

eben um dieser Form willen gültig und klagbar seien. Es fördert eine Wissenschaft nicht, wenn man sie ohne Noth mit Terminologien belastet.

3) Man sehe §. 329.

4) Nachweisungen giebt Mittermaier II. §. 353.

5) Man sehe unten §. 335.

1) Die Litteratur und Particularrechte über diesen Punkt sind angeführt von Gengler Lehrbuch §. 122., Renaud Wechselrecht §. 20. 22.

pflichten kann, auch als wechselfähig zu behandeln [2]). Wo dieser Grundsatz gilt, sind also auch Frauen wechselfähig; jedoch da, wo eine Frau zu ihren Verträgen der Genehmigung ihres Mannes oder ihres Geschlechtsvormundes bedarf, bedarf sie deren auch zu ihrem Wechsel [3]). Die Particularrechte nehmen aber häufig von der Wechselfähigkeit bestimmte Personenclassen aus, oder beschränken dieselbe gar blos auf Kaufleute und die diesen gleichgestellten Personen [4]). Hier ist dann Folgendes zu bemerken. I. Der von einem Unfähigen ausgestellte Wechsel ist als Wechsel ohne Wirkung. In so fern jedoch darin die Erfordernisse einer Verschreibung des gemeinen Rechts, einer Anweisung, eines Schuldscheins, enthalten sind, kann er als solche wirken [5]). II. Der wegen Wechselunfähigkeit ungültig ausgestellte Wechsel wird, als in sich nichtig, dadurch nicht gültig, daß der Aussteller später wechselfähig wird [6]). III. Ist Einer der Wechselverbundenen unfähig, so schadet dieses den Verbindlichkeiten nicht, welche andere wechselfähige Personen in Beziehung auf den Wechsel eingegangen sind [7]), weil jede derselben eine selbstständige Zusage, gleichsam einen Wechsel für sich, ausmacht [8]). IV. Hat sich ein Unfähiger doloserweise als fähig ausgegeben, so darf ihm dieser Dolus nicht nützen [9]); nur zum Wechselarrest kann er nicht gezogen werden, weil dieser Schutz der persönlichen Freiheit auf einer öffentlichen Rücksicht beruht, die er selbst durch seinen Dolus nicht umstoßen kann.

335. In Beziehung auf den zweiten Gesichtspunkt, die Verbindlichkeit zur Wechselhaft, sind aber auch gemeinrechtlich meh-

---

2) So sagt auch die Deutsche Wechselordn. §. 1. Doch ist dieselbe bei der Reception in mehreren Staaten modificirt worden.

3) So entschied auch hinsichtlich einer Ehefrau das Obertribunal zu Berlin am 2. Febr. 1854.

4) Nachweisungen giebt Renaud §. 22. Note 6. 7. 8.

5) Gut äußert sich darüber Thöl Handelsrecht II. §. 155. Man sehe auch Renaud Wechselrecht §. 23. Note 4.

6) Dieses folgt aus dem gemeinen Recht, Savigny System IV. 554—559.

7) So sagt auch die Deutsche Wechselordn. §. 3.

8) Man sehe Thöl II. §. 155. Nr. IV.

9) Fr. 4. §. 1. 2. fr. 6. D. quod cum eo (14. 5), fr. 3. 19. D. ad SC. Maced. (14. 6), fr. 2. §. 3. D. ad SC. Velleian. (16. 1). Anderer Meinung ist Thöl II. §. 155. Note 6.

tere Ausnahmen zu machen. Erstens bei den Erben des Wechselschuldners, weil eine Succession in eine die Person so unmittelbar afficirende Verpflichtung nicht anzunehmen ist. Zweitens bei Personen, die nur durch ihren Vertreter sich wechselmäßig verpflichten können, weil die individuelle Freiheit nicht der Verfügung eines Andern unterworfen sein darf [1]). Drittens bei Frauen aus Rücksicht auf ihr Geschlecht [2]), es sei denn, daß sie Handel oder ein Gewerbe treiben [3]), oder daß das Particularrecht des Landes gegen sie auch in gewöhnlichen Sachen den Personalarrest zuläßt [4]). Viertens bei solchen Personen, wobei durch den Arrest eine Collision mit öffentlichen Pflichten entstehen würde, wie bei Geistlichen, Beamten, Militairpersonen. Das Nähere hängt als etwas Positives von den Gesetzen jedes Landes ab [5]). War die Fähigkeit zur Wechselhaft bei der Eingehung der Wechselverbindlichkeit nicht vorhanden, so hat der Eine durch den Vertrag nur beschränkte Verbindlichkeiten übernommen, der Andere nur beschränkte Rechte erworben. Dieses verändert sich daher ohne einen neuen Vertrag nicht, wenn auch der Wechselverbundene später in eine Kategorie eintritt, wo er zur Wechselhaft fähig ist, zum Beispiel wenn die Frau Handelsfrau wird. Umgekehrt wird das bei der Eingehung gültig erworbene Recht auf Wechselhaft nicht verloren, wenn auch der Wechselverbundene später zur Wechselhaft unfähig wird, zum Beispiel wenn die Handelsfrau den Handel aufgiebt. Eine Ausnahme leidet dieses nur dann, wenn er in eine Klasse eintritt, wogegen aus öffentlichen Rücksichten der Arrest nicht gestattet ist.

336. Bei der großen Verschiedenheit der örtlichen Wechselrechte ist endlich die Frage wichtig: nach den Gesetzen wessen Ortes die Wechselfähigkeit zu beurtheilen sei? Den allgemeinen Grundsätzen gemäß kommt es dabei auf das Recht der Heimath

---

1) Diese beiden Ausnahmen macht auch die Deutsche Wechselordn. §. 2.
2) Dafür ist die Auth. Sed hodie C. de offic. divers. iudic. (1. 48).
3) So sagt auch die Deutsche Wechselordn. §. 2.
4) Wo dieses der Fall ist, bleibt also auch unter der Deutschen Wechselordnung die Wechselhaft gegen Frauen zulässig, Renaud Wechselrecht §. 21. Note 7.
5) Darauf verweist auch die Deutsche Wechselordn. §. 2.

desjenigen an, der sich nach Wechselrecht verbindlich machen will [1]). Gründe der Zweckmäßigkeit lassen es freilich nützlich erscheinen, daß der Ausländer, der in seiner Heimath nicht wechselfähig ist, aber an einem Orte, wo er es ist, Wechselverbindlichkeiten übernimmt, sich vor den Gerichten dieses Ortes nicht auf seine Wechselunfähigkeit berufen könne [2]). Verschieden davon ist der Fall, wenn Einer, in dessen Heimath überhaupt kein Wechselrecht gilt, der jedoch nach den dortigen Gesetzen vollkommen handlungsfähig ist, an einem Orte, wo Wechselrecht gilt, eine Wechselverbindlichkeit eingeht. Hier ist die Frage eine mehr processualische, und die Anwendbarkeit des Wechselrechts richtet sich nach den Gesetzen des Ortes, wo gegen ihn geklagt wird.

b) Der Wechselausstellungsvertrag [1]).

337. Bei der Entstehung der Wechselverbindlichkeit sind zwei Momente wohl zu unterscheiden: die vorhergehende Verabredung, wodurch die Ausstellung des Wechsels besprochen und die in die Urkunde aufzunehmenden Punkte festgestellt werden; dann die Ausfertigung und Uebergabe des Wechselbriefes selbst, woran sich die weiteren wechselrechtlichen Wirkungen anknüpfen sollen [2]). Ersteres, der sogenannte Wechselschluß, oder deutlicher der Wechselausstellungsvertrag (pactum de cambiando), ist als geschlossen anzunehmen, sobald beide Theile über alle Hauptpunkte einig sind. Dieses kann entweder als ein selbstständiger Vertrag vorkommen, oder als Theil eines andern Vertrages, worin die Ausstellung eines Wechsels zum Behufe der Zahlung oder zu einem andern Zwecke verabredet worden ist. Schriftliche Errichtung ist zu diesem Vertrage gemeinrechtlich nicht für nöthig zu erachten. Häufig wird derselbe durch einen Mäkler vermittelt, wo dann dessen Bücher und Atteste entscheiden.

---

1) Man sehe oben §. 45. Von dieser Frage handelt insbesondere Savigny System VIII. §. 364.

2) So bestimmt die Deutsche Wechselordn. §. 84.

1) Davon handeln Thöl Handelsrecht II. §. 176., Gengler §. 123.

2) Bei vielen Schriftstellern fließen diese beiden Momente unklar in einander.

338. Aus dem Wechselausstellungsvertrage entsteht auf Seiten des Trassanten die Verbindlichkeit, einen zu dem besprochenen Zwecke vollkommen tauglichen Wechsel zur gehörigen Zeit auszustellen. Diese Ausstellung ist also, wie man wohl bemerken muß, nicht dasjenige, wodurch jener Vertrag erst vollendet, sondern dasjenige, wodurch er erfüllt, also abgemacht wird, und von wo die Rechtsverhältnisse aus dem Wechsel selbst ihren Anfang nehmen. Die Tauglichkeit des Wechsels ist, in Ermanglung näherer Verabredung, danach abzumessen, daß auf Grund desselben, an dem bezeichneten Orte, in der kürzesten Zeit, ohne irgend eine Verwicklung, die Zahlung zu erhalten ist [1]. Als Zeitpunkt der Ausfertigung ist im Zweifel anzunehmen, daß dieselbe längstens bis zum Abgang der nächsten Post nach dem Zahlungsorte geschehen müsse. Wird ein späterer Zeitpunkt bedungen, so wird häufig vom Trassanten ein Interimsschein ausgestellt [2]. Aus diesem kann dann im geeigneten Wege auf Erfüllung geklagt werden [3]; nicht aber nach Wechselrecht, selbst dann nicht, wenn der Interimsschein in Wechselform ausgestellt ist, weil nur baares Geld Gegenstand der Wechselverbindlichkeit sein darf [4]. Uebrigens kann auch der Wechselnehmer die Annahme des verspäteten Wechsels ganz verweigern und Schadenersatz verlangen.

339. Die Beweggründe, wodurch der Trassant zur Ausstellung des Wechsels veranlaßt wird, können sehr mannichfaltig sein. Ursprünglich lag er in der baar empfangenen Wechselsumme [1]; später in dem Empfang von Waaren, oder in irgend einem noch schwebenden mercantilischen Verhältnisse. Daher die gewöhnlichen Formeln: Valuta empfangen, oder Valuta in Rech-

---

1) Anwendungen dieses Grundsatzes giebt Thöl Handelsrecht II. §. 176. Nr. 2.

2) Den historischen Ursprung dieses Gebrauchs erklärt Biener Abhandl. S. 121.

3) Das Preuß. Landr. II. 8. §. 948. 949. 950. 956. gestattet auf die Aushändigung eines verabredeten Wechsels auch ohne Interimsschein eine Klage im Executivproceß.

4) So sagt richtig Thöl II. §. 178. Die particulären Wechselrechte gestatten jedoch häufig die Wechselklage; so die von Hamburg und Hannover.

1) In den noch erhaltenen Wechseln aus dem vierzehnten Jahrhundert wird daher dieser Empfang ausdrücklich hervorgehoben.

nung. Durch die erweiterte Anwendung des Wechselgeschäftes hat aber auch die Valuta eine ganz weite unbestimmte Bedeutung erhalten. Sie drückt nun eigentlich nur aus, daß der Wechsel aus einem wohlerwogenen Grunde, der aber allerdings auch in der Absicht zu schenken beruhen kann, ausgestellt worden sei [2]). Das Nähere bildet den Gegenstand des Wechselausstellungsvertrages, und dadurch werden auch die daraus hervorgehenden Verbindlichkeiten bestimmt. In dieser Hinsicht sind besonders drei Fälle zu unterscheiden. I. Der Aussteller soll die Wechselsumme gleich baar oder in Waaren erhalten. So lange dieses nicht geschehen ist, braucht er die Urkunde nicht auszuhändigen [3]). Wenn es aber geschehen ist, hat der Wechselnehmer die aus diesem Vertrag ihm obliegenden Verbindlichkeiten erfüllt, und es sind nur die des Ausstellers übrig. Geräth derselbe in Concurs, so ist der Wechselnehmer wegen der schon gezahlten Valuta gemeiner Gläubiger. II. Der Aussteller will mit dem Wechsel eine Schuld bezahlen, die er gegen den Wechselnehmer hat. Hier liegt in dem Wechselausstellungsvertrag, wohl bemerkt, nicht eine Novation der ursprünglichen Obligation, sondern nur eine Verabredung über das Mittel, zur Zahlung derselben zu gelangen [4]). Selbst in der Ausstellung und Empfangnahme des Wechsels liegt regelmäßig noch keine Novation [5]). III. Der Aussteller hat dem Wechselnehmer die Urkunde vor erhaltener Valuta eingehändigt. Dieses kann entweder so vorkommen, daß die sofortige Zahlung verabredet worden, aber die Einhändigung der Urkunde vor der erhaltenen Zahlung geschehen; oder so, daß die Valuta ausdrücklich bis zu einer gewissen Zeit creditirt, oder von einer Bedingung abhängig gemacht worden ist. In beiden Fällen bleibt der Aussteller aus dem Vertrage Creditor des Wechselnehmers,

---

2) Eine Uebersicht der hier vorkommenden Fälle und der üblichen Formeln giebt Thöl Handelsrecht II. §. 177.

3) Fr. 13. §. 8. fr. 50. D. de act. emti (19. 1).

4) Es kann dabei allerdings eine Novation vorkommen. Zum Beispiel, Zwei rechnen ab, setzen den Saldo fest, und der Schuldner verspricht dem Gläubiger dafür einen Wechsel auszustellen. Allein die Novation liegt hier nicht in dem letzten Versprechen, sondern in dem Acte vorher.

5) Man sehe unten §. 343.

und kann daraus im ersten Falle sofort, im zweiten Falle zur gesetzten Zeit auf Zahlung klagen. Eine Wechselklage ist dieses jedoch nicht[6]. Im zweiten Falle wird aber häufig für die pünktliche Zahlung ein Interimsschein, oder gar ein Interimswechsel ausgestellt, und aus einem solchen kann darauf nach Wechselrecht geklagt werden[7]. Fällt der Wechselnehmer in Concurs, so ist der Aussteller wegen der rückständigen Valuta gemeiner Gläubiger[8]; der Wechsel bleibt der Masse[9]. Wenn hingegen der Aussteller in Concurs geräth, und die Masse will gegen den Wechselnehmer auf Zahlung der Valuta klagen, so kann dieser höchstens zur Deposition der Wechselsumme angehalten werden, bis von der Bezahlung des Wechsels Nachricht eingegangen ist, weil der Wechsel eines insolvent Gewordenen wahrscheinlich nicht honorirt werden wird, und ein Regreß gegen denselben keine Aussicht mehr darbietet.

c) Die Form des Wechsels.

340. Für die Wechselbriefe bildete sich schon früh eine ihrem Zwecke entsprechende regelmäßige Form[1], welche im Ganzen bis jetzt dieselbe geblieben ist. Aus dem Gesichtspunkt des gemeinen Rechts ist dabei zu unterscheiden, was nach der Natur der Sache als schlechthin wesentlich zu betrachten, und was blos positiver conventioneller Art ist. 1) Aus der Urkunde selbst muß unzweideutig hervorgehen, daß der Aussteller sich dadurch in der eigenthümlichen strengen wechselmäßigen Weise verpflichten wollte. Ursprünglich folgte dieses von selbst aus dem Orte wo, und aus dem Zwecke, wozu ein Wechselbrief ausgestellt wurde[2]. Jetzt ist da, wo überhaupt Wechselrecht gilt, an eine auf einen Dritten

---

6) Das Preuß. Landr. II. 8. §. 957. 958. gestattet ein Jahr lang eine Klage im Executivproceß.

7) Man sehe Thöl II. §. 178., Renaud Wechselrecht §. 13.

8) Das Preuß. Landr. II. 8. §. 959. giebt ihm, wenn der Concurs während des Jahres seit Abschließung des Vertrages ausbricht, ein Vorzugsrecht.

9) Im Königreich Sachsen und Hannover kann jedoch der Aussteller den Wechsel vindiciren.

1) Historische Nachweisungen darüber geben Biener Abhandl. S. 73. 149—153., Gengler Lehrbuch §. 118. Anm. 2.

2) Man sehe oben §. 329.

gezogene Zahlung im Zweifel auch die stillschweigend übernommene wechselmäßige Gewährleistung des Ausstellers anzuknüpfen [3]). Nützlich ist es allerdings, wenn die Urkunde sich durch irgend Etwas bestimmt von einer bloßen Anweisung unterscheidet, und in diesem Geiste ist in Deutschland [4]) das Wort, Wechsel, als wesentlich angenommen worden [5]). 2) Die von Seiten des Trassanten übernommene Verpflichtung muß durch dessen eigenhändige Unterschrift gewiß gemacht sein. Uebrigens ist jedoch jede Art von Unterschrift für zureichend zu halten, wodurch die Person mit voller Gewißheit bezeichnet wird. Manche Particularrechte verlangen freilich außer dem Familiennamen die Angabe sämmtlicher Vornamen [6]). Zeichen als Unterschrift bedürfen einer gerichtlichen oder notariellen Beglaubigung [7]). Wesentlich ist ferner: 3) der Name oder die Firma des Trassaten mit der an denselben gerichteten Zahlungsaufforderung [8]). 4) Die Bezeichnung desjenigen, an welchen gezahlt werden soll. Als solcher braucht aber nicht grade eine bestimmte Person genannt, sondern es könnte, blos nach der Natur der Sache betrachtet, ein Wechsel unbestimmt auf den Inhaber ausgestellt sein. Jetzt ist dieses aber in Deutschland nicht mehr zuläßig [9]). 5) Die Angabe der zu zahlenden Summe [10]). Ist die Summe einmal in Worten und ein- oder mehrmals in Zahlen ausgedrückt, so giebt man der ersten Bezeichnung, als dem Irrthum weniger unterworfen, den Vorzug. Ist sie mehrmals in Worten, oder mehrmals in Zahlen

---

3) So ist es in Frankreich und England, wo das Wort, Wechsel, zwar gebräuchlich, aber nicht wesentlich ist.

4) Man sehe über diese Wendung Biener S. 71., Renaud Wechselrecht §. 14. Note 4. 11.

5) So auch in der Deutschen Wechselordn. §. 4. Nr. 1. Und zwar muß jenes Wort im Conterte selbst vorkommen; blos als Ueberschrift genügt es nicht, Renaud §. 15. Note 3.

6) Die Deutsche Wechselordn. §. 4. Nr. 5. verlangt Angabe des Namens oder der Firma. Bei fürstlichen Personen oder Bischöfen, die blos mit ihrem Vornamen zu unterzeichnen pflegen, wird dieses also genügen.

7) Deutsche Wechselordn. §. 94.

8) Deutsche Wechselordn. §. 4. Nr. 7.

9) Weil nämlich die Deutsche Wechselordn. §. 4. Nr. 3. ausdrücklich die Angabe des Namens oder der Firma verlangt.

10) Deutsche Wechselordn. §. 4. Nr. 2.

ausgedrückt, so gilt bei Abweichungen die geringere Summe [11]. 6) Die Angabe der Zeit, zu welcher gezahlt werden soll [12]. Diese kann festgesetzt werden auf einen bestimmten Tag, oder auf Sicht (Vorzeigung), oder auf eine bestimmte Zeit nach Sicht, oder auf eine bestimmte Zeit nach dem Tage der Ausstellung, oder auf eine Messe oder einen Markt. Die Festsetzung des Verfalltages auf Uso ist jetzt als zu unbestimmt abgeschafft [13]. 7) Die Angabe des Ortes, wo die Zahlung geschehen soll. Der bei dem Namen des Trassaten angegebene Ort gilt, wenn ein anderer nicht ausdrücklich genannt wird, als der Zahlungsort, und bildet überhaupt juristisch den Wohnort für alle aus dem Wechsel vorzunehmenden Handlungen [14]. 8) Die Angabe der Zeit der Ausstellung ist an sich nur dann für wesentlich zu halten, wenn der Zahltag mit Beziehung auf das Datum bestimmt ist. In Deutschland ist sie aber positiv schlechthin vorgeschrieben [15]. 9) Die Angabe des Ortes der Ausstellung kann an sich nicht als ein wesentliches Moment angesehen werden, ist jedoch jetzt aus Nützlichkeitsgründen positiv vorgeschrieben [16]. Daß dieser Ort ein anderer als der Zahlungsort sein müsse, ist aber nicht erforderlich, und es sind auch Platzwechsel zuläßig [17]. Früher hielt allerdings das canonische Recht, dem ursprünglichen Gebrauche der Wechsel gemäß, den Grundsatz fest, daß die Zahlungsanweisung auf einen andern Ort lauten müsse, um das Aufgeld, als für die Mühe der Uebermachung entrichtet, bestimmter von unerlaubten Zinsen zu unterscheiden. Dieses hat sich aber verloren [18], und ist nur in einzelnen Particularrechten,

---

11) Deutsche Wechselordn. §. 5. Die hierüber statt findenden Controversen nennt Gengler §. 120. Note 5.

12) Ueber die älteren Formen sehe man Biener S. 74., Renaud §. 14. Note 7—9.

13) Deutsche Wechselordn. §. 4. Nr. 4. Gute Erläuterungen darüber geben Gengler §. 120. Note 7—12., Renaud §. 15. Nr. 5.

14) So sagt auch die Deutsche Wechselordn. §. 4. Nr. 8.

15) Deutsche Wechselordn. §. 4. Nr. 6.

16) Deutsche Wechselordn. §. 4. Nr. 6.

17) Man sehe über diese Thöl Handelsrecht II. §. 163. Nr. 5. §. 277.

18) Man sehe über diesen historischen Punkt Biener S. 68 — 71. 106., Renaud §. 14. Note 6. 12.

namentlich im französischen Recht, geblieben. Hier ist dann auch die Angabe des Ortes der Ausstellung als unerläßlich zu behandeln [19]). 10) Die Worte „an die Ordre" sind nicht für wesentlich zu halten [20]), weil, das Recht, einen Wechsel weiter zu übertragen, sich so von selbst versteht, daß wenn es nicht statt finden soll, dieses ausdrücklich durch die Worte „nicht an Ordre" bemerkt sein muß [21]). 11) Eben so wenig ist die Erwähnung der Valuta als ein wesentliches Moment anzusehen. Denn sie drückt jetzt nur aus, daß der Wechsel aus einem wohlerwogenen juristischen Grunde ausgestellt sei [22]), was sich aber dabei von selbst versteht [23]). Bei dem ursprünglichen Gebrauche der Wechsel hatte allerdings das Valuta-Bekenntniß die Bedeutung einer Quittung über den empfangenen Werth und eines Schuldbekenntnisses [24]). Dieses hat sich allmählig geändert [25]). Doch ist nach einigen Wechselordnungen die Angabe des Valuta-Verhältnisses noch wesentlich [26]).

341. Wichtig sind noch für die Form zwei allgemeine Bemerkungen. I. Fehlt es einem Wechsel an einem jener als wesentlich bezeichneten Erfordernisse, so ist er juristisch kein Wechsel. Es können daher auch die darauf gesetzten Erklärungen keine wechselmäßigen Verbindlichkeiten begründen [1]). Ob nicht andere juristische Wirkungen daraus entstehen können, ist nach den allgemeinen Regeln des Civilrechts zu entscheiden. II. Die Form ist, den allgemeinen Grundsätzen gemäß, nach den Gesetzen des Ortes zu beurtheilen, wo der Wechsel ausgestellt worden ist [2]).

---

19) So sagt richtig auch Renaud §. 15. Note 23.

20) Nachweisungen über diese Controverse giebt Gengler §. 120. Nr. IV. 1.

21) So sagt auch die Deutsche Wechselordn. §. 9. Anderer Meinung ist darüber Thöl II. §. 239.

22) Man sehe oben §. 339.

23) Dieses ist auch die Ansicht der Deutschen Wechselordnung, welche von der Erwähnung der Valuta nichts sagt.

24) Man sehe Biener S. 68.

25) Die Wendung bezeichnen die Wechselordnungen, die Renaud §. 14. Note 13. 14 anführt.

26) Nachweisungen geben Gengler §. 120. Nr. IV. 2., Renaud §. 17. Note 9.

1) So sagt auch die Deutsche Wechselordn. §. 7. Man sehe dazu Renaud §. 16. Note 1.

2) Deutsche Wechselordn. §. 85. Man sehe dazu Renaud §. 7. N. 2.

4) Rechtsverhältnisse aus einem Wechsel. a) Zwischen dem Trassanten und dem Wechselnehmer.

342. Das Rechtsverhältniß zwischen dem Trassanten und dem Wechselnehmer beruht in der den Ersteren im Falle, daß der Trassat nicht zahlt, treffenden Ersatzpflicht [1]). Diese Verbindlichkeit wird durch den sogenannten Begebungsvertrag begründet, der durch das Geben und Nehmen des Wechsels geschlossen wird [2]). Durch diesen Vertrag wird jedoch auch der Wechselnehmer stillschweigend verpflichtet zur Erhebung jener Zahlung mitzuwirken, und dieselbe bei dem Trassaten zu suchen. Hieraus ergiebt sich Folgendes. I. Der Wechselnehmer hat die Präsentation des Wechsels bei dem Trassaten am gehörigen Orte und zur gehörigen Zeit zu besorgen [3]). Diese geschieht entweder am Verfalltage zur Zahlung, oder schon früher zur Erklärung über die Acceptation. Zur Ersteren ist der Wechselnehmer verpflichtet. Zur Zweiten [4]) ist er seines eventuellen Interesse wegen berechtigt, und zwar sofort, was nur bei Meßwechseln eine positive Ausnahme leidet [5]). Verpflichtet ist er aber dazu, ohne eine besondere Verabredung oder ohne die ausdrückliche Bestimmung der Particularrechte, nicht [6]). Einen Uebelstand hat dieses allerdings bei den Wechseln, die auf eine bestimmte Zeit nach Sicht lauten, indem dabei der Aussteller auf unbestimmte Zeit hin Regreßansprüchen ausgesetzt ist. Daher sollen diese nach positiver Vorschrift binnen zwei Jahren nach der Ausstellung präsentirt werden [7]). II. Der Wechselnehmer kann gegen den Trassanten nur dann einen Regreß nehmen, wenn er die Erfüllung der ihm obliegenden Schritte in liquider Weise darthun kann. Er muß daher über die Verweigerung der Acceptation oder der Zahlung,

---

1) Man sehe oben §. 331. Am schärfsten äußert sich darüber Thöl Handelsrecht II. §. 213.

2) Thöl II. §. 212. Man vergleiche oben §. 337. Note 2.

3) Man sehe darüber die Deutsche Wechselordn. §. 91. 92.

4) Von dieser handeln Renaud §. 33., Gengler Lehrbuch §. 129.

5) Solche sollen, um den Trassaten nicht zu belästigen, nur in der am Meßorte dazu bestimmten Zeit präsentirt werden, Deutsche Wechselordn. §. 18.

6) Man sehe darüber Thöl II. §. 199. 222.

7) Deutsche Wechselordn. §. 19.

oder über die Umstände, welche die Präsentation oder die Zahlung unmöglich machten, durch eine Gerichtsperson oder einen Notar in der gesetzlich bestimmten Form und Zeit, wobei es auf die Gesetze des Zahlungsortes ankommt [8]), Protest erheben lassen [9]). Dieser Protest kann zwar durch eine in den Wechsel eingerückte Clausel erlassen werden; doch entbindet diese Clausel den Inhaber von der Protesterhebung nur demjenigen gegenüber, von welchem sie herrührt, nicht anderen Wechselverbundenen gegenüber, wogegen er einen Regreß zu nehmen hat, und Jener muß dann auch die Protestkosten tragen [10]). III. Die Verpflichtung des Trassanten hat nach der Natur der Sache verschiedene Abstufungen. 1) Hat der Trassat bei der Präsentation zur Annahme diese verweigert, so entsteht daraus, wenn auch nicht die Gewißheit, doch aber der Verdacht, daß er am Verfalltage nicht zahlen werde. Wenn daher die Annahme überhaupt nicht, oder unter Einschränkungen, oder auf eine geringere Summe geschehen und dieses durch Protest gehörig festgestellt ist, so ist gegen den Trassanten der Regreß Mangels Annahme auf Cautionsbestellung zuläßig [11]). 2) Dasselbe findet Statt, wenn der Trassat zwar acceptirt hat, allein unsicher geworden, und dieses durch den sogenannten Securitätsprotest dargethan ist [12]). 3) Ist am Verfalltage die Zahlung verweigert und darüber der Protest Mangels Zahlung erhoben worden, so kann kraft des Begebungsvertrages der Regreß Mangels Zahlung angestellt [13]) und auf volle Schadloshaltung geklagt werden [14]). Diese begreift nach positiver Vorschrift die Wechselsumme nebst 6 Procent Zinsen vom

8) Man sehe darüber Renaud §. 7. Note 17—20.

9) Deutsche Wechselordn. §. 41. 87—93. Von dem Protest handeln auch Thöl II. §. 209—211., Gengler §. 134—136., Renaud §. 26. 27.

10) Deutsche Wechselordn. §. 42. Man sehe dazu die Commentatoren.

11) Deutsche Wechselordn. §. 8. 25—28., Renaud §. 82. Die Particularrechte haben jedoch darüber vielfach abweichende Bestimmungen. Man sehe Thöl II. §. 223., Renaud §. 38. Note 3.

12) Deutsche Wechselordn. §. 29. Man sehe darüber Thöl II. §. 225., Renaud §. 38. Nr. 3. §. 83.

13) Von diesem handeln Thöl II. §. 217. 218., Gengler §. 138., Renaud §. 38. Nr. 1. §. 84. 85.

14) Deutsche Wechselordn. §. 41.

Verfalltage an, die Protestkosten und andere Auslagen, und die Provision von $1/3$ Procent [15]), und es sind diese Posten in einer mit den nöthigen Belegen versehenen Retourrechnung zusammenzustellen. Es kann jedoch der Regreß auch außergerichtlich versucht werden, indem der Inhaber auf den Trassanten für die Ersatzsumme einen mit den nöthigen Belegen unterstützten Rückwechsel zieht [16]). Wird dieser nicht honorirt, so kommt es zur Klage aus dem protestirten Vorwechsel. IV. Ist der Protest Mangels Zahlung nicht oder nicht in der gehörigen Weise erhoben worden, so fehlt es an dem Regreßrecht. Der Wechsel ist dann präjudicirt, das heißt seine wechselmäßige Kraft ist erloschen [17]). Wenn jedoch daraus für Einen eine Bereicherung entsteht, so kann der Wechselinhaber, der durch das Präjudiz seinen wechselmäßigen Anspruch verlor, gegen Jenen im ordentlichen Proceß auf Herausgabe der Bereicherung klagen, zum Beispiel gegen den Trassanten, wenn dieser die Valuta empfangen, und dem Trassaten keine Deckung gemacht hat [18]).

343. Von dem zwischen dem Trassanten und dem Wechselnehmer aus dem Wechsel entstehenden Rechtsverhältnisse ist dasjenige, wodurch die Ausstellung des Wechsels veranlaßt wurde, wohl zu unterscheiden. Namentlich wenn der Wechsel zur Abtragung einer Schuld des Trassanten an den Wechselnehmer gegeben wurde, so liegt darin nicht eine Novation, sondern nur die Anweisung eines Zahlungsmittels; die alte Schuld wird daher erst dann aufgehoben, wenn der Trassat wirklich gezahlt hat. Freilich kann der Wechselnehmer vorläufig nicht mehr aus der alten Schuld klagen, weil er sich jenes besondere Zahlungsmittel hat gefallen lassen; er muß also erst darthun, daß er dadurch nichts erhalten konnte. Dann aber hat er die Wahl, zwischen der alten Contractsklage und der Regreßklage nach Wechselrecht.

---

15) Deutsche Wechselordn. §. 50. 52. 54.

16) Deutsche Wechselordn. §. 53. Man sehe darüber Thöl II. §. 219., Renaud §. 86.

17) Von der Präjudicirung handeln Thöl II. §. 220. 221., Renaud §. 28.

18) Deutsche Wechselordn. §. 83.

Eine Novation kann nur unter besonderen Umständen angenommen werden [1]).

b) Rechtsverhältnisse zwischen dem Wechselnehmer und dem Trassaten.

344. Durch die Ausstellung des Wechsels entsteht zwischen dem Wechselnehmer und dem Trassaten noch kein juristisches Band. Denn wenn der Trassat der an ihn gerichteten Aufforderung gemäß zahlt, so ist damit Alles abgemacht. Wenn er aber nicht zahlen will, so hat der Wechselnehmer darauf gegen ihn kein Klagrecht. Anders ist es, wenn ihm der Wechsel zur Annahme präsentirt worden, und er denselben acceptirt hat. Dieses ist zwar dem Wechselinhaber gegenüber etwas Freiwilliges [1]); aber wenn es geschehen ist, so knüpfen sich daran bestimmte juristische Wirkungen. Ursprünglich wurde zwar eine solche Acceptation nur als die Annahme des im Wechsel gegebenen Auftrages behandelt. Allmählig aber bildete sich die Ansicht aus, daß sich der Trassat dadurch gegen den Wechselinhaber zum selbstständigen Wechselschuldner mache [2]). Hieran knüpft sich folgende Theorie. I. Die Acceptation ist die der Anfrage des Präsentanten entsprechende förmliche wechselmäßige Zusage, die Zahlung am Verfalltage sicher leisten zu wollen. Der Trassat verpflichtet sich also dadurch schlechthin, ohne daß davon ein Grund angegeben oder dasselbe von einer Gegenleistung abhängig gemacht ist. Es liegt also in der Acceptation ein eigenthümlicher Formalcontract, womit das positive Herkommen eine Verpflichtung nach Wechselrecht verbindet [3]). II. Die Form der Acceptation muß eine wechselmäßige sein. Als solche gilt jetzt nach positiver Vorschrift nur die, wo sie schriftlich auf der Wechselurkunde selbst mit der Namensunterschrift erklärt ist [4]). Die Beifügung des

---

1) Nachweisungen giebt Renaud §. 88. Note 5.

1) Man sehe Thöl Handelsrecht II. §. 200.

2) Ueber dieses Historische sehe man Biener Abhandl. S. 80—85., Renaud Wechselrecht §. 30.

3) Am schärfsten äußert sich darüber Thöl II. §. 182. 198. 203. 204. Ihm folgen Renaud §. 36., Gengler Lehrbuch §. 130.

4) Deutsche Wechselordn. §. 21. Ueber andere nach Particularrechten zuläßige Formen sehe man Thöl II. §. 201., Renaud §. 34.

Datums ist nur bei Sichtwechseln erheblich, in so fern in dem Accept zugleich die Bescheinigung der Sicht enthalten ist. Wenn daher der Trassat dieselbe verweigert, so muß der Präsentant das Datum durch einen Protest sicher stellen lassen [5]. III. Der durch die Acceptation zwischen dem Wechselinhaber und dem Trassaten zu schließende Vertrag ist nach der Natur der Sache vollendet, sobald wechselmäßig acceptirt, das heißt die Acceptation auf der Urkunde bemerkt ist. Die Zurückgabe des Wechsels an den Präsentanten gehört zur Vollendung nicht [6]. Die einmal erfolgte Annahme kann nicht wieder zurückgenommen [7], also auch der geschehene Accept, wenn sich gleich der Wechsel noch in der Hand des Trassaten befindet, nicht wieder ausgestrichen werden [8]. IV. Wird der Wechsel auf einen Theil der Summe acceptirt, so muß sich der Inhaber dieses gefallen lassen, und nur wegen des Restes Protest erheben. Werden andere Einschränkungen beigefügt, so wird zwar der Acceptant dadurch gebunden; allein dem Aussteller und anderen Wechselverbundenen gegenüber ist es einer verweigerten Acceptation gleich zu achten [9]. V. Die durch die Acceptation übernommene Verpflichtung geht dahin, den Wechsel demjenigen, der ihn am Verfalltage als der gerechtfertigte Inhaber präsentirt, zu zahlen [10]. Der Verfalltag ergiebt sich aus dem Wechsel selbst, bei Meßwechseln aus der am Meßort angenommenen Zahlungszeit [11]. Modificationen entstehen, wenn der Verfalltag auf einen Feiertag fällt, oder wenn an einem Wechselplatz allgemeine Zahltage bestehen [12]. Dagegen sind die herkömmlich gewesenen Respect- oder Respittage jetzt positiv aufge-

---

5) Deutsche Wechselordn. §. 20.

6) So sagt richtig Renaud §. 36. Note 3. Anderer Meinung sind unter anderen Thöl II. §. 202., Gengler §. 130. Note 16.

7) Deutsche Wechselordn. §. 21.

8) Renaud §. 36. Note 4.

9) Deutsche Wechselordn. §. 22. Zur Erläuterung dient Gengler §. 130. Note 17. Abweichende Bestimmungen der Particularrechte geben Thöl II. §. 207., Renaud §. 35.

10) Deutsche Wechselordn. §. 23., Renaud §. 36.

11) Deutsche Wechselordn. §. 30. 32. 35. Man sehe dazu Thöl II. §. 164—170, Renaud §. 61.

12) Deutsche Wechselordn. §. 92. 93. Man sehe Thöl §. 171., Renaud §. 63.

hoben [13]). Vor dem Verfalltage ist der Trassat zur Zahlung, wegen des darunter möglicherweise leidenden Interesse des Trassanten, nicht berechtigt; er thut es auf seine Gefahr [14]). Eine Prolongation des Wechsels wirkt nur gegen die, welche darin eingewilligt haben [15]). VI. Wird am Verfalltage die Bezahlung des Wechsels verweigert, so hat der Inhaber eine doppelte Klage: die Eine als Regreßklage gegen den Trassanten, die Andere gegen den Trassaten aus der Acceptation. Erstere setzt einen gehörig erhobenen Protest voraus [16]); Letztere nicht. Denn diese Klage wird durch den acceptirten Wechsel vollständig begründet; man braucht gegen den Acceptanten den Beweis, daß er nicht gezahlt habe, nicht zu führen, sondern die Behauptung, daß er gezahlt habe, gehört zu seinen Einreden [17]). VII. Die aus der Acceptation entstandene Verbindlichkeit ist dadurch, daß für die Präsentation die Verfallzeit eingehalten werde, nicht bedingt; sie dauert also bis zur Verjährungszeit fort, wenn auch der Wechsel am Verfalltag nicht zur Zahlung präsentirt worden ist [18]). Wohl aber ist der Acceptant berechtigt, sich von seiner Verbindlichkeit durch die Deposition der Wechselsumme zu befreien [19]).

c) Rechtsverhältnisse zwischen dem Trassanten und dem Trassaten.

345. Das Rechtsverhältniß zwischen dem Trassanten und Trassaten beruht auf folgenden Gesichtspunkten. I. Die Verpflichtung des Trassaten den auf ihn gezogenen Wechsel zu honoriren, setzt immer ein besonderes dem Trassanten dafür gegebenes Versprechen voraus. Denn selbst wenn er dem Trassanten schuldig ist, so braucht er darum einen auf ihn gezogenen Wechsel weder zu acceptiren noch zu zahlen, weil er sich die Uebernahme einer Wechselverbindlichkeit oder den Tag und die Stunde der Zah-

---

13) Deutsche Wechselordn. §. 33. Man sehe Thöl II. §. 172., Renaud §. 63.

14) Man sehe Thöl II. §. 208.

15) Thöl II. §. 293., Renaud §. 62.

16) Man sehe oben §. 342. Note 13. 14.

17) Dieses ist auch die Auffassung der Deutschen Wechselordn. §. 44.

18) Deutsche Wechselordn. §. 44. Man sehe dazu Thöl II. §. 206.

19) Deutsche Wechselordn. §. 40. Man sehe auch Thöl II. §. 206., Renaud §. 65.

lung nicht vorschreiben zu lassen braucht. Die Beweggründe zu einem solchen Versprechen können sehr mannichfaltig sein und fallen nicht in das Wechselrecht. Der Trassant muß sich aber auch seinerseits genau an die Bedingungen jener Verabredung halten, wenn er nicht seinen Wechsel einer Weigerung aussetzen will. Er muß daher gewöhnlich den Trassaten im Voraus avisiren oder durch den Wechselnehmer avisiren lassen, damit denselben die Zahlung nicht unerwartet treffe [1]), auch wo nöthig für dessen gehörige Deckung Sorge tragen [2]). Hat der Trassant Alles was ihm obliegt erfüllt, und der Trassat verweigert die zugesagte Acceptation oder Zahlung dennoch, so hat Jener gegen ihn aus dessen Zusage eine Klage auf volle Entschädigung; jedoch gehört diese in den ordentlichen Proceß. II. In der Acceptation des Trassaten liegt außer dem von ihm dem Inhaber geleisteten Zahlungsversprechen auch die Annahme des ihm vom Trassanten ertheilten Zahlungsauftrages. Er schließt also dadurch mit demselben einen Mandatvertrag, und kann von ihm daraus mit der Mandatklage auf das Interesse belangt werden [3]). Dieses ist namentlich dann wichtig, wenn der Trassant den acceptirten Wechsel wegen nicht erfolgter Zahlung in Folge des gegen ihn erhobenen Regresses hat einlösen müssen. Jedoch gehört diese Mandatklage ihrer Natur nach in den gemeinen Proceß [4]), wenn nicht positiv aus Zweckmäßigkeitsgründen aus der Acceptation auch dem Trassanten eine Wechselklage gegen den Trassaten beigelegt ist [5]). III. Hat der Trassat den Wechsel bezahlt, so hat er sich deshalb mit dem Trassanten zu berechnen und in den geeigneten Fällen mit der Mandatklage Ersatz zu verlangen [6]). Eine Wechselklage ist dieses aber nicht [7]). Jedenfalls hat er aber ein Reten-

---

1) Ueber den Avis sehe man Thöl Handelsrecht II. §. 190. 193., Gengler Lehrbuch §. 128.

2) Darüber sehe man Thöl II. §. 194., Renaud Wechselrecht §. 31.

3) Gut spricht darüber Thöl II. §. 194.

4) Anderer Meinung ist Cropp in Heise und Cropp Abhandl. II. Nr. I. Allein man sehe die Gegengründe bei Thöl II. §. 205., Biener Abhandl. S. 129. 134—136., Renaud §. 39.

5) Dieses ist jetzt geschehen in der Deutschen Wechselordn. §. 23.

6) Man sehe Thöl II. §. 198.

7) So sagt auch die Deutsche Wechselordn. §. 23.

tionsrecht an den Waaren, die ihm der Trassant etwa in Commission gegeben hat, weil er ohne diese Deckung nicht gezahlt haben würde [8]). Auch kann er den Wechsel vor der Verfallzeit gegen Zahlung der Valuta auf sich selbst indossiren lassen, dann am Verfalltag bei sich Protest erheben, und nun als Inhaber gegen den Trassanten seinen Wechselregreß nehmen [9]).

5) Von dem Indossament [1]). a) Begriff desselben.

346. Es ist für den Inhaber eines Wechsels nützlich, wenn er denselben mit allen daraus fließenden Rechten auf einen Andern übertragen kann, und es wird der Werth des Wechsels erhöht, wenn Jener der wechselmäßigen Gewährleistung des Trassanten seine eigene hinzufügt. Eine solche Uebertragung heißt ein Indossament. Es liegt darin eine in die Kürze gezogene Ausstellung eines zweiten Wechsels, wodurch der Aussteller Alles, was ihm in dem ersten Wechsel versprochen ist, einem Andern, unter Hinzufügung seiner eigenen Gewährleistung, verspricht [2]). Alles, was von der Natur der Wechselverbindlichkeit und des Begebungsvertrages gesagt wurde [3]), ist daher auch auf das Indossament anzuwenden [4]). Der Inhaber des ersten Wechsels oder der Indossant nimmt in dem zweiten Wechsel die Stelle des Trassanten ein; der Indossatar wird der Inhaber des zweiten und dadurch auch des ersten Wechsels; der Trassat, die Summe und das Uebrige bleiben. Dasselbe wiederholt sich, wenn der neue Inhaber den Wechsel weiter indossirt. Eine eigenthümliche Erscheinung ist allerdings, daß durch das Indossament neben dem Wechselnehmer, dem allein sich der Trassant zur Gewährleistung verpflichtete, ohne dessen Mitwirkung noch eine neue Person, der Indossatar, eingeschoben wird, wogegen er nun auch zur Gewähr-

---

8) So sagen auch die meisten Wechselgesetze, namentlich die von Oesterreich, Frankfurt, Hamburg, Braunschweig, Sachsen-Weimar. Man sehe Treitschke Wechselrecht §. 318.

9) Man sehe darüber Thöl II. §. 208. Nr. II.

1) Die Litteratur giebt Gengler Lehrbuch §. 125.

2) Am schärfsten ist die Auffassung von Thöl II. §. 226—232. Man sehe auch Biener Abhandl. S. 126—133.

3) Man sehe oben §. 331. 332. 342.

4) Gut äußert sich Thöl II. §. 234.

leistung verpflichtet sein soll. Nach der gewöhnlichen Theorie der Obligationen wäre dieses nur dann zu rechtfertigen, wenn er den Wechsel an den Wechselnehmer „und dessen Ordre" ausgestellt hat, indem er dadurch seine Zustimmung zu jeder Weiterbegebung erklärt. Allein nach der Natur als kaufmännisches Papiergeld, die beim Wechsel mit ins Auge zu fassen ist [5]), versteht sich jetzt die Uebertragbarkeit durch Indossamente so von selbst, daß sie, wenn sie nicht Statt finden soll, ausdrücklich durch die Worte „nicht an Ordre" ausgeschlossen sein muß [6]). Ursprünglich waren allerdings Indossamente unzuläßig oder doch nur ein einziges Giro gestattet. Seit dem siebzehnten Jahrhundert sind sie aber zu jenem allgemeinen Gebrauche durchgedrungen [7]). Von einer Cession, womit man das Indossament eine Zeitlang verglichen hat, unterscheidet es sich namentlich in folgenden Punkten [8]). Erstens wird durch die Cession nur die Ausübung des Rechts des Cedenten, beim Indossament das selbstständige Recht und Eigenthum am Wechsel übertragen. Zweitens muß sich daher der Cessionar die Einreden gefallen lassen, die aus der Person des Cedenten entgegengestellt werden können; der Indossatar nicht. Drittens haftet der Cedent nur dafür, daß die cedirte Schuld existirt, nicht auch dafür, daß der Schuldner zahlungsfähig ist; hingegen der Indossant gewährleistet eine Zahlung. Eben so wenig kann das Indossament einer Bürgschaft verglichen werden [9]).

347. Verschieden von diesem eigentlichen Indossament ist das uneigentliche, welches durch seine Formel nur als Vollmacht zur Eincassirung ausgestellt wird [1]). Dieses überträgt das Eigenthum an dem Wechsel nicht, sondern berechtigt nur zur Erhebung

---

5) Man sehe oben §. 327.

6) Renaud §. 47. Note 8. §. 51. Note 2. §. 52. Note 10. §. 54. Note 1. Dieses ist auch die Ansicht der Deutschen Wechselordn. §. 9. 10. 15. Man vergleiche dazu oben §. 340. Note 21.

7) Historische Nachweisungen geben Biener Abhandl. S. 85—89., Renaud Wechselrecht §. 47.

8) Man sehe darüber Thöl II. §. 227. 230. 231., Gengler §. 125. Note 5., Renaud §. 48.

9) Diese Meinung widerlegt Thöl II. §. 231. Nr. II.

1) Davon handeln Thöl II. §. 229., Renaud §. 48. 49. 57—59.

der Wechselsumme, des Protestes und anderen zur Realisirung des Wechsels nöthigen Handlungen [2]. Der Indossatar repräsentirt dabei den Indossanten nach den Grundsätzen des Mandates; er muß sich daher auch alle Einreden aus der Person seines Indossanten gefallen lassen. Da er nicht Eigenthümer des Wechsels ist, so kann er denselben durch ein eigentliches Indossament nicht weiter begeben. Selbst wenn sein Procura-Indossament auf Ordre gestellt ist, sind seine Indossamente, wenn sie auch unbedingt lauten, doch nur weitere Procura-Indossamente [3].

b) Form des Indossaments.

348. Das Indossament muß seiner Bestimmung gemäß auf den Wechsel selbst, oder auf eine Copie desselben, oder ein mit dem Wechsel oder der Copie unzweideutig verbundenes Blatt (Allonge) geschrieben werden [1]. Wesentlich gehört dazu ein Indossant, ein Indossatar, und die Aufforderung des Ersteren an Letzteren zu zahlen [2]. Diese Punkte brauchen jedoch nicht alle drei von der Hand des Indossanten selbst auf die Urkunde gesetzt zu sein; sondern es ist denkbar, daß er blos seine Unterschrift auf die Rückseite des Wechsels setzt, um dadurch ein von ihm geschehenes Indossament zu bezeichnen, die Person des Indossatars aber unbestimmt bleibt und erst später von dem, der sich dadurch als der Inhaber zu legitimiren hat, nachgetragen wird. Dieses ist ein Blanco-Indossament [3]. Ein solches ist ein Indossament an den Inhaber [4]. Ein so indossirter Wechsel kann daher ohne Indossamente von Hand zu Hand gegeben werden. Er kann aber auch weiter indossirt werden, entweder ausgefüllt oder unausgefüllt, in welchem Falle der Indossant als derjenige gilt, der den Wechsel durch das Blanco-Indossament erworben hat [5].

2) Deutsche Wechselordn. §. 17.
3) Dieses ist der Sinn der Deutschen Wechselordn. §. 17.
1) Deutsche Wechselordn. §. 11.
2) Thöl Handelsrecht II. §. 233., Renaud §. 52.
3) Gut handelt davon Thöl II. §. 233. Nr. III. 8. §. 279. Anerkannt ist diese Form in der Deutschen Wechselordn. §. 12. Die Particularrechte haben aber darüber abweichende Bestimmungen, Thöl II. §. 279. Note 6. 7. 8., Renaud §. 52. Note 8.
4) Savigny Obligationenrecht II. 106.
5) Deutsche Wechselordn. §. 13. 36.

Solche weitere Blanco-Indossamente können ebenfalls durch die bloße Namensunterschrift ausgestellt werden. Dadurch kann es kommen, daß ein Wechsel auf der Rückseite blos eine Reihe von Namen enthält, deren Jeder denjenigen bezeichnet, der den Wechsel durch das vorhergehende Blanco-Indossament erworben hat, und ihn in Blanco weiter indossirte [6]).

349. Unwesentlich ist beim Indossament die Beifügung der Zeit und des Ortes der Ausstellung, der Worte „an die Ordre" [1]), die Erwähnung der Valuta. Die Wechselordnungen enthalten jedoch darüber zuweilen abweichende Bestimmungen [2]), in welchem Falle auf die Gesetze des Ortes der Ausstellung zu sehen ist [3]). Wesentlich sind im uneigentlichen Indossament die Worte „zum Incasso" und dergleichen, wodurch es blos als eine Vollmacht bezeichnet wird. Ohne einen solchen Zusatz ist ein Indossament als ein eigentliches Indossament gemeint, und je nachdem dessen gesetzlichen Erforderniſſe vorhanden sind entweder ganz gültig oder ganz nichtig [4]).

c) Rechtsverhältnisse aus dem Indossament.

350. Die Rechtsverhältnisse aus dem Indossament äußern sich nach drei Seiten. I. Zwischen dem Indossanten und dem Indossatar. Dieses entspricht, dem einen Bestandtheil des Indossamentes gemäß, ganz dem Verhältniß des Trassanten zum Wechselnehmer. Der Indossant macht sich dadurch dem Indossatar, der keine Zahlung erhält und dieses durch Protest nachweist, zur Zah-

6) Solches kommt in Frankreich und England häufig vor, und kann es auch bei uns, Thöl II. §. 233. Note 8.

1) Man sehe oben §. 346. Note 6.

2) Thöl Handelsrecht II. §. 233. Nr. IV., Renaud Wechselrecht §. 52.

3) So sagt auch die Deutsche Wechselordn. §. 85. Doch fügt sie einige Modificationen hinzu.

4) Gut spricht darüber Thöl §. 229. Nr. III. Manche meinen jedoch, man müsse ein mangelhaftes Indossament wo möglich als Indossament zum Incasso aufrecht erhalten, zum Beispiel da, wo die Erwähnung der Valuta als wesentlich vorgeschrieben, aber bei einem Indossament nicht beobachtet worden ist. Diese Meinung ist selbst in Particularrechte übergegangen, Code de commerce art. 137. 138., Renaud §. 58. Note 2. Allein sie ist juristisch unhaltbar. Denn ein solches mangelhaftes Indossament kann nicht als Indossament zum Incasso wirken, weil es nicht als solches gemeint und bezeichnet ist. Auch nicht als eigentliches Indossament, weil ihm dazu etwas Wesentliches fehlt.

lung der Regreßsumme verbindlich [1]). Eine Ausnahme leidet dieses nur, wenn der Indossant wechselunfähig ist, oder „frei von Gewährleistung" indossirt hat [2]). II. Rechtsverhältniß zwischen dem Indossatar und dem Trassaten. Jener tritt zu Diesem ganz in das Verhältniß des Wechselnehmers [3]). Er hat also bei demselben den Wechsel zur Acceptation und zur Zahlung zu präsentiren, oder wenn ein schon acceptirter Wechsel indossirt wurde, so hat der Indossant sein ihm aus der Acceptation gegen den Trassaten zustehendes Recht auf den Indossatar mit übertragen [4]). III. Rechtsverhältniß zwischen dem Indossatar und dem Trassanten und früheren Indossanten. Dieses beruht darauf, daß der Indossant durch das Indossament alle seine Rechte aus dem Wechsel auf den Indossatar ganz und gar überträgt [5]). Das erste Indossament erzeugt also ein Regreßrecht des Indossatars gegen den Indossanten, und überträgt auch auf den Indossatar das Regreßrecht des Indossanten gegen den Trassanten; das zweite Indossament erzeugt ein Regreßrecht des zweiten Indossatars gegen den zweiten Indossanten und überträgt auch die beiden vorigen Regreßrechte, und so fort. Durch das letzte Indossament wird also immer die ganze Reihe von Regreßklagen bis gegen den Trassanten hinauf auf den Indossatar übertragen. Da er alle Rechte seiner Vorgänger in sich vereinigt, so hat er die Wahl, welchen der Vormänner er angreifen will (regressus per saltum), und er kann auch auf die übersprungenen wieder zurückkommen [6]). Einige Wechselordnungen schreiben jedoch die Beobachtung der Reihefolge von unten aufsteigend vor (regressus per ordinem), in welchem Falle man bei demjenigen, wobei man nichts erhalten, um weiter zu gehen, Contraprotest erheben muß [7]). Der in Anspruch genommene Vormann kann dann weiter seinen Regreß gegen seine Vor-

---

1) Thöl Handelsrecht II. §. 237., Renaud Wechselrecht §. 53.
2) Deutsche Wechselordn. §. 14.
3) Thöl II. §. 238.
4) Deutsche Wechselordn. §. 10., Renaud §. 53. Nr. II. 2.
5) Deutsche Wechselordn. §. 10. Man sehe oben §. 346.
6) So sagt auch die Deutsche Wechselordn. §. 49. 81.
7) Man sehe über den Regreß Wiener Abhandl. S. 130., Thöl Handelsrecht II. §. 240, Renaud Wechselrecht §. 81.

männer nehmen, und zwar beziehungsweise nach freier Wahl oder von unten aufsteigend. Bedingung des Regresses ist jedoch, daß bei dem Trassaten der Protest Mangels Zahlung erhoben worden[8]). Auch muß bei Vermeidung gewisser Nachtheile der Protest dem nächsten Vormann, von diesem dem zweitnächsten, und so weiter hinauf bis zum Trassanten, notificirt werden[9]). IV. In allen jenen Fällen wird der Indossatar durch das Indossament, so lange keine äußern Spuren der Unechtheit da sind, als Eigenthümer des Wechsels hinreichend legitimirt, so daß er daraus klagen, und an ihn mit Sicherheit gezahlt werden kann[10]). Als selbstständiger Eigenthümer können ihm bei der Klage keine Einreden entgegengestellt werden, die aus der Person des Indossanten entnommen sind, sondern nur solche, die aus der Wechselurkunde beweisbar sind, oder aus seinem persönlichen Verhältnisse zum Gegner hervorgehen[11]).

351. Beim Indossament können noch folgende eigenthümliche Verhältnisse vorkommen. I. Wird ein Wechsel von einem Wechselunfähigen indossirt, so erlangt der Indossatar gegen denselben keine Wechselrechte, wohl aber gegen dessen wechselfähigen Vormänner[1]). II. Wird ein Wechsel indossirt, der durch die Worte „nicht an Ordre" zu einem nicht begebbaren (Rectawechsel) gemacht ist, so kann das Indossament nach keiner Seite hin eine wechselrechtliche Wirkung haben[2]). III. Ist ein Indossament mit der Clausel „ohne Gewährleistung" ausgestellt, so haftet der Indossant weder dem Indossatar noch dessen Nachmännern, und ist bei dem Regreß zu übergehen[3]). IV. Ist in einem Indossament nur die Weiterbegebung durch die Worte „nicht an Ordre"

---

8) Deutsche Wechselordn. §. 41.

9) Deutsche Wechselordn. §. 45. 46. 47. — Von dieser Notification handeln Brauer zur Deutschen Wechselordn. §. 45., Thöl II. §. 224., Gengler §. 135. Nr. 1. c., Renaud §. 84.

10) Deutsche Wechselordn. §. 36. Man sehe Thöl II. §. 230. Nr. II. 1. §. 238., Renaud §. 64. Anders ist es bei einer Cession. Thöl II. §. 227. Nr. 1.

11) Biener S. 131., Thöl II. §. 230. Note 5. §. 240. Nr. IV.

1) Thöl Handelsrecht II. §. 155. Nr. IV., Brauer zur Deutschen Wechselordn. §. 3.

2) Deutsche Wechselordn. §. 9., Renaud Wechselrecht §. 51. Nr. 1. Thöl II. §. 241. Nr. I.

3) Deutsche Wechselordn. §. 14.

untersagt worden, so haftet der Indossant zwar noch dem Indossatar, nicht aber dessen Nachmännern [4]). V. Ist ein Wechsel indossirt worden, nachdem die Frist, innerhalb welcher wegen Nichtzahlung der Protest erhoben werden muß, abgelaufen ist, so sind durch dieses Versäumniß die Regreßrechte gegen den Trassanten und die bisherigen Indossanten erloschen; nicht aber die gegen den Acceptanten [5]). Diese werden also durch das neue Indossament mit übertragen; eben so sind natürlich alle nach jenem Zeitpunkte eingetretenen Indossamente wirksam [6]). VI. Wird ein protestirter Wechsel indossirt, so überträgt der Indossant auf den Indossatar seine Rechte gegen den Acceptanten, die früheren Indossanten und den Trassanten. Sich selbst macht er aber nicht wechselmäßig verbindlich, weil ein protestirter Wechsel zum ferneren Wechselverkehr nicht mehr geeignet ist [7]).

6) Eigenthümliche Arten der Wechsel.

352. Eigenthümliche Erscheinungen sind folgende. I. Es kann vorkommen, daß im Wechsel als der Zahlungsort ein von dem Wohnort des Trassaten verschiedener Ort bezeichnet wird. Dieses nennt man einen domicilirten Wechsel [1]). Alsdann muß der Trassat bei der Acceptation auch bemerken, durch wen die Zahlung dort geschehen soll, sonst wird angenommen, daß er selbst dort die Zahlung leisten werde [2]). In Beziehung auf den, welchen der Trassat an dem Domicil als den Zahlenden anweist, tritt er ganz in das Verhältniß, als ob er der Trassant, und der Angewiesene der Trassat wäre. Eben so hat der Wechselinhaber gegen die angewiesene Adresse dasselbe zu beobachten, wie gegen einen Trassaten [3]). Namentlich ist hier die Erhebung eines

---

4) Deutsche Wechselordn. §. 15., Renaud §. 54., Thöl II. §. 241. Nr. II.

5) Man sehe oben §. 342. Nr. IV. §. 344. Nr. VI.

6) Deutsche Wechselordn. §. 16., Renaud §. 54., Thöl II. §. 245. Man sehe auch über diese Frage die guten Abhandlungen von Mittermaier und Brackenhöft im Archiv für Wechselrecht Bd. I. Nr. II. S. 10. Nr. IX. §. 10.

7) Deutsche Wechselordn. §. 16. und dazu Brauer.

1) Davon handeln Thöl Handelsrecht II. §. 278., Renaud Wechselrecht §. 17. 40.

2) Deutsche Wechselordn. §. 24.

3) Einen Rechtsfall findet man in Heise und Cropp Abhandl. I. Nr. XXVII.

Protestes Mangels Zahlung ausnahmsweise selbst zur Klage gegen den Acceptanten wesentlich [4]), weil der Inhaber dazu muß beweisen können, daß er bei der Adresse nichts erhalten habe. II. Möglich ist, daß ein Wechsel vom Trassanten als an ihn selbst oder die eigene Ordre zahlbar ausgestellt wird [5]). Dieses ist also ein Wechsel, wobei der Aussteller sich vorbehält, den Wechselnehmer erst später durch Indossament zu benennen. Dieses kann hauptsächlich zu dem Zwecke geschehen, auf seinen Schuldner zu ziehen und dann Abnehmer für den Wechsel zu suchen. Manche finden darin juristische Bedenklichkeiten, und wollen einer solchen Urkunde erst nach dem ersten Indossament den Character eines Wechsels zugestehen [6]). Allein es ist kein Grund vorhanden, dem Aussteller gegen den Acceptanten nicht gleich eine Wechselklage zu gestatten [7]). In gleicher Weise können auch Indossamente an die eigene Ordre vorkommen. III. Möglich ist, daß Einer einen Wechsel auf sich selbst wie auf eine dritte Person zieht. Dieses heißt ein trassirt-eigener Wechsel [8]). Er ist der Sache nach ein eigener Wechsel; allein er unterscheidet sich durch die Form. Aus dieser folgt, daß der Aussteller nicht, wie beim eigenen Wechsel, schlechthin verpflichtet ist, sondern nur entweder als Acceptant, wenn er auf eine geschehene Präsentation acceptirt hat, oder im Wege der Regreßklage als Trassant, wozu aber gegen ihn als Trassaten Protest erhoben worden sein muß. Solche Wechsel sind nur für den Fall im Gebrauch, wo der Aussteller den Wechsel auf sich, aber an einem andern Orte als dem der Ausstellung zahlbar, zieht, zum Beispiel weil er dort eine Commandite hat. Nach positiver Vorschrift sind sie jetzt nur unter jener Voraussetzung zuläßig erklärt, weil sonst der Zweck einfach durch einen eigenen Wechsel erreicht werden kann [9]). Wenn also ein trassirt-eigener Wechsel an demselben Orte zahlbar aus-

---

4) Deutsche Wechselordn. §. 43. 44. Man vergleiche §. 344. Nr. V.
5) Davon handeln Thöl II. §. 276., Renaud §. 41.
6) Diese Bedenklichkeiten beleuchtet und widerlegt Biener Abhandl. S. 116—118.
7) Anerkannt ist dieses nun auch durch die Deutsche Wechselordn. §. 6. 23.
8) Man sehe darüber Thöl II. §. 275., Renaud §. 42.
9) Deutsche Wechselordn. §. 6.

gestellt ist, so ist dieses nicht ein eigener Wechsel, sondern juristisch gar kein Wechsel [10]).

7) Vervielfältigung der Wechsel [1]). a) Durch Wechselduplicate.

353. Nach dem kaufmännischen Gebrauche werden häufig von einem Wechsel mehrere Exemplare ausgefertigt. Darüber sind folgende Grundsätze zu bemerken [2]). I. Diese mehrfache Ausfertigung ist für den Wechselverkehr so wichtig, daß jeder Wechselnehmer, weil es ihm nützt und dem Aussteller nicht schadet, darauf ein stillschweigendes Recht hat. Doch kann dieses nicht im Wege des Wechselprocesses verfolgt werden. Auch ein Indossatar kann ein Duplicat des Wechsels verlangen [3]). II. Die mehreren Exemplare sollen Urschriften, aber nur eines und desselben Wechsels sein. Sie müssen daher ausdrücklich von sich aussagen, daß sie in Mehrzahl existiren, widrigenfalls jedes Exemplar als ein für sich bestehender Wechsel (Solawechsel) anzusehen ist. Dazu ist jetzt die Bezeichnung Prima, Secunda, Tertia, im Texte als wesentlich vorgeschrieben [4]). III. Wird das eine Exemplar zur Acceptation versandt, während das Andere durch Indossament in Umlauf gesetzt wird, so muß auf dem Letzteren bemerkt sein, bei wem das Erstere anzutreffen ist [5]). Es entsteht dann folgendes Verhältniß. 1) Der Empfänger des ersten Exemplars ist nur Commissionair und haftet in dieser Eigenschaft nach den Grundsätzen des Mandates. 2) Eigenthümer des Wechsels ist der Indossatar, und dieser ist berechtigt, vom Commissionair die Herausgabe des ersten Exemplars zu verlangen. Doch kann diese Klage nur im Civilweg geltend gemacht werden. 3) Verweigert der Commissionair die Herausgabe oder ist er nicht zu finden, so muß der Indossatar doch noch versuchen, ob er nicht auf das in seinen Händen befindliche Exemplar beim Trassaten

---

10) Man sehe über diese Controverse Renaud §. 42. Note 5.

1) Borchardt die Wechsel-Duplicate und Copien. Berlin 1847. Andere Litteratur giebt Gengler Lehrbuch §. 121.

2) Man sehe auch Thöl Handelsrecht II. §. 280. 281., Renaud Wechselrecht §. 18.

3) Deutsche Wechselordn. §. 66.

4) Deutsche Wechselordn. §. 66.

5) Deutsche Wechselordn. §. 68.

Acceptation oder Zahlung erhalten kann. Um den Regreß zu nehmen, muß er daher sowohl gegen den Commissionair wie gegen den Trassaten Protest erheben [6]). Der Regreß geht dann gegen alle Vormänner [7]). IV. Der in mehreren Exemplaren ausgestellte Wechsel begründet nur eine einzige Wechselforderung. Daraus folgt, daß durch die Acceptation mehrerer Exemplare der Acceptant doch nur zu einer Zahlung verpflichtet wird, und daß durch die Zahlung eines Exemplars die Anderen vernichtet werden [8]). Dieses versteht sich, wenn sich die Exemplare als Duplicate bezeichnen, von selbst, und es bedarf dazu der ausdrücklichen cassatorischen Clausel nicht. V. Um mit Sicherheit zu zahlen, muß dem Trassaten ein auf den Inhaber gehörig indossirtes Exemplar, und wenn er ein oder mehrere Exemplare acceptirt hatte, auch diese ausgehändigt werden. VI. Sind die mehreren Duplicate an verschiedene Personen indossirt worden, so zahlt der Trassat mit voller Wirkung an den ersten Präsentanten, wenn nicht das eine Exemplar von ihm acceptirt worden [9]). VII. Wenn ein Zahlungs- oder Regreßpflichtiger durch seine Schuld eine Täuschung veranlaßt, so muß er auch die Folgen tragen. Wenn also der Trassat mehrere Exemplare acceptirt hat, und bei der Zahlung sich nicht Alle zurückgeben ließ, so bleibt er daraus gebunden. Dasselbe tritt ein, wenn ein Indossant mehrere Exemplare desselben Wechsels an verschiedene Personen indossirt hat. Hier gilt jedes Exemplar für ihn und seine Vormänner wie ein neuer Wechsel. Für seine Vormänner bilden sie nur einen einzigen Wechsel [10]).

b) Vervielfältigung durch Wechselcopien.

354. Eine andere Form der Vervielfältigung eines Wechsels sind die Wechselcopien [1]). Eine solche kann namentlich zum Indossiren gebraucht werden, während das Original zur Accep-

---

6) Deutsche Wechselordn. §. 69.
7) Eine Controverse darüber erwähnt Renaud §. 56. Note 9.
8) Deutsche Wechselordn. §. 67.
9) Man sehe Renaud §. 64. Note 19—21.
10) Deutsche Wechselordn. §. 67.
1) Darüber sehe man Heise und Cropp Abhandl. I. Nr. XXVI., Thöl II. §. 282., Renaud §. 18. 56.

tation eingeschickt wird. Es ist dabei zu unterscheiden. In Beziehung auf die darauf gesetzten Indossamente wirkt die Copie wie eine indossirte Secunda oder Tertia, indem die Indossanten dieselbe durch ihr Indossament wie ein Original anerkannt haben. In Beziehung auf andere Personen, namentlich den Trassaten, ist aber der Unterschied der, daß das Duplicat ein von der Hand des Ausstellers herrührendes Original bildet, während die Copie nur eine unbeglaubigte Abschrift des Originals ist. Daher kann die Acceptation einer bloßen Copie dem Trassaten nicht zugemuthet werden, weil ihm diese keine Gewißheit gewährt, daß das Original wirklich vom Aussteller herrühre. Davon abgesehen, sind aber die Copien im Ganzen nach den Grundsätzen der Wechselduplicate zu beurtheilen [2]). Wichtig ist dabei, daß dasjenige, was Copie ist, von den hinzutretenden Originalvermerken genau getrennt und unterschieden sei [3]).

8) Von der Intervention. a) Durch eine Nothadresse [1]).

355. Auf den Fall, daß ein Wechsel nicht honorirt wird, giebt es unter den Kaufleuten mehrere Mittel, um dem Regreß vorzubeugen und die Ehre des Trassanten zu retten. Das Gewöhnlichste ist, daß der Trassant, oder auch ein Indossant, auf dem Wechsel oder einem angehängten Zettel, einem Dritten aufträgt, subsidiair einzutreten, und zur Ehre des Wechsels zu acceptiren und zu zahlen. Dieses heißt eine Nothadresse. Der Gebrauch derselben scheint erst im achtzehnten Jahrhundert allgemeiner geworden zu sein [2]). Es ist darüber Folgendes zu bemerken. I. Wer einen solchen Wechsel oder ein solches Indossament annimmt, übernimmt dadurch auch die Verpflichtung bei der Nothadresse, wie bei einem Trassaten, zu präsentiren, ehe er Regreß nehmen kann [3]). Doch muß in jedem Falle über die Verweigerung der Hauptadresse Protest erhoben werden, weil die Noth-

---

2) Deutsche Wechselordn. §. 70. 71. 72.
3) Deutsche Wechselordn. §. 70.
1) Man sehe darüber Thöl Handelsrecht II. §. 248. 249., Renaud Wechselrecht §. 66—70., Gengler Lehrbuch §. 139—141.
2) Renaud §. 66. Note 11.
3) Deutsche Wechselordn. §. 56.

adresse nur subsidiair ist. II. Hat die Nothadresse acceptirt, so ersetzt dieses die verweigerte Acceptation des Trassaten[4]), und sie kommt zum Inhaber ganz in das Verhältniß eines gewöhnlichen Acceptanten. Da der Aussteller der Nothadresse sich durch dieselbe gegen den Wechselnehmer und dessen Nachmänner decken will, so werden aus deren Accept gegen sie auch alle diejenigen berechtigt, die gegen den Aussteller im Wege des Regresses klagen könnten. Wenn also die Nothadresse für einen der Indossanten acceptirt hat, so haftet sie aus dem Accepte nur dessen Nachmännern, nicht den Vormännern. III. Zahlung hat aber die Nothadresse jedenfalls nur dann zu leisten, wenn der Haupttrassat nicht zahlt. Daher muß ihr bei der Präsentation zur Zahlung der gegen denselben Mangels Zahlung erhobene Protest vorgelegt werden. IV. Verweigert die Nothadresse die Acceptation oder Zahlung, so muß darüber ein zweiter Protest erhoben werden, weil man dem Adressanten bei der Regreßklage beweisen muß, daß man sich sowohl an die Haupt= als an die Nothadresse fruchtlos gewendet habe[5]). V. Sind von mehreren Indossanten Nothadressen beigefügt worden, so gebührt derjenigen der Vorzug, durch deren Zahlung die meisten Verpflichteten befreit werden; also vor Allem derjenigen, die der Trassant beigefügt hat; dann der für den älteren Indossanten und so fort[6]).

b) Intervention durch Ehrenacceptation und Ehrenzahlung[1]).

356. Es kann sich Jemand auch freiwillig und ohne Nothadresse erbieten, den verweigerten Wechsel zu acceptiren. Dieses heißt eine Ehrenacceptation, entweder zu Ehren des Ausstellers (per onor di lettera), oder eines der Indossanten (per onor del giro), wovon im Zweifel die Erstere anzunehmen ist[2]). Solche Interventionen kommen schon im sechzehnten Jahrhundert sehr ausgebildet vor[3]). Es gelten davon folgende Grundsätze. I. Der

---

4) Deutsche Wechselordn. §. 61.
5) Deutsche Wechselordn. §. 62.
6) Deutsche Wechselordn. §. 56.
1) Thöl Handelsrecht II. §. 250—260., Renaud Wechselrecht §. 71—74., Gengler Lehrbuch §. 139—141.
2) Deutsche Wechselordn. §. 59.
3) Biener Abhandl. S. 66., Renaud §. 66. Note 3.

Präsentant des Wechsels ist nicht verpflichtet eine Ehrenacceptation anzunehmen, sondern dieses hängt von seinem Belieben ab [4]). Er kann daher auch die Bedingungen vorschreiben, unter welchen er es will, namentlich kann er vom Ehrenacceptanten wegen der Zahlung Caution fordern. II. Hat er sie aber angenommen, so haben er und die Nachmänner dessen, zu dessen Ehren acceptirt wurde, gegen den Aussteller keinen Regreß auf Sicherstellung, weil er durch die Annahme erklärt, sich mit der Bürgschaft des Ehrenacceptanten zu begnügen [5]). III. Dafür kann er sich aber nun an diesen halten, und derselbe ist den Wechsel am Verfalltage zu zahlen nach Wechselrecht verbindlich, grade so wie der Trassat es wäre, wenn dieser acceptirt hätte. Diese Verbindlichkeit hat der Ehrenacceptant nicht blos gegen den Präsentanten, sondern gegen alle Nachmänner des Honoraten contrahirt, weil er diesen gegen alle Regreßrechte, die ihn wegen der verweigerten Annahme treffen würden, sicher stellen wollte. Die Vormänner desselben erlangen aber daraus keine Ansprüche [6]). IV. Der Wechsel muß natürlich dem Ehrenacceptanten wie einem gewöhnlichen Acceptanten zur gehörigen Zeit zur Zahlung präsentirt werden, widrigenfalls erlischt seine Verbindlichkeit [7]). V. Der Ehrenacceptant hat aber auch gegen seinen Honoraten, wofür er intervenirte, die in der Natur der Sache liegenden Rücksichten zu erfüllen. Er muß, um ihm die Nichtannahme beweisen zu können, sich den deshalb erhobenen Protest aushändigen lassen, und ihm mit der Nachricht von der geschehenen Intervention alsbald zusenden [8]). VI. Die Intervention schließt den Vorbehalt in sich, sich wegen der freiwillig übernommenen Verbindlichkeit erholen zu können. Der Intervenient kann daher nach wirklich geleisteter Zahlung die Aushändigung des Wechsels und Protestes [9]), und auf Grund derselben die Erstattung sämmtlicher Auslagen nebst der herkömmlichen Provision verlangen. Dieses

---

4) Deutsche Wechselordn. §. 57.
5) Deutsche Wechselordn. §. 61.
6) Deutsche Wechselordn. §. 60.
7) Deutsche Wechselordn. §. 60.
8) Deutsche Wechselordn. §. 58.
9) Deutsche Wechselordn. §. 63.

Recht hat er zunächst gegen den Honoraten selbst. Dieser kann dann, wenn er ein Indossatar ist, weiter seinen Regreß gegen seine Vormänner nehmen, weil es so gut ist, als ob er selbst gezahlt hätte; eben deswegen werden seine Nachmänner frei. Ob aber der Intervenient gegen den Honoraten nach Wechselrecht klagen könne, und ob er gegen dessen Vormänner eine wechselmäßige Regreßklage habe, wurde früher verneint, weil man ihn blos als Geschäftsführer des Honoraten behandelte. Bald gestattete ihm aber die Praxis, sich bei der Zahlung ausdrücklich die Rechte des Inhabers gegen die übrigen Wechselverpflichteten vorzubehalten, und endlich wurde diese Wirkung stillschweigend an die Zahlung geknüpft [10]). Darauf beruht auch die neue Gesetzgebung [11]).

357. Möglich ist, daß eine Ehrenzahlung geschieht, ohne daß eine Ehrenacceptation vorhergegangen ist, nämlich wenn der Trassat acceptirt hat, allein am Verfalltage nicht zahlt. Eine solche Ehrenzahlung abzuweisen, hat der Wechselinhaber keinen vernünftigen Grund; thut er es dennoch, so werden durch das Zahlungsanerbieten alle diejenigen liberirt, die durch die wirkliche Zahlung liberirt worden wären. Diese sind aber wohl bemerkt nur die Nachmänner des Honoraten, nicht der Honorate selbst, weil gegen diesen der Intervenient die Regreßklage behalten haben würde [1]). Die übrigen Verhältnisse und Rechte des Zahlenden sind denen des vorigen Falles ganz analog. Nur kommt hier noch hinzu, daß der Intervenient, außer dem Regreß gegen den Honoraten, auch eine Wechselklage gegen den Trassaten erlangt, weil dieser acceptirt hat [2]).

358. Berechtigt zur Ehrenacceptation ist Jeder, der sich nach Wechselrecht verbindlich machen kann. Selbst der Trassat, der die ordentliche Acceptation verweigert hat, kann unter Protest die Ehrenacceptation, hier vorzüglich Accept sopra protesto genannt, vollziehen, sei es zu Ehren eines der Indossanten oder des

10) Gute Nachweisungen giebt Renaud §. 66. Note 5—8. §. 73. Note 6. Man sehe über diese Frage auch Thöl II. §. 252.

11) Deutsche Wechselordn. §. 63.

1) So erklärt sich die Deutsche Wechselordn. §. 62.

2) Deutsche Wechselordn. §. 63.

Trassanten selbst; denn in jedem Falle werden dadurch einige Kosten gespart. Nur der Trassant kann es nicht, weil er für die Annahme schon an sich wechselmäßig haftet; eben so wenig ein Indossant für einen jüngern Indossanten, weil er wegen dessen Nichtannahme schon ohnedies im Wege des Regresses aufkommen muß. Wohl aber kann umgekehrt ein jüngerer Indossant zu Ehren eines älteren acceptiren, weil dadurch der Regreß von jenem bis zu diesem hinauf erspart wird. Erbieten sich Mehrere zur Ehrenzahlung, so ist derjenige vorzuziehen, durch dessen Zahlung die meisten Wechselverpflichteten befreit werden [3]). Wird ein so Bevorzugter, der zu zahlen bereit war, durch einen Intervenienten verdrängt, so hat dieser consequenterweise keinen Regreß gegen diejenigen Indossanten, die durch die Leistung der von dem Andern angebotenen Zahlung befreit worden wären [4]). Wollen Mehrere zu Ehren derselben Person interveniren, so sind sie gleichberechtigt; daher hat unter ihnen der Wechselinhaber die Wahl.

9) Von den eigenen Wechseln [1]).

359. Ein eigener (trockener) Wechsel ist derjenige, worin der Aussteller statt einem Dritten die Zahlung aufzutragen, selbst die Zahlung zu leisten verspricht. Ursprünglich kam dieses, der damaligen Bestimmung der Wechsel entsprechend, nur in einer beschränkten Anwendung vor; nämlich für Zahlungen, die der Aussteller an einem anderen Orte, entweder an dem Meßorte, wohin er zu gehen gedachte, oder in der Heimath nach der Rückkehr von der Messe, zu machen versprach. Solche Wechsel kamen schon im dreizehnten Jahrhundert vor, und wurden, weil darin ein wirkliches Cambium lag, für wahre ächte Wechsel angesehen. Bald aber wurden die eigenen Wechsel auch in mancherlei Wendungen zur Einkleidung zinsbarer Darlehen benutzt, dieses aber verboten, und solche Wechsel, die an demselben Orte einzulösen waren, trockene Wechsel (cambia sicca) genannt [2]).

---

3) Deutsche Wechselordn. §. 64.
4) Deutsche Wechselordn. §. 64.
1) Thöl Handelsrecht II. §. 269—272., Renaud Wechselrecht §. 43—46.
2) Nachweisungen geben Martens Ursprung des Wechselrechts §. 13., Biener Abhandl. S. 68. 69. 74. 75.

Später kam in Frankreich sogar die Ansicht auf, daß das Ziehen auf eine andere Person zum Begriff des Wechsels gehöre, wodurch die eigenen Wechsel, selbst wenn sie auf einen andern Ort lauten, davon ausgeschlossen wurden. In Deutschland hielt man sich von dieser Auffassung frei; man legte den Nachdruck auf das Wort Wechsel; und unterschied demgemäß zwei Arten, den trassirten und den eigenen Wechsel, den man aber nach der älteren nun nicht mehr passenden Terminologie auch noch den trockenen Wechsel nannte[3]). In der That ist, wo einmal das Institut des Wechselrechts anerkannt ist, kein Grund vorhanden, das eigene directe wechselmäßige Zahlungsversprechen beschränkter als das auf einen Dritten gezogene zu behandeln[4]).

360. Aus der Natur des eigenen Wechsels ergiebt sich nun Folgendes. I. Derselbe enthält wie der trassirte Wechsel eine förmliche Zusage, ohne daß diese durch eine Gegenleistung bedingt ist[1]). II. Hinsichtlich der Form fallen mit der Person des Trassaten die sich darauf beziehenden Angaben weg. Das Uebrige ist wie bei dem trassirten Wechsel[2]). III. Auf die Gründe, weshalb der Wechsel ausgestellt worden, kommt für das Recht aus dem Wechsel nichts an; daher ist die Erwähnung des Valuta-Verhältnisses eben so wenig wesentlich, wie beim trassirten Wechsel[3]). IV. Ein eigener Wechsel kann, wie ein trassirter, wenn er auch nicht ausdrücklich auf Ordre ausgestellt ist, indossirt werden[4]). V. Das Indossament eines eigenen Wechsels ist wie eine Tratte, die sich an denselben anschließt. Der erste Indossant ist dabei der Trassant, der Wechselschuldner der Trassat, der Indossatar der Wechselnehmer. Danach sind die übrigen Verhältnisse zu beurtheilen. VI. Von einer Präsentation zur Acceptation kann hier nicht die Rede sein, weil der Aussteller schon ohnehin

---

3) Man sehe über dieses Historische Biener S. 69—71. 118—121.

4) Rein formalistisch sind auch die Bedenklichkeiten von Biener S. 121—123.

1) Das oben §. 331. 332. Gesagte ist auch hier anwendbar.

2) Man sehe oben §. 340. So ist es auch nach der Deutschen Wechselordn. §. 96. 97.

3) Man sehe oben §. 339. 340. Nr. 11.

4) Man sehe oben §. 340. Nr. 10. So sagt auch die Deutsche Wechselordn. §. 98. Nr. 2.

zur Zahlung verpflichtet ist. Eine Ausnahme leidet dieses nur bei den auf eine Zeit nach Sicht gestellten eigenen Wechseln, aus gleichen Gründen wie bei den trassirten [5]. VII. Ein Protest Mangels Zahlung ist nicht erforderlich, außer wenn der Wechsel indossirt war, um gegen die Indossanten den Regreß nehmen zu können. VIII. Die Ausfertigung von Duplicaten ist bei eigenen Wechseln nicht üblich, und kann daher ohne besondere Verabredung nicht gefordert werden [6]. IX. Die Festsetzung der Zahlungszeit auf Kündigung ist an sich denkbar, paßt jedoch nicht zu der beim Wechsel wünschenswerthen Bestimmtheit, und ist jetzt stillschweigend unzuläßig gemacht [7]. X. Ein Zinsversprechen in einem eigenen Wechsel steht mit der Natur desselben nicht im Widerspruch [8], und ist daher, in so fern darunter die Bestimmtheit der Summe nicht leidet, für wechselkräftig zu halten [9].

361. Besondere Modificationen sind folgende. I. Ein eigener Wechsel kann wie ein trassirter domicilirt werden [1]. In diesem Falle muß er, wie dieser [2], am Domicil zur Zahlung präsentirt und, wenn diese nicht erfolgt, protestirt werden, um bei der Klage gegen den Aussteller den nöthigen Beweis führen zu können. Wird der Protest verabsäumt, so geht daher der wechselmäßige Anspruch gegen den Aussteller und gegen die Indossanten verloren [3]. War der Aussteller gar nicht am Zahlungsort anwesend und auch dort nicht vertreten, so muß darüber ein Platzprotest (Windprotest) erhoben werden. II. Denkbar ist, daß ein eigener Wechsel an die eigene Ordre zahlbar ausgestellt wird. Dieses kann erst dann eine Bedeutung erhalten, wenn der Wech-

---

5) Deutsche Wechselordn. §. 98. Nr. 3. Man vergleiche dazu oben §. 342. Nr. I.

6) Daher hat auch die Deutsche Wechselordn. §. 99. die §. 66—69. auf die eigenen Wechsel nicht angewendet.

7) Nämlich dadurch, daß die Deutsche Wechselordn. §. 96. Nr. 4. die Angabe der Zeit vorschreibt. Man sehe darüber Gengler Lehrbuch §. 120. Nr. V. 1., Renaud §. 44. Note 5.

8) So sagt auch Thöl Handelsrecht II. §. 270. Nr. 3.

9) Doch ist dieses sehr bestritten. Die Litteratur über diese Controverse geben Gengler §. 120. Nr. V. 2., Renaud §. 44. Note 7. 8.

1) Davon handelt Thöl II. §. 278. Nr. II.

2) Man sehe oben §. 352. Nr. I.

3) Deutsche Wechselordn. §. 99.

sel indossirt worden ist, indem dann der Indossatar die Stelle des Wechselnehmers einnimmt. Richtiger ist jedoch die Ansicht, daß von Anbeginn an kein Rechtsverhältniß existirte, also auch keines weiter begeben werden konnte. Deshalb ist ohne positive Bestimmung ein solcher Wechsel gar nicht für einen Wechsel zu halten [4]). III. In England und Frankreich wurden in Folge der oben erwähnten Auffassung nur gezogene Papiere Wechsel genannt. Doch aber sind in England nach dem Bedürfniß des kaufmännischen Verkehrs die ein eigenes Zahlungsversprechen enthaltenden Verschreibungen (promissory notes) dem Wechsel fast ganz gleichgestellt worden [5]). Dasselbe ist in Frankreich mit den billets à ordre geschehen, jedoch nur dann, wenn die Verschreibung von einem Kaufmann oder doch aus einem kaufmännischen Geschäft herrührt [6]). In allen andern Fällen kann die Verschreibung nur wie ein Schuldbrief des Civilrechts wirken, und es müssen sich daher dann auch dabei die besonderen Förmlichkeiten finden, die das Civilrecht [7]) für die gewöhnlichen Schuldbriefe vorschreibt [8]).

10) Von der Wechselbürgschaft [1]).

362. Die Wechselverbindlichkeit kann wie jede Schuld durch eine andere Person verstärkt werden. Geschieht dieses dadurch, daß diese sich dafür in einem besondern Documente als Bürgen erklärt, was mit oder ohne Unterwerfung unter die Wechselstrenge geschehen kann, so sind die allgemeinen Grundsätze der Bürgschaft darauf anzuwenden. Die gewöhnliche Form ist jedoch die, daß man seinen Namen auf dem Wechsel zum Namen desjenigen hin-

---

4) So nach der Deutschen Wechselordnung, die davon schweigt. Doch ist diese Frage controvers, Renaud §. 46. Note 6.

5) Die englischen Gesetze nennt Biener Abhandl. S. 123.

6) Code de comm. art. 187. 188. 636—638.

7) Französ. Civilgesetzb. Art. 1326.

8) So hat auch der Cassationshof entschieden, Sirey 12. 1. 244. Für das deutsche linke Rheinufer hat die Frage durch die Einführung der Deutschen Wechselordnung ihr praktisches Interesse größtentheils verloren. Doch kann sie noch zur Sprache kommen, wenn aus einem in Frankreich ausgestellten billet à ordre vor einem rheinischen Gerichtshof geklagt wird.

1) Man sehe darüber Thöl Handelsrecht II. §. 261—267., Renaud Wechselrecht §. 75. 76, Gengler Lehrbuch §. 142.

zufügt, dessen Verbindlichkeit man verstärken will, entweder den Namen allein oder mit dem Beisatz „als Bürge oder per aval.“ Der leitende Gedanke ist dabei nach dem Handelsgebrauche der, daß man sich dadurch zum Mitaussteller der Erklärung, also zum Mitschuldner macht und zwar solidarisch, weil durch die Zahlung das Papier eingelöst werden soll, dieses aber keine Theilung zuläßt. Die Einrede der Theilung und der Vorausklage ist daher unstatthaft [2]). Darin begründet auch der Zusatz „per aval“ keinen Unterschied. Derselbe kann nur außerhalb des Wechselgeschäfts von Wirkung sein, in so fern er den Bürgen, wenn er zahlen mußte, berechtigt, den Ersatz von dem andern Mitunterzeichneten zu verlangen. Aus jenem Gesichtspunkte folgt aber auch, daß der Mitaussteller, gleichviel ob er die Worte „per aval“ beifügte oder nicht, selbstständig auf seinen Vormann zurückgehen kann, und sich nicht die Einreden gefallen zu lassen braucht, welche demjenigen, wofür er mitunterzeichnete, entgegengestellt werden könnten [3]). Das Uebrige ergiebt sich daraus, für welchen Wechselverpflichteten Einer mit unterzeichnete. Danach kann es Mittrassanten, Mitaussteller eines eigenen Wechsels, Mitindossanten, Mitacceptanten, Mitehrenacceptanten geben. Uebrigens ist der Aval, als dem Credit nachtheilig, wenig gebräuchlich.

11) Von der Behandluug abhanden gekommener Wechsel [1]).

363. An der Wechselurkunde als körperliche Sache betrachtet findet an sich wie an jeder andern beweglichen Sache ein Eigenthum Statt, und sie kann daher auch vindicirt werden. Das Besondere dabei ist jedoch dieses, daß sie als Sache gar keinen Werth hat, sondern nur als Träger der Forderung. Diese ist die Hauptsache; das Document nur deren handgreiflicher Ausdruck. Bei der Ausstellung des Wechselbriefes ist Beides, das Recht der Forderung und das Eigenthum des Wechselbriefes, in

---

2) Deutsche Wechselordn. §. 81.

3) So bemerkt sehr gut Brauer zur Deutschen Wechselordn. §. 81.

1) Thöl Handelsrecht II. §. 289. 290., Renaud Wechselrecht §. 89. 90., Gengler Lehrbuch §. 144.

derselben Hand verbunden, weil vor der Einhändigung der Wechselurkunde keine Wechselforderung existirt. Dieses bleibt auch in der Folge in so fern, als wer die Forderung hat, auch das Eigenthum am Wechsel hat. Nicht aber gilt dem materiellen Rechte nach unbedingt auch das Umgekehrte, daß wer das Document hat, auch das Recht der Forderung hat. Dieses trifft dann nicht zu, wenn der Wechsel auf unrechte Weise an den Inhaber gekommen ist. Es kann also dann der Wechsel dem materiellen Rechte nach vom bisherigen Eigenthümer dem Besitzer abvindicirt werden. Dieses Princip muß jedoch durch eine andere Eigenthümlichkeit des Wechsels modificirt werden. Der Wechsel ist nämlich wesentlich auch zur leichten Circulation bestimmt, was nur dadurch möglich ist, daß Jeder einen Wechsel vom Inhaber, der sich durch die zusammenhängende Reihe von Indossamenten legitimirt, durch Indossament erwerben kann, ohne daß er die Echtheit der vorhergehenden Indossamente zu prüfen braucht [2]). Der Inhaber eines verlorenen Wechsels wird also durch das auf ihn lautende Indossament, wie bei Papieren auf den Inhaber durch den Besitz, legitimirt, und er braucht ihn, wie bei diesen [3]), nur dann herauszugeben, wenn er denselben in bösem Glauben oder durch Fahrlässigkeit erworben hat [4]). Natürlich ist der Eigenthümer eines verlorenen Wechsels, wenn er den Inhaber nicht kennt, zu allen zur Erhaltung seines Rechts dienlichen Maßregeln befugt, namentlich zur Benachrichtigung des Trassaten, damit dieser nicht acceptire, oder wenn er acceptirt hat, nur gegen Caution oder unter gerichtlicher Deposition zahle. Auch kann er, wenn der verlorene Wechsel schon acceptirt war, das gerichtliche Amortisationsverfahren einleiten, dadurch den Wechsel für ungültig erklären lassen, und auf den Grund des beigebrachten Nachweises auch ohne die Wechselurkunde vom Acceptanten die Zahlung verlangen [5]).

---

2) Deutsche Wechselordn. §. 36.

3) Man sehe oben §. 258. Nr. IV. V.

4) Dieser Ansicht folgt auch die Deutsche Wechselordn. §. 74. Die Ansichten darüber sind aber sehr verschieden, Renaud §. 89. Note 9.

5) Deutsche Wechselordn. §. 73.

12) Von falschen und verfälschten Wechseln [1]).

364. Falsch ist der Wechsel oder der Theil des Wechsels, dessen Unterschrift falsch ist; verfälscht ist derjenige, dessen Unterschrift ächt ist, aber an dessen Inhalt Veränderungen vorgenommen worden sind. Dem materiellen Rechte nach ist es gewiß, daß Niemand aus seinem Betrug Nutzen ziehen darf, daß Jeder, der durch eine Verfälschung leidet, gegen den Urheber ein Recht auf Entschädigung, und daß auch der bloße Verdacht einer Verfälschung einen Anspruch auf Berücksichtigung hat. Der Zweck des Wechsels und das danach gebildete formelle Recht duldet jedoch tiefer gehende Untersuchungen nicht; es muß sich regelmäßig an das, was auf der Urkunde steht, halten, und die Fragen über das materielle Recht und über die gegen den Fälscher möglichen Ansprüche in den Civilweg verweisen. Hieraus ergeben sich folgende Grundsätze. I. Eine Unterschrift kann gegen den angeblichen Urheber nur dann einen Anspruch begründen, wenn sie auch wirklich von ihm herrührt. Wenn er dieses verneint, so kann er höchstens vom Kläger zum Diffessionseide aufgefordert werden, und wird durch dessen Leistung von der Wechselklage frei, vorbehaltlich des Rechtes des Klägers, die Richtigkeit der Unterschrift im ordentlichen Processe darzuthun. Dieses gilt also, wenn Einer aus seiner angeblichen Unterschrift als Trassant, Acceptant oder Indossant belangt wird. II. Ist der Wechsel in einem Theile falsch, in anderen Theilen aber ächt; so behalten diese ihre wechselmäßigen Wirkungen, und es kann ihnen aus jener Fälschung keine Einrede entgegengestellt werden. Also: 1) Ist die Unterschrift des Ausstellers falsch, hat aber der Trassat acceptirt, so ist er durch seine Acceptation gebunden [2]). Natürlich hat er aber gegen den Fälscher im Civilweg eine Klage auf Entschädigung; und wenn dieser selbst oder ein Mitwissender von ihm die Zahlung verlangt, so hat er gegen ihn die exceptio doli,

1) Thöl Handelsrecht II. §. 283—288., Mittermaier II. §. 354., Renaud Wechselrecht §. 16., Gengler Lehrbuch §. 143. Einen Anhaltspunkt gewährt auch das Preuß. Landr. II. 8. §. 1137—1158.

2) Deutsche Wechselordn. §. 75.

vorausgesetzt, daß er sie gleich liquid machen kann [3]). 2) Ist die Unterschrift des Ausstellers falsch, ist aber der Wechsel indossirt worden, so behalten die ächten Indossamente ebenfalls ihre wechselmäßigen Wirkungen [4]). Wenn also der Wechsel vom Trassaten nicht honorirt wird, so lauft die Regreßklage bis zum ersten Indossanten hinauf, der entweder der Verfälscher ist, oder den Wechsel vom Verfälscher erworben und sich an diesen zu wenden hat. 3) Das Accept ist falsch, die Unterschriften des Ausstellers und der Indossanten sind aber ächt. Hier sind diese wechselmäßig verpflichtet. Wenn daher der Trassat nicht zahlt, so lauft die Regreßklage gegen sie bis zum Trassanten hinauf. 4) Ein Indossament ist falsch, die übrigen Unterschriften sind aber ächt. Hier sind diese dem Inhaber, der es durch ein ächtes Indossament geworden ist, gebunden, und können aus dem falschen Indossament keine Einrede herleiten. Wenn jedoch der Acceptant oder der bei der Regreßklage in Anspruch genommene Indossant dem Inhaber entgegenstellt, daß er durch ein falsches Indossament an den Wechsel gekommen sei, so muß diese Einrede, weil sie nicht ihre Verbindlichkeit, sondern die Legitimation des Klägers betrifft, berücksichtigt werden. Es muß dem Beklagten gestattet sein, seinen Glauben, daß das letzte Indossament unächt sei, eidlich zu erhärten, und dann die Summe bis zur ausgemachten Sache gerichtlich zu deponiren [5]). III. Eine Verfälschung blos im Inhalte, in der Summe oder der Verfallzeit, schützt, wenn sie gleich erwiesen werden kann, den Trassanten schlechthin, den Acceptanten und den in Anspruch genommenen Indossanten aber nur dann, wenn sie beweisen, daß die Verfälschung, erst nachdem der Wechsel acceptirt oder indossirt worden, geschehen sei. Zum Beweise genügt aber das Abschwören des Inhaltes, wenn die Unterschrift anerkannt wird (diffessio quoad contenta), nicht, weil durch die Unterschrift die starke Vermuthung für die Aechtheit auch des Uebrigen begründet wird [6]).

---

3) Renaud §. 16. Note 7.
4) Deutsche Wechselordn. §. 75.
5) Doch ist dieses controvers, Renaud §. 64. Note 13. 14.
6) Einige Controversen dabei erwähnt Renaud §. 16. Note 4.

13) Rechte der Wechsel im Concurse [1]).

365. Fällt ein Wechselschuldner, der Aussteller, Acceptant, ein Indossant oder Wechselbürge in Concurs [2]), so ergeben sich folgende Grundsätze. I. Der Gläubiger muß, wenn er auf den Wechsel Zahlung erhalten will, sich in den Concurs einlassen; eine abgesonderte Verfolgung ist unzuläßig, weil der Concurs das ganze Vermögen umfaßt. II. Der Gläubiger kann jedoch daneben die Execution gegen die Person durch Wechselarrest verfolgen, weil diese etwas Selbstständiges und von dem Vermögen Unabhängiges ist [3]). III. Der Wechselarrest kann die Wirkung haben, daß ein Anderer für den Schuldner zahlt; nicht aber, daß er selbst zahlt, weil er juristisch nichts Eigenes mehr hat. Der Curator der Masse darf daher das Gezahlte zurückfordern. IV. Die Wechselforderung hat als Forderung nichts Eigenthümliches; sie genießt daher nach dem gemeinen Recht keinen Vorzug vor den einfachen Chirographargläubigern. Nach den Particularrechten ist dieses häufig anders [4]). Ist ihnen, wie in Preußen, nur ein persönliches Privilegium vor den gewöhnlichen Schulden ertheilt, so concurriren mehrere Wechsel mit einander gleichzeitig, nicht nach dem Datum. Ist ihnen aber, wie in Braunschweig, die Stelle unter den Privathypotheken ertheilt, so bestimmt sich ihre Reihefolge nach ihrem Alter. V. Gerathen Mehrere der aus einem Wechsel Verbundenen in Concurs, so leidet es keinen Zweifel, daß der Wechselinhaber seine Wechselforderung zu ihrem vollen Betrage bei jeder der mehreren Massen vorläufig anmelden kann. Hat er jedoch bei der einen Masse eine Dividende erhalten, so ist die von der zweiten Masse zu erhaltende Dividende nur von dem Reste zu berechnen, und so fort auch bei der dritten und ferneren Masse. Dieses ergiebt sich aus der Natur der

1) Thöl Handelsrecht II. §. 291. 292., Renaud Wechselrecht §. 77., Gengler Lehrbuch §. 148.

2) Mit diesem Fall wird in den Lehrbüchern insgemein der verbunden, wo der Wechselinhaber, also der Berechtigte, in Concurs geräth. Allein dieser gehört an eine ganz andere Stelle. Man sehe oben §. 339. Nr. III.

3) Darin stimmen auch die meisten Rechtslehrer überein. Anderer Meinung ist jedoch Eichhorn Privatrecht §. 150. Die Particularrechte haben allerdings mancherlei abweichende Bestimmungen.

4) Nachweisungen giebt Thöl II. §. 291.

verschiedenen Fälle. Hat nämlich zuerst die Masse des Acceptanten gezahlt, so kann gegen die Indossanten und den Trassanten nur wegen des Restes geklagt werden, weil deren Schuld zwar eine von der des Acceptanten verschiedene, doch aber nur eine subsidiaire ist. Sind die Falliten Schuldner derselben Schuld, als Mitacceptanten, Mitindossanten, Mittrassanten, so folgt dasselbe aus der Natur der Correalschuld. Sind endlich die verschiedenen Massen die der Indossanten, so würde, wenn ein Indossant ganz gezahlt hätte, gegen einen Andern gar nicht mehr geklagt werden können; also muß dasselbe beziehungsweise auch von partiellen Zahlungen gelten [5]). Der Wechsel mit der Protesturkunde ist erst der Masse, die den Rest zahlt, herauszugeben.

14) Von der Aufhebung der Wechselverbindlichkeit.

366. Die Begebenheiten, wodurch Wechselverbindlichkeiten aufgehoben werden, sind hauptsächlich folgende. I. Die Zahlung und was derselben juristisch gleichsteht, als Novation, Compensation. Die Baarzahlung muß in cursirenden Münzsorten nach dem am Platze geltenden Werthe, übrigens nach der Wahl des Zahlenden geschehen, wenn nicht im Wechsel eine Geldsorte bestimmt ist [1]). Die Zahlung durch den Trassaten als solchen hebt alle Verbindlichkeiten aus dem Wechsel auf. Die Zahlung durch einen Indossanten befreit nur die Nachmänner, nicht die Vormänner, auch nicht den Acceptanten. Die Zahlung befreit aber überhaupt nur dann, wenn sie an den zu deren Erhebung Berechtigten geschah. Dazu gehört aber zweierlei: es muß Einer mit seinem Namen als der Empfänger der Zahlung bezeichnet, und es muß der Vorzeiger mit Jenem identisch sein. Das Erste ergiebt sich aus dem Wechsel durch die Bezeichnung des Wechselnehmers oder durch die auf den letzten Indossatar herabgehende zusammenhängende Reihe der Indossamente. An diese kann sich der Zahlende halten, und braucht die Aechtheit der Indossamente

5) Die Meinungen sind jedoch verschieden, wie man bei Thöl und Renaud angeführt findet.

1) Einige nähere Vorschriften enthält darüber die Deutsche Wechselordn. §. 37. Erläuterungen dazu finden sich bei Renaud Wechselrecht §. 60. Note 6.

nicht zu prüfen [2]). Des Zweiten aber, der Identität des Vorzeigers mit dem Wechselnehmer oder letzten Indossatar, muß sich der Zahlende versichern [3]). Die Zahlung braucht nur gegen Aushändigung des quittirten Wechsels zu geschehen [4]). Bei versäumter Erhebung der Zahlung kann sich der Schuldner durch gerichtliche Deposition befreien [5]). II. Die Confusion, wenn die Rechte und Verbindlichkeiten aus dem Wechsel durch Indossament, Beerbung und dergleichen in derselben Person zusammentreffen. Berechtigt ist nur Einer, der Inhaber; verpflichtet sind aber Mehrere, der Acceptant, die Indossanten, und der Trassant; in eben so vielen Richtungen ist also auch eine Confusion denkbar. Es erlischt aber dadurch nur die eigene Verbindlichkeit, nicht auch die davon unabhängigen Verbindlichkeiten der anderen aus demselben Wechsel obligirten Personen [6]). Auch leben, wenn der Inhaber den Wechsel weiter indossirt, die alten, durch die Confusion erloschenen Verbindlichkeiten zu Gunsten des neuen Indossatars wieder auf, wenn sie nicht ausdrücklich auf dem Wechsel ausgestrichen sind. III. Die Verjährung [7]). Dafür giebt es jetzt in den deutschen Staaten ein übereinstimmendes positives Recht. Der wechselmäßige Anspruch gegen den Acceptanten eines trassirten oder gegen den Aussteller eines eigenen Wechsels verjährt in drei Jahren vom Verfalltage an gerechnet; die Regreßansprüche des Inhabers, desgleichen die des Indossanten gegen den Aussteller und die übrigen Vormänner verjähren in 3, 6 oder 18 Monaten nach der Entfernung des Ortes, wo der Wechsel zahlbar ist, jene vom Tage des erhobenen Protestes gerechnet, diese von dem Tage an, wo der Indossant gezahlt hat, oder wo ihm die Regreßklage behändigt worden [8]). Bei auswärtigen Wechseln kommt es hinsichtlich der Verjährung auf die Gesetze des Ortes

---

2) Deutsche Wechselordn. §. 36. Man sehe dazu Renaud §. 64. Note 8. 9. 10.

3) Zeugnisse für diesen Satz giebt Renaud §. 64. Note 7.

4) Deutsche Wechselordn. §. 36. Mehr giebt Renaud §. 65.

5) Deutsche Wechselordn. §. 40.

6) Man sehe darüber Thöl Handelsrecht II. §. 300., Renaud §. 55.

7) Die Litteratur giebt Gengler Lehrbuch §. 146.

8) Deutsche Wechselordn. §. 77 — 80. 100. Man sehe dazu Renaud §. 87. 88. Ueber die Particularrechte sehe man Thöl II. §. 303.

der Ausstellung an [9]). IV. Der Tod des Wechselschuldners hebt die Wechselschuld nicht auf; nur der Wechselarrest ist gegen die Erben nicht zuläßig [10]).

15) Einreden gegen die Wechselklage [1]).

367. Gegen eine Wechselverbindlichkeit und Wechselklage sind folgende Einreden zuläßig. I. Einreden aus dem Wechselrecht, wenn hinsichtlich der Form, der persönlichen Fähigkeit, oder wegen einer besondern Thatsache oder Unterlassung die Bedingungen fehlen, die das Wechselrecht zur Begründung der Wechselverbindlichkeit vorschreibt [2]). Von dieser Art sind die Einreden, daß ein Protest versäumt, die Nothadresse nicht befragt, der Sichtwechsel nicht in der gehörigen Frist vorgezeigt, die Klage verjährt sei. Wo der Beklagte sich auf die Unterlassung einer dem Kläger obliegenden Handlung beruft, ist dieses eigentlich keine Einrede, sondern eine Verneinung des Klaggrundes: der Kläger muß daher beweisen. So ist es auch bei der Einrede der Fälschung, wo diese zuläßig ist [3]). II. Einreden aus dem materiellen Rechte, wenn die Eingehung der Wechselverbindlichkeit Fehler in sich schließt, die nach allgemeinen Grundsätzen jede Verbindlichkeit nichtig machen. Nur müssen diese, um das formelle Recht aus dem Wege zu räumen, gleich liquid gemacht werden können. Dahin gehört die Einrede, daß die Ausstellung des Wechsels durch Dolus, Irrthum, Furcht und Zwang, Simulation veranlaßt worden [4]). III. Einreden aus Thatsachen, wodurch die rechtsgültig begründete Wechselverbindlichkeit später wieder aufgehoben worden. Natürlich müssen auch diese gleich liquid, und aus der Beziehung des Excipirenden zum Kläger

---

9) Schriftsteller dafür citirt Renaud §. 7. Note 13.

10) Man sehe oben §. 335. Früher war diese Frage in der Wissenschaft controvers, Thöl II. §. 301.

1) Die Litteratur findet man bei Gengler Lehrbuch §. 147. Nr. IV. a. Die Lehre bedarf aber einer genauen Revision.

2) Dieses meint die Deutsche Wechselordn. §. 82. unter den Einreden, „welche aus dem Wechselrechte selbst hervorgehen." Man sehe dazu Gengler §. 147. Note 5., Renaud §. 79. Note 3—7.

3) Man sehe oben §. 364.

4) Man sehe dazu Thöl Handelsrecht II. §. 298., Gengler §. 147. Note 6., Renaud §. 79. Note 9.

selbst, nicht zu einem Dritten, hergenommen sein [5]). Dazu gehört die Einrede der Zahlung [6]), der Compensation [7]), die jedoch unter jener Voraussetzung nicht nothwendig aus einer Wechselforderung herzurühren braucht [8]), die Einrede des Erlasses [9]). IV. Einreden aus den dem Wechsel unterliegenden Verhältnissen sind, so weit sie nicht unter die zweite Kategorie fallen, unzuläßig, und in den ordentlichen Proceß zu verweisen [10]). Dazu gehört auch die Einrede der nicht gezahlten Valuta [11]). Nur als eine Compensationseinrede kann dieselbe geltend gemacht werden [12]).

H) Von den gewagten Geschäften. 1) Begriff derselben.

368. Gewagte Geschäfte sind solche, wobei gewiß Einer von Beiden gewinnt und der Andere verliert, wobei aber, wer der Gewinnende oder Verlierende sei, von einem ungewissen Ereigniß abhängig gemacht ist. Dadurch, daß Einer von Beiden gewiß gewinnt, der Andere gewiß verliert, unterscheiden sie sich von den auf eine ungewisse Bedingung gestellten Verträgen, indem hier, wenn die Bedingung nicht eintritt, der Vertrag wie ungeschehen ist. Dadurch, daß die ungewisse Begebenheit als das über Gewinn und Verlust entscheidende Moment in die Uebereinkunft selbst aufgenommen und dadurch zum leitenden Gesichtspunkt für dessen juristische Beurtheilung gemacht ist, unterscheidet es sich von einer gewagten Speculation, wobei das Wagniß nur etwas Thatsächliches, für die juristische Beurtheilung Gleichgültiges ist. Die gewagten Geschäfte sind daher als eine besondere Kategorie zu behandeln [1]). Ihr Gegenstand ist eben

---

5) Dieses meint die Deutsche Wechselordn. §. 82. unter den Einreden, die dem Excipirenden „unmittelbar gegen den jedesmaligen Kläger zustehen." Man sehe dazu Gengler §. 147. Note 6.

6) Man sehe daüber Thöl II. §. 295., Renaud §. 79. Note 10—13.

7) Thöl II. §. 296., Renaud §. 79. Note 9.

8) So sagt richtig Eichhorn Privatrecht §. 151.

9) Thöl II. §. 296.

10) Es giebt aber darüber mancherlei Controversen.

11) Der Grund ergiebt sich aus §. 331. Andere Meinungen erwähnt Gengler §. 147. Note 6.

12) Man sehe darüber Thöl II. §. 297.

1) Dieses wollen jetzt Manche bestreiten, weil das Wagen, das heißt das Abhängigmachen des Gewinnens von einem ungewissen Ereignisse, als Mo-

nicht blos factisch, sondern auch juristisch ein Wagniß. Dieses ist der Grundgedanke, der ihre Theorie beherrscht, und bei den verschiedenen Arten solcher Geschäfte zu verfolgen ist.

2) Arten der gewagten Geschäfte. a) Reine Glücksspiele. α) Spiele [1]).

369. Spiele kommen im Civilrecht nur in Betracht, in so fern um Geld oder Geldeswerth gespielt wird. In dieser Voraussetzung ist ein Spiel eine durch die Thätigkeit der Partheien oder eines Dritten in der verabredeten Form herbeigeführte Entscheidung des Zufalles über einen Gewinn und Verlust. Die deutsche Rechtsansicht, wie sie in übereinstimmender Weise durch die Rechtsquellen des Mittelalters bezeugt wird, war, daß schädliche oder gefährliche, das heißt Hazardspiele, verboten und strafbar, andere Spiele zwar erlaubt, jedoch nur zu einem mäßigen Preise und nicht auf Borg, gestattet seien [2]). Das römische Recht gieng aber in der Abneigung gegen die Spiele so weit, daß es alles Spielen um Geld, wenn auch nicht für strafbar, doch aber für so unerlaubt erklärte, daß das Verlorene sollte selbst zurückgefordert werden können; nur gewisse Spiele zur Uebung der Körperkraft sollten, jedoch nur bis zum Betrage eines Solidus, erlaubt und selbst klagbar sein [3]). Seit der Reception des römischen Rechts suchte man dasselbe zwar in diese Lehre hineinzuziehen [4]); allein in der Hauptsache hat doch das

---

dification fast bei allen übrigen Verträgen vorkommen könne. So sagen mit Puchta und Andern Wilda in Reyscher Zeitschr. VIII. 200—207., Beseler System II. §. 129. Allein wenn ein gewagtes Kauf- oder Pachtgeschäft geschlossen wird, so ist das Wagen nur etwas Thatsächliches und auf die Rechte und Verbindlichkeiten der Contrahenten ohne allen Einfluß, während dieses bei den eigentlichen gewagten Geschäften das hauptsächlich bestimmende Moment ist, wie deren Theorie zeigen wird. Gegen die Unbedingtheit jener Auffassung erklären sich zwar Gerber Deutsches Privatrecht §. 193. Note 1., Gengler Lehrbuch §. 149. Note 3.; doch aber halten sie die Aufstellung als eine besondere Kategorie im Systeme für unnöthig, weil sie keinen erheblichen dogmatischen Einfluß äußere.

1) Eine gute Untersuchung darüber ist: Wilda die Lehre von dem Spiel (Reyscher Zeitschr. II. 2, 133—193). Andere Litteratur giebt Gengler Lehrbuch §. 155.

2) Die Zeugnisse darüber sind zusammengestellt bei Wilda S. 144—170., Gengler §. 155. Anmerk. Nr. 1.

3) C. 3. C. de aleator. (3. 43).

4) Man sehe Wilda S. 170—173.

deutsche Recht die Oberhand behalten, und aus dessen Grundgedanken ist noch das heutige gemeine Recht in dieser Lehre zu entwickeln.

370. Man muß zu diesem Zwecke die verschiedenen Gattungen von Spielen unterscheiden. I. Eigentliche Glücks- oder Hazardspiele. Das Charakteristische derselben besteht darin, daß das Spiel lediglich in gewinnsüchtiger Absicht eingegangen wird, und daß dabei der Gewinn ohne erhebliche physische oder geistige Kraftanstrengung blos vom Zufall abhängt. Solche Spiele entsprechen zwar einem dem Menschen angeborenen Zuge; sie haben aber auch nach dem heutigen Gefühle gegen sich, daß sie von reellen Beschäftigungen abziehen, den haushälterischen Sinn untergraben, und durch Müßiggang und trügerische Hoffnungen ins Verderben stürzen. Demgemäß sind sie, der darin übereinstimmenden Ansicht des römischen und älteren deutschen Rechts gemäß, auch noch jetzt als unerlaubt zu behandeln. Es kann also, wenn auf Borg gespielt wurde, das Verlorene nicht eingeklagt [1]), eine Spielschuld kann nicht zur Compensation benutzt, und ein zum Spiele gegebenes Darlehn nicht zurückgefordert werden [2]). Ob aber jene Unerlaubtheit die Spielschuld so nichtig mache, daß selbst das daraus Gezahlte zurückverlangt werden könne, ist gemeinrechtlich zu verneinen, weil die Vorschriften des römischen Rechts als unserer Gefühlsweise entgegen nicht in unsere Sitten übergegangen sind [3]). In wie fern unerlaubte Spiele auch Strafen nach sich ziehen, ist nur aus dem Strafrecht jedes Landes zu ersehen, weil das römische Recht keine Strafen kennt, und es ein anderes gemeines Recht dafür nicht giebt [4]). Concurrirt bei

---

1) Man sehe Wilda S. 180—183.

2) Die Begründung dieses Satzes giebt Wilda S. 190—192., Gengler §. 155. Anmerk. Nr. 3. So sagt auch das Preuß. Landr. I. 11. §. 581.

3) Dieser Ansicht sind auch Wilda S. 185—190. und die bei Gengler §. 155. Note 27. 28. angeführten Schriftsteller und Gerichte. Anderer Meinung sind Beseler System II. §. 130. Note 6., Gengler §. 155. Anmerk. Nr. 2. b. Auch die Particularrechte sind abweichend. Die Rückforderung verweigert das Französ. Gesetzb. Art. 1967. Sie gestattet bei unerlaubten Spielen das Preuß. Landr. I. 11. §. 578.

4) So sagen auch Mittermaier II. §. 298., Beseler II. §. 130. Note 7. Anderer Meinung ist Wilda S. 183. 184.

dem unerlaubten Spiel auch Betrug und Prellerei, so treten natürlich die darauf bezüglichen Strafbestimmungen ein. II. Spiele zum Vergnügen und solche, womit ein geistiger Reiz und eine geistige Anstrengung verbunden ist. Nach dem römischen Recht wären auch diese, wenn sie um Geld geschehen, als verbotene zu behandeln. Allein die Sitte und das Recht des Mittelalters erklärten sie ausdrücklich für erlaubt [5]), und diese Ansicht hat sich auch, dem Bedürfnisse der deutschen Gemüthsart gemäß, gegen das römische Recht behauptet. Man suchte sogar in der Doctrin Beides dadurch zu verschmelzen, daß man dasjenige, was das römische Recht von den Spielen zur Uebung der Körperkraft gesagt hatte, auch auf diese Spiele übertrug [6]). Von Strafen kann also dabei nicht die Rede sein, und wo bei unerlaubten Spielen die Rückforderung des Gezahlten gestattet ist, fällt dieses doch bei solchen Spielen weg [7]). Uebrigens ergeben sich aber aus der Natur derselben zwei Beschränkungen. Erstens, daß dabei das Vergnügen und das geistige Interesse das Vorherrschende, das Pecuniaire das Untergeordnete sein muß. Sie können daher durch die Höhe der Einsätze den Character verbotener Spiele, so wie umgekehrt Hazardspiele durch die Geringfügigkeit der Einsätze den Character erlaubter Spiele annehmen, worüber das richterliche Ermessen zu entscheiden hat [8]). Zweitens folgt daraus, daß man des bloßen Vergnügens oder geistigen Interesse wegen keine Schulden machen soll. Wenn also auf Borg gespielt wurde, so gilt davon dasselbe, wie bei unerlaubten Spielen [9]). III. Spiele, welche zur Uebung der Körperkraft veranstaltet werden. Diese sind nach dem römischen Recht nicht blos erlaubt, sondern selbst klagbar. Der deutschen Sitte ist jedoch die besondere Auszeichnung dieser Gattung von Spielen fremd. Sie können für uns

5) Die Zeugnisse stehen bei Wilda S. 161—170.
6) Man sehe darüber Wilda S. 173—180.
7) Wilda S. 185. So nach dem Preuß. Landr. I. 11. §. 578.
8) So sagt auch das Preuß. Landr. II. 20. §. 1298.
9) So sagen auch das Preuß. Landr. I. 11. §. 577. 581., Französ. Gesetzb. Art. 1965. Einzelne Particularrechte, zum Beispiel das Bayerische Gesetzbuch, haben jedoch die Klagbarkeit der römischen gymnastischen Spiele auf jene übertragen.

nur unter dem Gesichtspunkt der Spiele zur Erholung in Betracht kommen, und müssen lediglich nach deren Grundsätzen beurtheilt werden [10]).

β) Das Ausspielgeschäft [1]).

371. Das Ausspielgeschäft besteht darin, daß der Eigenthümer eine Sache zum Ausspielen aussetzt, daß die Mitspieler gegen einen Einsatz oder unentgeltlich die Aussicht erwerben, die Sache unter den bezeichneten Voraussetzungen zu gewinnen, und daß das Ausspielen selbst in der bedungenen Form vorgenommen wird, um zu sehen, wer von ihnen wirklich gewinnt. Das Geschäft ist daher durch seine Bestandtheile als der Kauf und Verkauf oder die Schenkung einer Hoffnung bezeichnet [2]). Es ist nicht ein bedingter Kauf und Verkauf, weil der Einsatz verloren bleibt, wenn auch das Loos nicht gewonnen hat, also die Bedingung nicht eingetroffen ist. Es ist auch nicht eine Zusammensetzung von einem Verkauf oder Schenkung der Sache an die Mitspielenden, und einem Ausspielgeschäft derselben untereinander [3]), weil sich dieselben gar nicht untereinander in einem Rechtsverhältnisse denken, ja sich regelmäßig gar nicht kennen. Es ist seiner Natur nach ein reines Glücksspiel; allein da es mit einem einzigen Acte abgemacht ist, so führt es nicht die Bedenken und Gefahren der gewöhnlichen Glücksspiele mit sich. Es ist daher gemeinrechtlich als ein gültiges und klagbares Geschäft zu betrachten, so weit nicht die Landesgesetze Beschränkungen machen [4]).

372. Aus dem angegebenen Grundbegriffe ergiebt sich Folgendes. 1. Die Leistung des Mitspielers besteht regelmäßig in dem

---

10) Dieser Ansicht scheint auch Wilda S. 179. 180. Anderer Meinung ist Gengler §. 155. Anmerk. Nr. 2. b., der dafür das römische Recht festhält. Eben so thut das Französ. Gesetzb. Art. 1966. Das Preußische Landrecht hat aber jene Unterscheidung mit Recht stillschweigend beseitigt.

1) Lange die Rechtstheorie von dem Ausspielgeschäft. Erlangen 1818., Neubert Spielvertrag, Lotterie, Ausspielgeschäft. Leipzig 1838. Andere Litteratur giebt Gengler Lehrbuch §. 157.

2) So sagt auch Beseler System II. §. 130.

3) Dieses ist unter Anderen die Ansicht von Gerber §. 193., Gengler §. 157. Nr. 1.

4) So sagt auch Mittermaier II. §. 299. Anderer Meinung ist Gengler §. 157. Nr. 2.

Einsatz. Dieser braucht nicht mit dem Werthe der Sache selbst, sondern nur mit dem Werthe der gewährten Hoffnung, also mit dem Grade der Wahrscheinlichkeit des Gewinnens, im Verhältniß zu stehen. Es muß also der Gesammtbetrag der Loose und Einsätze den Werth der Sache nicht allzusehr übersteigen, widrigenfalls liegt in dem Geschäft eine Prellerei. II. Die Verbindlichkeiten des Ausspielers bestehen in zwei Punkten. Erstens muß er die Hoffnung gewähren und zwar unter dem bestimmten Grade von Wahrscheinlichkeit. Er muß also dafür haften, daß die auszuspielende Sache wirklich existire, und daß nicht mehr Loose ausgegeben werden, als worauf contrahirt ist. Zweitens muß er auch das Ausspielen selbst, wenn alle Loose abgesetzt sind, oder auch schon früher, wenn dazu ein Zeitpunkt bestimmt war, besorgen; doch kann er dann nicht gehindert werden, die restirenden Loose an sich selbst abzusetzen. III. Die Vornahme des Ausspielactes ist die wesentliche Bedingung, unter welcher die einzelnen Hoffnungen verkauft und gekauft worden sind. Wird derselbe durch den zufälligen Untergang der Sache unmöglich gemacht, so lösen sich diese Verkäufe wieder auf, und die Einsätze müssen zurückgegeben werden [1]). IV. Sind alle Loose abgesetzt, so können die Spieler den Ausspielenden nicht nöthigen, ihnen ohne das Ausspielen die Sache selbst zu überlassen, wenn er, gleichviel welches Interesse am wirklichen Ausspielen zu haben behauptet. V. Möglich ist, daß das Ausspielen von den Miteigenthümern einer Sache unter einander geschieht, um dadurch die Gemeinschaft aufzuheben. Hier gewährt Jeder Jedem der Uebrigen die Hoffnung auf seinen ideellen Antheil, und empfängt von Jedem als Gegenleistung die Hoffnung auf dessen ideellen Antheil. Es enthält also dieser Fall eine Summe von Ausspielgeschäften, deren Ausgang von einer und derselben Begebenheit abhängig gemacht ist, so daß wer einen Theil gewinnt, alle gewinnt.

---

1) Die Ansichten über diese Frage sind je nach dem Princip, wovon man ausgeht, verschieden.

γ) Von dem Lotteriegeschäft[1]).

373. Das Lotteriegeschäft ist nur eine Anwendung des Ausspielgeschäftes. Das Eigenthümliche besteht blos darin, daß dabei die auszuspielende Sache nicht eine einzige ist, sondern aus mehreren Geldsummen besteht, welche nach dem bestimmten Plane aus den Einsätzen gebildet werden. Es ist also ein reines Glücksspiel, und da es allerdings durch die Wiederholung, durch die allgemeine Betheiligung und durch die Aussicht auf einen großen Geldgewinn schädlich und gefährlich werden kann, so ist es gemeinrechtlich ohne die Genehmigung der Staatsgewalt für unerlaubt zu halten. Die Grundlage des Vertrages bildet der Lotterieplan. Der Vertrag mit dem Einzelnen ist geschlossen, sobald zwischen dem Geber und Abnehmer feststeht, daß Letzterer ein bestimmtes Loos übernommen habe. Daß der Einsatz bezahlt sei, ist nicht wesentlich, da er auch creditirt sein kann; eben so wenig, daß das Loos tradirt sei, da es in der Hand des Gebers zurückgelassen werden kann. Die bloße Zusendung verpflichtet zu nichts, nicht einmal zur Aufbewahrung, und um so weniger zur Rücksendung; sie berechtigt aber auch ohne eine entsprechende Erwiederung zu nichts. Sind die Loose auf den Inhaber gestellt, so kommen die für solche Papiere geltenden Grundsätze zur Anwendung [2]). Zur Vertreibung der Loose werden gewöhnlich von dem Unternehmer Collecteurs angestellt; deren Verhältniß sowohl zum Unternehmer wie zu Dritten ist dann nach dem Princip der besoldeten Geschäftsführer zu behandeln [3]). Möglich ist, daß der Inhaber eines Looses einem Andern gegen eine bestimmte Prämie verspricht, ihm den auf das Loos fallenden Gewinn überlassen zu wollen. Dieses heißt das Heuer- oder Promessengeschäft [4]). Es kann während der Ziehung, wo noch Haupttreffer zurück sind, auf Tage, selbst auf einzelne Stunden vorkommen. Ferner ist es möglich, daß der Lotteriecollecteur mit dem Abnehmer des Looses

---

1) Bender das Lotterierecht. Gießen 1841. Man sehe auch die §. 371. Note 1. genannten Schriftsteller, und Gengler Lehrbuch §. 156.
2) Man sehe §. 258.
3) Man sehe §. 275.
4) Man sehe darüber Bender §. 34., Thöl Handelsrecht I. §. 103.

einen Nebenvertrag schließt, kraft dessen er ihm das Loos wohlfeiler giebt, ihn dafür aber auf die kleineren Gewinne zu seinen Gunsten verzichten läßt [5]. Beide Geschäfte sind nichts anders, als ein Weiterverkauf der aus dem Loose erworbenen Hoffnung oder eines Theiles derselben.

δ) Von der Wette [1].

374. Eine Wette ist ein Vertrag, worin eine Behauptung und Gegenbehauptung aufgestellt, und gegen denjenigen, der unterliegt, ein Vermögensverlust an denjenigen, der Recht behält, oder an einen Andern, festgesetzt wird. Um dessen juristische Natur zu bestimmen, muß man drei Anwendungen unterscheiden. I. Es wird gewettet über den Eintritt einer ungewissen Thatsache, zu deren Hervorbringung die Partheien selbst mitwirken, zum Beispiel über den Sieg in einem Wettlauf. Hier liegt in der Wette ein wahres Spiel und der Unterschied besteht nur in dem Ausdruck. Die Römer haben daher solche Wetten genau nach dem Grundsatz der Spiele behandelt, und nur diejenigen, welche zu gymnastischen Wettkämpfen geschahen, für erlaubt erklärt [2]. Aus demselben Grunde können nach deutscher Rechtsauffassung [3]) Wetten der Art wie Spiele nur dann für erlaubt gelten, wenn sie nicht in gewinnsüchtiger Absicht, sondern zum Vergnügen, nicht zu hoch, und nicht auf Borg eingegangen werden. Bei der Beurtheilung der beiden ersten Bedingungen ist allerdings in Betracht zu ziehen, daß eine solche Wette nur in einer einzigen Handlung, nicht wie das Spiel aus mehreren sich wiederholenden Handlungen besteht. Jedenfalls ist aber die Schuld daraus nicht klagbar. II. Es wird gewettet über den Eintritt

5) Davon spricht Bender §. 35.

1) Gengler Lehrbuch §. 154. Eine besondere Abhandlung darüber ist: Wilda die Wette (Reyscher Zeitschr. VIII. 200—239). Doch kann man dessen Auffassung nicht überall beistimmen. Auch bei den anderen Schriftstellern über diesen Gegenstand fehlt es mehr oder weniger an den genauen Unterscheidungen und Begriffsbestimmungen, so bei Gerber §. 193. Note 2. §. 194., Beseler System II. §. 130., Mittermaier II. §. 297.

2) Fr. 2. §. 1. fr. 3. D. de aleator. (11. 5).

3) Diese wird auch durch die alten Rechtsquellen bezeugt. Die Stellen sind gesammelt bei Wilda S. 220—225.

einer ungewissen Thatsache, wozu die Partheien gar nicht mitzuwirken haben. Dieses ist der Sache nach ebenfalls, und noch im höheren Grade wie im vorigen Falle, ein reines Glücksspiel, und fällt demnach ebenfalls unter dessen Grundsätze[4]). III. Es wird gewettet über die Wahrheit einer unter den Partheien bestrittenen Behauptung. Dieses ist zwar kein Spiel, sondern eine eigentliche Wette. Allein es hat doch mit dem Spiele eine große Aehnlichkeit, indem bei diesem ein Gewinn und Verlust von einem eintretenden ungewissen Ereignisse, bei der Wette von der zu ermittelnden Gewißheit einer durch die Behauptung und Gegenbehauptung ungewiß gewordenen Thatsache abhängig gemacht ist. In beiden Fällen wird blos wegen eines Irrthums der Eine ärmer, der Andere reicher gemacht. Das Eine wie das Andere hat etwas dem feineren Gefühle Widersprechendes. Auch solche Wetten können daher, wie die Spiele, nur dann für erlaubt gelten, wenn sie nicht in gewinnsüchtiger Absicht, also nicht übermäßig hoch, und nicht auf Borg eingegangen sind. Jedenfalls sind sie nicht klagbar[5]). Also auch diese Art, und somit Alles, was der Sprachgebrauch Wette nennt, ist juristisch auf gleichem Fuße wie die Spiele zu behandeln. Dieser Grundsatz ist auch in den neuen Gesetzbüchern angenommen[6]), und darin liegt ein sichererer Beweis für die deutsche ungekünstelte vom Leben fortgetragene Rechtsansicht, als in den Meinungen der Juristen, die in sich uneins und unklar theilweise die Klagbarkeit der Wetten schlechthin[7]), oder doch der nicht übermäßigen[8]) als das gemeine Recht ausgeben, während Andere im richtigen Gefühl sich gegen die

---

4) Es ist daher ganz irrig, wenn Manche den Unterschied zwischen Spielen und Wetten darin setzen, daß beim Ersten die Partheien zur Hervorbringung der entscheidenden Thatsache mitwirken, beim Letzteren nicht. So Thöl Verkehr mit Staatspapieren S. 237. Man sehe dagegen Wilda S. 208.

5) Dawider kann man sich nicht auf fr. 17. §. 5. D. praescript. verb. (19. 5) berufen; denn der Sinn dieser Stelle ist unsicher, und sie redet jedenfalls nur von dem Falle, wo die Wettsumme bei einem von Beiden oder bei einem Dritten deponirt, also nicht auf Borg gewettet war.

6) Preuß. Landr. I. 11. §. 579. 581. II. 20. §. 1302., Französ. Gesetzb. Art. 1965—1967., Oesterr. Gesetzb. §. 1270. 1271.

7) So Mittermaier II. §. 207., Gerber §. 194.

8) So Wilda S. 230—233., Beseler System II. §. 130., Gengler §. 154.

Klagbarkeit erklärt haben[9]). Der Umstand, daß der Eine seiner Behauptung sicher ist, macht aber an sich solche Wetten nicht nichtig, sondern nur dann, wenn er sich den Schein giebt, der Sache minder gewiß zu sein, als der Fall ist. In diesen und anderen Fällen, wo Dolus vorhanden oder um etwas Schändliches gewettet worden, kann selbst das Gezahlte zurückgefordert werden.

b) Gewagte kaufmännische Geschäfte.

375. Bei den meisten kaufmännischen Speculationen ist mehr oder weniger etwas Gewagtes vorhanden; allein unter den Begriff der eigentlichen gewagten Geschäfte gehören sie doch erst dann, wenn das Kaufmännische dabei das Untergeordnete, das Glücksspiel das Vorherrschende ist. Diese Unterscheidung zeigt sich, wenn über Gegenstände, die einen schwankenden Cours haben, ein Lieferungsvertrag geschlossen wird, kraft dessen der Verkäufer die Sache am bestimmten Termin zu dem Course zu liefern verspricht, den sie am Tage des Contracts hat [1]). Hierin liegt allerdings für beide Theile etwas Gewagtes, indem der Verkäufer verliert, wenn der Cours mittlerweise steigt, der Käufer, wenn der Cours bis dahin fällt. Allein das juristisch Vorherrschende dabei ist doch immer der Kauf und Verkauf. Es kommt aber auch vor, daß es dabei nicht auf eine wirkliche Lieferung abgesehen ist, sondern daß der Eine dem Andern nur die Differenz zu ersetzen verspricht, um welche die Sache am Tage der Ablieferung nach dem dann statt findenden Course an Werth gestiegen oder gefallen sein wird. Man nennt dieses das Differenzgeschäft. Es liegt darin ein reines die Gewinnsucht reizendes, gefährliches Glücksspiel [2]), und es ist daher gemeinrechtlich als ein solches zu behandeln [3]). Häufig wird dasselbe unter eine andere Form ver-

---

9) Zeugnisse von Grönwagen, Besold, Voet, Stryck stehen bei Wilda S. 225. 226. Die richtige Auffassung hat auch Bluntschli II. §. 143.

1) So bei Staatspapieren (§. 261).

2) Man nennt es eine Wette; allein es würde dann unter die in §. 374. Nr. II. bezeichnete Kategorie zu stellen sein, die keine eigentlichen Wetten begreift.

3) Anderer Meinung sind Manche, weil sie die wahre Natur dieses Geschäfts nicht erkennen; so Thöl Handelsrecht I. §. 102., Mittermaier II. §. 274., Gerber §. 179. Note 6., Gengler §. 91. B. b. Man findet aber dort die

steckt; allein dann ist nicht nach dem Schein, sondern nach dem wirklichen Inhalt zu urtheilen[4]). Die wichtigste Anwendung ist bei den Speculationen mit Staatspapieren, und wird hier Agiotageschäft, Windhandel, Stokjobbery genannt.

c) Gewagte Geschäfte zur Sicherung gegen eine Gefahr. α) Zur Sicherung des Lebensunterhaltes. A) Verpfründungsvertrag.

376. Geschäfte nicht zum Gewinn, sondern nur zur Abwehr einer Gefahr sind nicht nur erlaubt, sondern selbst löblich. Sie stehen daher, wenn gleich dabei ein Wagniß concurrirt, unter einem andern Gesichtspunkt. Zunächst gehören dahin diejenigen, welche die Sicherstellung des Lebensunterhaltes bezwecken. Von dieser Art ist der Verpfründungsvertrag. Dieser besteht darin, daß Einer sein Vermögen, oder einen Theil desselben, oder eine bestimmte Summe einem Andern gegen die Versicherung lebenslänglicher Verpflegung übergiebt. Dieser Vertrag kam schon in alter Zeit häufig vor, und hat sich das Mittelalter hindurch[1]) bis in die neuere Zeit in Uebung erhalten[2]). Wenn nicht im Vertrag besondere Beschränkungen gemacht sind, so gehören zur Verpflegung die Nahrung, Kleidung, Heizung, die Wartung in Krankheiten und was sonst das körperliche Bedürfniß mit sich bringt. Die Art der Alimente ist nach billigem Ermessen mit Rücksicht auf Stand und Vermögen zu bestimmen. Eine Verletzung des Pflichttheils liegt im Vertrage nicht, weil darin die Sorgfalt für die eigene Lebensnothdurft, nicht die Liberalität an den Andern, das Vorherrschende ist.

B) Der Leibrentenvertrag[1]).

377. Der Leibrentenvertrag in seiner einfachsten Gestalt besteht darin, daß Einer gegen ein bestimmtes Vermögen, das er

---

Schriftsteller genannt, welche das Geschäft zu den verbotenen rechnen. Dazu gehört auch Wilda die Wetten (Reyscher Zeitschr. VIII. 230), Brinckmann Handelsrecht §. 89. Note 6.

4) So sagt auch Thöl Handelsrecht I. §. 70. Nr. IV.

1) Zeugnisse giebt meine Deutsche Rechtsgeschichte §. 526. Note 3—7.

2) Formularien giebt Lindenfels Notariatspiegel 1607. S. 249—252.

1) Die Litteratur giebt Gengler Lehrbuch §. 149. Das reichste Material giebt Mittermaier II. §. 301.

dem Andern hingiebt, eine lebenslängliche Jahresrente von gewisser Höhe zugesichert erhält. Dadurch, daß das Hingegebene verloren bleibt, wenn auch die Zahlung der Rente aufhört, unterscheidet sich das Geschäft von dem Rentenkauf[2]). Das Hingegebene besteht gewöhnlich in einer Geldsumme; es kann aber auch in einem Grundstück oder in einer andern Sache, die einen Geldwerth hat, bestehen. Beides findet sich schon in älterer Zeit, und es wurde die Leibrente ein Leibgedingsgeld genannt[3]). Ein gewagtes Geschäft ist der Vertrag aus dem Grunde, weil der Vortheil, den es für den Rentenkäufer, und der Nachtheil, den es für den Rentenverkäufer hat, und umgekehrt, von der Lebensdauer des Ersteren abhängt, die ein ungewisser Termin ist. Daher kann so wenig von der Anfechtung wegen übermäßiger Verletzung, als von der Anwendung des gesetzlichen Zinsfußes die Rede sein. Wesentlich ist vielmehr, daß das Maß der Rente den gewöhnlichen Zinsfuß übersteige[4]); denn sonst läge in dem Geschäft in Wahrheit, daß der Rentengeber das Geld während der Lebenszeit des Rentennehmers wie ein Darlehn haben und verzinsen, bei dessen Tode aber geschenkt behalten sollte. Dasselbe wäre also beziehungsweise als eine Liberalität zu behandeln, was für die Lehre vom Pflichttheil wichtig ist. Wie weit die Rente den gewöhnlichen Zinsfuß überschreite, muß dem Belieben der Partheien überlassen sein, weil es davon abhängt, wie hoch sich Jeder die ihn treffende Gefahr vorstellt. Möglich ist übrigens, daß eine Leibrente ohne alle Gegenleistung constituirt wird. Dann gehört das Geschäft in Form und Inhalt unter den Gesichtspunkt der Schenkung.

378. Der Vertrag kann gemeinrechtlich durch bloße Uebereinkunft geschlossen werden. Mit seinem Abschluß ist das Capital verfallen, und das Recht auf die Leibrente erworben. Dieses Recht ist, wenn nicht dafür eine Hypothek bestellt ist, nur eine persönliche Forderung, die im Concurs keinen Vorzug genießt,

---

2) Man sehe oben §. 268.
3) Zeugnisse giebt meine Deutsche Rechtsgeschichte §. 526. Note 8. 9.
4) So sagt auch Eichhorn Privatrecht §. 118., Gerber §. 192. Anderer Meinung ist Mittermaier II. §. 301.

und mit den übrigen persönlichen Forderungen der verhältnißmäßigen Reduction unterliegt [1]). Die Gläubiger des Rentenkäufers können den Vertrag nicht anfechten; wohl aber können sie sich auch an die Rente halten. Versäumniß in der Entrichtung der Rente berechtigt den Rentenkäufer nur auf Leistung, nicht auf Aufhebung des Vertrags zu klagen. Wird der Vertrag wegen Nichtigkeit oder durch den Eintritt einer hinzugefügten Resolutivbedingung aufgelöst, so müssen von der einen Seite das Capital, von der andern Seite die bezogenen Renten nach Abrechnung der gewöhnlichen Zinsen zurückgegeben werden. Wird der Vertrag durch Schuld des Rentenverkäufers für die Folge unwirksam gemacht, zum Beispiel durch Tödtung des Rentenkäufers, so wirkt dieses nur für die Zukunft, nicht für die Vergangenheit, und es muß nur das Capital zurückgegeben werden [2]).

379. Es kommen bei diesem Geschäfte mancherlei Verwicklungen vor. I. Eine Leibrente kann von Mehreren als eine Einheit gekauft werden, so daß der durch den Tod des Einen ausfallende Theil den Lebenden accrescirt, und erst mit dem Tode des Letzten die Rentenzahlung aufhört [1]). Dieses heißt eine Tontine, von ihrem Erfinder Lorenzo Tonti [2]). Es liegt darin ein zwiefaches gewagtes Geschäft: einmal dem Rentenverkäufer gegenüber; dann auch der Mitglieder unter einander wegen des Vortheils der länger Lebenden. II. Der Bezug der Rente braucht nicht von der eigenen Lebensdauer, er kann auch von der Lebenszeit eines oder mehrerer dritter Personen abhängig gemacht werden. Gezahlt muß sie dann werden, so lange noch Eine dieser Personen lebt. Wählt der Dritte eine gefährliche Lebensart, so hat der Rentenkäufer diesen Nachtheil zu tragen [3]). Kommt aber der Dritte von der Hand des Verkäufers um, so tritt dasselbe ein, als wenn er den Käufer selbst tödtet [4]). III. Der Bezug der

---

1) Man sehe darüber Eichhorn §. 118., Mittermaier II. §. 301. Nr. 12.

2) Mancherlei lehrreiche Distinctionen hat hier das Preuß. Landr. I. 11. §. 619—624. 631—636.

1) Preuß. Landr. I. 11. §. 617.

2) Man sehe Gengler Lehrbuch §. 151. Nr. 1.

3) Preuß. Landr. I. 11. §. 614. 617. 620. 625.

4) Preuß. Landr. I. 11. §. 621—624.

Leibrente kann von der Lebensdauer des Verkäufers oder der mehreren Verkäufer abhängig gemacht werden [5]). Verwirkt dann derselbe sein Leben durch Selbstmord oder Todesstrafe, so ist dieses nicht, wie der vorige Fall, als absichtliche Zerstörung des Vertrags zu behandeln, sondern als ein Ereigniß, weshalb der Vertrag aufzulösen und von beiden Seiten das Empfangene zurückzugeben ist [6]). IV. Es kann festgesetzt werden, daß der Bezug der Leibrente erst beim Tode einer bestimmten Person beginnen soll. In diesem Falle liegt in dem Geschäft ein doppeltes Wagniß, indem sowohl der Termin, wo die Zahlung der Rente anfängt, als der, wo sie aufhört, ungewiß ist. Es ist selbst möglich, daß es gar nicht zur Zahlung kommt, wenn der Rentenkäufer vor der bezeichneten Person stirbt. Ist der Anfang der Zahlung vom Tode mehrerer Personen abhängig gemacht, so müssen sie Alle gestorben sein, ehe die Rente gefordert werden kann [7]). V. Man braucht die Leibrente nicht nothwendig für sich, man kann sie auch für einen Dritten kaufen. Es kommt dann dabei die Gültigkeit der Verträge für Dritte zur Anwendung [8]). Bei einem solchen Kauf für einen Dritten können alle erwähnten Modalitäten ebenfalls vorkommen. VI. Eine Leibrente kann also für einen Dritten auch so gekauft werden, daß der Bezug derselben erst vom Tode eines Anderen beginnen soll. VII. Dieser Andere kann auch der Käufer selbst sein. Dieser Fall ist darin eigenthümlich, daß hier durch den Käufer ein Forderungsrecht der Rente geschaffen wird, aber nicht für ihn selbst, sondern für einen Dritten, der dasselbe aber nicht gleich, sondern erst nach des Käufers Tode haben soll, aber nicht kraft einer Succession, weil er nicht der Erbe wird, sondern als selbstständig Berechtigter. Dieses ist eine der weitgreifendsten Wirkungen der Verträge für Dritte, die aber, wenn man sich von dem beengenden Formalismus des römischen Rechts frei macht, nichts in sich Widersprechendes hat, und von der Jurisprudenz auch an-

---

5) Preuß. Landr. I. 11. §. 614. 617. 620.
6) Preuß. Landr. I. 11. §. 626—630. Man sehe oben §. 378.
7) Preuß. Landr. I. 11. §. 618.
8) Preuß. Landr. I. 11. §. 612. 613.

erkannt ist [9]). Durch den Selbstmord des Käufers geht hier natürlich dem Dritten sein Recht verloren. VIII. Die Summe, womit im vorigen Falle die Rente für den Dritten gekauft wird, kann eine runde Geldsumme sein. Sie kann aber auch in einem jährlichen Einsatz bestehen, den der Käufer bis zu seinem Tode leistet. Hier kommt zu den beiden Wagnissen, ob und wann der Bezug der Rente anfängt, und wie lange er dauert, noch das Dritte hinzu, wie lange der jährliche Einsatz geleistet werden wird. Dieses ist das Verhältniß bei den Wittwencassen [10]). IX. Insgemein sind es große Associationen, die sich mit dem Verkauf von Leibrenten und der Sicherstellung der Wittwen befassen. Sie werden entweder durch Speculanten, namentlich in der Form von Actiengesellschaften, oder durch den Zusammentritt der Betheiligten selbst, gebildet. Alles dieses ändert an dem Verhältniß des Leibrentenvertrages nichts. Das innere Verhältniß der Association aber ist nach der Theorie der Gesellschaft oder der juristischen Person [11]) und nach dem ihr zum Grunde liegenden Statut zu beurtheilen.

β) Versicherungsverträge gegen einen casuellen Schaden. A) Allgemeine Grundsätze [1]).

380. Der Versicherungs- oder Assecuranzvertrag ist ein Vertrag, wodurch der Eine dem Andern gegen eine von diesem zu empfangende feste Vergeltung oder Prämie den Schaden zu ersetzen verspricht, den derselbe durch den Eintritt eines im Vertrage bezeichneten Zufalls erleiden würde. Dadurch, daß die Prämie verloren bleibt, wenn auch der Zufall nicht eintritt, und dadurch daß, wenn derselbe eintritt, der zu leistende Schadenersatz den Betrag der empfangenen Prämie weit übersteigen kann,

---

9) Man sehe darüber die gleich anzuführende Abhandlung von Pfeiffer S. 474—480.

10) Pfeiffer die rechtlichen Verhältnisse der Wittwencassen (Reyscher Zeitschr. IX. 440—486). Man sehe auch Gengler Lehrbuch §. 151. Nr. 2.

11) Man sehe oben §. 83. 119. 121. 298—307.

1) Das Hauptwerk darüber ist: Benecke System des Assecuranz- und Bodmereiwesens. Hamburg 1805—21. 5 Bde. Eine Umarbeitung des ganzen Werkes erschien von Nolte Hamburg 1852. 2 Bde. Andere litterärische Nachweisungen giebt Gengler Lehrbuch §. 151.

ist das Geschäft für beide Theile ein gewagtes [2]). Aus der Natur desselben ergiebt sich Folgendes. I. Das Geschäft soll blos eine Sicherstellung gegen casuellen Schaden, nicht ein gewinnsüchtiges sein. Es kann daher nur der wirkliche Schaden, den der Versicherte durch den Unfall erleiden würde, versichert werden. Zu diesem gehört aber allerdings auch die Entbehrung des Gewinnes, den der Versicherte mit dem Gegenstande, zum Beispiel mit versendeten Waaren am Orte ihrer Bestimmung, gemacht haben würde; daher ist auch die Versicherung auf gehofften Gewinn zuläßig [3]). Hingegen ist es keine Versicherung, sondern ein Wettspiel, wenn Einer eine Versicherung gegen einen Zufall schließt, wobei er mit seinem Vermögen nicht interessirt, der also für ihn kein Unfall ist. Aus demselben Grunde kann ein Gegenstand nicht doppelt zum vollen Werthe versichert werden, sondern der zweite Vertrag ist, wenn er zur Sprache kommt, nach den Grundsätzen eines gewinnsüchtigen Spieles zu behandeln [4]). Wohl aber kann der Versicherer den Gegenstand bei verschiedenen Personen zum theilweisen Werthe, oder die Zahlungsfähigkeit seines Versicherers versichern, oder dieser seine eigene Gefahr durch einen Andern rückversichern lassen. II. Die Prämie wird wegen einer Gefahr gegeben und genommen und richtet sich nach dem Grade derselben. Der Vertrag ist daher nichtig, wenn in dem Augenblick seines Abschlusses der Versicherte schon den eingetretenen Unfall, oder der Versicherer die Beseitigung der Gefahr kannte. Auch muß aus jenem Grunde der Versicherte mit Aufrichtigkeit alle Umstände angeben, die zu kennen für den Versicherer von Wichtigkeit ist. III. Die Versicherung geht nur auf den Schaden, der durch Zufall, also nicht auch auf denjenigen, der durch die Absicht oder nachweisbare Verschuldung des Versicherten entsteht [5]). Wohl aber auf denjenigen, der durch einen

---

2) Unbegreiflich ist, wie Manche dieses läugnen; so Beseler System II. §. 129.

3) Gut spricht davon Mittermaier II. §. 304. Nr. I. c.

4) Anderer Meinung sind Mittermaier II. §. 302. Nr. I. 6., Gerber §. 202. Note 8. Dieses hängt mit ihrer irrigen Ansicht von der Klagbarkeit der Wetten zusammen. Man sehe oben §. 374. Note 7.

5) Man sehe Mittermaier II. §. 302. Note 13. 14.

Dritten entsteht, weil und in so fern dieser in Beziehung auf den Versicherten als ein casueller anzusehen ist. Jedoch kann der Versicherer von dem Versicherten bei der Vergütung des Schadens die Abtretung der Klagrechte verlangen, die dieser gegen den Dritten hat. Um aber dem Versicherer die für ihn wichtige Untersuchung über den Ursprung des Schadens möglich zu machen, muß der Versicherte denselben so bald als möglich von dem eingetretenen Unfall benachrichtigen, und ist für den Nachtheil, der aus einer Versäumniß entsteht, verantwortlich. IV. In der Assecuranz darf nicht die Beförderung eines Delictes liegen. Es ist daher eine Versicherung gegen die Gefahr ungültig, welcher der zu versichernde Gegenstand durch eine verbotene Handlung ausgesetzt würde, zum Beispiel gegen Confiscation wegen verbotener Ein- und Ausfuhr. Jedoch ist die Frage, ob eine Handlung verboten sei, nach den Gesetzen des Landes, dem die Contrahenten angehören, nicht nach dem eines fremden Landes, wogegen sie weder als Einzelne noch nach den völkerrechtlichen Relationen ihres Staates Rücksicht zu nehmen haben, zu beurtheilen [6]). V. Der Versicherte kann sich außer der Versicherungssumme nicht auch die Rückzahlung der gezahlten Prämie versichern lassen. Denn die Prämie mußte er jedenfalls zahlen; also ist dieses nicht ein Schaden, der ihn durch den Zufall trifft. Eine Ausnahme leidet dieses nur dann, wenn die Ankunft von Waaren, die an einen andern Ort versendet worden, versichert wird. Denn da die Waare im Falle der glücklichen Ankunft zu einem Preise verkauft worden wäre, wodurch der Einkaufspreis, Fracht und Prämie ersetzt worden, so ist es erlaubt, die Prämie bei der Versicherungssumme mit zu rechnen; oder wenn keine bestimmte Summe festgesetzt ist, so ist jenes Alles bei der Ersatzsumme zusammen zu rechnen [7]). VI. Der Vertrag kann durch bloße mündliche Verabredung geschlossen werden. Die schriftliche Errichtung ist zwar üblich; allein ohne die ausdrückliche Vorschrift der Ge-

---

6) Die Frage ist allerdings viel bestritten, und bedarf mancherlei Unterscheidungen. Man sehe Mittermaier II. §. 302. Note 10. §. 304. Note 16. 17. 18.

7) Man sehe über diese Frage Heise und Cropp Abhandl. II. Nr. XVII.

setze nicht für nothwendig zu halten [8]). Die schriftliche Abfassung geschieht insgemein nach bestimmten Formularien, und wird in dieser Form die Police genannt. Darin kann der Werth der Sache auf den Fall des Ersatzes schon im Voraus taxirt, oder unbestimmt gelassen werden. Daher unterscheidet man die taxirte und die offene Police. VII. Die Prämie wird, wenn sie nicht in jährlichen Einsätzen, sondern in einer einmaligen Summe besteht, entweder bei der Abschließung des Vertrages entrichtet, oder creditirt. Im zweiten Falle kann der Versicherer, wenn der Versicherte in Concurs fällt, die Aufhebung des Vertrages fordern, weil man ihm die Fortsetzung einer Wagniß ohne alle Aussicht auf einen Vortheil nicht zumuthen kann. Dasselbe kann aus gleichem Grunde der Versicherte, wenn der Versicherer in Concurs fällt [9]).

B) Arten der Versicherungsverträge [1]).

381. Die gewöhnlichen Arten der Versicherungsverträge sind folgende. I. Die Feuerversicherung. Diese begreift, wenn nicht vertragsmäßig Ausnahmen gemacht sind, alle Schäden, die den Gegenstand selbst durch Feuer, also auch durch Blitz, Erdbrände und andere außerordentliche Naturphänomene treffen, dann auch diejenigen, welche für ihn bei dem Brand anderer Häuser durch die Löschung oder andere Rettungsversuche entstehen. Die Prämie besteht insgemein in einem jährlichen Einsatze. Aus polizeilichen Gründen ist häufig verboten, zum vollen Werthe zu versichern, damit der Eigenthümer einige Gefahr leide und mit dem Feuer vorsichtig umgehe. Diese und andere polizeiliche Bestimmungen gehören nicht ins Privatrecht. II. Die Versicherung gegen Viehsterben. Auch hier wird häufig die Versicherung nicht bis zum vollen Werthe ertheilt, damit der Versicherte in der Aufsicht nicht läßig werde. III. Die Versicherung gegen Hagelschlag.

8) So sagt auch, selbst für die Seeassecuranz, Mittermaier II. §. 303. Nr. I. Anderer Meinung sind aber unter Anderen Maurenbrecher II. §. 386., Gengler §. 151. Anmerk. Nr. 3.

9) Man sehe die Schriftsteller bei Mittermaier §. 305. Note 14—16.

1) Man sehe Gengler Lehrbuch §. 151. Anmerk., Bluntschli Privatr. II. §. 141.

Hier muß bei Berechnung des Schadens in Abrechnung gebracht werden, was das Grundstück, wenn es gleich wieder bestellt wird, noch produciren kann. IV. Die Lebensversicherung. Hier wird durch die bis zum Tode zu leistenden jährlichen Einsätze das Recht auf eine beim Tode auszuzahlende Geldsumme erworben, die man denjenigen zuwendet, die durch den Tod Nachtheil erleiden. Hier ist also die Auszahlung der Versicherungssumme gewiß, ungewiß nur wann, und auch wie lange die jährlichen Einsätze dauern. Da der Werth des Lebens keiner bestimmten Schätzung fähig ist, so kann man sich zu einer beliebigen Höhe und auch mehrmals versichern lassen. Man darf jedoch nicht durch eine eigene Handlung den Tod herbeiführen. Selbstmord oder verwirkte Todesstrafe hebt daher den Vertrag auf, und die Erben können die gezahlten Prämien nicht zurückfordern, weil der Versicherer doch bis dahin die Gefahr des natürlichen Todes zu tragen gehabt hat. Eben so kann der Versicherer gegen eine das Leben offenbar verkürzende Lebensart sein Interesse geltend machen. V. Heiraths- oder Versorgungscassen. Hier wird für den Einsatz die Versicherung erworben, daß ein Mädchen bei ihrer Verheirathung eine gewisse Summe als Mitgift, oder daß, wenn sie zu einer bestimmten Zeit noch unverheirathet sein sollte, ihr eine gewisse Summe als Versorgung ausgezahlt werde [2]). Ist mit dem Geschäft von der einen oder andern Seite gar nichts Gewagtes verbunden, so ist das Verhältniß eigentlich nur das einer Sparcasse [3]). VI. Zur Gewährung aller solcher Versicherungen bilden sich insgemein große Associationen, namentlich Actiengesellschaften, die, auf den Grund einer Wahrscheinlichkeitsrechnung angelegt, auf Gewinn speculiren, und diesen als jährliche Dividende unter die Mitglieder vertheilen [4]). Die Actien werden nicht gleich ganz eingezahlt, sondern nur nach Maßgabe, als etwa die Vergütung der entstandenen Schäden es nöthig macht. Häufig werden aber auch solche Associationen auf Gegen-

---

2) Man sehe Gengler §. 151. Note 17.
3) So bemerkt richtig Maurenbrecher II. §. 385.
4) Es gilt davon das oben §. 379. Nr. IX. Gesagte.

seitigkeit gegründet. Es werden dann keine Einsätze oder Prämien gezahlt, sondern wenn ein Schaden entsteht, müssen Alle zum Ersatz nach Verhältniß der Summe, wozu Jeder versichert ist, beitragen; darunter natürlich auch derjenige selbst, den der Unfall betroffen hat.

C) Insbesondere von der Seeassecuranz [1]).

382. Die wichtigste und älteste Art des Versicherungsvertrages ist die Seeassecuranz. Den Römern war dieselbe unbekannt, wiewohl sie unter anderen Formen ähnliche Resultate beabsichtigten [2]). Es findet sich aber schon eine Assecuranzcompagnie in Flandern 1310, und eine Assecuranzordnung in Barcelona 1433 [3]). Die Theorie dieses Verhältnisses beruht durchaus auf den Grundsätzen des Versicherungsvertrages. Hervorzuheben sind nur folgende Punkte. I. Gegenstand der Seeassecuranz kann Alles sein, was durch eine Seereise mit einem Schaden bedroht wird; also vor Allem das Schiff selbst, was Assecuranz auf Casco heißt, dann auch die Takelage und Anderes, was zum Schiffe gehört, und die darauf verladenen Waaren; ferner auch die Frachtgelder, weil diese durch den Untergang der Waaren verloren gehen [4]). Auch das Leben eines auf die Seereise sich begebenden Menschen kann assecurirt werden [5]). Hingegen wo, um den Schiffer und das Schiffsvolk zur größeren Anstrengung zu reizen, der Grundsatz gilt, daß diese ihren Heuerlohn nur bei der glücklichen Ankunft des Schiffes fordern können, darf der Heuerlohn nicht assecurirt werden. II. Die Versicherung geht ihrem Begriffe nach auf jeden zufälligen Schaden, der durch die Seereise entsteht; die Ausnahmen müssen daher besonders vorbehalten sein. Auch der durch die Schuld eines Dritten entstehende Schaden gehört

1) Ein besonderes Werk darüber ist: Pöhls Darstellung des Seeassecuranzrechtes. Hamburg 1832. 2 Th. Andere Litteratur und Nachweisung der particularrechtlichen Quellen giebt Gengler Lehrbuch §. 152. und die Anmerk.

2) Livius XXIII. 49. XXV. 3., Cicero ad famil. II. 17., Sueton. in Claudio 18.

3) Ueber die Geschichte des Assecuranzwesens findet man die Hülfsmittel bei Mittermaier II. §. 303. Note 1.

4) Man sehe oben §. 283.

5) Nachweisungen dafür giebt Mittermaier II. §. 304. Nr. I. b.

darunter, weil er in Beziehung auf den Versicherten als ein Zufall anzusehen ist; so namentlich der Schaden, der durch Uebersegeln entsteht, wogegen sich der Versicherer die Klage gegen den Dritten cediren lassen kann [6]). Dasselbe muß hinsichtlich des durch die Schuld des Schiffers und des Schiffsvolkes veranlaßten Schadens gelten, wovon nur dann eine Ausnahme zu machen ist, wenn der Versicherte selbst den Schiffer angestellt hat [7]). Auf den Schaden, der durch die natürliche Abnutzung des Schiffes, oder welcher durch innere Fehler der Waare entsteht, geht aber natürlich die Versicherung nicht. Auch wird insgemein durch Gesetz oder Vertrag die Beschädigung, welche gewisse Procente nicht erreicht, von der Vergütung ausgenommen. Die Erhöhung der Gefahr, die durch unvorhergesehene Umstände, zum Beispiel durch Ausbruch eines Krieges entsteht, ist auf den Vertrag an sich ohne Einfluß; denn es ist Sache des Versicherers, dieses vorzusehen und sich dagegen durch eine ausdrückliche Clausel zu schützen [8]). III. Der Versicherte muß sich bei Verlust seiner Ansprüche genau an die getroffene Verabredung halten, in so weit diese auf die Gefahr von Einfluß ist. Wenn daher ein besonderes Schiff zum Transport bedungen wurde, und es wird ein anderes, selbst ein besseres, genommen, welches verunglückt, so braucht der Versicherer nichts zu ersetzen, es sei denn, daß auch das erste verunglückt ist [9]). Eben so wenig darf ohne Noth oder gegründete Ursache von dem gewöhnlichen oder verabredeten Wege abgewichen werden. Bei einer gerechtfertigten Abweichung haftet aber der Versicherer fort. IV. Stillschweigende Voraussetzung des Vertrages ist, daß der Gegenstand wirklich der Gefahr ausgesetzt werde.

---

6) Gute Autoritäten für diese Sätze giebt Mittermaier II. §. 307.

7) Ueber diese Sätze wird jedoch merkwürdiger Weise sehr gestritten, Mittermaier II. §. 307. Note 20—25., Gengler §. 151. Anmerk. Nr. 6.

8) Man sehe die Schriftsteller bei Mittermaier II. §. 306. Note 7. 8. 9.

9) Fr. 10. §. 1. D. de l. Rhodia (14. 2). Si ea conditione navem conduxisti, ut ea merces tuae portarentur, easque merces nulla necessitate coactus in navem deteriorem, cum id sciret te fieri nolle transtulit, et merces tuae cum ea nave perierunt, in qua novissime vectae sunt: habes ex conducto locato cum priore nauta actionem. Paulus: imo contra: si modo ea navigatione utraque navis periit; cum id sine dolo et culpa nautarum factum esset.

Wenn daher die Abfahrt oder die Versendung aus irgend einem Grunde unterbleibt, so kann die gezahlte Prämie zurückgefordert werden. Doch wird dem Versicherer insgemein zur Entschädigung für die gehabten Bemühungen davon eine kleine Vergütung zurückzubehalten gestattet, die man den Ristorno nennt[10]). V. Der Vertrag wirkt für die ganze Zeit, während welcher die Seegefahr auf der bezeichneten Reise besteht. Diese beginnt für das Schiff mit dem Anfang der Ladung, und endigt mit der vollendeten Ausladung am Bestimmungsorte. Bei den Gütern beginnt sie mit dem Augenblick, wo das Gut vom Lande abgeht, und endigt so bald es an dem Bestimmungsort ans Land gebracht ist. Andere Termine können durch den Vertrag festgesetzt werden. VI. Der Schadenersatz begreift beim gänzlichen Untergang des versicherten Gegenstandes die ganze Versicherungssumme oder den vollen Werth desselben. Hinsichtlich der Schäden ist zu unterscheiden. Die gemeinschaftliche Haverei, das heißt die Schäden und Kosten, die zur Rettung von Schiff und Ladung gemeinschaftlich verwendet wurden, werden auf die geretteten Gegenstände nach Verhältniß ihres Werthes vertheilt[11]), also, wenn dieselben versichert sind, von den Versicherern getragen. Bei einer particulairen Haverei, das heißt bei einer Beschädigung, die das Schiff getroffen hat, muß der Versicherer die Reparaturkosten ersetzen, jedoch mit Abzug dessen, was das Schiff an Werth gewonnen hat. Endlich eine particulaire Haverei, welche die Waaren betroffen hat, ist so zu berechnen, daß man den Werth, den die Waaren im unbeschädigten Zustande an ihrem Bestimmungsorte gehabt haben würden, mit ihrem nunmehrigen oder mit ihrem Ertrag im öffentlichen Verkaufe vergleicht; die Differenz mit den etwa dazu kommenden Unkosten ist das, was der Versicherer zu ersetzen hat. VII. Die Particularrechte gestatten aber bei einer eingetretenen Beschädigung in vielen Fällen dem Versicherten, den Gegenstand dem Versicherer gegen Erstattung der Versicherungssumme ohne Weiteres zu abandonniren[12]). Da der

10) Näheres darüber findet man bei Mittermaier II. §. 308.
11) Man sehe oben §. 285. Nr. II. IV.
12) Mehr darüber giebt Mittermaier II. §. 308.

Versicherer jedenfalls das, was beim Verkauf der Sache fehlt, ersetzen muß, so schadet ihm der Abandon nicht; er nützt ihm vielmehr in so fern, als er, wenn er ganz Herr der Sache ist, sein Interesse besser wahren kann.

γ) Von dem Bodmereivertrage [1]).

383. Der Bodmereivertrag besteht darin, daß Einer auf ein zu einer Seereise bestimmtes Schiff, oder die Ladung, oder Beides zusammen, Geld gegen Zinsen unter der Bedingung herleiht, daß ihm die bezüglichen Gegenstände im Falle der glücklichen Ankunft für die Rückzahlung schlechthin, im Falle erlittener Beschädigung aber nur mit ihrem noch übrigen Werthe haften sollen. Der Vertrag enthält also drei Bestandtheile: ein zinsbares Darlehn, eine Verschreibung von Schiff oder Ladung für die Schuld, und die Uebernahme der Seegefahr von Seiten des Creditors, so daß durch die zufällige Beschädigung oder den Untergang der Sache auch die Forderung beziehungsweise vermindert wird oder erlöscht [2]). Hieraus ergiebt sich Folgendes. I. In Beziehung auf die Seegefahr, die der Bodmereigeber übernimmt, liegt in dem Verhältniß eine wahre Seeassecuranz, und es sind so weit deren Grundsätze darauf anwendbar [3]). II. Wegen der Gefahr, die der Bodmereigeber übernimmt, kann er sich eine Prämie bedingen. Diese liegt in dem Zinsfuß, so weit er den gewöhnlichen Zinsfuß übersteigt, was vom Belieben der Partheien abhängt. III. Diese höheren Zinsen sind aber dem Grundprincip gemäß nur für die Zeit der wirklichen Gefahr zuläßig. Sie beginnen und endigen also wie nach den Grundsätzen der Seeassecuranz die Gefahr beginnt und endigt. Vorher und nachher sind sie auf das gesetzliche Maß zurückzuführen; desgleichen

---

1) Die Litteratur giebt Gengler Lehrbuch §. 153.

2) Aehnlichkeit hat das Geschäft mit dem römischen foenus nauticum, wo Einer zum Ankauf von Waaren Geld auf seine Gefahr herlieh, und diese gegen höhere Zinsen über das Meer zu schaffen versprach, fr. 1. D. de naut. foenere (22. 2).

3) Die Unterschiede, welche man zwischen Bodmerei und Assecuranz finden will, wie Mittermaier II. §. 310., Maurenbrecher II. §. 397., betreffen nicht das Grundprincip, sondern nur untergeordnete Einzelnheiten.

wenn die Sache gar nicht der Gefahr ausgesetzt wird. Ein Ristorno ist aber hier im Zweifel nicht anzuwenden, weil der Bodmereigeber schon durch die kaufmännischen Zinsen Vortheil gehabt hat. IV. Die Bodmerei soll eine Versicherung gegen Schaden, nicht für den Bodmereinehmer eine gewinnsüchtige Speculation sein. Er darf daher nicht höher, als der Gegenstand werth ist, Bodmerei nehmen; sondern das Uebermaß ist als ein gewöhnliches Darlehn zu behandeln, oder wenn Betrug des Bodmereinehmers Statt fand, kann auf die Aufhebung des Vertrags geklagt werden. V. Aus demselben Grunde kann ein Gegenstand bei verschiedenen Personen nur zu Theilen des Werthes, nicht zum vollen Werthe verbodmet werden, sondern man bleibt für das Uebermaß, wenn auch die Sache untergeht, wie aus einem Darlehn verbindlich [4]). Eine Ausnahme leidet dieses nur bei der Bodmerei, die der Schiffer in einem Nothfall nehmen muß, weil diese als auf die Erhaltung der Sache geschehen anzusehen ist. VI. Derselbe Gesichtspunkt entscheidet, in wie fern auf einen Gegenstand, der bereits versichert ist, eine Bodmerei geschlossen werden kann, und umgekehrt [5]). VII. Geht der verbodmete Gegenstand durch eine Seegefahr unter, so ist kraft der übernommenen Gefahr die Rückforderung aus dem Darlehn erloschen. Wird er gerettet, so haben sich die mehreren Bodmereigeber, oder der Bodmereigeber und der Versicherer, nach Verhältniß ihrer Summen in den Ertrag zu theilen. Eine Ausnahme machen die während der Reise aus Noth genommenen Bodmereien, welche den älteren Bodmereien und Versicherungen, und unter ihnen die jüngern den älteren vorgehen, weil die Letzte immer als auf die Erhaltung der Sache gemacht anzusehen ist [6]). VIII. Zur gemeinschaftlichen Haverei muß der Bodmereigeber nach Verhältniß seiner Summe beitragen, weil dieselbe auf die Erhaltung der Sache, also mittelbar auch auf die Erhaltung seiner Forderung, verwendet worden. Das Gegentheil kann nicht einmal durch Vertrag

---

4) So sagt auch das Preuß. Landr. II. 8. §. 2375.

5) Lehrreich ist das Preuß. Landr. II. 8. §. 2376—2381.

6) So sagt auch das Preuß. Landr. II. 8. §. 2445—2449. Man sehe auch die Angaben bei Mittermaier II. §. 312.

bedungen werden, weil dadurch die Gefahr des Untergangs indirect auf den Bodmereinehmer übertragen, also etwas der Natur des Verhältnisses Widersprechendes festgesetzt würde. Auch die unter die particulaire Haverei fallenden Unkosten hat im Zweifel der Bodmereigeber zu tragen, weil sie für den Bodmereinehmer wie eine Beschädigung den Werth des Gegenstandes, also auch kraft der vom Bodmereigeber übernommenen Versicherung seine Schuld gegen denselben vermindern. Doch kann das Gegentheil durch Vertrag festgesetzt werden, eben so gut wie bei einer Versicherung einzelne Arten von Gefahr ausgenommen werden können [7]. IX. Bei der glücklichen Ankunft des verbodmeten Gegenstandes müssen das Darlehn und die Prämie gezahlt werden. Dafür haftet derselbe als Unterpfand, selbst in der dritten Hand. Doch ist für diese Klage insgemein eine kurze Verjährungsfrist vorgeschrieben. X. Hinsichtlich der Form der Errichtung ist es wie bei dem Assecuranzvertrag. Schriftliche Errichtung in einem Bodmereibrief ist gewöhnlich, auch in Particularrechten häufig vorgeschrieben, gemeinrechtlich aber nicht nothwendig [8].

384. Wird eine Bodmerei blos auf Waaren geschlossen, was man Großavanturei [1] oder respondentia nennt, so beobachtet man dabei häufig eine eigene Form. Man läßt sich wie gewöhnlich vom Schiffer die Connossemente ausstellen [2]. Auf der Rückseite eines derselben wird die geschlossene Bodmerei verzeichnet und das Document dem Darleiher eingehändigt. Dieses dient ihm wie eine Schuld- oder Pfandverschreibung, wodurch der Absender der Waare verspricht, daß das Geld von dem, woran die Waaren adressirt sind, bei der glücklichen Ankunft derselben zu-

---

7) Uebereinstimmend ist auch in Ansehung der gemeinschaftlichen Haverei das Preuß. Landr. II. 8. §. 2430. 2431., Code de commerce art. 330.; eben so in Ansehung der particulairen Haverei, Preuß. Landr. II. 8. §. 2231—2234. 2425., Code de commerce art. 330. Die Wissenschaft ist aber hierin uneins und sich nicht klar, Mittermaier II. §. 316. Nr. VI., Maurenbrecher II. §. 400. Schwankend ist auch Eichhorn §. 116.

8) So sagt auch Mittermaier II. §. 310. Nr. II. Anderer Meinung sind Eichhorn §. 116., Maurenbrecher II. §. 398.

1) Im Französischen Recht geht aber emprunt à la grosse auf das Schiff wie auf die Waaren, und bezeichnet den Bodmereivertrag.

2) Man sehe oben §. 283.

rückgezahlt werden soll. Ein solcher Brief wird daher ein Seewechsel genannt und nach Art eines gewöhnlichen Wechsels behandelt. Er kann indossirt werden, wird demjenigen, woran die Waaren adressirt sind, zur Acceptation und Zahlung präsentirt, und im Weigerungsfalle protestirt. Bei nicht erfolgter glücklicher Ankunft der Waare ist er aber ohne Kraft.

II. Forderungen aus anderen Rechtsgründen. A) Uebersicht.

385. Außer den Verträgen giebt es auch im deutschen Recht mancherlei andere Rechtsgründe, woraus Forderungsrechte entstehen können. Als Quasicontract gehört dahin der Fall, wo Einer im Kriege durch Aufopferung seiner Sache Anderen Vortheil gebracht hat. Diese müssen dann nach der Analogie der lex Rhodia de iactu verhältnißmäßig zum Ersatz beitragen. Ferner gehören dahin alle Delicte und delictähnliche Handlungen, welche blos zum Schadenersatz oder zu einer Privatstrafe an den Verletzten verpflichten. Unter diesen Gesichtspunkt sind die außereheliche Beiwohnung [1], der Büchernachdruck [2]) und der Wildschaden [3]) zu rechnen. Etwas Eigenthümliches sind die Forderungen aus dem Retractrechte.

B) Von dem Retractrecht [1]). 1) Beschreibung desselben.

386. Das deutsche Recht kennt mancherlei Fälle, wo Einer zum Erwerbe eines Grundstücks so bevorzugt ist, daß wenn dasselbe zum Verkaufe kommt, er nicht nur vor dem geschlossenen Verkaufe von dem Verkäufer den Vorkauf verlangen, sondern auch nach vollendetem Verkaufe den Käufer gegen Ersatz des Gegebenen abtreiben kann. Dieses heißt das Retract-, Näher-, Abtriebs-, Loschungs-, Beschüddrecht. Es liegt dabei immer eine künstliche, die politische Seite des Grundeigenthums mehr oder weniger berührende Absicht zum Grunde, wie gleich die Betrachtung

1) Man sehe darüber Gengler Lehrbuch §. 160.
2) Man sehe oben §. 324—326.
3) Man sehe oben §. 182. 185.
1) Die Hauptschriften darüber sind: Walch das Näherrecht. 3. Aufl. Jena 1795., Renaud zur Lehre vom Näherrecht (Reyscher Zeitschr. VIII. 240—283). Andere Litteratur giebt Gengler Lehrbuch §. 88.

der einzelnen Arten zeigen wird. Die historische Entstehung ist nicht im Zusammenhang zu ermitteln, und auch bei den einzelnen Arten verschieden. Im byzantinischen Reiche erschien darüber vom Kaiser Romanus im zehnten Jahrhundert ein Gesetz [2]), und mit ausdrücklicher Beziehung auf dasselbe später im Abendlande vom Kaiser Friedrich II. eine Constitution [3]), welche sich an bestehende Gewohnheiten anlehnte und wohl neue ausbilden half. Als die Zeit, wo diese fixirt waren, ist wohl das fünfzehnte Jahrhundert anzunehmen [4]). In der neueren Zeit ist aber das Institut, als die freie Verfügung hemmend und Truggeschäfte veranlassend, in vielen Ländern aufgehoben worden [5]).

2) Gesetzliche Arten.

387. Von dem durch Gewohnheitsrecht und Gesetze gegebenen Retractrechte kommen hauptsächlich folgende Anwendungen vor. I. Die Erblosung (retractus gentilitius), welche den Blutsfreunden zusteht, wenn Einer der Ihrigen ein Grundstück veräußert hat. Früher hatten sie das Recht, das ohne ihre Zustimmung geschlossene Geschäft binnen Jahr und Tag als nichtig anzufechten [1]). Allmählig wandelte sich dieses aber dahin um, daß ihnen der Vorkauf angeboten werden mußte, widrigenfalls sie das Grundstück binnen Jahr und Tag einlösen konnten. Diese Erblosung beruht also auf der im deutschen Recht so kräftig hervortretenden Absicht, das Grundeigenthum bei der Familie zu erhalten. Sie findet sich theils in der Anwendung auf alle Grundstücke [2]), theils, wie auch das Einspruchsrecht gegen Veräuße-

---

2) Dieses steht bei Leunclav. Iur. Graeco-Rom. T. II. p. 139.

3) Frider. II. const. de iure prothomiseos (Pertz Leg. II. 331). Daß dieses Gesetz nicht blos vom Vorkaufsrecht, sondern auch vom Retractrechte redet, zeigt dessen Inhalt.

4) Gute Nachweisungen giebt Gengler §. 88. Anmerk. S. 379—384.

5) So in Preußen mit Ausnahme zweier Arten, Gesetz vom 2. März 1850. §. 2. Nr. 6. §. 4.

1) Ueber dieses Verhältniß, woran die Entstehung der Erblosung anzuknüpfen ist, sehe man meine Deutsche Rechtsgeschichte §. 444. 445., und oben §. 186.

2) In dieser Ausdehnung spricht davon das Statutenbuch von 1553. Ausgabe von 1572. Fol. 91. „Wie die nechsten Erben einen Kauff abtreiben „und wider lösen mögen. So ligend oder unbewegliche Güter von jemandts

rungen [3]), blos auf Stamm- oder Erbgüter beschränkt [4]), deren Begriff ein engerer oder weiterer sein kann [5]). II. Retracte, die auf eine politische Verbindung gegründet sind. Dahin gehört: 1) Die Markosung (retractus ex iure metrocomiae), welche den Mitgliedern einer Markgemeinde zusteht, wenn ein in der Gemarkung gelegenes Grundstück an einen Ausmärker veräußert worden ist. Der Grund liegt in der Vereinfachung der Gemeindeverhältnisse und in der Begünstigung der Markgenossen. 2) Die Territoriallosung (retractus ex iure incolatus), die dem Inländer gegen den Ausländer zusteht, der ein im Lande gelegenes Grundstück erworben hat. Sie beruht auf analogen Gründen. III. Retracte, deren Zweck ist, die Erhebung der auf einem Grundstück ruhenden Leistungen zu erleichtern. Von dieser Art ist die Zins- und Fronlosung, welche, wenn ein zins- oder fronpflichtiges Gut getheilt worden ist, den Theilnehmern unter einander zusteht, wenn Einer von ihnen sein Stück an einen Dritten veräußert. IV. Retracte, die der Zersplitterung des Grundeigenthums entgegenwirken sollen. Dazu gehört: 1) Das Näherrecht aus dem Miteigenthum (retractus ex iure condominii). Dieses haben die Miteigenthümer unter einander, wenn Einer von ihnen seinen Antheil an einen Fremden veräußert [6]). Dazu gehört auch der Retract unter Ganerben. 2) Die Theillosung, das Gespilderecht (retractus ex iure congrui). Diese haben, wenn ein Grundstück getheilt worden ist, die Eigenthümer der einzelnen Stücke, wenn

---

„verkaufft, oder vergeben, oder wie die in andere Hände verändert werden, mö„gen die nechsten geblüt gesipten freunde, im fünfften Grad unnd nicht darun„ter verwandt, odder die Erben des Verkauffers oder vergebers, solche verkaufft „odder vereussert Güter, innerhalb einem Jar, so jnen solches zu wissen würde, „odder nachdem solcher verkaufften Güter aufgab und wehrschafft geschehen, wi„derumb lösen unnd an sich nemen, umb so viel Gelts, unnd mit geding, wie „das Gut verkaufft oder übergeben were." — Uebereinstimmend hiemit sind unter anderen das Solms. Landr. Th. II. Tit. 12., Chur-Trier. Landr. Tit. XX. §. 5., Geldernsches Landr. Th. III. Tit. 3. §. 1. Nr. 2.

3) Man sehe darüber oben §. 186—188.

4) So in dem Jülich-Berg. Landr. Cap. 98., Churköln. Landr. Tit. XV. §. 1., Blankenheim. Landr. Tit. XIV. §. 4. — Ueber diese Wendung sehe man meine Deutsche Rechtsgeschichte §. 445. Note 12., und oben §. 188. Note 6.

5) Man sehe oben §. 187.

6) Davon redet schon die Constitution von Friedrich II. (§. 386. Note 3).

eins derselben zum Verkaufe kommt. In Preußen ist dieses Retractrecht für den Fall beibehalten, wenn in Folge einer zu gemeinnützigen Zwecken vorgenommenen Expropriation ein Grundstück dem Eigenthümer abgenommen worden, später aber als zu dem Zwecke nicht weiter nothwendig theilweise oder ganz wieder veräußert werden soll [7]). 3) Die Nachbarlosung (retractus ex iure vicinitatis), wenn ein Nachbar sein Grundstück an einen Nichtnachbarn veräußert hat. V. Retracte, deren Zweck ist, die getheilten Eigenthumsrechte wieder in einer Hand zu vereinigen. Dahin gehört: 1) Der Retract des Lehnsherrn, wenn der Vasall sein Lehn veräußert [8]). Umgekehrt wird oft auch dem Vasallen ein Retract gestattet, wenn der Herr sein Obereigenthum verkauft. 2) Der Retract des Grundherrn, wenn der Bauer sein emphyteutisches oder ähnliches Recht veräußert.

3) Juristische Natur des Retractrechts.

388. Das Retractrecht ist auf eine eigenthümliche Weise gemischt. Der zum Retract Berechtigte hat zwar nicht schon das Eigenthum; doch aber die Möglichkeit das Eigenthum zu erwerben. Diese Möglichkeit ist offenbar eine unmittelbare Beziehung zur Sache selbst. Eben so erwirbt jeder neue Erwerber das Grundstück, belastet mit der Möglichkeit retrahirt zu werden. Also liegt dem Retractverhältniß auf beiden Seiten etwas Dingliches zum Grunde. Allein die daraus hervorgehende Retractklage ist vorherrschend obligatorischer Natur. Sie ist nicht unmittelbar gegen das Grundstück, sondern gegen die Person des Erwerbers gerichtet, und geht dahin, daß derselbe verpflichtet sei, das Grundstück gegen den Ersatz des Gegebenen abzutreten. Sie ist römisch ausgedrückt nicht eine vindicatio oder actio confessoria, sondern eine actio oder condictio auf ein tradere oder dare. Die Meinungen hierüber sind jedoch verschieden. Einige läugnen das Dingliche ganz und betrachten die Verpflichtung aus dem Retracte als eine Obligation, die durch das positive Recht an einen Zustand

7) Gesetz vom 2. März 1850. §. 4.
8) Ausgesprochen ist dieses in II. Feud. 9. §. 1.

angeknüpft sei [1]). Allein dieser Zustand ist juristisch ausgedrückt eben eine unmittelbare Beziehung der Sache. Andere nennen die Klage schlechthin eine dingliche [2]). Allein wenn auch die vom Recht gegebene Möglichkeit, eine Sache zu seiner eigenen zu machen, eine dingliche Beziehung zu derselben in sich schließt: so liegt doch zwischen dieser Möglichkeit und der Wirklichkeit eine obligatorische Leistung in der Mitte, die den Gegenstand der Klage ausmacht und deren Character bestimmt. Noch Andere nennen die Klage eine actio in rem scripta, weil sie sich auf eine verbotene und daher unwirksame Veräußerung stütze [3]). Allein die Absicht ist in der That nicht die, die Veräußerung als ungültig zu rescindiren; vielmehr will der Retrahent grade die aus dieser Veräußerung entstandenen Rechte des Erwerbers an sich selbst ziehen.

4) Entstehung der Retractrechte.

389. Ein Retractrecht beruht entweder unmittelbar auf Gesetz und Gewohnheitsrecht, oder auf einem Vertrag, oder auf einem letzten Willen. I. Das gesetzliche Retractrecht bedarf, wenn man sich darauf beruft, immer der besondern Begründung aus dem positiven Recht des Landes; eine gemeinrechtliche Geltung kann bei keiner Art behauptet werden, da sie alle mehr oder weniger mit künstlichen Absichten zusammenhängen. II. Die Bestellung eines Retractrechts durch Vertrag ist aus dem Standpunkt des gemeinen Rechts für unzuläßig und unwirksam zu halten. Denn einem Grundstück die Möglichkeit des Retractes und dadurch jedem Erwerber desselben eine eventuelle Verbindlichkeit aufzuerlegen, geht über die Natur des Vertrages und die Macht des Privatwillens hinaus. Ein solcher Vertrag kann also diese Wirkung nur dann haben, wenn das positive Recht ihm diesel-

---

1) So äußert sich Gerber §. 175. Ihm folgt Gengler Lehrbuch §. 88. Anmerk. Note 25.

2) So Duncker Reallasten §. 15. Note 95., Mittermaier II. §. 286. Maurenbrecher I. §. 315., Renaud Näherrecht §. 3. 4 (Reyscher Zeitschr. VIII. 256—260), Bluntschli Privatrecht II. §. 123. Nr. 3. Das Richtige fühlte Beseler System II. §. 125. Nr. II. Doch ist er sich dessen nicht klar bewußt geworden.

3) Dieses ist die Auffassung von Eichhorn Privatrecht §. 103.

den ausdrücklich beilegt, das heißt, wenn das Particularrecht vertragsmäßige Retractrechte ausdrücklich anerkennt. Der Umstand, daß in dem Lande gesetzliche Retracte gelten, genügt dazu allein für sich nicht, weil daraus, daß das Gesetz unter gewissen Voraussetzungen singulaire Verbindlichkeiten schafft, nicht folgt, daß auch der Privatwille solche schaffen könne. Aus dem Particularrecht ist dann auch zu entnehmen, ob der Vertrag allein hinreicht, oder ob die Eintragung in das Grundbuch hinzukommen muß [1]). Alles dieses bleibt wahr, man mag dem Retractrecht einen dinglichen [2]) oder einen obligatorischen Character beilegen [3]). III. Von der Errichtung durch einen letzten Willen gilt nach der Natur der Sache dasselbe, wie von der durch Vertrag.

5) Bedingungen der Ausübung.

390. Der Zweck des Retractrechts ist, dem Retrahenten kraft des ihm durch das Gesetz oder durch den Privatwillen gewährten Vorrechts vor jedem anderen Ankäufer die Einlösung eines vom dermaligen Eigenthümer an einen Dritten veräußerten Grundstückes möglich zu machen. Daraus ergiebt sich Folgendes. I. Der Retrahent hat noch nicht das Eigenthum, sondern soll es erst vom Dritten durch Einlösung erwerben. Die Veräußerung muß also eine solche sein, wobei eine Einlösung, das heißt der genaue Ersatz des vom dritten Erwerber Gezahlten, möglich ist. Ein Retract ist daher nicht zuläßig nach einer Veräußerung, die in der Affection des Veräußerers ihren Grund hat, einer Schenkung, einem Freundschaftsverkaufe; auch nicht nach einem Tausch, einer Veräußerung durch Transact. Wohl aber nach der Hingabe an Zahlungsstatt, nach dem Verkaufe in einer öffentlichen Versteigerung, auch nach einem Mengekauf, wo das Grundstück

---

1) So ist es nach dem Preuß. Landr. I. 20. §. 569. 570., Oesterr. Gesetzb. §. 1073. In Preußen ist das vertragsmäßige und testamentarische Retractrecht, hier Vorkaufsrecht genannt, auch jetzt noch ausdrücklich für zuläßig erklärt, Gesetz vom 2. März 1850. §. 4.

2) So sagt auch Beseler System II. §. 125. Nr. III. Anderer Meinung ist Renaud Näherrecht §. 4. (Reyscher Zeitschr. VIII. 258—263). Allein seine Vergleichung mit der Hypothek beweist nichts. Denn auch eine Hypothek ist nur dann ein dingliches Recht, weil und in so fern das positive Recht dem Privatvertrag ausdrücklich eine Wirkung gegen Dritte beilegt.

3) So sagen auch Eichhorn §. 99., Gerber §. 175., Gengler S. 387.

mit anderen zusammen um einen Preis verkauft worden ist [1]). Nur muß der Käufer vollständig schadlos gehalten werden. Das Grundstück muß daher nach seinem verhältnißmäßigen Werthe geschätzt werden, und wenn der Käufer die Grundstücke zusammen nur wegen ihrer Verbindung unter einander, oder die anderen Grundstücke nur wegen des jetzt retrahirten Grundstückes gekauft hat, so kann er verlangen, daß der Retrahent sie sämmtlich übernehme [2]). II. Die Veräußerung des Grundstückes muß durch den Abschluß des Verkaufes juristisch gewiß gemacht sein. Daß er auch bereits durch die Uebergabe des Grundstückes vollzogen sei, ist zur Ausübung des Retractrechts nicht erforderlich [3]). III. Der Retrahent muß den Käufer völlig schadlos halten. Er muß ihm also den Kaufpreis ersetzen, natürlich nur den wirklichen, nicht den fingirten, worüber ihm aber der Beweis obliegt; desgleichen alle durch den Vertrag entstandenen Kosten; eben so die auf die Sache gemachten Verwendungen, selbst die zum bloßen Vergnügen gemachten, weil der Käufer, so lange der Retrahent sich nicht angemeldet hat, sich als freien Eigenthümer betrachten durfte, und es die Schuld des Retrahenten ist, daß er sich nicht früher meldete [4]). Es genügt auch nicht, wenn er den Ersatz blos mündlich verspricht, sondern er muß die Summe, so weit sie auszu-

---

1) So sagt auch Beseler System II. §. 125. Nr. V. Zum Theil abweichende Ansichten hat Renaud Näherrecht (Reyscher Zeitschr. VIII. 265—267). Auch die Particularrechte stimmen nicht ganz überein. Am ausführlichsten ist das Preuß. Landr. I. 20. §. 575—586.

2) Man sehe Gengler Lehrbuch §. 88. Anmerk. Note 27.

3) So sagen auch Eichhorn §. 102., Beseler System II. §. 125. Nr. I. Manche sind anderer Meinung, indem sie entweder aus der dinglichen Natur der Klage argumentiren, oder sich selbstgeschaffene formalistische Schwierigkeiten auferlegen. So namentlich Maurenbrecher I. §. 317., Renaud S. 257. 267., Gerber §. 176. Ihr Grund ist, weil durch den Retract ein Gut, das aus einem gewissen Kreise veräußert worden, in denselben zurückgebracht werden solle. Allein abgesehen davon, daß dieses nicht auf alle Retractarten, namentlich nicht auf die vertragsmäßigen paßt; so kann man entgegenstellen, daß derjenige, welcher berechtigt ist, das aus dem Kreise veräußerte Gut in denselben zurückzubringen, um so mehr dazu berechtigt sein muß, dem Herausbringen desselben aus dem Kreise entgegen zu treten.

4) Die Meinungen sind aber darüber verschieden. Viele Rechtslehrer und Particularrechte wollen, von der falschen Analogie des bonae fidei possessor geleitet, nur die impensae necessariae und utiles ersetzen lassen; so Walch Näherrecht S. 214—218., Gengler S. 392. Andere blos die impensae necessariae; so Renaud S. 278., Gerber §. 176.

mitteln ist, baar anbieten, und wenn sie nicht angenommen wird, gerichtlich deponiren [5]). Sind jedoch dem Käufer Zahlungstermine bewilligt, so genießt der Retrahent denselben Vortheil, wenn er wegen des Restes Caution stellt [6]). IV. Der Retrahent muß sein Recht, da es ihm als besondere Begünstigung gegeben ist, für sich selbst, nicht um das Grundstück einem Andern zuzuwenden, ausüben. Es kann ihm selbst darüber ein Eid deferirt, und wenn er doloser Weise für einen Andern retrahirte, dieses annullirt werden [7]). Aus demselben Grunde folgt auch, daß das Retractrecht nicht cedirt werden kann, und daß es auf die Erben als solche nicht übergeht [8]). V. Das Retractrecht kann, wenn der Käufer das Grundstück weiter veräußerte, auch gegen den zweiten und weiteren Erwerber geltend gemacht werden [9]), jedoch immer unter der Bedingung der Einlösung, das heißt des vollständigen Ersatzes dessen, was der jetzige Inhaber dafür gegeben hat [10]). Wenn dieser also das Grundstück geschenkt erhielt, hört der Retract auf. Viele behaupten jedoch, daß immer der Preis der ersten Veräußerung zu zahlen sei [11]). Allein das, was als dinglich mit dem Grundstück auf die zweite und dritte Hand übergeht, ist nur die unbestimmte Möglichkeit retrahirt zu werden. Das Recht, für den ersten Kaufpreis zu retrahiren, ist kein dingliches, sondern nur ein persönliches Recht. Nach jener Ansicht würde der Retract gegen die zweite und fernere Hand auch dann zuläßig sein, wenn dieselbe die Sache geschenkt erhalten hätte; nur müßte ihr statt der Sache der Preis der ersten Veräußerung gezahlt werden.

---

5) Gute Nachweisungen darüber giebt Beseler II. §. 125. Nr. VI.

6) So sagen auch Mittermaier II. §. 286. Nr. 6., Gengler §. 88. Anmerk. S. 393. Anderer Meinung ist Renaud S. 279.

7) Darüber ist man im Principe einig, wiewohl in der Anwendung Schwierigkeiten möglich sind, Renaud S. 273—275., Beseler II. §. 125. Note 2., Gerber §. 176., Gengler §. 88. Anmerk. S. 391.

8) Man sehe Renaud S. 273. 274.

9) Der Grund ergiebt sich aus §. 388.

10) So sagt richtig auch Mittermaier II. §. 287. Nr. VII.

11) So Eichhorn §. 103., Renaud S. 277., Gerber §. 176., Beseler II. §. 125. Nr. VI. b. Auch das Preuß. Landr. I. 20. §. 635. 636. folgt dieser irrigen Ansicht.

6) Wirkungen des ausgeübten Retractrechts.

391. Die Wirkungen des Retractrechts zeigen sich in folgenden Richtungen. I. Der Käufer ist verbunden dem Retrahenten das Grundstück, wenn er dasselbe bereits tradirt erhalten hat, herauszugeben. Die bis dahin gezogenen Früchte compensiren sich mit den Zinsen des entbehrten Kaufgeldes; die hängenden Früchte folgen dem Grundstücke gegen Erstattung der Culturkosten, wenn nicht darauf die im Lande noch geltende eigenthümliche deutsche Rechtsansicht zur Anwendung zu bringen ist [1]). Verschlechterungen hat der Käufer nur zu ersetzen, wenn sie durch seine Schuld nach der Anmeldung des Retractes gemacht sind; die früheren nicht, weil er sich bis zu dieser Anmeldung als Eigenthümer betrachten konnte; es sei denn, daß sie doloser Weise, um dem Retracte zu schaden, geschahen [2]). Servituten und Hypotheken, die er auf das Grundstück legte, müssen aber wegfallen [3]), weil sein Recht ein revocables war, und die Betheiligten es sich selbst beimessen müssen, daß sie sich nicht gehörig vorgesehen haben. Ist das Grundstück noch nicht dem Käufer tradirt, so ist dieser verbunden, alle seine aus dem Kaufe erworbenen Rechte dem Retrahenten abzutreten. II. Zwischen dem Retrahenten und dem Verkäufer entsteht durch die Ausübung des Retractrechts kein directes obligatorisches Verhältniß, sondern dieses beruht nur zwischen dem Retrahenten und dem Käufer. Indirect kann aber auch der Verkäufer hinein gezogen werden, indem der Käufer seine Rechte gegen den Verkäufer dem Retrahenten cedirt, und indem der Verkäufer sich, wenn der Käufer noch sein Schuldner ist, in dessen Rechte gegen den Retrahenten subrogiren läßt [4]). III. Zwischen dem Verkäufer und dem Käufer entsteht nach ausgeübtem Retracte die Frage, ob Ersterer dem Letzteren wegen der Eviction hafte? Dieses ist in allen Fällen zu verneinen, wo

---

1) Man sehe darüber §. 126. Nr. II. So ist es nach dem Preuß. Landr. I. 20. §. 643.

2) So sagt auch Renaud S. 278. 279.

3) Anderer Meinung sind die Meisten, allein im Widerspruch mit der allgemeinen Rechtsregel; so Mittermaier II. §. 388. Nr. 8., Maurenbrecher II. §. 317., Renaud S. 278. 279.

4) Ueber diese Subrogation sehe man Renaud S. 276. 277.

der Käufer es sich selbst zuzuschreiben hat, daß er ein mit der Möglichkeit des Retractes belastetes Grundstück gekauft hat, also bei dem gesetzlichen Retracte schlechthin, und bei dem vertragsmäßigen und testamentarischen Retracte, wenn derselbe im Grundbuche eingetragen war. Sonst aber ist es zu bejahen, weil der Verkäufer die Existenz des Retractrechtes anzuzeigen nach Treu und Glauben verpflichtet war. Da aber der Käufer den Kaufpreis vom Retrahenten selbst ersetzt erhält, so kann die Evictionsforderung nur etwa auf das Interesse und Proceßkosten gehen [5]).

7) Erlöschung des Retractrechts.

392. Das durch die Veräußerung des Grundstückes möglich gewordene Retractrecht fällt in folgenden Fällen wieder weg. I. Wenn der Berechtigte dasselbe binnen der gesetzlich bestimmten Frist nicht ausübt. Die Particularrechte enthalten insgemein ausdrücklich sehr kurze Verjährungsfristen. In deren Ermangelung ist die Frist von Jahr und Tag anzunehmen, weil sie historisch zum Institute gehört [1]), und die lange Frist von dreißig Jahren dazu schlecht paßt [2]). Die Frist lauft von dem Augenblicke, wo der Berechtigte die Veräußerung erfuhr [3]), weshalb es für den Käufer wichtig ist, ihn davon in Kenntniß zu setzen. II. Durch Entsagung. Diese kann eine ausdrückliche oder stillschweigende sein. Letztere ist nicht zu präsumiren, sondern muß mit Sicherheit aus den Umständen gefolgert werden können. Dieses ist unstreitig der Fall, wenn der Berechtigte den angebotenen Vorkauf ablehnte, oder in den Verkauf des Gutes ausdrücklich einwilligte [4]). Nicht aber wenn er beim Verkauf blos gegenwärtig war, oder nur eine unbestimmte Aeußerung that; auch nicht wenn ihm der beabsichtigte Verkauf angezeigt worden und er sich

5) Man sehe Renaud S. 279. 280.

1) Man sehe §. 386. Note 3. §. 387. Note 1. 2. 8.

2) So sagen auch Eichhorn §. 104., Renaud S. 280., Beseler II. §. 125. Nr. VII., Gengler §. 88. Anmerk. S. 394.

3) Die oben §. 390. Nr. II. erwähnte Controverse ist auch hier von Einfluß.

4) Beides bestreitet Renaud S. 281 — 283. Gegen ihn erklären sich aber Gerber §. 176., Beseler II. §. 125. Note 28., Gengler S. 393. 394.

binnen der ihm gesetzten Frist nicht erklärt; es sei denn, daß ihm das Gesetz oder ein richterliches Gebot eine Erklärung unter jenem Präjudiz auferlegte. III. Wenn die Contrahenten den geschlossenen Kauf wieder aufheben. Dieses muß ihnen zwar vor der Anmeldung des Retractes, selbst wenn schon tradirt ist, gestattet sein, weil es in der natürlichen Vertragsfreiheit liegt; nach der Anmeldung aber nicht mehr, selbst dann nicht, wenn noch nicht tradirt ist, weil durch die Anmeldung der Retrahent sein mögliches Recht zu einem wirklichen machen zu wollen erklärt hat [5]).

8) Collision der Retractrechte.

393. Es können zur Ausübung des in einem gegebenen Falle möglichen Retractrechtes mehrere Berechtigte sich melden; dann ist nach folgenden Regeln zu entscheiden. I. Die sich Meldenden haben dieselbe Art von Retractrecht. 1) Bei der Erblosung geht unter den sich dazu meldenden Blutsfreunden der nächste Intestaterbe des Veräußerers vor, dann der zweitnächste und so fort. Unter gleich Nahen entscheidet die Priorität der Anmeldung, und wenn auch diese gleich steht, das Loos [1]). 2) Bei der Mark- und Territoriallosung ist auf die Priorität der Anmeldung zu sehen. 3) Bei der Zins- und Frohnlosung, dem Näherrecht aus dem Miteigenthum, der Theil- und Nachbarlosung muß nach deren Geist und Zweck erst die Größe des Grundstückes, wozu das Andere retrahirt werden soll [2]), dann die Priorität der An-

---

5) Dieser Ansicht ist auch das Preuß. Landr. I. 20. §. 618. 619., Beseler II. §. 125. Note 13. Die Meinungen sind jedoch sehr verschieden. Diejenigen, welche überhaupt ein Retractrecht vor der vollzogenen Uebergabe nicht anerkennen (§. 390. Note 3), legen der vor der Tradition geschehenen Anmeldung keine bindende Kraft bei; so Renaud S. 268., Gerber §. 176., Mittermaier II. §. 287. Nr. VI. Andere wollen nach Abschluß des Verkaufes, Andere wenigstens nach der Tradition, schon vor der Anmeldung, keinen Rücktritt mehr gestatten; so die Schriftsteller bei Walch Näherrecht S. 181. 182. Andere gestatten ihn vor der Tradition, so lange noch nicht angemeldet ist; nach der Tradition nicht mehr, wenn auch noch nicht angemeldet ist; so, wie es scheint, Eichhorn §. 104.

1) Man sehe Renaud S. 269—273., Beseler II. §. 124. Note 8—11. So bestimmt auch das Preuß. Landr. II. 4. §. 234—244.

2) So sagt auch Mittermaier II. §. 289. Note 12.

meldung, zuletzt das Loos den Ausschlag geben. II. Es collidiren verschiedenartige Retractrechte. Aus der Natur derselben läßt sich ein Vorzug der einen oder andern Art nicht erweisen. Wenn daher das Particularrecht nicht positiv eine Rangordnung festsetzt [3]), so kann nur die Priorität der Anmeldung oder das Loos entscheiden [4]). III. Der eine Retrahent hat ein einfaches, der andere ein mehrfaches Retractrecht. Da Letzterer doch nicht mit den mehreren Retractarten zugleich, sondern nur mit der Einen oder der Andern auftreten kann, so ist die Entscheidung wie im vorigen Falle. Dieses muß aus dem genannten Grunde selbst dann gelten, wenn unter den mehreren dem einen Retrahenten zustehenden Retractarten die eine von derselben Art ist, wie das dem andern Retrahenten zustehende Retractrecht [5]).

III. Sicherung der Forderungen.

394. In der Sicherstellung der Forderungen durch Bürgschaft und Pfandbestellung stimmt das deutsche Recht mit dem römischen überein. Eigenthümlich ist ihm die in gewissen Fällen zuläßige Sicherung durch Privatpfändung. Nach dem alten Recht war diese in vier Fällen gestattet: an schädlichem Vieh, das man auf seinem Boden antraf; gegen Personen, die auf fremdem Boden sich schädliche Handlungen erlaubten; dem Eigenthümer auf seinem Gute, wegen des Grundzinses oder Pachtgeldes, das man ihm vom Gute schuldig war; gegen den Schuldner um eine kundliche unläugbare Schuld, namentlich wo im Vertrag dem Gläubiger das Recht der Privatpfändung zugesagt worden war [1]). Die vierte Anwendung hat sich ganz, die dritte in den meisten Fällen verloren. Die erste und zweite ist geblie-

3) Dieses thut zum Beispiel das Preuß. Landr. I. 20. §. 587—593.

4) Darüber ist die Jurisprudenz einig, Mittermaier II. §. 289., Beseler System II. §. 125. Nr. VIII., Gengler §. 88. Anmerk. S. 398.

5) Anderer Meinung sind in diesem Falle Mittermaier II. §. 289., Maurenbrecher I. §. 318. Allein man hat jetzt diese Distinction mit Recht aufgegeben, Eichhorn §. 106., Beseler II. §. 125. Nr. VIII., Gerber §. 177., Gengler S. 398. Man kann die Collision der Rechte nicht wie ein Rechenexempel behandeln.

1) Die historischen Nachweisungen giebt meine Deutsche Rechtsgeschichte §. 535—538.

ben. Die Privatpfändung in dieser Gestalt dient also theils zur Abwehr eines Eingriffes, theils zur Sicherung der Forderung, die aus der deliktähnlichen Handlung entsteht. Für die Wissenschaft ist dieses von untergeordnetem Interesse[2]).

IV. Aufhebung der Forderungsrechte.

395. Die directe Aufhebung einer Obligation geschieht durch Erfüllung, also wenn es sich um eine Geldschuld handelt, durch Zahlung. Darüber gelten die allgemeinen Grundsätze[1]). Eine besondere Art der Zahlung ist die in banco, wenn der Gläubiger das Recht erhält, eine Summe, die der Schuldner in der Bank stehen hat, sich zuschreiben zu lassen[2]). Der Zahlung steht gleich die Compensation, die besonders bei Kaufleuten beim jährlichen Generalabschluß vorkommt[3]), und die Novation. In der Annahme eines Wechsels statt Geldes liegt aber weder eine Zahlung, noch auch ohne ausdrückliche Verabredung eine Novation[4]). Statt der Zahlung kommt unter den Kaufleuten häufig die Scontration vor, das heißt wenn zum Beispiel Einer an einem Zweiten, der Zweite an einem Dritten, der Dritte an einem Vierten und der Vierte am Ersten zu fordern hat, so verabreden sie sich ihre Forderungen zu streichen. Hier delegirt kraft der Verabredung der Erste den Zweiten, der sein Schuldner ist, dem Vierten, der sein Gläubiger ist, und tritt dadurch aus der Reihe heraus. Der Zweite delegirt den Dritten, der sein Schuldner ist, dem Vierten, der sein Gläubiger geworden ist, und tritt dadurch ebenfalls aus der Reihe heraus. Der Dritte, der durch die Delegation Schuldner des Vierten geworden ist, compensirt mit ihm das, was er an ihm zu fordern hat, und so ist Alles getilgt[5]). Ein besonderes Zahlungsmittel ist endlich das Arran-

---

2) Das Genaue darüber für das heutige Recht giebt Wilda das Pfändungsrecht (Reyscher Zeitschr. I. 259—320). Auszüge daraus sind bei Beseler System I. §. 55., Gerber §. 69—71., Gengler Lehrbuch §. 48.

1) Thöl Handelsrecht I. §. 112. 113. Von dem Gelde bei Geldschulden handelt Beseler System II. §. 122.

2) Mittermaier II. §. 537.

3) Thöl Handelsrecht I. §. 113.

4) Man sehe oben §. 339. Nr. II. §. 343.

5) Sehr schwerfällig ist die Darstellung bei Thöl I. §. 134—136.

gement, der sogenannte Privatconcurs oder die außergerichtliche Cession. Es liegt darin ein Vergleich, kraft dessen die Gläubiger auf ihre Rechtsverfolgung im gewöhnlichen Wege verzichten, und das Vermögen als Zahlung annehmen. Natürlich ist dazu die Zustimmung sämmtlicher Gläubiger erforderlich [6].

Vierter Abschnitt.

Rechtsverhältnisse bei der Beerbung.

Uebersicht.

396. Die wissenschaftlichen Grundbegriffe des heutigen Erbrechts sind auf das römische Recht gebaut, und dieses ist darin wirklich zum Theil in das Leben und in die Sitten übergegangen. Doch hat sich das deutsche Recht seine Geltung nicht ganz nehmen lassen, sondern sich in einigen Lehren behauptet, in anderen wenigstens die allzu künstlichen Begriffe des römischen Rechts vereinfacht [1]. Daraus ist eine Mischung hervorgegangen, deren Art sich nur bei den einzelnen Lehren klar machen läßt. Ein Hauptunterschied ist der, daß nach dem römischen Recht die testamentarische Succession die Intestaterbfolge unbedingt ausschließt, und beide combinirt gar nicht vorkommen können, während nach der deutschen Rechtsansicht den Blutsfreunden zwar der Nachlaß materiell geschmälert, nicht aber ihnen die gesetzliche Qualität als Erben entzogen werden kann. Daher muß in einem System des deutschen Rechts, umgekehrt wie im römischen, die Intestaterbfolge vor die testamentarische gestellt werden [2]. Eine

---

6) Man sehe Maurenbrecher II. §. 360.

1) So im Notherbenrecht, desgleichen bei dem Satze: nemo pro parte testatus pro parte intestatus decedere potest.

2) So geschieht auch richtig im Französischen Gesetzbuche.

andere Verschiedenheit ist, daß nach dem römischen Recht eine Erbeinsetzung durch Vertrag nicht zulässig ist, wohl aber nach dem deutschen, und diese Eigenthümlichkeit hat sich auch neben dem römischen Recht behauptet. Daher sind jetzt im System drei Delationsarten zu unterscheiden: die durch das Gesetz, durch ein Testament, und durch einen Erbvertrag.

I. Gesetzliche Erbfolge. A) Erbfolge der Blutsfreunde. 1) Geist des altdeutschen Erbrechts [1]).

397. Die Ordnung der altdeutschen Erbfolge wurde durch das Gefühl bestimmt, den Mannsstamm und durch ihn das Geschlecht, woran jeder ihm Angehörige Hülfe, Schutz und Vertretung fand, blühend und angesehen zu machen. Da dieser Gedanke nur durch das Gefühl und die Sitte, nicht durch absichtlich erwogene Gesetze, festgestellt war: so war er nicht bis in seine entfernteren Consequenzen durchgeführt, sondern man begnügte sich damit, ihn in den nächsten und am häufigsten vorkommenden Fällen anzuwenden. Das bei allen Volksstämmen Gewöhnliche war, daß die Söhne und Enkel die Töchter ausschlossen, und damit kam man in jener Zeit kinderreicher Ehen für jenen Zweck schon sehr weit. Dieser Ausschluß bezog sich, wenn jener Gedanke am schärfsten durchgeführt war, auf den ganzen Nachlaß; so bei den Langobarden, Angliern, Sachsen, Alamannen, Bayern, und auch noch im Mittelalter im Magdeburger Recht nach dem Hallischen Weisthum von 1235 und im Sachsenspiegel. Oder es bezog sich nur auf das Landeigenthum, oder gar nur auf die Erbgüter, wie bei den Franken und Ripuariern. In Ermanglung von Söhnen mußte man in der Consequenz jener Richtung wenigstens das Landeigenthum mit Ausschluß der Töchter und anderer weiblicher Verwandten an den Nächsten im Mannsstamm fallen lassen; an Weiber erst, wenn gar Keiner im Mannsstamm mehr vorhanden war. So war es auch bei den Angliern, und wenigstens hinsichtlich der Erbgüter

1) Unsere Lehrbücher geben hier zu viel Einzelnheiten, und heben zu wenig das Grundprincip hervor, was doch die Hauptsache ist.

bei den Franken und Ripuariern. Im Mittelalter findet sich merkwürdigerweise noch dasselbe, wie bei den Angliern im Magdeburger Recht nach dem Hallischen Weisthum. Minder consequent und bereits ein Sieg des natürlichen über das politische Princip dieses Erbrechts war es, wenn in Ermanglung von Söhnen die Tochter den ganzen Nachlaß erbte. So bei den Sachsen, Alamannen, Bayern, Langobarden, und im Sachsenspiegel. Doch lenkte das Recht auch in diesem Fall wieder auf das alte Princip zurück, indem beim Tode der Tochter ihre Söhne sie mit Ausschluß der Töchter beerbten, und so ihr Vermögen dem Mannsstamm im Geschlechte ihres Mannes zu Gute kam. Waren weder Söhne oder Enkel noch Töchter da, so ist bei den genannten Völkern die Festhaltung jenes Grundgedankens nicht mehr wahrzunehmen. Der Sachsenspiegel bewahrt ihn noch in so fern, daß dann der Vater, dann die Mutter, dann der Bruder, dann die Schwester zum Erbe berufen werden. Jener Gedanke erforderte auch, daß von den Seitenverwandten nur die durch Männer Verwandten berufen wurden. So war es auch bei den Angliern, Burgundiern, und in Ansehung der Erbgüter bei den Franken und Ripuariern. Eine völlige Abweichung war es, wenn auch die durch Weiber verwandten Blutsfreunde zugelassen waren; so bei den Langobarden und im Sachsenspiegel. Der Schwabenspiegel hat aber noch den alten Grundsatz festgehalten [2]).

398. An jenen Grundgedanken reihten sich zwei andere Gesichtspunkte. Wo die Tochter neben Söhnen im väterlichen Vermögen nicht erbte, war es um so nothwendiger, ihr eine Aussteuer zum Zwecke der Verheirathung zu sichern. Diese erhielt sie von den Eltern, wenn sie sich bei deren Lebzeiten verheirathete, und wenn der Mann starb, zog sie deren Aequivalent in der Gerade aus dem Hofe heraus. Wenn sie aber vor dem Manne starb, so fiel die Gerade an die noch unverheiratheten Töchter, um denselben als Aussteuer zu dienen, wo sich dann derselbe Kreislauf fortsetzte. Neben dem Hauptvermögen, das blos an

2) Die genauen Belege zu allen diesen Sätzen giebt meine Deutsche Rechtsgeschichte §. 542—546. Hier zeigt sich recht die Nothwendigkeit einer historischen Vorarbeit.

den Mannsstamm fiel, stand daher ein kleines besonderes Vermögen, die Gerade, welche blos von Weibern an Weiber fiel [1]). Ferner, wo die Töchter in Ermanglung von Söhnen wie bei den Angliern das bewegliche Vermögen, oder wie im Sachsenspiegel Alles erbten, schied man aus einleuchtenden Ursachen das Heergeräthe aus, und ließ dieses im ersten Falle mit dem Landeigenthum, im zweiten ganz allein für sich an den nächsten blos durch Männer verwandten Mann kommen [2]). Dieses bildete also ebenfalls eine kleine besondere Masse, die unter einem besondern Erbrechte stand.

399. Im Fortschritte der Zeit traten allmählig, besonders in den Städten, eine andere Gefühlsweise und andere Sitten ein. Die schützende Macht der Familiengenossenschaft wurde durch die neue Ordnung der Dinge entbehrlich; mit ihr schwand das Interesse, das der Einzelne an dem Ansehen und Glanze des Geschlechts hatte. Die individuelle Zuneigung, früher durch das politische Moment zurückgedrängt, trat nun in den Vordergrund. Zunächst wurden die Töchter den Söhnen in der Beerbung gleichgestellt; dann auch die Mutter dem Vater, die Schwester dem Bruder [1]). In diesem Uebergangszustande wurde man von den Universitäten her mit dem römischen Rechte bekannt. Dieses hatte im Erbrecht eine ähnliche Entwicklung durchgemacht, und war im Justinianischen Novellenrechte zu dem Abschluß gelangt, wozu die Richtung in Deutschland hindrängte. Es wurde daher von den juristischen Schriftstellern mit Vorliebe als das gemeine Recht aufgenommen [2]). Bei dem hohen Adel und zum Theil auch bei der Ritterschaft behauptete sich jedoch nicht nur die alte Gefühlsweise, sondern wurde noch durch das eindringende römische Recht zum bestimmteren Bewußtsein gebracht, so daß man sich

---

1) Die Beweise giebt meine Deutsche Rechtsgeschichte §. 546.

2) Die Zeugnisse giebt meine Deutsche Rechtsgeschichte §. 546. Note 5. 6.

1) Die Zeugnisse aus den Rechtsquellen des vierzehnten Jahrhunderts giebt meine Deutsche Rechtsgeschichte §. 547.

2) Dieses zeigen: Ulrich Tengler Layenspiegel Th. II. Tit. Von absteigender lini, Von auffsteigender lini, Von besetzter lini, Statutenbuch von 1553. Ausgabe von 1572. Fol. 81 — 83. Diese reden dabei vom deutschen Rechte gar nicht.

gegen dieses auf mancherlei Wegen zu schützen suchte. Dadurch blieb bei den höheren Ständen eine eigenthümliche dem Geist des alten Erbrechts verwandte Erbfolgeordnung bestehen. Dasselbe geschah, wenn auch aus anderen Gründen, beim Bauernstande. Hier drängte das Interesse des Hofes zur Untheilbarkeit und zu einer derselben entsprechenden eigenthümlichen Successionsordnung hin, und bei den unfreien Bauergütern, die vererblich waren, wurde dafür von dem Gutsherrn mit bewußter Absicht Sorge getragen [3]).

2) Heutige Erbfolgeordnung.

400. Für die Successionsordnung bildet jetzt das römische Recht der Theorie nach das gemeine Recht. Allein in der Wirklichkeit gilt dasselbe fast nirgends ganz rein, sondern insgemein finden sich Modificationen, die theils aus dem alten Recht herrühren, theils auf neuern Gesetzen beruhen. Etwas Gemeinrechtliches läßt sich darüber als etwas so durchaus Positives nicht sagen, sondern die Doctrin muß sich darauf beschränken, die am häufigsten vorkommenden Eigenthümlichkeiten und deren historischen Zusammenhang anzugeben.

401. Was die Berechnung der Nähe der Verwandtschaft betrifft, so galten als die Nächsten diejenigen, die zu derselben Parentel oder Sippe gehörten, das heißt diejenigen, die den nächsten Stammvater gemeinschaftlich hatten. Dann kam die Parentel unter dem zweitnächsten Stammvater, und so fort. Die nähere Parentel schloß also die entferntere aus. In jeder Parentel aber galten diejenigen als die nächsten, welche dem Stammhalter am nächsten standen [1]). „Je näher dem Sipp, je näher dem Erbe.“ Diese Zählung nach Parentelen und Gliedern oder Generationen ist aber durch die römische Zählung nach Graden im Erbrecht insgemein verdrängt, und nur im Eherecht bei der Berechnung der verbotenen Verwandtschaftsgrade beibehalten wor-

---

3) Von dieser eigenthümlichen Erbfolge beim Adel und Bauernstande wird im fünften Abschnitte die Rede sein.

1) Ueber den Grund dieser Regel sehe man meine Deutsche Rechtsgeschichte §. 540.

den [2]). Das Oesterreichische Gesetzbuch hat jedoch die Parentelenordnung wieder ins Leben zurückgerufen.

402. In der absteigenden Linie ist die Gleichstellung der Söhne und Töchter jetzt das gemeine Recht. Eben so das Repräsentationsrecht der entfernteren Descendenten. Im alten deutschen Recht galt dasselbe nicht, und ist nur langsam zur allgemeinen Geltung gekommen. Ganz unbedingt festgestellt wurde dasselbe erst durch die Reichsgesetze von 1498 und 1500 [1]). Es fällt aber natürlich bei den Nachkommen des Sohnes oder der Tochter weg, die von den Eltern abgeschichtet worden sind [2]). Kinder aus verschiedenen Ehen beerben den gemeinschaftlichen Parens gleichmäßig, wenn nicht das Devolutionsrecht eine Aenderung macht [3]).

403. In der aufsteigenden Linie ist zwischen Vater und Mutter und weiter zwischen deren Linien kein Unterschied mehr. Anderes ist theilweise geblieben. Dazu gehört der aus der Parentelenordnung fließende, noch in den Ländern des sächsischen Rechts geltende Grundsatz, daß die Eltern die Seitenverwandten, selbst die Geschwister, ausschließen. „Das Kind fällt in der Mutter Schooß." Von höheren Ascendenten sagen die alten Volksrechte und der Sachsenspiegel dieses nicht; es liegt vielmehr in der Parentelenordnung, daß sie durch Geschwister ausgeschlossen wurden. Die Praxis in den sächsischen Ländern hat jedoch jenen Grundsatz auch auf die höheren Ascendenten ausgedehnt. Im Zweifel ist dieses aber nicht anzunehmen [1]).

404. In der Seitenlinie hat sich der Vorzug der Vatermagen vor den Muttermagen insgemein verloren [1]), und die deutsche Zählart ist meistens durch die römische verdrängt. Doch

2) So sagt schon Ulrich Tengler Layenspiegel Th. II. Tit. Von nachvolg der erbtail, Statutenbuch von 1553. Ausgabe von 1572. Fol. 84 b.

1) Die Nachweisungen giebt meine Deutsche Rechtsgeschichte §. 540.

2) Man sehe oben §. 239.

3) Man sehe oben §. 237.

1) Man sehe Mittermaier II. §. 439. Nr. IV. VI.

1) Er findet sich noch in der Schweiz, Bluntschli Intestaterbrecht des Zürcherischen Stadtrechts (Savigny Zeitschr. IX. Nr. 5), Mittermaier II. §. 437. Note 10.

haben sich andere Eigenthümlichkeiten erhalten. Dazu gehört, daß an manchen Orten das Repräsentationsrecht in der Seitenlinie keinen Eingang gefunden hat. Die Reichsgesetze hatten es zwar dem römischen Rechte gemäß zu Gunsten der Geschwisterkinder verordnet [2]; allein sie kamen darin nicht überall zur Anwendung [3]. Daraus folgt denn an solchen Orten, daß die Kinder verstorbener Geschwister mit ihren Oheimen bei der Beerbung eines Oheims nicht in einer Klasse stehen; daß in der Seitenlinie nie nach Stämmen, sondern nur nach Köpfen succedirt wird, und daß die mehrfache Verwandtschaft keinen Vorzug vor der einfachen giebt. Die Geschwisterkinder gehören aber doch auch ohne Repräsentationsrecht immer zu einer näheren Parentel, als die Geschwister ihrer Großeltern, wenn ihnen diese auch dem Grade nach gleich stehen. Daher schließen sie diese, wo die deutsche Ordnung noch gilt, doch aus [4].

405. Die halbbürtige Verwandtschaft war im alten Erbrecht ohne Einfluß, wenn man nur zu des Vaters Magen gehörte [1]. Nach dem Sachsenspiegel schließen aber die vollbürtigen Geschwister die halbbürtigen aus, und diese erben erst mit den Geschwisterkindern [2]. Dieses ist an einigen Orten beibehalten, an anderen aber dahin geändert, daß die halbbürtigen Geschwister nur um einen halben Grad zurückstehen, so daß sie zwar von den vollbürtigen Geschwistern ausgeschlossen werden, allein selbst die vollbürtigen Geschwisterkinder ausschließen [3]. Diesen Einfluß der halben Geburt hat man zuweilen auch weiter ausgedehnt, so daß alle halbbürtigen Seitenverwandten um einen Grad zurückstehen. Dann wird also der halbbürtige Collaterale von dem vollbürtigen gleichen Grades ausgeschlossen, und muß mit dem, der einen Grad weiter steht, theilen. An manchen Orten hat man aber auch in dieser Ausdehnung angenommen, daß die halbe

---

2) Reichsabschied zu Worms 1521. §. 19. 20., zu Speyer 1529. §. 31.
3) Nachweisungen sind bei Mittermaier II. §. 437. 439. Nr. VIII.
4) So bemerkt richtig Eichhorn §. 335.
1) Man sehe Mittermaier II. §. 436. Nr. III.
2) Sachsensp. II. 20. §. 1.
3) So nach dem Lübischen Recht, Pauli Abhandl. III. 59. Andere Nachweisungen giebt Mittermaier II. §. 440.

Geburt nur den Unterschied eines halben Grades mache. Dann wird er zwar wie vorhin von dem Vollbürtigen gleichen Grades ausgeschlossen, schließt aber selbst den Vollbürtigen, der um einen Grad weiter steht, aus. Jene Ausdehnung ist aber nicht im Principe der Sache gegründet und daher besonders zu beweisen [4]). An manchen Orten hat man das Verhältniß so ausgebildet, daß die halbbürtigen Geschwister mit den vollbürtigen, jedoch nur die halbe Portion, erben. Jene Zurücksetzung um einen Grad hebt aber den Vorzug der näheren Parentel nicht auf. Wo daher dieser entscheidet, müssen Halbgeschwister doch den Geschwistern des Vaters und der Mutter vorgehen, wiewohl sie ihnen dem Grade nach gleich sind [5]).

406. Wenn Vatermagen und Muttermagen gleichmäßig blos nach der Nähe des Grades erben, so kann es leicht vorkommen, daß Grundstücke, die von der einen Seite herrühren, an die andere fallen. Auch schon früher, wo blos die Vatermagen erbten, konnte es vorkommen, daß Grundstücke, die von der mütterlichen Seite herkamen, blos auf die väterliche vererbt wurden. Da dieses dem Familiengeiste widerstrebte, so wurde schon frühe [1]) festgesetzt, daß die Güter auf die Seite zurückfallen sollten, von welcher sie herrührten [2]) (paterna paternis, materna maternis). Man nennt dieses das Fallrecht (ius recadentiae) [3]). In jeder Linie wird das dahin Fallende nach der Gradesnähe vererbt. Sind aber in der Linie keine successionsfähigen Verwandten da, so gehen die Güter an die andere Linie.

407. Als ein Beispiel, wie in den neuen Gesetzbüchern die Erbfolge aus römischen, deutschen und neu gewählten Gesichtspunkten gemischt ist, mag das preußische Landrecht dienen. In

---

4) So sagt richtig Mittermaier II. §. 440.

5) Auch dieses kommt vor; freilich auch das Gegentheil, Mittermaier II. §. 440.

1) Man sehe die Zeugnisse in meiner Deutschen Rechtsgeschichte §. 545. Note 16. §. 546. Note 16. 17.

2) Dieses hebt Ulrich Tengler Layenspiegel Th. II. Tit. Von besetzter lini, ausdrücklich hervor, wiewohl er übrigens nur römisches Recht giebt.

3) Nachweisungen über dessen weite Verbreitung giebt Mittermaier II. §. 436. Nr. IV. §. 439. Nr. VII.

der absteigenden Linie ist es wie im römischen Recht [1]. Dann aber folgen die Eltern, Beide oder der Ueberlebende, mit Ausschluß der Geschwister. Dann die vollbürtigen Geschwister oder deren Abkömmlinge. Dann die weiteren Verwandten der aufsteigenden Linie nach der Nähe des Grades; mit ihnen, oder wenn keine Ascendenten da sind, allein die halbbürtigen Geschwister oder deren Abkömmlinge, so daß diese im ersten Falle die eine Hälfte, die Ascendenten die andere Hälfte nehmen. Endlich die übrigen Seitenverwandten nach der Nähe des Grades ohne Unterschied, ob sie durch volle oder nur durch halbe Geburt mit dem Erblasser verwandt sind [2]. Das Fallrecht ist ausdrücklich aufgehoben [3].

408. Uneheliche Kinder waren nach dem alten Recht nicht erbfähig, und wurden auch nur von ihren Kindern, in deren Ermanglung vom Fiscus beerbt [1]. Nach dem römischen Recht beerben nicht blos die in dem Concubinate erzeugten Kinder, sondern uneheliche Kinder jeder Art, nur mit Ausnahme der in Blutschande erzeugten, ihre Mutter und deren Verwandten wie eheliche Kinder und werden von ihnen beerbt; die im Concubinate erzeugten Kinder haben selbst ein Erbrecht gegen den Vater auf ein Sechstheil, wenn derselbe keine Ehefrau und keine ehelichen Kinder hinterläßt. Die strenge deutsche Ansicht wurde jedoch im Laufe der Zeit durch Rücksichten der Natur gemildert, und dadurch dem römischen Recht scheinbar Eingang verschafft. Allein dasselbe darf doch nur so weit in diese Lehre gezogen werden, als es wirklich zu unseren Sitten und unserer Gefühlsweise paßt. Der leitende Gedanke muß der sein, daß die natürliche Affection die Grundlage des heutigen Erbrechts bildet. Da eine solche zwischen dem unehelichen Kinde und der Mutter mit gleicher Stärke besteht, so ist zwischen ihnen ein gegenseitiges Erbrecht als gemeinrechtlich anzunehmen [2]. Eine solche Affection ist

---

1) Preuß. Landr. II. 2. §. 302. 348—352.
2) Preuß. Landr. II. 2. §. 489—498. II. 3. §. 31. 34—43. 46—52.
3) Preuß. Landr. II. 2. §. 499. II. 3. §. 44.
1) Die Beweisstellen giebt meine Deutsche Rechtsgeschichte §. 539. Note 3. 4.
2) So sagt auch das Preuß. Landr. II. 2. §. 656. 659., Französ. Gesetzb. Art. 756—758. 765., Oesterr. Gesetzb. §. 754. 756.

auch auf Seiten des Vaters dann angezeigt, wenn er das Kind freiwillig und förmlich anerkannt hat. Es tritt dann zwischen ihm und dem Kinde ein ganz analoges Verhältniß ein, wie im römischen Recht gegen Concubinenkinder, und es ist daher, wo das römische Recht gilt, dessen Vorschrift mit Fug anzuwenden [3]. Aus jenem Grunde ist dann auch dem Vater ein Erbrecht gegen das Kind beizulegen. Da dieses aber weder das römische Recht noch das ältere deutsche Recht thut [4], so setzt es ein ausdrückliches Gesetz voraus [5]. Eine besondere Affection und daher ein gegenseitiges Erbrecht kann aber zwischen dem Kinde und den Verwandten des Vaters und der Mutter regelmäßig nicht behauptet werden, da diese vielmehr dessen Geburt als eine Unehre des Hauses ansehen müssen [6]. Das römische Recht ist daher hierauf nicht anzuwenden [7]. Wohl aber spricht die Natur dafür, den Nachlaß eines unehelichen Kindes in Ermanglung des Vaters oder der Mutter den Geschwistern zuzuwenden [8].

3) Erbfolge in die Gerade und das Heergeräthe.

409. Neben der gemeinen Erbfolge hat sich in manchen Statutarrechten bei ganz veränderten Verhältnissen eine besondere Succession in die Gerade und das Heergeräthe erhalten. Von der Gerade sind folgende Anwendungen zu unterscheiden. I. Die Gerade, welche die Wittwe beim Tode des Mannes aus dem

---

3) Dieses thut das Preuß. Landr. II. 2. §. 647 — 654.; allein es betrachtet dieses Erbrecht aus dem Gesichtspunkte der Alimentation und wendet es daher auch auf die erzwungene Anerkennung an. Das Oesterr. Gesetzb. §. 754. giebt dem Kinde gegen den Vater gar kein Erbrecht.

4) Auch nicht das Preuß. Landr. II. 2. §. 658., was sich aus dem angegebenen Standpunkte erklärt. Das Oesterr. Gesetzb. §. 756. giebt ebenfalls dem Vater kein Erbrecht.

5) In diesem Geiste ist das Französ. Gesetzb. Art. 756—758. 765. gefaßt. Es kennt auf Seiten des Vaters nur eine freiwillige, keine erzwungene Anerkennung, knüpft aber daran dasselbe wechselseitige Erbrecht wie bei der Mutter.

6) Uebereinstimmend sind darin das Preuß. Landr. II. 2. §. 660. 661., Französ. Gesetzb. Art. 756., Oesterr. Gesetzb. §. 756.

7) Anderer Meinung ist Mittermaier II. §. 435., bei welchem man andere Nachweisungen findet. Unklar und ohne festes Resultat ist Bluntschli II. §. 191. Nr. 2.

8) So sagt auch das Französ. Gesetzb. Art. 766. Ohne Gesetz ist es allerdings nicht anzunehmen.

vorhandenen Vermögen wegnimmt. Diese diente im alten Recht theils als Ersatz ihres als Aussteuer oder als mütterliches Erbtheil eingebrachten Vermögens, theils als ihr Antheil an der Errungenschaft [1]). Jetzt aber, wo die Frau vielerlei andere Gegenstände in die Ehe einbringt, und zurück zu erhalten hat [2]), entspricht sich dieses nicht mehr, und es steht die Frauengerade, wo sie noch vorkommt, nur als eine Einzelheit dar [3]). Insgemein ist sie aber in anderen Formen des ehelichen Güterrechts untergegangen [4]). II. Die Gerade, welche bei dem Tode einer Ehefrau an ihre nächsten weiblichen Verwandten vererbt wird [5]). Der Grundgedanke dabei war, daß diese aus dem Hofe das herausziehen könnten, was die Frau selbst, wenn sie den Mann überlebt hätte, um ihnen dadurch, da sie im väterlichen Vermögen gar nicht oder nur in Ermanglung von Söhnen erbten, eine Aussteuer zu sichern. Erben waren zunächst die Töchter, und zwar so, daß die unausgestatteten den verheiratheten vorgiengen. Seitdem aber die Töchter mit den Söhnen im väterlichen Vermögen, und die Söhne mit den Töchtern im mütterlichen Vermögen gleichmäßig erben, ist kein Grund mehr vorhanden, die Gerade für die Töchter auszuscheiden, oder bei diesen zwischen den verheiratheten und unverheiratheten einen Unterschied zu machen. Die Gerade ist daher insgemein mit dem übrigen Vermögen verschmolzen worden. Wo sie sich ausnahmsweise erhalten hat [6]), ist sie zu einer reinen Begünstigung, zu einem Voraus geworden [7]). Eben darum hat man sie auch häufig verkürzt, so daß sie nicht Alles umfaßt, was die Frauengerade, weshalb dann die volle und die Niftelgerade unterschieden werden [8]). Erben sind zunächst die Töch-

---

1) Man sehe darüber meine Deutsche Rechtsgeschichte §. 461. 462. und oben §. 191. 222.

2) Man sehe §. 197. 198.

3) In diesem Sinne handelt davon das Preuß. Landr. II. 1. §. 502. 508. 528—539.

4) Man sehe oben §. 205. 206. Nr. I.

5) Ueber das Historische sehe man meine Deutsche Rechtsgeschichte §. 461. Note 10. 11. §. 546. Note 3. 7. 8.

6) Unter dieser Voraussetzung handelt davon das Preuß. Landr. II. 1. §. 502. 535—539.

7) Man sehe meine Deutsche Rechtsgeschichte §. 547. Note 4. 7.

8) So nach dem Preuß. Landr. II. 1. §. 525—534.

ter. Mit diesen erbte im alten Recht doch auch eine männliche Person, der Sohn, der zum Geistlichen ordinirt aber noch ohne Beneficium war [9]). Dieses hieng damit zusammen, daß er dann keine Ausstattung für sein Haus hatte, und auch keine erheirathen konnte. Wo die Gerade gilt, findet sich noch nicht nur Aehnliches [10]), sondern es ist in Sachsen ganz unpassend auch auf die protestantischen Geistlichen, und selbst auf den Schullehrer, Küster und Organisten übertragen worden. In Ermanglung von Töchtern oder geistlichen Söhnen succedirt wie sonst die Niftel, das heißt die mit der Verstorbenen durch Weiber am nächsten verwandte Person weiblichen Geschlechts [11]). III. Die Gerade, welche eine Wittwe hinterläßt, die also darin die erhaltene Frauengerade weiter vererbt. Von dieser gilt Alles, was von der vorigen Art gesagt ist. IV. Die Gerade, welche eine Unverheirathete hinterläßt. Diese vererbt darin auf die Niftel auch das, was sie selbst von ihrer Mutter oder Niftel her als Gerade ererbt hat. Auch dieses ist eine reine Begünstigung, da in ihr übriges Vermögen ihre männlichen und weiblichen Blutsfreunde gleichmäßig succediren.

410. Das Heergeräthe beruhte auf dem Gedanken, daß die kriegerische Ausrüstung an die Hand kommen sollte, der auch zunächst der bewaffnete Schutz der Familie oblag. Dieses machte sich, wenn Söhne da waren, von selbst, indem dieselben den ganzen väterlichen Nachlaß mit Ausschluß der Töchter erhielten. Erst wenn in Ermanglung von Söhnen die Töchter oder andere weibliche Verwandte als die Nächsten erbten, trat das Bedürfniß einer abgesonderten Vererbung des Heergeräthe hervor [1]). Nachdem aber die Töchter den Söhnen, die weiblichen Verwandten den männlichen, schlechthin gleichgestellt worden, und der Grundgedanke des Heergeräthe überhaupt abgestorben ist, so hat sich dasselbe für die Söhne und Schwerdtmagen, wie umgekehrt

9) Man sehe meine Deutsche Rechtsgeschichte §. 546. Note 7.

10) So für die katholischen Canonici nach dem Preuß. Landr. II. 11. §. 1141. 1215.

11) Die Ordnung beschreibt das Preuß. Landr. II. 1. §. 509 — 512. 518—521.

1) Man sehe meine Deutsche Rechtsgeschichte §. 546. Note 5. 6.

die Gerade für die Töchter und Nifteln, in einen reinen Voraus umgewandelt[2]). Die darunter begriffenen Gegenstände sind, wo es noch im Ganzen nach Provinzialrecht vorkommt[3]), die des alten Rechts[4]). Es kann nur von einem waffenfähigen Manne, daher nicht von einem Geistlichen, hinterlassen werden[5]). Erbe ist der nächste männliche blos durch Männer verwandte Mann, nur nicht ein Geistlicher[6]).

411. Die Gerade konnte wegen ihrer Beziehung zur Aussteuer und zum Erbrecht, das Heergeräthe wegen seiner eigenthümlichen Natur, durch einen letzten Willen nicht entzogen werden. Dieses ist auch, weil sie eine gesetzliche Begünstigung sein sollen, noch jetzt festzuhalten[1]). Selbst die Schulden giengen sie aus jenem Grunde nichts an[2]). Dieses kann aber, weil sie doch nur eine Erbportion sind, jetzt nicht mehr behauptet werden, sondern sie können nur, wenn das übrige Vermögen für die Schulden zureicht, gefordert werden[3]). Für die Abforderung war insgemein die kurze Frist von Jahr und Tag üblich[4]). Uebrigens sind beide Institute, auch wo sie sich erhalten hatten, in der neueren Zeit häufig aufgehoben worden; so namentlich im Königreiche Sachsen 1814. Sie werden bald als abgestorben zu betrachten sein.

4) Erwerb des Nachlasses.

412. Hinsichtlich des Erwerbes des Nachlasses galt im alten deutschen die vom römischen Rechte abweichende Ansicht, daß wie der Erblasser todt war, sein nächster Blutsfreund von Rechtswegen nicht blos in das Eigenthum, sondern auch in die Gewere

---

2) Diese Wendung zeigt meine Deutsche Rechtsgeschichte §. 547. Note 4. 5. 6.

3) Unter dieser Voraussetzung handelt davon das Preuß. Landr. II. 1. §. 502. 536—539.

4) Preuß. Landr. II. 1. §. 523. 524.

5) Preuß. Landr. II. 1. §. 503. 506. 507. 518. II. 11. §. 1141. 1215.

6) Preuß. Landr. II. 1. §. §. 503—507. 518—520. II. 11. §. 1141. 1215.

1) So sagt auch das Preuß. Landr. II. 1. §. 513—516.

2) Man sehe meine Deutsche Rechtsgeschichte §. 548. Note 18.

3) So sagt auch das Preuß. Landr. II. 1. §. 522. Anderer Meinung ist Maurenbrecher II. §. 550.

4) So sagt auch das Preuß. Landr. II. 1. §. 517.

eintrat, und dieselben fortsetzte [1]). Diese Ansicht hat sich in vielen Particularrechten erhalten [2]), und liegt auch noch den neuen Gesetzbüchern zum Grunde [3]). Wo sie gilt, ergiebt sich daraus Folgendes. I. Von einer liegenden Erbschaft und von einer Erbschaftsantretung kann dann nicht die Rede sein, indem der Erbe schon gleich die Erbschaft hat. Er braucht sie jedoch nicht zu behalten, sondern kann darauf verzichten und dann ist es so, als wäre er nie Erbe gewesen. Ueber die Behaltung können die Grundsätze der Erbschaftsannahme ganz analog zur Anwendung gebracht werden. Die Erklärung, zu behalten oder zu verzichten, steht offen, so lange nicht die Creditoren oder die Erben des nachfolgenden Grades drängen, oder wenn nicht das Statutarrecht eine Nothfrist vorgeschrieben hat, deren Ablauf dann im Zweifel als Fortdauer des Bestehenden, also als Beibehaltung auszulegen ist [4]). II. Der nächste Blutsfreund transmittirt, wenn er den Erblasser auch nur einen Augenblick überlebte, dessen Erbschaft als eine von Rechtswegen erworbene auf seine eigenen Erben [5]). Durch dieses deutschrechtliche Versendungsrecht werden die Unterschiede der römischen Transmissionen in sehr glücklicher Weise überflüssig gemacht. Auch wird dadurch das Anwachsungsrecht der Miterben ausgeschlossen, welches, wenn die Erbschaft eine blos deferirte wäre, eintreten würde. III. Der Erbe erwirbt, da die römische Besitztheorie in die Stelle der deutschen Gewere eingetreten ist, ohne Besitzergreifung die possessorischen Interdicte [6]). Es hat sich jedoch in manchen Particularrechten eine neuere Meinung gebildet, welche für den Uebergang des Eigenthums die alte Ansicht festhält, zur Erlangung des Besitzes aber eine Besitzergreifung nöthig hält [7]).

---

1) Die Nachweisungen giebt meine Deutsche Rechtsgeschichte §. 548.

2) Nachweisungen giebt Mittermaier II. §. 466.

3) Unbedingt im Französ. Gesetzb. Art. 724. Hinsichtlich des Erwerbes des Eigenthums auch im Preuß. Landr. I. 9. §. 367. 368., Oesterr. Gesetzb. §. 537. 809.

4) So sagt auch Mittermaier II. §. 466.

5) Einen lehrreichen Rechtsfall giebt Flach Entscheidungen I. Nr. X.

6) Diese Ansicht vertheidigt mit Recht Beseler System II. §. 152. Note 7.

7) Man sehe Note 3. So ist es auch wie es scheint in Hamburg und

5) Rechtsverhältnisse des Erben.

413. Das deutsche Recht betrachtete den Erben als den Nachfolger in Haus und Hof; dieser war die Hauptsache, das Uebrige nur untergeordnete Zugaben. Mit dem Hofe mußte er jedoch auch die Schulden übernehmen, da das Erbe dafür einzustehen hatte. Mit seinem eigenen Vermögen brauchte er aber dazu nicht beizutragen. Die römische Ansicht, daß der Erbe den Erblasser in allen Vermögensverhältnissen fortsetze und repräsentire, ist überhaupt dem deutschen Rechte fremd und zu künstlich. Nachdem der Grundsatz festgestellt worden, daß zur Veräußerung von Grundstücken die Zustimmung der Erben nöthig sei, lag in dessen Consequenz, daß auch Schulden, die ohne Zustimmung der Erben contrahirt worden, nicht gegen die Grundstücke verfolgt werden könnten. Der Erbe haftete also nun für die Schulden regelmäßig nur, so weit die fahrende Habe reichte, und auch davon kamen noch erst das Heergeräthe, die Gerade und die Morgengabe in Abzug [1]. Alle diese Beschränkungen waren für die Erhaltung des Grundeigenthums vortheilhaft, weil man nicht leicht größere Summen geliehen bekam und sich behelfen lernte. Bei einem regeren Geldverkehr wurden sie lästig; man ließ nun den Erben mit dem ganzen Erbe haften, und zuletzt wurde schon im fünfzehnten Jahrhundert der römische Grundsatz von der unbedingten Haftungspflicht des Erben angenommen [2]. Dieser bildet also nun das gemeine Recht. Doch gilt noch jetzt hin und wieder, namentlich in Sachsen, der Grundsatz, daß der Erbe nicht über die Kräfte der Erbschaft gehalten ist [3]. Natürlich ist es aber an ihm, den Bestand der Erbschaft zu beweisen, und daran knüpft sich, wie im römischen Recht, die Pflicht der Errichtung eines Inventars an.

Lübeck. Gut handelt davon Beseler System II. §. 152. Note 4. 5. Den Uebergang des Besitzes läugnet selbst für das alte Recht Gerber §. 248. Note 11. Dieses wird aber durch die Bedeutung der Worte saisire, vestire widerlegt. Man sehe meine Deutsche Rechtsgeschichte §. 510. Note 2. 3. 4. §. 548. Note 2.

1) Die Beweise für diese Sätze giebt meine Deutsche Rechtsgeschichte §. 548. Note 11—19.

2) Man sehe meine Deutsche Rechtsgeschichte §. 548. Note 20—23.

3) Haubold Sächs. Privatrecht I. §. 348—352.

414. Die Auseinandersetzung des Nachlasses begann im alten Recht erst nach dreißig Tagen nach dem Tode [1]). Dieses gilt in Particularrechten noch jetzt. Der Grundgedanke dabei ist, daß das Hauswesen so lange auf dem alten Fuße fortgeführt wird, als ob der Verstorbene noch lebte. Doch sind dadurch nöthige conservatorische Maaßregeln nicht ausgeschlossen. Bei der Erbtheilung besteht noch jetzt häufig nach einem alten Gebrauche das Kührrecht, das heißt daß der Aeltere die Loose macht, der Jüngere wählt [2]). Wird ein Grundstück einem Loose allein zugetheilt, so wird dieses durch das sogenannte Erbegeld ausgeglichen, das an die Miterben zu zahlen ist. Dieses genießt nach Particularrecht häufig im Concurs besondere Privilegien. Als gemeinrechtlich ist dieses aber nicht anzunehmen [3]).

6) Von dem Notherbenrecht und Pflichttheil [1]).

415. Da nach der deutschen Rechtsansicht der nächste Blutsfreund nothwendig und von Rechtswegen Erbe ist, so war die Entziehung dieser Eigenschaft durch ein Testament, wodurch man einen Andern zum Erben einsetzt, unmöglich, und waren daher Testamente überhaupt unbekannt [2]). Möglich war allerdings, daß man seinem Blutsfreunde durch eine Schenkung oder Vergabung materiell das Vermögen schmälerte oder ganz entzog. Doch wurde auch dieses zu Gunsten der Kinder, hin und wieder auch der Eltern, beschränkt [3]), und diesen dadurch das Vermögen gesichert. Später kamen zwar auch Testamente in Aufnahme; doch wurde deren Wesen nicht wie im römischen Recht darin gesucht, statt des gesetzlichen Erben einen andern zu schaffen, sondern darin, neben dem gesetzlichen Erben Anderen mit größerer Freiheit Ver-

1) Beweisstellen giebt meine Deutsche Rechtsgeschichte §. 465.
2) Deutsche Rechtsgeschichte §. 548. Note 8.
3) So sagen auch mehrere Urtheile. Diese sind angeführt von Bopp in Reyscher Zeitschr. V. 366.

1) Dieses wichtige Verhältniß wird in den Lehrbüchern ganz mit Stillschweigen übergangen. Eine Ausnahme macht nur Mittermaier II. §. 463. Er ist jedoch seines Stoffes nicht sicher.
2) Man sehe meine Deutsche Rechtsgeschichte §. 444.
3) Die Beweisstellen giebt meine Deutsche Rechtsgeschichte §. 549. Note 6. 7. §. 550. Note 1—5. §. 552. Note 8—13. §. 553.

mögen zuzuwenden. An diese Grundlage schloß man nun das römische Recht bei dessen Reception an, jedoch so, daß man den deutschen Grundgedanken im Wesentlichen festhielt, wie auch durch die neuen großen Gesetzbücher bezeugt wird. Hieraus ergiebt sich Folgendes. I. Die Nothwendigkeit gewisse nahe Verwandten ausdrücklich als Erben einzusetzen oder auszuschließen, ist dem deutschen Recht fremd [4]). Die aus diesem Gesichtspunkte nach dem römischen Rechte mögliche Anfechtung eines Testamentes fällt also weg [5]). II. Das allein Wesentliche ist, daß den dazu berechtigten Verwandten vom Vermögen der ihnen gebührende Pflichttheil hinterlassen sei. Hinsichtlich der Verwandten wie der Größe des Pflichttheils ist das römische Recht als das gemeine Recht anzusehen [6]). Die Particularrechte enthalten jedoch häufig abweichende Bestimmungen; namentlich ist das Pflichttheilsrecht der Geschwister insgemein aufgehoben [7]). III. Auf den Pflichttheil allein ist jetzt dasjenige zu beziehen, was das römische Recht von den gesetzlichen Gründen der Exhäredation sagt. Dieses bildet darin das gemeine Recht [8]). In diesem Sinne sprechen von der Exhäredation auch die neuen Gesetzbücher, haben aber an den Gründen Einiges geändert [9]). IV. Der Pflichttheil ist im Sinne des deutschen Rechts nicht Etwas, das mit der Erbeinsetzung positiv gegeben wird, sondern Dasjenige, was von dem, welches der gesetzliche Erbe schon stillschweigend und von Rechtswegen hat, schlechthin nicht entzogen werden darf. Der übrig bleibende disponible Theil ist dasjenige, was eben so unbedingt der Freiheit der Verfügung bleiben soll. In diesem Geiste ist bei einer Ver-

---

4) Gut spricht davon Pauli Abhandl. III. 247.

5) In den neuen Gesetzbüchern ist daher davon nicht die Rede.

6) Dieses hat bereits Ulrich Tengler Layenspiegel Th. I. Tit. Von geschäfften und legittima. Auf das römische Recht bezieht sich auch das Statutenbuch von 1553. Ausgabe von 1572. Fol. 70b. 71. 72b.

7) Preuß. Landr. II. 2. §. 378. 391—398. 500—503., Oesterr. Gesetzb. §. 762—766., Französ. Gesetzb. Art. 913—915.

8) Schon der Schwabensp. 15 Laßb. hat die römischen Exhäredationsgründe aufgenommen. Dieselben wiederholt auch das angeführte Statutenbuch Fol. 79.

9) Preuß. Landr. II. 2. §. 399—413. 418—431. 506—515., Oesterr. Gesetzb. §. 768—773. Das Französ. Gesetzbuch kennt aber überhaupt keine Exhäredationsgründe, sondern nur Indignitätsgründe, Art. 727—730.

letzung des Pflichttheils, gleichviel ob diese ganz oder theilweise, ob sie stillschweigend durch Präterition, oder ausdrücklich durch eine nicht gerechtfertigte Exhäredation geschieht, eine Anfechtung des ganzen Testamentes nicht für zuläßig zu halten, sondern nur eine Klage auf Herstellung des Pflichttheils [10]. V. Alle diese Sätze sind nach dem historischen Entwicklungsgange dieser Lehre als gemeinrechtlich anzusehen. Soll das römische Recht eine weiter reichende Geltung haben, so muß dieses ausdrücklich in dem Landesrecht begründet sein.

B) Erbfolge der Ehegatten. 1) Historische Einleitung.

416. Unter den Vermögensvortheilen, welche nach dem alten Recht mit der Ehe verbunden waren, befanden sich Manche, die sich erst nach der Ehe für den Ueberlebenden äußerten. Von dieser Art ist das Recht der Wittwe an der Gerade, das des überlebenden Mannes an der fahrenden Habe, das beider Ehegatten an der Errungenschaft [1]. Auch war bei manchen Volksstämmen der Wittwe die Leibzucht an einem bestimmten Vermögenstheil beigelegt [2]. Im Fortschritte der Zeit wurden die Rechte des überlebenden Ehegatten vielfach erweitert, und zum Theil selbst auf das unbewegliche Vermögen des Verstorbenen ausgedehnt [3]. Es theilten sich nun die Statutarrechte in zwei Hauptklassen. Die Einen bildeten das Verhältniß zur Rechtsform der ehelichen Gütergemeinschaft aus, so daß die dem Ueberlebenden zugedachten Vortheile in der ihm zufallenden Hälfte aufgiengen [4]. Die Anderen behandelten diese Vortheile als solche, die erst beim Tode des Einen zur Sprache kämen [5]. Häufig hat man auch Beides mit einander verbunden, so daß eine Gütergemeinschaft besteht, aber daneben dem Ueberlebenden an der Hälfte, die an

---

10) So sagen auch das Preuß. Landr. II. 2. §. 432—436. 441. 442. 449. 516., Oesterr. Gesetzb. §. 774—776. 781—783., Französ. Gesetzb. Art. 930. Eben so wird es im sächsischen Recht gehalten, Haubold Sächs. Privatrecht I. §. 341 b. Nr. 3. 4.

1) Man sehe darüber meine Deutsche Rechtsgeschichte §. 461. 462.

2) Deutsche Rechtsgeschichte §. 466.

3) Dieses beschreibt meine Deutsche Rechtsgeschichte §. 467—471.

4) Man sehe oben §. 205. 206. 217. 222.

5) Man sehe §. 206.

den Verstorbenen fällt, oder an dessen persönlichem Vermögen besondere Rechte eingeräumt sind. Die Aufgabe war nun noch die, den dieser zweiten Kategorie von Verhältnissen angemessenen Begriff festzustellen. Da es sich um Rechte auf den Todesfall handelt, so brachten die Juristen dabei die römischen Begriffe von Succession zur Anwendung, und nannten dieselben die statutarische Portion des überlebenden Ehegatten [6]). Zuweilen wurden auch die Bestimmungen des römischen Rechts über die Vortheile der armen Wittwe darauf analog angewendet. Jedenfalls ist aber davon das, was der Ueberlebende blos als seinen Antheil an der Gütergemeinschaft erhält, wohl zu unterscheiden; desgleichen der Nießbrauch, den er an dem auf die Kinder fallenden Vermögen bis zu deren Großjährigkeit erhält, indem dieser ein Ausfluß der elterlichen Vormundschaft ist.

2) Heutige Rechtsformen.

417. Der Grundsatz, daß der überlebende Ehegatte in Ermanglung erbfähiger Verwandten Erbe sei, ist aus dem römischen Recht allgemein aufgenommen. Zur statutarischen Portion des deutschen Rechts gehört nur dasjenige, was ihm neben andern Erben gebührt. Die Formen, in welchen diese vorkommt, sind sehr mannichfaltig. Die Bestandtheile derselben sind folgende. I. Der Ueberlebende erhält das ganze vorhandene Vermögen. Als ein reines Erbrecht erscheint dieses bei einer unbeerbten Ehe. Wenn Kinder da sind, so sind die Rechte des Ueberlebenden zu deren Gunsten mehr oder weniger eingeschränkt [1]). II. Der Ueberlebende erhält von dem Vermögen einen quoten Theil. Unter diese Form gehören folgende Erscheinungen. 1) Nach dem sächsischen Recht erhält der überlebende Mann, wie nach dem Sachsenspiegel, die ganze fahrende Habe. Die überlebende Frau aber erhält neben Kindern ein Viertheil, sonst ein Drittheil des vorhandenen Vermögens, ihr Eingebrachtes mit eingerechnet [2]). Doch

6) Der Name portio statutaria ist schon bei den Juristen des siebzehnten Jahrhunderts ganz geläufig, so bei Mevius, Strycke. Man sehe Beseler System II. §. 153. Note 4.

1) Man sehe oben §. 206. Nr. VI. VII. §. 214. 236.

2) Der Grund und Uebergang zu dieser Form ergiebt sich aus §. 206

hat sie die Wahl, ob sie auf jenen Theil verzichten und ihr Eingebrachtes zurückhaben will. Bei den adligen Wittwen kommt daneben noch das Recht auf das Witthum, die Morgengabe und das Mustheil zur Anwendung. 2) Verwandt hiemit ist das Märkische Recht. Nach diesem erhält der Ueberlebende, gleichviel ob Mann oder Frau, die Hälfte des ganzen Nachlasses, jedoch so, daß auch hier die Frau darauf verzichten und ihr Eingebrachtes heraus verlangen kann [3]). 3) In vielen Mecklenburgischen Städten erhält der Ueberlebende, wenn keine Gütergemeinschaft bestand, unter Zurücknahme seines eigenen Vermögens, vom Vermögen des Verstorbenen neben Kindern einen Kindestheil, sonst ein Viertheil [4]). 4) Im Schwäbischen Recht, wo Gütergemeinschaft der Errungenschaft besteht, erhält der Ueberlebende, nach der Theilung der Errungenschaft und Zurücknahme des eigenen Vermögens, von allem dem Verstorbenen zukommenden Vermögen, wenn nicht mehr als zwei Kinder da sind, ein Drittheil, sonst ein Kindestheil, und bei einer unbeerbten Ehe die Hälfte. 5) Nach dem Preußischen Recht erhält der Ueberlebende vom reinen Nachlaß des Verstorbenen neben Descendenten ein Viertheil oder, wenn die Erbschaft in mehr als drei Theile geht, ein Kindestheil; neben Ascendenten, Geschwistern oder Geschwisterkindern ein Drittheil; neben entfernteren Verwandten die Hälfte [5]). 6) Nach dem Oesterreichischen Recht soll der Ueberlebende neben drei und mehr Kindern einen Kopftheil als Erbtheil, neben weniger als drei Kindern ein Viertheil aber nur zum lebenslänglichen Genuß, neben anderen Verwandten ein Viertheil zum vollen Eigenthum erhalten [6]). III. Wo die Rücksicht herrschend geblieben ist, die Grundstücke oder doch die Stammgüter den Blutsfreunden zu erhalten, ist die statutarische Portion nur auf die fahrende Habe

---

Nr. I. Im Königreiche Sachsen ist jedoch dieses Recht 1829 geändert worden, Haubold Sächs. Privatr. I. §. 331 b.

3) Nachweisungen giebt Laspeyres in Reyscher Zeitschr. VI. 42. Die historische Entwicklung davon zeigt die vortreffliche Schrift von Heydemann Joachimische Constitution S. 221—227.

4) Kamptz Mecklenburgisches Civilrecht §. 213.

5) Preuß. Landr. II. 1. §. 621—627.

6) Oesterr. Gesetzb. §. 757. 758.

und die Errungenschaft beschränkt worden. Unter diese Kategorie gehören folgende Erscheinungen. 1) Nach dem am Rheinstrom auf- und abwärts ausgebildeten gemeinem Landbrauch erhält der Ueberlebende, auch wenn Kinder da sind, die ganze fahrende Habe unter der Bedingung, alle fahrenden Schulden zu bezahlen, und von den errungenen liegenden Gütern der Mann zwei Drittheil, die Frau ein Drittheil [7]). 2) Nach dem in Jülich und Berg bis in die letzte Zeit bestandenen alten Herkommen erhielt der Ueberlebende wie vorhin die ganze fahrende Habe, von den während der Ehe erworbenen liegenden Gütern aber die Hälfte. 3) Der Ueberlebende erhält von der fahrenden Habe und der fahrenden wie liegenden Errungenschaft, wenn Kinder da sind, nur die Hälfte [8]). Diese Rechtsform ist namentlich die des weit verbreiteten Solmser Landrechts [9]). 4) In Mecklenburg erhält die adlige Wittwe, unter dem Namen der fräulichen Gerechtigkeit, die Hälfte der ihrem Manne eigenthümlichen fahrenden Habe an Vieh, Getreide und Anderem, mit Ausnahme der Baarschaft [10]). IV. Der Vortheil des Letztlebenden besteht häufig in einem lebenslänglichen Nießbrauch am Vermögen des Verstorbenen. Diese Form bot das Mittel dar, den Ueberlebenden mit den Kindern oder auch ohne solche in den bisherigen Verhältnissen ungestört zu erhalten, ohne das Interesse der Erben wesentlich zu verletzen. Ein solcher Nießbrauch findet sich daher in den mannichfaltigsten Anwendungen. 1) An dem Vermögen des Verstorbenen, wenn das gesammte Vermögen in seine ursprünglichen Bestandtheile aufgelöst wird [11]). 2) An der andern Hälfte, wenn das Vermögen in Folge einer bestandenen Gütergemeinschaft oder auch ohne eine solche in zwei Hälften getheilt wird [12]). 3) Da, wo der Ueberlebende vom Vermögen des Verstorbenen eine Quote erbt, an dem

7) Das Zeugniß darüber ist abgedruckt in meiner Deutschen Rechtsgeschichte §. 470.

8) Ein Zeugniß für diese Rechtsform steht in meiner Deutschen Rechtsgeschichte §. 470.

9) Solmser Landrecht von 1571. Th. II. Tit. 28. Man sehe darüber Bopp in Reyscher Zeitschr. V. 361—364.

10) Kamptz Mecklenburgisches Civilrecht §. 204.

11) Man sehe oben §. 233.

12) Man sehe oben §. 206. Nr. IV. V. §. 234.

Rest, den er nicht erbt. So nach dem Schwäbischen Recht [13]) an der auf die Kinder fallenden Quote, wenn die Kinder aus derselben Ehe sind; desgleichen an der in Ermanglung von Kindern auf die anderen Verwandten fallenden Hälfte, wenn sie Verwandten entfernterer Art sind. 4) Endlich nach dem Rheinischen, dem Jülich und Bergischen und verwandten Landrechten behält der Ueberlebende den Beisitz und Nießbrauch an den liegenden Gütern, so wie an dem Theile der fahrenden Habe und Errungenschaften, die an die Kinder oder andere Blutsfreunde fallen [14]).
V. Häufig sind einzelne Fahrnißstücke als solche bezeichnet, die der Ueberlebende zum Voraus wegnehmen soll. Es gehören dazu solche Gegenstände, welche für das persönliche Bedürfniß des Ueberlebenden bestimmt, oder für ihn von besonderem Werthe sind, und die es daher unpassend wäre, zu der Erbtheilung zu ziehen und darin zu verwerthen. Es kommen folgende Formen vor. 1) Wo die Wittwengerade noch besteht, sind jene Gegenstände mit darin enthalten [15]). 2) Aber auch wo sie nicht besteht, erhält nach Preußischem Recht der Ueberlebende, wenn keine Kinder erben, alles gewöhnliche Bett- und Tischzeug und übrigen Hausrath [16]). 3) Im Märkischen Rechte, wo das ganze Vermögen getheilt wird, erhält der Ueberlebende einen Voraus, der beziehungsweise an das Heergeräthe und die Gerade erinnert [17]). 4) Im Lübischen Recht hat der Mann bei der Theilung mit den Kindern seine Waffen und Kleidungsstücke, die Frau nichts als ihren Trauring zum Voraus [18]). 5) In Mecklenburgischen Städten nimmt der Ueberlebende vom Vermögen des Verstorbenen, wovon er ein Kindestheil oder ein Viertheil als statutarische Portion zu erben hat, zum Voraus das Hochzeitkleid desselben und das Brautbett [19]). 6) Im Schwäbischen Rechte erhält der Ueber-

---

13) Man sehe oben Nr. II. 4.
14) Man sehe oben die Citate zu Nr. III. 1. 2. 3.
15) Preuß. Landr. II. 1. §. 508. 525. 526. 528. 529. 534.
16) Preuß. Landr. II. 1. §. 628—630.
17) Man sehe die guten Nachweisungen bei Heydemann Joachimische Constitution S. 234—237.
18) Man sehe meine Deutsche Rechtsgeschichte §. 468.
19) Kamptz Mecklenburg. Civilrecht §. 213. Note 4. 6.

lebende vor aller Auseinandersetzung des Eingebrachten und der Errungenschaften seine Kleider und Kleinodien, ferner der Mann Gewehr und Harnisch, der Bauer und Fuhrmann Pferd und Wagen, der Handwerker sein Handwerkzeug, der Gelehrte seine Bibliothek. 7) Als ein Voraus kann auch die sächsische gesetzliche Morgengabe der adligen Wittwe angesehen werden[20].

3) Theorie der Statutarportion. a) Als Erbrecht.

418. Bei der Statutarportion kommen folgende Gesichtspunkte in Betracht. Vor Allem entsteht die Frage, ob dieselbe als ein mit dem Erbrecht der Blutsfreunde concurrirendes Erbrecht, oder als ein vom Erbrecht unterschiedenes Recht anzusehen sei? Es ist zu unterscheiden. I. Besteht sie nur in einem Rechte auf einzelne Sachen, so ist sie nach den Grundsätzen der Singularsuccession zu behandeln. Daraus folgt: 1) Das Recht darauf ist wie bei einem Vermächtniß gleich beim Tode des andern Ehegatten erworben, so daß es auf die eigenen Erben transmittirt wird. 2) Ehe sie verabreicht wird, müssen erst alle Schulden des Nachlasses gezahlt sein. Doch liegt es in der Natur des Verhältnisses, daß die zu ihr gehörenden Stücke nur zuletzt, wenn der übrige Nachlaß nicht zureicht, angegriffen werden[1]. 3) Als Singularsuccession ist auch der Fall zu betrachten, wenn die Statutarportion in einem Nießbrauche, wenn auch einer Quote oder gar des ganzen Nachlasses, besteht[2]. Denn es liegt in der Natur der Sache, daß zuvor die Schulden abgezogen werden[3]. II. Besteht sie aber in einem Vermögen, worin seiner Natur nach Schulden mit begriffen sind, in einer Quote, oder in dem Mobilarvermögen oder einer Quote desselben, so ist sie in der Regel als ein Erbrecht und nach den davon jetzt geltenden Grundsätzen zu behandeln[4]. Eine Ausnahme ist nur da zu machen, wo der

---

20) Man sehe oben §. 203.

1) So sagt auch das Preuß. Landr. II. 1. §. 630.

2) Gut unterscheidet dieses Runde Eheliches Güterrecht §. 107. 108. 109.

3) Fr. 43. D. de usu et usufr. (33. 2). Si bonorum ususfructus legabitur, etiam aes alienum ex bonis deducetur, et quod in actionibus erit, computabitur.

4) Man findet über diese Controverse die beiderseitigen Schriftsteller angeführt bei Gründler Polemik III. §. 637. Er selbst folgt jedoch zum Theil

Gegenstand der statutarischen Portion anzeigt, daß der Ueberlebende mit dem unmittelbaren Haften für die Schulden nichts zu thun haben soll, wie bei der fräulichen Gerechtigkeit in Mecklenburg [5]). Aus jenem Begriffe folgt: 1) Wo in einem Particularrecht hinsichtlich des Uebergangs des Nachlasses auf den Erben der deutschrechtliche Grundsatz noch gilt, muß derselbe auch auf die Statutarportion angewendet werden [6]). Als gemeinrechtlich kann dieses aber nicht behauptet werden [7]). Ohne jenes bedarf es also zum Erwerb einer ausdrücklichen oder stillschweigenden Annahme. 2) Nach dieser Unterscheidung beantwortet sich auch die Frage, ob der überlebende Ehegatte vor der Annahme die deferirte Statutarportion auf seine eigenen Erben transmittire [8]). 3) Der Ehegatte hat hinsichtlich der Statutarportion die Rechtsmittel wie jeder Erbe [9]). 4) Der Ehegatte kann nach Verhältniß seines Theiles direct wegen der Schulden belangt werden, und haftet, wenn nicht das Particularrecht den deutschrechtlichen Grundsatz festgehalten hat [10]), ohne Vorbehalt des Inventars selbst mit seinem eigenen Vermögen [11]). 5) Hinsichtlich des unter Miterben eintretenden Anwachsungsrechtes ist zu unterscheiden. Besteht die Statutarportion in einem Kindestheil, so accrescirt, wenn ein Kind den ihm angebotenen Theil nicht annehmen will oder kann, derselbe den anderen Kindern und darunter auch dem Ehegatten. Besteht sie aber in einer festen Quote, so hat der

---

der irrigen Meinung, weil er sich zu enge an die Vorschriften des römischen Rechts über das Recht der armen Wittwe hält. Die richtige Ansicht haben Runde Eheliches Güterrecht §. 107., Mittermaier. II. §. 443. Nr. IV., Gerber §. 255. Getheilter Meinung sind Eichhorn §. 338., Bluntschli Privatrecht II. §. 161 Nr. 4.

5) Man sehe oben §. 417. Nr. III. 4.

6) Man sehe oben §. 412.

7) So sagt richtig gegen die abweichende Meinung Anderer Runde Eheliches Güterrecht §. 108. Nicht ganz deutlich ist Eichhorn §. 338. Nr. II. 5.

8) Man sehe Runde Eheliches Güterrecht §. 108.

9) Die obige Controverse wiederholt sich natürlich auch hier, Gründler Polemik III. §. 637.

10) Man sehe oben §. 413.

11) So sagen auch Runde Eheliches Güterrecht §. 110., Mittermaier II. §. 443. Nr. VI. Selbst Bluntschli Privatrecht II. §. 161. Nr. 4. muß dieses einräumen. Die gemeinrechtliche Fortdauer des deutschrechtlichen Grundsatzes behauptet jedoch Maurenbrecher II. §. 576.

Wegfall eines der Intestaterben darauf keinen Einfluß [12]). Wo jedoch die Statutarportion neben entfernteren Verwandten steigt, tritt sie durch den Wegfall aller näheren Verwandten in die höhere Kategorie ein [13]).

b) Verhältniß der Statutarportion als Pflichttheil.

419. Wichtig ist ferner die Frage, in wie fern die statutarische Portion durch eine letztwillige Verfügung geschmälert werden könne? Wenn dieselbe in einzelnen Sachen oder in einem Nießbrauch besteht, liegt die Absicht des Gesetzes oder Herkommens, den überlebenden Ehegatten zu berücksichtigen, so entschieden vor, daß man dieses Recht als ein durchaus unverletzliches ansehen muß. Wenn aber Jenes der Fall nicht ist, so muß man unterscheiden. I. Wo in der heutigen Form der Statutarportion die dem Ueberlebenden nach dem alten Recht zustehenden gesetzlichen Vortheile verschmolzen sind, oder wo dessen Antheil an der Errungenschaft oder sein eigenes Vermögen mit darin steckt, ist sie unstreitig als ein unverletzbares Recht, wie ein Pflichttheil, anzusehen [1]). Dieses ist in den meisten Statutarrechten der Fall [2]). II. Hingegen wo der Ueberlebende vor Allem sein eigenes Vermögen und seinen Antheil an der Errungenschaft zurück erhält, und die statutarische Portion auf das reine Vermögen des Verstorbenen angewiesen ist, kann die Absicht des Gesetzes im Zweifel nicht als ein absolutes Zwangsrecht ausgelegt werden. Eine

---

12) Am Besten äußert sich darüber Bluntschli Privatrecht II. §. 161. Nr. 4. Uebereinstimmend sind Runde Eheliches Güterrecht §. 108., Beseler System II. §. 153. Nr. III. Andere zum Theil sehr verkehrte Meinungen nennt Gründler Polemik III. §. 637.

13) Dieser Fall wird insgemein übersehen.

1) Die meisten Juristen behaupten dieses ohne Unterscheidung schlechthin, weil sie sich des Grundes nicht bewußt sind. So Eichhorn §. 338. Nr. II. 1., Runde Eheliches Güterrecht §. 174., Beseler System II. §. 153. Nr. II., Gerber §. 255., Bluntschli Privatrecht II. §. 161. Nr. 5. Schwankend ist Mittermaier II. §. 443. Nr. III. Falsche Unterscheidungen macht Gründler Polemik III. §. 635. 636.

2) So auch im Sächsischen Recht, Haubold Sächs. Privatrecht I. §. 318. 331 b.; im Märkischen Recht, Laspeyres in Reyscher Zeitschr. VI. 42., in Mecklenburg, Kamptz Mecklenburg. Civilrecht §. 193. N. VIII. §. 204. Nr. III. §. 213. Auch ist dahin unstreitig das Solmser Landrecht Th. II. Tit. 28. zu zählen. Anderer Meinung ist zwar Bopp in Reyscher Zeitschr. V. 364. Allein mit Recht erklärt sich dagegen Beseler System II. §. 153. Note 8.

Verschmelzung beider Ansichten haben das Preußische Recht, wo die Hälfte [3]), und das Schwäbische Recht, wo ein Drittheil der durch das Gesetz bestimmten Portion als Pflichttheil erklärt ist. Hingegen das Oesterreichische Recht erklärt ausdrücklich den Erbtheil nicht als Pflichttheil [4]). III. Wo die statutarische Portion ein Pflichttheil ist, sind darauf die Grundsätze des deutschen Pflichttheilsrechtes anzuwenden [5]). Eine Verletzung berechtigt also niemals zur Anfechtung des ganzen Testamentes, sondern nur zu einer Klage auf Herstellung des Pflichttheils [6]). IV. Eben daher ist von der Statutarportion, wie vom Pflichttheil, eine Enterbung denkbar. Die Enterbungsgründe müssen jedoch im Particularrecht ausdrücklich als solche anerkannt sein [7]). Namentlich läßt sich nicht behaupten, daß die Scheidungsgründe schon als solche auch Enterbungsgründe seien [8]).

c) Verlust des Rechts auf die Statutarportion.

420. Das Recht auf die Statutarportion geht in folgenden Fällen verloren. I. Durch Entsagung [1]). Geschieht diese erst nach dem Tode des andern Ehegatten, so ist dieses ein einfacher Verzicht. Geschah sie bei Lebzeiten desselben, so ist sie nach der Analogie des Erbverzichts zu behandeln. Eine Entsagung kann auch stillschweigend in den Bestimmungen des bei Eingehung der Ehe errichteten Heirathsvertrages, oder in der während der Ehe geschehenen Anerkennung einer anderweitigen Verfügung liegen [2]). II. Durch Ehescheidung, weil man Einen als dessen Ehegatte nicht beerben kann, wenn man es nicht mehr ist [3]). III. Zur Strafe. Gemeinrechtlich tritt dieses nur ein gegen denjenigen,

---

3) Preuß. Landr. II. 1. §. 631—633.
4) Oesterr. Gesetzb. §. 796.
5) Ausdrücklich sagt dieses auch das Preuß. Landr. II. 1. §. 633.
6) So sagt auch Runde Eheliches Güterrecht §. 174.
7) So thut das Preuß. Landr. II. 1. §. 632.
8) So bemerkt richtig Runde Eheliches Güterrecht §. 174.
1) Runde Eheliches Güterrecht §. 176.
2) Eichhorn §. 338. Nr. II. 3., Mittermaier II. §. 443. Nr. II., Gründler Polemik III. §. 634.
3) Eichhorn §. 338. Nr. II. 2., Mittermaier II. §. 443. Nr. VIII. Nach dem Preuß. Landr. II. 1. §. 783—786 824. tritt aber für den Unschuldigen eine gesetzliche Abfindung wegen der künftigen Erbfolge ein.

der durch sein Vergehen die lebenslängliche Scheidung von Tisch und Bett veranlaßt hat[4]), und gegen die Frau wegen Ehebruch [5]). Wegen anderer Vergehen, selbst wenn sie Scheidungsgründe gewesen wären, können die Erben, wenn das Particularrecht es nicht ausdrücklich gestattet [6]), die Statutarportion nicht verweigern, weil von dem, was der Verstorbene thun durfte, kein Schluß auf das Recht der Verwandten gilt [7]). IV. Die Eingehung einer zweiten Ehe ist auf die aus erster Ehe erworbene Statutarportion ohne Einfluß, weil die Nachtheile, die das römische Recht dann eintreten läßt, sich auf die vom Verstorbenen herrührenden Liberalitäten beziehen, also auf die vom Gesetze zugewiesenen Vortheile nicht auszudehnen sind [8]).

II. Von der Erbfolge aus einem Testamente. A) Historische Einleitung.

421. Mit der Auffassung des deutschen Rechts über die Erbfolge waren Testamente im römischen Sinne unvereinbar [1]). Doch sind nach und nach, durch mancherlei äußere Gründe begünstigt, Testamente in Aufnahme gekommen. Der hauptsächliche innere Grund war aber der, daß es dem Gefühle zusagte, seine Angelegenheiten auf den Todesfall mit der vollkommensten Freiheit und daher bis zum letzten Augenblicke widerruflich ordnen zu können. Zunächst machte sich dieses bei Verfügungen zum Nutzen der abgeschiedenen Seele geltend, wurde aber allmählig auch auf andere Dispositionen übertragen [2]). Jenem Gefühle kam das römische Princip der Testamentsfreiheit entgegen und fand daher gern Eingang [3]). Anfangs wurden allerdings die Te-

---

4) Dieses folgt aus c. 4. X. de donat. inter virum (4. 20). So sagt auch das Oesterr. Gesetzbuch §. 759. Nach dem Preuß. Landr. II. 1. §. 734. tritt dann dasselbe ein, wie bei der Ehescheidung.

5) C. 10. X. de consuetud. (1. 4).

6) So das Sächsische Recht, Haubold I. §. 82. 319. 331 c. d.

7) So sagt mit Recht Mittermaier II §. 443. Nr. VIII. Dieser Ansicht folgen auch Runde Eheliches Güterrecht §. 174., Gerber §. 255. Anderer Meinung ist, vom Sächsischen Recht verleitet, Eichhorn §. 338. Nr. II. 2.

8) So zeigt gut Runde Eheliches Güterrecht §. 120.

1) Man sehe oben §. 415.

2) Die Nachweisungen giebt meine Deutsche Rechtsgeschichte §. 555.

3) Ausdrücklich hervorgehoben ist es von Ulrich Tengler Layenspiegel Th. I. Tit. Von geschäfften und legittima.

stamente oder Geschäfte nur zu einzelnen Vermächtnissen gebraucht, und entzogen dem nächsten Blutsfreund seine Eigenschaft als Erbe nicht. Allmählig hat sich aber aus dem römischen Recht die Nothwendigkeit der Erbeinsetzung als zum Wesen des Testamentes gehörend eingebürgert [4]), und ist jetzt als gemeinrechtlich anzusehen. Daneben aber haben sich statutarisch mancherlei Eigenthümlichkeiten erhalten.

B) Modificationen des römischen Rechts.

422. Mit dem alten Recht hängen noch folgende in den Particularrechten vorkommende Erscheinungen zusammen. I. Nach dem deutschen Grundprincip ist der nächste Blutsfreund der eigentliche Erbe; das Testament verhält sich zu ihm nur wie ein Vermächtniß, woraus folgt, daß der Theil, worüber durch das Testament nicht verfügt ist oder der durch das Wegfallen eines von mehreren Testamentserben erledigt wird, dem Blutsfreunde verbleibt. Nach dem römischen Recht hingegen wird durch den testamentarischen Erben der Intestaterbe schlechthin verdrängt, so daß das, worüber nicht verfügt ist oder was durch Wegfall eines Miterben vacant wird, Jenem accrescirt. Das deutsche Recht zeigt sich noch in Folgendem. 1) Nach einigen Statutarrechten ist in einem Testament eine Erbeseinsetzung nicht erforderlich. Hier besteht also die deutsche Grundansicht mit ihren Consequenzen fort. Auch folgt daraus, daß wenn dort eine Erbeinsetzung vorgenommen wurde, diese dadurch nicht etwas Wesentliches, also deren Ungültigkeit oder Wegfall für den übrigen Inhalt des Testamentes gleichgültig ist [1]), und dieser auch ohne die Codicillarclausel besteht. 2) Das Preußische und Oesterreichische Recht erklären zwar die Erbeinsetzung als das unterscheidende Merkmal des Testamentes vom Codicill. Allein sie nennen Erbeinsetzung nur eine solche Verfügung, wodurch der ganze Nachlaß einen oder mehreren Personen zugewiesen wird. Sie bestimmen also

---

4) Darauf verweist ausdrücklich das Statutenbuch von 1553. Ausgabe von 1572 Fol. 72 a. b. 78. Ganz aus dem römischen Recht ist auch Tengler Layenspiegel Th. II. Tit. Von Testamenten, Forma Testament.

1) So ist es im Lübischen Recht, Pauli Abhandl. III. 230—234.

diesen Begriff nicht wie das römische Recht nach dem Ausdrucke, sondern nach dem materiellen Inhalt [2]). Durch eine solche Erbeinsetzung gilt allerdings der Intestaterbe als völlig ausgeschlossen, und wenn von mehreren solchen Miterben Einer ausfällt, so wächst sein Antheil den Anderen zu. Hingegen wenn Mehrere ausdrücklich nur auf bestimmte Quoten, wenn auch unter dem Namen, Erben, eingesetzt sind, so ist dadurch der gesetzliche Erbe nicht ausgeschlossen, sondern das, worüber nicht verfügt ist, oder was durch Wegfall eines Erben vacant wird, wächst ihm zu [3]). 3) Noch näher steht das Französische Recht dem Geiste des deutschen Rechts. Wenn nämlich ein Pflichttheilsberechtigter da ist, so ist dieser von Rechtswegen der eigentliche Erbe, und selbst der auf das ganze Vermögen Eingesetzte verhält sich zu ihm nur wie ein Legatar. Ferner, wenn Mehrere auf quote Theile eingesetzt sind, so gelten diese nicht blos einem Pflichttheilsberechtigten, sondern selbst den einfachen Intestaterben gegenüber nur wie Legatarien [4]), woraus folgt, daß Alles, was vacant ist oder wird, diesen zufällt. II. Nach der Consequenz des deutschen Grundgedankens müßte, da der nächste Blutsfreund von Rechtswegen der Erbe ist, der Eingesetzte den Nachlaß aus dessen Hand fordern. Dieses findet sich zwar insgemein nicht mehr, jedoch ist das deutsche Recht hiebei in anderer Weise sichtbar. 1) Der Gedanke, daß der Berufene stillschweigend und von selbst die Erbschaft erwirbt [5]), ist häufig auf den Testamentserben ausgedehnt worden [6]). 2) Diesen Grundsatz hat auch das Französische Recht, jedoch nur bei einer Einsetzung auf das ganze Vermögen, und auch bei dieser nur, wenn kein Pflichttheilsberechtigter da ist.

---

2) Preuß. Landr. I. 12. §. 3. 4., Oesterr. Gesetzb. §. 553—555.

3) Preuß. Landr. I. 12. §. 254—258. 281—283., Oesterr. Gesetzb. §. 554. 556. 560—562. Im Königreiche Sachsen ist dieses durch das neue Gesetz über die Erbfolge vom 31. Januar 1829 nachgeahmt worden, Haubold Sächs. Privatrecht I. §. 335 a.

4) Französ. Gesetzb. Art. 1004. 1011.

5) Man sehe oben §. 412.

6) Sehr deutlich sagt dieses die Churkölnische Rechtsordnung von 1663. Tit. IX. §. 1. Denselben Grundsatz haben, jedoch mit der oben (§. 412) bemerkten Einschränkung, das Preuß. Landr. I. 9. §. 367. 368., Oesterr. Gesetzb. §. 533. 537. 809.

3) Wenn ein solcher da ist, oder wenn Einer oder Mehrere nur auf bestimmte Quoten eingesetzt sind, muß sich der Eingesetzte an den gesetzlichen Erben um Herausgabe wenden [7]. III. Als ein Ueberrest von der ursprünglichen Bestimmung der Testamente als Seelengeräthe findet sich in Statutarrechten, daß in jedem Testamente durchaus Etwas zu frommen oder gemeinnützigen Zwecken hinterlassen sein muß [8].

C) Von den Testamentsexecutoren [1].

423. Da an der genauen Vollstreckung der testamentarischen Anordnungen vieles gelegen, der Blutsfreund aber dazu nicht immer geeignet war, und auch sein Interesse dabei zu sehr in Conflict kam: so wurde es schon früh üblich, dazu im Testamente besondere Executoren (eleemosynarii, manufideles, executores) zu ernennen [2]. Das juristisch Eigenthümliche bei diesem Verhältnisse besteht in zweierlei. Erstens wird Jemand vom Erblasser mit der Vollführung seines Willens beauftragt also als sein Repräsentant bestellt, ohne doch sein Erbe zu sein. Zweitens wird derselbe dazu nicht in seinem Interesse, sondern lediglich im Interesse Anderer berufen. Aus der ersten Beziehung ergiebt sich, daß er sein Recht unmittelbar vom Verstorbenen erhält, so daß darin zwischen ihm und einem Erben eine große Aehnlichkeit Statt findet. Der Nachlaß geht durch seine Hand an die zweite Hand über. Im alten Recht wurde dieses dadurch bezeichnet, daß der Executor als Salmann das Vermögen aufgelassen erhielt, um es weiter aufzulassen, und also interimistisch in die Gewere gesetzt wurde. Auch noch jetzt zeigt es sich darin, daß er für alle die Erhaltung und Regulirung des Nachlasses betreffenden Handlungen im Vordergrunde steht, und der Erbe ihm darin freie Hand lassen muß. Aus der zweiten Beziehung folgt, daß seine Macht

7) Französ. Gesetzb. Art. 1004. 1006. 1011.

8) So in Lübeck, Pauli Abhandl. III. 277—279. Man sehe auch Mittermaier II. §. 463. Nr. VII.

1) Davon handeln: Pauli Abhandl. III. 306—339., Beseler von den Testamentsvollziehern (Reyscher Zeitschr. IX. 144—228. 522. 523). Eine rechte Klarheit und Einfachheit haben sie aber in diese Lehre noch nicht gebracht.

2) Das Historische giebt meine Deutsche Rechtsgeschichte §. 556.

überall durch das Interesse der anderen im Testamente eingesetzten Personen begränzt wird. Er steht zwar nicht zu diesen selbst in einem Mandatverhältnisse [3]). Allein da er nach dem Willen des Erblassers für deren Interesse verwalten soll, so haben sie doch kraft dieses Willens ein Recht darauf, daß er den ihm ertheilten Auftrag in ihrem Interesse vollführe, und sie können darauf gegen ihn aus dem Testamente klagen. Das Testament, der Wille des Verstorbenen, ist die gemeinschaftliche Quelle ihrer beiderseitigen Rechte und Pflichten [4]).

III. Einwirkung auf die Erbfolge durch Vertrag [1]). A) Uebersicht der Verträge über eine Erbschaft.

424. Ein Vertrag über eine Erbschaft kann entweder einen nicht nur deferirten, sondern auch schon erworbenen, oder einen blos deferirten, oder einen noch nicht einmal deferirten Nachlaß betreffen. Die Verträge der dritten Art, wo es sich also um den Nachlaß eines noch Lebenden handelt, werden gewöhnlich unter dem Namen, Erbverträge, zusammengefaßt. Es sind aber davon zwei Anwendungen zu unterscheiden. Wird durch den Vertrag etwas an der gemeinen Delation selbst abgeändert, so wirkt er wie ein Testament, und er greift dann recht eigentlich in das Erbrecht ein. Bleibt aber die gemeine Delation dahin gestellt und wird durch den Vertrag blos bedungen, was im Falle der eingetretenen Delation mit dem Nachlaß geschehen solle, so erzeugt er blos obligatorische Verhältnisse, und ist nur uneigentlich ein Erbvertrag zu nennen. Beide Arten haben daher nichts mit einander gemein und sind in der Darstellung durchaus zu trennen. Auch im römischen Recht sind die Gründe, warum die Erbverträge regelmäßig für ungültig gehalten wurden, bei beiden

---

3) Es ist unrichtig und gegen die Natur des Verhältnisses, wie es im Leben liegt, wenn Gerber §. 265, Note 7. den Executor zum Repräsentanten der Erben machen will. Er repräsentirt innerhalb seiner Wirksamkeit unmittelbar den Willen des Erblassers selbst.

4) Gut äußert sich über das Einzelne das Preuß. Landr. I. 12. §. 557—562.

1) Das Hauptwerk darüber ist: Beseler die Lehre von den Erbverträgen. Göttingen 1835. 3 Th. Man findet darin auch die Litterairgeschichte dieser Lehre, welche hier besonders wichtig ist. Einen Auszug aus jenem Werke giebt Desselben System II. §. 157—161.

Arten verschieden [2]). Von den eigentlichen Erbverträgen sind aber zwei Anwendungen denkbar: die vertragsmäßige Erbeinsetzung und der Erbverzicht.

B) Von der vertragsmäßigen Erbeinsetzung. 1) Historische Einleitung.

425. Die vertragsmäßige Erbeinsetzung ist ein Geschäft, wodurch der Eine den Andern fest und unwiderruflich zu seinem Erben macht. Etwas moralisch Anstößiges liegt darin regelmäßig nicht; dennoch haben die Römer einen solchen Vertrag als nichtig und unwirksam behandelt, so daß dadurch weder die Testamentsfreiheit aufgehoben wurde, noch aus dem Geschäft auf den Nachlaß geklagt werden konnte [1]). Dieses beruhte auf mehreren Gründen. Erstens liegt in einer vertragsmäßigen Erbeinsetzung in gewisser Hinsicht ein innerer Widerspruch. Soll sie den Paciscenten unwiderruflich schon bei Lebzeiten binden, so ist sie kein reines Geschäft auf den Todesfall, kein rein letztwilliger Act. Soll sie widerruflich sein, so ist sie kein Vertrag. Zweitens kann durch ein solches Geschäft doch nicht mehr erreicht werden, als durch eine blos einseitige Erbeinsetzung geschieht. Eine Obligation kann dadurch nicht entstehen, weil ihr kein Verpflichteter gegenüber steht. Denn der Erblasser kann dieser nicht sein, weil sich der Vertrag erst auf die Verhältnisse nach seinem Tode bezieht. Sein nächster Blutsfreund aber auch nicht, weil er dazu Erbe werden müßte, was aber nach dem Zwecke des Vertrages er nicht, sondern der andere Paciscent werden soll. Dieser hätte also, wenn der Vertrag überhaupt eine Wirkung hat, ein Recht auf den Nachlaß in der Hand ohne einen Verpflichteten, also grade dasselbe, was ihm auch eine einseitige Berufung giebt. Dieses sind die Gründe, weshalb die Römer wollten, daß eine Erbeinsetzung sich auch äußerlich als eine widerrufliche einseitige

2) Der Mangel an Klarheit und Schärfe, der in dieser Lehre herrscht, rührt eben daher, daß man diese Eintheilung nicht an die Spitze der Lehre stellt (§. 440. Note 2). Die mancherlei im Laufe der Zeit versuchten Classificationen beschreibt Beseler Erbverträge II. 9—27. Doch tritt auch bei ihm der Hauptpunkt nicht bestimmt genug hervor.

1) C. 15. C. de pact. (2. 3), c. 34. C. de transact. (2. 4), c. 5. C. de pact. convent. (5. 14).

Willenserklärung ankündigen sollte. Drittens konnte es unter Umständen als anstößig erscheinen, wenn man sich Einen zu einer Erbeinsetzung, die ein Act des Wohlwollens ist, in den strengen juristischen Formen wie zu einer Geldschuld verbinden ließ [2]). Viertens endlich wollte man einen solchen Erbvertrag auch nicht unter dem Gesichtspunkt als formloses Testament gelten lassen, weil die Form hier zur Sicherheit der letzten Willensordnungen gehört und dafür im positiven Recht angenommen war [3]). Eine Ausnahme von der formellen Testamentsstrenge galt blos bei den Soldaten; daher waren bei ihnen Erbverträge als formlose Testamente wirksam [4]). So vereinigten sich Gründe des Verstandes, des Gefühles und des positiven Herkommens, um eine Erbeinsetzung durch Vertrag nicht gelten zu lassen [5]).

426. So scharfsinnig diese Gründe sind, so bewegen sie sich doch bei genauer Betrachtung nur auf einem Gebiete selbstgeschaffener Schwierigkeiten. Denn was zunächst das Formelle betrifft, so kann das positive Recht sich mit der Form des Vertrages, wenn derselbe hinreichend gewiß ist, begnügen, da jedenfalls eine Willenserklärung darin enthalten ist, wie ja wirklich das römische Recht bei Testamenten der Soldaten gethan hat [1]). In materieller Beziehung aber kann man die Ansicht fassen, daß wenn Einer sich überhaupt durch Vertrag hinsichtlich seines gegenwärtigen Vermögens unwiderruflich zu binden die Macht hat, er dieses auch hinsichtlich seiner Beerbung müsse thun können,

---

2) In solchen Fällen hielt man diese Art von Erbvertrag contra bonos mores, fr. 61. D. de verb. oblig. (45. 1), c. 4. C. de inutil. stipulat. (8. 39). Man darf dieses aber nicht generalisiren, wie Beseler Erbverträge II. 114. 115., System II. §. 157. thut. Die uneigentlichen Erbverträge wurden allerdings allgemeiner für contra bonos mores gehalten, dieses aber aus einem andern Gesichtspunkt (§. 440).

3) C. 5. C. de pact. convent. (5. 14). Hereditas extraneis testamento datur.

4) C. 19. C. de pact. (2. 3).

5) Diese Gründe sind noch keineswegs in ihrer Vollständigkeit erkannt worden. Das Beste darüber ist bei Beseler Erbverträge II. 102—117. Unbefriedigend ist Trummer Hamb. Erbrecht I. §. 6., Kraus Vermögensrechte des überlebenden Ehegatten (Reyscher Zeitschr. XIII. 134—139).

1) Aus diesem Grunde haben selbst die Juristen, die sich ganz streng an das römische Recht hielten, doch die Gültigkeit der Erbverträge bei Adligen vertheidigt, weil man diese als milites betrachtete. Zeugnisse giebt Mittermaier II. §. 452. Note 38. 39.

daß ein solcher Vertrag nicht minder wie ein anderer auf Treu und Glauben gestellt sei und seiner Absicht gemäß erfüllt werden müsse. Als daher die Jurisprudenz sich von den allzu mächtigen Eindrücken des römischen Rechts allmählig frei machte, kam sie auch durch das ungekünstelte deutsche Rechtsgefühl geleitet auf jene Auffassung. Begünstigt wurde dieses dadurch, daß sich in der Praxis von alten Zeiten her zwei Formen von Rechtsgeschäften erhalten hatten, wovon die Eine, wenn auch kein Erbvertrag, doch im Resultat mit demselben zusammentraf, die Andere aber eine wahre vertragsmäßige Erbeinsetzung war.

427. Das deutsche Recht in dieser Lehre hat sich nämlich aus dem Kampfe zweier Gegensätze entwickelt [1]). Auf der einen Seite hielt man es für lieblos, den Blutsfreunden das ihnen zukommende Erbe zu entziehen und suchte sie dagegen zu schützen. Auf der anderen Seite strebte das Gefühl nach der Freiheit, auch anderen Personen, denen man wohl wollte, Vermögen zuwenden zu können. Das Recht und die Sitte suchten nun dieses zwar nicht schlechthin unmöglich zu machen, doch aber indirect zu erschweren. In diesem Geiste wurden Testamente unbedingt untersagt, weil solche Acte, die man insgeheim errichten kann und wodurch man sich weder bindet noch sich selbst etwas entzieht, den Blutsfreunden besonders gefährlich sind. Hingegen eine Uebertragung des Vermögens unter Lebenden wurde zugelassen, weil eine solche ihrer Natur nach Manches in sich schließt, das die Gefahr für die Erben mindert. Doch kämpfte das Freiheitsgefühl gegen diese Beschränkung an, und suchte die Uebertragung unter Lebenden einem Geschäft auf den Todesfall möglichst nahe zu bringen, was auch theilweise gelang. Erstens ist es den Blutsfreunden nützlich, daß man durch eine Uebertragung unter Lebenden sich selbst ärmer macht, weshalb man sich nicht leicht dazu verstehen wird. Dieses suchte man aber dadurch zu umgehen, daß man sich häufig die lebenslängliche Leibzucht vorbehielt, wodurch das Geschäft im Resultate einem Vermächtniß gleich wurde. Zweitens trach-

1) Die quellenmäßigen Belege für die folgende Darstellung, die von der gewöhnlichen sehr abweicht, giebt meine Deutsche Rechtsgeschichte §. 549—553.

tete man solche Vergabungen widerruflich zu machen. Allein diesem trat das Recht entschieden entgegen. Da dieses nicht gelang, so nahm man drittens die Wendung, daß man, um über das Vermögen möglichst lange freie Hand zu behalten, die Vergabungen bis zum hohen Alter oder auf das Siechbett verschob. Diesem suchte zwar das Recht dadurch zu begegnen, daß es dieselben nur bei gesunden rüstigen Kräften gestattete [2]. Allein diese Beschränkung behauptete sich nicht und wurde allmählig überwunden. Viertens wurde zu einer solchen Uebertragung, so weit sie Grundstücke betraf, wie gewöhnlich die Zustimmung des nächsten Erben erfordert. Aber auch dieses trat bei entfernteren Erben allmählig in den Hintergrund, und bei fahrender Habe war davon gar nicht die Rede. Fünftens war es den Blutsfreunden nützlich, daß solche Geschäfte, wenn sie liegende Güter zum Gegenstande hatten, vor Zeugen, nach dem Rechte des Mittelalters sogar durch gerichtliche Auflassung, vollzogen werden mußten. Diese blieb wegen des Eigenthumsübergangs, wenn auch der Vergabende sich den Besitz und Genuß vorbehielt, fortwährend nothwendig. Das Resultat also war, daß sich um einem Andern sein Vermögen zuzuwenden, eine Form gebildet hatte, die äußerlich ein Geschäft unter Lebenden, dem Erfolge nach aber eine vertragsmäßige Erbeinsetzung war, und daß dabei von den früheren Beschränkungen, wodurch man sie von Geschäften auf den Todesfall unterscheiden wollte, keine Rede mehr war. Diese Form war noch im sechzehnten Jahrhundert im Gebrauch [3], kam aber seitdem wegen ihrer Schwerfälligkeit ab.

428. Mittlerweile war aber zu demselben Zwecke noch eine andere leichtere Form in Uebung gekommen. Diese bestand darin,

---

2) Man will diesen Satz daher erklären, daß bei dem kräftigen Volke der Deutschen die physische Kraft das Maß der Rechtsfähigkeit gewesen. So Albrecht Gewere S. 203. Ihm folgen mit mancherlei Ausmalungen Phillips Privatrecht I. §. 29. II. §. 166., Beseler Erbverträge I. 1. 2., Pauli Abhandl. III. 160., Gerber §. 248. Man erweist aber mit solchen Feinheiten dem einfachen Recht unserer Vorfahren zu viel Ehre. Man sollte doch erwägen, daß jener Satz sich nicht in den alten Rechten findet, sondern erst im Mittelalter, offenbar als Abwehr einer mißbräulichen Neuerung.

3) Den Beweis giebt meine Deutsche Rechtsgeschichte §. 551. Note 3. Andere Beispiele nennt Beseler Erbverträge II. 176.

daß man sein Vermögen wie im vorigen Falle dem Andern fest verschenkte, daß aber das Eigenthum erst nach des Schenkers Tode auf den Beschenkten übergehen sollte. Hier war deshalb keine Auflassung, sondern nur eine in feierlicher Form errichtete Urkunde erforderlich [1]). Diese Form stand einer Erbeinsetzung ganz nahe. Als man daher eine solche aus dem römischen Recht kennen lernte, wurde jene Form dazu wirklich benutzt, und so die vertragsmäßige Erbeinsetzung in die Praxis eingeführt [2]).

429. Nach der Aufnahme des römischen Rechts standen die beiden germanischen Geschäftsformen und die römischen Testamente im praktischen Rechte neben einander [1]). Die Lehrer, welche dem deutschen Rechte folgten, suchten zwar die Testamente abzuwehren, und nur unwiderrufliche Verfügungen gelten zu lassen [2]);

---

1) Ueber diese Rechtsform sehe man meine Deutsche Rechtsgeschichte §. 551. Note 13. 14. §. 552. Note 14.

2) Den Beweis giebt die Formel in Meichßner Hoch oder gemainer Teutscher Nation Formular. Frankfurt 1563. Th. II. Fol. 45. Tit. Uebergab und letster will. Sind eigner Person erschienen, die N. Bürger zu Stutgart, unnd M. sein eheliche Haußfrauw an einem und W. ihr Schwager und Bruder am andern theil (hier folgt eine Schenkung unter Lebenden von gewissen Gütern, worauf die Formel fortfährt:) als dann instituirten sie beide Ehegemecht ihn W. zu ihrem rechten, waaren, einichen, unnd unzweiffenlichen Erben aller anderer jrer beider zusammengebrachten errungen unnd gewonnen Haaben und Güter, ligender und fahrender, nichts außgenommen, daß sie auch ohn sondere Ehehaffte not nichts weder versetzen noch verkauffen söllen noch wöllen, also daß benannter W. nach jr beider Ehegemecht todt all solche Hab und Güter als sein eigenthumb annemmen, gebrauchen, nützen, niessen, verleihen, versetzen, verkauffen, und sonst in allweg damit thun und lassen sol und mög, als mit ander seinen eignen Gütern, unverhindert anderer jr Ehegemecht Erben und menigklichs. — Darauff haben auch dieselben Ehegemecht mir dem Notarien mit treuwen an Eydsstatt in mein hand gelobt und versprochen, diese Uebergab waar, fest unnd stät zu halten, unnd von keiner undanckbarkeit wegen nimmer zu widerruffen, sondern stracks darbey zu bleiben, und darwider nicht zu seyn, zu thun noch schaffen gethan werden, weder mit noch on Recht, Geistlichen noch Weltlichen, an keinen stetten, noch gantz überall in keinem weg, on all gefehrd. Unnd ob dann solcher ir lester will und geschefft einigen mangel haben solt, so wölten sie doch daß es inn gestalt eines genannten Testaments, oder als Legatum, oder ein gab auß ursachen deß Todts, oder zum wenigsten als ein Codicill bestendig seyn unnd bleiben, und je ein Recht dem andern hierinn zu hilff kommen. Hierauff auch an mich Notarien begert jnen hierüber eins oder mehr, so viel not, offen Instrumenta zu machen unnd zu geben.

1) Dieses zeigen sehr anschaulich die Formularbücher des sechzehnten Jahrhunderts.

2) Dieses zeigt Riederer Rhetoric Buch II. Tit. Vergabung von tods wegen. Die Stelle ist abgedruckt in meiner Deutschen Rechtsgeschichte §. 553.

allein dieses gelang nicht. Umgekehrt wurde von den gelehrten Juristen die Gültigkeit der Erbverträge mit Berufung auf das römische Recht eifrig bekämpft [3]; aber auch dieses war ohne bleibenden Erfolg. Die eine Form mit Auflassung kam zwar ihrer Unbequemlichkeit wegen außer Gebrauch. Die Andere, die reine vertragsmäßige Erbeinsetzung, blieb aber ununterbrochen in Uebung [4]). Dadurch und durch die häufige Anwendung des Erbvertrages in Ehestiftungen kam die Jurisprudenz seit dem siebzehnten Jahrhundert dazu, sich von den Fesseln des römischen Rechts frei zu machen, und die Gültigkeit der Erbverträge zu vertheidigen. Endlich wurde dieselbe im graden Gegensatz des Früheren als der gemeinrechtliche Grundsatz anerkannt [5]). Die neuen Gesetzbücher haben die vertragsmäßige Erbeinsetzung theils unbedingt [6]), theils nur ausnahmsweise in Heirathsverträgen [7]) zugelassen.

2) Theorie der vertragsmäßigen Erbeinsetzung.

430. Die vertragsmäßige Erbeinsetzung ist, wie schon das Wort und der historisch überlieferte Begriff lehren [1]), aus zwei

---

3) Die Nachweisungen giebt Beseler Erbverträge II. §. 6.

4) Dieses zeigt das im §. 428. Note 2. abgedruckte Formular. Beseler Erbverträge II. §. 7., System II. §. 157. 158. läugnet dagegen die Existenz der eigentlichen Erbverträge in der älteren Praxis, und behauptet, daß denselben erst durch die Theorie der Juristen seit dem siebzehnten Jahrhundert die praktische Geltung erkämpft worden sei. Dieses wird aber durch jenes Formular entschieden widerlegt, und dadurch wird jener übrigens gelehrte und scharfsinnige Theil seines Werkes für seinen Hauptzweck nutzlos. Zweifel gegen Beseler erhoben schon Albrecht und nach ihm Gerber §. 256. Note 7.; allein ohne Beweisstellen und ohne die Einsicht in den Zusammenhang der Erbverträge mit dem älteren Recht.

5) Diesen Gang zeigt sehr gut Beseler Erbverträge II. §. 6.

6) Preuß. Landr. I. 12. §. 617—647.

7) Oesterr. Gesetzb. §. 602., Französ. Gesetzb. Art. 893. 1082—1089.

1) Man findet diesen vollständig in dem oben (§. 428. Note 2) angegebenen Formular. Eine andere Auffassung ist die von Eichhorn Privatrecht §. 344. Nach ihm wird das Erbrecht des Vertragserben durch den Tod des Erblassers nicht erst erworben, sondern nur aus einem bedingten Recht zu einem unbedingten gemacht. Der Vertragserbe hat also schon vor dem Tode des Erblassers nicht eine bloße Hoffnung, sondern ein festes Recht, welches nur der Realisirung nach bis zum Tode beschränkt ist, dann aber von selbst, ohne daß es einer näheren Erklärung bedarf, in ein unbeschränktes übergeht, und daher auch gleich auf die Erben transmissibel ist. Diese Ansicht gründet sich darauf, daß sie diesen Erbvertrag an die alte Vergabung mit Auflassung anknüpft,

Elementen gemischt, aus einer Erbeinsetzung und einem Vertrage. Daraus ergiebt sich Folgendes. I. Unter dem Gesichtspunkt der Erbeinsetzung ist darauf dasjenige anzuwenden, was von der testamentarischen Erbeinsetzung gilt. Die Erbschaft wird daher dem Vertragserben aus dem Vertrage wie aus einem Testamente deferirt, und er hat die Wahl, ob er annehmen oder ausschlagen will [2]). Wo jedoch in einem Lande der Testamentserbe den Nachlaß stillschweigend und von selbst erwirbt [3]), muß dieses auch für den Vertragserben gelten. In diesem Falle transmittirt er auch, wenn er vor der Annahme stirbt, sein Recht auf seine Erben, sonst aber nicht, wenn nicht einer der gemeinrechtlichen Transmissionsfälle vorliegt [4]). Nach erfolgter Annahme wird er wie ein Erbe im römischen Sinne; er hat zur Verfolgung seines Rechts eine haereditatis petitio pactitia oder conventionalis [5]), und haftet für die Schulden in Ermanglung eines Inventars selbst mit dem eigenen Vermögen [6]). II. Aus dem Gesichtspunkt des Vertrages entspringt, daß der Paciscent unwiderruflich und auf Treu und Glauben gebunden ist, den Anderen Erbe seines Vermögens werden zu lassen [7]). Er kann also nicht mehr testiren, und das Testament kann ohne Weiteres als unbefugt und nichtig behandelt werden. Hingegen hat er sich die Freiheit, bis zu seinem Tode mit seinem Vermögen zu schalten und zu walten, nicht entzogen, weil er Jenem als Erben nur den Nachlaß, nicht das gegenwärtige Vermögen zugesichert hat. Buchstäblich betrachtet könnte er ihm also indirect Alles entziehen, wenn er ihm nur die Eigenschaft als Erbe ließe. Allein da es beim Vertrag nicht

---

was entschieden falsch ist, wie sich aus §. 428. ergiebt. Gegen Eichhorns Auffassung erklärt sich auch Beseler Erbverträge II. 246—253. 273—275. Doch hält er sich nur an allgemeine Gründe, weil auch er den richtigen historischen Zusammenhang nicht gefunden hat (§. 429. Note 4).

2) Uebereinstimmend ist Beseler Erbverträge II. 270 — 275. Die abweichende Grundansicht von Eichhorn ist natürlich auch hier von wesentlichem Einfluß.

3) Man sehe oben §. 422. Nr. II. 1.

4) So sagt auch Beseler Erbverträge II. 306.

5) Beseler Erbverträge II. 291—293.

6) Beseler Erbverträge II. 275., Mittermaier II. §. 454. Nr. XX.

7) Sehr kräftig tritt dieses in dem oben (§. 428. Note 2) erwähnten Formular hervor.

auf den Namen, sondern auf die Sache abgesehen war, so ist dieses mit Einschränkung zu verstehen. Veräußerungen durch Kauf und Tausch, soweit sie als solche aufrichtig gemeint sind, müssen ihm noch gestattet sein; hingegen Schenkungen unter Lebenden oder auf den Todesfall nur wenn sie mäßig, oder durch besondere Gründe motivirt, und nicht um den Erbvertrag indirect zu zerstören, gemacht sind. Wenn dieses der Fall ist, so kann der Vertragserbe sich durch eine Protestation sein Recht sichern, oder nach Umständen eine Prodigalitätserklärung nachsuchen, oder die Schenkung später als nichtig anfechten [8]). III. Legate vertragen sich mit dem Erbvertrage nicht, und können dem Erben nur mit dessen Zustimmung auferlegt werden, entweder im Erbvertrage selbst, oder in einem Codicill. Das Legat ist jedoch auch im ersten Falle, wenn gleich im Vertrage ausgesprochen, doch darum kein Product des Vertrages, sondern es bleibt ein Legat, und kann gegen den Erben mit der gewöhnlichen Klage verfolgt werden [9]). Der Abzug der falcidischen und trebellianischen Quarte ist diesem nicht zu gestatten, weil er in das Vermächtniß consentirt, und dadurch dessen ungeschmälerte Auszahlung übernommen hat [10]).

431. Bei diesem Erbvertrag kommen noch folgende Punkte in Betracht. I. Die Rechte der Notherben oder Pflichttheilsberechtigten dürfen durch den Erbvertrag nicht verletzt werden [1]). Doch sind diese natürlich im Sinne des deutschen Notherbenrechts zu behandeln, wenn nicht für die Grundsätze des römischen Rechts in einem Lande ausdrücklich die Gültigkeit erweislich ist [2]). Will

---

8) Man sehe Beseler Erbverträge II. 256—268. Hingegen Mittermaier II. §. 454. Nr. V. VI. VII. will Schenkungen auf den Todesfall schlechthin ausgeschlossen wissen.

9) So bemerkt richtig Gerber §. 259. Note 5. Etwas anders ist die Auffassung von Beseler Erbverträge II. 231—233., Mittermaier II. §. 454. Nr. XVIII.

10) Beseler Erbverträge II. 277., Gerber §. 259. Note 4.

1) Dieses war schon vor der Einführung der römischen legitima geltendes Recht, wie die oben (§. 429. Note 2) angeführte Stelle des Riederer zeigt.

2) Durch die richtige, bis jetzt allgemein vernachlässigte Auffassung des heutigen deutschen Notherbenrechts verliert die Controverse, ob die Verletzung des Notherbenrechts durch einen Erbvertrag auf dem Fuße der querela nulli-

der Paciscent, um den Pflichttheilsberechtigten zu beseitigen, ihn ausdrücklich enterben, so muß er dieses in einem abgesonderten Testamente thun; der Erbvertrag ist dazu nicht geeignet. Denn daraus, daß das Recht die Form des Vertrags für einen Zweck genügen läßt, folgt nicht, daß derselbe auch zu einem andern ganz ungleichartigen Zwecke gebraucht werden könne [3]). II. Begreift der Erbvertrag nicht das ganze Vermögen, sondern nur eine Quote, so müßte nach der Analogie der testamentarischen Erbeinsetzung der Rest, wenn darüber nicht durch ein Testament oder einen andern Erbvertrag verfügt ist, dem Vertragserben accresciren. Allein im Geiste des deutschen Rechts [4]) muß er dem gesetzlichen Erben verbleiben [5]). III. Sind in einem Erbvertrage Mehrere zu Erben eingesetzt, und es fällt Einer aus, so muß aus demselben Grunde sein Theil nicht den Anderen accresciren, sondern dem Intestaterben verbleiben [6]). Eine Ausnahme muß dieses aber in drei Fällen leiden [7]). Erstens wenn Jenes im Vertrage ausdrücklich gesagt ist, wo dann darin eine vertragsmäßige Substitution liegt. Zweitens wenn jene Absicht aus der Formel der Einsetzung geschlossen werden kann, zum Beispiel wenn Zwei verbunden für dieselbe Quote wie eine Person genannt sind. Drittens ist, wenn das Particularrecht unter den testamentarischen Erben bei gewissen Voraussetzungen ein Accrescenzrecht zu-

---

tatis oder inofficiosi testamenti, oder auf dem der querela inofficiosae donationis zu behandeln sei, größtentheils ihren praktischen Werth. Sie bleibt nur da wichtig, wo das römische System noch rein gilt, was aber der seltene Fall ist. Dann aber muß man sich für die erste Ansicht entscheiden. Dieses zeigt sehr gut Beseler Erbverträge II. 294—304., System II. §. 160. Nr. I. Der Grund, weshalb dennoch die Meisten das Princip der querela inofficiosae donationis vorziehen, ist, weil dieses im Resultate mit dem deutschen Notherbenrecht zusammentrifft, und weil man bei dieser Frage die Natur des deutschen Notherbenrechts herausfühlte, ohne sich jedoch der Sache klar zu werden. So mit Anderen Mittermaier II. §. 454. Nr. X., Bluntschli Privatrecht II. §. 195. Nr. 6.

3) Uebereinstimmend sind Beseler Erbverträge II. 303. 304., System II. §. 460. Nr. I., Mittermaier II. §. 454. Nr. XIX.

4) Man sehe darüber oben §. 413. 422.

5) So sagt auch Beseler Erbverträge II. 280. Dasselbe bestimmt das Preuß. Landr. I. 12. §. 629.

6) Man sehe §. 422.

7) Man sehe darüber Beseler Erbverträge II. 277—286., System II. §. 159. Nr. VI., Mittermaier II. §. 454. Nr. XIX.

läßt, so ist dasselbe auch bei Vertragserben anzunehmen [8]). Sind neben dem Vertragserben testamentarische oder Intestaterben vorhanden, so bleibt der ausfallende Theil des Testamentserben dem Intestaterben, der des Intestaterben fällt an den folgenden Grad. IV. Hinsichtlich der Form ist bei der vertragsmäßigen Erbeinsetzung, nach der seit ihrer Entstehung ununterbrochenen Praxis [9]), mindestens schriftliche Errichtung als gemeinrechtliches Erforderniß anzunehmen [10]).

432. Eine vertragsmäßige Erbeinsetzung wird in folgenden Fällen aufgehoben. I. Durch Widerruf, wobei aber beide Paciscenten übereinstimmen müssen [1]), wenn sie sich nicht den einseitigen Widerruf ausdrücklich vorbehalten haben [2]). II. Dadurch, daß der Vertragserbe vor dem Erblasser stirbt, indem es die Erbschaft eines Lebenden nicht giebt, also auch ein Recht darauf auf die Erben nicht transmittirt werden kann [3]). Eine Ausnahme ist natürlich dann zu machen, wenn die Erben des Vertragserben ihm ausdrücklich substituirt sind. III. Daß ein Erbvertrag wegen grober Undankbarkeit widerrufen werden könne, liegt in der Analogie römischer Bestimmungen und im Geiste des Verhältnisses [4]), und ist daher im Zweifel anzunehmen [5]). IV. Nachgeborene Kinder berechtigen aber zur Aufhebung nicht, weil man annehmen muß, daß die Paciscenten diese Möglichkeit erwogen haben;

---

8) Daher läßt das Preuß. Landr. I. 12. §. 645. hier das Anwachsungsrecht zu, weil es dieses beziehungsweise auch bei testamentarischen Erben thut (§. 422. Nr. I. 2).

9) Diese bezeugen die im §. 428. angeführten Stellen.

10) Dieses behaupteten auch, jedoch ohne hinreichenden Beweis, Eichhorn §. 342., Bluntschli Privatrecht II. §. 195. Nr. 2. Deshalb erklärten sich gegen dieses Erforderniß Beseler Erbverträge II. §. 9., System §. 159. Nr. A., Mittermaier II. §. 453. Nr. V., Gerber §. 258.

1) Mittermaier II. §. 454. Nr. XXI.

2) Man sehe darüber Beseler Erbverträge II. 293., System II. §. 160.

3) So sagen auch Beseler Erbverträge II. §. 304—310., System II. §. 160. Nr. II., Mittermaier II. §. 454. Nr. XVII., Haubold Sächs. Privatr. I. §. 346. Note c.

4) Dieses muß auch schon frühe praktisch gewesen sein, da das oben (§. 428. Note 2) erwähnte Formular ausdrücklich darauf verzichten läßt.

5) Anderer Meinung sind allerdings die Meisten, Beseler Erbverträge II. 311—313., System II. §. 160. Nr. III., Gerber §. 260. Dafür ist jedoch Eichhorn §. 345.

wohl aber kommen sie natürlich als Pflichttheilsberechtigte in Betracht[6].

433. Mit diesem Erbvertrage stehen noch folgende Verhältnisse in Verbindung. I. Es ist möglich, daß eine vertragsmäßige Erbeinsetzung mit Jemand geschlossen wird, der ohnehin der gesetzliche Erbe ist. Man nennt sie dann ein pactum conservativum. Hier kann der Erbe die Delation aus dem Erbvertrag ausschlagen, um als gesetzlicher Erbe einzutreten. Nur wenn es aus eigennützigter Absicht geschieht, ist es nicht zu gestatten[1]. II. Denkbar ist ein Erbvertrag, wodurch nicht einer der Paciscenten, sondern ein Dritter zum Erben eingesetzt wird. Man nennt dieses ein pactum de haereditate propria dispositivum. Nach dem römischen Recht wäre auch ein solcher Vertrag unverbindlich gewesen. Nach dem jetzigen Standpunkt ist aber anzunehmen, daß man, gleichwie den Mitpaciscenten, eben so gut auch einen Dritten zum Erben machen könne. Die Wirkung muß also jenem Falle analog sein; der Erblasser darf nicht einseitig widerrufen, und wenn er stirbt, so findet aus dem Vertrag eine Delation an den Eingesetzten statt[2]. Die Paciscenten unter einander dürfen aber widerrufen[3]. Wichtig ist dieses bei Heirathsverträgen, worin über die Erbrechte der Kinder Bestimmungen vorkommen. III. Denkbar ist eine vertragsmäßige Einsetzung auf einzelne Sachen. Dieses wäre ein vertragsmäßiges Vermächtniß; also unwiderruflich in so fern der Erblasser nicht dieselben Sachen einem Andern vermachen kann; widerruflich in so fern er sie doch unter Lebenden veräußern kann. Das Verhältniß stände zwischen der alten Vergabung mit Auflassung unter Vorbehalt des Nießbrauches und dem Legate in der Mitte[4]. IV. Verschieden von der vertrags-

---

6) Man sehe Beseler Erbverträge II. 310., System II. §. 160. Nr. III.

1) Beseler Erbverträge II. 275. 276., System II. §. 159. Nr. V. Ganz unbedingt untersagt es aber das Preuß. Landr. I. 12. §. 642.

2) Dieser Ansicht ist auch, wie es scheint, Beseler Erbverträge II. 80—83. 232. 233.

3) So sagt auch das Preuß. Landr. I. 12. §. 646.

4) Dieses Verhältniß vertheidigen als eine besondere Rechtsform Eichhorn §. 344. Nr. I., Mittermaier II. §. 453. Nr. II. §. 454. Nr. IX., Duncker Gesammteigenthum S. 74—79. Eine ausführliche Theorie davon entwickelt Bluntschli Privatrecht II. §. 196. Als eine Erfindung ohne selbstständige Be-

mäßigen Erbeinsetzung ist der Vertrag, wo man dem Andern nur verspricht, ihn dereinst zum Erben einzusetzen, oder ein zu seinen Gunsten errichtetes Testament nicht zu ändern. Aus dem Ersten ist allerdings eine Klage gegen den Erben in so fern denkbar, daß er dem Paciscenten Alles gewähren muß, was derselbe haben würde, wenn der Erblasser sein Wort gehalten und den Vertrag erfüllt hätte [5]). Aus dem Zweiten ist sie so denkbar, daß, wenn er das Testament geändert hat, das zweite Testament, also gegen seinen Vertrag errichtet, ohne Weiteres als unbefugt und nichtig [6]) behandelt werden kann [7]).

3) Von den Erbverträgen unter Ehegatten.

434. Eine vertragsmäßige Erbeinsetzung ist auch unter Ehegatten möglich, entweder blos zu Gunsten des Einen, oder gegenseitig. Beides ist sowohl vor als während der Ehe zuläßig. Vor der Ehe geschieht sie gewöhnlich in dem Heirathsvertrag, in Verbindung mit anderen Bestimmungen, namentlich solchen, welche die Güterverhältnisse während der Ehe betreffen. Vergabungen unter Ehegatten kommen schon in der ältesten Zeit vor, anfangs wegen der Blutsfreunde blos zum lebenslänglichen Nießbrauch, nach Umständen aber auch zum vollen Eigenthum [1]). Dieses war jedoch keine Erbeinsetzung, sondern ein reines Geschäft unter Lebenden, dessen Wirkung blos bis zum Tode des Einen aufgeschoben war, daher mußte später damit wie gewöhnlich eine Auflassung verbunden werden [2]). Wenn also die Einsetzung gegenseitig auf den Letztlebenden geschah, so ließen sie sich Einer dem Andern das Vermögen auf [3]). Allmählig verlor sich dieses aber [4]),

---

deutung bekämpfen es Beseler Erbverträge II. 22—24. 213—228. III. 109—122., System II. §. 158. Nr. III., Gerber §. 257.

5) Dieser Ansicht ist auch, wie es scheint, Beseler Erbverträge II. 61—67.

6) Dieser Fall ist demjenigen ganz analog, wenn man einen Erbvertrag geschlossen hat, und hinterher testiren will (§. 430. Nr. II).

7) Die neueren Schriftsteller sind allerdings, mit Ausnahme von Mühlenbruch, anderer Meinung; so namentlich Beseler Erbverträge II. 315—325. Allein der oben angeführte Grund ist entscheidend.

1) Beweisstellen giebt meine Deutsche Rechtsgeschichte §. 554. Note 1—4.

2) Man sehe oben §. 427.

3) Beispiele dieser Form bis ins sechzehnte Jahrhundert findet man bei Pauli Abhandl. II. 63., Beseler Erbverträge I. 133. 183., Heydemann Joa-

und es wurde auch bei dieser Art der vertragsmäßigen Erbeinsetzung, sowohl wenn sie vor der Ehe in der Ehestiftung [5]), als wenn sie während der Ehe geschah [6]), die Erklärung in einer bloßen Urkunde gebräuchlich. Im Ganzen stehen solche Erbverträge unter den gewöhnlichen Regeln. Als eigenthümlich sind folgende Sätze hervorzuheben. I. Eine vertragsmäßige Erbeinsetzung der Art ist möglich, sowohl wenn dem Ueberlebenden schon nach dem Gesetze eine Statutarportion gebührt, als auch, wenn er kein gesetzliches Erbrecht hat. Im ersten Fall liegt darin insgemein ein stillschweigender Verzicht auf die Statutarportion [7]). Hinsichtlich der Frage, ob er die Delation aus dem Erbvertrag ausschlagen könne, um seine gesetzliche Erbportion zu fordern, gilt das oben Gesagte [8]). II. Die wechselseitige Einsetzung ist im Zweifel als sich gegenseitig bedingend, als ein zweiseitiger Vertrag anzusehen. Die Ungültigkeit der Einen zieht daher auch die

---

chimische Constitution S. 64. 65. 261—263. Dahin gehören auch die Statuta et Concordata der Stadt Köln von 1437. Art. 9.

4) Beseler Erbverträge II. 185—198. versetzt die neue Form auch hier in eine zu junge Zeit.

5) Bezeichnend ist Folgendes. Das Stadtrecht von Worms von 1498 Buch IV. Th. 2. Tit. 8. erwähnt die „Gemechts" unter Eheleuten und verlangt dazu die Uebergabe als wesentliches Stück. Das Statutenbuch von 1553. Ausgabe von 1572. Fol. 70 b. 71. wiederholt wörtlich das Stadtrecht, läßt aber die Uebergabe weg. Das Formular einer gegenseitigen Erbeinsetzung auf den Fall einer kinderlosen Ehe in einem einfachen Heirathsbrief giebt das New Formular. Franckenfurt 1545. Fol. 91.

6) Den Beweis giebt die Formel in Meichßner Formular. Franckfurt 1563. Th. II. Fol. 34 b. Tit. Gemächtsbrieff zweyer Ehegemecht. Ich A. unnd ich B. sein eheliche Haußfrauw, — haben uns gegen einander bewilliget, begeben, unnd je eins dz ander, nemlich ich A. die genannte B. mein eheliche Haußfrauw, und ich B. den ehegemeldten A. meinen lieben Haußwirt und unsere Kinder zu einigen Erben gesetzt unnd gemacht, aller und jeder unser beyder Haben und Güter, ligender unnd fahrender, die wir zusammen gebracht, bey einander ererbet, gewunnen und überkommen haben, und nach todt verlassen werden, indem überal nichts außgenommen, bewilligen, begeben, setzen unnd machen also hiemit wissentlich in krafft dieses Brieff, Also, wann und so bald unser eins vor dem andern mit todt abgangen, unnd nicht mehr im leben ist, das alsdann das blieben im leben, und so dasselbig darnach auch tods halben vergehet, unsere Kinder, die wir verlassen werden, unser beyder Hab und Gut, ligends unnd fahrends, kleins und groß, nichts außgenommen, sollen und mögen zu jren handen nemmen.

7) Man sehe oben §. 420. Nr. I. So sagt auch das Preuß. Landr. II. 1. §. 445.

8) Man sehe §. 433. Nr. I., auch Beseler Erbverträge III. 146. Das Preuß. Landr. II. 1. §. 448—450. verweigert es aber schlechthin.

der Andern nach sich [9]). III. Die Ungültigkeit der Ehestiftung macht auch die darin enthaltene Erbeinsetzung ungültig. Nicht aber fallen mit der Erbeinsetzung auch die anderen in der Ehestiftung enthaltenen Verfügungen zusammen, außer wenn sie mit derselben unzertrennlich verbunden sind [10]). IV. Bei solchen Erbverträgen muß ebenfalls das Pflichttheilsrecht der Kinder und Eltern berücksichtigt sein. Die Letzteren können jedoch darauf verzichten, und ein solcher Verzicht liegt darin, wenn sie zu dem Erbvertrag zugestimmt haben [11]). V. Kinder, die nach der Errichtung des Ehevertrages geboren werden, heben denselben nicht auf, weil man nicht annehmen kann, daß die Paciscenten an diesen möglichen Fall nicht gedacht hätten. Die Kinder haben nur das Recht auf ihren Pflichttheil [12]). Eine Ausnahme leidet Jenes nur dann, wenn die Erbeinsetzung ausdrücklich auf den Fall einer kinderlosen Ehe gestellt ist. Particularrechte erklären freilich zuweilen grade umgekehrt, daß nachgeborene Kinder den Erbvertrag aufheben, wenn nicht ausdrücklich das Gegentheil bedungen ist. „Kinderzeugen bricht Ehestiftung" [13]). VI. Hinsichtlich der Aufhebung eines solchen Erbvertrages durch Scheidung oder durch einseitigen Widerruf zur Strafe sind die Grundsätze wie bei der statutarischen Portion anzuwenden [14]). VII. Gegenstand des Vertrages kann auch nur ein Theil des Vermögens oder eine einzelne Sache sein, und dieses bildet dann ein Ehevermächtniß [15]). VIII. Die wechselseitige Erbeinsetzung der Ehegatten ist häufig durch die wechselseitigen Testamente verdrängt worden [16]).

---

9) Man sehe Beseler Erbverträge II. 228—231. III. 142.

10) Man sehe Beseler Erbverträge III. 141. 142.

11) Man sehe Beseler Erbverträge III. 144—146.

12) Dieses folgt aus dem Verhältniß des heutigen Notherbenrechts (§. 415. 431. Nr. 2). Zustimmend ist Runde Eheliches Güterrecht §. 162. Die Meinungen sind jedoch verschieden, Beseler Erbverträge III. 143. 144.

13) Man sehe Runde Eheliches Güterrecht §. 162. Einen Mittelweg hat das Preuß. Landr. II. 1. §. 444. II. 2. §. 454. 455.

14) Man sehe oben §. 420. Nr. II. III. Bestimmungen der Particularrechte giebt Beseler Erbverträge III. 147—149.

15) Bluntschli Privatrecht II. §. 199. Nr. 3. Davon handelt das Preuß. Landr. II. 1. §. 452—455.

16) Diese Lehre gehört nicht hieher. Davon handeln Beseler Erbverträge II. §. 13., Bluntschli Privatrecht II. §. 202.

435. Die vertragsmäßige Erbeinsetzung in Ehestiftungen war in Deutschland in Uebung, bevor das römische Recht den überwiegenden Einfluß auf die Theorie gewann. Als dieses geschah, versuchte man ihr wie den Erbverträgen überhaupt alle Wirkung abzusprechen. Dann aber erfand man den Ausweg, daß man sie als eine letztwillige Verfügung gelten ließ, wenn sie die zu einem Testamente oder Codicill nöthige Form an sich trüge; jedoch sollte sie auch wie ein letztwilliger Act widerruflich sein. Dieses nannte man ein pactum dotale mixtum [1]. Nach dieser Theorie wurden wirklich in mehreren Statuten die Heirathsberedungen, soweit sie von der Succession handelten, bei Lebzeiten für widerruflich und erst nach dem Tode für vollkräftig erklärt [2]. Allgemein geschah dieses aber keineswegs, sondern gemeinrechtlich blieb die vertragsmäßige Erbeinsetzung gültig. Hieraus entsteht folgende Unterscheidung. I. In dem Statutarrecht ist die Theorie der pacta dotalia mixta recipirt und der Erbvertrag ausdrücklich für widerruflich erklärt. Dann hat es dabei sein Bewenden und das Unwiderrufliche bezieht sich nur auf die Vermögensverhältnisse anderer Art. II. Oder das Statutarrecht erklärt die in der Ehestiftung vorkommende Beredung über die Erbfolge ausdrücklich wie das Uebrige für unwiderruflich [3]. Dann ist die Form des pactum mixtum nicht erforderlich, sondern die des einfachen Heiraths- oder Erbvertrages genügt. Jedoch muß es den Ehegatten freistehen, ihre Verabredungen über die Succession in die Form eines letzten Willens, auch in die eines wechselseitigen Testamentes, einzukleiden und dadurch widerruflich zu machen. III. Oder endlich das Statutarrecht legt den Eheberedungen über die Succession die Eigenschaft einer widerruflichen letzten Willensordnung bei, entzieht aber den Erbverträgen ihre verbindende

---

1) Von dieser Unterscheidung von pacta dotalia simplicia und mixta handeln Beseler Erbverträge II. §. 14., Kraus in Reyscher Zeitschr. XIII. 131—133.

2) So im Solmser Landrecht von 1571, in der Frankfurt. Reformation von 1578.

3) So das Freiburger Stadtr. von 1520., Hamburg. Stadtr. von 1605., Churpfälz. Landr. von 1610., Churköln. Landr. von 1663., Churtrier. Landr. von 1668., Churmainz. Landr. von 1755.

Kraft ausdrücklich nicht. Dann bleibt es den Ehegatten dem gemeinen Rechte gemäß freigestellt, einen einfachen unwiderruflichen Erbvertrag einzugehen [4]). IV. In dem zweiten und dritten Falle können Formen gewählt sein, die sowohl für unwiderrufliche Erbverträge als für letztwillige Verfügungen passen, und es kann der Zweifel entstehen, zu welcher Art das Geschäft zu rechnen sei. Dieses läßt sich aber nur aus den Umständen beantworten [5]).

C) Von dem Erbverzichte [1]).

436. Der Erbverzicht ist ein Vertrag, wodurch der eine Paciscent auf das Erbrecht, welches ihm gegen den Andern zusteht, verzichtet. Die Römer betrachteten einen solchen Vertrag als ungültig und unverbindlich, weil es zu ihren positiven Rechtsansichten gehörte, daß die gesetzliche Erbfolgeordnung zwar durch ein Testament, aber auch nur durch ein solches, nicht durch einen Vertrag ausgeschlossen werden könnte [2]). Auch war ein solcher nicht Bedürfniß, weil man dessen Zweck auf weit kürzerem Wege, nämlich durch ein Testament, worin man den Andern ausschloß oder übergieng, erreichen konnte. Nur von Seiten eines Pflichttheilsberechtigten hätte ein Verzicht eine reelle Bedeutung gehabt. Allein hier war man dagegen, weil darin eine Impietät der Eltern läge, sich einen solchen Verzicht leisten zu lassen [3]). Im deutschen Recht lag das Verhältniß anders. Testamente hatte man nicht; man mußte daher, um Einen vom künftigen Nachlaß auszuschließen, denselben verzichten lassen, was besonders bei der Abschichtung von Kindern geschah [4]). Das

4) Zeugnisse der Praktiker giebt Eichhorn §. 347. Nr. 1. 2.

5) Man sehe Mittermaier II. §. 410. Nr. IV. §. 462. Nr. III. Das Preußr. Landr. II. 1. §. 447. stellt die Vermuthung für das wechselseitige Testament.

1) Davon handelt Beseler Erbverträge III. §. 24. 25. Einen Auszug davon giebt dessen System II. §. 161.

2) Fr. 16. D. de suis (38. 16), c. 3. C. de collat. (6. 20). Man sehe dazu Beseler Erbverträge II. 109—113.

3) Paul. sent. rec. IV. 5. §. 8., c. 35. §. 1. C. de inoff. testam. (3. 28).

4) Man sehe oben §. 239. 240.

canonische Recht bestätigte zwar das Verbot des römischen Rechts, erklärte jedoch aus religiösen Gründen den Erbverzicht ausnahmsweise dann für verbindlich, wenn derselbe eidlich bestätigt worden [5]). Hieran hielt sich nun eine Zeitlang die Theorie der Juristen als an das gemeine Recht. Allein die Praxis behandelte insgemein dem deutschen Herkommen gemäß die vorkommenden Erbverzichte auch ohne Eid als gültig, und endlich wurde dieses von der Jurisprudenz als der gemeinrechtliche Grundsatz anerkannt [6]).

437. Was die Theorie des Erbverzichts betrifft, so ist diese das grade Umgekehrte der vertragsmäßigen Erbeinsetzung. Er ist eine vertragsmäßige Enterbung desjenigen, der ohne den Verzicht Erbe gewesen wäre [1]). Es soll also gar keine Delation an ihn Statt finden, und man kann in Beziehung auf das Erbrecht von der Fiction ausgehen, daß der Verzichtende verstorben sei. Daher kann er auch nicht den Pflichttheil fordern, weil dieser ein Theil des Erbrechts ist. Vermächtnisse und Anderes, was vom Erbrecht unabhängig ist, wird aber durch den Verzicht nicht berührt [2]). Ein solcher Vertrag kann so geschlossen werden, daß dabei an den Vortheil einer bestimmten dritten Person gar nicht gedacht wird, sondern daß der Erblasser dadurch nur in der Verfügung über sein Vermögen freie Hand erhalten will. Gewöhnlich ist es aber die Absicht, dasjenige, worauf verzichtet wird, einem Andern zuzuwenden. Ist dieser der concurrirende Intestaterbe, oder der durch den Wegfall des Verzichtenden eintretende Blutsfreund des folgenden Grades, so macht sich jene Wirkung auch ohne ausdrückliche Verfügung von selbst. Ist dieses aber nicht der Fall, so muß zu dem Verzicht, wenn er dem Dritten

---

5) C. 2. de pactis in VI (1. 18).

6) Die Beweise geben Beseler Erbverträge III. 342—344., Heise und Cropp Abhandl. II. 267.

1) Die älteren Juristen, deren Meinung noch jetzt einige Anhänger hat, behandelten den Erbverzicht nicht als einen Verzicht auf das Erbrecht selbst, sondern als das Versprechen dereinst, wenn die Erbschaft deferirt würde, verzichten zu wollen. Er erzeugt also nach dieser Auffassung nur obligatorische Verhältnisse. Die Nachweisung giebt Beseler Erbverträge III. 230—232. Die richtige Ansicht begründet nach Hasse Beseler III. 233—241.

2) Man sehe Beseler III. 246. 247.

nützen soll, eine Erbeinsetzung desselben hinzukommen. Geschieht diese in einem Testament, so kann sie vom Testirer einseitig und der Verzicht zweiseitig widerrufen werden. Geschieht sie in einem Erbvertrag, wozu der Dritte mitgewirkt hat, so ist der Verzicht ohne dessen Einwilligung nicht widerruflich [3]). Ist der Verzichtende Einer von mehreren Pflichttheilsberechtigten und wird dessen Theil einem Dritten zugewendet, so kann natürlich den Andern ihr Pflichttheil nicht entzogen werden; allein der Renunciant zählt bei der Berechnung des Pflichttheils nicht mit, weil er aufgehört hat, Intestaterbe zu sein [4]). Dem Verzicht zu Gunsten eines Dritten wird gewöhnlich der Vorbehalt beigefügt, daß wenn der Dritte nicht Erbe würde, das Erbrecht des Verzichtenden wieder aufleben solle. Ob dieser Vorbehalt, wo er nicht ausdrücklich gemacht ist, als stillschweigend anzusehen sei, ist aus den Umständen zu entnehmen [5]).

438. Stirbt der Renunciant vor dem Erblasser, so wirkt der Verzicht gegen seine Nachkommen, selbst wenn er ausdrücklich mit für sie geschlossen ist, nicht. Denn zu paciscіren, daß keine Delation an sie Statt finden solle, geht ganz über den Begriff der Succession hinaus, und wäre ein Gesetz, wodurch man für die nachfolgende Generation eine neue Erbfolgeordnung einrichtete [1]). Bei den adligen Erbverzichten kommt es zwar vor; allein hier geht es eben aus der Autonomie des Adels hervor, kraft welcher auch den Nachkommen bindende Hausgesetze auferlegt werden können. Jener Grundsatz leidet auch dann keine Ausnahme, wenn die Nachkommen ohne den Verzicht in die Erbschaft kraft des Repräsentationsrechts succediren würden, indem dieses sich nicht auf ihr Recht selbst, sondern nur auf ihren Antheil an der Erbfolge bezieht, und weil aus der Enterbung des Sohnes die Enterbung der Enkel nicht folgt. Doch müssen sie das, was der Renunciant als Abfindung erhielt, conferiren [2]).

3) Man sehe Beseler III. 258.
4) Die Frage war controvers, Beseler III. 253.
5) Man sehe Beseler III. 249.
1) Uebereinstimmend sind Beseler Erbverträge III. 250. 251., Bluntschli Privatrecht II. §. 197. Nr. 7., Gerber §. 264. Note 3. Allein den Grund haben sie nicht recht erkannt.
2) Man sehe über diese etwas controverse Frage Beseler III. 249—252.

439. Uebrigens ist zu bemerken, daß ein Erbverzicht, der die Delation selbst aufhebt, nur in Beziehung auf die Erbschaft eines der Paciscenten selbst, nicht auch eines Dritten, geschlossen werden kann. Zwei können zwar verabreden, daß der Eine auf die Erbschaft des Dritten, wenn sie ihm deferirt würde, verzichten, nicht aber daß eine Delation an ihn nicht Statt finden solle. Dieses liegt ganz außerhalb des Bereiches ihrer Beredungen.

IV. Von den uneigentlichen Erbverträgen. A) Allgemeine Grundsätze [1].

440. Uneigentliche Erbschaftsverträge sind diejenigen, welche an dem Erbrechte an sich oder an der Delation nichts ändern, sondern nur festsetzen, was dereinst bei der eingetretenen Delation eines Nachlasses mit demselben geschehen solle. Hier erzeugt also der Vertrag nur obligatorische Verhältnisse, und gehört in das Erbrecht nur in so fern, als der Gegenstand der Obligation eine Erbschaft ist. Ein solcher Vertrag ist daher zur besseren Unterscheidung ein Erbschaftsvertrag zu nennen. Solche Verträge sind sowohl über den Nachlaß eines der Paciscenten selbst als über den eines Dritten denkbar [2]). Im zweiten Falle wurden sie aber von den Römern nur dann für gültig gehalten, wenn der Dritte dazu eingewilligt hatte. Der Grund ist, weil es dem feineren Gefühl und den guten Sitten widerspricht, schon im Voraus auf den Tod und den Nachlaß eines Anderen Rechnung zu machen und darüber hinter dessen Rücken Geschäfte zu schließen [3]). Dieser Grund muß als im gebildeten Gefühle beruhend auch bei uns anerkannt werden, und es sind daher die Verträge über die

1) Davon handelt Beseler Erbverträge II. 24 — 27. III. 328 — 345., System II. §. 157.

2) Hasse und Beseler haben die Unterscheidung der Erbverträge in solche, welche in die Delation selbst eingreifen, und solche, welche nur obligatorische Verhältnisse erzeugen, richtig erkannt. Allein sie lassen dieselbe mit der Eintheilung in Verträge über die Erbschaft eines der Paciscenten selbst, und über die eines Dritten zusammenfallen. Dieses ist falsch, weil uneigentliche Erbverträge auch über die Erbschaft eines der Paciscenten selbst vorkommen können, wie sich gleich zeigen wird. Durch diesen Fehler wird ihre Classification uncorrect und unvollständig.

3) Fr. 39. §. 2. D. de donat. (39. 5), c. 30. C. de pact. (2. 3), c. 4. C. de inutil. stipul. (8. 39).

Erbschaft eines Dritten ohne dessen Mitwirkung regelmäßig für ungültig zu halten [4]). Die Particularrechte äußern sich jedoch über diese Frage verschieden [5]).

B) Einzelne Arten. 1) Der dispositive Erbschaftsvertrag.

441. Eine Art von Erbschaftsvertrag ist derjenige, wodurch festgesetzt wird, wie es mit einem Nachlaß, wenn derselbe eröffnet sein würde, hinsichtlich der Theilung und dergleichen gehalten werden solle. Man kann dieses den dispositiven Erbschaftsvertrag nennen. Ein solches Geschäft ist so möglich, daß der eine Paciscent der Erblasser selbst ist, zum Beispiel wenn er dasselbe mit seinen Intestaterben oder seinen eingesetzten Testamentserben schließt. Es ist aber auch über den Nachlaß eines Dritten möglich, dessen Anfall die Paciscenten erwarten. Hat der Dritte dabei consentirt, so ist dieses auf verschiedene Art möglich. Geht seine Zustimmung blos auf die Verabredung der Anderen, so hat er sich selbst dadurch die Hände nicht gebunden, sondern er kann in seinem Testamente einen anderen Modus der Vertheilung festsetzen, oder gar an ganz andere Personen hinterlassen [1]). Liegt aber in seiner Zustimmung zugleich die Zusage, daß die Anderen seine Erben sein werden, so ist das Geschäft in so weit auch eine vertragsmäßige Erbeinsetzung.

2) Der restitutive Erbschaftsvertrag.

442. Eine andere Art von Erbschaftsvertrag ist der, wodurch der eine Paciscent die Restitution eines Nachlasses, den er zu erwarten hat, an einen Andern verspricht. Ist der Nachlaß der des andern Paciscenten, so liegt in dem Geschäft ein vertragsmäßiges Fideicommiß und ist als solches zu behandeln [1]). Der Dritte erwirbt also ein Klagrecht auf Restitution. In der Delation an den Paciscenten wird aber durch diesen Vertrag

---

4) Die vielen Zeugnisse der Praktiker für diesen Satz findet man bei Beseler III. 335. 336. Anderer Meinung ist noch immer mit Anderen Mittermaier II. §. 453. Nr. III.

5) Man findet sie zusammengestellt bei Beseler III. 338—340. Mehrere Unterscheidungen macht das Preuß. Landr. I. 12. §. 649. 650. 651. 655.

1) C. 30. C. de pact. (2. 3).

1) Dieses folgt schon aus c. 32. C. de fideicomm. (6. 42).

allein nichts geändert, sondern wenn der andere Paciscent selbst auch gebunden sein soll, an den Ersten zu hinterlassen, so muß dieses gesagt sein, und dann liegt in dem Vertrag in so weit auch eine vertragsmäßige Erbeinsetzung [2]). Der Vertrag kann aber auch den Nachlaß eines Dritten betreffen, den der Paciscent zu erwarten hat und den er dem Mitpaciscenten zu restituiren verspricht. Hier ist die Wirkung des Vertrags eine reine Obligation. Der Erste wird verpflichtet, die Erbschaft bei deren Anfall anzunehmen, und hierauf kann mit einer gewöhnlichen actio ex pacto geklagt werden. Zwischen dem Restituenten und den Erbschaftsgläubigern tritt die Analogie der hereditas vendita ein.

3) Der renunciative Erbschaftsvertrag.

443. Eine dritte Art von Erbschaftsvertrag ist der, wo der eine Paciscent, der den Anfall einer Erbschaft zu erwarten hat, dem Andern verspricht, daß er im eintretenden Fall dieselbe nicht annehmen werde. Ist derjenige, um dessen Nachlaß es sich handelt, der Mitpaciscent, so wirkt der Vertrag zu Gunsten anderer berufener Erben in der Art, daß sie bei der Eröffnung der Erbschaft ihr Erbrecht geltend machen und den sich meldenden Renuncianten mit der exceptio ex pacto zurückweisen können [1]). Ist aber das Versprechen zu verzichten dem Mitpaciscenten in Beziehung auf den Nachlaß eines Dritten ausgestellt, so kann Jener bei eintretender Delation gegen den Renuncianten aus dem Vertrage klagen, daß er sich der Antretung der Erbschaft enthalte, ja nöthigenfalls eine ausdrückliche Verzichtleistung ausstelle. In Beziehung auf den Dritten wirkt aber der Vertrag nicht; dieser muß daher, wenn er ein Testament errichtet und wenn der Renunciant ein Pflichttheilsberechtigter ist, diesen darin bedenken, widrigenfalls hat derselbe dagegen die gewöhnlichen Rechtsmittel, und der instituirte Erbe, wenn er nicht etwa der andere Paciscent ist, kann ihm keine Einrede aus dem Vertrage entgegenstel-

---

2) Diesen Fall erwähnt Beseler Erbverträge II. 231 — 233. III. 87., System II. §. 158. Nr. V.

1) Dieses ist wohl auch die Meinung von Beseler II. 69—71.

len, weil derselbe nicht zu seinen Gunsten geschlossen ist. Die Erben des Renuncianten werden durch einen solchen Vertrag nicht gebunden. Denn derselbe enthält stillschweigend die Voraussetzung, daß die Delation an den Paciscenten wirklich Statt finde; da er diese aber nicht erlebt hat, so ist der Vertrag bedeutungslos geworden. Hat er sie aber erlebt, so geht die aus dem Vertrag entstehende Verbindlichkeit auch auf seine Erben über.

Fünfter Abschnitt.

Rechtsverhältnisse besonderer Stände.

I. Historische Einleitung. A) Geist dieses Verhältnisses.

444. Bei der Bildung der deutschen Standesverhältnisse waren in mannichfaltiger Mischung folgende Momente thätig [1]). Erstens der Unterschied der freien Abstammung, so daß zwischen den Freien und Unfreien, selbst noch den Freigelassenen, ein weiter Abstand war [2]). Zweitens der Begriff und das Gefühl der echten Freiheit, die durch den Ansitz auf freieigenem Boden bedingt war [3]). An das Grundeigenthum knüpft sich in der älteren Zeit der Stand der echten Freien mit den ihnen eigenthümlichen höheren Freiheitsrechten, namentlich dem Besitz des Schöffenamtes [4]); im Mittelalter die Auszeichnung der Schöffenbarfreien [5]). Drittens Muth und Lust an Krieg und männlicher ritterlicher Beschäftigung. Diese gehörte nothwendig zur vollen Ehre

---

1) Wie durchaus einseitig dieser Gegenstand immer aufgefaßt wird, zeigt die folgende Darstellung.
2) Man sehe meine Deutsche Rechtsgeschichte §. 12. 359. 408.
3) Deutsche Rechtsgeschichte §. 9.
4) Deutsche Rechtsgeschichte §. 408.
5) Deutsche Rechtsgeschichte §. 417. 419.

des freien Mannes[6]), und konnte selbst den Unfreien über seinen Stand hinaus erheben[7]). Hierauf beruht hauptsächlich die spätere Trennung der alten Freien in Ritterbürtige und gemeine Freie[8]). Viertens gehört zu den stärksten Eigenthümlichkeiten der deutschen Gefühlsweise die Rücksicht auf die Abstammung in dem Glauben, daß edles Blut auch edle Eigenschaften mittheile[9]). Hierauf beruhen die Auszeichnung und Verehrung, welche schon in der ältesten Zeit bei einzelnen hervorragenden Geschlechtern beginnen[10]), sich in dem späteren hohen Reichsadel fortsetzen[11]), und bis jetzt das Eigenthümliche der regierenden Geschlechter ausmachen. Fünftens wurde aber auch das eigene Verdienst hoch geachtet und dem ererbten gleich gestellt[12]). Darauf beruht, daß in der älteren Zeit Personen geringer selbst unfreier Abkunft zu Aemtern erhöht[13]), daß ein unfreier aber tapferer Mann Ritter werden konnte[14]), daß später die geistlichen Fürsten ohne Rücksicht auf ihre Abkunft neben und selbst vor den geborenen Fürsten standen, und daß die Wissenschaft vermittelst des juristischen Doctorgrades einen persönlichen Adel ertheilte[15]). Sechstens wurde das Verdienst, dem Geiste der monarchischen Verfassung gemäß, vor Allem nach dem treuen Dienste gegen den Kaiser und den Landesfürsten gemessen, und dadurch die öffentliche Auszeichnung bestimmt. Am schärfsten tritt dieses bei der Erhöhung der Ministerialen hervor[16]). Siebentens wurde gerne geglaubt, daß die durch eigene Kraft erworbenen und bewährten edlen Eigenschaften sich mit dem Blute ebenfalls auf die Nachkommen fortpflanzten[17]), und auf diese Weise der Geschlechtsadel beständig durch

---

6) Deutsche Rechtsgeschichte §. 9.
7) Deutsche Rechtsgeschichte §. 376. Note 9.
8) Deutsche Rechtsgeschichte §. 418. 419.
9) Deutsche Rechtsgeschichte §. 10.
10) Deutsche Rechtsgeschichte §. 10. 410—414.
11) Deutsche Rechtsgeschichte §. 415. 416. 425. 434.
12) Deutsche Rechtsgeschichte §. 10.
13) Deutsche Rechtsgeschichte §. 12. Note 8. §. 69. 79. 372. Note 22—24.
14) Deutsche Rechtsgeschichte §. 376. Note 9.
15) Deutsche Rechtsgeschichte §. 435.
16) Deutsche Rechtsgeschichte §. 202. 203.
17) Deutsche Rechtsgeschichte §. 10. Note 11.

den Verdienstadel erneuert und ergänzt. Hierauf beruht das Emporkommen des hohen Dienstadels, statt oder neben dem alten Geschlechtsadel [18]), im Mittelalter die Gründung der fürstlichen und gräflichen Geschlechter [19]), die Entstehung des niedern Lehnsadels [20]), die Erhebung der Ministerialen aus Unfreien zu einem wahren Kriegs- und Amtsadel [21]), die Entstehung des Briefadels als des Verdienstadels der Neuzeit [22]). Achtens endlich übten auch die thatsächlichen Beschäftigungen in diesem Bildungsproceß ihre natürliche Schwerkraft aus. Das Nähere zeigt sich in Folgendem.

B) Die älteste Zeit.

445. In der ältesten Zeit wurde der Unterschied der Stände lediglich durch die Abstammung bestimmt, und zwar nach zwei Gesichtspunkten: nach der Freiheit, und nach dem besondern Adel des Geschlechts. In der ersten Beziehung unterschied man die Freien und die Unfreien. Unter den Freien sind nach der Natur ackerbautreibender Völker hauptsächlich freie Bauern mit Grundeigenthum zu denken. Die Unfreien waren insgemein auf kleinen Nebenhöfen ihres Grundherrn angesiedelt und entrichteten davon Abgaben und Dienste. Die edlen Geschlechter, deren Zahl bei einem Volksstamm gering war, bildeten einen von den Freien selbst durch das Eherecht scharf unterschiedenen Stand, welcher, gestützt auf die unabhängige Lage, die ihm sein großer Grundbesitz und die Zahl seiner Hörigen gewährten, den höheren Freiheitsgeist und die damit zusammenhängenden edlen Eigenschaften der germanischen Natur vorzüglich bewahrte und von Geschlecht zu Geschlecht zu überliefern bemüht war [1]).

18) Deutsche Rechtsgeschichte §. 411—414.
19) Deutsche Rechtsgeschichte §. 415. 416. 425. 434.
20) Deutsche Rechtsgeschichte §. 418. 419. 435.
21) Deutsche Rechtsgeschichte §. 202. 203. 426. 435.
22) Deutsche Rechtsgeschichte §. 435.
1) Das Einzelne mit den Beweisstellen giebt meine Deutsche Rechtsgeschichte §. 8—12.

C) Die Fürsten und freien Herren.

446. In der fränkischen Zeit wurde das Ansehen der alten Geschlechter durch den Glanz des Königthums und durch die von der Ehre des königlichen Dienstes umstrahlten hohen Hof- und Reichsbeamten, die Herzoge, Pfalz-, Mark- und Gaugrafen verdunkelt [1]), welche insgemein aus den großen Grundbesitzern der Grafschaft gewählt, durch eigenes Vermögen und durch die mit ihrer Würde verbundenen Beneficien und Schenkungen wie kleine Machthaber hervorragten [2]). Einen eigentlichen Stand bildeten diese Herren damals zwar noch nicht. Nachdem aber seit dem zehnten Jahrhundert die Grafschaften, im zwölften Jahrhundert die Herzogthümer erblich geworden waren [3]), so gab es eine Anzahl erlauchter fürstlicher Geschlechter, die man durch den Ausdruck nobiles als einen besondern Geburtsstand auszeichnete [4]). Daneben hatten sich aber bei den meisten Volksstämmen doch auch manche der ältesten edlen Geschlechter mit großen Grundbesitzungen erhalten [5]). Diese wurden in jener Zeit von den Grafen eximirt und selbst für ihre Herrschaften mit der hohen Gerichtsbarkeit und anderen Regalien belehnt, so daß sie unmittelbar unter dem Reiche standen [6]). Sie wurden von diesem höheren Grade der Freiheit die freien Herren genannt und mit den Fürsten zu den nobiles gerechnet [7]). Beide wurden seit dem Ende des dreizehnten Jahrhunderts auch unter dem Ausdruck, die Semperfreien, zusammengefaßt [8]).

D) Die Ritterbürtigen.

447. Den hauptsächlichen Stand bildeten im fränkischen Reiche die Freien, welcher Begriff alle Personen freier Abkunft in den Städten wie auf dem Lande ohne Unterschied der Be-

---

1) Deutsche Rechtsgeschichte §. 411.
2) Deutsche Rechtsgeschichte §. 72. 96. 156.
3) Deutsche Rechtsgeschichte §. 171. 180. 181. 339.
4) Deutsche Rechtsgeschichte §. 416.
5) Nachweisungen giebt meine Deutsche Rechtsgeschichte §. 411—414.
6) Deutsche Rechtsgeschichte §. 183. 236.
7) Deutsche Rechtsgeschichte §. 416.
8) Deutsche Rechtsgeschichte §. 425.

schäftigungen umfaßte, auch die Pächter, Kaufleute, Krämer und freien Handwerker. Doch gab es unter denselben einige Abstufungen. Einestheils bildeten die mit echtem Eigenthum angesessenen Freien eine höhere Klasse, da sie namentlich allein zum Schöffenamte bei den Volksgerichten und zum feierlichen Zeugniß bei wichtigen Rechtssachen fähig, also einer höheren Ehre theilhaftig waren. Anderntheils gab es viele Freie, die sich unter den Schutz einer kirchlichen Anstalt gegen Entrichtung eines Schutzzinses gestellt und dadurch ihre Freiheit etwas erniedrigt hatten [1]). Durch die neuen Einrichtungen des Kriegswesens wurde dieser Stand noch mehr zersetzt. Ursprünglich lag der Heerbanndienst auf allen Freien. Daneben hatten aber die Bischöfe, Aebte, Herzoge, Grafen und andere hohen Herren das Recht, eigene Kriegsleute zu halten und damit den Dienst beim Reichsheer zu bestreiten [2]). Nachdem die Herzogthümer und Grafschaften bleibend an Stifte und Abteien oder erblich an bestimmte Geschlechter gekommen waren [3]), entstand für diese die Nothwendigkeit auf die möglichste Vermehrung ihrer Vasallen und Kriegsmannen bedacht zu sein. Anderntheils trachteten die kleinen Grundbesitzer sich dem drückenden Heerbanndienst möglichst zu entziehen. Zu diesem Zwecke begaben sie sich, wie theilweise schon früher geschehen war, unter die Vogtei eines geistlichen oder weltlichen Machthabers, machten sich ihm mit ihrem Gute abgabenpflichtig, wurden aber dafür von ihm in dem gewöhnlichen Reichsdienste vertreten. So verwandelte sich auf dem Lande der Kriegsdienst fast ganz in einen Dienst mit eigenen Heerhaufen [4]). Um diese, wo es nöthig war, zusammen zu bringen, hatte jeder Reichsstand eine gewisse Zahl von Vasallen, die gegen den Genuß eines Lehns die Verpflichtung hatten, sich mit der festgesetzten Anzahl gemeiner Kriegsknechte beim Aufgebote zu stellen [5]). Durch die seit dem elften Jahrhundert eingetretene Erblichkeit der Lehen wurde

1) Die Beweise giebt meine Deutsche Rechtsgeschichte §. 408. 409.
2) Deutsche Rechtsgeschichte §. 124—128.
3) Deutsche Rechtsgeschichte §. 171. 176. 178. 180. 181. 185—194.
4) Deutsche Rechtsgeschichte §. 131. 197—200.
5) Deutsche Rechtsgeschichte §. 250. 252. 285. 286.

der Vasallenstand ein erblicher Kriegerstand, der eben dadurch auch die höheren Freiheitsrechte, die mit der Waffenehre unzertrennlich verbunden waren, an sich zog. Zur Erlangung dieses Ehrenstandes wurde nun auch nicht jeder Freie fähig gehalten, der die kriegerische Lebensart ergriff, sondern es mußten auch sein Vater und Großvater Rittersleute gewesen, also die Kriegslust und ritterliche Gesinnung ihm angezeugt sein. So entstand seit dem zwölften Jahrhundert der Stand der Ritterbürtigen als ein durch die Abstammung bedingter kriegerischer Ehrenstand [6]. Die geringeren freien Grundbesitzer büßten mit der Waffenübung und durch die Vogtei ihre höheren Freiheitsrechte, namentlich die Schöffenbarkeit, ein. Die größeren Grundbesitzer, die sich von der Vogtei frei hielten, behielten zwar die Schöffenbarkeit, theilten sich aber in zwei Klassen. Einige blieben bei der kriegerischen Lebensart und wurden dadurch wie die Vasallen zu ritterbürtigen Geschlechtern. Andere thaten jenes nicht, und wurden dadurch zu einer Kategorie von freien Bauern [7].

E) Einfluß der Ministerialität.

448. Ein neues eigenthümliches Element kam in die Standesverhältnisse durch die Ministerialen oder Dienstleute. Der Kriegsdienst mit den Vasallen war beschwerlich; sie saßen auf ihren Gütern vom Herrn entfernt, und mußten durch ein längere Zeit vorher zu erlassendes Aufgebot mobil gemacht werden. Bedürfniß war eine berittene Kriegsmannschaft, die jeden Augenblick aufzusitzen und zum Dienste des Herrn bereit war. Da der spröde Freiheitsgeist einer solchen unbedingten Hingebung widersprach, so wählte sich der Herr solche Ministerialen oder Dienstleute aus seinen unfreien Leuten. Diese bildeten die tägliche Umgebung des Fürsten und auch die Hofämter wurden aus ihnen besetzt. Durch diesen Kriegs- und Hofdienst wurde ihre Stellung immer geehrter; sie erhielten zu ihren Aemtern nach Art der Vasallen Beneficien nach Hofrecht; diese Beneficien wurden erblich, und es giengen daraus angesehene ministeriale Geschlechter her-

6) Deutsche Rechtsgeschichte §. 200. 418.
7) Deutsche Rechtsgeschichte §. 417. 419.

vor. Von den Ritterbürtigen waren diese zwar durch ihre unfreie Abkunft unterschieden. Allein dieses wurde durch die Ehre ihrer thatsächlichen Stellung und kriegerischen Beschäftigung allmählig vergessen und verwischt. Sie traten seit dem dreizehnten Jahrhundert den freien ritterbürtigen Geschlechtern ganz an die Seite, nahmen wie diese besondere Zunamen, Wappen und Siegel an, und flossen zuletzt mit ihnen in demselben Stande zusammen [1]).

F) Entwicklung des Bürgerstandes.

449. Von großem Einfluß wurde die Entwicklung der Städte. Die Eintheilung in Freie und Unfreie wiederholte sich auch hier. Unter den Freien bildeten die Grundeigenthümer wegen des ausschließlichen Besitzes des Schöffenamtes wie auf dem Lande eine von den übrigen Freien genau unterschiedene Klasse. Diese Grundeigenthümer sind nicht als bloße Hausbesitzer, sondern insgemein als auch auf dem Lande begütert zu denken. Die übrigen Freien trieben Handel und Anderes. Die Unfreien nährten sich von Handwerken und Gewerben und zahlten an ihre Herrschaft, die in der Stadt oder auswärts wohnte, ihren Leibzins in Fabricaten [1]). Nachdem die Städte seit dem zehnten Jahrhundert von dem Lande getrennt und unter eigene bischöfliche, königliche oder herrschaftliche Beamten gestellt worden waren, nahmen die persönlichen Zustände folgende Gestalt an. Die Grundeigenthümer blieben, wegen des Schöffenamtes bei dem Stadtgerichte, als Schöffenbarfreie eine von den übrigen Freien unterschiedene höhere Klasse. Als nun im dreizehnten Jahrhundert in den Städten ein Stadtrath eingesetzt wurde, so wurde derselbe aus den Schöffenbarfreien gewählt. So entstand der Unterschied zwischen den rathsfähigen Geschlechtern und der Communität oder Gemeinde. Unter den Ersteren befanden sich auch Viele, die bei der ritterlichen Lebensweise geblieben waren und dadurch ritterbür-

---

1) Die weitläufige Entwicklung dieses ganzen Verhältnisses giebt meine Deutsche Rechtsgeschichte §. 208—211. 426.

1) Ueber die Unfreien in den Städten fehlt es an directen Nachrichten. Man kann sie aber aus den Nachrichten über die Unfreien auf den großen Gütern und den königlichen villae ergänzen, Deutsche Rechtsgeschichte §. 361.

tige Geschlechter gegründet hatten. Die unfreien Einwohner erhielten von ihrer Herrschaft mancherlei Privilegien, wodurch sie von den Lasten der Hörigkeit frei und die Verschmelzung mit den übrigen Einwohnern möglich gemacht wurde. Die Gewerbe wurden nach Zünften abgetheilt und genau organisirt. Seit dem vierzehnten Jahrhundert erkämpften diese Zünfte auch insgemein einen Antheil an der Besetzung des Rathes und an dem Stadtregiment, so daß auch in dieser Beziehung die Verhältnisse der Einwohner einander gleichartiger wurden. Der Ausdruck cives oder burgenses, der früher nur von den rathsfähigen Geschlechtern gebraucht worden, wurde nun auf alle Mitglieder der Stadtgemeinde ausgedehnt, und so der Begriff des Bürgerstandes entfaltet. Die Altbürger oder rathsfähigen Geschlechter blieben darunter als städtische Patricier ausgezeichnet [2]).

G) Die Gestaltung der Neuzeit.

450. Nach allen diesen Veränderungen gestalteten sich die Standesverhältnisse auf folgende Art. Den höchsten Stand im Reiche bildeten die Semperfreien, das heißt Fürsten, Grafen und freien Herren im alten Sinne. Diese zusammen wurden seit dem sechzehnten Jahrhundert der hohe Reichsadel genannt. Hierauf folgten die ritterschaftlichen Geschlechter. Diesen wurde seit dem fünfzehnten Jahrhundert auch das Prädicat nobilis beigelegt, welches ehemals nur von den Semperfreien gebraucht wurde, was aber nun die Veranlassung gab, einen hohen und niederen Adel zu unterscheiden. Zu Letzterem gehören auch die städtischen Patricier, so weit sie nicht ihren Stand durch unadlige Beschäftigung verdunkelt haben. Den dritten Stand bildet der Bürgerstand. Der vierte Stand ist der Bauernstand. Dieser ist aus zwei Elementen zusammengeflossen: aus den freien Landbewohnern, die nicht unter die Ritterschaft aufgestiegen sind, und aus den Unfreien nach ihren verschiedenen Abstufungen [1]). Das Nä-

2) Die Nachweisungen über diese Entwicklung giebt meine Deutsche Rechtsgeschichte §. 212—223. 437.

1) Man sehe meine Deutsche Rechtsgeschichte §. 434—439.

here wird unten im Zusammenhang mit den Bauerngütern vorkommen.

II. Vom Adel. A) Der hohe Adel [1]).

451. Der hohe Adel hat, wie dessen Geschichte zeigt, mit dem niederen nur den Namen gemein; sowohl dem Ursprung als den praktischen Verhältnissen nach sind beide gänzlich verschieden, und müssen fortwährend wie im Mittelalter als zwei Stände betrachtet werden, da noch jetzt keine ebenbürtige Ehe unter ihnen Statt findet. Zum hohen Adel gehörten vor der Auflösung des deutschen Reiches diejenigen Geschlechter, welche Reichsunmittelbarkeit, Landeshoheit und Reichsstandschaft hatten. Diese drei Eigenschaften mußten zusammentreffen [2]). Die Verleihung des Titels Fürst, Graf oder freier Herr, welche die Kaiser seit dem fünfzehnten Jahrhundert an ritterbürtige Familien vornahmen, genügte nach dem seit dem sechzehnten Jahrhundert festgestellten Staatsrecht zur Erhöhung unter den hohen Adel nicht, wenn nicht eine angemessene reichsunmittelbare Herrschaft damit verbunden, und die Aufnahme in den Fürstenrath oder ein Grafencollegium am Reichstage erlangt wurde [3]). Durch die Auflösung des deutschen Reiches und die Gründung des Rheinbundes 1806 erlitten aber diese Verhältnisse eine durchgreifende Veränderung [4]). Ein Theil der Reichsstände wurde mit seinen Besitzungen souverain und unabhängig, und trat dadurch aus der Kategorie des Adels ganz heraus, in so fern dieses Wort einen Stand, also eine Klasse von Unterthanen bezeichnet. Der andere Theil wurde mediatisirt und der Souverainität einer jener conföderirten Fürsten unterworfen. Dieses Verhältniß blieb im Wesentlichen auch nach der Auflösung des Rheinbundes, da es den Mediatisirten

1) Ein gutes Werk darüber ist: Göhrum Geschichtliche Darstellung der Lehre von der Ebenbürtigkeit nach gemeinem deutschen Rechte, mit besonderer Rücksicht auf die Entwicklung der Geburtsstände und den Rechtsbegriff des hohen Adels in Deutschland. Tübingen 1846. 2 Th.

2) Dieses ist gegen abweichende Meinungen nachgewiesen von Göhrum II. §. 65—75.

3) Man sehe meine Deutsche Rechtsgeschichte §. 434.

4) Davon handelt Göhrum II. §. 105—107.

nicht gelang, ihre Rechte herzustellen oder wenigstens eine Stimme am Bundestag zu erlangen. Nur dies wurde zugestanden, daß die mittelbar gewordenen „fürstlichen und gräflichen Häuser nichts„destoweniger zu dem hohen Adel in Deutschland gerechnet, und „ihnen das Recht der Ebenbürtigkeit, in dem bisher damit ver„bundenen Begriffe," bleiben sollte [5]). Dadurch ist also für Deutschland ein hoher Adel anerkannt, und dazu sind nach jenen Worten auch die souverainen Fürstenhäuser zu zählen, wenn sie auch aus dem angeführten Grunde Jedes in seinem Staate nicht unter den Begriff von Adel zu ziehen sind [6]). Zu diesem hohen Adel der Neuzeit gehören auch noch diejenigen alten gräflichen Geschlechter, deren Herrschaften schon zur Zeit des deutschen Reiches unter die Hoheit eines Reichsfürsten gekommen waren, die aber doch eine persönliche Reichsunmittelbarkeit und Reichsstandschaft behauptet hatten und zum hohen Adel gerechnet wurden [7]). Hingegen sind diejenigen Familien nicht dahin zu zählen, welche damals zwar Herrschaften mit Landeshoheit, nicht aber die Reichsstandschaft besessen haben [8]).

452. Das Charakteristische dieses hohen Adels als Stand besteht in der Reinerhaltung derjenigen Eigenthümlichkeiten, welche nach altdeutscher Art überhaupt zum freien Manne gehörten, die sich aber bei den anderen Ständen mehr oder weniger verwischt haben, während sie beim hohen Adel nach dessen Stellung und Lebensweise, und selbst aus Rücksicht auf die Interessen des Hauses und des Landes, nicht nur bewahrt, sondern selbst noch bestimmter ausgebildet worden sind. Diese lassen sich auf zwei Gesichtspunkte zurückführen: die höheren Freiheitsrechte, und die Macht des Familiengeistes. Erstere sind darin berücksichtigt, daß

5) Deutsche Bundesacte von 1815. Art. 14. Ueber die Auslegung dieses Artikels sehe man Göhrum II. §. 108.

6) So ist die darüber bestehende Streitfrage auszugleichen. Man sehe darüber Mittermaier I. §. 64. Note 3.

7) So das Haus Schönburg, das Haus Stolberg.

8) Ein Verzeichniß derselben giebt Lancizolle Uebersicht der deutschen Reichsstandschaft und Territorialverhältnisse S. 58. Durch den Bundesbeschluß vom 12. Juni 1845 ist zwar der Familie Bentinck der hohe Adel zuerkannt worden; allein dieser Beschluß kann nicht als authentische Interpretation gelten, weil er nicht im Plenum gefaßt war, Göhrum II. 139. 382.

den Mediatisirten die Eigenschaft der privilegirtesten Classe ihres Staates, besonders in Ansehung der Besteuerung, die größte Freiheit in der Wahl des Aufenthalts, die aus der höchsten Freiheit entsprungene Ebenbürtigkeit mit den regierenden Häusern, der privilegirte Gerichtsstand und die Befreiung von aller Militair-Pflichtigkeit zuerkannt ist [1]). Die Macht des Familiengeistes zeigt sich in der sich von selbst verstehenden Unterordnung der einzelnen Glieder, insbesondere der Töchter, unter alle Anordnungen, welche die Ehre und die Wohlfahrt der Familie erfordert. Dieses ist darin berücksichtigt, daß den Mediatisirten die Aufrechthaltung ihrer noch bestehenden Familienverträge und die Autonomie über ihre Güter- und Familienverhältnisse beigelegt ist [2]). Erworben kann dieser deutsche hohe Adel nur durch die Abstammung von einem dem hohen Adel angehörenden Vater aus einer ebenbürtigen Ehe werden; durch Verleihung der Bundesversammlung nicht, weil diese dazu keine Competenz hat; auch nicht durch landesherrliche Verleihung, weil diese über das Staatsgebiet hinaus nicht wirkt [3]). Eben so wenig kann der Mangel der Abstammung aus einer ebenbürtigen Ehe gehoben werden. Wohl aber können bei den regierenden Häusern unebenbürtige Sprößlinge durch die Zustimmung aller Interessenten successionsfähig gemacht werden, und treten dann mit der Souverainetät in den deutschen hohen Adel ein [4]). Ein Verlust dieses hohen Adels ist nur durch ausdrücklichen Verzicht möglich. Durch die Ehe nicht, weil die Frau bei der Verheirathung mit einem Unebenbürtigen ihren Rang und Stand beibehält. Auch nicht durch Urtheil eines Landesgerichtes, weil dieser Adel vom deutschen Bunde gewährleistet ist. Es wäre also in einem solchen Falle ein Urtheil der Standesgenossen, oder der Bundesversammlung als Repräsentanten derselben erforderlich. Als Verzicht ist aber bei den Mediatisirten wohl die Veräußerung der Stammgüter anzusehen, worauf ehedem die Reichsstandschaft geruht hat [5]).

1) Deutsche Bundesacte Art. 14.
2) Man sehe oben §. 36. Note 2. 3.
3) Man sehe Göhrum II. §. 110.
4) Man sehe Göhrum II. §. 114.
5) So sagt Göhrum II. §. 110.

B) Der niedere Adel [1]. 1) Wesen desselben.

453. Der niedere Adel trägt nach den Thatsachen seiner Entstehung folgende historische Elemente in sich. Erstens besitzt er den Erbtheil der höheren Ehre, welche an die kriegerische und ritterliche Lebensweise geknüpft war, kraft welcher man bei ihm auch noch jetzt vorzugsweise Muth, Wahrhaftigkeit und ritterliche Gesinnung voraussetzt. Zweitens gehört zu seinem Charakter der dem Lehn- und Ministerialitätswesen eigenthümliche Geist der Treue und Hingebung an den Fürsten, der auch in den heutigen Formen des Dienstes noch bewahrt werden muß. Drittens sind ihm mit der Waffenehre das Gefühl der deutschen Freiheit und der Genuß höherer Freiheitsrechte geblieben. Viertens hat sich bei ihm mit der höheren Ehre der alten Anschauung gemäß die Rücksicht auf die Reinerhaltung des Blutes und den Glanz des Geschlechts in stärkerem Grade erhalten. Fünftens endlich gewähren ihm seine Allodien und Lehngüter sowohl in der Verfassung die Rechte und Auszeichnungen, die nach deutscher Weise an den Grundbesitz geknüpft sind, wie auch die äußere Unabhängigkeit, die es ihm möglich macht, dem gemeinen Wesen unentgeltlich zu dienen. Durch die Veränderung des Kriegswesens ist aber die stehende ritterliche Lebensweise weggefallen, und der Adel ist zu einem reinen Geburtsstand geworden [2]. Ferner sind durch die wissenschaftliche Qualification, die man jetzt bei Staats- und Kriegsämtern erlangt, die Standesvorrechte beseitigt worden. Doch aber ist dem Adel noch immer eine mehr oder weniger bevorzugte Stellung geblieben, die aber auch wie in der früheren Zeit durch eine höhere Bildung und entsprechende Leistungen verdient werden muß.

2) Rechte des niederen Adels.

454. Die allgemeinen Standesvorrechte des niederen Adels sind der Gebrauch einer Namensbezeichnung, wodurch sie sich als Adliche kenntlich machen, das Recht auf den ausschließlichen Gebrauch ihres adlichen Namens, die Fähigkeit zur Erlangung von

---

1) Die Litteratur findet man bei Mittermaier I. §. 52.
2) Man vergleiche meine Deutsche Rechtsgeschichte §. 435.

Lehen und Aemtern, wozu der Adel verlangt wird, das Recht ein adliches Wappen zu führen und sich desselben zur Beglaubigung ihrer Privaturkunden zu bedienen [1]). Die besonderen Privilegien, Exemtionen und politischen Rechte hängen von der Verfassung jedes Landes ab.

3) Uradel und Briefadel.

455. Seinem Ursprung nach ist der niedere Adel entweder ein Uradel (nobilitas avita), welcher seit unvordenklichen Zeiten von einem Geschlechte besessen und bei ihm öffentlich anerkannt worden ist, oder ein Briefadel (nobilitas codicillaris), der sich auf ein erhaltenes Adelsdiplom gründet. Schon im zwölften Jahrhundert findet sich, daß der Kaiser, wenn ein tapferer Mann, der nicht von ritterlichen Eltern abstammte, zum Ritter gemacht werden sollte, von jenem Mangel dispensirte [1]). Seit Karl IV. im vierzehnten Jahrhundert wurde dann auch der Adel selbst mit Wappen und Turnierfähigkeit durch ein kaiserliches Diplom ertheilt. Das Recht zu nobilitiren stand nach der Reichsverfassung nur dem Kaiser und den Reichsvicarien zu; den Landesherren nicht. Jetzt aber gehört es zu ihren Souverainetätsrechten, natürlich aber nur für ihre Unterthanen. Der einem Auswärtigen ertheilte Adel muß von dessen Landesherrn anerkannt werden. Die Nobilitirung erstreckt sich auf die bereits geborenen Kinder nur dann, wenn sie ausdrücklich mit genannt sind [2]).

4) Alter und neuer Adel.

456. Ferner ist der Adel entweder ein alter oder ein neuer Adel. Ersterer ist derjenige, der den Adel sämmtlicher Vorfahren sowohl väterlicher wie mütterlicher Seite bis zur zweiten, dritten, vierten oder fünften Generation hinauf nachzuweisen vermag. Danach unterscheidet man den Ahnenadel von vier, acht,

---

1) Man sehe meine Deutsche Rechtsgeschichte §. 418. Ueber Wappen- und Siegelrecht handeln ausführlich Eichhorn Privatrecht §. 62. 63., Mittermaier I. §. 70.

1) Man sehe meine Deutsche Rechtsgeschichte §. 435. Andere analoge Verhältnisse erwähnt Mittermaier I. §. 62.

2) Man sehe Eichhorn Privatrecht §. 60.

sechzehn, zwei und dreißig Ahnen. Ist auch nur bei einem Ascendenten ein Mangel, so daß er nicht von adlicher Abkunft ist, so kommt die ganze Generation nicht in Betracht. Es genügt also nicht, wenn er zwar adlich, allein dieses erst durch Standeserhöhung geworden war. Wer hingegen von einem Nobilitirten, oder von einem adlichen Vater und einer bürgerlichen Mutter abstammt, macht die Generation nicht fehlerhaft [1]). Die erste Spur des Ahnenadels kommt bei der Ritterbürtigkeit vor, da dazu die rittermäßige Abstammung bis zum Großvater hinauf gehörte [2]). In diesem Geiste wurde, je mehr mit der äußeren Illustration das Selbstgefühl der edlen Geschlechter stieg, von ihnen auf alte adliche Abstammung Werth gelegt, und daher in den Statuten adlicher Genossenschaften oder in den unter ihrem Einflusse gebildeten Landesgesetzen die Nachweisung einer gewissen Zahl adlicher Ahnen bei der Erlangung gewisser Rechte zur besonderen Bedingung gemacht. Dieses geschah nach und nach bei den geistlichen Ritterorden; bei den meisten deutschen Hochstiften und mehreren Collegiatstiften; desgleichen bei den Fräuleinstiften; bei der Aufnahme unter die Reichsritterschaft; bei den adlichen Beisitzern des Reichskammergerichts; häufig auch bei denen der landesherrlichen Hofgerichte; bei gewissen Hofämtern und Anderem. Jetzt ist aber das Meiste verschwunden. Im Zweifel sind zum alten Adel vier Ahnen als genügend anzusehen, und wenn ein Statut Adel verlangt, so ist darunter ein alter Adel nur dann zu verstehen, wenn nach der Zeit, wo das Statut entstand, dieses sein Sinn war. Zu den gewöhnlichen Rechten des Adels bedarf es der Nachweisung des alten Adels nicht [3]).

5) Reichsunmittelbarer Adel.

457. Ferner war der niedere Adel zur Zeit des deutschen Reiches entweder ein reichsunmittelbarer oder ein landsäßiger Adel. Ersterer bestand aus der Reichsritterschaft, welche durch eine Verknüpfung eigenthümlicher Umstände die Reichsunmittel-

---

1) Mehr über die Ahnenprobe giebt Mittermaier I. §. 68.
2) Man sehe meine Deutsche Rechtsgeschichte §. 418. Note 18.
3) Man sehe Mittermaier I. §. 71., Eichhorn §. 65.

barkeit für ihre Personen und Besitzungen und über Letztere die Rechte der Landesherrlichkeit, nicht aber die Reichsstandschaft hatten [1]). Sie bildete im Reiche eine wohlgeordnete Corporation, die nach der Natur ihrer Stellung höhere Freiheitsrechte bewahrte. Bei der Auflösung des deutschen Reiches wurden aber ihre Glieder den souverain gewordenen Fürsten der verschiedenen Gebiete unterworfen und zum landsäßigen Adel gemacht. Durch die Bundesacte sind ihnen jedoch aus Rücksicht auf ihre frühere Reichsfreiheit bestimmte Vorrechte zugesichert worden; nämlich die freieste Wahl des Aufenthaltes, die Autonomie über ihre Familien- und Güterverhältnisse, der privilegirte Gerichtsstand, und andere mit ihren Gütern zusammenhängende Gerechtsame [2]).

6) Titel des Adels.

458. Ferner kann der Adel in titulirten und nichttitulirten eingetheilt werden. Den höchsten Grad bildet der Fürsten- und Grafentitel, der sonst vom Kaiser, jetzt von den Landesherren verliehen wird. Der hohe Adel kann dadurch, wie oben bemerkt, nicht ertheilt werden; welche Rechte sonst aber damit verbunden sind, hängt von der Verfassung jedes Landes ab. Hierauf folgt der Titel, Freiherr, liber baro. Dieser bezeichnet aber nun etwas ganz Anderes, wie im Mittelalter, wo die freien Herren reichsständisch und den Fürsten dem Stande nach gleich waren. Daher wurden auch die durch kaiserliches Diplom gemachten Freiherren oder Baronen ehemals von mehreren Schriftstellern irrig noch zum hohen Adel gerechnet [1]). Nicht blos an Mitglieder der Reichsritterschaft, sondern auch an die des landsäßigen Adels ist jener Titel häufig verliehen worden. Manche haben sich ihn auch eigenmächtig beigelegt. Andererseits ist aber auch wahr, daß Manche der wirklichen alten Freiherren zur Reichsritterschaft oder zum landsäßigen Adel mit Beibehaltung ihres alten Namens herabgesunken sind. Die geringste Stufe nimmt der einfach Adliche ein.

---

1) Das Historische giebt meine Deutsche Rechtsgeschichte §. 352. 436. Die Litteratur findet man bei Mittermaier I. §. 60.
2) Deutsche Bundesacte von 1815. Art. 14.
1) Nachweisungen giebt Göhrum Ebenbürtigkeit II. §. 66. 67.

7) Persönlicher Adel.

459. Etwas dem Adel Analoges ist das, was man den persönlichen Adel im Gegensatze des Geschlechtsadels nennt, wo Jemand für seine Person der Rang und die Rechte oder auch nur einzelne Rechte des Adels beigelegt sind [1]). Ein eigentlicher Adel ist dieses aber nicht, weil er nicht auf die Nachkommen übergeht, sondern nur eine persönliche Auszeichnung. Ein solcher persönlicher hoher Adel stand früher den geistlichen Fürsten und den reichsunmittelbaren Prälaten und Aebten zu, da sie ganz unabhängig von ihrem Geburtsstande durch ihr Amt Reichsstandschaft und Landeshoheit hatten. Auf eine Gleichstellung mit dem Ritterstande kam man zur Ehre der Wissenschaft bei den Doctoren der Rechte [2]), die unter diesem Gesichtspunkt auch in den adlichen Stiften [3]), am Reichskammergericht und auf der gelehrten Bank bei den Hofgerichten [4]) neben dem Geschlechtsadel eine Stelle erhielten, und dem gemäß auch in der Kleidertracht [5]), so wie die fürstlichen Räthe [6]), den Adlichen gleich gehalten wurden. Jetzt ist in manchen Ländern mit höheren Staatsämtern [7]) und mit gewissen Verdienstorden ein persönlicher Adel verbunden.

8) Erwerb und Verlust des Adels.

460. Erworben wird der niedere Adel entweder durch Abstammung oder durch künstliche Verleihung. Letztere kann jedoch bei dem reichsritterschaftlichen Adel nicht vorkommen. Der Erwerb durch Abstammung setzt nur einen adlichen Vater voraus; der bürgerliche Stand der Mutter schadet beim niederen Adel nicht [1]). Die Abstammung von einem adlichen Vater giebt aber den Adel nur dann, wenn die Zeugung in einer gültigen Ehe geschah, oder wenn doch die Geburt in einer solchen erfolgt, oder

1) Mittermaier I. §. 63., Eichhorn Privatrecht §. 58.

2) Man verglich sie damit als milites legum, Eichhorn Deutsche Rechtsgeschichte III. §. 447., Runde Deutsches Privatrecht §. 420.

3) Runde Privatrecht §. 422.

4) Deutsche Rechtsgeschichte §. 596. 600.

5) Man sehe meine Deutsche Rechtsgeschichte §. 600. Note 2.

6) Reichs-Polizeiordn. von 1530. Art 14. §. 2., von 1548. Art. 11. §. 2.

7) Preuß. Landr. II. 9. §. 32. 33.

1) Man sehe meine Deutsche Rechtsgeschichte §. 435. 440.

wenn das unehelich gezeugte und geborene Kind durch die nachfolgende Ehe der Eltern legitimirt wird [2]). Die Legitimation durch ein landesherrliches Rescript giebt den Adel nur dann, wenn die Absicht zugleich auf eine Standeserhöhung gerichtet ist. Durch Adoption kann der Adel nicht mitgetheilt werden, weil derselbe eine politische Institution ist. Verloren wird der Adel durch ausdrückliche oder stillschweigende Verzichtleistung, bei der Frau durch Verheirathung mit einem Bürgerlichen, und zur Strafe. Der verlorene Adel kann nur durch Standeserhöhung hergestellt werden, welche hier die Form einer Erneuerung des Adels haben kann [3]).

C) Von ungleichen Ehen. 1) Die Mißheirath [1]).

461. Der Unterschied der Stände wirkt auch im Eherecht, indem derselbe nach Umständen eine ungleiche Ehe zur Folge haben kann. Ungleich im juristischen Sinne nennt man die Ehe, welche zwar kirchlich wie bürgerlich eine erlaubte Ehe ist, die aber für die Ehefrau und die Kinder einige der gewöhnlichen bürgerlichen Wirkungen der Ehe nicht hat. Beruht diese Ungleichheit auf einer Vorschrift des Gesetzes, so ist die Ehe eine Mißheirath (disparagium). Ist sie durch Vertrag bei Eingehung der Ehe bedungen, so heißt sie eine Ehe zur linken Hand. Im alten Recht, wo das Gefühl für die Freiheit der Abstammung, die Reinheit des Blutes und die Ehre des Geschlechts und des Standes sehr mächtig wirkte, waren die Stände im Eherecht so geschieden, daß die kleinsten Standesverschiedenheiten, von den Abstufungen der Unfreiheit an bis zu der höchsten Freiheit hinauf, eine Ungleichheit der Ehe bewirkten, und die Kinder der ärgeren Hand folgten [2]). Später drang aber bis zum niedern Adel hinauf die aus dem römischen Recht geschöpfte Ansicht durch, daß

---

2) Ueber die Reception dieser Legitimation sehe man meine Deutsche Rechtsgeschichte §. 475. Für die Anwendung derselben auch zum Erwerbe des Adels erklären sich Eichhorn §. 60., Mittermaier I. §. 66.

3) Mehr darüber geben Runde §. 371—373., Eichhorn §. 61., Mittermaier I. §. 67.

1) Hieher gehört das oben (§. 451. Note 1) angeführte Werk von Göhrum.

2) Die genauern Nachweisungen giebt meine Deutsche Rechtsgeschichte §. 427. 428. 429.

die Frau in den Stand des Mannes eintrete und die Kinder dem Vater folgten. Die Rücksicht auf die Ebenbürtigkeit behauptete sich nur bei den Ehen der reichsständischen Geschlechter [3]). Dieselbe wurde auch gegen mancherlei Schwankungen und Ueberschreitungen durch die Reichsgesetzgebung bestätigt, wonach der Kaiser die „aus unstreitig notorischer Mißheirath" erzeugten Kinder nicht durch Standeserhöhung, wie zuweilen geschehen, für ebenbürtig und successionsfähig erklären sollte [4]). Da jedoch der Begriff von „unstreitig notorischer Mißheirath" nicht bestimmt wurde, so ist die Wissenschaft auf den historischen Zusammenhang mit dem alten Recht angewiesen [5]). Daraus ergiebt sich in der Anwendung auf die heutigen Verhältnisse Folgendes. I. Eine Mißheirath war im alten Recht die Ehe zwischen den reichsständischen Geschlechtern und Bürgerlichen unbestritten [6]), ferner nach der richtigen Meinung die zwischen reichsfürstlichen Geschlechtern und dem niederen Adel [7]), und selbst die zwischen reichsgräflichen Geschlechtern und dem niederen Adel [8]). Dieses ist auch für die jetzigen souverainen Häuser festzuhalten. II. Fürstliche oder gräfliche Personen, welche nicht reichsständisch waren, sondern jene Titel nur durch Standeserhöhung erhalten haben oder durch nachträgliche Standeserhöhung erhalten, sind wie niederer Adel zu betrachten. Daher findet zwischen ihnen und dem hohen Adel keine ebenbürtige Ehe Statt [9]); wohl aber zwischen ihnen und dem niederen Adel. III. Die Mediatisirten stehen dem Geburtsstande nach den souverainen Häusern gleich [10]); daher gelten von ihren Ehen dieselben Grundsätze. IV. Das Schwankende der Ansichten über Mißheirath gab die Veranlassung, darüber in den Hausge-

---

3) Deutsche Rechtsgeschichte §. 440.

4) Wahlcapitulation Karls VII. von 1742. Art. 22. §. 4. Ueber die Entstehung dieser Stelle sehe man Göhrum Ebenbürtigkeit II. §. 85.

5) Die Doctrin hat sich jedoch darin nur nach und nach zurecht gefunden. Die Nachweisung giebt Göhrum II. §. 89—93.

6) Man sehe Göhrum II. §. 82. 86.

7) Die Nachweisung giebt Göhrum II. §. 83. 86. 87.

8) Man sehe Göhrum II. §. 86. 87. Anderer Meinung ist Eichhorn §. 292.

9) Man sehe Göhrum II. §. 88. 114.

10) Man sehe oben §. 452.

setzen Bestimmungen zu erlassen. Dadurch sind namentlich Ehen zwischen Personen des hohen und des alten niederen Adels häufig gestattet worden. Solche Hausgesetze müssen auch noch jetzt gelten, indem die Auflösung des deutschen Reiches darauf keinen Einfluß gehabt haben kann [11]. V. Die Wirkungen der Mißheirath bestehen für die Frau darin, daß sie nicht den Stand des Mannes erhält und kein Recht auf das herkömmliche Witthum hat. Für die Kinder bestehen sie darin, daß sie nicht dem Stande des Vaters, sondern der ärgern Hand folgen, und daß zwischen ihnen und dem höher stehenden Parens keine juristisch wirksame, sondern nur eine natürliche Verwandtschaft eintritt [12]. Sie dürfen daher dessen Würden, Namen und Wappen nicht führen, und haben gegen ihn und dessen Verwandten kein Intestaterbrecht [13], und keinen Anspruch auf die standesmäßige Appanage. Wohl aber gebührt der Frau und den Kindern als Ehefrau und ehelichen Kindern eine ihrem Stande angemessene billige Abfindung [14]. VI. Jene Ungleichheit der Successionsfähigkeit kann durch die Einwilligung der ebenbürtigen Erben aufgehoben werden [15]; jedoch darf dadurch den Rechten Dritter, namentlich des Lehnsherrn und der aus einer Erbverbrüderung Berechtigten, nicht Eintrag geschehen [16]. VII. Bei dem niederen Adel giebt es gemeinrechtlich keine Mißheirathen im juristischen Sinne mehr, weil auch bei einer standeswidrigen Heirath die Frau und die Kinder den adlichen Stand des Mannes erhalten [17]. Doch kann auch hier die Ehe mit einer Bürgerlichen für die Kinder einzelne Nachtheile haben, namentlich in den Fällen, wo Ahnenprobe nöthig ist, oder wo das Statut oder Herkommen der Familie zu einer

11) So sagt auch Mittermaier II. §. 379. Nr. V.

12) Die historischen Zeugnisse findet man in meiner Deutschen Rechtsgeschichte §. 449.

13) Man sehe Göhrum II. §. 97. 112. 113. Dieser widerlegt auch die Meinung, daß die Kinder nicht schlechthin, sondern nur von der Succession in die Lehn- und Stammgüter ausgeschlossen seien.

14) Man sehe darüber Heffter in Reyscher Zeitschr. II. 2, 1—25.

15) Göhrum II. §. 100. 114.

16) Eichhorn §. 202., Maurenbrecher II. §. 591.

17) Anders ist es nach einzelnen Particularrechten. So gestattet das Preuß. Landr. II. 1. §. 30—33. zwischen einem Adlichen und einer Person aus dem Bauern- oder geringeren Bürgerstande keine Ehe zur rechten Hand.

Succession ausdrücklich die Abstammung aus einer „vollrittermäßigen" Ehe verlangen [18]).

2) Von der Ehe zur linken Hand.

462. Die Ehe zur linken Hand (matrimonium ad legem morganaticam sive Salicam) stimmt in ihren Wirkungen mit der Mißheirath überein. Sie unterscheidet sich von derselben nur darin, daß die Ungleichheit durch den Heirathsvertrag bedungen wird. Diese Eheform ist aus dem alten Concubinate hervorgegangen. Dieses war eine bürgerlich erlaubte Verbindung, welche die Stelle der Ehe in den Fällen vertrat, wo wegen Standesungleichheit eine echte Ehe nicht möglich war. Da jedoch die Kirche jede Geschlechtsverbindung für unerlaubt und sündhaft erklärte, die nicht als Ehe eingegangen wäre, so erfand man die Ehe zur linken Hand, welche nach der kirchlichen Seite eine wahre Ehe ist, nach der bürgerlichen Seite hin aber in Beziehung auf den Stand und die Vermögensrechte der Ehefrau und der Kinder die bürgerlichen Wirkungen der vollkommenen Ehe entbehrt [1]). Aus diesem historischen Zusammenhange folgt, daß gemeinrechtlich eine solche Ehe nur von solchen Personen und nur in den Fällen geschlossen werden kann, wo eine Standesungleichheit die Eingehung einer gewöhnlichen Ehe rechtlich unmöglich macht. Dieses tritt jetzt nur noch bei dem hohen Adel ein. Bei den anderen Ständen muß man als gemeinrechtlichen Grundsatz annehmen, daß selbst eine Entsagung der Ehefrau an ihren und ihrer Kinder Rechten nichts ändern kann, weil dieses der regelmäßigen Ordnung der Ehe, wie sie nach unseren Sitten feststeht, widerstrebt [2]). Einzelne Particularrechte haben jedoch die Ehen zur linken Hand mit landesherrlicher Genehmigung in einem weiteren Umfang gestattet [3]). Alsdann sind dieselben nicht blos unter standesungleichen, sondern auch unter standesgleichen

---

18) Man sehe Eichhorn §. 203.

1) Man sehe die Nachweisungen in meiner Deutschen Rechtsgeschichte §. 473.

2) So sagen auch Eichhorn §. 294., Gerber §. 224. Note 9.

3) So das Preuß. Landr. II. 1. §. 836 — 840. den Männern höhern Standes.

Personen denkbar. Im ersten Falle ist der Zweck die Ersparung des standesmäßigen Aufwandes der Familie, die Berücksichtigung der Kinder erster Ehe und dergleichen. Im zweiten Falle wird der Zweck hauptsächlich der sein,.die Zahl der erbfähigen Kinder zu beschränken. Für die Abfindung der Wittwe und der Kinder muß durch den Heirathsvertrag gesorgt werden [4]).

D) Einfluß auf das Vermögen. 1) Von den Rittergütern [1]).

463. Die Umbildung des Kriegswesens seit dem zehnten Jahrhundert hatte auf den Grundbesitz eine doppelte Wirkung. Erstens theilten sich die bisherigen freien Grundeigenthümer in drei Klassen: die kleinen Grundeigenthümer, die mit ihrem Gute unter die Vogtei kamen; die größeren Grundeigenthümer, welche die volle Freiheit ihres Allodiums behielten und durch fortgesetzten Kriegsdienst zu ritterlichen Geschlechtern wurden; und die Grundeigenthümer, welche zwar die Freiheit ihres Eigenthums behaupteten, aber nicht ritterbürtig wurden [2]). Zweitens entstanden nun viele größere und kleinere Lehngüter, theils gegebene theils offerirte [3]), welche bei ritterlichen Geschlechtern erblich waren [4]). Der Gegensatz dieser Allodial- und Lehngüter zu den der Vogtei unterworfenen bäuerlichen Gütern, der Umstand, daß der Ritterdienst vom Gute selbst geleistet wurde, die Thatsache, daß ein solches Gut lange in der Hand desselben bevorrechteten Geschlechtes blieb, alle diese Umstände wirkten vereinigt dahin, daß solche Güter allmählig als mit besonderen Rechten und Freiheiten begabt angesehen wurden [5]), und daß selbst mehrere Vorrechte der Person an das Gut selbst übergiengen. So entstand der Begriff von Gütern, woran ein dinglicher Vorzug (nobilitas realis)

4) Sehr ausführlich handelt von der Ehe zur linken Hand das Preuß. Landr. II. 1. §. 835—932. II. 2. §. 555—591.

1) Die Litteratur findet man bei Eichhorn §. 287—289., Mittermaier II. §. 472—474., Maurenbrecher II. §. 595—598.

2) Man sehe oben §. 447.

3) Ueber die feuda oblata sehe man meine Deutsche Rechtsgeschichte §. 198. Note 11.

4) Man sehe meine Deutsche Rechtsgeschichte §. 197. 198.

5) Man sieht dieses schon in der Urkunde von 1291 in meiner Deutschen Rechtsgeschichte §. 487. Note 3.

haftet, von adlichen Gütern oder Rittergütern. Diejenigen derselben, welche nicht Lehen, sondern freieigene Rittersitze waren, hießen im Mittelalter Sadel- oder Sedelhöfe [6]). Doch giebt es auch Sadelhöfe, die zwar von bäuerlichen Lasten frei, allein nicht Rittergüter sind, was sich von den nicht rittermäßig gewordenen Schöffenbarfreien erklärt [7]).

464. Die Kennzeichen und Vorrechte eines Rittergutes hängen von der Verfassung und Gesetzgebung eines jeden Landes ab [1]). Historisch lassen sich dieselben auf sieben Gesichtspunkte zurückführen. I. Den Mittelpunkt eines größeren Gutes, mochte es Allod oder Feudum sein, bildete nach der alten agrarischen Verfassung ein Haupthof mit der herrschaftlichen Wohnung und den übrigen Wirthschaftsgebäuden. Indem aus solchen Haupthöfen Rittergüter wurden, haben diese die Gerechtsame behalten, welche kraft des freien Eigenthums oder als Theilnehmer an der gemeinen Mark zu einem Haupthofe gehörten; die Jagd und Fischerei, die Waldbenutzung, die Weide und Anderes [2]). Sie haben diese auch insgemein gegen das seit dem sechzehnten Jahrhundert um sich greifende System der Regalität behauptet. II. Zu einem Haupthofe gehörten bei einem großen Gute auch mehr oder weniger Nebenhöfe, die an unfreie oder freie Bauern, unter Vorbehalt des Jagd- und Weiderechts, gegen Dienste und Abgaben verliehen waren. Diese Nebenhöfe und Grundstücke haben die Grundherren im Laufe der Zeit ins Eigenthum der Gutsunterthanen gelangen lassen, das Jagd- und Weiderecht ist aber als eine Gerechtsame des Rittergutes geblieben [3]). III. Bei den Haupthöfen bestanden zum Vortheil der Herrschaft wie der Gutsunterthanen Brauhäuser und Mühlen [4]). Davon haben die Rittergüter neben den Vorrechten der Städte insgemein die Braugerechtigkeit, wenigstens zum eigenen Bedarf, zuweilen selbst zum feilen Verkauf,

---

6) Man sehe meine Deutsche Rechtsgeschichte §. 487. Note 3.
7) Man sehe oben §. 447.
1) Davon handelt das Preuß. Landr. II. 9. §. 37—71.
2) Nachweisungen giebt meine Deutsche Rechtsgeschichte §. 485. 518. 519.
3) Man sehe oben §. 134. 178. 181.
4) Man sehe meine Deutsche Rechtsgeschichte §. 265. Note 6.

und die Mühlengerechtigkeit behauptet [5]. IV. Wo zu einem Haupthof Nebenhöfe gehörten, hatte der Gutsherr kraft des Hofrechts die eigene Gerichtsbarkeit über Alles, was zum Hofverhältniß gehörte. Größere Höfe erhielten gewöhnlich durch besondere Verleihung auch die gemeine niedere, zuweilen die höhere, selbst die peinliche Gerichtsbarkeit [6]. Hierauf beruht die Patrimonialgerichtsbarkeit, die an den Rittergütern hängt, wenn zu ihnen Hintersassen gehören, was aber nicht immer der Fall ist. V. Die größeren Haupthöfe wurden häufig mit Erlaubniß des Landesherrn befestigt und zu Burgen oder Schlössern gemacht [7]. Solche erlangten ebenfalls Gerichtsbarkeit und die Vogtei über die umliegenden Bauern mit den daraus fließenden Gerechtsamen. Hierauf beruht die Eintheilung in beschloßte und unbeschloßte Edelleute. VI. Da die Rittergüter den Naturalkriegsdienst zu tragen hatten, so waren sie von anderen öffentlichen Lasten frei, namentlich solchen, die als Aequivalent des Kriegsdienstes eingeführt waren; so von den Beden, von Landfrohnden, von der Einquartierung [8]. Seit der Umänderung des Kriegswesens, wodurch dasselbe zu einer gemeinen Last geworden ist, mußten aber jene Freiheiten aufhören [9]. VII. Die Ritterschaft bildete denjenigen Stand, der mit dem Landesherrn auf den Landtagen zusammenkam [10]. Anfangs war dieses ein Recht der Person. Später aber wurde insgemein die Landtagsfähigkeit zu einem Vorrecht der adlichen Güter, häufig selbst so, daß dabei der adliche oder bürgerliche Stand des Rittergutsbesitzers gleichgültig ist [11].

2) Von den Stammgütern. a) Begriff derselben.

465. Das Interesse an der Macht und an der Ehre des Geschlechts gehörte ursprünglich zum Gefühl eines jeden freien Mannes; daher auch das Bestreben, das Grundeigenthum bei der

5) Eichhorn §. 186. 187., Mittermaier II. §. 479.
6) Die Zeugnisse giebt meine Deutsche Rechtsgeschichte §. 279. 606.
7) Deutsche Rechtsgeschichte §. 286. 485.
8) Deutsche Rechtsgeschichte §. 282. 283. 285. 347.
9) Mehr giebt Mittermaier II. §. 475. 477. 478.
10) Deutsche Rechtsgeschichte §. 263. 342.
11) Mittermaier II. §. 476.

Familie zu erhalten. Zu diesem Zwecke bildete die Sitte zwei Einrichtungen. Erstens den Rechtssatz, daß Grundstücke nicht ohne die Zustimmung der nächsten Erben veräußert werden durften [1]). Zweitens die Ordnung der Erbfolge, wonach das Vermögen oder doch das Landeigenthum vorzugsweise an den Mannesstamm kam. Wenn auch dieser Gedanke nicht mit voller Unumwundenheit in allen Beziehungen durchgeführt war, so genügte doch die angenommene Ordnung für die nächsten und häufigsten Fälle [2]). Daher wurde auch bei den hohen und edlen Geschlechtern nach dem gemeinen Rechte des Landes succedirt [3]). Als aber im Wechsel der Zeiten und der Sitten der Familiengeist schwand, der Drang nach der Freiheit der Veräußerung und nach der Gleichstellung der Söhne und Töchter im Erbrecht mächtig wurde [4]), erhielt sich die alte Gesinnung im hohen Adel und erlangte hier selbst durch den Gegensatz und durch das politische Interesse des Landes eine besondere Verstärkung [5]). Das Mittel sie auszusprechen und geltend zu machen, bot die Hausgesetzgebung dar, kraft welcher durch die Autorität des Familienhauptes in Berathung mit den angesehensten Familiengliedern für die Erhaltung der Stammgüter dauernde Anordnungen getroffen wurden [6]). Da man einmal mit bewußter Absicht diesen Weg einschlug und freie Hand hatte, so konnte man noch weiter gehen, als das alte Recht gethan hatte. Wider Veräußerungen schützte man die Stammgüter durch Verfügungen des Familienhauptes oder durch Erbeinigungen, wodurch solche verboten und dem Stamme das Wiedereinlösungsrecht vorbehalten wurde [7]). Das Princip der alten Erbfolge sicherte man aber dadurch, daß man den Töchtern bei ihrer Verheirathung den ausdrücklichen Verzicht auf die Erbfolge in die Stammgüter auferlegte. Beides fand auch bei der Reichs-

---

1) Man sehe oben §. 186.
2) Man sehe oben §. 397.
3) Ein Beispiel giebt das Schöffenweisthum für die Grafschaft Katzenelnbogen von 1331 bei Beseler Erbverträge III. 20.
4) Man sehe oben §. 399.
5) Man sehe oben §. 452.
6) Gut handelt davon Beseler Erbverträge III. 11—31.
7) Beispiele sind bei Eichhorn Rechtsgeschichte III. §. 428. Note o. p.

ritterschaft kraft der ihr zustehenden Hausgesetzgebung Eingang. Selbst der landsäßige Adel hielt aus Standesgeist das alte Recht zur Erhaltung seiner Stammgüter fest, und erwirkte, daß in Landesgesetzen Veräußerungen derselben unter Lebenden oder auf den Todesfall ohne die Einwilligung der Stammvettern für kraftlos erklärt und der Mannsstamm den weiblichen Verwandten bei der Beerbung vorangestellt wurde [8]. Hin und wieder wurde sogar auch bei ihm der Verzicht der Töchter Landesgebrauch [9]. Der Umfang des Begriffes von Stammgut, die Zuläßigkeit der Theilung unter den Söhnen, der Grad der Unzuläßigkeit von Veräußerungen ist aus den Statuten und der Observanz der Familie oder aus dem Landesgesetz zu ersehen. Das Verhältniß des jedesmaligen Besitzers des Stammgutes ist das des Eigenthums, nur beschränkt durch die Rechte der Stammvettern. Der Begriff eines der Familie daran zustehenden Gesammteigenthums ist für die ältere wie für die jüngere Zeit irrig [10].

b) Succession in die Stammgüter.

466. Der Grundgedanke bei den Stammgütern ist der eines durch Hausgesetze und Familienherkommen der Familie gesicherten Stammvermögens. Erben können also nur diejenigen sein, welche zur Familie in diesem Sinne gehören, das heißt, welche erbfähige Anverwandten des letzten Stammgutsbesitzers sind. Nicht erbfähig sind Adoptirte, durch Rescript Legitimirte und aus einer gesetzlichen Mißheirath Abstammende; im Stammgut des hohen Adels auch nicht die durch nachfolgende Ehe Legitimirten [1]. Soll das Stammgut im Mannesstamm ungetheilt vererbt werden, so muß durch das Hausgesetz oder die Observanz auch eine

8) Beweisstellen aus dem Bremer Ritterrecht giebt Kraut Grundriß §. 311. Nr. 8. 9. 10.

9) Nachweisungen über dieses Alles giebt Eichhorn §. 367.

10) Anderer Meinung ist Beseler Erbverträge III. 51 — 60. 64. Dieser giebt das Irrige jener Ansicht für das alte Recht zu, meint jedoch, daß dieselbe in Folge der bei der Familie des deutschen Adels eingetretenen Rechtsentwicklung für das neuere Recht angenommen werden müsse. Daß aber die früher so beliebte, und noch jetzt von Phillips und Unger festgehaltene Idee eines Gesammteigenthums der Familie für die alte wie für die neuere Zeit falsch sei, zeigt Duncker Gesammteigenthum §. 13. 14.

1) Man sehe oben §. 452. 460. 461. Nr. V.

eigenthümliche Successionsordnung festgesetzt sein. Es kommen davon dieselben Formen vor, wie bei den Familienfideicommissen. Der berufene Erbe erhält jedoch sein Recht nicht vom verstorbenen Stammgutsbesitzer, sondern selbstständig und unmittelbar als Stammvetter durch die Anordnung der Familienhäupter (ex pacto et providentia maiorum)[2]. Daraus folgt, daß er das angefallene Stammgut von selbst, ohne daß es einer Annahme bedarf, erwirbt[3], und daß er nicht eigentlicher Nachfolger und Repräsentant des Verstorbenen, sondern nur Successor in eine einzelne Sache ist, und daher für dessen Schulden nicht haftet[4].

c) Erbverzichte der adlichen Töchter[1].

467. Eines der Mittel das Stammvermögen dem Geschlechte zu erhalten, waren wie gesagt die Verzichte der Töchter. Diese gehörten von jeher zu den gangbaren Familienanordnungen[2]. Die Gewöhnung an die schon dem Rechte nach die Töchter treffende Zurücksetzung im Erbrecht, die Unterwerfung unter den Willen des Familienhauptes, das Interesse an dem Glanze des Geschlechtes, diese Umstände bewirkten, daß die Töchter sich bei der Verheirathung gegen eine angemessene Aussteuer leicht zu einem Verzicht auf die Erbfolge verstanden. Praktisch wichtig wurden solche Verzichte besonders dann, als die Sitten sich zu einer Gleichstellung der Töchter mit den Söhnen, der Schwester mit dem Bruder im Erbrecht hinneigten[3]. Sie finden sich daher

---

2) Darin stimmt das Stammgut mit dem Familienfideicommiß überein. Der Unterschied ist jedoch der, daß Letzteres und das Recht des Erben auf einen bestimmten Stifter zurückgehen, was beim Stammgut nicht nothwendig der Fall ist, weil ein solches sich häufig aus altem Stammbesitz durch bloße Observanz gebildet hat. Am besten äußert sich über jenen Unterschied Bluntschli II. §. 205. Nr. 2. Eine Unterscheidung zwischen Stammgütern und Familienfideicommissen, jedoch ohne nähere Angabe, machen auch Gerber §. 84 Note 1. §. 251. Note 11., Maurenbrecher I. §. 216. Note 9. II. §. 570 Note p. Insgemein wird aber die Succession in Stammgüter und Fideicommisse wegen ihrer großen Uebereinstimmung verbunden dargestellt, was Maurenbrecher mit Recht tadelt.

3) Man sehe Beseler Erbverträge III. 73. 74.

4) Beseler Erbverträge III. 74. 75.

1) Davon handeln: Beseler Erbverträge III. §. 26—28., Reyscher in dessen Zeitschrift VI. 256—334.

2) Man sehe meine Deutsche Rechtsgeschichte §. 479.

3) Man sehe oben §. 397. 399.

schon im dreizehnten Jahrhundert und wurden im vierzehnten Jahrhundert sehr häufig. Der reichsständische Adel schrieb sie in seinen Hausgesetzen und Familienverträgen als Pflicht vor; die Reichsritterschaft bildete daraus ein regelmäßiges Herkommen, welches er selbst durch kaiserliche Bestätigung zu einem allgemeinen Statut zu erheben versuchte[4]; der landsäßige Adel erwirkte häufig Landesgesetze, wonach die Töchter als stillschweigend und von selbst verzichtend fingirt werden sollten[5].

468. Die Form, in welcher solche Verzichte im fünfzehnten und sechzehnten Jahrhundert, in Verbindung mit den Heirathsberedungen, gewöhnlich ausgestellt wurden, zeigt folgendes Formular[1]. „Der jungen Fürstin Verzigbrieff. Wir E. von „Gottes Gnaden, Marggräffin zu D. geborne Hertzogin zu B. „bekennen offentlich für vns all vnser Erben vnd nachkommen, „vnd thun kund allermeniglich mit disem Brieff, Nach dem der hoch„geborn Fürst, Herr A. Hertzog zu B. ꝛc. vnser gnediger lieber „Herr vnnd Vatter, vns zu dem Hochgebornen Fürsten, Herrn „F. Marggraffen zu D. vnserm freundtlichen lieben Herrn vnn „Gemahel, N. Gülden Rheinischer, in Goldt vnd rechtem ge„wicht, zu Heuratgut vnd Heimsteur zu geben versprochen, laut „der Heuratsnottel darüber auffgericht, solches klärlicher außwey„sende. So hat aber der hochgemeldt vnser gnediger lieber Herr „vnnd Vatter, durch seiner Vätterlichen gnaden verordneten, dem „benannten vnserm lieben Herrn vnnd Gemahel, vnnd vns heut „Datums solche N. Gülden in gutem Goldt überantworten vnd „bezalen lassen, Vnns auch darneben mit Kleinaten, Geschmuck „vnd anderm, einer Fürstin zugehörig, dermassen Vätterlichen „abgefertigt, darab derselb vnser lieber Herr vnnd Gemahel, auch „wir, gut benügen haben, vnnd deß, wie billich, bedancken. „Hierumb in krafft der vorangeregten Heuratsverschreibung, vnn

4) Genaueres über diese Frage bei der Reichsritterschaft giebt Reyscher in dessen Zeitschrift VI. 297—326. XV. 1—56.

5) Nachweisungen giebt Beseler Erbverträge III. 276—278., Kraut Grundriß §. 313. Nr. 8—12.

1) Meichßner Handbüchlein der Schreiberey 1537. Fünfte Auflage. Franckfurt 1563. Fol. 60.

„sonderlich auch mit gunst, wissen vnn willen, deß obgemelten „vnsers Herrn vnn Gemahels, So verzeihen wir vns, für vns, „all vnser Erben und Nachkommen, all vnser Vätterlichen, Mü„terlichen, vnd Brüderlichen Erbgerechtigkeit, Vorderung vnd An„sprach, die wir als ein geborne Hertzogin von B. bißher zu den „Fürstenthummen, Graffschafften vnd Herrschafften, zu dem Für„stenthumb N. gehörig, mit allen jren Schlossen, Stetten, Lan„den, Leuten, vnd all jren nutzungen, wie die genannt, vnd wo „die gelegen sind, so vnser Herr Vatter jetzo hat, oder sein Vät„terliche gnad, auch vnser lieben Gebrüder, vnnd dero Liebd Er„ben, fürter überkommen möchten, sampt allen andern Eigen„thummen, ligenden vnd farenden Haben vnd Gütern, gar nichts „außgenommen noch hindan gesetzt, Also, daß wir, unsere Erben „vnd Nachkommen, nun fürohin zu ewigen zeyten (all dieweil „jrs Nammens vnnd Stammens von B. Mannspersonen in le„ben sind) nimmermehr kein Vorderung, Ansprach, Recht noch „Erbgerechtigkeit haben, suchen, noch gewinnen sollen noch wöl„len, weder mit noch on Recht, Geistlichen noch Weltlichen, an „keinen Gerichten noch Stetten, gantz überal in keinen weg. Be„sondern so gereden vnd versprechen wir für vns, all vnser Er„ben und Nachkommen, hiemit, vnd in krafft diß Brieffs, bey „vnseren Fürstlichen Wirden, Ehren vnd Treuwen, disen vorge„schribnen Verzig alles Vätterlichen, Müterlichen, vnd Brüder„lichen Erbs, vnd so lang jrer Liebd Stammens, der Hertzogen „zu B. in Leben vnnd vorhanden sind, war, vest, vnnd stät zu „halten, darwider nimmer zuseyn, zuthun, noch schaffen, anrich„ten, oder gestatten gethan werden, weder durch vnns selbß, noch „jemands anderen vonn unsert wegen keins wegs."

469. Die Theorie eines solchen adlichen Erbverzichts beruht im Ganzen auf den gewöhnlichen Grundsätzen [1]). Das Eigenthümliche ist nur, daß der Verzicht auch für die Nachkommen der Renunciantin ausgestellt wird und diese von der Erbfolge ausschließen soll. Dieses erklärt sich aus der Macht der Hausgesetzgebung, die dadurch unterstützt wurde, daß insgemein der Bräu-

1) Man sehe oben §. 436—438.

tigam oder Gemahl der Renunciantin den Verzicht genehmigte und dessen Beobachtung gelobte [2]). Stirbt der Mannsstamm, zu dessen Gunsten der Verzicht geschah, aus, so fällt das Stammgut an die Weiber und den Weiberstamm. Dieses führt zu der Frage, ob dann die Rechte der Renunciantin wieder aufleben? [3]). Hier ist zu unterscheiden. Lautete der Verzicht unbedingt, so ist die Frage zu verneinen. Das Stammgut fällt also an die Tochter des letzten Inhabers, und in deren Ermanglung an dessen nächsten männlichen oder weiblichen Verwandten aus dem Weiberstamm; also möglicherweise auch an die Renunciantin und deren Nachkommen, wenn sie die nächsten Verwandten sind. Ist aber der Verzicht unzweideutig nur auf so lange, als männliche Erben aus dem Mannsstamm da seien, ausgestellt, so ist weiter zu unterscheiden. Bezog sich der Verzicht auf ein Vermögen, woran die Verzichtende schon dem damaligen Rechte nach kein Erbrecht hatte, so war der Verzicht etwas Ueberflüssiges und eine bloße Cautel zur größeren Sicherheit der Familie. Daher kann auch dann von einem Regredientrecht der Renunciantin nicht die Rede sein, und es wird wie im vorigen Falle. Lautet aber der bedingte Verzicht auf Etwas, was ohne denselben geerbt worden wäre, so lebt beim Aussterben des Mannsstammes das Recht der Renunciantin und ihrer Nachkommen auf. Es kommt also bei dieser Frage auf die Fassung des Verzichtes, auf die Zeit seiner Ausstellung, auf die Natur des Vermögens, worauf er sich bezog, und andere historische Untersuchungen an. Der Regredienterbe muß jedoch die Aussteuer und sonstige Abfindung der Renunciantin conferiren [4]). In der älteren Jurisprudenz und bei dem Reichskammergericht wurde insgemein für den Regredienterben entschieden, weil man aus Unkenntniß des alten germanischen Rechts von der irrigen Ansicht ausgieng, daß die Töchter den Söhnen im Erbrecht gleich gewesen wären. Demgemäß ha-

---

2) Dieses zeigt auch Meichßner Handbüchlein Fol. 61., wo das Formular dieser Genehmigung dem Hauptformular beigefügt ist.

3) Davon handelt Beseler Erbverträge III. 292—309.

4) Beispiele giebt Beseler Erbverträge III. 294.

ben auch manche Landesgesetze, welche, den Erbverzicht fingirend, die Weiber unmittelbar ausgeschlossen haben, auch den Vorbehalt mit fingirt und dem Regredienterben schlechthin den Vorzug zugesichert.

3) Von den Familienfideicommissen. a) Errichtung derselben [1]).

470. Der Gedanke, welcher den Stammgütern zum Grunde liegt, nahm in den Familienfideicommissen eine noch bestimmtere Gestalt an. Man benutzte das römische Institut zur Stiftung eines Vermögens, welches bei einer Familie unveräußerlich erhalten und in derselben bis zu deren Ausgang vererbt werden sollte [2]). Solche Stiftungen sind erst seit dem sechzehnten Jahrhundert, zuerst bei dem hohen, dann auch bei dem niederen Adel aufgekommen, hauptsächlich weil man sah, wie die Familien durch Veräußerungen und Theilungen des Vermögens ihr Ansehen verloren. Auch viele Stammgüter sind durch Testamente und Hausverträge zu Fideicommissen erhoben worden [3]). Bei der Errichtung eines Fideicommisses kommen nun folgende Punkte in Betracht. I. In der Stiftung eines Familienfideicommisses erhebt sich der Privatwille zu einem Gesetze, welches man einer Nachkommenschaft bis in die entferntesten Zeiten auferlegt. Aus diesem Grunde ist die Errichtung von Familienfideicommissen nur da für zuläßig zu halten, wo das positive Recht dieselbe ausdrücklich gestattet [4]). Der hohe Adel und die ehemals reichsritterschaftlichen Familien haben diese Befugniß kraft der ihnen beigelegten Autonomie [5]). Der niedere Adel besitzt sie in manchen

---

1) Die Litteratur findet man bei Eichhorn §. 367. 368., Mittermaier I. §. 158., Maurenbrecher I. §. 217. Das Hauptwerk ist: Salza und Lichtenau die Lehre von den Familien-, Stamm- und Geschlechtsfideicommissen. Leipzig 1838.

2) Man sehe über die Ausbildung dieses Begriffes Beseler Erbverträge III. 75—90.

3) Viele Beispiele davon findet man in Hellfeld dissert. de fideicomm. familiarum illustrium. Ienae 1779.

4) Anderer Meinung sind allerdings fast alle Rechtslehrer, welche diese Befugniß aus der allgemeinen Dispositionsfreiheit herleiten; so Eichhorn §. 368. Nr. II., Gerber §. 84. Uebereinstimmend ist dagegen, wenn ich ihn recht verstehe, Maurenbrecher I. §. 218. Note 18.

5) Man sehe oben §. 452. 457.

Ländern als ein Vorrecht. In anderen Ländern ist sie Jedem ohne Unterschied des Standes beigelegt [6]), was auch viele Gründe für sich hat. Auch bei den Römern waren Fideicommisse der Art zugelassen [7]); später wurde jedoch die Wirksamkeit des Veräußerungsverbotes auf vier Generationen beschränkt [8]). II. Der zum Fideicommiß bestimmte Gegenstand muß zum Zwecke desselben geeignet, also eine dauernde fruchttragende Sache sein, entweder ein Grundstück oder ein Capital. Gegenstände anderer Art, zum Beispiel Kleinodien, können nur als Pertinenzen eines Fideicommisses diese Qualität annehmen. Uebrigens können auch Lehngüter dazu gemacht werden, nur ist der Consens der Agnaten nothwendig [9]). Hinsichtlich der Größe läßt sich gemeinrechtlich keine Gränze angeben. Particularrechte setzen aber häufig ein Minimum und ein Maximum fest [10]). III. Der Stifter muß die freie Verfügung über das Vermögen haben, welches er beschweren will. Die Rechte der Creditoren oder der Pflichttheilsberechtigten können dadurch ohne ihre Einwilligung nicht beeinträchtigt werden. IV. Der Stifter muß seinen Willen in einer rechtsgültigen Form aussprechen, beim hohen Adel in einem Hausgesetze, oder in einem Testamente, oder in einem Erbvertrage [11]). Die als möglich behauptete Errichtung durch Observanz beruht auf einer irrigen Verwechslung mit den Stammgütern [12]). V. Endlich müssen die Förmlichkeiten beobachtet werden, welche das Landesgesetz zur Errichtung vorschreibt, die gerichtliche oder gar landesherrliche Bestätigung, die Eintragung in das Hypothekenbuch [13]) oder eine eigene Fideicommißmatrikel, damit Jeder die Existenz des Fideicommisses erfahren könne.

---

6) So nach dem Preuß. Landr. II. 4. §. 47.

7) Fr. 67. §. 6. fr. 69. §. 3. D. de legat. II. (31), c. 5. C. de verbor. et rer. signif. (6. 38).

8) Nov. Iust. 159. c. 2. 3.

9) Eichhorn Privatrecht §. 368. Nr. I. Positiv untersagt es das Preuß. Landr. II. 4. §. 50.

10) So das Preuß. Landr. II. 4. §. 51—59.

11) Ueber den Erbvertrag sehe man Beseler Erbverträge III. 84—90.

12) Den Irrthum hat noch Maurenbrecher I. §. 217. Note 13. Man sehe dagegen Mittermaier I. §. 158. Note 13., Gerber §. 84. Note 8.

13) So nach dem Preuß. Landr. II. 4. §. 62—71.

b) Rechtsverhältniß des Inhabers.

471. Das Rechtsverhältniß des jedesmaligen Inhabers beruht auf dem Gedanken, daß er der Erbe sein, jedoch das Ererbte bewahren und unvermindert dem durch die Stiftung berufenen Nachfolger hinterlassen soll. Er erwirbt also das Eigenthum, jedoch beschwert mit der Bedingung der Erhaltung und dem Verbot jeder zum Nachtheil der Anwärter gereichenden Veräußerung. Man hat dieses auch so aufgefaßt, daß der Familie das Gesammteigenthum oder Obereigenthum, dem jedesmaligen Inhaber die Vertretung oder das nutzbare Eigenthum zustehe. Allein diese Vorstellung ist der Zeit, wo das Institut sich bildete, fremd, und ist erst später künstlich hineingelegt worden [1]). Aus jenem Grundbegriff ergiebt sich Folgendes. I. Der Inhaber hat alle Rechte des Eigenthums, welche mit der angegebenen Beschränkung vereinbar sind. Er erhält daher alle Früchte und Nutzungen, namentlich auch das Recht an dem auf dem Fideicommißgute gefundenen Schatze [2]). Dafür muß er aber auch alle Lasten vom Gute tragen, wozu namentlich die Alimentation der Wittwe des Vorgängers, die Ausstattung der Töchter desselben und die Apanage der Miterben gehört, wenn Solches stiftungsmäßig bestimmt ist. II. Der Inhaber kann in der Benutzung und Bewirthschaftung des Gutes alle Veränderungen vornehmen, wodurch dasselbe erhalten und dessen Werth nicht verschlechtert wird. Wenn dieses eintritt, so dürfen die Anwärter die zur Erhaltung erforderlichen Maßregeln treffen. III. Der Inhaber kann das Gut zwar veräußern, allein er überträgt es beschwert mit der darauf ruhenden Bedingung. Bei seinem Tode darf daher der durch die Stiftung berufene Erbe das Gut so in Anspruch nehmen, als ob keine Veräußerung geschehen wäre [3]). Diese Klage folgt ganz

---

1) Gesetzlich angenommen ist die Vorstellung vom Obereigenthum und nutzbaren Eigenthum im Preuß. Landr. II. 4. §. 72—74., Oesterreich. Gesetzb. §. 629—631. Die Theorie vom Gesammteigenthum der Familie vertheidigt noch Beseler Erbverträge III. 55—58. Widerlegt ist dieselbe von Duncker Gesammteigenthum §. 14. Die richtige Ansicht hat Mittermaier I. §. 158. Nr. V.

2) Nimmt man ein Gesammteigenthum der Familie an, so müßte dieser der Schatz angehören. So bemerkt richtig Duncker S. 137.

3) Nach der Theorie vom Gesammteigenthum der Familie müßte die

der Analogie der Vindication oder hereditatis petitio, auch in Ansehung gemachter Verwendungen und der Verjährung. Letztere wirkt aber natürlich nur gegen den zunächst Berechtigten, nicht aber auch nach dessen Tode gegen den dann berufenen Nachfolger. Zu jener Klage ist selbst der Sohn des Veräußerers berechtigt, ohne daß ihm die exceptio rei venditae et traditae entgegengestellt werden kann, weil er sein Recht am Fideicommiß nicht vom Vater, sondern unmittelbar aus dem Gesetze der Stiftung hat, also des Vaters mit dem Gute vorgenommene Handlung nicht zu vertreten braucht [4]). Der Vindicant hat auch, weil die Veräußerung eine nichtige ist, den Kaufpreis nicht zu ersetzen, außer wenn derselbe in das Fideicommiß, zum Beispiel zur Befreiung von Schulden, verwendet wurde, oder wenn der Vindicant zugleich der Allodialerbe des Verstorbenen ist, weil er in dieser Eigenschaft allerdings wegen der Eviction haften muß. IV. Der Inhaber kann die Substanz des Fideicommisses nicht gültig mit Schulden beschweren, sondern dafür haften nur die Früchte; der Nachfolger als solcher nicht, sondern nur dann, wenn er zugleich Allodialerbe ist. Eine Ausnahme leidet Jenes nur, wenn eine Schuld zur Tilgung einer vom Stifter herrührenden Schuld gemacht wird, weil diese nicht als Verminderung der Substanz angesehen werden kann [5]), und wenn eine Schuld wegen einer Nothwendigkeit zur Erhaltung oder Herstellung des Fideicommisses eingegangen werden muß. Doch ist hier zur Vermeidung künftiger Streitigkeiten rathsam, die Anwärter zuzuziehen [6]). Auch können diese verlangen, daß der Inhaber aus seinen Einkünften zur successiven Tilgung einer solchen Schuld bedacht sei [7]). Neuere Gesetze gestatten dem Inhaber schlechthin, ohne Consens der Anwärter blos mit Genehmigung des Gerichts, das Fideicommiß

Veräußerung von der Familie gleich auf der Stelle angefochten werden können. So bemerkt Duncker S. 137.

4) Anderer Meinung ist Eichhorn §. 369. Gegen ihn erklärt sich auch Gerber §. 84. Note 11.

5) So sagt auch das Preuß. Landr. II. 4. §. 104—106. 110—113.

6) Zur gesetzlichen Pflicht macht dieses das Preuß Landr. II. 4. §. 80—95.

7) Genau regulirt ist dieses im Preuß. Landr. II. 4. §. 96—103. 107—109. 114—116.

bis zu einem Drittheil mit Schulden zu beschweren; immer aber so, daß die Gläubiger nicht die Substanz angehen können und für die successive Rückzahlung durch den Inhaber und die Nachfolger Sorge getragen werden muß[8]). V. Als der zeitige Eigenthümer ist der Inhaber zur Proceßführung über das Fideicommiß legitimirt, und das Urtheil bindet, als auf einer rechtlichen Nothwendigkeit beruhend, auch die Nachfolger. Er hat aber auch die Kosten zu tragen. Doch können die Anwärter wegen ihres eventuellen Interesse als accessorische Intervenienten auftreten, selbst Appellation einlegen, wenn der Inhaber dieses versäumt, haben aber davon, wenn sie unterliegen, die Kosten zu tragen.

c) Succession in die Familienfideicommisse.

472. Ein Familienfideicommiß nützt der Familie, wenn auch die Weiber zur Succession in dasselbe zugelassen sind. Dieses ist daher bei bürgerlichen Familienfideicommissen, wenn nicht das Landesgesetz oder die Stiftung ausdrücklich das Gegentheil sagt, anzunehmen, weil bei den bürgerlichen Famlien die Bevorzugung des Mannsstammes nicht im Geiste der heutigen Einrichtungen liegt[1]). Hingegen bei den adlichen Familienfideicommissen muß man aus historischen Gründen grade das Umgekehrte behaupten[2]). Unter Familie ist im Zweifel nur die Descendenz des ersten Stifters zu verstehen, weil man nur für diese die besondere Sorgfalt des Stifters präsumiren kann. Die höheren Ascendenten des Stifters und die von einem Solchen abstammenden Seitenverwandten haben nur dann ein Anrecht, wenn die Stiftungsurkunde es ausdrücklich sagt[3]). Die Erbfähigkeit ist bei den bürgerlichen Fideicommissen nach den Grundsätzen der gewöhnlichen Succession, bei den adlichen nach den Grundsätzen der adlichen Erbfolge zu

---

8) So sagt das Oesterr. Gesetzb. §. 635—642.

1) So sagen auch Maurenbrecher II. §. 572., Mittermaier II. §. 449. Nr. IV. Anders ist es allerdings nach dem Preuß. Landr. II. 4. §. 139. 148. 189., Oesterreich. Gesetzb. §. 626.

2) So sagen auch Eichhorn §. 369. Nr. II., Maurenbrecher II. §. 572. Note f., Wilda in Reyscher Zeitschr. XII. 185—196. Mittermaier behauptet aber auch hier die Zulassung der Weiber als die Regel.

3) So sagt auch Maurenbrecher II. §. 572. Anderer Meinung ist Gerber §. 274. Note 1.

beurtheilen[4]). Außerdem kann die Stiftung noch besondere Bedingungen der Erbfähigkeit festsetzen, und die Gerichte sind es der Moral und Gerechtigkeit schuldig, dieselben nach dem Willen und im Geiste des Stifters aufrecht zu halten und die Wohlthat der Stiftung nur demjenigen zu lassen, der die festgesetzten Bedingungen erfüllt. Die Concurrenz mehrerer Erben zum Genuß des Fideicommisses ist mit dessen Zwecke nicht schlechthin unverträglich, und daher nach Maßgabe der gewöhnlichen Intestaterbfolge anzunehmen, wenn die Stiftung nicht eine besondere Erbfolgeordnung vorschreibt[5]). Allerdings wird jener Zweck vollständiger und sicherer durch die Untheilbarkeit des Fideicommisses erreicht; daher ist insgemein, namentlich bei adlichen Fideicommissen, in der Stiftung zugleich eine besondere Successionsordnung in diesem Sinne festgesetzt[6]).

473. Es kommen zu diesem Zwecke mehrere Formen vor[1]), von denen jedoch für keine gemeinrechtlich eine Präsumtion streitet[2]). Eine derselben ist die Primogenitur, wo zuerst die Linie des erstgeborenen Sohnes des Stifters, und in dieser immer wieder der Erstgeborene und dessen Descendenz nach gleichem Gesetze berufen wird. Stirbt der letzte Inhaber ohne männliche Descendenz, so kommt die nächste Nebenlinie, die mit dem Verstorbenen den nächsten Stammvater gemeinschaftlich hat, und in dieser wieder die Linie des Erstgeborenen, und so fort. Stirbt die Linie des erstgeborenen Sohnes des Stifters aus, so kommt die Linie des zweitgeborenen, dann die des drittgeborenen Sohnes nach derselben Ordnung. Auf Halbbrüder von der mütterlichen Seite wird keine Rücksicht genommen; die Halbbrüder von der väterlichen Seite stehen aber den vollbürtigen gleich. Hat der Stifter

---

4) Man sehe darüber oben §. 466. Note 1. Mittermaier II. §. 449. Nr. III. generalisirt auch hier das, was für die bürgerlichen Fideicommisse gilt.

5) So sagt auch Eichhorn §. 370. Nr. I.

6) In dem Preuß. Landr. II. 4. §. 142. ist dieses sogar für jede neue Stiftung zur Pflicht gemacht.

1) Lehrreich und von allgemeinem Werthe ist darüber das Preuß. Landr. II. 4. §. 104—205. Die Litteratur findet man bei Mittermaier II. §. 450.

2) So sagen auch Mittermaier II. §. 449. Nr. VII. §. 450., Maurenbrecher II. §. 573. Note o.

auch eine Secundogenitur gestiftet, so kommt, wenn die zweite Linie ausstirbt, die dritte und fernere Linie; die erste Linie kommt erst zuletzt, und es bleiben auch beide Fideicommisse nur so lange in derselben Person vereinigt, bis wieder zwei Linien entstehen [3]. Eine zweite Form ist die Majoratsordnung. Bei dieser entscheidet zunächst die Nähe des Grades, und unter den gleich Nahen das höhere Alter. Dabei kann also ein Sprung von einer Linie zur anderen vorkommen, wenn in dieser der ältere Verwandte ist. Eine dritte Form ist das Minorat, grade das Umgekehrte der vorigen. Eine vierte Form ist das Seniorat, wo der Aelteste des Mannsstammes, ohne Rücksicht auf die Linie oder den Grad der Verwandtschaft, berufen wird. Diese Form kommt jedoch selten für ganze Güter vor, sondern meistens nur zur Ausübung einzelner einer Familie zustehenden Gerechtsamen, wie die Verleihung einer Pfarrei oder eines Familienstipendiums [4]. Der Sprachgebrauch ist jedoch nicht ganz fest, und in Stiftungsurkunden kommt der Ausdruck, Majorat, vor, wo Primogenitur gemeint ist [5].

474. Das Rechtsverhältniß des Fideicommißerben beruht auf dem Gesichtspunkt, daß er sein Recht nicht vom letzten Inhaber, sondern unmittelbar aus dem Gesetze der Stiftung (ex fundatione) hat. Daraus folgt, daß er vom Verstorbenen nicht enterbt werden kann; daß der Allodialerbe desselben bei der Auslieferung des Fideicommisses keinen Anspruch auf die Trebellianische Quarte hat [1]; daß der Fideicommißerbe mit dem Fideicommiß und dessen Einkünften nur für die rechtmäßig auferlegten Fideicommißschulden haftet [2], für die anderen nur, wenn er zugleich Allodialerbe ist, und auch dann nur, so weit dieser Nachlaß reicht [3]; endlich daß er die Allodialerbschaft ausschlagen und blos das Fideicommiß annehmen kann. Erworben wird das Ei-

---

3) Sehr ausführlich handelt davon das Preuß. Landr. II. 4. §. 166—178.

4) Nach dem Preuß. Landr. II. 4. §. 140. sollen Seniorate für Landgüter gar nicht mehr errichtet werden.

5) Man sehe darüber die Bemerkungen von Eichhorn §. 370. Nr. II.

1) Man sehe Eichhorn §. 369. Nr. I.

2) Man sehe oben §. 471.

3) Ausführlich behandelt diese Frage das Preuß. Landr. II. 4. §. 213—226.

genthum am Fideicommiß, wo der deutschrechtliche Grundsatz gilt[4]), in dem Augenblicke, wo der bisherige Besitzer stirbt[5]). Die Auslieferung hat aber durch den Allodialerben zu geschehen. Bei der Trennung zwischen dem Allodial- und Stiftungsvermögen ist in Ansehung der Verwendungen und Verbesserungen wie bei der Auseinandersetzung von Lehn und Allodium, in Ansehung der Früchte des letzten Jahres nach den Grundsätzen des Nießbrauchs zu verfahren[6]).

475. Die durch diese Successionsordnung ausgeschlossenen Miterben gehen aber doch nicht leer aus, sondern erhalten eine durch die Stiftung oder bei den Stammgütern durch die Familienordnung festgesetzte Abfindung, welche die Apanage heißt. Sie besteht meistens in einer jährlichen Rente, zuweilen auch in dem Genuß von Grundstücken, wo sie Paragium oder Freragium heißt. Bei den regierenden Häusern können mit dem Paragium untergeordnete Regierungsrechte verbunden sein. Beim hohen Adel erstreckt sich das Recht auf Apanage auch auf die männliche Descendenz der Nachgeborenen; bei dem niederen Adel ist dieses möglich, aber selten. Der juristische Gesichtspunkt der Apanage ist nicht der eines Pflichttheils, weil bei Stammgütern die Hausgesetzgebung an das Pflichttheilsrecht nicht gebunden ist, bei Fideicommissen aber die Stiftung voraussetzt, daß für den Pflichttheil anderweitig gesorgt war, oder daß die Pflichttheilsberechtigten auf ihr Recht verzichtet haben. Die Apanage beruht vielmehr nur auf einer Billigkeitsrücksicht zu Gunsten derer, bei denen das zum Wohle des Geschlechts nothwendig befundene Princip der Untheilbarkeit mit den durch die Bande des Blutes gebotenen Rücksichten vorzugsweise in Widerspruch tritt. Diese Rücksicht begründet aber für den Apanagirten ein festes Recht, welches ihm, wenn er auch später in eine günstigere Lage kommt, nicht entzogen werden darf[1]). Nach jenem Princip ist auch an-

4) Man sehe oben §. 412.
5) So sagt auch das Preuß. Landr. II. 4. §. 206.
6) So sagen auch Eichhorn §. 369. Nr. I., Maurenbrecher II. §. 578. Ausführlich handelt davon das Preuß. Landr. II. 4. §. 207—212.
1) Man sehe die Nachweisungen bei Mittermaier II. §. 451.

zunehmen, daß der Stifter die Größe der Apanage im angemessenen Verhältnisse zur Größe des Gutes und zum Wohle des Geschlechts bestimmt hat, daß also dieselbe auch erhöht werden muß, wenn das Fideicommiß durch Erwerbungen vermehrt wird [2]). Der Anspruch auf die Apanage ist zunächst nur ein persönlicher. Bei den Fideicommissen des hohen Adels giebt jedoch das entschiedene Herkommen das Recht, im Falle eines Concurses die laufende Apanage gegen die Masse geltend zu machen [3]). Dieses beruht auf der Kraft einer Hausgesetzgebung, und durch diese, oder beim niederen Adel durch die landesherrliche Bestätigung, kann allerdings die Apanage zu einer Reallast werden, und ist dann nach deren Theorie zu behandeln [4]).

d) Erlöschung der Familienfideicommisse.

476. Familienfideicommisse erlöschen in folgenden Fällen. I. Durch Ausgang des Mannsstammes, wenn das Fideicommiß blos für diesen gestiftet ist [1]). Der letzte Inhaber kann dann durch seinen letzten Willen frei darüber verfügen. Er kann es schon durch Veräußerung unter Lebenden in so fern, als nach seinem Tode Niemand da ist, der die Veräußerung anfechten kann. Hat er nicht darüber verfügt, so fällt das Fideicommiß an seinen nächsten Intestaterben und wird, wenn nicht in der Stiftung etwas Anderes bestimmt ist, in dessen Hand freies Eigenthum. Ist das Fideicommiß ausdrücklich mit für den Weiberstamm gestiftet [2]), so

2) Darüber ist die Jurisprudenz einig, Eichhorn §. 370. Nr. III., Mittermaier II. §. 451., Maurenbrecher II. §. 574., Bluntschli Privatrecht II. §. 205. Nr. 10.

3) Die Zeugnisse geben Eichhorn §. 370. Nr. III., Mittermaier II. §. 451.

4) Man sehe darüber Duncker Reallasten §. 45. Jedoch ist dabei in Ansehung der Rückstände seine irrige Meinung in Abzug zu bringen (§. 151. Note 5).

1) Dieser Sinn ist bei adlichen Fideicommissen bei der Formel „bis Abgang Namens und Stammes" gewiß anzunehmen. So sagt auch Beseler Erbverträge III. 300. Anderer Meinung sind Maurenbrecher II. §. 216. Note 2., Mittermaier II. §. 449. In diesem Sinne hat auch das Obertribunal zu Berlin 1835 erkannt. Allein dieses ist entschieden gegen den im Adelsrecht vorherrschenden Sinn und Sprachgebrauch.

2) Die bloße Berufung der Töchter auf den Fall des Erlöschens des Mannsstammes beweist dieses aber noch nicht. Einen Rechtsfall der Art behandelt Wilda in Reyscher Zeitschr. XII. 185—209.

ist in Ermanglung einer näheren Anordnung die erstgeborene Tochter und deren männliche Descendenz zu berufen; in Ermanglung einer solchen Descendenz die zweitgeborene Tochter und deren männliche Descendenz, und so fort. Sind keine Töchter und männliche Descendenten derselben vorhanden, so ist im Geiste des Stifters anzunehmen, daß dann die anderen durch Weiber von ihm abstammenden männlichen Descendenten berufen seien [3]. II. Durch die Uebereinkunft, wenn auch sämmtlicher Agnaten, kann ein Fideicommiß dem Rechte nach nicht aufgehoben werden, weil ihre Nachkommen ihre Rechte nicht von ihnen, sondern unmittelbar aus der Stiftung haben, die Agnaten also darüber nicht verfügen können. Particulargesetze lassen jedoch die Aufhebung zu, entweder mit Zuziehung eines Curators für die noch Ungeborenen, was aber nur eine scheinbare Bemäntelung ist, oder mit Zustimmung der gesetzgebenden Gewalt, die jedoch das Unrecht nicht zum Recht machen kann [4]). III. Dasselbe gilt von der Aufhebung der Fideicommisse unmittelbar durch ein Gesetz. Die Rücksichten des öffentlichen Wohles, die man dazu vorschiebt, sind nicht begründet und rechtfertigen den Eingriff in das Recht nicht. Man hält die Zersplitterung und freie Veräußerung der Grundstücke für die Landeskultur vortheilhaft; allein die Erfahrung und rationelle Gründe erweisen es als nützlich, wenn es neben dem parcellirten Boden größere Musterwirthschaften giebt. Man fürchtet die allzu große Anhäufung von Grundeigenthum in einer Hand; diesen kann aber durch Gesetze, die ein Maximum festsetzen, entgegengewirkt werden. Man findet darin eine zu große Ungleichheit gegen die Nachgeborenen; diese wird aber durch die dauernden Vortheile für die Familie als Ganzes aufgewogen. Man fürchtet daraus ein Uebergewicht des Adels; allein es kann dem Bürgerstand eben so gut frei gestellt sein, Fideicommisse zu gründen, und es ist diese Richtung, für die Nachkommenschaft gleich-

---

3) So sagt auch das Preuß. Landr. II. 4. §. 189—202.

4) So sagen auch Mittermaier II. §. 158. Nr. XI., Gerber §. 84. Note 17. 18. Man findet dort auch die mehr oder weniger dissentirenden Schriftsteller genannt. Zu diesen gehören auch Eichhorn §. 371. Nr. II., Maurenbrecher I. §. 217. Note 12.

sam ein Sparvermögen zu gründen, eher zu begünstigen. Dennoch hat die neuere Gesetzgebung in mehreren Ländern in der den Fideicommissen feindlichen Richtung gewirkt, häufig aber auch wieder eingelenkt [5]).

4) Besondere Erbverträge des Adels. a) Erbverbrüderungen [1]).

477. Unter mehreren adlichen Familien oder unter verschiedenen Linien derselben Familie findet sich die Verabredung, wodurch sie sich gegenseitig, auf den Fall, daß die eine aussterben sollte, ihre Besitzungen zusichern. Dieses nennt man eine Erbverbrüderung (pactum confraternitatis). Insgemein kommen solche nur beim hohen Adel vor, wo sie auch eine wichtige politische Bedeutung haben. Die erste unzweifelhafte Erbverbrüderung ist die unter den Söhnen des Kaisers Ludwig des Bayern 1334; wichtig ist auch die unter Hessen und Meißen von 1373, der Brandenburg 1457 beitrat [2]). Es liegt darin eine vertragsmäßige Erbeinsetzung von einer Familie zur andern, nur mit dem Zusatz, daß dieselbe bedingt, wechselseitig und mit für die Nachkommen geschlossen ist, was sich aus der Kraft der Hausgesetzgebung erklärt. Es wurde dazu ursprünglich, wie auch bei einem einfachen Geschäfte der Art, die Form der Vergabung unter Lebenden mit Auflassung [3]), selbst mit gegenseitiger Auferlegung eines Zinses [4]), gebraucht, indem jeder Theil sein Gut in die Hand des Richters bedingterweise aufließ, der es ihnen dann wieder zurückgab [5]). Bei den Reichslehen geschah es durch eine vom Kaiser bedingt ertheilte Sammtbelehnung [6]). Seit dem sechzehn-

5) In Preußen wurden die Familienfideicommisse aufgehoben durch die Verfassungsurkunde vom 31. Januar 1850. Art. 40. Zurückgenommen wurde aber diese Aufhebung durch das Gesetz vom 5. Juni 1852.

1) Davon handelt Beseler Erbverträge I. 222—241. III. 90—106.

2) Von beiden handelt Beseler Erbverträge I. 230—234. 236—238.

3) Man sehe oben §. 427.

4) Der Zweck desselben ergiebt sich aus meiner Deutschen Rechtsgeschichte §. 551. Note 10.

5) Man sehe die Beispiele bei Beseler Erbverträge I. 331—334. III. 226. Ein Seitenstück dazu giebt die wechselseitige Einsetzung unter Ehegatten (§. 434. Note 2. 3). Beseler I. 231. 235. 240. will darin, seiner Ansicht gemäß (§. 122), eine Verleihung zum Gesammteigenthum finden. Dieses widerlegt Duncker Gesammteigenthum §. 15.

6) Man sehe darüber meine Deutsche Rechtsgeschichte §. 568. 569.

ten Jahrhundert kam aber dabei, wie bei dem einfachen Geschäft[7]), die Form der Erbeinsetzung auf[8]). Anfangs wurde auch dieses Geschäft von den Juristen mit der Befangenheit, welche die stete Rücksicht auf das römische Recht einflößte, behandelt, bis man sich allmählig davon frei machte[9]). Jetzt ist dasselbe im Ganzen nach dem Princip der vertragsmäßigen Erbeinsetzung zu beurtheilen. Tritt die Delation an die andere Familie ein, so ist in Ermanglung anderer Bestimmungen derjenige als der Erbe der vacanten Besitzungen anzusehen, der als Erbe die Besitzungen in seiner eigenen Familie inne hat.

b) Die Ganerbschaften[1]).

478. Eine Ganerbschaft ist eine unter mehreren Personen und deren Nachkommen bestehende Einigung, kraft welcher gewisse Güter, meistens eine Burg mit ihren Pertinenzen, zum Gebrauche und zur Vertheidigung auf ewige Zeiten gemeinschaftlich sein sollen. Die Veranlassung dazu war, der Anfall einer Erbschaft an Mehrere, die gemeinschaftliche Erbauung oder Eroberung einer Burg und dergleichen. Die Einigung, die eidlich bekräftigt wird, heißt Burgfriede, worunter aber auch der zu vertheidigende Bezirk verstanden wird. Die Erben müssen, wenn sie ein bestimmtes Alter erreicht haben, den Burgfrieden ebenfalls beschwören. Die gemeinschaftlichen Angelegenheiten werden, die minder wichtigen durch einen Ausschuß, die sogenannten Baumeister, die wichtigen durch die Gesammtheit nach Stimmeneinhelligkeit oder Stimmenmehrheit entschieden. Der Einzelne kann seinen Antheil nur im Falle der echten Noth und nur, wenn den Anderen der Vorkauf angeboten ist, verkaufen, nur muß der neue Erwerber gleichen Standes sein. Das Rechtsverhältniß ist also aus zwei Bestandtheilen zusammengesetzt. Das Vor-

---

7) Man sehe oben §. 428.

8) Beseler Erbverträge II. 185. III. 32. Bei ihm wiederholt sich jedoch hier sein Irrthum (§. 429. Note 4), daß er auch dieses der durch den Gegensatz zum römischen Recht geweckten Theorie der Juristen zuschreibt.

9) Gute Nachweisungen giebt Beseler Erbverträge II. 130—134. 137.

1) Davon handeln, mit Auszügen aus Urkunden, Beseler Erbverträge I. 81—84., Duncker Gesammteigenthum §. 16.

herrschende ist ein Miteigenthum oder eine Vermögensgemeinschaft, nur mit der Modalität, daß dieselbe unauflöslich sein, also auf die Theilungsklage verzichtet sein soll[2]. In so fern aber, wenn die eine Familie ausstirbt, ihr Antheil an die Anderen fällt, liegt darin eine für den ideellen Theil jeder Familie geschlossene Erbverbrüderung.

III. Von dem Bürgerstande. A) Begriff desselben.

479. Der Begriff des Bürgerstandes hat sich nur durch thatsächliche Verhältnisse, durch die Absonderung der Städte vom platten Lande, durch die Ausbildung der bürgerlichen Gewerbe und durch den Gegensatz der anderen Stände entwickelt[1]. Es fehlt daher dabei an positiver juristischer Bestimmtheit. Im Mittelalter gehörten dazu nicht die Geistlichen, die Ministerialen, die Ritterbürtigen und anderen Freien auf dem Lande, die Unfreien der verschiedenen Kategorieen. Nach den heutigen Zuständen gehören dazu nicht die Geistlichen, die Militairpersonen, die Adlichen, die Personen des Bauernstandes. Wo der Bauernstand seine eigenthümliche Verfassung und Sitten verliert, wird auch diese Gränze sich verwischen. Mit dem Begriffe von Städtebewohnern fällt der Bürgerstand nicht zusammen. Denn einestheils giebt es Personen, die nicht in einer Stadt wohnen, und doch zum Bürgerstande gehören, wie die nicht adlichen Rittergutsbesitzer, die Pächter von Domainen und Rittergütern, die Beamten, Lehrer, und Fabrikanten auf dem Lande. Anderntheils giebt es Personen, die in einer Stadt wohnen, und nicht zum Bürgerstande gehören, wie die adlichen Städtebewohner. Dieser Bürgerstand wird nach unseren gesellschaftlichen Zuständen in den höheren und niederen Bürgerstand unterschieden, und daran knüpfen sich auch juristische Wirkungen, wie bei Injurien[2], oder

---

2) Nach Beseler Erbverträge I. 82. 83., System I. §. 68. Nr. I. soll das Verhältniß weder das einer juristischen Person, noch das einer communio sein. Dieses hat Duncker widerlegt. Maurenbrecher I. §. 173 b. macht es zur universitas. Allein dem steht entgegen, daß die Einzelnen ideelle Theile haben.

1) Man sehe oben §. 449.

2) Fr. 45. D. de iniur. (47. 10), §. 9. J. de iniur. (4. 4).

nach Provinzialrechten bei der Ehe von Adlichen [3]). Zu dem Ersteren gehören nach den herrschenden Begriffen die öffentlichen Beamten, Gelehrte, Künstler, Kaufleute, Fabrikunternehmer und andere in der Achtung gleichstehenden Personen [4]). Es kommt dabei überhaupt Vieles auf die Bildung und thatsächliche gesellschaftliche Stellung an, worüber das richterliche Ermessen entscheiden muß [5]). Von einem Erwerb oder Verlust dieses Bürgerstandes ist, da er keinen geschlossenen Stand bildet, in positiver Weise selten die Rede; sondern Jeder gehört dazu, der nicht zu einem andern Stande geboren wird oder der aus einem solchen ausscheidet; und Jeder tritt aus demselben heraus, welcher zu einem andern Stande übergeht. Mit dem Staatsbürgerrecht fällt der Bürgerstand dem Begriffe nach nicht zusammen, indem Jenes die Theilnahme an einem bestimmten Staatsverband ohne Beziehung auf einen bestimmten Stand bezeichnet [6]). Factisch gehört allerdings ein großer Theil der Staatsbürger dem Bürgerstande an, und da dieser im Vergleich zum Adel der weit größere, im Vergleich zum Bauernstand der weit intelligentere Theil der Bevölkerung ist, so hat derselbe vorherrschend den Geist unserer Rechtszustände bestimmt [7]).

B) Besondere Rechtsverhältnisse des Bürgerstandes. 1) Die Stadtgemeinden und das Bürgerrecht [1]).

480. Die besonderen Rechtsverhältnisse des Bürgerstandes beziehen sich nicht auf alle Personen, die dazu gehören, sondern nur auf engere Kreise derselben. Zunächst sind diejenigen zu unterscheiden, die einer Stadtgemeinde als Bürger angehören. In diesen stellt sich noch die ältere Bedeutung des Wortes, Bürger,

3) So nach dem Preuß. Landr. II. 1. §. 30.
4) So sagt auch das Preuß. Landr. II. 1. §. 31.
5) Gut äußern sich darüber Eichhorn Privatrecht §. 67., Maurenbrecher II. §. 600.
6) Man sehe oben §. 58. Nicht ganz klar ist sich darüber Mittermaier I. §. 73.
7) So bemerkt richtig Maurenbrecher II. §. 599.
1) Ein besonderes Werk darüber ist: Schilling Lehrbuch des Stadt- und Bürgerrechts in den deutschen Bundesstaaten. Leipzig 1830. 2 Th. Andere Litteratur findet man bei Gengler Lehrbuch §. 24.

dar. Dieses bezeichnet aber hier nicht einen Stand, sondern einen aus der städtischen Gemeindeverfassung hervorgehenden Unterschied [2]). Dabei kommen juristisch zwei Hauptpunkte in Betracht. Der Erste ist die Lehre von der städtischen Verfassung und den darauf für die einzelnen Bürger entstehenden Gerechtsamen. Der Zweite ist die Lehre von dem Erwerbe und Verlust des Bürgerrechts mit dem Unterschiede von Bürgern und bloßen Beisassen. Beides gehört aber nicht in das Privatrecht, sondern in das Verfassungsrecht eines jeden Landes. Es ist auch so positiver Art, daß sich darüber gemeinrechtlich nichts sagen läßt [3]).

2) Von der bürgerlichen Nahrung [1]). a) Von den Zünften.

481. Ein noch engerer Kreis eigenthümlicher Verhältnisse des Bürgerstandes bezieht sich nur auf den Theil der städtischen Bevölkerung, welcher bürgerliche Nahrung treibt, also nicht auf Adliche, Beamten, Rentner, die doch übrigens Bürger der Stadt sein können. In diesen Einrichtungen der bürgerlichen Nahrung hat sich von jeher das Eigenthümlichste der Städte und des Bürgerstandes ausgeprägt. Zu diesen Einrichtungen gehören vor Allem die Innungen, Gilden oder Zünfte [2]). Diese sind organisirte Genossenschaften der zu demselben Gewerbe oder Handwerk gehörenden Personen, welche mit bestimmten auf das Interesse des Gewerbe wie der Einzelnen bezüglichen Rechten und Pflichten ausgestattet sind. Zuweilen haben sie auch als solche einen Antheil am Stadtregiment und werden dann vorzugsweise Zünfte genannt. Ursprünglich wurden die Handwerker auf dem Lande

---

2) So unterscheidet richtig auch Maurenbrecher II. §. 600.

3) Die Lehrbücher des Privatrechts haben sich hier mit einem wissenschaftlich wenig fruchtbaren Material beladen. So Eichhorn §. 374—378., Mittermaier I. §. 76—79. 133—141., Maurenbrecher II. §. 602—612. 621—625., Gerber §. 52. 53.

1) Davon handelt C. A. Weiske Handbuch des allgemeinen deutschen Gewerberechts. Leipzig 1839.

2) Man sehe darüber Ortloff Recht der Handwerker. Erlangen 1803. Viel Material und Litteratur giebt auch Mittermaier II. §. 502—522., Gengler Lehrbuch §. 25. Eine Sammlung der eigenthümlichen Rechtsquellen ist: Ortloff Corpus iuris opificiarii oder Sammlung von Innungsgesetzen. Erlangen 1820.

bei den großen Gütern der Krone und der Kirche von unfreien Leuten getrieben und müssen in einer gewissen Verbindung gestanden haben, weil dabei von einer Prüfung zum Handwerk die Rede ist [3]). In den Städten müssen Handel und Gewerbe von Freien und Unfreien betrieben worden sein, und es muß darüber der guten Ordnung wegen ein obrigkeitliches Bann- und Zwangsrecht Statt gefunden haben. Als daher die großen Städte von der Grafengewalt eximirt und unter die Bischöfe gestellt wurden, so wurde dem Bischofe auch die Gewalt und Anordnung der Märkte, des Handels und der Gewerbe beigelegt [4]). Dem gemäß wurden diese abgetheilt, jede Abtheilung unter einen Meister gestellt, den der bischöfliche Burggraf zu ernennen hatte [5]), und Jeder ein bestimmter Ort zur Ausstellung ihrer Waaren angewiesen [6]). Im Fortschritte der städtischen Entwicklung gestalteten sich diese Verhältnisse freier [7]). Vom Associationsgeiste der Zeit erfüllt schlossen die Handwerker seit dem zwölften Jahrhundert unter einander, der kaiserlichen Verbote ohngeachtet, Fraternitäten, erlangten die eigene Wahl ihrer Meister und mancherlei Ehrenrechte [8]), seit dem vierzehnten Jahrhundert sogar für ihre Zünfte einen mehr oder weniger großen Antheil am Stadtregiment [9]). Gleichzeitig bildeten sie auch, obgleich unter mancherlei Widerspruch, ihre Vorrechte für die ausschließliche Betreibung ihrer Gewerbe und Anderes immer mehr aus und erwirkten dafür feste Privilegien [10]). Die Unfreiheit war aus den Städten nach und nach dadurch gewichen, daß die Herrschaften den dort wohnenden Unfreien Freibriefe ertheilten [11]). Später wurden in den Zunftordnungen allgemein die eigenen Leute gradezu von den Zünften ausgeschlossen [12]). Die Selbstständigkeit des Zunftwesens

---

3) Man sehe meine Deutsche Rechtsgeschichte §. 361. Note 8. 9. 10.
4) Urkunden dafür nennt meine Deutsche Rechtsgeschichte §. 213. Note 7. 8.
5) Deutsche Rechtsgeschichte §. 215. Note 22.
6) Beispiele aus Urkunden giebt Hüllmann Geschichte der Stände §. 46.
7) Die richtige Ansicht von der Entstehung der Zünfte hat gegen Eichhorn Wilda Gildenwesen S. 288—321.
8) Deutsche Rechtsgeschichte §. 216. Note 12—17.
9) Deutsche Rechtsgeschichte §. 222. 223.
10) Beispiele giebt Hüllmann §. 46.
11) Deutsche Rechtsgeschichte §. 373. Note 8. 9.
12) Deutsche Rechtsgeschichte §. 438.

bei einem nicht entsprechenden Grade geistiger Bildung hatte allerdings auch mancherlei Eigennutz, Unsitten und Misbräuche im Gefolge, denen die Reichsgesetze so viel wie möglich zu steuern suchten [13]). Diese Uebelstände, noch mehr aber die herrschend gewordenen Ideen der unbedingten Gewerbefreiheit, haben in der neueren Zeit die größere Einwirkung der Polizeigewalt des Staates [14]), Beschränkung oder Abschaffung der ausschließlichen Gerechtsame der Zünfte [15]), hin und wieder selbst die Aufhebung des Zunftwesens [16]) veranlaßt.

482. Die Grundgedanken des Zunftwesens waren, dem Publikum gute Arbeit, dem Handwerker einen angemessenen Lohn und Wohlstand, und dem gemeinen Wesen einen tüchtigen und sittlich gearteten niederen Bürgerstand zu sichern. Dieses zeigte sich in folgenden Punkten. Erstens war durch die Zunftgesetze für die Bildung tüchtiger Meister gesorgt. Der Lehrling mußte seine bestimmten Lehrjahre beim Meister bestanden haben, ehe er vor der Zunft frei gesagt und als Geselle aufgenommen wurde; der Geselle mußte eine festgesetzte Zeit auf der Wanderschaft sein, wo er fremde Weise und Erfindungen kennen lernte und die Heimath lieb gewann; der Meister mußte das Meisterrecht, die Befugniß zur Betreibung des Handwerks auf eigene Rechnung, durch ein von der Zunft anerkanntes Meisterstück verdienen. Zweitens war gegen die Ueberfüllung des Handwerkes dadurch gesorgt, daß die Zunft geschlossen, daß heißt auf eine gewisse Zahl von Mitgliedern beschränkt war, und daß gegen Nichtberechtigte, selbst bis aufs platte Land hin innerhalb der Bannmeile, der Zunftzwang oder Zunftbann mit dem Zunftpfändungsrecht Statt

---

13) Reichs-Polizeiordn. von 1530. Tit. 39., von 1548. Tit. 36. 37., Reichsabsch. zu Augsburg von 1551. §. 83. 84., von 1559. §. 75., Reichs-Polizeiordn. von 1577. Tit. 37. 38., Reichsschluß wegen Abstellung der Unordnungen und Mißbräuche bei Handwerken von 1731 und 1772.

14) So in Preußen 1794 durch das Preuß. Landr. II. 8. §. 179—400. Dieses ist als der Ausdruck der damaligen Zeitverhältnisse sehr lehrreich.

15) In dieser Richtung mit mancherlei Abstufungen erschienen Gesetze in Baden 1808, Preußen 1810, 1811 und 1845, Sachsen 1810, Hessen 1816, Bayern 1817 und 1825, Hannover 1819, Weimar 1821, Würtemberg 1822 und 1836, Oldenburg 1830. Man sehe Mittermaier II. §. 504.

16) So in Frankreich 1791, Nassau 1819.

fand. Darin lag allerdings für Andere eine Beschränkung der Freiheit. Allein diese war dem Handwerk wie dem gemeinen Wesen nützlich, weil der Markt nicht mit Fabrikaten überschwemmt wurde, welche dem Einzelnen ein so kümmerliches Verdienst lassen, daß er beim ersten Unfall am Bettelstabe ist. Auch wurde dadurch dem zu frühen und leichtsinnigen Heirathen des Handwerkers gesteuert, woraus hauptsächlich das städtische Proletariat hervorgeht. Drittens enthielt die Zunft ein selbstständiges corporatives Leben, Versammlungen der Meister, Wahl des Vorstehers, Gerichtsbarkeit über die inneren Angelegenheiten, eine Zunftkasse, eine Zunftlade oder Zunftarchiv, überhaupt einen Kreis eigenthümlicher Verhältnisse, wodurch die Einsichten in die Verwaltung geweckt, und der Einzelne an Unterordnung gewöhnt wurde. Viertens übte die Zunft durch den engen häuslichen Verband der Lehrlinge und Gesellen mit dem Meister, durch die demselben über Jene eingeräumte Autorität, durch die Zucht, die sie in ihrem Inneren bis zum Meister hinauf handhabte, und durch das Gefühl der corporativen Ehre, welches sie lebendig erhielt, einen sittlichen Einfluß aus, welcher durch keine Polizeistrafen ersetzt werden kann. Fünftens endlich wurde auch der Geist der Religion und Wohlthätigkeit angeregt, durch die Feste zu Ehren des Zunftpatrons, durch die Kasse für erkrankte oder verarmte Zunftgenossen, und durch die statutenmäßige Unterstützung wandernder Gesellen, in welchem Falle die Zunft ein geschenktes, richtiger schenkendes Handwerk hieß. Auch Frau und Kinder waren nicht vergessen, indem die Wittwe auf eigene Rechnung mit Gesellen das Handwerk fortsetzen durfte, und der Geselle, der die Meisterstochter heirathete, begünstigt wurde. Die aus der modernen Gewerbefreiheit hervorgehenden großen Uebelstände haben in der Gesetzgebung wieder den Wunsch nach Innungen keimen lassen [1]). Allein wenn einmal solche Anstalten zerstört sind, so ist es schwer auf künstlichem Wege und unter der steten Aufsicht der Polizei den Geist einzuhauchen, der zu einem kräftigen corporativen Leben nothwendig ist.

---

1) Dieses zeigt sich in Preußen in der Allgemeinen Gewerbeordnung vom 17. Januar 1845.

b) Einzelne Zweige der bürgerlichen Nahrung. α) Handel.

483. Handel im weiteren Sinne heißt jedes Gewerbe höherer Art, welches dem Waarenverkehr dient[1]). Die ein solches Gewerbe betreibenden Personen sind daher im Allgemeinen zum Handelsstande zu rechnen. Im engeren Sinne heißt aber Handel das Gewerbe, welches sich mit dem Umsatz, das heißt dem Einkauf und Verkauf, von Waaren befaßt. Waare können sowohl Naturproducte als verarbeitete Gegenstände sein. Der Handel mit gebrauchten Gegenständen wird jedoch als Trödelhandel ausgeschieden. Wer Handel im engeren Sinne als stehenden Beruf treibt, heißt ein Handelsmann im Gegensatz des Speculanten, der nur gelegentlich und vorübergehend Handelsgeschäfte treibt. Großhändler ist derjenige, der die Waaren aus den ersten Quellen bezieht und nur in großen Quantitäten, auch regelmäßig nur an Kaufleute verkauft. Kleinhändler ist, wer Ankäufe im Großen macht, aber bis in die kleinsten Quantitäten verkauft. Krämer ist, wer seine Ankäufe nur im Kleinen und aus der Nähe macht, und regelmäßig nur in geringen Quantitäten verkauft. Sowohl der Großhandel wie der Kleinhandel und Kramhandel können zünftig oder nicht zünftig sein. Ersterer ist jedoch selten zünftig. Die Krämer gelten aber nicht als Kaufleute im juristischen Sinne, sondern als Gewerbtreibende, und haben daher die kaufmännischen Rechte nicht. Dasselbe ist der Fall mit den Trödlern, Hausirern, Antiquaren, und den gemeinen Victualienhändlern, Hökern oder Vorkäufern. Fabrikanten sind Gewerbsleute, welche die Verarbeitung von Naturstoffen zu Waaren im Großen in dazu vollständig eingerichteten Anstalten betreiben. Sie sind nicht eigentliche Kauf- oder Handelsleute, weil sie nicht Waaren einkaufen, um sie als solche wieder zu verkaufen, sondern vielmehr Waaren erzeugen. In so fern sie jedoch dieses darum thun, um die erzeugten Waaren an die Groß- und Kleinhändler abzusetzen, gehören sie doch zum Handelsstande und genießen kaufmännische Rechte[2]). Handelsgeschäfte sind alle dieje-

1) Daher auch der Commissions- und Speditionshandel, die Rhederei.
2) Man sehe Mittermaier II. §. 534.

nigen, welche zum Zweck der fabrikmäßigen Production, des Ankaufes und Verkaufes, der Lieferung, der kaufmännischen Beförderung von Waaren, zu kaufmännischen Unternehmungen, zu kaufmännischen Zahlungen geschehen. Wichtig ist dieses wegen der Competenz der Handelsgerichte, wobei aber zunächst auf die Particularrechte zu sehen ist.

484. Das juristisch Wichtige beim Kaufmanne sind die ihm als solchem nach den Gesetzen und dem Herkommen zustehenden kaufmännischen Rechte [1]). Dazu gehören insgemein die Eröffnung eines Handelsgeschäftes mit Führung eines Schildes, die Wechselfähigkeit, die Fähigkeit Handelsgeschäfte zu schließen, die Vortheile des Handelsrechts und der Handelsgerichte, die Theilnahme an kaufmännischen Corporationen und Anstalten, das Recht kaufmännische Zinsen zu nehmen, die Berufung auf kaufmännische Pareres, endlich besonders die Vorrechte der Handelsbücher [2]). Diese bestehen darin, daß das Buch des Kaufmannes, gegen die gewöhnliche Proceßregel, zu seinem Vortheil beweist, und einen halben Beweis bildet, der durch den Eid des Producenten, wenn das Gericht einen solchen gestattet, zu einem vollen Beweis gemacht wird. Dieses setzt jedoch voraus, daß die Bücher vollständig und ordnungsmäßig geführt sind, was in die Handelswissenschaft gehört [3]), daß sie vollständig vorgelegt werden, und daß gegen den Producenten kein notorischer Verdacht der Unredlichkeit besteht. Bedienen sich beide Theile ihrer Handelsbücher zum Beweise, und sind Beide gleich glaubwürdig, so hebt sich dieses auf.

485. Juristisch wichtig ist ferner theils wegen dieser Vorrechte, theils aus anderen Gründen die Lehre von der Fähigkeit Handel zu treiben. Wo der Handel nicht zünftig ist, bildet diese Fähigkeit die Regel. Ausgenommen sind, nach der Natur ihres Standes, Geistliche, Soldaten, Staatsbeamte; nach Particular-

---

1) Davon handeln Mittermaier II. §. 532., Maurenbrecher II. §. 635. 637.

2) Davon handeln Eichhorn §. 389., Mittermaier II. §. 568. 569., Maurenbrecher II. §. 636.

3) Davon handelt auch Mittermaier II. §. 566.

recht häufig auch Mäkler [1]). Minderjährige bedürfen, um auf eigene Rechnung Handel zu treiben, der Autorisation des Curators oder der Großjährigkeitserklärung, verlieren aber dadurch auch das Recht auf Restitution [2]). Weiber können, wo die Vormundschaft des Mannes oder die Geschlechtsvormundschaft gilt, nur mit der ausdrücklichen oder stillschweigenden Autorisation des Mannes oder der Zustimmung des Curators Kauffrauen sein [3]). Sie verlieren dadurch innerhalb des Bereiches ihres Handelsgeschäfts die Rechtswohlthaten der Weiber und werden der vollen Wechselstrenge unterworfen [4]). Die von ihnen als Kauffrau eingegangenen Verbindlichkeiten wirken auch gegen die Gütergemeinschaft und gegen das Vermögen des Mannes [5]).

486. Auf den Handel beziehen sich noch folgende besondere Anstalten. I. Die Jahrmärkte. Durch diese erhalten Personen das Recht, während der Markttage Waaren an einen Ort zu bringen und zu verkaufen, die sonst dort dieses Recht nicht haben. II. Die Messen. Diese sind bevorrechtete Zusammenkünfte für auswärtige Kaufleute, um im Großen Ein- und Verkäufe zu machen. Wichtig sind dabei die Meßprivilegien, wozu die Freiheit vom Personalarrest während der Meßzeit, die zeitige Aufhebung des Zunftbannes und Anderes gehört. III. Die Banken. Diese sind Anstalten zur Erleichterung des Geldverkehrs. Eine Art sind die Girobanken. Diese dienen lediglich zur Vermittlung von Geldzahlungen bei Geschäften, wo nicht auf Credit, sondern gegen baar gehandelt ist. Jeder Theilnehmer hat in der Bank ein gewisses Capital deponirt, welches ihm auf seinem Bankfolium zu Gute geschrieben ist, und die Zahlungen geschehen durch bloßes Ab- und Zuschreiben [1]). Solche Banken wurden errichtet zu Amsterdam 1609, Hamburg 1619, Nürnberg 1621. Eine andere Art sind die Zettelbanken. Hier werden an

1) Man sehe oben §. 285.
2) Einige besondere Unterscheidungen macht dazu Mittermaier II. §. 535.
3) Von der Kauffrau handeln Kraut Vormundschaft II. §. 73. 102., Heise und Cropp Abhandl. I Nr. 1. 2.
4) Man sehe oben §. 335. Note 2. 3.
5) Man sehe oben §. 193. Nr. II. 4. §. 212.
1) Man sehe oben §. 395.

die Einleger für die eingelegten Summen Banknoten auf den Inhaber lautend [2]), und zu jeder Zeit rückzahlbar, ausgestellt, und mit mäßigen Zinsen verzinst, die Gelder aber zu anderweitigen Geschäften benutzt. Häufig sind diese Banken auf Actien errichtet, wo dann noch das Princip der Actiengesellschaft hinzukommt. Solche Banken können je nach den Geschäften, womit sie sich befassen, Discontobanken sein, welche Wechsel, die am Platze zahlbar, aber noch nicht fällig sind, gegen einen gewissen Abzug sogleich bezahlen; oder Leihbanken, welche verzinsliche Darlehen machen. IV. Die Börsen. Diese sind Versammlungsorte der Kaufleute, wo regelmäßige Zusammenkünfte zur Abschließung von Geschäften und zur Besprechung von Handelsangelegenheiten gehalten werden. V. Das Stapelrecht. Dieses besteht in dem Recht einer Stadt, die durch- oder vorbeiziehenden Kaufleute zu nöthigen, ihre Waaren auf bestimmte Zeit in der Stadt auszulegen, und den Bürgern vor der Weitersendung deren Ankauf möglich zu machen. Zuweilen ist es auch nur gleichbedeutend mit Stations- oder Umschlagsrecht, das heißt, daß die Waaren dort umgeladen und auf anderem Geschirr weiter geführt werden müssen. VI. Das Stadteinlagerrecht (ius emporii). Dieses besteht in dem Recht einer Stadt, daß gewisse Waaren gar nicht weiter geführt werden dürfen, sondern dort an die Bürger verkauft werden müssen, so daß dadurch die Stadt zum Zwischenplatz gemacht ist. VII. Das Krahn- und Wagrecht. Dieses besteht in dem Recht einer Stadt, zollpflichtige Waaren dort gegen gewisse Krahngebühren zu wägen.

β) Handwerke.

487. Die zweite Quelle der bürgerlichen Nahrung nach dem Handel und den Fabriken sind die Handwerke. Zum Begriff eines Handwerkes gehören sechs Kennzeichen. Erstens muß dasselbe als stehender Nahrungszweig betrieben werden. Zweitens muß dabei die Handarbeit das Vorherrschende sein; dadurch unterscheidet es sich von Gewerben und Fabriken, wozu vorherrschend

2) Man sehe oben §. 257.

Maschinen gebraucht werden. Drittens muß durch die Handarbeit aus dem Rohstoffe ein neuer Gegenstand geschaffen werden; dadurch unterscheidet es sich von den Gewerben, welche die Stoffe nur zur Verarbeitung bereiten, wie die Lohgerber. Viertens muß der durch die Handarbeit zu erzeugende Gegenstand oder die dadurch vorzunehmende Verrichtung zu den gewöhnlichen Lebensbedürfnissen gehören; dadurch unterscheidet es sich von den Gewerben, welche höheren Bedürfnissen dienen, wie die Buchdruckerei, die Malerei. Fünftens muß die Handarbeit eine solche sein, welche technische Kenntnisse und längere Uebung erfordert; dadurch unterscheidet es sich von den Gewerben, die bald zu erlernen sind, wie die Seifen- und Leimsiederei, die Lichterzieherei. Sechstens dürfen die erforderliche Uebung und Geschicklichkeit nicht den Grad von Kunstfleiß erreichen; dadurch unterscheiden sich die Maler, Juwelierer, Goldarbeiter, Instrumentenmacher, Uhrmacher, wobei man daher nicht von Gesellen, sondern von Gehülfen redet. Auf die Nothwendigkeit einer technischen Vorbereitung und Einübung, die in Ermanglung von Handwerksschulen nur auf praktischem Wege gewonnen werden können, gründet sich die Abstufung von Lehrlingen, Gesellen und Meistern, die als in der Natur der Sache beruhend auch da vorkommen und anerkannt werden muß, wo das Handwerk nicht zünftig ist. In dem Meisterrechte ist nach der Natur des Verhältnisses das Recht enthalten, das Handwerk als Meister mit Werkstätte und Aushängeschild auszuüben, Lehrlinge und Gesellen zu halten und auszubilden [1]), und das Recht, die fertige Arbeit feil zu halten. Der Handel mit den zum Handwerk erforderlichen Rohproducten ist aber darin nicht enthalten [2]). Das Nähere hängt von den Zunft- oder Gewerbeordnungen ab.

γ) Gewerbe.

488. Die dritte Quelle der bürgerlichen Nahrung sind die Gewerbe. Gewerbe im weiteren Sinne heißt jede stehende Be-

---

1) Ueber das Rechtsverhältniß der Lehrlinge und Gesellen zum Meister sehe man oben §. 274.

2) Man sehe Maurenbrecher II. §. 642.

schäftigung, die zur bürgerlichen Nahrung gehört, auch der Handel und die Handwerke. Im engeren Sinne bezeichnet man damit diejenigen, welche nicht Handel und Handwerke sind. Die Gewerbe können zünftig oder nicht zünftig sein. Wichtig wegen des Vorrechtes der Städte ist die Eintheilung in städtische und ländliche Gewerbe. Zu jener Eintheilung verhält sich diese so, daß zünftige Gewerbe nur in den Städten vorkommen, die ländlichen Gewerbe aber sämmtlich nicht zünftig sind, was sich aus der Geschichte erklärt. Eigenthümlich ist, daß zuweilen ein Gewerbe auf einem Hause ruht, so daß es nur von demjenigen ausgeübt werden kann, welcher außer der erforderlichen persönlichen Befähigung Eigenthümer oder Miether des Hauses ist. Dieses nennt man ein Realgewerberecht oder ein radicirtes Gewerbe [1]). Dieses kommt namentlich bei Bierbrauereien, Mühlen, Gasthöfen, Branntweinbrennereien, Apotheken vor. Die nächste Wirkung davon ist, daß Jeder, der das Haus erwirbt, auch das Gewerberecht hat, und dazu keiner weiteren Concession bedarf, wenn nicht etwa außerdem die Nachweisung der persönlichen Befähigung verlangt wird. Als Pertinenz des Hauses nimmt das Realrecht die Immobilarqualität an, und kann daher verhypothecirt werden. Das Verbietungsrecht gegen Andere, dasselbe Gewerbe zu betreiben, liegt an und für sich in dem Realgewerberecht nicht, sondern muß besonders durch Titel oder Verjährung bewiesen werden. Dann aber bildet es ein wohlerworbenes Recht, und kann nur gegen Entschädigung aufgehoben werden. Die Entstehung der Realgewerberechte liegt in ertheilten Privilegien, mehr noch in der Macht des Herkommens zu Gunsten der Anlagen, die einmal auf einem gewissen Grundstücke gemacht waren.

c) Beschränkungen der Gewerbefreiheit. α) Durch polizeiliche Einrichtungen.

489. Das Recht, ein Gewerbe zu betreiben, gehört an sich zu den natürlichen Freiheitsrechten. Allein der Zustand der unbedingten Gewerbefreiheit erzeugt leicht, theils für die Gewerbetreibenden selbst, theils für das Publikum, solche Uebelstände,

---

1) Davon handelt Reyscher die Realgewerberechte in dessen Zeitschr. V. 53—89. Man sehe auch Mittermaier II. §. 523., Maurenbrecher I. §. 351. 352.

den Consumenten ist an der guten Betreibung der Gewerbe so sehr gelegen, daß eine gewisse Beaufsichtigung darüber durch den gemeinen Nutzen gerechtfertigt wird. Ein Rechtsbuch des fünfzehnten Jahrhunderts drückt sich darüber folgendermaßen aus [1]) „So der allmechtig got auß rechter ungemessen lieb, milt und „barmhertzikait manicherlay frücht, davon die menschlich natur „in hunger durst und ander blödigkait jren trost, speiß, fürung „und aufenthalt empfahen, allzeit gnediglich thut verleyhen, Die„weil aber solich frücht nit allain mit kauffen und verkauffen, „sondern durch künstliche arbait zu nutz gebracht, damit offt un„gleicher gevärd, schaden und saumnuß gebraucht, und wo solchs „durch gut ordnungen nit betzwungen, so mögen sy gemainem „nutz nach dem willen und ansehen göttlicher miltikait nit allweg „völliklich erschiessen. Hierüben, allen die oberkait zu verwalten „und das übel zu straffen haben, gebüren und allenthalben not „sein will, in solchen sachen und handtierungen, so den gemainen „nutz, und in sonderhait menschliche für und narung berüren, „der man auß der not wenig geraten mag, zu yeden zeitten gut „ordnungen fürtzunemen, halten und handthaben, dadurch die „gevärd und aygennützigkait der ungetrewen boßhait und lieder„lich hinlässigkeit des ee mögen ernider gedruckt werden.“ Bei den Gewerben, die zünftig waren, wurde dafür durch die Zunftordnungen gesorgt. Bei nicht zünftigen Gewerben, oder wo die Zünfte aufgehoben sind, oder auch neben denselben, tritt die unmittelbare Beaufsichtigung der Verwaltungsbehörde ein. Diese äußert sich namentlich darin, daß zur Eröffnung eines jeden Gewerbes die Anzeige bei der Ortsbehörde, bei gewissen Anlagen und Gewerben auch die polizeiliche oder eine höhere Genehmigung [2]), und daß zur Aufnahme in eine Innung, oder zur Befugniß, Lehrlinge zu halten, die Nachweisung der Befähigung durch eine zu bestehende Prüfung erforderlich ist [3]).

1) Ulrich Tengler Layenspiegel Th. I. Tit. von handtierungen dem gemainen nutz notdürfftig.

2) So in Preußen nach der Gewerbeordnung vom 17. Januar 1845. §. 22—53.

3) So in Preußen nach der Gewerbeordnung vom 17. Januar 1845. §. 108. 132. 162—167.

490. Bei gewissen Gewerben findet eine engere Beaufsichtigung Statt. Dazu gehören die Schenkwirthschaften und Gasthäuser [1]). Die Nothwendigkeit gewisser Beschränkungen sowohl hinsichtlich der an einem Orte zu gestattenden Zahl, wie der Zeit des Besuches und der zu solchen Gewerben zuzulassenden Personen beruht theils auf Rücksichten der öffentlichen Sicherheit, theils auf denen der öffentlichen Sittlichkeit [2]). Ferner gehören dahin die Branntweinbrennereien [3]). Eine Beschränkung und Beaufsichtigung ist bei diesen nothwendig aus moralischen und Gesundheitsrücksichten, aus Rücksicht auf die Besteuerung, endlich auch aus dem Grunde, damit nicht zu viel Getraide und Kartoffeln der gewöhnlichen Consumtion entzogen werden. Andererseis ist jedoch auch die Wichtigkeit der Schlempe für die Viehfütterung zu berücksichtigen. Endlich gehören dahin die Apotheken [4]). Bei diesen macht das Interesse des Publikums für Leben und Gesundheit dringend nothwendig, daß die Führung einer solchen nicht blos Personen von Zuverläßigkeit und Gewissenhaftigkeit, sondern auch von der nöthigen wissenschaftlichen Bildung und Erfahrung gestattet werde [5]). Die Art, wie in diesen drei Fällen die Beschränkung und Aufsicht organisirt sind, hängt von der Gesetzgebung jedes Landes ab. Was dadurch nicht positiv verboten ist, bleibt erlaubt.

β) Beschränkungen durch Zwangs- und Bannrechte [1]).

491. Ein Zwangs- und Bannrecht ist das ausschließliche Recht auf die Bereitung gewisser Gegenstände des Verbrauches oder auf eine gewisse Handthierung innerhalb eines bestimmten Bezirkes, kraft dessen alle Bewohner desselben, welche den Gegen-

---

1) Davon handelt Mittermaier II. §. 527.

2) Darauf bezieht sich schon Ulrich Tengler Layenspiegel Th. I. Tit. Von Gastgeben Wein Medt und Bierschenken.

3) Davon handeln Eichhorn §. 395., Mittermaier II. §. 526., Maurenbrecher II. §. 647.

4) Davon handeln Mittermaier II. §. 576., Maurenbrecher II. §. 626. 627.

5) So sagt schon Ulrich Tengler Layenspiegel Th. I. Tit. Von kramern Apothekern und Hugkern gewerben.

1) Davon handeln Eichhorn §. 161. 185—187., Mittermaier II. §. 528. 529., Maurenbrecher I. §. 353. 354. Als Zeugniß der wissenschaftlichen Auffassung ist auch wichtig das Preuß. Landr. I. 23.

stand oder die Arbeit bedürfen, sie nur von dem Berechtigten beziehen können und dürfen. Ein unbedingter Zwang, wirklich zu kaufen, liegt darin nicht, sondern nur ein hypothetischer. In so fern aber jenes Recht insgemein auf Gegenstände gerichtet ist, die mehr oder weniger zu den Lebensbedürfnissen gehören, wirkt es doch wie ein directer Zwang. Es kommt in den mannichfaltigsten Anwendungen sowohl in den Städten wie auf dem platten Lande vor. Häufig ist es auch an ein Haus oder ein Gut als Realrecht geknüpft [2]). Der Ursprung solcher Vorrechte liegt bald in gutsherrlichen Verhältnissen, indem der Herr des Haupthofes nützliche Gewerbeanlagen machte [3]), dafür aber seine Gutsunterthanen anhielt, sich derselben ausschließlich zu bedienen [4]); bald in einer landesherrlichen Verleihung zur Begünstigung einer neuen Unternehmung; bald in der Macht des Herkommens und des Besitzstandes, oder in der herrschenden Abneigung gegen allzu große Concurrenz, und dergleichen.

492. Die gewöhnlichsten Arten der Zwangs- und Bannrechte sind folgende. I. Der Mühlenzwang, welcher den Bewohnern eines gewissen Bezirkes die Verpflichtung auferlegt, ihr Getraide auf der Bannmühle mahlen zu lassen. Der Müller ist aber seinerseits verpflichtet, die Mahlgäste prompt in der Ordnung, wie sie sich melden, abzufertigen, und gut zu bedienen. Das bloße Verbietungsrecht gegen auswärtige Müller, das bei den städtischen Mühlen oft vorkommt, enthält aber noch nicht ein Zwangsrecht gegen die Eingesessenen, ihre Früchte auf die städtische Mühle zu bringen. II. Der Bierzwang. Dieser besteht in der ausschließlichen Bierbraugerechtigkeit innerhalb des Bezirkes, verbunden mit dem Recht, die Einfuhr und das Feilbieten fremden Bieres zu verbieten. Dieses Recht folgt aber aus jener Gerechtigkeit an und für sich nicht. Ein solcher Bierzwang steht häufig einer Stadt gegen das platte Land innerhalb der Biermeile zu, und ist häufig in den Städten selbst an gewisse

2) Man sehe oben §. 488.
3) Man sehe oben §. 464. Note 4.
4) Beispiele aus Urkunden von 1225, 1258 und 1410 findet man bei Ducange v. molendinare, secta moutae. Man sehe auch §. 175. Note 7.

Brauhäuser geknüpft [1]). Innerhalb des Bannbezirkes haben die Eingesessenen, mit Ausnahme der adlichen Güter [2]), im Zweifel nicht einmal das Recht des Kesselbraues oder Haustrunkes zum eigenen Bedarf, weil bei der Leichtigkeit dieser Bereitung das Bannrecht ganz unergiebig werden würde [3]). Wo es aber ausnahmsweise zusteht, begreift es den ganzen eigenen häuslichen Verbrauch, auch den bei außerordentlichen Vorfällen [4]). Ausländische Biere einzuführen muß jedoch zur eigenen Consumtion jedenfalls gestattet werden, weil diese als ein anderer Artikel anzusehen sind [5]). III. Die Schenkgerechtigkeit. Diese besteht in dem Recht, Getränke sowohl in Fässern als in kleinen Quantitäten zu verkaufen. Eine Unterart ist der Ausschank oder die Krugnahrung, welche nur die Befugniß giebt, Getränke in kleinen Quantitäten, in Flaschen und Gläsern, abzusetzen [6]). Wenn damit ein Zwangs- und Bannrecht verbunden ist, was aber nicht von selbst der Fall ist, so begreift sie auch das Recht, Anderen das Anlegen oder Verlegen von Schenken und Krügen zu verbieten [7]). Eine besondere Form davon ist der Reiheschank, wo die Mitglieder einer Gemeinde der Reihe nach die Ausübung der Schenkgerechtigkeit haben [8]). Zur Bierbraugerechtigkeit verhält sich die Schenk- und Kruggerechtigkeit so, daß Diese, selbst wenn sie eine ausschließliche ist, Jene nicht in sich schließt. Für das Umgekehrte ist zu unterscheiden. Besteht neben der Braugerechtigkeit eine ausschließliche Schenkgerechtigkeit, so darf der Bierbrauer nicht schankweise verkaufen. Besteht eine solche nicht, so liegt in der Braugerechtigkeit das Recht sowohl faß- als schankweise zu verkaufen, es sei denn, daß dieselbe blos auf den eigenen Bedarf beschränkt ist [9]). In keinem Falle aber giebt sie, selbst

---

1) Ueber diese Braugerechtigkeit in den Städten findet man mehr bei Mittermaier II. §. 525.
2) Man sehe oben §. 464. Nr. III.
3) So sagt auch das Preuß. Landr. I. 23. §. 61—64.
4) Man sehe das Preuß. Landr. I. 23. §. 93—95.
5) So sagt auch das Preuß. Landr. I. 23 §. 60.
6) So das Preuß. Landr. I. 23. § 54. 55. 88.
7) Preuß. Landr. I. 23. §. 57. 66. 67.
8) Man sehe Mittermaier II. §. 527.
9) Preuß. Landr. I. 23. §. 68. 69. 70.

wenn sie eine ausschließliche ist, blos darum das Recht, der Anlegung von Schenken zu widersprechen, sondern nur das Recht, daß diese das Bier vom Bannbrauhause beziehen müssen [10]). IV. Der Krugverlag. Dieser besteht in dem ausschließlichen Recht, eine gewisse Schenkstätte mit dem daselbst auszuschenkenden Getränke zu versorgen, also den Bezug desselben von einem Anderen zu untersagen [11]). Dieses kann mit einem Bierzwang in Verbindung, aber auch selbstständig vorkommen. V. Der Branntweinzwang. Davon gilt dasselbe wie von dem Bierzwang [12]). VI. Der Weinzwang oder das ausschließliche Recht zu einem Weinschank. Damit ist der Bannwein nicht zu verwechseln, der in verschiedenen Bedeutungen vorkommt [13]). VII. Es giebt auch Zwangbacköfen, Zwangkelter, Zwangschmieden, selbst einen Fiedelbann für eine Genossenschaft von Spielleuten.

493. Die aus dem Bannrecht entstehende Klage gegen die Verpflichteten geht nicht darauf, daß sie bei dem Berechtigten wirklich kaufen, sondern nur darauf, daß sie nicht dieselbe Anlage machen oder nicht bei einem Andern kaufen. Dieses führt allerdings dahin, daß bei dem Berechtigten gekauft wird; allein dieses ist nur eine thatsächliche Folge [1]). Das Wesen der Bannrechte ist daher ein Verbietungsrecht. Darin haben sie mit den auf eine Unterlassung gerichteten Servituten eine scheinbare Aehnlichkeit. Allein der Unterschied ist der, daß es sich beim Bannrecht nicht um eine Beschränkung des Eigenthumsrechts, sondern der persönlichen Freiheit handelt. Eben so wenig kann man sie den Reallasten vergleichen [2]), indem bei diesen ein Grundstück etwas Positives zu leisten, bei jenen die Personen etwas zu unterlassen haben [3]). Die Bannrechte sind daher wie Monopole als

10) Preuß. Landr. I. 23. §. 65.
11) Preuß. Landr. I. 23. §. 56. 58.
12) Preuß. Landr. I. 23. §. 90—92.
13) Diese nennt Mittermaier II. §. 529. Nr. II. Man sehe jedoch auch Maurenbrecher II. §. 354. Note 8.

1) Dieses unterscheidet nicht scharf genug Duncker in Reyscher Zeitschr. II. 2, 71.
2) So sagt nun auch Mittermaier I. §. 173. Note 6. II. §. 529. Note 1 a.
3) So bemerkt gut Duncker Reallasten §. 57.

künstliche Vorrechte zu betrachten, wodurch die natürliche Freiheit des Verkehrs und der Gewerbe beschränkt wird [4]). Da ein solches Recht sich wie eine Herrschaft über die Eingesessenen eines Bezirkes erstreckt, so kann man dabei von einer quasi possessio reden [5]). Zur Geltendmachung oder Bestreitung des Rechts als Ganzes dient die actio confessoria oder negatoria [6]). Wegen der einzelnen Contravention ist eine Klage auf Schadenersatz und Geldstrafe zuläßig [7]). Der Berechtigte muß sich aber auch im Stande erhalten, den Bedürfnissen der Verpflichteten zu entsprechen, und darf sich dabei keinen Mißbrauch oder Bedrückung zu Schulden kommen lassen, widrigenfalls ihm sein Recht durch gerichtliches Urtheil entzogen werden kann [8]). Ueberhaupt sind Bannrechte etwas Singulaires, und daher besonders zu beweisen und strenge zu interpretiren. Wegen ihrer Beschränkung der Gewerbefreiheit sind sie in mehreren deutschen Ländern ganz aufgehoben worden, entweder unbedingt [9]), oder gegen Entschädigung [10]), oder dadurch, daß sie ablösbar erklärt wurden [11]).

γ) Beschränkungen durch Regalität.

494. Endlich giebt es gewisse Gewerbe, deren Betreibung

4) Hiedurch wird auch die Stellung der Bannrechte im System bestimmt. Eichhorn handelt sie nach den Servituten vor dem Pfandrechte ab, stellt sie also unter die dinglichen Rechte, was ganz falsch ist. Maurenbrecher, der für die Realrechte eine eigene Rubrik gebildet hat, weist ihnen darunter ihren Platz an. Allein abgesehen von dem, was sich gegen die Anlegung jener Rubrik sagen läßt (§. 131. Note 5), ist jenes nicht ganz correct, weil es Bannrechte giebt, die nicht Realrechte sind, sondern einer Corporation oder Genossenschaft zustehen. Ihm folgt nun Phillips I. §. 123., welcher sie früher, wie früher auch Mittermaier, zu den Reallasten rechnete. Gerber §. 156. Note 3. hat für sie nur einen gelegentlichen Platz in einer Note finden können, und ihnen für das Rechtssystem, also als eigenthümliches Rechtsverhältniß, einen geringen Werth beigelegt. Dieses wird durch die obige Ausführung widerlegt. Dasselbe kommt bei Gerber mehrmals vor; man sehe oben §. 156. Note 1. §. 161. Note 1. Allein eigenthümliche Institute, wegen der Schwierigkeit der Classificirung, weglassen, ist das System nicht vereinfachen, sondern verstümmeln.

5) Man sehe darüber Duncker in Reyscher Zeitschr. II. 2, 68—74.

6) Man sehe Duncker Reallasten S. 240.

7) Preuß. Landr. I. 23. §. 47. 48. 49.

8) Preuß. Landr. I. 23. §. 15—21. 34—39. 41—46. 75—79.

9) So in Oesterreich 1789, Bayern 1799, 1807 und 1809.

10) So in Hessen 1818, Oldenburg 1819, Baden für die Domainen 1835.

11) So in Preußen 1810 und 1825. Zuletzt geschah hier eine Aufhebung theils unbedingt theils durch Ablösbarkeit durch die Gewerbeordnung vom 17. Januar 1845. §. 1. 4. 5.

dadurch beschränkt ist, daß sich die Staatsgewalt dieselben als ein Regal oder fiscalisches Recht vorbehalten hat. Das Recht der Betreibung derselben durch Privatpersonen kann daher nur durch Verleihung der Staatsgewalt erworben, und es muß dafür eine gewisse Abgabe gezahlt werden. Diese Verleihung, wodurch die Staatsgewalt die Ausübung eines ihr eigenen Rechtes überträgt, unterscheidet sich wesentlich von der Concession, welche dieselbe zur Ausübung eines Gewerbes aus polizeilichen Gründen ertheilt. Eben so unterscheidet sich jene Abgabe wesentlich von der Gewerbesteuer, die noch daneben vorkommen kann [1]. Häufig ist allerdings jene Regalität nur zu dem Zwecke aufgestellt worden, um unter diesem Titel das Polizeiliche in der Hand zu haben. Zunächst gehört nun hieher die Mühlengerechtigkeit, wobei die Abgabe der Mühlenzins heißt. In den schiffbaren Flüssen ist diese gemeinrechtlich ein Regal, in den kleinen Gewässern nur ausnahmsweise in einzelnen Ländern [2]. Wo dieses der Fall ist, bedarf der Eigenthümer auch auf seinem eigenen Boden und an einem ihm allein zustehenden Wasser, oder wenn auch die oberen und unteren Adjacenten zustimmen, doch der Verleihung der Staatsgewalt, und umgekehrt kann diese dann auch gegen den Willen der Ufereigenthümer die Anlegung einer Mühle gestatten [3]. Häufig findet sich, daß ein Rittergut nicht blos selbst die Mühlengerechtigkeit hat, sondern auch das Recht, dieselbe gegen den Mühlenzins an Andere zu verleihen. Dieser Mühlenzins, der für den Betrieb des Gewerbes entrichtet wird, ist von der Abgabe wohl zu unterscheiden, die etwa von den Mühlengrundstücken an die Grundherrschaft [4] zu entrichten ist [5]. Ein regales Gewerbe ist

1) Diese Verhältnisse werden insgemein nicht scharf genug unterschieden. Am besten geschieht dieses von Maurenbrecher II. §. 644. Nicht ganz klar ist sich hier Eichhorn §. 393.

2) Man sehe oben §. 173.

3) Am besten äußern sich darüber Mittermaier I. §. 237. Nr. II. III., Maurenbrecher I. §. 296., der in seiner ersten Auflage II. §. 646. das Regal und das Polizeiliche confundirte. Die richtige Unterscheidung haben auch Eichhorn §. 270, Gerber §. 63. 86.

4) Man sehe oben §. 175. Note 6. 7.

5) Wichtig ist diese Unterscheidung namentlich in Preußen wegen der verschiedenen Behandlung. Die Abgabe für den Betrieb des Gewerbes fällt unter die Gewerbeordnung vom 17. Januar 1845, und ist durch diese aufge-

auch in einigen Ländern die Branntweinbrennerei, und hier wird die Abgabe der Blasenzins genannt. Doch scheint dabei der Begriff von Regal nicht recht zur Klarheit durchgedrungen zu sein[6]).

495. Das wichtigste regale Gewerbe bildet das Postwesen, das Recht, Briefe, Paquete und Reisende vermittelst regelmäßig abgehender, in stationsmäßiger Erneuerung sich an einander schließender Anstalten gegen feste Taxen weiter zu befördern[1]). Die Regalität desselben gründet sich darauf, daß im sechzehnten Jahrhundert zuerst ein kaiserliches Postwesen für die Verbindung zwischen den burgundischen Provinzen und Wien eingerichtet, dieses dann allmählig zu einer Anstalt für das Reich erweitert und als kaiserliches Regal erklärt, endlich dasselbe in mehreren Ländern von den Landesherren nachgeahmt wurde[2]). Die Ausübung dieses Regals geschieht auf doppelte Art: entweder durch Verwaltung auf Rechnung des Staates, oder durch Verleihung an Privatpersonen. Aus der Regalität folgt das Recht der Staatsgewalt, Privatunternehmungen zu verbieten, welche der Sache nach Posten sein würden. Als das unterscheidende Merkmal der Posten ist aber dabei sowohl nach ihrer historischen Entstehung als nach der Auffassung des gemeinen Lebens nur die Anstalt anzusehen, welche sich auf eine weite Entfernung hin, und zwar zum Zwecke der raschen Beförderung in stationsmäßiger Erneuerung, erstreckt. Regelmäßige Unternehmungen zur Beförderung auf kurzen Strecken, oder auch auf eine größere Entfernung, jedoch ohne die Erneuerung der Pferde, sind daher nicht für eine Verletzung des Postregals zu halten. Auch nicht die Besorgung von Briefen durch einen Boten oder durch eine Gelegenheit, weil das Postregal nicht das ausschließliche Recht enthält, schlechthin alle Briefe zu besorgen, sondern nur das ausschließliche Recht, sie als Postanstalt zu besorgen. Die Landesgesetze ziehen jedoch häufig engere

---

hoben. Die Grundabgabe fällt unter das Gesetz vom 2. März 1850 über die Ablösbarkeit der Reallasten. Hierauf beruht das Gesetz vom 11. März 1850 über die auf Mühlengrundstücken haftenden Reallasten.

6) Eichhorn §. 395., Maurenbrecher II. §. 647.

1) Die Litteratur findet man bei Runde §. 131—138., Eichhorn §. 394., Maurenbrecher II. §. 645.

2) Man sehe meine Deutsche Rechtsgeschichte §. 336.

Gränzen [3]). Dem durch das Postregal gegebenen Rechte entsprechend muß aber auch das Postamt für die getreue und pünktliche Aufbewahrung, Beförderung und Ablieferung, für die Versehen seiner Angestellten, und selbst für den Zufall, der nicht höhere Gewalt ist, einstehen [4]). Auf die Eisenbahnunternehmungen ist die Regalität nicht auszudehnen. Denn entweder sind dieselben Staatsbahnen, die auf Rechnung des Staats gebaut oder von ihm erworben sind: dann fließen die Rechte der Staatsgewalt wie bei der Benutzung der öffentlichen Wege aus ihrem wirklichen Eigenthum. Oder sie sind Privatbahnen, die von Privaten oder Associationen für den allgemeinen Verkehr angelegt worden. Dann fließen sie aus der allgemeinen Staatshoheit und Staatsfürsorge für gemeinnützige Unternehmungen, und äußern sich wie gewöhnlich in dem Recht der Concessionirung, und der Auferlegung der nöthigen Bedingungen, der Oberaufsicht, der Gerichtsbarkeit, der Einziehung wegen Mißbrauchs [5]).

IV. Von dem Bauernstande. A) Geschichte desselben.

496. Unter Bauernstand versteht man den Inbegriff der Bewohner des platten Landes, welche den Landbau als Nahrungszweig für eigene Rechnung und mit eigener Hand betreiben. Dieses ist das Thatsächliche. Hinsichtlich des Juristischen fanden und finden zum Theil noch jetzt unter ihnen große Verschiedenheiten Statt, wovon der Grund bis in die ältesten Zeiten zurückgeht. Damals wurde der Landbau theils von Freien, theils von Unfreien betrieben. Die Freien waren doppelter Art: Freie die an ihren Höfen das freie echte Eigenthum und dadurch in der Gemeinde auch für ihre Person die volle Ehre und Freiheit hatten; und Freie die sich unter den Schutz der Kirche, der Krone oder

---

3) So in Ansehung der Briefe das Preuß. Landr. II. 15. §. 143—151.

4) Man sehe darüber das Preuß. Landr. II. 15. §. 157—166. 173—187.

5) Anderer Meinung ist Reyscher die Rechte des Staates an den Eisenbahnen (in dessen Zeitschr. XIII. 243—302). Dieser will ein eigenes Eisenbahnregal annehmen. Er betrachtet dieses als einen „Ausfluß des alten Straßenregals." Allein auch dieses ist kein Regal (§. 160). Die Zahl der Regalien zu vermehren ist gegen den Geist unserer Zeit und kein Bedürfniß, da man mit den Rechten der Staatshoheit nach dem Standpunkt der jetzigen staatlichen Entwicklung eben so weit kommt.

eines mächtigen Grundherrn gestellt hatten, entweder so, daß sie davon ein Gut zur Benutzung gegen Entrichtung eines Grundzinses erhalten, oder so, daß sie sich mit ihrer eigenen Habe hingegeben, und daher nur einen Schutzzins zu entrichten hatten [1]). Durch die Veränderung des Kriegswesens und der gesellschaftlichen Zustände wurden seit dem zehnten Jahrhundert viele Freie der ersten Kategorie in die zweite gedrängt [2]). Diejenigen aber, die darin blieben, theilten sich in zwei Klassen: Solche die Ritterbürtige wurden, und Solche die dieses nicht wurden, aber sich doch im Uebrigen als freie Bauern in der Stellung der alten echten Freien behaupteten [3]). Die Freien der zweiten Kategorie, die Vogt- oder Schutzleute, wurden durch die Zeitverhältnisse unter mancherlei Namen eine sehr zahlreiche Klasse. Sie hatten an ihren Höfen das Eigenthum, jedoch beschwert mit den aus der Vogtei fließenden bäuerlichen Lasten [4]). Der Inhaber der Vogtei konnte nach der späteren Gestalt der Verfassung entweder der Landesherr selbst oder eine der Landeshoheit unterworfene Person oder Anstalt sein; dieses machte für die Vogtei keinen Unterschied.

497. Die Unfreien waren doppelter Art, servi oder liti. Der Unterschied bestand darin, daß die servi im wahren Eigenthum des Herrn, die liti hingegen nur in einer Gewalt standen, indem sie aus dem Eigenthum freigelassen, allein in der Gewalt zurückbehalten worden waren [1]). Beide stimmten darin überein, daß sie nicht nothwendig angesiedelt sein mußten, sondern auch von einer Handthierung leben konnten [2]), und daß sie an den

---

1) Daß diese Verhältnisse so schon in der fränkischen Zeit ausgebildet waren, zeigt meine Deutsche Rechtsgeschichte §. 408. 409.

2) Deutsche Rechtsgeschichte §. 415. Note 14.

3) Deutsche Rechtsgeschichte §. 417. 419. 420. Note 1. 2. §. 439. Note 6. 7.

4) Deutsche Rechtsgeschichte §. 415. Note 14. 15. 16. §. 421. 422. 423. §. 439. Note 11.

1) Diese Bedeutung der liti, woraus man bisher nichts Bestimmtes zu machen wußte, ist quellenmäßig nachgewiesen in meiner Deutschen Rechtsgeschichte §. 360. 392. 396.

2) Deutsche Rechtsgeschichte §. 361. Note 1—10. §. 374. Note 7—11. §. 394. Note 4. 7.

Herrn von ihrer Person eine Abgabe zu entrichten hätten [3]. Gewöhnlich waren sie aber auf Nebenhöfe oder kleine bäuerliche Stellen gegen bestimmte Verpflichtungen gesetzt [4]. Allerdings hiengen diese so wie die Einziehung des Gutes von dem Willen des Herrn ab. Allmählig bildeten sich aber darüber feste Normen, bei manchen Höfen selbst ein Recht der Vererbung [5]. Im Mittelalter entsprechen den servi die eigenen Leute oder Leibeigenen, den lili die Laten oder hofhörigen Leute [6].

498. Bei der zunehmenden Bevölkerung und größeren Beweglichkeit des bürgerlichen Lebens kamen aber auch mancherlei Formen von Bauerngütern auf, deren Verleihung und Rechtsverhältnisse sich auf einen freien Vertrag gründeten. Dadurch erhielt der freie Bauernstand einen neuen Zuwachs. Eine Form ist, daß Bauerngüter gegen mancherlei Zins in Naturalien und Geld auf bestimmte oder unbestimmte Zeit oder auf Lebenszeit ausgethan sind. Solche werden Zinsgüter oder Leihen zu Landsiedelrecht genannt [1], und sind durch Wiederholung häufig erblich geworden. Eine zweite Form sind die Erbzinsgüter, die durch den Vertrag selbst erblich gegen Zins verliehen sind [2]. Drittens sind seit dem dreizehnten Jahrhundert bei der fortschreitenden Urbarmachung des Landes von Stiften und Klöstern Güter häufig nach dem Recht der Emphyteuse in Erbleihe oder Erbbestand gegeben worden [3], was zur Hebung des Bauernstandes wesentlich beitrug. Eine vierte Form ist, daß Güter unter dem Namen Zinslehen nach der Analogie des Lehnrechts erblich verliehen wurden [4]. Fünftens endlich kommen schon sehr früh Güter in der gewöhnlichen Rechtsform der Zeitpacht vor [5].

---

3) Deutsche Rechtsgeschichte §. 360. Note 7. §. 375. Note 16. 17. 18. §. 394. Note 8. 9.

4) Deutsche Rechtsgeschichte §. 361. Note 15—19. §. 374. Note 2—5. §. 394. Note 8. 10—13.

5) Deutsche Rechtsgeschichte §. 366. Note 5. 12. 13. 14. §. 377. Note 9—18. §. 394. 398. Note 2. 3.

6) Deutsche Rechtsgeschichte §. 373. 398.

1) Deutsche Rechtsgeschichte §. 490. Not. 4—8.

2) Deutsche Rechtsgeschichte §. 490. Note 9—15.

3) Deutsche Rechtsgeschichte §. 490. Note 16. 17.

4) Deutsche Rechtsgeschichte §. 490. Note 18. 19.

5) Deutsche Rechtsgeschichte §. 490. Note 20. 21.

499. Wichtig war für den Bauernstand die Erhaltung der Höfe und die Abwehr gegen deren Zersplitterung. Dafür sorgten bei freieigenen Bauerngütern der Familiengeist, die Frugalität des Lebens, die Ordnung des Erbrechts, welche die Töchter ausschloß, und das Abkommen unter den Söhnen. Bei verliehenen Höfen wurde es noch genauer durch das Hofrecht und durch die Verleihungsverträge bestimmt[1]). Seit dem sechzehnten Jahrhundert griff auch immer tiefer die Landesgesetzgebung ein, weil die Steuern, die Einquartierung und andere Kriegslasten auf die Höfe vertheilt, und daher dem gemeinen Wesen an der Erhaltung derselben und an einem kräftigen Bauernstande gelegen war. In diesem Geiste wurden die Zersplitterung der Höfe und die abgesonderte Veräußerung der zu einem Hofe seit einer gewissen Zeit gehörenden Pertinenzen [2]), umgekehrt aber auch die Vereinigung mehrerer Höfe in derselben Hand [3]), die Einziehung oder die Vereinigung heimgefallener bäuerlicher Stellen mit den Besitzungen der Herrschaft [4]), und die Erhöhung der Leistungen [5]) verboten. Der Bauernstand wurde als eine politische Institution behandelt, wobei das Belieben des Einzelnen dem Wohle des Ganzen untergeordnet sein sollte.

B) Persönliche Verhältnisse. 1) Eintheilung der Bauern.

500. Von den Bauern kamen und kommen nach vielerlei Gesichtspunkten Unterscheidungen vor. Nach der Person dessen, wovon das Gut herrührt, giebt es Kammer- oder Amtsbauern das heißt landesfürstliche Bauern im Gegensatze der Patrimonialbauern. Letztere heißen Hintersassen oder Junkermeier, wenn ihr Gutsherr ein Weltlicher ist; sie heißen Gotteshausleute, Heiligen-

---

1) Nachweisungen darüber giebt meine Deutsche Rechtsgeschichte §. 491.

2) Beispiele aus Landesgesetzen und Urtheilssprüchen giebt Klingner Sammlungen zum Dorf- und Baurenrechte I. §. 201—206., Grefe Hannov. Privatrecht II. §. 55. 72. 92., Sommer Bäuerl. Verhältn. I. 51—66. II. 157., Maurenbrecher I. §. 222. Note 4. Hieher gehört auch das Preuß. Landr. II. 7. §. 14.

3) So auch nach dem Preuß. Landr. II. 7. §. 14.

4) Beispiele giebt Grefe Hannov. Privatrecht II. §. 84. So sagt auch das Preuß. Landr. II. 7. §. 14 15.

5) Daß diese Beschränkung die gewöhnliche war, bezeugt das Preuß. Edict vom 14. Sept. 1811. §. 35.

kreuzleute, Dotalen, Pfarr- oder Kirchbauern, wenn sie einer geistlichen Anstalt angehören. Solche waren, wie die Kammerbauern, schon in alter Zeit durch ihre günstigere Lage ausgezeichnet [1]). Oft kommen aber Bauern bei einer geistlichen Anstalt vor, die sich blos unter deren Schutz gestellt hatten [2]). Diese heißen Peterlinge, Martensmänner, Ulrichsleute und dergleichen. Bauern, die einen herrschaftlichen Haupthof mit den dazu gehörenden Ländereien in Pacht haben, werden Sedelbauern genannt. Nach der Größe der Höfe und der Bespannung unterscheidet man verschiedene Klassen. In der Ersten stehen die Vollerben, Vollspänner, Vollmeier; in der Zweiten die Dreiviertelspänner, Hüfnermeier; dann die Halbspänner, Halbhübner, Halbmeier, und so weiter; endlich kommen die Kossaten oder Köter, die sich in Groß- und Kleinköter theilen. Wie viel Land zu einem vollen Hof gehört, hängt von dem Landesgebrauche ab. Nach dem Gemeindeverbande heißen die größeren Bauern, die in der Gemeinde stimmen, Reihewirthe, Reihewohner, Gemeindebauern; von ihnen unterschieden sind die Köter, die Brinksitzer, die auf dem gemeinen Grunde mit einem Hause aber ohne Gut angesiedelt sind, die Büdner oder Erbzinsleute, die mit einer eigenen Wohnung auf dem Boden eines Andern sitzen, die Gärtler und Hintersädler, die blos Garten und Wiese am Hause, kein Ackerland haben. Verschieden von dem Bauernstande sind diejenigen, an deren Besitzungen ländliche Gewerbe oder Handwerke geknüpft sind, die Erbmüller, Erbschmiede, Erbkrüger; desgleichen die Einlieger, Häuslinge oder Hausgenossen, die ohne Grundeigenthum als Tagelöhner, Dienstboten, Handwerksgesellen in dem Dorfe wohnen, dafür aber ein Schutzgeld zu entrichten haben und im Interesse der gemeinen Sicherheit mancherlei Beschränkungen unterworfen sind [3]).

---

1) Man sehe meine Deutsche Rechtsgeschichte §. 372. 397.

2) Diese gehen in sehr alte Zeit zurück. Der Zusammenhang ergiebt sich aus meiner Deutschen Rechtsgeschichte §. 85. Note 11—17. §. 131. Note 7. §. 197. Note 7. §. 200. Note 3. §. 409. Note 3—8. §. 415. Note 14—16. §. 422. 423.

3) Man findet darüber Vieles in Klingners Sammlungen zum Dorf- und Bauernrechte I. §. 177 — 183. Davon handelt auch das Preuß. Landr. II. 7. §. 113—121.

2) Rechtsverhältnisse als Stand.

501. Der Bauernstand steht in Beziehung auf die gewöhnliche Rechtsfähigkeit dem Bürgerstande im Ganzen gleich[1]). Es haben sich jedoch in den Particularrechten, hier mehr dort weniger, einzelne Beschränkungen erhalten. Diese beruhen auf einem dreifachen Grunde: auf der Abschließung der anderen Stände gegen die Bauern, sie das Verbot ohne obrigkeitliche Erlaubniß ein bürgerliches Gewerbe zu ergreifen[2]); auf der Absicht ihn bei seiner gewöhnlichen Rechtsunwissenheit vor Nachtheil zu hüten, sie die Versagung der Wechselfähigkeit, die Nothwendigkeit der gerichtlichen Bestätigung ihrer Verträge[3]); endlich auf der größeren politischen Abhängigkeit des Bauernstandes im Interesse der Landescultur, sie die enge Beaufsichtigung über die Führung seiner Landwirthschaft[4]). Dafür hat er aber auch mancherlei Vorzüge, namentlich daß nach den Gesetzen mehrerer Länder seine Processe summarisch verhandelt werden. Durch die fortschreitende Verwischung der Standesunterschiede und die Verbreitung der Bildung und Kenntnisse auch auf das Land hin sind aber diese Ungleichheiten ihrem Erlöschen nahe.

3) Von den eigenen Leuten[1]).

502. Der Zustand der servi oder eigenen Leute beruhte auf dem Gedanken, daß sie als im Eigenthum des Herrn stehend, dem Gemeinwesen und Volksrecht völlig fremd, lediglich der Gewalt und dem Rechte des Herrn unterworfen seien. Das Haus war ihr Gemeinwesen, der Wille des Hausherrn und das dadurch festgesetzte Hofrecht das Gesetz, welches ihre Rechte und Pflichten wie die von Unterthanen bestimmte. Innerhalb dieses Kreises bewegte sich aber ein gesichertes geordnetes Dasein. Ihre Ehen,

---

1) So sagt auch das Preuß. Landr. II. 7. §. 17.
2) So sagt noch das Preuß. Landr. II. 7. §. 2. 3. 4.
3) Eichhorn Privatrecht §. 68.
4) Preuß. Landr. II. 7. §. 8. 9.

1) Die ausführlichen Zeugnisse zu der nachfolgenden Darstellung findet man in meiner Deutschen Rechtsgeschichte §. 359 — 389. Das Verhältniß ist durch die neuere Gesetzgebung aus dem praktischen Rechte verschwunden. Hieher gehört daher nur dasjenige, was zum Verständniß eben dieser Gesetzgebung und einiger noch praktischen Folgen nothwendig ist.

mit Bewilligung des Herrn geschlossen, wofür eine Abgabe, der Bedemund, zu entrichten war, waren von dem Hofrecht anerkannt und geschützt. Ein mit Zustimmung des Herrn gewähltes Handwerk oder anderer Nahrungszweig verschaffte ihnen Unterhalt, wenn sie nicht, wie häufig, vom Herrn auf einen Nebenhof gesetzt waren. Ihr Erwerb, Besitzthum und Verkehr untereinander hatten im Hofrecht ihre nach Art des Volksrechts gebildeten Regeln, die der Herr in seinem Hofgericht aufrecht hielt[2]. Die Hinterlassenschaft gehörte der Strenge nach dem Herrn, wurde aber den Kindern gegen eine Abgabe, das Mortuarium, Besthaupt oder Buttheil, gelassen, und die Art der Vererbung durch das Hofrecht geordnet[3]. In Krankheit und anderer Lebensnoth war der Herr mit Rath und That zur Hand, hatte aber dafür über Zucht und Aufführung zu wachen, und wie von Unterthanen den Leibzins und Dienste zu fordern. Vor den Volksgerichten gegen Freie oder auswärtige eigene Leute hatte der eigene Mann keine Stimme; aber der Herr klagte für ihn und forderte auch die Buße, wenn Jener getödtet worden. Dem Herrn selbst gegenüber hatte er aber kein Recht, das ihn schützte und Keinen, der ihn vertrat. Dieser konnte ihn daher an Leib und Leben strafen, verkaufen, vertauschen, und hatte über ihn Gewalt, wie über sein Eigenthum.

503. Allmählig traten aber in diesem Zustande Milderungen ein. Schon früh wurden Lebens- und verstümmelnde Strafen ohne Zuziehung des Gerichts bei peinlicher Strafe untersagt, und später auch die Züchtigungen auf ein gewisses Maß beschränkt. Dadurch wurde zuerst der enge Kreis des Hofrechts durchbrochen und die eigenen Leute unter das Volksrecht gezogen. In demselben Geiste wurde die Gültigkeit ihrer Ehen durch die Kirche von der Einwilligung des Herrn unabhängig erklärt und unter das canonische Recht gestellt. Zuletzt wurden sie überhaupt der Genossenschaft des Landrechts theilhaftig gemacht, indem sie in eigener Person, nur beschränkt durch die Einwilligung des Herrn,

---

2) Deutsche Rechtsgeschichte §. 514.
3) Deutsche Rechtsgeschichte §. 557.

vor Gericht stehen konnten. Jetzt waren die eigenen Leute den übrigen Unterthanen der gemeinen Rechtsfähigkeit nach gleich [1]). Die Abhängigkeit zeigte sich nur noch in einzelnen Punkten: in der Gebundenheit an die Scholle und dem Mangel der Freizügigkeit, der Beschränkung der Standeswahl, in dem bei der Verheirathung für den Consens zu entrichtenden Bedemund, in der Verpflichtung zu gewissen Diensten, besonders für solche, die sich als Gesinde verdingen wollen, in dem wenn auch sehr gemäßigten Züchtigungsrecht, in dem Leibzins, in dem Besthaupt oder Buttheil, und in dem bei der Freilassung zu entrichtenden Lösegeld. Dafür hatte aber die Herrschaft auch noch entsprechende Verpflichtungen der Versorgung, Pflege und Beaufsichtigung. War der eigene Mann auf ein Gut gesetzt, so entsprangen daraus noch besondere Pflichten und Rechte [2]). Leibeigene kamen aber nur noch auf dem Lande vor, und auch hier nur so, daß sie als Unterthanen zu einem gewissen herrschaftlichen Gute gehörten, nicht so, daß sie einer Person ohne Gut angehörten [3]), weshalb auch ihre Dienste sich nur auf ein Gut, nicht auf eine Person bezogen [4]).

504. So war das Institut bis in die Mitte des achtzehnten Jahrhunderts beschaffen. Von da an wurde es durch die Gesetzgebung unter dem Einfluß der neueren staatsrechtlichen und staatswirthschaftlichen Ideen modificirt und aufgehoben. Das Beispiel gab Joseph II. für Böhmen 1781, für die übrigen österreichischen Länder 1782; dann folgten Baden 1783 und 1807, Holstein 1804, Schwedisch Pommern 1806, Preußen 1807, Nassau, Bayern, Königreich Westphalen 1808, Großherzogthum Berg 1808, Hessen 1811, die damaligen hanseatischen Departements

---

1) So sagt auch das Preuß. Landr. II. 7. §. 147.

2) Den getreuen Ausdruck dieses Verhältnisses geben die Eigenthumsordnungen. Die Nachweisung der wichtigsten giebt meine Deutsche Rechtsgeschichte §. 373. Note 2.

3) Deutsche Rechtsgeschichte §. 373. Note 7—10.

4) In diesem Sinne ist es zu verstehen, wenn das Preuß. Landr. II. 7. §. 148. erklärt, daß „die ehemalige Leibeigenschaft, als eine Art der persönlichen Sklaverey, nicht Statt finde", während es doch die Sache unter dem Namen, Unterthanen, beibehält.

1811, Oldenburg 1814, Mecklenburg 1820 [1]), Hannover 1833 [2]). Durch diese Gesetze wurden die genannten lediglich aus der persönlichen Abhängigkeit fließenden Beschränkungen aufgehoben, so daß es in so weit keine Leibeigenschaft mehr gab. In so fern aber mit der Leibeigenschaft der Besitz eines Gutes verbunden war, haben manche jener Gesetze die aus dem Gutsnexus entspringenden Verpflichtungen als Gutslasten bestehen lassen. Später ist aber auch deren Aufhebung herbeigeführt worden, wie bei den Bauerngütern vorkommen wird.

C) Von den Bauerngütern [1]). 1) Güter mit Eigenthumsrecht des Bauern. a) Arten derselben.

505. Aus der Geschichte des Bauernstandes ergiebt sich, daß man die Bauerngüter auf zwei Hauptklassen zurückführen muß: Solche, woran der Bauer das Eigenthum hat, und Solche, die er kraft einer Verleihung besitzt. Von den Ersten giebt es weiter zwei Arten. Einige sind Freigüter im vollen Sinne, die keiner Vogtei unterworfen sind. Diese stammen ab von den Gütern der Schöffenbarfreien, die nicht Ritterbürtige geworden aber doch die Schöffenbarkeit bewahrt haben, zu welcher Art von Freigütern namentlich ein Theil der Sedelhöfe gehört [2]); ferner von den Gütern der Schöffenbarfreien, welche zwar die Schöffenbarkeit nicht bewahrt, doch aber auch nicht unter eine Vogtei herabgekommen sind [3]); endlich von den Bauern, die unter einer Vogtei gewesen, allein davon wieder befreit worden sind [4]). Die Güter dieser Art tragen regelmäßig keine besondern Lasten, außer einem Gerichtszins, der von den alten Gerichtslasten herrührt [5]),

---

1) Nachweisungen giebt Mittermaier I. §. 99.

2) Hier ist das Verhältniß der Aufhebung eigenthümlich. Man sehe Grefe Hannov. Privatrecht II. §. 9. 22.

1) Die Litteratur findet man bei Eichhorn Privatrecht §. 245. 255—261., Mittermaier II. §. 480., Gerber §. 80. 138. Die meisten Schriftsteller sind aber nur brauchbar als Zeugnisse für das Bestehende. Ueber das Historische haben sie keine quellenmäßige zusammenhängende Anschauung, und daher fehlt es ihrer Darstellung an einer festen Grundlage.

2) Man sehe oben §. 447. Note 7. §. 463. Note 7. §. 496. Note 3.

3) Man sehe meine Deutsche Rechtsgeschichte §. 420. Note 2.

4) Deutsche Rechtsgeschichte §. 422. Note 14.

5) Man sehe oben §. 150. Note 7.

und Frohnden an den Landesherrn, wie schon nach der alten Verfassung die Freien als Reichsdienst zu leisten hatten [6]). Zuweilen zahlen sie einen Freizins zur Recognition ihrer Freiheit, was auf einen Vorbehalt bei der Entlassung aus der Vogtei hindeutet. Einzelne Bauerngüter dieser Art kamen und kommen in ganz Deutschland vor [7]). Namentlich gehören dahin die ludeigenen Güter in Bayern, die Freizinsgüter in Erfurt [8]), die durchschlächtig eigenen Güter in Cleve und Mark, die Freigüter in Altena [9]). Hin und wieder, zum Beispiel im Hildesheimischen, sind davon ganze Gemeinden geblieben.

506. Die andere Art begreift die Güter, die zwar im Eigenthum des Bauern stehen, allein einen Schutzherrn erkennen. Diese rühren von den alten Freigütern her, die unter eine Vogtei herabgekommen sind [1]). Manche sind auch Güter, woran der Bauer ursprünglich nur ein verliehenes Recht hatte, das aber im Laufe der Zeit für Eigenthum gehalten und erklärt worden ist [2]). Die Güter dieser Art tragen einen Vogtzins [3]), zuweilen noch größere Lasten [4]). Zu ihnen gehören die der schriftsäßigen

---

6) Deutsche Rechtsgeschichte §. 123. 129. Note 4. §. 285. Note 8.

7) In Hannover, Grefe Hannov. Privatrecht §. 64. — Mecklenburg, Kamptz Mecklenburg. Civilrecht §. 182.

8) Ueber Beide sehe man Mittermaier II. §. 484.

9) Sommer Bäuerl. Verhältnisse II. 157. 159.

1) Man sehe oben §. 150. Note 9. §. 496.

2) So in der Grafschaft Hoya, Grefe Hannov. Privatrecht II. §. 92. Nr. I. E. Eben so augenscheinlich bei den Wetterfreien in Osnabrück (Note 4).

3) Mager de advocatia armata (Francof. 1625) c. 6. nr. 27. Rustici homines liberi nullique domino subiecti plurimi in Franconiae partibus, praesertim Marchionatu Brandenburgensi, ac Principatu Elwacensi et passim aliis in locis reperiuntur, adeo ab omni vicinorum dominorum iugo ac potestate exemti ac liberi, ut sese una cum suis praediis, bonis ac tota familia in cuiuscunque Principis ac Domini vicinioris fidem et protectionem pro lubitu conferre possint, ea conditione, ut exiguum duntaxat honorarium ad indicium susceptae protectionis advocato annuatim persolvant.

4) Ludolf Observ. forens. II. Nr. 155. p. 279. Die Freyen (sollen) schuldig seyn, zwey Dienste Jährlich — zu leisten. Wann ein Wetterischer Freyer ein Kind von einem freyen Gut auf das andere bringt; soll — ein Thaler dafür entrichtet werden. Wann einer von dem freyen Gut verstirbt; — soll das oberste Kleid — geliefert, oder sonst durch dessen Werth redimirt — werden. — Der in diese Freyheit ein- oder daraus wollte, soll drey Schillinge geben. — Wer in dieser Freyheit verstirbt — (mag) in seinem letzten Willen — sein Haußgut anwenden, wie ihm beliebet, — doch unschädlich dem Erbgut. — Wann wir, als der Landesfürst, es vonnöthen haben solten; (sollen) uns diese Freyen zu folgen schuldig seyn einen Tag. — Wann der Freyen einer

Bauern in der Mittelmark [5]), die der Erbbauern daselbst [6]), die schlechten Zinsgüter in Sachsen [7]), die Zinsgüter in Schwaben [8]), im Herzogthum Cleve [9]) und in Hannover [10]), die Güter der Wetterfreien in Osnabrück [11]), die Erbhöfe in Lüneburg [12]), die Erbexen im Bremischen [13]), und Andere [14]). Durch die neueste Gesetzgebung mehrerer Länder hat diese Klasse von Bauerngütern, wie unten vorkommen wird, eine große Vermehrung dadurch erhalten, daß viele Arten verliehener Güter in Güter mit Eigenthumsrecht, mit Beibehaltung der bisherigen Leistungen als Reallasten, umgewandelt worden sind. Da aber zugleich bei ihnen und bei den anderen Bauerngütern die Ablösung der Reallasten eingeleitet und die aus dem bäuerlichen Verhältnisse entstehenden Beschränkungen aufgehoben worden, so verschwindet die Eigenthümlichkeit dieser Bauerngüter und sie fallen unter das gemeine Recht [15]).

b) Rechtsverhältnisse derselben.

507. Die Rechtsverhältnisse der freien Bauerngüter ergeben sich aus deren Begriff. Als Eigenthümer seines Hofes kann der Bauer darüber unter Lebenden wie auf den Todesfall frei ver-

---

seiner Nothdurft nach nöthig hätte, etwas von den Güthern zu versetzen, zu verkauffen, oder zu verpfänden; soll derselbe bey unser Fürstlichen Cammer — um Erlaubniß und Bewilligung bitten. — Daferne aber ein freyer Mann — sein Guth unnütz zubringen wolten, denselben wollen wir in gebührende Straf nehmen — Wann einer verstürbe binnen Jahr und Tag, und das oberste Kleid auf den Pflicht-tag des Hofs zu Wetter nicht gebracht würde, sollen unsere Beamten — bemächtiget seyn, in die hinterlassenen Güther zu greiffen, und doppelt soviel daraus zu nehmen, als das oberste Kleid werth ist. So geschehen zu Osnabrück 1672. — Lehrreich ist dazu die Vergleichung der Hofspracher dieser Wetterfreien von 1550. 1559 (Grimm Weisthümer III. 190).

5) Man sehe oben Note 3. Die Litteratur darüber giebt Eichhorn §. 257. Note a.

6) Eichhorn §. 257. Note d. e.

7) Haubold Sächs. Privatr. II. §. 459.

8) Würtemb. Landrecht von 1610. II. 9. §. 16.

9) Sommer Bäuerl. Verhältnisse II. 257.

10) Grefe Hannov. Privatrecht II. §. 92.

11) Man sehe Note 2. 4. Auch Klöntrupp Osnabr. Rechte III. 306.

12) Pufendorf Observ. T. II. obs. 96. §. 1.

13) Hagemann Landwirthschaftsrecht §. 88. Note 6.

14) Mehr nennt noch Maurenbrecher II. §. 670., Runde §. 523.

15) Beyspiele sind bei Grefe Hannov. Privatrecht II. §. 92. Man sehe auch oben §. 150. Note 10.

fügen, hat aber auch die Reparatur der Gebäude und übrigen Lasten allein zu tragen. Der zu entrichtende Zins ist nicht Ausfluß einer bestehenden Verleihung, er hat also nicht die Natur eines Pachtgeldes, sondern einer eigentlichen Reallast [1]). Daher kann bei säumiger Entrichtung von einer Einziehung des Gutes nicht die Rede sein, sondern es sind nur die gewöhnlichen Rechtsmittel und etwa eine vertragsmäßige Zinsbuße zuläßig. Eben so wenig kann der Herr bei einer Veräußerung ein Vorkaufs- oder Retractrecht in Anspruch nehmen. Nur darin ist der Bauer beschränkt, daß er zum Nachtheil des Zinsherrn keine Veränderungen vornehmen darf, also zu einer Theilung des Gutes regelmäßig dessen Zustimmung einholen muß.

c) Untheilbarkeit. Reunionsklage.

508. Eine eigenthümliche Beschränkung entsteht jedoch dann, wenn aus Rücksicht auf die Besteuerung und im Interesse des Landbaues die Höfe bis auf einen gewissen Grad für geschlossen erklärt und Veräußerungen der dazu gehörenden Pertinenzen untersagt sind [1]). Die Grundstücke, die erst neu dazu gekommen und ausnahmsweise veräußert werden können, werden fliegende oder walzende Grundstücke genannt. Die Wirkung jenes Verbotes ist, daß das veräußerte Pertinenzstück mit der Ergänzungs- oder Reunionsklage zurückgefordert werden kann. Diese Klage beruht auf dem Gedanken, daß die Veräußerung, als wider das gesetzliche Verbot unternommen, wie nicht geschehen anzusehen sei. Sie ist daher eine wahre dingliche Klage, eine das Grundstück zum Hauptgut zurückziehende Vindication [2]). Berechtigt dazu ist also jeder Eigenthümer des Hauptgutes, sowohl derjenige, welcher selbst die Veräußerung vornahm, wie dessen Erbe, oder wer sonst das Hauptgut auf irgend eine Art erwarb. Beklagter ist, wer das veräußerte Stück, gleichviel aus welchem Grunde, besitzt. Da die Klage zur Vertheidigung eines öffentlichen Interesse dient,

---

1) Man sehe oben §. 147.

1) Man sehe oben §. 499. Note 2.

2) Leyser Spec. 100. Medit. 1. Reunio pertinentiarum ad rei vindicationes recte refertur.

so kann gegen sie weder die Einrede des Vergleichs noch des Verzichtes schützen [3]); auch nicht die Berufung auf Verjährung [4]), außer auf unvordenkliche Verjährung, weil diese überall die Stelle eines Titels vertritt. Eben so wenig kann der Beklagte, wenn der Veräußerer selbst oder dessen Erbe Kläger ist, die exceptio rei venditae et traditae entgegenstellen, weil diese doch wenigstens einen gültigen Kauf voraussetzt. Wohl aber kann er von ihm mit einer condictio sine causa die Rückgabe des Kaufpreises und den Ersatz der Melioration verlangen. In wie fern er dieses auch von demjenigen Kläger fordern könne, der das Hauptgut nicht durch ein Geschäft, sondern durch einen Specialtitel erwarb, ist mit einer Unterscheidung zu beantworten. Hat der Kläger dasselbe unentgeltlich erworben, oder wenigstens die Pertinenz nicht mit bezahlt, so muß er dem Beklagten den Kaufpreis ersetzen, weil er sich sonst ohne Grund mit dessen Schaden bereichern würde [5]). Hat er aber beim Erwerb des Hauptgutes die Pertinenz mit bezahlt, so kann man ihm nicht zumuthen, dieselbe zweimal zu bezahlen. Der Beklagte muß sich also an den Verkäufer halten, weil dieser die Pertinenz zweimal bezahlt erhalten hat. In der neueren Zeit ist jedoch in mehreren Ländern jede Beschränkung der Theilbarkeit des Grundeigenthums aufgehoben worden, und daher dort von einer Reunionsklage nicht mehr die Rede [6]).

d) Art der Beerbung.

509. Wo die Untheilbarkeit dieser Art von Bauerngütern

3) Leyser Spec. 101. Medit. 3. 4. Facultas reuniendi pertinentias per transactiones et renunciationes non tollitur.

4) Man sehe die Autoritäten bei Maurenbrecher I. §. 233. Note 11. Anderer Meinung sind Eichhorn §. 154., Gerber §. 59.

5) Fr. 4. §. 29. D. de dolo et doli except. (44. 4). Si quis autem ex causa legati vindicet, aut is, cui ex causa donationis res praestita est, vindicet, an de dolo exceptionem patiatur ex causa eius in cuius locum successerit? Et magis putat Pomponius summovendum; et ego puto exceptione eos esse repellendos, cum lucrativam causam sint nacti. Aliud autem est emere, aliud ex his causis succedere.

6) So in Preußen, Edict zur Beförderung der Land-Cultur vom 14. Sept. 1811., Verfassungsurkunde vom 31. Januar 1850. Art. 42., Gesetz vom 2. März 1850. §. 3. Nr. 2. Gut äußert sich gegen jene falsche Zeitrichtung Beseler Erbverträge III. 197—199.

noch besteht, hat sie auch auf die Vererbung Einfluß. Denkbar ist allerdings, daß die berufenen Erben sich auf Einen vereinigen, der den Anderen ihren Theil in Geld herauszahlt, oder daß das Gut an den Meistbietenden verkauft wird. Dieses ist selbst in Ermanglung particularrechtlicher Bestimmungen als das Gemeinrechtliche zu betrachten. Allein da dieses zu einer Schuldenbelastung oder zu einem Wechsel der Bauerngüter führt, welcher dem Geiste des Bauernrechts zuwider ist, so ist es häufig selbst bei ganz freien Bauerngütern Gesetz oder Herkommen, daß die Söhne die Töchter ausschließen, oder gar daß der Aelteste oder der Jüngste das Gut allein erhält und die Anderen nach einem billigen Maßstabe in Geld abfindet [1]). Besonders tritt dieses bei den unter eine Vogtei gekommenen Bauerngütern ein, indem diese unter das Hofrecht eines Haupthofes gestellt, und dadurch häufig einer besondern Erbfolge, selbst der Abgabe des Besthauptes, unterworfen wurden [2]), die sich daher auch bei freien Bauerngütern findet. Dasselbe entstand, wenn verliehene Bauerngüter in das Eigenthum des Bauern umgewandelt, die bisherige besondere Erbfolge aber beibehalten wurde [3]).

2) Verliehene Bauerngüter. a) Arten derselben. α) Einfluß der Leibeigenschaft.

510. Von den verliehenen Bauerngütern lassen sich vor den durch die neuere Gesetzgebung eingetretenen Veränderungen sieben Arten unterscheiden. Wo bei der Verleihung das Leibeigenschaftsverhältniß concurrirte, war die Besetzung des Gutes der Ausfluß der Fürsorge, die dem Herrn in der Beschäftigung und Versorgung seiner Leute oblag. Er gab die Aussaat und das Inventar, und auch was in außerordentlichen Fällen zur Nahrung des Bauern erforderlich war. Dieser hatte am Gute kein festes Recht,

---

1) Litteratur darüber findet man bei Maurenbrecher II. §. 680., Mittermaier II. §. 497. Beispiele geben Klöntrup von dem Anerbenrecht bei reihepflichtigen Bauerngütern in Westphalen. Osnabr. 1802, Grefe Hannov. Privatrecht II. §. 92. Nr. I. D.

2) Die Beweise stehen in meiner Deutschen Rechtsgeschichte §. 422. Note 6—11. §. 423. Note 5. 7. §. 558. Note 3. 4.

3) Ein Beispiel giebt Grefe Hannov. Privatr. II. §. 92. Nr. I. E.

und konnte nach dem Willen des Herrn entsetzt werden [1]). Nur darin war dieser beschränkt, daß er den Hof nicht einziehen durfte, sondern mit einem Bauern besetzt halten, daß er ihn in contributionsfähigem Stande erhalten mußte, und auch gewöhnlich die Abgaben und Leistungen nicht erhöhen durfte. So war meistens das Verhältniß in Preußen, Litthauen, Pommern, Oberschlesien, der Ucker- und Neumark [2]). In Mecklenburg hatte man jedoch den Zustand dem Pachtverhältnisse genähert [3]). An anderen Orten hatte häufig der Bauer durch das Herkommen Schutz gegen willkührliche Entsetzung und sogar ein Recht der Vererbung erlangt [4]). Dadurch war hin und wieder eine sehr ausgebildete feste Besitzform entstanden, die ganz mit dem unten zu erwähnenden erblichen Colonate zusammenfiel; so namentlich bei den eigenbehörigen Gütern in Westphalen [5]) und Osnabrück [6]). Bei der Aufhebung der Leibeigenschaft hat man für die Leibeigenen, die im Besitze eines Gutes waren, die dadurch entstehende Schwierigkeit so gelöst, daß man ihnen zum Zwecke ihrer Versorgung, freilich mehr oder weniger auf Unkosten des strengen Rechts, feste Rechte am Gute beilegte [7]). In Preußen regulirte man 1811 das Verhältniß durch eine Theilung, indem man dem Bauer, je nachdem er ein erbliches Recht an dem Gute gehabt hatte oder nicht, zwei Drittheile oder die Hälfte der Gutsländereien, dem Herrn den Rest, jedem Theil als volles freies Eigenthum zusprach [8]). In

---

1) Ueber den Ursprung dieser Form sehe man meine Deutsche Rechtsgeschichte §. 377.

2) So bezeugt das Preuß. Edict vom 14. Sept. 1811. §. 35. 36.

3) Kamptz Mecklenb. Civilrecht §. 181.

4) Deutsche Rechtsgeschichte §. 377. Note 5. 8—17.

5) Man sehe darüber Sommer Bäuerl. Rechtsverhältnisse II. 248—251. Die Münstersche Eigenthumsordnung vom 10. Mai 1770 steht bei Schlüter Provinzialrecht der Provinz Westphalen I. 257—305.

6) Eine gute Darstellung davon giebt Grefe Hannov. Privatr. II. §. 9—21.

7) Man findet die Nachweisungen bei Mittermaier I. §. 99. Im Königreich Hannover wurde 1833 dabei die Umwandlung der Leistungen in eine feste Geldrente verordnet. Ob aber dadurch das Eigenthum auf den Bauern übertragen worden, oder bei dem Herrn verblieben sei, ist controvers, Grefe Hannov. Privatr. II. §. 22. 64. Nr. I. C. §. 92. Nr. II. C.

8) Dieses geschah durch das Edict vom 14. Sept. 1811. Hätte man zugleich aus den dem Bauern zugetheilten Stücken untheilbare bäuerliche Fideicommisse gegründet, so hätte das Gesetz eine nachhaltige Wohlthat sein, und es hätte dadurch dem ländlichen Proletariat vorgebeugt werden können, das

den später zur preußischen Monarchie gekommenen Provinzen von Westphalen und Berg wurde 1820, im Anschluß an andere inzwischen erschienene ähnliche Gesetze, dem Bauern, der ein erbliches Besitzrecht hatte, je nachdem auf dem Grundstücke blos Geldabgaben oder Lasten anderer Art hafteten, das volle oder blos das nutzbare Eigenthum, mit Beibehaltung jener Lasten als Reallasten, zuerkannt, an bloßen Zeitpachten aber regelmäßig nichts geändert [9]. Dadurch, daß 1850 auch das nutzbare zum vollen Eigenthum erhoben [10]), und die Ablösung der Reallasten eingeleitet ist, ist die Umwandlung dieser Klasse von Bauerngütern in freies Eigenthum vollendet.

β) Colonatrecht auf Zeit.

511. Als das Bedürfniß auf die zeitweilige Verleihung von Bauerngütern hinführte, machten sich dabei von selbst die in der Natur des deutschen bäuerlichen Lebens liegenden Eigenthümlichkeiten geltend. Diese sind die innige Verbindung des Bauern mit dem Gute, die Anhänglichkeit und Treue gegen den Grundherrn, die Stetigkeit des Verhältnisses, das feste Maß der Leistungen. So entstand die Rechtsform, welche man das Colonat auf Zeit nennen kann. Der Herr hat dabei das volle Eigenthum, der Bauer die zeitige Benutzung und das Eigenthum an der Besserung. Die Verleihung geschieht auf unbestimmte Zeit, so daß der Herr das Gut nur wegen schlechter Bewirthschaftung oder wenn er es selbst bauen will, nicht aber blos um der höheren Pacht willen, einziehen kann. Sie dauert daher gewöhnlich auf Lebenszeit, und selbst den Erben, die sich darum melden, wird die Erneuerung, schon wegen der sonst obliegenden Vergütung der Besserung, nicht leicht verweigert. Zuweilen geschieht selbst die Verleihung ausdrücklich auf zwei oder drei Leiber. Der Herr wird beim Antritt des Gutes nach deutscher Art mit einem Laudemium oder Weinkauf erkannt. Die Leistungen bestehen in Geld und ge-

schon jetzt in Folge der Theilungen da ist, aber ohne die Hülfe, welche die Gutsherrschaft gewährte, und die jetzt auf die Gemeinden fällt.

9) Gesetz vom 25. Sept. 1820. §. 15—19.

10) Gesetz vom 2. März 1850. §. 2. Nr. 2.

legentlichen Naturalgefällen, wozu auch insgemein beim Tode das Besthaupt gehört. Man findet die Grundzüge dieses Verhältnisses schon in Urkunden des dreizehnten Jahrhunderts [1]). Seiner juristischen Natur nach ist ihm ein dinglicher Charakter beizulegen, so daß es nicht, wie eine Pachtung, durch Kauf gebrochen wird [2]). Zu den Gütern dieser Klasse gehören die Landsiedelleihen [3]), die aber auch häufig ganz fest und erblich sind [4]), namentlich in Oberhessen [5]); die Gewinn- oder Leibgewinngüter am Niederrhein, die Behandigungsgüter in Westphalen und im Clevischen, die Todbestände in Baden, die Leibgeding- oder Leibrechtgüter in Bayern und Oesterreich, die Schupf- oder Fallehen in Schwaben, die aber auch häufig erblich sind [6]).

γ) Erbliches Colonatrecht [1]).

512. Die Stetigkeit, welche bei verliehenen Bauerngütern im Interesse des Bauern wie des Hofes und des Herrn liegt, hat zur Erblichkeit und diese zu einer sehr kräftig und zweckmäßig ausgebildeten Rechtsform geführt, welche man das erbliche Colonatrecht nennen kann. Der Geist desselben besteht in der durch die Erblichkeit gesteigerten innigen Verbindung des Colonen und seiner Familie mit dem Hofe, in der dadurch gewährten Sicherheit der Existenz und Selbstständigkeit, in dem hiedurch geweckten Selbstgefühl und Interesse an der Cultur, in der aber daneben überall wachsam eingreifenden Autorität des Herrn, wo es auf das Wohl und die Erhaltung des Hofes ankommt. Der Colone hat daher die freieste Benutzung und Bewirthschaftung des Gutes für eigene Rechnung, selbst das Recht zu Culturver-

---

1) Deutsche Rechtsgeschichte §. 490. Note 5—8.
2) Dieser Meinung ist auch Eichhorn §. 260.
3) Die Hauptstelle für diese ist das Solmser Landrecht von 1571. Th. II. Tit. 7.
4) Man sehe darüber Carl Jurist. Aufsätze S. 18—54.
5) Davon handelt Sternberg in Reyscher Zeitschr. VIII. 93—130.
6) Die Specialliteratur über diese verschiedenen Güter findet man bei Mittermaier II. §. 489. 491., Eichhorn §. 261. Nr. 5., Maurenbrecher II. §. 340.

1) Die neuesten Arbeiten darüber sind: Pfeiffer das deutsche Meierrecht. Kassel 1848., Koken Rechtliche Grundideen der deutschen Colonate. Holzminden 1844., Grefe Hannov. Privatr. II. §. 65—88.

änderungen, die ihm vortheilhaft scheinen. Dafür muß er aber auch wie ein guter Wirth den Hof in baulichem Stande erhalten, die Reparaturen der Gebäude bestreiten[2]), die öffentlichen Lasten vom Hofe tragen, und willig die dem Gutsherrn schuldigen Abgaben und Dienste entrichten. Sein Recht ist mit dem Hofe fest verwachsen, so daß er nach Außen zunächst als dessen Vertreter erscheint und davon in der Gemeinde Stimmrecht hat. Sein Recht am Hofe ist daher ein dingliches, und wird in manchen Landesgesetzen selbst nutzbares Eigenthum genannt[3]). Er kann dafür vor Gericht zur Klage wie zur Vertheidigung auftreten, jedoch so, daß der Herr nach Umständen mit anzurufen ist und jederzeit interveniren kann. Derelinquiren darf er den Hof nicht, so wenig als ihn der Herr willkührlich entsetzen kann. Wohl aber darf er sein Recht am Hofe nach gebührender Anzeige beim Herrn einem Andern veräußern, und der Herr kann diesen ohne besondere Gründe der Unfähigkeit oder Untauglichkeit nicht zurückweisen. Veräußerungen ohne Vorwissen und Einwilligung des Herrn sind nichtig, eben so Verpfändungen. Veräußerte Stücke kann der Herr mit der Reunionsklage nach den oben erwähnten Grundsätzen zum Hofe zurückfordern[4]); eben so der Colone selbst, und es ist dieses dem neu eintretenden Colonen als zum Interesse des Hofes gehörend zur Pflicht gemacht. Von dem Hofe ist jedoch das Allodium des Bauern zu trennen. An diesem hat er das volle Eigenthum, weshalb dasselbe auch schlechthin für seine Schulden haftet. Zu dem Allodium gehören sein bewegliches Vermögen, ferner die Grundstücke, die er oder seine Vorfahren besonders erworben haben, und die Melioration, das heißt die Gebäude, die der Colone aus eigenen Mitteln erworben hat.

513. Die erblichen Colonate, welche jetzt vorkommen, sind besonders aus drei Elementen entstanden. Die Grundlage bilden

2) Dieses ist der Natur eines vererblichen Benutzungsrechtes angemessen. Die Gewohnheit ist jedoch zuweilen hinsichtlich der großen Reparaturen abweichend.

3) Beispiele giebt Pfeiffer Meierrecht §. 9.

4) Man sehe §. 508.

die alten erblich gewordenen Laten- oder Hobsgüter [1]). Diesen entsprechen noch die Laten- und Hobsgüter am Niederrhein und in Westphalen [2]). Dann aber befinden sich darunter Leibeigenthumshöfe, die zu erblichem Besitz gelassen und dadurch den erblichen Colonaten gleich geworden sind. Von dieser Art sind die Güter der Eigenbehörigen in Westphalen und Osnabrück [3]), und die Münsterischen Erbpachtgüter, welche Rechtsform für den Fall eingerichtet wurde, wenn ein Eigenbehöriger aus dem Leibeigenthum entlassen, aber als Colone auf dem Gute behalten wurde [4]). Drittens giebt es Bauerngüter, die ursprünglich nur auf unbestimmte Zeit oder auf ein oder zwei Leiber geliehen worden, die aber allmählig in ein erbliches Recht übergegangen und unter die Rechtsform der erblichen Colonate gezogen worden sind. Von dieser Art sind die Meiergüter in Westphalen, Osnabrück und Niedersachsen [5]), die Schillingsgüter in Lüneburg und der Grafschaft Hoya [6]), die Festegüter in Schleswig und Holstein, die Laßgüter in der Mittelmark [7]), die Landsiedelgüter, Schupf- oder Falllehen, so weit sie erblich geworden sind [8]). Wichtig ist daher die Bemerkung, daß diese Umwandlung in Erblichkeit Statt gefunden, ohne daß der alte Name verändert, ja selbst so, daß die alte Fassung der Leihbriefe beibehalten worden, weshalb aus diesen kein Schluß gegen die Erblichkeit gezogen werden kann.

514. Im preußischen Recht werden die Verhältnisse dieser Klasse unter dem Namen, Erbpacht, bezeichnet, und dem Besitzer das vollständige Nutzungsrecht, dem Herrn das Eigenthum beigelegt. Jetzt ist aber dieses Verhältniß verschwunden. Schon 1820 wurden in Westphalen die erblichen Colonate theilweise in

---

1) Man sehe darüber meine Deutsche Rechtsgeschichte §. 394. Note 11. — 15. §. 398. Note 3.

2) Die mit Vorsicht zu brauchende Litteratur darüber findet man bei Mittermaier II. §. 485. 489.

3) Man sehe §. 510. Note 5. 6.

4) Münstersche Erbpachts-Ordnung vom 21. Sept. 1783 (Schlüter Provinzialrecht I. 341—395), Sommer Bäuerl. Verhältnisse II. 251.

5) Man sehe darüber die Werke von Pfeiffer und Grefe (§. 512. Note 1).

6) Grefe Hannov. Privatr. II. §. 89., Mittermaier II. §. 488.

7) Die Litteratur über Beide geben Eichhorn §. 261. Nr. 3., Mittermaier II. §. 487. Nr. XII. §. 491.

8) Man sehe oben §. 511.

das nutzbare, theilweise in das volle Eigenthum umgewandelt [1]). Im Jahr 1850 wurde aber das Eigenthum des Erbverpächters ohne Entschädigung aufgehoben und auf den Erbpächter übertragen [2]). Die auf dem Gute ruhenden Leistungen sind als Reallasten beibehalten; nur sollen sie, wenn sie in Naturalien oder Diensten bestehen, in Geld umgewandelt werden, und diese Geldrenten ablösbar sein [3]). In Hannover ist eben so die Umwandlung der Colonate in Eigenthum angebahnt [4]).

δ) Erbzinsgüter.

515. Im deutschen Recht hat sich schon früh eine Form vertragsmäßiger Verleihung gebildet, wodurch dem Empfänger das volle vererbliche und veräußerliche Benutzungsrecht, frei von den Beschränkungen des Hofrechts, gegen die Entrichtung eines festen Zinses in Geld oder Naturalien, des Besthauptes beim Sterbefall und eines Laudemiums beim Antritt des Erben übertragen wurde [1]). Davon rühren die heutigen Erbzinsgüter her [2]). Nach dem Standpunkt der heutigen Doctrin ist darauf die Theorie vom nutzbaren und Obereigenthum anzuwenden [3]). Beispiele geben die Erbzinsgüter in Hannover [4]), Sachsen [5]), Cleve und Berg [6]). In Preußen haben dieselben durch die neueste Gesetzgebung dieselbe Umwandlung wie die Erbpachtgüter erlitten.

ε) Emphyteuse. Erbleihe.

516. Seit dem dreizehnten Jahrhundert ist auch die Form der Emphyteuse in Deutschland bekannt und auf die Verleihung

---

1) Man sehe §. 510. Note 9.
2) Gesetz vom 2. März 1850. §. 2. Nr. 2.
3) Man sehe darüber oben §. 154.
4) Grefe Hannov. Privatr. II. §. 92. Nr. II.

1) Die Zeugnisse giebt meine Deutsche Rechtsgeschichte §. 490. Note 9—15. §. 515. Note 2—9. §. 558. Note 5—7.
2) Den Germanisten fehlt es darüber an festen Ansichten, indem sie die Erbzinsgüter bald mit den erblichen Colonaten, bald mit den Emphyteusen verwechseln. Sie können allerdings mit Letzteren der heutigen Theorie nach zusammengezogen werden, unterscheiden sich aber doch durch ihren Ursprung.
3) So thut auch das Preuß. Landr. I. 8. §. 683. Man vergleiche §. 132.
4) Grefe Hannov. Privatr. II. §. 90.
5) Haubold Sächs. Privatr. II. §. 459.
6) Sommer Bäuerl. Verhältn. II. 158.

von Bauerngütern angewendet worden; zuerst von den Stiften und Klöstern, dann auch von Weltlichen [1]). Man nannte dieses ein Erblehn [2]), Erbleihe [3]), Erblich Bestandniß [4]), Erbbeständniß [5]). Diese Form ist vielfach mit dem deutschen Erbzinsgut confundirt worden und hat dasselbe verdrängt [6]). Die Theorie dieses Verhältnisses beruht jetzt ebenfalls auf der Unterscheidung des nutzbaren und Obereigenthums, da sich diese, wenn auch an sich irrige, Auffassung dabei in der Doctrin eingebürgert hat und bei der Verleihung vorschwebte [7]). Nach dieser Theorie sind also nach dem Zeugniß des älteren Sprachgebrauches auch die Bauerngüter zu behandeln, die unter dem Namen, Erbleihen, Erbbestände, vorkommen; wohl auch die Erbleihen in Oesterreich. Doch verbinden die Juristen damit auch einen anderen Sinn [8]). In Preußen sind aber diese Emphyteusen, mag man sie auf die Theorie der Erbpacht oder auf die des getheilten Eigenthums zurückführen, durch die neueste Gesetzgebung ebenfalls verschwunden, und zum vollen Eigenthum des Besitzers erhoben [9]).

ζ) Zinslehen. Bauerlehen. Schulzenlehen.

517. Die Gewöhnung an die Formen des Lehnwesens hat im Mittelalter auch auf eine Verleihung von Bauerngütern nach Lehnrecht hingeführt, wodurch also der Bauer zum Herrn in ein engeres Verhältniß der Treue und Ergebenheit und in eine Abhängigkeit edlerer Art gestellt wurde, nur so, daß statt der Lehndienste Zinsen entrichtet wurden [1]). Solche Güter kommen noch

---

1) Man sehe meine Deutsche Rechtsgeschichte §. 490. Note 16. 17.

2) So heißen die Emphyteusen bei Riederer und im Formularbuch von Meichßner 1563.

3) So im Solmser Landrecht von 1571. Th. II. Tit. 5. 6.

4) So im Statutenbuch von 1553.

5) So in Lindenfels Notariatspiegel von 1607.

6) Dieses zeigt das Preuß. Landr. I. 18. §. 680—819. Hier wird in dem Titel von den Erbzinsgütern die römische Emphyteuse, wie man sie damals verstand, vorgetragen.

7) Man sehe oben §. 132.

8) Man rechnet häufig die Erbleihen zu den erblichen Colonaten; so Eichhorn §. 261. Nr. 2., Mittermaier II. §. 488., Gerber §. 139. Nr. 2., Bopp in Reyscher Zeitschr. V. 369—371. Die Frage kann im Einzelnen nur durch örtliche Untersuchung entschieden werden.

9) Gesetz vom 2. März 1850. §. 2. Nr. 2.

1) Zeugnisse giebt meine Deutsche Rechtsgeschichte §. 490. Note 18. 19.

jetzt unter dem Namen Zinslehen oder Bauerlehen (feuda censitica) vor[2]). Sie sind im Ganzen nach der Analogie des Lehnrechts zu behandeln, mit Abzug dessen, was aus dem Ritterdienste folgt. Namentlich ist also auf das Gutsverhältniß die Theorie vom nutzbaren und Obereigenthum anzuwenden[3]). Zu diesen Gütern gehören die Schulzenlehen, mit deren Besitz das Amt des Dorfschulzen lehnweise verbunden ist[4]). Dieses hat sich aus der gutsherrlichen Gerichtsbarkeit entwickelt[5]). Solche Güter sind von Frohndiensten frei, und haben sogar selbst oft Dienste und Zinsen von den Bauern zu fordern, was sich aus den alten Gerichtsabgaben erklärt. Auch sind häufig andere Vorrechte, Schenk- und Jagdgerechtigkeit, mit ihnen verbunden[6]). In Preußen sind diese Bauernlehen durch die neueste Gesetzgebung ebenfalls volles Eigenthum des Bauern geworden[7]).

η) Gewöhnliche Pachtgüter.

518. Schon frühe wurden auch Höfe an einen Meier auf feste Jahre ausgethan[1]). Besonders wird dieses von den Städten aus geschehen sein. Nach der Bekanntschaft mit dem römischen Recht wurden darauf unter dem Namen Beständniß[2]) oder Leihe[3]) die Grundsätze des römischen Pachtvertrags angewendet. In diese Form wurden auch viele der auf unbestimmte Zeit ausgeliehenen Landsiedelgüter gebracht, indem die Grundherren, um der dabei sich bildenden Erblichkeit entgegen zu treten, Leihbriefe auf bestimmte Jahre ausstellten[4]). In neuester Zeit sind solche Pacht-

---

2) Die Litteratur giebt Mittermaier II. §. 486.

3) Man sehe oben §. 132.

4) Davon handelt das Preuß. Landr. II. 7. §. 48—51.

5) Es findet sich unter dem Namen Bauermeisterlehn im Sächs. Lehnr. 154 Laßb.

6) Beispiele giebt Haubold Sächs. Privatr. II. §. 461.

7) Gesetz vom 2. März 1850. §. 2. Nr. 1.

1) Zeugnisse sind das Dipl. a. 1178 (Lacomblet I. n. 466), Sachsensp. II. 53. III. 77. §. 1., Kaiserrecht II. 111.

2) So im Statutenbuch von 1553. Ausgabe von 1572. Fol. 94b.

3) So im Solmser Landrecht von 1571. Th. II. Tit. 5.

4) Commissionsbericht über die Meyer des Klosters Ringelheim von 1703 (Kraut Grundriß §. 326. Nr. 5). Wir haben — aus den Actis und vorgelegten so alten als neuen Meyerbriefen — befunden, daß der Eingesessenen Querelen und Lamentationen nicht begründet, maßen alle alte und neue Meyer-

güter da entstanden, wo in Folge der neuesten Gesetzgebung den Grundherren ein Theil der bäuerlichen Grundstücke zur freiesten Verfügung heimgefallen ist [5]), und von ihnen unter beliebigen Bedingungen pachtweise ausgethan werden kann. Auch können sie dadurch entstehen, daß die Leibeigenschaft aufgehoben, die Leibeigenen aber als Pächter auf dem Gute gelassen wurden. In diesem Falle wird auch noch häufig vorkommen, daß das Inventar vom Gutsherrn gegeben wird und demselben eigenthümlich verbleibt [6]).

3) Resultate der neuesten Gesetzgebung.

519. Nachdem durch die neuere und neueste Gesetzgebung in Preußen der gutsherrliche bäuerliche Verband aufgelöst, die Mittelzustände erblicher Nutzungsverhältnisse in das volle Eigenthum des Bauern umgewandelt, die bisherigen Leistungen zwar als Reallasten beibehalten, deren Ablösung aber angebahnt und durch die Rentenbanken erleichtert ist: so wird es, wenn dieses vollständig ausgeführt sein wird, nur noch eine doppelte Klasse von Bauerngütern geben: Güter, die im unbelasteten Eigenthum des Bauern stehen, und gewöhnliche Pachtgüter. Es fällt dadurch das Bauernrecht unter das gemeine Recht. Dasselbe ist

---

briefe es besagen —, daß diese Leute die Kloster-Ländereÿ andergestalt nicht, dann schlechter **Locatoris conductoris** weiß auf 9 Jahr unterhalten, und daß nach Ablauf des neunten Jahrs der Meyerbrief todt, sie hingegen schuldig seyn sollen, um neue Bemeyerung anzuhalten, und **Praestatis praestandis** sich **de novo** bemeyern zu lassen, allermaßen auch sowol Bischof **Ernestus** — als auch der Herzog zu Braunschweig, Zeit sie das Hochstift eingehabt, vergönnet, daß das Kloster ihre freye Ländereÿ gewissen Leuten **ad tempus** und nach Gefallen austhun, auch da es ihnen also nützlich bedünken würde, wieder an sich nehmen möge. Darob dann erfolgt, daß dem Kloster frey stehe, — nach abgeschlossenen 9 Jahren das Land gar an sich zu nehmen, oder es höher auszuthun, oder auch andere **clausulas pro temporis et morum varietate** hinzu oder aber davon zu thun. — Calenberg. Meyer-Ordn. von 1772. Cap. 1. § 3. Wäre nicht nur die Bemeyerung auf eine gewisse Zeit geschehen, sondern auch die Bedingung hinzugefüget, daß nach deren Ablauf das Guth dem Herren zu seiner willkührlichen Disposition wiederum anheim fallen solle, es könnte auch nicht dargethan werden, daß diese Clausel neuerlich, zum Abbruch derer das Erb-Recht der Meyer begründenden Landes-Gesetze, dem Meyer-Briefe eingerücket: So ist das Guth, vor ein auf die Erben nicht kommendes bloßes Pacht-Guth zu halten.

5) So in Preußen (§. 510. Note 8).

6) So gestaltet sich das Verhältniß in Mecklenburg, Kamptz Mecklenb. Civilrecht §. 181.

der Gang und die Richtung der Gesetzgebung auch in anderen Ländern. Ob die dadurch für den Bauern bezweckten Vortheile bei fortgesetzten Theilungen des Bodens, bei der daraus entstehenden Verarmung, und bei der Leichtigkeit hypothecarischer Anleihen sich auf die Länge werden halten können, ist sehr zweifelhaft. Wahrscheinlich wird bei der zunehmenden Macht des Geldes das Grundeigenthum immer mehr an die Reichen fallen, und, wie das Beispiel von Oberitalien in der Nähe der Städte zeigt [1]), die Nachkommen sich glücklich schätzen, als Pächter auf der Scholle zu sitzen, welche ihre Vorfahren als Eigenthümer gebaut haben. Es werden sich zwischen dem Herrn und dem Pächter, der die Aufkündigung fürchtet, thatsächlich neue Bande der Abhängigkeit bilden; allein ohne den Geist des Wohlwollens und der gegenseitigen Zuneigung, der ehemals diese Institutionen belebte und dem Herrn nicht blos Rechte gab, sondern auch Pflichten auferlegte. Es wird vielleicht dem Boden durch die stärker angespannte Kraft des Pächters ein größerer Ertrag abgewonnen werden; allein dieser Gewinn wird nicht, wie sonst bei den unveränderlich festgesetzten Leistungen, seinem Fleiße zu Gute kommen, da der Herr den Pachtzins des gebesserten Gutes nach Ablauf der Pachtzeit steigern kann. Es wird vielleicht die Gesetzgebung diesem wucherlichen Geiste eine Schranke entgegenzustellen suchen. Allein mit der dadurch nöthig werdenden Beschränkung der Freiheit des Herrn muß billigerweise die Beschränkung der Freiheit des Pächters Hand in Hand gehen, und so können doch wieder in irgend einer Form organisirte persönliche Abhängigkeitsverhältnisse, wie das Colonat des sinkenden römischen Reiches, geschaffen werden müssen. Falsch ist, daß man dem Princip der unbedingten Theilbarkeit des Bodens das Erbpachtverhältniß und ähnliche Mittelzustände zum Opfer gebracht hat [2]). Diese

---

1) F. von Rumohr Ursprung der Besitzlosigkeit der Colonen im neuern Toscana. Hamburg 1830.

2) Man sehe darüber unter Anderen Funke die heillosen Folgen der Bodenzersplitterung und deren Gefahren für ganz Europa. Göttingen 1853. Sehr bezeichnend schrieb Niebuhr schon in einem Briefe vom 11. December 1823 (Lebensnachrichten III. 65) Folgendes: „Mit ganz untadelhaften Absichten und wirklich in der Meinung, dem Bauer wohl zu thun, richtet man den ganzen

Formen waren wohlthätig, weil sie die Erhaltung des Hofes schützten, und dem Bauern billige Bedingungen, Sicherheit der Existenz für sich und seine Kinder und dadurch den Antrieb zum Fleiße und zur Besserung der Cultur gewährten. Die Folgen der verkehrten Richtung werden auch bereits in dem reißenden Verfall des Bauernstandes, in der Kläglichkeit seiner Existenz und in dem Anwachs des ländlichen Proletariates sichtbar. Hin und wieder denkt man auch schon mit der Theilbarkeit einzulenken. Will man erbliche Nutzungsverhältnisse festhalten oder herstellen, so wird es zur Vereinfachung am gerathensten sein, alle Formen der Art durch die Gesetzgebung in der der Erbpacht oder Emphyteuse nach ihrem ächten Sinne zu verschmelzen, und die Theorie vom getheilten Eigenthum über Bord zu werfen.

b) Von der Gutsherrlichkeit [1]).

520. Nach dem alten deutschen Recht war mit jeder Verleihung eines Grundstückes gegen einen Zins ein zwiefaches Recht verbnnden: die Befugniß bei rückständigem Zins den Zinsmann eigenmächtig ohne Zuziehung des Richters zu pfänden [2]), und das Recht in diesem Falle das Grundstück einzuziehen [3]). Hierin lag schon der Gedanke einer gewissen aus dem Grundeigenthum fließenden Herrschaft. Unterstützt wurde dieser Gedanke, wenn zwischen dem Bauern und dem Herrn eine ausgebildete Hofverfassung bestand, indem dann der Bauer zu bestimmten Zeiten auf dem Haupthof im Hofrecht erscheinen mußte, wo von dem Herrn oder dessen Schultheißen und den Hofschöffen über alle auf den

---

Bauernstand zu Grunde durch die ihm gegebene Berechtigung zu verkaufen, zu zerstückeln und zu verpfänden: und so geht es in allen Dingen. Die allerplattesten Meinungen sind allgemein herrschend geworden; und mögen Ministerien oder Stände darüber zu entscheiden haben, so bekommt man dieselben Resultate. Die Leute thun es nicht aus Bösem: aber alle deutsche Staaten, die nicht ganz stationair sind, gehen, nach dem Ausdruck eines ausgezeichneten Mannes, mit ihrer Gesetzgebung dahin, unsre Nation dahin zu bringen, wo die Italiener sind; in den Städten Pfuscher und Krämer, auf dem Lande zeitpachtendes oder tagelöhnendes Lumpengesindel. Mit einem Bauernstande wie der Würtembergische will man Freiheit!"

1) J. Weiske die Gutsherrlichkeit und die gutsherrlich-bäuerlichen Gaben und Leistungen. Leipzig 1850.

2) Zeugnisse giebt meine Deutsche Rechtsgeschichte §. 537.

3) Deutsche Rechtsgeschichte §. 515. Note 8. 9.

Hof bezügliche Verbindlichkeiten das Hofrecht gehandhabt [4]), namentlich über säumige Schuldner und leichtsinnige Wirthe die Entsetzung ausgesprochen wurde [5]). In einem solchen Hofverband standen eigene Leute, Laten und Freie nebeneinander [6]). Wo die Vogtei hinzukam, wurde diese Grundherrlichkeit noch besonders verstärkt [7]). Hieraus erklären sich die Rechte, welche bei der Gutsherrlichkeit noch in neuerer Zeit vorkommen. Diese sind, das Recht der Verleihung und Bestätigung bei einem Wechsel der Person, das Recht des Heimfalls, wenn das Gut ledig wird, das Recht, den Pflichtigen durch Pfändung und Strafe zur Leistung anzuhalten, und das Recht der Abmeierung oder Expulsion. Diese findet Statt wegen Verarmung durch schlechte Bewirthschaftung, wegen versäumter Zinsentrichtung, Veräußerung des Gutes ohne Einwilligung des Herrn, wegen unterlassener Muthung beim Antritt des Gutes [8]). Die Abmeierung muß jedoch bei Gericht in einem summarischen Verfahren betrieben werden, welches der Aufholungsproceß heißt. In neuerer Zeit ist jedoch das Abmeierungsrecht häufig aufgehoben worden, so daß der Gutsherr auf die gemeinen Rechtsmittel beschränkt ist [9]). Auch wo Bauerngüter in das Eigenthum des Bauern umgewandelt worden, ist natürlich von Abmeierung nicht mehr die Rede.

c) Erbfolge in die Bauerngüter. α) Art der Vererbung.

521. Für die Emphyteusen giebt es keine besondere Erbfolgeordnung, sondern die Erben haben nur dafür zu sorgen, daß das Gut nicht getheilt werde. Eben so ist es bei Zinslehen [1]), wenn nicht ausdrücklich ein Anderes festgesetzt ist. Bei Erbzinsgütern bestand zwar auch kein Hofrecht; doch aber ist durch den Vertrag für die Vererbung blos an Einen gesorgt, entweder nach dem Recht der Erstgeburt, oder so, daß der letzte Inhaber unter

---

4) Deutsche Rechtsgeschichte §. 279. 606.
5) Deutsche Rechtsgeschichte §. 279. Note 9. §. 606. Note 8.
6) Deutsche Rechtsgeschichte §. 377. 398. 399. 422. 423.
7) Weiske leitet dieselbe aus der Vogtei hauptsächlich her.
8) Ein Beispiel genauer Landesgesetzgebung darüber giebt Grefe Hannov. Privatr. II. §. 18.
9) So in Bayern 1818.
1) Deutsche Rechtsgeschichte §. 558. Note 8.

den Erben Einen wählt und der Zinsherr genehmigt[2]). Bei den erblichen Colonaten sind aber durch das Hofrecht die Successionsverhältnisse sehr genau und eigenthümlich ausgebildet worden. Der Grundgedanke dabei ist, die Kraft des Hofes durch die Untheilbarkeit und durch die Berufung eines tüchtigen Erben zu sichern, daneben aber auf die Familie des Bauern und deren Versorgung, so weit jener Gesichtspunkt verstattet, Rücksicht zu nehmen, und so durch das gemeinschaftliche Interesse Beide enge zu verbinden. Das Einzelne ist nach den Gegenden und Hofordnungen verschieden. Gewöhnlich sind die Töchter von den Söhnen schlechthin ausgeschlossen. Von den Söhnen erbt gewöhnlich der Jüngste, weil es dem Hofe vortheilhaft ist, daß er möglichst lange in derselben Hand sei; zuweilen der Aelteste, oder es hat auch der Vater oder Herr unter den Söhnen die Wahl, um den Tüchtigsten auf den Hof zu bekommen. In Ermanglung von Söhnen erbt der Hof auf die Töchter, die jüngste oder älteste[3]); zuweilen aber auf eine Tochter nur dann, wenn sie einen fähigen Wirth zum Manne hat. In Ermanglung von Leibeserben geht der Hof an die Seitenverwandten, unter welchen die Weiber den Männern wieder nachstehen, jedoch nicht unbedingt, sondern so, daß sie nur den männlichen Erben derselben Klasse, oft nur desselben Grades nachgesetzt sind. Unter den Männern gleichen Grades entscheidet wie bei den Söhnen das Alter. Zuweilen kommen nur die Verwandten von der Seite in Betracht, von welcher der Hof stammt. Zuweilen findet sich auch, daß Seitenverwandte gar kein, oder nur bis zu einem gewissen Grade ein Erbrecht haben[4]).

522. Wo eine solche durch das Gesetz oder das Herkommen vorgeschriebene Erbfolge besteht, ist dieselbe als eine zum Hofe gehörende, zunächst in dessen Interesse festgesetzte Ordnung, also wie eine politische Institution aufzufassen. Sie kann daher dem

---

2) Deutsche Rechtsgeschichte §. 558. Note 6. 7.

3) Die Belege hiezu aus Urkunden und alten Hofrechten giebt meine Deutsche Rechtsgeschichte §. 557. 558.

4) Nähere Einzelheiten findet man bei Pfeiffer Meierrecht §. 21—23., Grefe Hannov. Privatr. II. §. 19. 78. 79.

dadurch berufenen Anerben weder vom Colonen noch vom Gutsherrn entzogen, und eben so wenig von ihm selbst einem Andern cedirt werden. Sein Recht ist jedoch darum nicht als ein solches zu betrachten, das wie bei Lehen und Fideicommissen ihm unmittelbar und selbstständig aus der Anordnung mit dem zuerst Beliehenen zusteht. Der Hof ist nicht für die Familie gestiftet, sondern der Bauer ist im Interesse des Hofes und seiner Familie mit einem in der bestimmten Weise vererblichen Nutzungsrecht auf den Hof gesetzt. Der Anerbe folgt daher seinem Vorgänger wie ein gewöhnlicher Erbe; er transmittirt also, wenn er vor demselben stirbt, sein Anrecht auf seine Erben nicht, und wenn der Vorgänger kraft einer gültigen Veräußerung oder Abmeierung den Hof nicht mehr besitzt, so ist auch von einem Anerbenrecht nicht mehr die Rede [1]). Uebrigens hat aber der Anerbe, wie schon der Name zeigt, in Vergleichung mit den anderen gleich nahen Verwandten nicht blos ein bevorzugtes, sondern das alleinige Erbrecht am Hofe [2]), und muß dessen Schulden vertreten. Anders ist es hinsichtlich des von dem Bauern hinterlassenen Allodiums. An diesem haben die Kinder die gewöhnlichen Erbrechte und Pflichttheilsrechte. Nur unterliegen die Allodialgegenstände, die mit dem Hofe so verbunden sind, daß sie ohne Zerstörung oder ohne große Benachtheiligung der Wirthschaft nicht davon getrennt werden können, nicht der Naturaltheilung, sondern der Anerbe hat sich darüber mit seinen Geschwistern nach dem Schätzungswerthe abzufinden [3]). Jedenfalls sind aber von dem zur Theilung kommenden Allodium die Schulden erst abzuziehen [4]).

β) Auslobung. Abfindung [1]).

523. Die dem Anerben gleich nahen Verwandten gehen aber

---

1) Ausführlich behandelt diese Fragen Pfeiffer Meierrecht §. 24.

2) Anderer Ansicht ist Gerber §. 253. Das Richtige haben Runde Interims-Wirthschaft §. 65., Bluntschli Privatrecht II. §. 206 Nr. 3.

3) Man sehe darüber Pfeiffer Meierrecht §. 28., Runde Interimswirthschaft §. 3. 65. Hier sind auch die verschiedenen Systeme der Particularrechte hinsichtlich der Ausführung jenes Grundsatzes angegeben.

4) Den Grund giebt Runde Interimswirthschaft §. 65.

1) Davon handeln Pfeiffer Meierrecht §. 25., Grefe Hannov. Privatrecht II. §. 20. 80.

doch nicht ganz leer aus, sondern haben allgemein ein Recht auf eine Auslobung oder Abfindung. Diese ist jedoch nicht als ein Erbrecht, sondern nur als eine Versorgung anzusehen, welche den Angehörigen des Colonen aus Billigkeit nach den Kräften des Hofes gewährt werden soll [2]). Daraus folgt, daß dieselbe nicht gleich, sondern von den Söhnen erst bei der Anlegung eines eigenen Haushaltes, von den Töchtern erst bei ihrer Verheirathung gefordert werden kann, daß sie bis dahin die Verpflegung auf dem Hofe gegen angemessene Dienstleistungen fordern können, daß wenn sie auf dem Hofe versterben, ihr Anspruch im Hofe verbleibt, endlich daß die Abfindung auf ihr etwaiges Erbrecht, wenn der Anerbe kinderlos stirbt, ohne Einfluß ist [3]). Die Größe der Abfindung wird, wenn sie nicht gesetzlich feststeht, nach den Kräften des Hofes unter Mitwirkung des Gutsherrn bestimmt. Nach den meisten Particularrechten wird sie als eine Reallast des Hofes angesehen oder ist durch eine Hypothek an demselben gesichert [4]). Von dieser Abfindung ist die über das Allodium, wenn eine solche Statt findet, ganz verschieden, indem diese allerdings ein Surrogat des gleichen Erbrechts ist. Doch findet sich zuweilen, daß der Hof mit dem Allodium bei der Schätzung der Abfindung zusammen gerechnet wird, oder aber auch, daß die Miterben lediglich an das trennbare Allodium gewiesen sind [5]). Haben Kinder schon bei Lebzeiten des Vaters eine Ausstattung oder Ausrichtung erhalten, so ist dieselbe nach den gewöhnlichen Grundsätzen zu conferiren [6]). Ist sie ihnen als definitive Abfindung gegeben, so haben sie beim Tode neben den nicht abgefundenen Kindern keinen Anspruch mehr [7]). Dabei ist jedoch die Unterscheidung wichtig, ob diese Abfindung blos für den Hof,

---

2) Anderer Meinung ist natürlich nach seiner irrigen Grundansicht mit Pfeiffer und Anderen Gerber §. 253. Allein zum Erbrecht passen die übrigen Erscheinungen nicht, und sind dann reine Willkührlichkeiten.

3) Dieses wäre allerdings auch der Fall, wenn die Abfindung das Erbrecht beträfe. Man sehe oben §. 239.

4) Als gemeinrechtlich ist dieses jedoch nicht zu betrachten, Duncker Reallasten §. 56.

5) Beispiele giebt Grefe §. 80.

6) Man sehe oben §. 238.

7) Man sehe oben §. 238. 239.

oder für das Allodium, oder für Beides zusammen geschehen ist [8]).

γ) Von der Interimswirthschaft [1]).

524. Eine eigenthümliche Verlegenheit tritt ein, wenn der Besitzer eines Hofes stirbt und der Anerbe noch minderjährig ist. Der Vormund selbst wird die Administration nicht übernehmen können, da die Besorgung einer fremden bäuerlichen Oeconomie neben seiner eigenen unthunlich ist. Auch ist der Bauer in der Regel gar nicht im Stande eine ordentliche landwirthschaftliche Rechnung zu führen. Einer Verpachtung an einen Fremden stehen aber ebenfalls die wichtigsten Gründe entgegen. Einestheils sind die meisten Bauerngüter so sehr mit Lasten beschwert, daß dem Bauern nur der Unterhalt für sich und seine Familie als Lohn der Arbeit bleibt und ein Pachtgeld nicht zu erübrigen ist. Anderntheils sind Verpachtungen wegen des mangelnden Interesse des Pächters dem Hofe nachtheilig. Endlich kommt dazu, daß dann natürlich der Anerbe und seine Geschwister den Hof verlassen müssen, und dadurch Alles aus dem Geleise gebracht wird. Um diese Uebelstände zu vermeiden, hat sich durch Gewohnheit ein eigenes Institut entwickelt, welches die Interimswirthschaft heißt. Dieses besteht darin, daß von dem Vormunde der Kinder unter der Mitwirkung des Gutsherrn und des Gerichts für die Zeit der Minderjährigkeit auf den Hof ein tüchtiger und verständiger Mann gesetzt wird, der demselben seinen Fleiß und seine Einsichten ganz widmen soll, dafür aber auch alle Früchte für eigene Rechnung zieht, und überhaupt dem Hofe als selbstständiger Wirth und Colone vorsteht. Er muß daher dessen Wohlstand zu befördern suchen, alle Lasten vom Gute tragen, und die Geschwister des Anerben abfinden. Das natürlichste und häufigste ist, daß es der Wittwe gestattet ist, sich wieder zu verheirathen und ihren Mann zum Interimswirth zu machen: doch kann

8) Man sehe über diese Frage Pfeiffer Meierrecht §. 28., Runde Interimswirthschaft §. 65.

1) Eine eigene Schrift darüber ist: C. L. Runde Abhandlung der Rechtslehre von der Interims-Wirthschaft auf Deutschen Bauergütern. Göttingen 1832. Man sehe auch Pfeiffer Meiergüter §. 29., Grefe Hannov. Privatr. II. §. 17. 18.

solches auch ein Anderer werden. Immer ist aber dabei auch die Mitwirkung des Gutsherrn und wegen des Interesse des Mündels die Bestätigung des Gerichts nothwendig.

525. Bei diesem Institut entstand jedoch auch eine Schwierigkeit. Nicht leicht wird Jemand seinen Fleiß und alle seine Kräfte einem Hofe widmen, wenn er blos für eine gewisse Zeit auf demselben sitzt, und nach Ablauf derselben ohne Existenz ist und wieder von vorn anfangen muß. Diesem begegnete man aber dadurch, daß man dem Interimswirth auch hinsichtlich seiner und der Seinigen künftigen Versorgung dieselben Rechte beilegte, die der wirkliche Colone hat. Er hat nach der Abtretung an den Anerben Anspruch auf Leibzucht oder Altentheil, seine Kinder werden aus dem Hofe abgefunden und ausgesteuert, und diese haben häufig selbst ein Successionsrecht am Hofe, wenn der Anerbe ohne Kinder stirbt und seine Geschwister sämmtlich abgefunden sind. Diese Vortheile sind so bedeutend, daß man zum Interimswirth möglichst einen Mann wählt, der etwas Vermögen auf den Hof mitbringt, und dieses oder einen Theil desselben zur Compensation darin lassen muß. So wird auch von dieser Seite für die Verschmelzung der beiderseitigen Interessen und für die Erhaltung des Hofes gesorgt.

526. Die Jahre, während welcher der Interimswirth zu verwalten hat, werden die Mal-, Regierungs- oder Meierjahre genannt. Sie dauern oft bis zum dreißigsten Jahr des Anerben. Stirbt dieser während dieser Zeit, so wird dadurch die Interimswirthschaft nicht beendigt, sondern der Wirth bleibt bis zum vollen Ablauf desselben auf dem Hofe, weil sonst sein Verhältniß zu precair wäre. Hört die Interimswirthschaft auf, so wird bei der Rückgabe des Gutes zunächst auf das bei der Antretung errichtete Inventar gesehen. Doch kommt es weniger auf die einzelnen Stücke an, als darauf, daß der Hof im Ganzen im guten Stande erhalten sei, was durch Sachverständige zu entscheiden ist. Für Verbesserungen kann der Interimswirth nur dann Ersatz verlangen, wenn er sie aus seinem eigenen nicht inferirten Vermögen gemacht hat; sonst nicht, weil er dazu verpflichtet ist. Für den verschuldeten Schaden muß er aber einstehen. Ob der Inter-

imswirth bei seinem Antritt ein Laudemium zu bezahlen habe, ist im Zweifel zu bejahen, weil in einem solchen Verhältnisse nicht der Begriff der Stellvertretung, sondern der der Uebernahme des Hofes zum eigenen Recht und Vortheil überwiegend ist [1]. Daraus folgt, daß er das Laudemium nicht dem Anerben anrechnen darf, und daß dieser bei seiner Ergreifung des Hofes abermals ein Laudemium entrichten muß. Mit der Vormundschaft über den Mündel hängt übrigens die Interimswirthschaft im Begriffe nicht zusammen, sondern sie bezieht sich blos auf den Hof. Wenn jedoch der Mündel außer dem Hofe kein Vermögen hat, und wenn er dem Interimswirth in die Pflege gegeben ist, so ist die Fortdauer einer anderen Vormundschaft unnöthig, und sie wird dann insgemein auch dem Interimswirth übertragen.

527. Die historische Ausbildung dieses Institutes ist dunkel. Eine Annäherung daran lag darin, daß die Wittwe mit den minderjährigen Kindern insgemein in dem ungetheilten Gute einstweilen sitzen blieb [1] und sich darin wieder verheirathete. Das Entscheidende dabei war aber unstreitig die planmäßige Veranstaltung der Hofherren, die auf diese Weise das Interesse des Hofes am Besten gewahrt glaubten [2]. Es kommt daher nur bei verliehenen Bauerngütern vor; hauptsächlich bei erblichen Colonaten, Meier- und Landsiedelgütern; aber auch bei Zinslehen [3]. Doch ist es seinem Geiste und Zwecke nach auch auf Bauerngüter anwendbar, die im Eigenthum des Bauern stehen.

3) Gemeinschaftliche Punkte. a) Gutsübergabe. Leibzucht [1].

528. Bei den Bauerngütern kommt häufig vor, daß der

---

1) So sagen auch Pfeiffer Meierrecht S. 344., Runde Interimswirthschaft §. 81—84.

1) Man sehe meine Deutsche Rechtsgeschichte §. 465. Note 5. §. 477. Note 5.

2) Was Runde Interimswirthschaft §. 16. von der Geschichte des Institutes erzählt, ist mit den falschen Vorstellungen über die Entstehung des Hofrechts verwebt, welche Möser und Kindlinger auf die meisten Schriftsteller über das Bauernrecht vererbt haben. Auch die Herleitung von der ehelichen Gütergemeinschaft, welche Eichhorn §. 366. annimmt, ist ungegründet. Warum hätte sich dann das Institut nicht auch bei freien Bauerngütern ausgebildet?

3) Dieses bezeugt Runde Interimswirthschaft §. 14.

1) Davon handeln: C. L. Runde die Rechtslehre von der Leibzucht oder

Bauer, der sich nicht mehr für den Hof kräftig fühlt, denselben bei Lebzeiten einem Andern übergiebt, und sich nur für sich und seinen Ehegatten die lebenslängliche Versorgung vorbehält. Diese heißt Leibzucht, Auszug, Altentheil, Altvaterrecht. Solches kommt sowohl bei zum Eigenthum besessenen als bei verliehenen Bauerngütern vor. Die Abtretung von Haus und Hof mit Vorbehalt der lebenslänglichen Verpflegung an einen Fremden, den man dadurch an Kindesstatt zu seinem Erben adoptirte, findet sich schon seit der merovingischen Zeit [2]). Jenes Geschäft ist bei freien Bauerngütern davon nur eine Anwendung. Bei den verliehenen Bauerngütern lag jene Veranstaltung auch im Interesse des Herrn, und sie kommt daher in ganz ausgebildeter Form schon in den alten Hofrechten vor [3]). Die Abtretung geschieht regelmäßig an den gesetzlichen Anerben; doch ist sie, unter Berücksichtignng des Pflichttheils oder bei Colonaten mit Zustimmung des Gutsherrn, auch an einen Fremden denkbar. Der Grundbegriff dabei ist, daß der Hof als ein Complex mit allen daran hängenden Rechten, Lasten und Schulden gleich übertragen und übernommen wird [4]). Der Abtretende hört daher auch auf Gemeindemitglied zu sein.

---

dem Altentheile auf deutschen Bauergütern. Oldenburg 1805. 2 Th., W. H. Puchta über die rechtliche Natur der bäuerlichen Gutsabtretung. Gießen 1837., Buddeus in Weiske Rechtslexikon I. 518—539., C. L. Runde über die erfrühete Erbfolge (Reyscher Zeitschr. VII. 1—35), Kompe von dem bäuerlichen Gutsanschlage in Kurhessen (Reyscher Zeitschr. XIV. 155—206). Man sehe auch Pfeiffer Meierrecht §. 30., Grefe Hannov. Privatr. II. §. 17. 81.

2) Die Beweisstellen giebt meine Deutsche Rechtsgeschichte §. 549. Note 10. §. 551. Note 4.

3) Die Zeugnisse aus denselben stehen in meiner Deutschen Rechtsgeschichte §. 557. Note 23—27.

4) Es tritt also allerdings in Beziehung auf den Hof die Wirkung ein, als ob der Abtretende verstorben wäre, und daher hat Runde mit Anderen den Uebergang auf den Begriff einer anticipirten Succession zurückgeführt. Allein dieses ist zur Erklärung der vorkommenden Erscheinungen nicht Bedürfniß, und es ist unhistorisch, in ein Recht künstliche Begriffe, die ihm ursprünglich fremd sind, hineinzutragen. Man kann sich auch nicht darauf berufen, daß nach einigen Eigenthumsordnungen bei einer solchen Gutsübergabe das Mortuarium zu entrichten ist; so nach der Münsterischen Eigenthumsordnung von 1770. II. 10. §. 5. Allein dieses beruht nur auf Zweckmäßigkeitsgründen im Interesse des Herrn, „damit derselbe wegen des Sterbfalls keine Verkürzung zu besorgen „habe." Gegen das Princip der anticipirten Succession erklären sich auch in den angeführten Werken Puchta und Kompe; desgleichen Beseler Erbverträge III. §. 23.

Sein übriges Vermögen aber behält er, haftet für seine Schulden, so weit nicht darüber mit dem Antretenden ein Abkommen getroffen ist, und wird bei seinem Tode in der gewöhnlichen Weise beerbt. Die Abtretung geschieht regelmäßig aus freiem Willen; bei Colonaten kann sie jedoch vom Gutsherrn, wenn das Interesse des Gutes es erfordert, erzwungen werden. Auch ist bei solchen, wenn die Abtretung freiwillig geschieht, jedenfalls die Zustimmung des Gutsherrn erforderlich [5]). In dem Vertrage ist für die Abfindung der anderen Geschwister Sorge zu tragen, die sich deshalb an den Antretenden halten können [6]).

529. Was die Leibzucht betrifft, so giebt es bei manchen Höfen eine eigene Leibzuchtskote mit einigen Ländereien, wohin sich die alten Eheleute zurückziehen, in welchem Falle der Bauer auch actives Gemeindemitglied bleibt. Ist dieses nicht, so hängt das Maß der Leibzucht, wenn nicht dafür gesetzlich eine Quote der Ländereien vorgeschrieben ist, von der Uebereinkunft ab, wo jedoch bei Colonaten der Gutsherr wesentlich mitzusprechen hat [1]). Der leitende Gesichtspunkt dabei ist, daß die Eheleute, die dem Hofe als fleißige Wirthe vorgestanden, in ihren alten Tagen ein den Kräften des Hofes angemessenes Auskommen haben sollen [2]).

---

5) Münster. Eigenthumsordnung von 1770. II. 10. §. 1. Wann die Eigenbehörige Alters oder anderer Gebrechlichkeiten halber dem ihnen eingethanen Erbe nicht mehr vorstehen können, oder solches ihrem Nachfolger übergeben, welches jedoch ohne Vorwissen und Bewilligung des Guts-Herren nicht geschehen soll, so gebühret denenselben (wann sie auch nur auf Mahljahren das Erbe angenommen) daraus Zeit-lebens der nöthige Unterhalt, und wird genennet das Leib-Geding oder die Leib-Zucht.

6) Man sehe darüber Scholz in Reyscher Zeitschr. I. 144—157.

1) Münster. Eigenthumsordnung von 1770. II. 10. §. 2. Wann nun bei einem Hofe, Erbe, oder Kotten hiebevor allezeit eine gewisse bestimmte Leib-Zucht an Länderenen, Wohnung, Heu-Gewachs, Küh-Weyden, und andere dergleichen Zubehörungen gewesen, und hergebracht ist, soll es auch dabey forthin sein Bewenden haben, sonst aber die Bestimmung von dem Guts-Herren, oder zum wenigsten mit Gutsherrlicher Bewilligung geschehen, und, wann ohne dessen Consens oder Genehmhaltung die Elteren unter sich oder mit dem Anerben und Nachfolgeren dieserthalb etwas abgeredet und beschlossen hätten, solches alles Null- und nichtig seyn.

2) Münster. Eigenthumsordnung II. 10. §. 3. Nach dem die Erbe und Höfe, welche keine bestimmte Leib-Zucht haben, klein oder groß sind, und die Eltern oder abgehende alte Ehe-Leute darauf gut oder übel Haußgehalten haben, wird die Leib-Zucht determinirt, und eine solche Einrichtung gemachet, wodurch die neue Coloni nicht zu viel beschweret, und auch die Alte, zumahl wann

Dieses kann ihnen auch durch einen Platz am gemeinschaftlichen Tisch mit einer bestimmten Summe zu ihren übrigen Bedürfnissen gewährt werden [3]), wo sie nach den Umständen vorlieb nehmen, auch nach ihren Kräften noch im Hauswesen helfen müssen [4]), aber auch auf ihre Krankheiten Rücksicht zu nehmen ist. An den zur Leibzucht überwiesenen Grundstücken erhalten die Eheleute den Nießbrauch frei von allen Lasten; die Personallasten müssen sie aber tragen [5]). In die Leibzuchtswohnung dürfen sie, als ihnen blos zum persönlichen Gebrauch verliehen, Niemanden für Geld aufnehmen [6]). Das Recht an der Wohnung und den Grundstücken ist seiner Natur nach ein dingliches. Aber auch da, wo die Leibzucht in Leistungen besteht, müssen diese als eine auf dem Hofe ruhende Reallast angesehen werden [7]); nur muß, wo

---

dieselbe dem Erbe wohl vorgestanden haben, mit einem bequemen Unterhalt versehen werden.

3) Münster. Eigenthumsordnung II. 10. §. 4. Wolten aber die Elteren lieber bey ihren Kinderen auf dem Erbe bleiben, und dieses füglich geschehen könte, der Guts-Herr auch damit zufrieden wäre, so geniessen dieselbe an der Kinder Tisch die Kost, so gut sie die Kinder selbst haben, und mag über dieses ihnen zum Hand-Pfenning und nothiger Ausgabe mit Gutsherrlicher Bewilligung jährlich etwas an Geld oder Gelds werth zugelegt, und gegeben werden.

4) Münster. Eigenthumsordnung II. 10. §. 13. Wann ein Erbe oder Kotte so gering und schlecht wäre, daß davon keine ordentliche Leib-Zucht bestimmet, und mitgetheilet werden könte, so müßen die Alte bey denen jungen Leuten die Kost und Wohnung verlieb nehmen, und denenselben, so weit und so lang Alter und Kräften es gestatten, Hülf und Beystand leisten; jedoch ist auf diesem Falle dem einen Ehegatten auf Absterben des anderen sich wieder zu verheyrathen, und die geheyrathete Person aufm Erbe oder Kotten zu bringen, nicht erlaubt.

5) Münster. Eigenthumsordnung II. 10. §. 6. Von denen Ländereyen und pertinentien, welche zu der Leib-Zucht gehören, oder zum Leibzüchtigen Gebrauch Gutsherrlich bestimmet werden, haben die Leib-Züchter den freyen Genuß, und müssen die neue Coloni, wo es nicht anderst hergebracht ist, davon die Pacht und Schatzung entrichten, auch das Leibzuchts-Hauß in gutem Stande erhalten. — §. 7. Wann aber Personen- Rauch- oder Vieh-Schatzung verordnet, und ausgeschrieben würde, bezahlet ein jeder Leib-Züchter für seine Person, Wohnung, und Vieh den Anschlag.

6) Münster. Eigenthumsordnung II. 10. §. 9. Es ist auch denen Leib-Züchteren nicht erlaubet, ohne Gutsherrliche Bewilligung fremde Leute und Einwohner neben sich in der Leib-Zucht auf- und anzunehmen, es wäre dann, daß sie schwachen und kräncklichen Alters-halber zu ihrer Verpflegung jemanden vonnöthen hätten.

7) Dieses zeigt gut Runde in Reyscher Zeitschr. VII. 24 — 26. Ein bestätigendes Urtheil ist angeführt von Bopp in Reyscher Zeitschr. V. 367. Anderer Meinung sind Duncker Reallasten §. 44., Mittermaier II. §. 291.

zur Errichtung von Reallasten die Eintragung ins Grundbuch erfordert wird, diese auch hier hinzukommen. Jene Dinglichkeit ist jedoch nur von der wirklich bestellten oder eröffneten Leibzucht zu verstehen, nicht so, daß der Colone, unter welchem der Hof zum Zwangsverkauf gekommen ist, in seinem Alter darauf ein Recht der Leibzucht geltend machen könnte. Auch die Ehefrau kann dieses in dem Falle nicht, sondern hat nur eine Klage auf ihren in den Hof eingebrachten Brautschatz [8]). Beendigt wird die Leibzucht durch den Tod. Der überlebende Ehegatte behält zwar die Leibzuchtswohnung ganz, weil eine Theilung unzuläßig ist; allein das Uebrige fällt zur Hälfte dem Erbe heim [9]). Er kann sich zwar, wenn er eine abgesonderte Leibzuchtswohnung hat [10]), darauf wieder verheirathen [11]); allein seine Hälfte braucht darum nicht erhöht zu werden, und geht auch nicht, wenn er stirbt, auf den zweiten Ehegatten über, was aber doch aus humaner Rücksicht gestattet wird, wenn zur Heirath der Anerbe und der Gutsherr zugestimmt haben [12]). Die Kinder, die etwa auf der Leibzucht geboren werden, haben aber daran, so wie am Hofe, kein Recht [13]). Wegen begangener Verbrechen geht das Recht auf die Leibzucht, weil sie eine Alimentation ist, nicht verloren [14]). Uebrigens kommt eine Leibzucht auch bei dem Interimswirth nach

---

8) Urtheile in diesem Sinne sind angeführt von Pfeiffer Meierrecht S. 357. 358.

9) Münster. Eigenthumsordnung II. 10. §. 8.

10) Münster. Eigenthumsordnung II. 10. §. 13 (Note 4).

11) Ein Erkenntniß in diesem Sinne giebt Pfeiffer Meierrecht S. 357.

12) Münster. Eigenthumsordnung II. 10. §. 11. Wann aber von den abgestandenen Ehe-Leuten einer auf der Leib-Zucht verstirbet, und der andere sich darauf wieder verheyrathen will, muß solches mit Belieben des Wehrfesteren geschehen, und von dem Guts-Herren vergenehmet werden, und hat alsdann, sonst aber nicht, der eingekommene Ehegatt, wann er der Letzt-lebende ist, die mit dem Verstorbenen vorhin gehabte Leib-Zucht ferner zu geniessen, welche jedoch auch, sobald derselbe sich wieder verheyrathet, völlig aufhören soll.

13) Münster. Eigenthumsordnung II. 10. §. 12. Die Kinder, welche auf der Leib-Zucht gezeuget werden, haben weder an die Leib-Zucht, weder an die rechte Stette das mindeste Recht, noch davon oder von dem Anerben und Wehrfesteren Aussteuer oder Braut-Schatz zu forderen, hingegen sind auch dieselbe nicht Leibeigen, sondern als Freygelassene zu achten, und behalten über dieß alles, was ihre Eltern erworben, und nachgelassen haben.

14) Ein Erkenntniß in diesem Sinne giebt Pfeiffer Meierrecht S. 356.

Ablauf der Maljahre vor, und er hat selbst darauf, wenn nichts bedungen ist, einen gesetzlichen Anspruch [15].

530. Eine Gutsübergabe ist auch so möglich, daß der Tradent sich den Einsitz und die Herrschaft vorbehält. Dieses Geschäft findet sich ebenfalls schon in sehr alter Zeit [1]. Der neue Erwerber wird hier in das Gut aufgenommen; er hilft dem Tradenten in der Bewirthschaftung und ißt an dessen Tische. Das Eigenthum ist auf ihn durch die Abtretung übergegangen; allein die Ausübung der darin enthaltenen Rechte ist durch den Vorbehalt der Herrschaft beschränkt. Diese umfaßt die Leitung des Hauswesens und den Nießbrauch des Gutes [2]. Eine Anwendung davon ist der sogenannte Gutsanschlag an einen erwachsenen Sohn um eine gewisse Summe mit Vorbehalt des Gutsbaues auf gemeinschaftliche Rechnung. Hier ist das Geschäft in der Hauptsache als ein Kauf, der vorbehaltene Mitbau als eine Clausel des Kaufes, nicht als eine neben dem Kaufe geschlossene Societät, aufzufassen [3].

b) Bäuerliche Lasten. α) Zehnten [1].

531. Die Zehnten, die in Deutschland bei den Bauerngütern vorkommen, sind hauptsächlich kirchlichen Ursprungs. Die Kirche hatte, gestützt auf Vorschriften des alten Testaments, die Entrichtung des Zehnten als kirchliche Abgabe zu frommen und gemeinnützigen Zwecken zur Gewissenspflicht gemacht; die Sitte und die Concilien hatten dieses ausgebildet, und die fränkischen Könige es auch durch bürgerlichen Zwang unterstützt und zum Gesetz erhoben. Im Laufe der Zeit giengen jedoch viele Zehnten durch Usurpation oder selbst durch Verleihung der Kirche, der das Recht darauf zustand, in weltliche Hände über, und nahmen

---

15) Runde Interimswirthschaft §. 33. 76—79.

1) Man sehe meine Deutsche Rechtsgeschichte §. 549. Note 11. 12.

2) So sagen Runde Leibzucht II. §. 12., Duncker Gesammteigenthum S. 79.

3) So sagt mit Recht Purgold über den Vorbehalt des Mitbaues bei der elterlichen Gutsübergabe (Reyscher Zeitschr. VIII. 154—163).

1) Eine reiche Litteratur und Abhandlung darüber giebt Gengler Lehrbuch §. 79.

dadurch den Charakter einer rein privatrechtlichen Reallast an. Selbst bei den Zehnten, die bei der Kirche blieben, verlor sich allmählig der Gesichtspunkt, daß sie der Ausfluß einer öffentlichen Besteuerung seien, wodurch auch sie zu einer einfachen Grundrente wurden [2]). In manchen Gegenden Deutschlands und in den wendischen Ländern drang sogar das kirchliche Zehntrecht gar nicht durch, oder wurde in Geldabgaben umgewandelt [3]). Neben jenen kirchlichen Zehnten gab es allerdings auch in einzelnen Fällen solche, die schon in ihrem Ursprung eine Abgabe des Grundholden an den geistlichen oder weltlichen Grundherrn als solchen waren [4]). Diese haben natürlich diesen Character auch noch jetzt.

532. Aus der Geschichte und Natur der Zehnten ergiebt sich nun Folgendes. I. Ihrem Entstehungsgrunde nach beruht die Zehntpflicht entweder auf der Erfüllung des Kirchengebotes, oder auf einer geschehenen Verleihung. Im ersten Falle hat der Zehnte die Natur einer eigentlichen Reallast; im zweiten die eines Ca-

---

2) Die Nachweisung darüber, nach dem neuesten Zustande der Quellen, giebt die elfte Auflage meines Kirchenrechts §. 247—250.

3) Gute Nachweisungen giebt Mittermaier I. §. 182.

4) Merkwürdig ist hier Birnbaum die rechtliche Natur der Zehnten. Bonn 1831. Dieser läugnet den Ursprung der kirchlichen Zehnten aus einer allgemeinen Besteuerung ganz; sie seien nur Abgaben der Grundholden an einzelne Kirchen als ihren Grundherrn. Er schreibt wörtlich, „daß in der ganzen „Kapitulariensammlung nicht eine Stelle sich finde, welche die Zehntzahlung „als Steuer vorschriebe." Man sehe dagegen die Stellen in meinem Kirchenrecht §. 247. Note 7. 8. 9., wo es wiederholt heißt: ut unusquisque homo suam decimam donet. Birnbaum hilft sich damit, homo bezeichne eben nur einen Hörigen oder Colonen der Kirche. Allein abgesehen davon, daß hier donet nicht gesagt werden könnte, heißt es eben so oft, ut unusquisque schlechthin, oder cuncti, oder populus, Capit. a. 779. Francic. c. 7., Aquisgr. a. 801. c. 6., Wormat. a. 829. capit. gener. c. 7.; oder es heißt ut omnis homo ex sua proprietate decimam conferat, Capit. Francof. a. 794. c. 25., was doch auf einen Colonen nicht paßt. Auch die vorgeschriebene Executionsordnung wegen rückständiger Zehnten beweist augenscheinlich eine allgemeine Zehntpflicht, Capit. Lang. a. 803. c. 19., Const. Olonn. a. 825. c. 11. Von gleichem Gehalt ist das, was Birnbaum über das Zehntwesen der Römer vorbringt; es sind dabei die Zeiten und Verhältnisse in ganz abenteuerlicher Weise durcheinander geworfen. Man wird sich davon überzeugen, wenn man Punkt für Punkt vorzunehmen und etwa mit meiner Römischen Rechtsgeschichte zu vergleichen, sich die undankbare Mühe geben will. Es ist kein empfehlendes Zeugniß für den Zustand einer Wissenschaft, wenn eine solche Schrift noch immer ohne eigene Prüfung als Autorität befolgt wird, wie von Mittermaier I. §. 181., Gerber §. 169. Note 2. §. 190. Note 2.

nons [1]). Doch kann er auch im zweiten Falle den Character einer Reallast erhalten haben, wenn ein verliehenes Grundstück in das Eigenthum des Inhabers übergegangen, der Zehnte aber als Reallast beibehalten worden ist. II. Nach der Qualität des ursprünglich Berechtigten ist der Zehnte entweder ein kirchlicher oder ein weltlicher. Die Zehnten, die aus der Kirchensatzung herrühren, sind sämmtlich kirchliche. Diejenigen, die sich auf eine Verleihung gründen, können das eine oder das andere sein, je nachdem der ursprüngliche Grundherr eine Kirche oder ein Weltlicher gewesen ist. III. Nach der Person des jetzt Berechtigten können die Zehnten ebenfalls entweder kirchliche oder weltliche sein. Diese Eintheilung und die vorige fallen aber nicht zusammen. Denn viele Zehnten, die ursprünglich der Kirche gehörten, sind an Laien gekommen, und umgekehrt haben weltliche Grundherren ihr Zehntrecht gegen ihre Colonen der Kirche geschenkt, wodurch dieselben sich der Natur einer Reallast genähert haben. IV. Wegen dieser mannichfaltigen Wendungen läßt sich für den geistlichen oder weltlichen Charakter eines Zehnten keine Präsumtion aufstellen, sondern dieser ist im einzelnen Fall aus den Umständen zu entnehmen [2]). V. Die Zehnten, welche von der Kirche an Laien veräußert worden, sind dieses nach den Grundsätzen des canonischen Rechts immer mit dem Vorbehalt gewisser Lasten, namentlich des Beitrages zum Kirchenbau, und diese ist wie eine dingliche Last von dem Civilrecht aufrecht zu halten. VI. Da die kirchliche Vorschrift über die Entrichtung der Zehnten nicht allgemein praktisch geworden, da ihre verbindliche Kraft in den Fällen, wo sie es nicht geworden, durch das Gewohnheitsrecht längst aufgehört hat, endlich da die Zehnten als Ausfluß einer Verleihung immer auf einer besonderen Voraussetzung beruhen: so folgt von selbst, daß es hinsichtlich der Zehntpflicht in jedem einzelnen Falle auf das positive Herkommen ankommt. Wo aber nach diesem ein universelles Zehntrecht für eine ganze Feldmark

---

1) Man sehe darüber oben §. 147. Die richtige Unterscheidung macht auch Duncker Reallasten §. 53.

2) Die Präsumtion für den kirchlichen Zehnten vertheidigt jedoch Gründler Polemik I. §. 227.

erwiesen ist, entsteht daraus die Vermuthung für die Zehntpflicht jedes einzelnen darin liegenden Grundstückes, jedoch mit Ausnahme der Gärten, welche nach dem überwiegenden Herkommen als zehntfrei gelten [3]. VII. Je nach den Erzeugnissen, wovon der Zehnte zu entrichten ist, unterscheidet man den Grundzehnten von Erzeugnissen des Bodens und den Blutzehnten von Thieren. Der Grundzehnte ist weiter entweder der große oder der kleine Zehnte. Zum Ersten gehören, nach entschiedenem Herkommen, alle Getreidearten; zum Letzten alle Baumfrüchte, Gemüse und Wurzelgewächse. Hinsichtlich der Erzeugnisse, die auf dem Stengel wachsen, des Weines, und des Heues muß, zu welcher Art sie gehören, der Ortsgebrauch entscheiden [4]. Dieses ist wichtig, wenn dem Einen der große, einem Andern der kleine Zehnte zusteht. Der Blutzehnte ist ebenfalls entweder ein großer, der die größeren Thiere, oder ein kleiner, der das Federvieh umfaßt. Der Honig- oder Bienenzehnte bildet eine besondere Art, die nicht von selbst im vorigen enthalten ist. VIII. Neu gerodetes Land ist der Zehntpflicht nicht unterworfen, weil diese jetzt den Charakter einer allgemeinen Verpflichtung nicht mehr hat. Eine Ausnahme leidet dieses nur, wenn das Zehntrecht sich über die ganze Feldmark erstreckt, oder wenn das Rottland Pertinenz eines zehntbaren Gutes ist. Falsch ist, wenn man den Novalzehnten oder Neubruchzehnten gar für ein Regal erklärt hat [5]. IX. Das Zehntrecht als reine Reallast oder Steuer betrachtet enthält nur das Recht auf einen Theil der Früchte, die aus dem Acker etwa werden erzeugt werden; es begreift nicht auch das Recht, den Andern zu nöthigen, wirklich zu bauen oder in einer bestimmten Art zu bauen. Derselbe kann daher das Bauen unterlassen oder die Cultur verändern, muß jedoch von den Früchten den Zehnten zahlen [6]. Anders ist es natürlich, wenn der Zehnte der Canon für eine empfangene Verleihung ist [7]. X. Die Zehntpflicht trifft

3) Man sehe Mittermaier I. §. 186. Nr. 4.
4) Nachweisungen giebt Mittermaier I. §. 183. Nr. III.
5) Man sehe darüber Gründler Polemik I. §. 235.
6) Dieses und nicht mehr sagt das c. 4. X. de decim. (3. 30).
7) Dieser Ansicht sind auch Duncker Reallasten §. 53., Mittermaier I.

nach der Natur der Reallast Jeden, der von dem Gute Früchte producirt, also auch den Pächter.

533. Was die Erhebung der Zehnten betrifft [1]), so liegt es in der Natur der Sache, daß dazu die Früchte erst vom Boden separirt sein müssen, was hinsichtlich der Zeit und Art vom Ermessen des Zehntpflichtigen abhängt. Dann aber muß derselbe dem Zehntherrn die Berechnung und Erhebung seiner Quote möglich machen und erleichtern. Er muß daher die Früchte in Garben oder in einer anderen zählbaren Form aufstellen und den Zehntherrn davon benachrichtigen. Erscheint dieser binnen der durch das Gesetz oder Herkommen bestimmten Zeit nicht, so kann der Verpflichtete selbst die Auszehntung vornehmen und die Zehnten auf dem Felde liegen lassen. Man nennt dieses den fliehenden Zehnten im Gegensatz des stehenden, wo ausnahmsweise die Frucht nicht vor geschehener Auszehntung fortgebracht werden darf. Die Aufstellung des Getreide geschieht entweder in größeren Haufen, Mandeln, Hocken, oder in Garben, was man den Schleppzehnten nennt. Der Zehntherr kann mit der Zählung anfangen, bei welchem Haufen oder welcher Garbe er will; auch von einem Acker desselben Zehntpflichtigen auf den andern, der mit derselben Frucht bebaut ist, fortzählen. Hat der Zehntherr die besondere Befugniß, seine Quote aus den Haufen oder Garben ohne Rücksicht auf die Reihefolge auszuwählen, so wird dieses der fliegende Zehnt genannt. Zuweilen hat der Zehntpflichtige die Befugniß, gleich ohne Weiteres den Zehnten selbst abzuzählen, was man den Streuzehnt nennt. Bleiben bei der Abzählung des Zehnten Haufen oder Garben überschüssig, so kann deren Unterabtheilung oder deren Anrechnung für das folgende Jahr verlangt werden. Der Blutzehnte geht regelmäßig auf das zehnte Stück wie es fällt, mit fortlaufender Zählung von einem Jahr

---

§. 187. Nr. II., Gengler Lehrbuch §. 79. Andere dagegen bestreiten in allen Fällen das Recht zu einer dem Berechtigten nachtheiligen Aenderung; so Eichhorn §. 254., Gerber §. 190. Letzterer nennt selbst Eichhorns Gründe irrig; aber auch seine eigenen sind im höchsten Grade gesucht. Die Particularrechte lauten freilich über diese Frage verschieden.

1) Als Zeugniß der Doctrin ist hier lehrreich das Preuß. Landr. II. 11. §. 894—909. 915—920.

ins andere. Die gefallenen Thiere werden nicht mitgezählt. Die ausgezehnteten Thiere stehen auf Gefahr und Rechnung des Zehntherrn, wenn derselbe sie nicht gleich in Empfang nimmt. Beim Kleinzehnten vom Federvieh hat die Natur der Sache besondere Observanzen geschaffen.

β) Zinsen [1]).

534. Zu den gewöhnlichen Lasten der Bauerngüter gehört eine feste Abgabe, die der Besitzer jährlich zu entrichten hat. Diese heißt Census, Zinse, Gülte. Sie kommt zuweilen auch bei städtischen Grundstücken vor. Nach dem Entstehungsgrunde sind davon drei Arten zu unterscheiden. Die erste begreift den Zins, der von einem verliehenen Bauerngut oder städtischen Grundstück an den Grundherrn zu entrichten ist. Dieser ist keine Reallast, sondern der Ausfluß des persönlichen Verleihungsverhältnisses [2]). Er ist gewöhnlich auch bedeutend und steht zum Fruchtertrag des Grundstückes in Beziehung. Diese Art kann man den Leihzins (census locativus) nennen [3]). Die zweite Art ist der Zins, der einem Grundstück von dessen Eigenthümer aus einem besonderen Grunde zum Vortheil eines Anderen auferlegt worden ist. Dieser heißt auferlegter Zins (census constitutivus), Bekenngeld, schlechter Zins. Er ist eine wahre Reallast, insgemein gering, und steht zum Fruchtertrag in keiner Beziehung. Von dieser Art ist der Gerichts- und Vogtzins [4]), die einem Grundstück beim Rentenkauf [5]) oder für ein Anniversarium [6]) auferlegte Rente. Auch kann ein solcher Zins zur Ablösung eines lästigen Verhältnisses oder als Vergeltung für eine eingeräumte Servitut oder andere Gerechtsame constituirt worden sein. Die dritte Art ist der Zins, welcher vom ehemaligen Eigenthümer bei der Ueberlassung seines Grundstückes zum Eigenthum vorbehalten worden

---

1) Litterärische Nachweisungen giebt Gengler Lehrbuch §. 77.
2) Man sehe oben §. 147.
3) Diese neue Terminologie wird hier der schärferen Unterscheidung wegen aufgestellt.
4) Man sehe oben §. 150. Note 7. 8. 9.
5) Man sehe oben §. 268. Note 5.
6) Urkunden der Art giebt Duncker Reallasten §. 17.

ist [7]). Dieser heißt der vorbehaltene Zins (census reservativus). Er ist ebenfalls eine wahre Reallast; allein er ist gewöhnlich bedeutender wie im vorigen Falle, und kann mit dem Fruchtertrag im Verhältniß stehen. Dieses ist besonders bei den Bauerngütern der Fall, die ursprünglich verliehene waren, allein im Laufe der Zeit ins Eigenthum des Bauern übergegangen sind, wodurch sich der Zins aus der ersten Art in die dritte verwandelt hat. Ein Beispiel des vorbehaltenen Zinses bei städtischen Grundstücken sind die Wordgelder [8]). Uebrigens werden diese drei Arten in der Doctrin nicht genau genug unterschieden [9]). Die älteren Juristen erwähnen beim Census nur die zweite und dritte Art, die erste nicht. Von den neueren Juristen nennen Einige vorbehaltenen Zins den Zins der ersten Art und erklären sich über die dritte Art gar nicht [10]). Andere fassen unter jenem Ausdruck die erste und dritte Art zusammen, was zur Unklarheit führen muß [11]).

535. Wenn man von dem verschiedenen Entstehungsgrunde ab blos auf die Leistung sieht, so haben allerdings die drei Arten des Census Vieles mit einander gemein. Was zunächst die Beschaffenheit desselben betrifft, so kann er in Geld oder in Naturalien bestehen. Im zweiten Falle unterscheidet er sich von dem Zehnten dadurch, daß dieser in einem quoten Theile besteht. Er stimmt aber mit ihm darin überein, daß er in Erzeugnissen des Gutes, wie sie eben sind, zu entrichten ist. Bei dem Zins in Naturalien ist der Termin der Entrichtung gewöhnlich durch das Herkommen bestimmt, wovon er auch seinen Beinamen hat. Die Größe der Leistung wird durch den Errichtungstitel, sonst durch das Herkommen bestimmt, zu dessen Beweis die Grundbücher und

---

7) Beispiele der Art aus Urkunden giebt Duncker Reallasten §. 18., Derselbe in Reyscher Zeitschr. XI. 485—488.

8) Man sehe meine Deutsche Rechtsgeschichte §. 219. Note 8.

9) Das Richtige hat Duncker Reallasten §. 43.

10) So Eichhorn §. 164. 252., Maurenbrecher I. §. 264. der ersten Ausgabe.

11) So Runde §. 505., Mittermaier I. §. 172. 176. Dazu gehört in der zweiten Ausgabe im Ganzen auch Maurenbrecher I. §. 333. 338. Doch mischt er andere Gesichtspunkte mit ein, wodurch seine Darstellung völlig unklar und verworren wird. Bei Gerber §. 189. Note 1. fehlt ebenfalls die scharfe Unterscheidung.

Heberegister dienen. Von einer einseitigen Veränderung des Betrages kann nicht die Rede sein; selbst bei dem Leihzins nur dann, wenn die ursprüngliche Verleihung ganz erloschen ist und eine neue vorgenommen wird; und sogar dann ist oder war eine Erhöhung häufig von den Landesgesetzen verboten [1]). Von einem verhältnißmäßigen Nachlaß wegen Mißwachs oder Hagelschlag kann gemeinrechtlich nicht die Rede sein, weil selbst, wenn der Census mit den Früchten in einem Verhältniß steht, er darum doch nicht die Natur des Pachtgeldes hat [2]). Die Particularrechte enthalten jedoch darüber häufig zur Begünstigung des Bauern abweichende Bestimmungen. Als der Ort der Entrichtung ist nach der Natur der bäuerlichen Verhältnisse regelmäßig das Gut des Berechtigten anzunehmen; dahin muß daher der Zins gebracht werden. Doch giebt es dem Herkommen nach Ausnahmen, wo der Zins am Hause des Pflichtigen geholt werden muß [3]), was man Gatterzins nennt. Auch ist oder war für die, welche ihn brachten, insgemein eine freundliche Vergütung üblich [4]). Bleibt der Zins im Rückstand, so folgt bei verliehenen Bauerngütern das Recht der Einziehung aus dem in der Natur der Sache liegenden stillschweigenden Vorbehalt des Herrn [5]) und aus dem Herkommen [6]). Bei den Anderen muß der Zinsherr den gewöhnlichen Weg der Execution betreten. Das alte Recht gestattete bei allen Arten von Zinsen im Falle des Rückstandes ein eigenmächtiges Pfändungsrecht [7]) und eine Zinsbuße, den Rutscherzins, der sich mit jedem Tage nach geschehener Mahnung verdoppelte [8]). Jenes hat sich jedoch meistens verloren [9]), und auch der Rutscherzins ist als gesetzliches Recht insgemein abgeschafft [10]). Wird er durch Vertrag

---

1) Man sehe §. 499. Note 5. §. 510. Note 2.

2) So sagen auch Mittermaier I. §. 179., Gerber §. 189. Anderer Meinung ist Eichhorn §. 253. Nr. V.

3) So nach dem Sachsensp. I. 54. §. 2. Ein Beispiel giebt auch meine Deutsche Rechtsgeschichte §. 400. Note 4.

4) Man sehe meine Deutsche Rechtsgeschichte §. 400. Note 5—7.

5) Fr. 31. D. de pignor. (20. 1).

6) Deutsche Rechtsgeschichte §. 515. Note 8. 9.

7) Deutsche Rechtsgeschichte §. 515. Note 7. §. 516. Note 13. §. 537.

8) Deutsche Rechtsgeschichte §. 515. Note 6. §. 516. Note 12.

9) Man sehe oben §. 394. 520.

10) Man sehe über Beides Mittermaier I. §. 180.

bedungen, so liegt darin eine Conventionalstrafe, und fällt dann auch unter die Vorschrift, daß eine solche nicht zu einer Verletzung des gesetzlichen Zinsfußes führen darf [11]). Die Umwandlung der Reallasten und der Bauerngüter hat natürlich auch auf diese Lehre wesentlich eingewirkt.

γ) Dienste [1]).

536. Zu den bäuerlichen Lasten gehören insgemein Dienste, Frohnden, Scharwerk oder Robot, die unentgeltlich oder für einen geringern Lohn zu leisten sind. Diese Form von Leistungen hängt damit zusammen, daß nach dem alten Wirthschaftssystem, und nach Umständen auch noch jetzt, Hand- und Spanndienste den Bauern weniger beschweren, als Abgaben in Geld oder Naturalien. Es giebt von den Frohnden drei Hauptarten. Einige sind Landesfrohnden, welche zu einem öffentlichen Zwecke zu leisten sind. Diese nehmen die Stelle öffentlicher Lasten ein. Sie kommen in mannichfaltiger Anwendung schon seit den fränkischen Zeiten vor [2]). Andere sind Gemeindefrohnden zu Communalbedürfnissen. Diese gehören zu den Gemeindelasten. Noch Andere sind Privatfrohnden oder Frohnden im eigentlichen Sinne. Diese kommen sowohl bei Gütern im Eigenthum des Bauern wie bei verliehenen Bauerngütern vor. Im ersten Falle können sie wegen einer Vogtei oder eines ähnlichen Verhältnisses auferlegte [3]), oder bei der Ueberlassung zum Eigenthum reservirte [4]) Frohnden sein, und sind eine Reallast. Im zweiten Falle gründen sie sich bei den Gütern der eigenen und hofhörigen Leute auf das Hofrecht [5]),

---

11) Fr. 13. §. 26. D. de act. emti (19. 1).

1) Hauschild Juristische Abhandlungen von Bauern und deren Frohndiensten. Dreßden und Leipzig 1771. 4, Wigand die Dienste, ihre Entstehung, Natur, Arten und Schicksale. Hamm 1828. Andere Nachweisungen giebt Gengler Lehrbuch §. 80. Sehr reichhaltig ist das Preuß. Landr. II. 7. §. 308—471.

2) Man sehe meine Deutsche Rechtsgeschichte §. 123. 129. Note 4. §. 281. 285. Note 8.

3) Deutsche Rechtsgeschichte §. 131. Note 2. §. 260. Note 3 4. §. 422. Note 6.

4) Ein Beispiel aus einer Urkunde von 1037 steht bei Hontheim Histor. Trevir. I. 372., und daraus bei Duncker Reallasten S. 87., Gengler S. 336.

5) Deutsche Rechtsgeschichte §. 366. Note 5. §. 394. Note 13. §. 401. 402.

bei den Anderen auf den Vertrag, und sind eine persönliche Last, wie ein Theil des Canons [6]).

537. Das Gemeinschaftliche aller dieser Dienste ist, daß sie nur gewöhnliche Körperkraft, keine besondere Kunstfertigkeit erfordern, und daher auch nicht in Person verrichtet zu werden brauchen. Ferner können sie, dringende Nothfälle abgerechnet, nur an Werktagen, und nur von Sonnenaufgang bis Sonnenuntergang verlangt werden. Man unterscheidet gemessene und ungemessene Dienste, je nachdem sie der Art, der Zahl, der Zeit oder dem Orte nach genau bestimmt sind oder nicht. Die Letzteren sind jedoch selten und nicht zu vermuthen. Auch versteht sich dabei die Beschränkung von selbst, daß nicht mehr verlangt werden kann, als der Bauer nach den Kräften seines Gutes zu leisten vermag. Man unterscheidet ferner ordentliche, das heißt regelmäßig wiederkehrende Dienste, und außerordentliche, wie die Jagd- oder Baufrohnden. Endlich unterscheidet man die Hand- und die Spanndienste, je nachdem sie von der Person allein oder mit Zugvieh zu leisten sind, und bei den Ersteren wieder die Manns- und die Weiberdienste [1]). Der Verpflichtete braucht sich zum Dienste nur auf Aufforderung einzufinden. Er muß dazu sein eigenes Werkzeug mitbringen; jedoch zu Arbeiten, die auf seinem Hofe nicht vorkommen und besondere Geräthschaften erfordern, muß diese der Berechtigte geben. Baare Auslagen, wie Wege- und Brückengeld oder bei Spann- und Botendiensten über Nacht das Stall- und Schlafgeld, sind dem Verpflichteten zu vergüten. Dienstgeld statt der Naturaldienste kann von dem Herrn weder verlangt noch ihm aufgenöthigt werden. Durch die neuere Gesetzgebung sind aber manche Frohnden ohne Entschädigung aufgehoben worden; bei Anderen ist deren Abschätzung in Geld zum Behuf ihrer Ablösbarkeit angeordnet [2]).

---

6) Die richtige Unterscheidung hat Duncker Reallasten §. 52.

1) Eine Uebersicht der mannichfaltigen Dienste giebt meine Deutsche Rechtsgeschichte §. 401.

2) Von der Aufhebung ohne Entschädigung spricht das Preuß. Gesetz vom 2. März 1850. §. 2. Nr. 7. §. 3. Nr. 3. 4. 6. 7. 8. Von der Abschätzung in Geld und der Ablösbarkeit handelt Dasselbe §. 9—17. 60—66.

δ) Laudemium.

538. Laudemium, Lehnwaare, Weinkauf, Handgeld, Ehrschatz ist eine bei vielen Bauerngütern vorkommende Abgabe, die bei einer Veränderung in der Person des Besitzers, zuweilen auch bei der in der Person des Herrn, zu entrichten ist. Zuweilen ist auch dabei Etwas an die Dienerschaft des Herrn zu bezahlen, was die kleine Lehnwaare heißt. Der Ursprung dieser Abgabe liegt in den alten Hofrechten, wonach bei einer Besitzveränderung für die Behandigung durch den Hofschulzen und die Schöffen etwas zu entrichten war [1]). Dann ist dieses auch bei den vertragsmäßig verliehenen Landsiedel- und Erbzinsgütern festgehalten worden [2]). Ja man hat selbst daraus bei zum Eigenthum besessenen Bauerngütern eine Vogteilast gemacht [3]), wie bei den schlechten Zinsgütern in Sachsen [4]). Nur in diesem Falle hat es die Eigenschaft einer wahren Reallast [5]). Der leitende Gesichtspunkt dabei ist, daß es eine Gegenleistung für die Verleihung oder doch Anerkennung durch den Herrn sein soll. Daraus folgt, daß es immer dem neuen Erwerber nicht dem Veräußerer zur Last fällt, daß es bei einem Verkauf mit Vorbehalt des Rückkaufes sowohl jetzt als später zu entrichten ist, und daß nach einer nichtig gemachten Veräußerung der Herr es nicht zu restituiren braucht, weil er doch die Mühe der Verleihung gehabt hat [6]). Häufig wird bei einer Veränderung durch Vererbung, wenigstens in der absteigenden Linie, kein Laudemium entrichtet. Ueberhaupt ist aber die Verpflichtung dazu immer besonders zu beweisen, weil kein hinreichender historischer Grund vorliegt, daraus eine allgemeine Regel zu machen [7]). Die Größe des Laudemiums ist in Ermang-

---

1) Man sehe meine Deutsche Rechtsgeschichte §. 514. Note 7. §. 557. Note 30.

2) Deutsche Rechtsgeschichte §. 490. Note 7. 11.

3) Ein Beispiel giebt Duncker Reallasten §. 54.

4) Haubold Sächs. Privatrecht II. §. 477.

5) So unterscheidet richtig Duncker Reallasten §. 54.

6) Anderer Meinung sind Mittermaier II. §. 496. Nr. VI., Gerber §. 143.

7) Man hat zwar das Sprüchwort gebildet: „Die Henne trägt den „Handlohn auf dem Schwanze." Allein wenn dieses auch gewöhnlich der Fall ist, so folgt daraus noch kein Princip.

lung einer gesetzlichen Bestimmung aus dem Herkommen zu entnehmen. Häufig steht es einem einjährigen Zins gleich. „Das Gut lehnet so viel als es zinset.“ In Folge der neueren Gesetzgebung fällt auch diese Abgabe häufig weg[8]).

ε) Mortuarium.

539. Noch eine bei den Bauerngütern oft vorkommende Last ist das Mortuarium, Besthaupt, Butteil, Sterbefall. Dieses besteht in einer Abgabe von dem beweglichen Nachlaß des Bauern, welche einen quoten Theil, oft auch nur ein Stück Vieh oder das beste Kleid begreift. Es findet sich ursprünglich beim Nachlaß der eigenen Leute, selbst unabhängig von dem Besitz eines Gutes[1]), wurde aber später auch zu einer vogteilichen Last gemacht[2]), und selbst auf die vertragsmäßigen Landsiedel- und Erbzinsgüter übertragen[3]). Es beruht demnach vorherrschend auf einem persönlichen Anspruch, kann aber nach Umständen auch den Charakter einer Reallast annehmen[4]). Wenn es bei einem Gute gilt, ist auch der Nachlaß des Interimswirthes, wenn er während der Maljahre oder in der Leibzucht stirbt, demselben unterworfen[5]). Durch die neuere Gesetzgebung ist auch diese Last insgemein aufgehoben[6]).

---

8) In Preußen ist das Laudemium für Besitzveränderungen in der herrschenden Hand ohne Entschädigung aufgehoben; für die in der dienenden Hand ist die Abschätzung in Geld, um die Ablösbarkeit herbeizuführen, angeordnet, Gesetz vom 2. März 1850. §. 36—49.

1) Viele Beweisstellen giebt meine Deutsche Rechtsgeschichte §. 377. Note 10—14.

2) Deutsche Rechtsgeschichte §. 422. Note 11. §. 423. Note 7.

3) Deutsche Rechtsgeschichte §. 490. Note 5. 11.

4) So bemerkt auch Duncker Reallasten §. 55.

5) Runde Interimswirthschaft §. 86.

6) Aufgehoben ohne Entschädigung ist es in Preußen durch das Gesetz vom 2. März 1850. §. 3. Nr. 1. In Hannover und Churhessen ist es ablösbar erklärt, Pfeiffer Meierrecht S. 190. 446.

Register.

(Die Ziffern beziehen sich auf die Paragraphen mit Einschluß der Noten.)

A.

B.

C.

D.

E.

F.

T.

U.

V.

W.

Z.

Verbesserungen.

Seite	Zeile	Statt	Setze
13	2 v. u.	Meyster	Meyster von Lindenfels
28	5 v. o.	unwissender	unwissen der
36	3 v. u.	39	29
123	11 v. o.	ohne	noch ohne
162	13 v. u.	218	219.
170	16 v. o.	Holzveräußerung	Holzverwüstung
208	3 v. o.	Vorkäufen	Verkäufen
224	10 v. u.	damaligen	damals möglichen
249	4 v. u.	468	462
294	17 v. u.	Erwerbers	Erwerbes
313	8 v. u.	sind	ist
315	8 v. u.	56	§. 56
342	4 v. u.	47	46
439	9 v. u.	Loschungs	Losungs
494	8 v. o.	also	als
515	11 v. u.	erlangt	verlangt
542	12 v. u.	diesen	dieser
577	11 v. o.	ein Geschäft	Erbschaft.

Bonn, gedruckt bei Carl Georgi.

Kolibri 360 GmbH
Ferdinand-Jühlke-Straße 7
99095 Erfurt, Deutschland
produktsicherheit@kolibri360.de